CW01648072

Spectroscopie

Cours et exercices

Consultez nos catalogues sur le Web

http://www.masson.fr

Bienvenue

News

Les Revues médicales

Contactez-nous

Les livres de Médecine

Les livres de Sciences et Informatique

Où trouver nos ouvrages

Accueil Auteurs

La collection *Informatiques* d'InterÉditions est présente sur le site Masson

http://www.dunod.com

Bienvenue

News

Presse

Contactez-nous

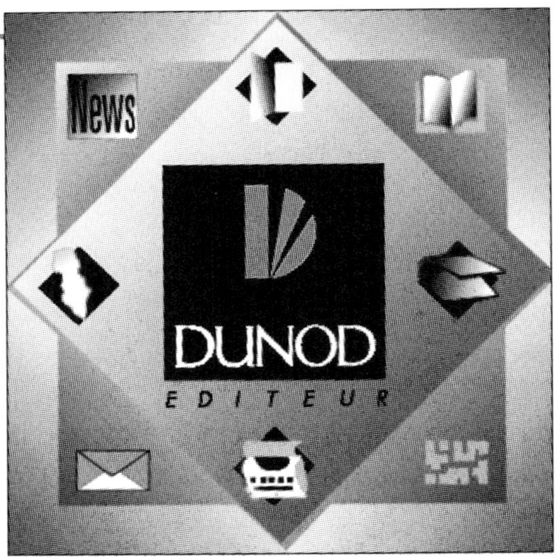

Catalogue général

Nouveautés

Où trouver nos ouvrages

Accueil Auteurs

Spectroscopie

Cours et exercices

J. Michael Hollas
Professeur à l'université de Reading

Traduit de l'anglais par

Daniel Simon
École normale supérieure de Lyon

DUNOD

L'édition originale de cet ouvrage a été publiée au Royaume-Uni par John Wiley & Sons sous le titre *Modern Spectroscopy, Third Edition*.

Copyright © 1987, 1992, 1996 by John Wiley & Sons Ltd

All rights reserved

Authorised translation from English language edition published by John Wiley & Sons Ltd, Baffins Lane, Chichester, West Sussex, PO19 1UD, England

Contribution à la traduction

Stéphane Delacoudre

Ce pictogramme mérite une explication. Son objet est d'alerter le lecteur sur la menace que représente pour l'avenir de l'écrit, particulièrement dans le domaine de l'édition technique et universitaire, le développement massif du **photocopillage**.

Le Code de la propriété intellectuelle du 1er juillet 1992 interdit en effet expressément la photocopie à usage collectif sans autorisation des ayants droit. Or, cette pratique s'est généralisée dans les établissements d'enseignement supérieur, provoquant une baisse brutale des achats de livres et de revues, au point que la possibilité même pour les auteurs de créer des œuvres nouvelles et de les faire éditer correctement est aujourd'hui menacée.

Nous rappelons donc que toute reproduction, partielle ou totale, de la présente publication est interdite sans autorisation du Centre français d'exploitation du droit de copie (**CFC**, 20 rue des Grands-Augustins, 75006 Paris).

DANGER

LE PHOTOCOPILLAGE TUE LE LIVRE

© DUNOD, Paris, 1998 pour la traduction française
ISBN 2 10 003945 8

Toute représentation ou reproduction intégrale ou partielle faite sans le consentement de l'auteur ou de ses ayants droit ou ayants cause est illicite selon le Code de la propriété intellectuelle (Art L 122-4) et constitue une contrefaçon réprimée par le Code pénal. • Seules sont autorisées (Art L 122-5) les copies ou reproductions strictement réservées à l'usage privé du copiste et non destinées à une utilisation collective, ainsi que les analyses et courtes citations justifiées par le caractère critique, pédagogique ou d'information de l'œuvre à laquelle elles sont incorporées, sous réserve, toutefois, du respect des dispositions des articles L 122-10 à L 122-12 du même Code, relatives à la reproduction par reprographie.

Table des matières

Préface à la première édition

Cet ouvrage a été écrit pour répondre au besoin d'un manuel moderne de spectroscopie. Il est principalement destiné à un public d'étudiants de deuxième cycle de chimie, de chimie physique ou de physique.

La spectroscopie couvre un vaste domaine qui s'est encore étendu depuis le milieu des années 1960 grâce au développement des lasers et de techniques comme la spectroscopie de photoélectrons et d'autres spectroscopies voisines. Par ailleurs, l'importance de la spectroscopie dans l'étude des processus physiques et chimiques qui se produisent dans les planètes, dans les étoiles et dans le milieu interstellaire a continué à croître en raison de l'utilisation de satellites et de la construction de radiotélescopes fonctionnant dans le domaine des micro-ondes et des ondes millimétriques.

J'ai rencontré trois problèmes majeurs lors de la conception de ce livre. Le premier a été de couvrir aussi bien les aspects analytiques que les aspects fondamentaux du sujet. On ne saurait trop insister sur l'importance des applications de la spectroscopie à la chimie analytique, mais beaucoup de techniques ne nécessitent pas une connaissance poussée des processus mis en jeu. J'ai essayé de faire appel aux méthodes expérimentales et aux applications analytiques lorsque cela s'avérait pertinent.

Le deuxième problème est relatif à l'introduction d'arguments basés sur la symétrie moléculaire. On ne peut éluder le fait que la compréhension de la symétrie moléculaire est une barrière (faible à mon avis) qu'il faut franchir si l'on veut comprendre les règles de sélection intervenant dans la spectroscopie vibrationnelle ou électronique des molécules polyatomiques. La difficulté est surmontée dans le chapitre 4 de ce livre, où la symétrie moléculaire est traitée d'une façon non mathématique. Pour les lecteurs ou les étudiants qui souhaiteraient passer ce chapitre, l'essentiel des sujets qui le suivent reste compréhensible, mais d'une façon moins satisfaisante dans certains domaines.

Le troisième problème concerne également le choix d'omettre certains sujets. Dans un ouvrage de cette taille, il n'est pas possible de couvrir toutes les branches de la spectroscopie. Ce choix est difficile, mais j'ai décidé de ne pas inclure les spectroscopies de résonance de spin (RMN et RPE), la spectroscopie de résonance quadrupolaire nucléaire (RQN) et la spectroscopie Mössbauer. L'exclusion de ces domaines, qui ont été largement couverts dans d'autres ouvrages, a permis l'introduction, dans le chapitre 8, de la spectroscopie de photoélectrons (induits par l'ultraviolet ou les rayons X), de la spectroscopie d'électrons Auger et de la structure fine étendue d'absorption de rayons X et, dans le chapitre 9, de la théorie et de quelques exemples de lasers, ainsi que de leur utilisation en spectroscopie. L'essentiel du contenu de ces deux chapitres est absent des ouvrages du même type, mais, de nos jours, il est très important en spectroscopie.

J'ai eu la chance de travailler dans le domaine de la spectroscopie et de pouvoir discuter du sujet avec le Pr I. M. Mills, le Dr A. G. Robiette, les Prs J. A. Pople, D. H. Whiffen, les Drs J. K. G. Watson, G. Herzberg, A. E. Douglas, D. A. Ramsay, les Prs D. P. Craig, J. H. Callomon et G. W. King (cités plus ou moins dans l'ordre chronologique inverse). Ma connaissance de la spectroscopie leur doit beaucoup et je leur adresse à tous ma reconnaissance.

Lorsque mon livre précédent, intitulé *High Resolution Spectroscopy*, a été publié par

Butterworths en 1982, j'avais le projet de reprendre une partie du contenu pour le rendre plus accessible aux étudiants. C'est ce que j'ai tenté de faire avec *Modern Spectroscopy* et je voudrais exprimer mes remerciements aux éditions Butterworths pour m'avoir permis d'utiliser une partie du texte et surtout de nombreuses figures de *High Resolution Spectroscopy*. Les nouvelles figures ont été dessinées grâce aux compétences de M. M. R. Barton.

High Resolution Spectroscopy n'apparaît pas dans les bibliographies de fin de chapitre, mais sa lecture est recommandée pour un approfondissement de tous les sujets.

M. A. R. Bacon a été d'une grande aide pour la relecture des épreuves et je tiens à le remercier pour son travail très soigneux. Enfin, j'aimerais exprimer mes sincères remerciements à Mme A. Gillett pour son excellent travail de dactylographie du manuscrit.

J. Michael Hollas

Préface à la seconde édition

La nouvelle édition d'un ouvrage est une opportunité que l'auteur accueille favorablement pour diverses raisons. Il peut ainsi répondre à des critiques constructives, dont il reconnaît la validité. L'introduction de nouveaux thèmes peut être utile aux professeurs et aux étudiants à la lumière de la façon dont se sont développés le sujet et son enseignement dans les années passées. Enfin, et ce n'est certainement pas le moins important, cela permet de corriger les erreurs qui avaient échappé à l'attention de l'auteur.

Les techniques de transformation de Fourier sont maintenant tout à fait courantes — la dernière née est la spectroscopie Raman par transformation de Fourier. J'ai considérablement développé la discussion de ces techniques dans le chapitre 3, en incluant pour la première fois la spectroscopie Raman par transformation de Fourier.

En enseignant les techniques de transformation de Fourier, j'ai trouvé plus facile d'introduire le sujet en utilisant un rayonnement radiofréquence, car on peut détecter directement les variations du signal avec le temps — comme dans un poste radio ordinaire. La transformation de Fourier du signal en radiofréquence, que le poste radio lui-même accomplit, est très facile à visualiser sans faire appel à des mathématiques approfondies. Dans les domaines infrarouge, visible ou ultraviolet, aucun détecteur ne pouvant répondre à ces fréquences élevées, l'utilisation d'un interféromètre de Michelson est nécessaire, mais c'est une façon assez subtile de résoudre le problème. Dans cette seconde édition, j'ai présenté la transformation de Fourier tout d'abord dans le domaine des radiofréquences et ensuite pour des radiations de fréquence plus élevée.

Dans la première édition de *Modern Spectroscopy*, j'avais tenté de combler le gouffre qui semble parfois exister entre la spectroscopie à haute résolution et la spectroscopie à basse résolution, souvent analytique. Dans cette édition, j'ai introduit, en plus, la spectroscopie de fluorescence de rayons X et la spectroscopie d'émission atomique à plasma induit par hyperfréquence, utilisées toutes deux presque exclusivement pour des besoins en analyse. Je pense qu'il est important que tout utilisateur d'une technique spectroscopique analytique comprenne les processus qui s'y produisent.

Dans le chapitre 4, consacré à la symétrie moléculaire, j'ai ajouté deux nouvelles sections. L'une concerne le lien entre la symétrie et la chiralité, ce qui est d'une grande importance en synthèse organique. L'autre est relative à la relation entre la symétrie d'une molécule et l'existence d'un moment dipolaire.

Dans le chapitre 6, consacré à la spectroscopie vibrationnelle, j'ai développé les discussions concernant les vibrations d'inversion, de plissement de cycle et de torsion, en incluant quelques potentiels modèles. Ces types de vibrations sont très importants pour la détermination de la structure moléculaire.

Le développement des lasers s'est poursuivi dans les dernières années et j'ai présenté deux exemples supplémentaires dans cette édition. Il s'agit des lasers à alexandrite et à titane-saphir. Ce sont deux lasers à l'état solide, accordables sur un très grand domaine de longueurs d'onde, ce qui est inhabituel. Le laser à titane-saphir est certainement le plus prometteur pour un usage général, à cause de son domaine accordable plus étendu et de son fonctionnement aussi bien en mode continu qu'en mode pulsé.

La spectroscopie par laser suscite de nombreuses expériences ingénieuses, utilisant un ou deux lasers continus ou à impulsion pour étudier la structure et la dynamique atomique ou moléculaire ; ainsi, c'est un sujet tellement vaste qu'il est difficile de lui rendre justice au niveau visé par *Modern Spectroscopy*. Dans cette édition, j'ai développé la section consacrée à la spectroscopie par jets supersoniques, qui est un domaine extrêmement important et de grande portée.

Je souhaite remercier le Pr I. M. Mills pour avoir fourni les figures 3.14(b) et 3.16 et le Dr P. Hollins pour son aide dans la production des figures 3.7(a), 3.8(a), 3.9(a) et 3.10(a). Le spectre de la figure 9.36 sera publié dans un article des Drs J. M. Hollas et P. F. Taday.

J. Michael Hollas

Préface à la troisième édition

L'un des changements les plus évidents par rapport à la seconde édition concerne la mise en page. Le nouveau format est moins serré et plus agréable.

L'essentiel des compléments est constitué de ce que j'ai appelé des « exercices corrigés ». Ce sont des problèmes types, basés principalement sur des calculs, et dont les réponses sont détaillées. Il y en a dix-sept, répartis tout au long de l'ouvrage et placés à des endroits choisis en fonction de la théorie nécessaire. Je crois qu'ils seront très utiles pour montrer au lecteur comment aborder un exercice. Dans les calculs, j'ai accordé une attention particulière au nombre de chiffres significatifs ainsi qu'à l'utilisation correcte des unités. J'ai insisté sur l'importance de l'indication des unités dans un calcul. Par exemple, pour calculer la constante de rotation B d'une molécule diatomique à partir de l'équation

$$B = \frac{h}{8\pi^2 c\mu r^2} \quad \text{où} \quad \mu = \frac{m_1 m_2}{m_1 + m_2}$$

la vérification des unités avec lesquelles μ a été calculé et l'introduction, dans l'équation donnant B, des unités de toutes les grandeurs mises en jeu sont une aide précieuse.

Les molécules de symétrie icosaédrique ne sont pas nouvelles mais la découverte de la plus récente, C_{60}, ou buckminsterfullérène, a eu un tel effet dans la chimie de ces dernières années, que j'ai cru utile d'introduire une discussion du groupe ponctuel de l'icosaèdre auquel appartient C_{60}.

L'utilisation de jets supersoniques dans diverses branches de la spectroscopie continue à se développer. La spectroscopie de photoélectrons d'énergie cinétique nulle (ZEKE-PE) est une technique qui a eu un impact considérable ces dernières années. J'ai inclus cette nouvelle technique dans le chapitre 9, à cause de son importance croissante et parce qu'elle est fortement reliée à la spectroscopie de photoélectrons induits par rayonnement ultraviolet (UPS), longuement décrite dans les éditions précédentes.

Les dispositifs à transferts de charge (CCD) sont des détecteurs de plus en plus utilisés dans les domaines visible et ultraviolet. Pour l'instant ils restent très chers, mais j'ai anticipé leur importance croissante en les décrivant brièvement dans le chapitre 3.

Il existe quelques règles de symétrie très simples pour diviser la totalité des vibrations d'une molécule polyatomique en classes de symétrie. Les principes qui les sous-tendent ainsi que les règles elles-mêmes ont été ajoutés au chapitre 4.

Je tiens à remercier le Pr B. van der Veken pour avoir fourni un spectre FTIR de meilleure qualité pour la figure 6.8.

J. Michael Hollas

Unités, dimensions et conventions

Tout au long de l'ouvrage, j'ai utilisé le système d'unités SI, à quelques exceptions près. L'unité angström (Å), telle que 1 Å = 10^{-10} m, reste d'un usage général dans le cas des longueurs de liaisons, qui sont de l'ordre d'un Å. J'ai gardé cette utilisation, mais pour les longueurs d'onde dans les domaines du visible et de l'ultraviolet proche, j'ai utilisé le nanomètre, tel que 1 nm = 10 Å. L'angström est parfois encore utilisé dans ce contexte mais il semble aussi commode d'écrire, par exemple, 352,3 nm plutôt que 3523 Å.

Dans les spectroscopies de photoélectrons et apparentées, on mesure des énergies d'ionisation. Pendant de nombreuses années, ces énergies ont été écrites en électronvolts, avec 1 eV = 1,602 177 38 × 10^{-19} J, et j'ai continué à utiliser cette unité.

Les mesures de pression n'apparaissent pas souvent dans le texte, mais le torr, qui est une unité telle que 1 torr = 1 mmHg = 133,322 387 Pa, reste commode et apparaît occasionnellement.

Les dimensions sont des grandeurs physiques telles que la masse, la longueur et le temps. Le gramme (g), le mètre (m) et la seconde (s) sont des exemples d'unités associées à ces grandeurs. Si un objet a une masse de 3,5 g par exemple, on écrit

$$m = 3{,}5 \ \text{g}$$

L'unité, ici le gramme, peut être traitée algébriquement de sorte qu'en divisant les deux membres par « g », on obtient

$$m \ / \ \text{g} = 3{,}5$$

Le membre de droite est alors un nombre sans dimension. Si l'on veut tracer un graphe de la masse en fonction par exemple du volume, on indiquera « m / g » sur l'axe des masses de sorte que les valeurs placées sur l'axe sont des nombres sans dimension. De façon similaire, si l'on veut mettre une série de masses dans un tableau, on indiquera « m(g) » en tête de colonne, celle-ci étant alors constituée de nombres sans dimension. On voit alors que le format m/g paraît incorrect car, algébriquement, il pourrait être interprété comme $m \times \text{g}$, alors que c'est de $\frac{m}{\text{g}}$ qu'il s'agit.

L'utilisation du terme « nombre d'onde » est un point qui vient tout juste d'être éclairci. La fréquence d'une radiation électromagnétique est reliée à la longueur d'onde λ par

$$\nu = \frac{c}{\lambda}$$

où c est la célérité de la lumière. Le nombre d'onde $\tilde{\nu}$ est simplement l'inverse de λ :

$$\tilde{\nu} = \frac{1}{\lambda}$$

Comme c a la dimension de LT^{-1} et λ celle de L, la fréquence a la dimension de T^{-1} et son unité est la s^{-1} (ou le hertz). Par ailleurs, le nombre d'onde a la dimension de L^{-1} et son unité est souvent le cm^{-1}. Ainsi,

$$\nu = 15{,}3 \ \text{s}^{-1} \ \text{(ou hertz)}$$

s'énonce « la fréquence vaut 15,3 seconde-moins-un (ou hertz) » et

$$\tilde{\nu} = 20{,}6 \text{ cm}^{-1}$$

s'énonce « le nombre d'onde vaut 20,6 centimètre-moins-un ». Tout ceci semble simple et évident, mais on rencontre souvent l'énoncé suivant pour la deuxième équation : « la fréquence est de 20,6 nombre d'onde ». Cela est tout à fait illogique, quoique très courant — mais pas dans ce livre, je l'espère.

L'usage habituel des symboles A, B et C pour les constantes rotationnelles, qu'elles aient la dimension d'une fréquence ou d'un nombre d'onde, est une autre incohérence. C'est une mauvaise habitude, mais bien que certains auteurs aient proposé les notations $\tilde{A}$, $\tilde{B}$ et $\tilde{C}$ pour les grandeurs ayant la dimension d'un nombre d'onde, cette excellente idée a rarement été suivie et je me suis rangé à la majorité en utilisant A, B et C quelle que soit la dimension.

L'article de R. S. Mulliken dans le *Journal of Chemical Physics* (**23**, 1997, 1955) et les ouvrages de G. Herzberg constituent les points de départ de nombreuses conventions en spectroscopie. En plus des recommandations simples et généralement suivies pour les symboles des grandeurs physiques, il existe des recommandations qui peuvent être sujettes à discussion. Celles-ci comprennent le choix des axes cartésiens pour l'étude de la symétrie moléculaire et la numérotation des vibrations des molécules polyatomiques qui sont souvent utilisées, mais pas toujours. Il est important, dans ce cas, que l'auteur précise quelle convention est adoptée.

Le cas de la numérotation des vibrations du fluorobenzène, par exemple, illustre le fait qu'il faut garder une certaine souplesse. De nombreuses vibrations du fluorobenzène ressemblent fortement à celles du benzène. En 1934, avant les recommandations de Mulliken, datant de 1955, E. B. Wilson avait inventé une numérotation pour les trente vibrations du benzène. Elle était si bien établie en 1955 qu'on a continué à l'utiliser. Le fluorobenzène présente une complication supplémentaire puisque, bien que le système de Mulliken fournisse sa propre numérotation, il est très utile d'avoir, dans le cas d'une vibration de type benzénique, la même numérotation que pour le benzène lui-même — pour lequel on peut choisir entre la numérotation de Mulliken et celle de Wilson ! Il est clair que les problèmes de convention ne sont pas tous résolus. Certains n'ont pas vraiment de solution et il faudrait toujours préciser au lecteur quel choix a été fait.

La convention proposée par J. C. D. Brand, J. H. Callomon et J. K. G. Watson en 1963, applicable aux spectres électroniques des molécules polyatomiques, est très commode et je l'ai utilisée tout au long de ce livre. Dans ce système, 32_1^2, par exemple, correspond à une transition vibrationnelle, dans un système de bande électronique, entre $\upsilon = 1$ de l'état électronique inférieur et $\upsilon = 2$ de l'état électronique supérieur, la vibration concernée portant le numéro conventionnel 32. C'est un système très pratique par rapport à (001) – (100), par exemple, qui est encore fréquemment utilisé pour les molécules triatomiques afin d'indiquer une transition entre le niveau $\upsilon = 1$ de ν_1 dans l'état électronique inférieur et le niveau $\upsilon = 1$ de ν_3 dans l'état électronique supérieur. Le symbole général dans ce système est $(\upsilon_1'\upsilon_2'\upsilon_3')$ – $(\upsilon_1''\upsilon_2''\upsilon_3'')$. La notation $3_0^1 1_1^0$ est beaucoup plus compacte, mais elle est peu utilisée pour les petites molécules. Pour rester cohérent, j'ai employé partout cette notation condensée.

Bien que cela soit moins courant, j'ai utilisé un symbolisme analogue pour les transitions purement vibrationnelles pour garder une seule notation. $N_{\upsilon''}^{\upsilon'}$ correspond à une transition vibrationnelle (infrarouge ou Raman) entre un état inférieur de nombre quantique vibrationnel υ'' et un état supérieur υ', pour la vibration numérotée N.

Constantes fondamentales

Grandeur physique	Symbole	Valeur et unité[a]
Célérité de la lumière (dans le vide)	c	$2{,}997\,924\,58 \times 10^{8}$ m s^{-1} (valeur exacte)
Perméabilité du vide	μ_0	$4\pi \times 10^{-7}$ H m^{-1} (valeur exacte)
Permittivité du vide	ε_0 $(= \mu_0^{-1}\, c^{-2})$	$8{,}854\,187\,816 \times 10^{-12}$ F m^{-1}
Charge du proton	e	$1{,}602\,177\,33(49) \times 10^{-19}$ C
Constante de Planck	h	$6{,}626\,075\,5(40) \times 10^{-34}$ J s
Constante des gaz parfaits	R	$8{,}314\,510(70)$ J mol^{-1} K^{-1}
Nombre d'Avogadro	N_A, L	$6{,}022\,136\,7(36) \times 10^{23}$ mol^{-1}
Constante de Boltzmann	k $(= R\, N_A^{-1})$	$1{,}380\,658(12) \times 10^{-23}$ J K^{-1}
Unité de masse atomique	u $(= 10^{-3}$ kg mol^{-1} $N_A^{-1})$	$1{,}660\,540\,2(10) \times 10^{-27}$ kg
Masse de l'électron au repos	m_e	$9{,}109\,389\,7(54) \times 10^{-31}$ kg
Masse du proton au repos	m_p	$1{,}672\,623\,1(10) \times 10^{-27}$ kg
Constante de Rydberg	R_∞	$1{,}097\,373\,153\,4(13) \times 10^{7}$ m^{-1}
Rayon de Bohr	a_0	$5{,}291\,772\,49(24) \times 10^{-11}$ m
Magnéton de Bohr	μ_B $[= e\, \hbar\, (2m_e)^{-1}]$	$9{,}274\,015\,4(31) \times 10^{-24}$ J T^{-1}
Magnéton nucléaire	μ_N	$5{,}050\,786\,6(17) \times 10^{-27}$ J T^{-1}
Moment magnétique de l'électron	μ_e	$9{,}284\,770\,1(31) \times 10^{-24}$ J T^{-1}
Facteur g de l'électron libre	g_e $(= 2\mu_e\, \mu_B^{-1})$	$2{,}002\,319\,304\,386(20)$

a. Valeurs tirées de *Quantities, Units and Symbols in Physical Chemistry*, International Union of Pure and Applied Chemistry, Blackwell Scientific Publications (1988). L'incertitude sur les derniers chiffres est indiquée entre parenthèses.

Quelques facteurs de conversion d'unités

Unité	cm^{-1}	MHz	kJ	eV	$kJ\ mol^{-1}$
1 cm^{-1}	1	29 979,25	$1{,}986\ 45 \times 10^{-26}$	$1{,}239\ 84 \times 10^{-4}$	$1{,}196\ 27 \times 10^{-2}$
1 MHz	$3{,}335\ 64 \times 10^{-5}$	1	$6{,}626\ 08 \times 10^{-31}$	$4{,}135\ 67 \times 10^{-9}$	$3{,}990\ 31 \times 10^{-7}$
1 kJ	$5{,}034\ 11 \times 10^{25}$	$1{,}509\ 19 \times 10^{30}$	1	$6{,}241\ 51 \times 10^{21}$	$6{,}022\ 14 \times 10^{23}$
1 eV	8 065,54	$2{,}417\ 99 \times 10^{8}$	$1{,}602\ 18 \times 10^{-22}$	1	96,485
1 $kJ\ mol^{-1}$	83,593 5	$2{,}506\ 07 \times 10^{6}$	$1{,}660\ 54 \times 10^{-24}$	$1{,}036\ 43 \times 10^{-2}$	1

Chapitre 1

Quelques résultats importants de mécanique quantique

1.1 SPECTROSCOPIE ET MÉCANIQUE QUANTIQUE

La spectroscopie est, fondamentalement, une discipline expérimentale, et étudie l'absorption, l'émission ou la diffusion de rayonnement électromagnétique par des atomes ou des molécules. Comme nous le verrons au chapitre 3, le rayonnement électromagnétique couvre un large domaine de longueurs d'onde, allant des ondes radio aux rayons γ, et les atomes ou les molécules peuvent être en phase gazeuse, liquide ou solide, ou bien adsorbés sur une surface solide, situation d'une grande importance en chimie des surfaces. Par contre, la mécanique quantique est une discipline théorique, concernant de nombreux aspects de la chimie et de la physique, en particulier la spectroscopie.

Les méthodes expérimentales en spectroscopie ont débuté dans le domaine le plus accessible du spectre électromagnétique, le domaine visible où l'œil pouvait être utilisé comme détecteur. En 1655, Newton avait entrepris ses célèbres expériences sur la dispersion de la lumière blanche en une gamme de couleurs, en utilisant un prisme triangulaire en verre. Cependant, il fallut attendre environ 1860 pour que Bunsen et Kirchhoff commencent à construire le spectroscope à prisme, conçu comme un système intégré, utilisable en tant qu'instrument d'analyse. Les premières applications ont donné lieu à l'observation du spectre d'émission de différents échantillons dans une flamme, constituant les prémices des tests de flamme de différents éléments, ainsi que du spectre du Soleil.

Le spectre visible de l'hydrogène atomique avait été observé, de nombreuses années auparavant, tant dans le spectre solaire que dans l'hydrogène moléculaire soumis à des décharges électriques. Toutefois, ce n'est qu'en 1885 que Balmer réussit à ajuster les séries de raies qui en résultaient à une formule mathématique. C'est ainsi que débuta la relation étroite entre l'expérience et la théorie en spectroscopie, l'expérience fournissant les résultats et une théorie appropriée essayant de les expliquer et de prédire des résultats dans des expériences voisines. Cependant la théorie rencontra de plus en plus de difficultés tant qu'elle fut basée sur la mécanique classique newtonienne, jusqu'au développement de la mécanique quantique, par Schrödinger, à partir de 1926. Malgré l'importance de cette découverte sur laquelle on n'insistera pas, je pense qu'il n'est pas inexact de dire que la théorie est restée en retrait derrière l'expérience. Les données provenant des expériences de spectroscopie, à part celles effectuées sur les atomes et les molécules les plus simples, pouvaient facilement dépasser les prédictions de la théorie, qui était presque toujours limitée par les approximations nécessaires pour que les calculs puissent aboutir. Ce n'est que depuis 1960 que la situation a changé, grâce à l'arrivée d'ordinateurs puissants et rapides, imposant beaucoup moins d'approximations. Aujourd'hui, il n'est pas rare d'obtenir, pour des molécules relativement petites, des prédictions de propriétés spectroscopiques et structurales comparables en précision à ce que l'on peut obtenir expérimentalement.

Bien que la spectroscopie et la mécanique quantique soient intimement liées, on a néanmoins encore tendance à enseigner ces disciplines séparément, tout en attirant l'attention sur des points communs évidents. C'est la démarche adoptée dans cet ouvrage, qui concerne principalement les techniques de la spectroscopie et l'interprétation des résultats qui en découlent. Des références d'ouvrages de mécanique quantique sont données dans la bibliographie à la fin de ce chapitre.

1.2 L'ÉVOLUTION DE LA THÉORIE QUANTIQUE

A la fin du XIXe siècle, on a commencé à montrer que la mécanique newtonienne classique, tout à fait valide à une échelle macroscopique, ne marchait pas à l'échelle atomique. En 1885, Balmer a pu ajuster les longueurs d'onde discrètes λ d'une partie du spectre d'émission de l'atome d'hydrogène, appelée maintenant série de Balmer et illustrée dans la figure 1.1, à la formule empirique

$$\lambda = \frac{n'^2 G}{n'^2 - 4} \tag{1.1}$$

où G est une constante et $n' = 3, 4, 5, \ldots$ Dans cette figure, on utilise le nombre d'onde[1] $\tilde{\nu}$ et la longueur d'onde λ, qui sont reliés par

$$\tilde{\nu} = \frac{1}{\lambda} \tag{1.2}$$

En utilisant la relation

$$\nu = \frac{c}{\lambda} \tag{1.3}$$

où ν est la fréquence et c la célérité de la lumière dans le vide, l'équation (1.1) devient

$$\nu = R_{\mathrm{H}} \left(\frac{1}{2^2} - \frac{1}{n'^2}\right) \tag{1.4}$$

dans laquelle R_{H} est la constante de Rydberg pour l'hydrogène. Cette équation, ainsi que le fait que le spectre soit discret plutôt que continu, est complètement en désaccord avec la mécanique classique.

Un autre phénomène qui était inexplicable en termes classiques est l'effet photoélectrique, découvert par Hertz en 1887. Quand la lumière ultraviolette tombe sur une surface de métal alcalin, des électrons sont éjectés de la surface seulement lorsque la fréquence de la radiation atteint la fréquence seuil ν_s du métal. Lorsqu'on augmente la fréquence, l'énergie cinétique des électrons éjectés, appelés photoélectrons, augmente linéairement avec ν, comme le montre la figure 1.2. Comme nous le verrons au chapitre 8, l'effet photoélectrique constitue la base de domaines relativement nouveaux de la spectroscopie, comme la spectroscopie de photoélectrons et la spectroscopie Auger.

L'interprétation du spectre de l'atome d'hydrogène et de l'effet photoélectrique, ainsi que d'autres observations anormales telles que le comportement de la capacité calorifique molaire, C_v, d'un solide à des températures proches de 0 K, et la distribution en fréquences du rayonnement du corps noir, ont pris naissance avec Planck. En 1900, il proposa que la fréquence ν d'oscillation des oscillateurs microscopiques, dont le corps noir est constitué, était reliée à l'énergie E de la radiation émise par

$$E = nh\nu \tag{1.5}$$

où n est un entier ; h est la constante de Planck dont la valeur actuellement admise est

$$h = (6{,}626\ 075\ 5 \pm 0{,}000\ 004\ 0) \times 10^{-34}\ \mathrm{J\ s} \tag{1.6}$$

1. Voir les unités, les dimensions et les conventions p. XIX

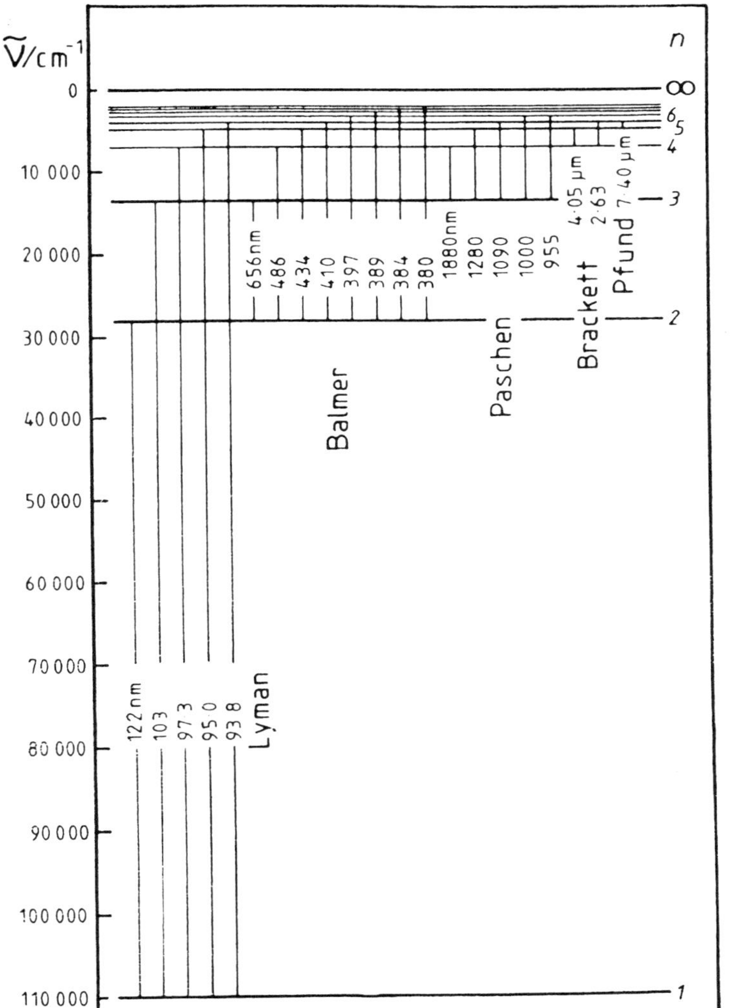

Fig. 1.1 — *Niveaux d'énergie et transitions observées dans l'atome d'hydrogène.*

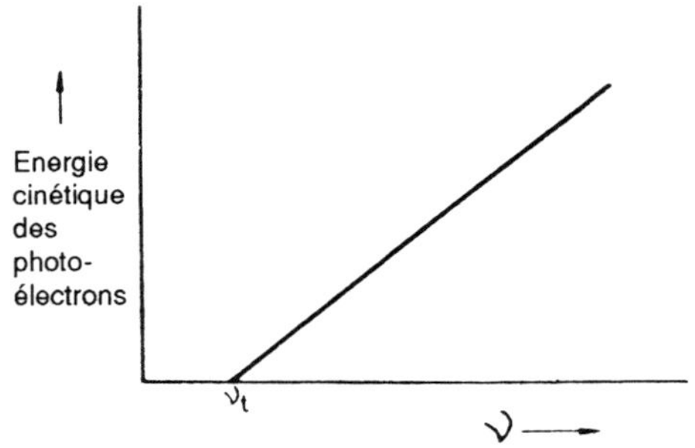

Fig. 1.2 — *Variation de l'énergie cinétique de photoélectrons avec la fréquence de la radiation incidente.*

On dit que l'énergie E est quantifiée en paquets discrets, ou quanta, valant chacun $h\nu$. C'est à cause de la valeur extrêmement faible de h que la quantification de l'énergie dans les systèmes macroscopiques a échappé à l'observation, mais, bien sûr, elle s'applique à tous les systèmes.

Einstein, en 1906, a appliqué cette théorie à l'effet photoélectrique et a montré que

$$h\nu = \tfrac{1}{2}m_e v^2 + I \tag{1.7}$$

où $h\nu$ représente l'énergie associée à un quantum, que Lewis appela photon en 1924, du rayonnement incident. $\frac{1}{2}m_e v^2$ est l'énergie cinétique du photoélectron éjecté avec une vitesse v, et I est l'énergie d'ionisation[1] de la surface métallique.

En 1913, Bohr a regroupé les mécaniques quantique et classique, pour expliquer l'observation, non seulement de la série de Balmer, mais aussi celles de Lyman, Paschen, Brackett, Pfund, etc., dans le spectre d'émission de l'atome d'hydrogène, illustré par la figure 1.1. Bohr a supposé, empiriquement, que l'électron ne peut se déplacer autour du noyau que sur des orbites circulaires spécifiques et que le moment angulaire, p_θ, pour un angle de rotation θ, est donné par

$$p_\theta = \frac{nh}{2\pi} \tag{1.8}$$

où $n = 1, 2, 3, \ldots$ définit une orbite particulière. Il y a émission ou absorption d'énergie quand l'électron passe d'une orbite avec une valeur élevée de n à une orbite de valeur de n plus basse, et réciproquement. En mécanique classique, on peut montrer que l'énergie E_n de l'électron vaut

$$E_n = -\frac{\mu e^4}{8h^2\varepsilon_0}\left(\frac{1}{n^2}\right) \tag{1.9}$$

où $\mu = m_e m_p/(m_e + m_p)$ est la masse réduite du système électron e plus proton p, e est la charge électronique, et ε_0 est la permittivité du vide. Ce sont les niveaux d'énergie de la figure 1.1, sauf que l'on a utilisé $\tilde{\nu} = E_n/hc$ plutôt que E_n. Le zéro en énergie correspond à $n = \infty$, niveau auquel l'atome est ionisé[2]. Les niveaux d'énergie sont discrets au-dessous de $n = \infty$, mais continus au-dessus, puisque l'électron peut être éjecté avec n'importe quelle valeur d'énergie cinétique.

L'énergie nécessaire, ΔE, pour que l'électron passe d'une orbite inférieure n'' à une orbite supérieure n'[3], est donnée, à partir de l'équation (1.9), par

1. I est souvent appelé, de façon incorrecte, potentiel d'ionisation alors que, pour un solide, il est habituellement appelé travail d'extraction.

2. Notons que, lorsque $A \rightarrow A^+ + e$, c'est l'atome A et non l'électron qui est ionisé.

3. L'utilisation des symboles prime (') et seconde (") pour indiquer respectivement les états supérieur et inférieur d'une transition est générale en spectroscopie et ils seront employés tout au long de l'ouvrage.

$$\Delta E = -\frac{\mu e^4}{8h^2\varepsilon_0}\left(\frac{1}{n''^2} - \frac{1}{n'^2}\right) \tag{1.10}$$

ou, puisque $\Delta E = h\nu$, nous obtenons, en termes de fréquence,

$$\nu = \frac{\mu e^4}{8h^3\varepsilon_0^2}\left(\frac{1}{n''^2} - \frac{1}{n'^2}\right) \tag{1.11}$$

La comparaison avec l'équation empirique (1.4) montre que $R_H = \mu e^4/8h^3\varepsilon_0^2$ et que $n'' = 2$ pour la série de Balmer. De la même façon, $n'' = 1$, 3, 4 et 5 pour les séries de Lyman, Paschen, Brackett et Pfund, mais il est important de comprendre qu'il y a une infinité de séries. De nombreuses séries avec une valeur élevée de n'' ont été observées, par des techniques de radioastronomie, dans le milieu interstellaire où une grande quantité d'hydrogène atomique est présente. Par exemple, la transition $(n' = 167) - (n'' = 166)$[1] a été observée avec $\nu = 1{,}425$ GHz ($\lambda = 21{,}04$ cm).

La constante de Rydberg tirée de l'équation (1.11) a la dimension d'une fréquence, mais est souvent employée avec la dimension d'un nombre d'onde, soit

$$\tilde{R}_H = \frac{\mu e^4}{8h^3\varepsilon_0^2 c} = (1{,}096\ 775\ 830\ 6 \pm 0{,}000\ 000\ 001\ 3) \times 10^7\ \mathrm{m}^{-1} \tag{1.12}$$

constante déterminée avec une très grande précision.

Exercice résolu 1.1

Énoncé. En utilisant les équations (1.11) et (1.12), calculer, avec six chiffres significatifs, les nombres d'onde, en cm^{-1}, des deux premiers termes (n' les plus bas) de la série de Balmer de l'atome d'hydrogène. Convertir ensuite ces valeurs en longueurs d'ondes, en nm.

Solution. En utilisant la dimension d'un nombre d'onde plutôt que celle d'une fréquence, l'équation (1.11) devient

$$\tilde{\nu} = \tilde{R}_H\left(\frac{1}{n''^2} - \frac{1}{n'^2}\right)$$

Pour la série de Balmer, $n'' = 2$, et pour les deux premiers termes, $n' = 3$ et 4. Leurs nombres d'onde sont donnés par :

Pour $n' = 3$,

$$\begin{aligned}\tilde{\nu} &= 1{,}096\ 776 \times 10^5\ (\tfrac{1}{4} - \tfrac{1}{9})\ \mathrm{cm}^{-1}\\ &= 1{,}096\ 776 \times 10^5 \times 0{,}138\ 888\ 9\ \mathrm{cm}^{-1}\\ &= 15\ 233{,}00\ \mathrm{cm}^{-1}\\ \lambda = \frac{1}{\tilde{\nu}} &= 6{,}564\ 695 \times 10^{-5}\ \mathrm{cm}\\ &= 656{,}470\ \mathrm{nm}\end{aligned}$$

Pour $n' = 4$,

$$\begin{aligned}\tilde{\nu} &= 1{,}096\ 776 \times 10^5\ (\tfrac{1}{4} - \tfrac{1}{16})\ \mathrm{cm}^{-1}\\ &= 1{,}096\ 776 \times 10^5 \times 0{,}187\ 500\ 0\ \mathrm{cm}^{-1}\\ &= 20\ 564{,}55\ \mathrm{cm}^{-1}\\ \lambda = \frac{1}{\tilde{\nu}} &= 4{,}862\ 737 \times 10^{-5}\ \mathrm{cm}\\ &= 486{,}274\ \mathrm{nm}\ \text{(avec six chiffres)}\end{aligned}$$

Notons que sept chiffres sont gardés dans le calcul jusqu'à la dernière étape où les nombres sont arrondis à six chiffres significatifs.

---

1. La notation S – I pour indiquer une transition entre un état supérieur S et un état inférieur I est générale en spectroscopie et sera utilisée tout au long de l'ouvrage.

La théorie quantique de Planck a permis d'expliquer avec beaucoup de succès le spectre de l'atome d'hydrogène, la distribution de longueurs d'onde dans le rayonnement du corps noir, l'effet photoélectrique, et la capacité calorifique des solides à basse température, mais elle a aussi conduit à des anomalies évidentes. L'une d'entre elles concerne l'effet photoélectrique, pour lequel la lumière ultraviolette interagissant avec la surface d'un métal alcalin se comporte comme si elle était constituée de particules, alors que les phénomènes d'interférence et de diffraction de la lumière sont expliqués par sa nature ondulatoire. Cette dualité onde-corpuscule, qui s'applique non seulement à la lumière, mais aussi à n'importe quelle particule ou radiation, a été résolue par de Broglie en 1924. Il proposa la relation

$$p = \frac{h}{\lambda} \tag{1.13}$$

entre la quantité de mouvement p dans la représentation corpusculaire et la longueur d'onde λ dans la représentation ondulatoire. Cette équation a conduit à d'importantes prédictions, comme par exemple le fait qu'un faisceau d'électrons, de vitesse, donc de quantité de mouvement uniformes, peut présenter un comportement ondulatoire. Ceci a été confirmé en 1925, par Davisson et Germer, qui ont montré que la surface d'un cristal de nickel pouvait réfléchir et diffracter un faisceau d'électrons monochromatiques. Leur expérience constitue la base de la technique LEED (diffraction par électrons lents, en anglais *Low Energy Electron Diffraction*) permettant l'étude de la structure de matériaux cristallins, à proximité de leur surface. D'autres expériences ont montré que la transmission d'un faisceau d'électrons à travers une feuille métallique fine donnait également lieu à une figure de diffraction. En utilisant un échantillon gazeux plutôt que solide, la technique de diffraction d'électrons constitue, pour la détermination de la géométrie moléculaire, une méthode importante et complémentaire aux méthodes spectroscopiques.

Une fois que les représentations ondulatoires et corpusculaires ont été réconciliées, les raisons pour lesquelles l'électron de l'atome d'hydrogène ne peut se déplacer sur des orbites particulières avec un moment angulaire donné par l'équation (1.8) se sont éclaircies. Dans la représentation ondulatoire, la circonférence $2\pi r$ d'une orbite de rayon r doit être égale à un nombre entier de longueurs d'onde

$$n\lambda = 2\pi r \tag{1.14}$$

où $n = 1, 2, 3, ..., \infty$, afin d'établir une onde stationnaire. Ce type d'onde est illustré par la figure 1.3(a) pour $n = 6$, tandis que la figure 1.3(b) montre une onde progressive obtenue lorsque n n'est pas entier : l'onde interfère avec elle-même de façon destructive.

Cependant, l'image d'un électron représenté, sur une orbite, par une onde stationnaire pose le problème important de savoir où il se trouve, si on le considère comme une particule. Nous allons répondre à cette question dans le cas d'un électron se déplaçant à une vitesse constante dans une direction x. D'après de Broglie, l'image de cette situation est une onde avec une longueur d'onde spécifique, se déplaçant dans la direction x comme le montre la figure 1.4(a), et il est manifeste que l'on ne peut pas préciser à quel endroit se trouve l'électron. A l'autre extrême, nous pouvons considérer l'électron comme une particule qui peut être détectée par une scintillation sur un écran phosphorescent. La figure 1.4(b) montre comment un grand nombre d'ondes, de longueurs d'onde et d'amplitudes différentes, se déplaçant dans la direction x, peuvent se renforcer mutuellement pour une valeur particulière de x, disons x_s, et se détruire ailleurs. Cette superposition à x_s est appelée paquet d'onde et on peut dire que l'électron se comporte comme une particule placée en x_s.

En ce qui concerne la situation de la figure 1.4(a), la valeur de la quantité de mouvement p_x de l'électron est connue avec certitude, alors que la position x de l'électron est complètement indéterminée ; dans le cas de la figure 1.4(b), x est connu avec certitude, mais c'est la

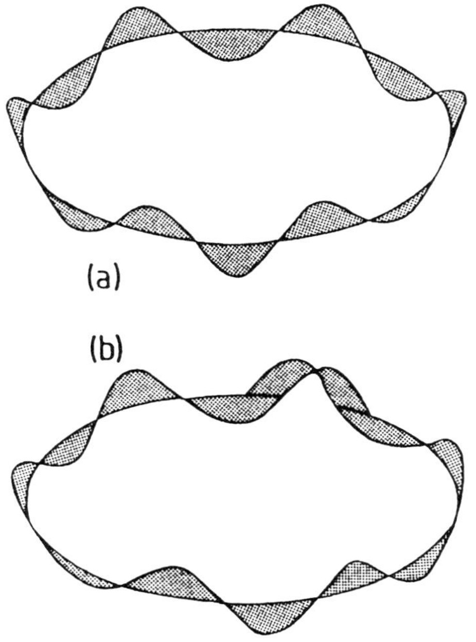

Fig. 1.3 — *(a) Onde stationnaire pour un électron sur une orbite avec n = 6.*
(b) Onde progressive résultant d'une valeur non entière de n.

longueur d'onde, donc p_x, qui est indéterminée. En 1927 Heisenberg proposa la relation générale

$$\Delta p_x \Delta x \geq \hbar \tag{1.15}$$

entre les incertitudes sur p_x et x, Δp_x et Δx, connue sous le nom de principe d'incertitude de Heisenberg. Dans cette équation, on utilise $\hbar$ (= $h/2\pi$) : cette quantité, apparaissant souvent en mécanique quantique et en spectroscopie, est une abréviation utile. On constate d'après l'équation (1.15) que, dans la limite de la représentation ondulatoire, $\Delta p_x = 0$ et $\Delta x = \infty$, et que, dans la limite de la représentation corpusculaire, $\Delta x = 0$ et $\Delta p_x = \infty$.

Une autre forme du principe d'incertitude

$$\Delta t \Delta E \geq \hbar \tag{1.16}$$

relie les incertitudes sur le temps t et l'énergie E. Ceci montre que, si nous connaissons exactement l'énergie d'un état, $\Delta E = 0$ et $\Delta t = \infty$. Un tel état ne change pas au cours du temps et constitue un état stationnaire.

Ces arguments relatifs à la réconciliation entre les représentations ondulatoire et corpusculaire de l'électron s'appliquent de manière similaire à toutes les autres petites particules comme le positron, le neutron ou le proton. Ils sont à mettre en parallèle avec des arguments similaires appliqués à la nature de la lumière, faisant suite à l'expérience de Young en 1807, dans laquelle il observa des franges d'interférence lorsqu'une même source de lumière éclairait deux trous rapprochés. La représentation ondulatoire est nécessaire pour expliquer des phénomènes tels que les interférences et la diffraction, alors que la représentation sous forme de particules (les photons) est satisfaisante pour résoudre les problèmes d'optique géométrique.

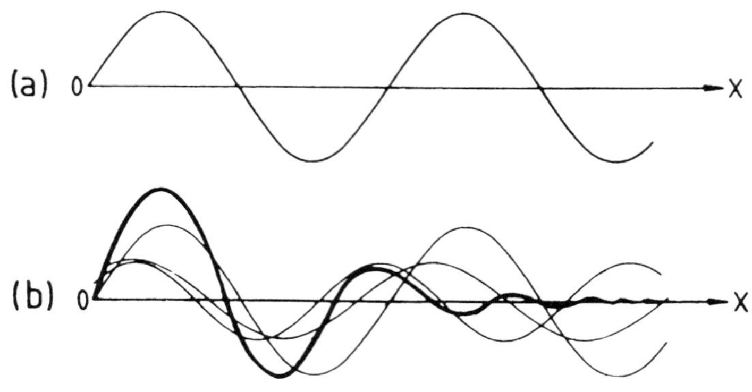

Fig. 1.4 — *(a) Onde due à un électron se déplaçant avec une vitesse donnée dans la direction de l'axe des x. (b) Superposition d'ondes de différentes longueurs d'onde se renforçant mutuellement près de x = 0.*

1.3 L'ÉQUATION DE SCHRÖDINGER ET QUELQUES-UNES DE SES SOLUTIONS

Cet ouvrage n'a pas pour objectif de constituer une référence de base en mécanique quantique : on trouvera de tels ouvrages dans la bibliographie à la fin de ce chapitre. Néanmoins, il est nécessaire, à ce stade, de donner un bref aperçu de l'équation de Schrödinger et de quelques-unes de ses solutions, indispensables à l'interprétation des spectres atomiques et moléculaires.

1.3.1 L'équation de Schrödinger

L'équation de Schrödinger ne peut pas être démontrée de manière rigoureuse ; cependant, elle a été mise en avant comme un postulat, basé sur l'analogie entre la nature ondulatoire de la lumière et de l'électron. L'équation a été justifiée par les remarquables succès de ses applications.

De même qu'une onde lumineuse progressive peut être représentée par une fonction de son amplitude à une position et un instant donnés, il a été proposé que l'amplitude d'une onde représentant l'électron soit décrite par une fonction d'onde $\Psi(x, y, z, t)$, fonction de la position et du temps. En 1926, Born a relié les représentations ondulatoire et corpusculaire en disant qu'on ne doit pas parler d'une particule présente en un point particulier à un instant donné, mais de la probabilité de trouver la particule à cette position. Cette probabilité est donnée par $\Psi^*\Psi$ où Ψ^* est le complexe conjugué de Ψ, obtenu en remplaçant, dans Ψ, i $(= \sqrt{-1})$ par –i. Il en découle que

$$\int \Psi^* \Psi \, \mathrm{d}\tau = 1 \qquad (1.17)$$

où $\mathrm{d}\tau$ est l'élément de volume dxdydz, puisque la probabilité de trouver l'électron en tout point de l'espace est égale à l'unité. Il semble également raisonnable de dire que cette probabilité est indépendante du temps :

$$\frac{\partial\left(\int \Psi^* \Psi \, \mathrm{d}\tau\right)}{\partial t} = 0 \tag{1.18}$$

ce qui a été pris comme hypothèse dans la mécanique quantique non relativiste développée par Schrödinger en 1926. Dirac a montré en 1928 que, lorsque la relativité est prise en compte, ce n'est pas tout à fait exact, mais nous ne considérerons pas les effets de la relativité.

La fonction d'onde est postulée sous la forme

$$\Psi = b \exp\left(\frac{\mathrm{i}A}{h}\right) \tag{1.19}$$

où b est une constante et A est l'action, reliée à l'énergie cinétique T et à l'énergie potentielle V par

$$-\frac{\partial A}{\partial t} = T + V = H \tag{1.20}$$

où H, somme des énergies cinétique et potentielle, est appelé hamiltonien en mécanique classique. A partir des équations (1.19) et (1.20), il vient

$$H\Psi = \mathrm{i}\hbar \frac{\partial \Psi}{\partial t} \tag{1.21}$$

Schrödinger a postulé que l'hamiltonien en mécanique quantique est obtenu en substituant l'énergie cinétique dans l'équation (1.20), de sorte que

$$H = -\frac{\hbar^2}{2m} \nabla^2 + V \tag{1.22}$$

Le symbole ∇ est appelé « nabla » et le laplacien, ∇^2, est donné, en coordonnées cartésiennes, par

$$\nabla^2 = \frac{\partial^2}{\partial x^2} + \frac{\partial^2}{\partial y^2} + \frac{\partial^2}{\partial z^2} \tag{1.23}$$

On obtient l'équation de Schrödinger dépendante du temps, à partir des équations (1.21) et (1.22)

$$-\frac{\hbar^2}{2m} \nabla^2 \Psi + V\Psi = \mathrm{i}\hbar \frac{\partial \Psi}{\partial t} \tag{1.24}$$

mais, comme nous allons avoir affaire essentiellement à des ondes stationnaires, nous serons principalement concernés par la partie indépendante du temps.

Considérons, pour simplifier, une onde se déplaçant dans la direction x et supposons que $\Psi(x, t)$ puisse être factorisé en une partie dépendante du temps, $\theta(x)$, et une partie indépendante du temps, $\psi(x)$, telles que

$$\Psi(x,t) = \psi(x)\theta(t) \tag{1.25}$$

En combinant l'équation (1.24), pour un système unidimensionnel, et l'équation (1.25), on obtient

$$-\frac{\hbar^2}{2m\psi(x)} \frac{\partial^2 \psi(x)}{\partial x^2} + V(x) = \frac{\mathrm{i}\hbar}{\theta(t)} \frac{\partial \theta(t)}{\partial t} \tag{1.26}$$

Comme la partie gauche de l'équation est fonction de x seulement et la partie droite fonction de t seulement, elles doivent être toutes deux constantes. Puisqu'elles ont la même dimension que $V(x)$, c'est-à-dire une énergie, nous les posons égales à E. La partie gauche donne

$$-\frac{\hbar^2}{2m} \frac{\partial^2 \psi(x)}{\partial x^2} + V(x)\psi(x) = E\psi(x) \tag{1.27}$$

ce qui constitue l'équation de Schrödinger à une dimension, indépendante du temps, souvent appelée simplement l'équation d'onde. On peut la récrire sous la forme générale

$$H\psi = E\psi \tag{1.28}$$

où H est l'hamiltonien de l'équation (1.22), mais à une dimension. Comme H contient $\partial/\partial x$, c'est un opérateur, au sens mathématique du terme, comme par exemple l'opérateur d/dx, qui agit sur x^2 pour donner $2x$. L'équation (1.28) donne l'illusion d'être simple. Elle signifie que H, agissant sur ψ, donne ψ multiplié par une énergie E. Un exemple simple est fourni par

$$\frac{\mathrm{d}}{\mathrm{d}x}\exp(2x) = 2\exp(2x) \tag{1.29}$$

qui est une équation du même type que (1.28).

En ce qui concerne les résultats de mécanique quantique dont nous aurons besoin, nous ne traiterons que des états stationnaires, connus parfois sous le nom d'états propres. On peut appeler les fonctions d'onde pour ces états, les fonctions propres et les énergies E qui leur sont associées, les valeurs propres.

Les détails des méthodes de résolution de l'équation de Schrödinger pour obtenir ψ et E pour différents systèmes ne nous concernent pas ici ; on les trouvera dans les livres cités dans la bibliographie. Nous n'avons besoin que des résultats, et certains d'entre eux vont maintenant être discutés.

1.3.2 L'atome d'hydrogène

L'atome d'hydrogène, formé d'un proton et d'un seul électron, occupe une place très importante dans le développement de la mécanique quantique car l'équation de Schrödinger peut être résolue exactement pour ce système. Ceci est vrai également pour les ions atomiques hydrogénoïdes He^+, Li^{2+}, Be^{3+}, etc., et les molécules simples à un électron, comme H_2^+.

Dans la description quantique de l'atome d'hydrogène, l'énergie totale E_n est quantifiée, avec exactement les mêmes valeurs que dans l'équation (1.9) dérivée de la mécanique classique. Le moment angulaire de l'électron sur une orbite particulière, appelée orbitale en mécanique quantique, ne peut également prendre que des valeurs discrètes. Ce moment angulaire orbital, **p**, est un vecteur[1] et, par conséquent, est défini par son module *et* sa direction. Dans l'image classique d'un électron circulant sur une orbite dans la direction indiquée dans la figure 1.5, le sens du vecteur **p** correspondant, qui est également représenté, est obtenu par la règle du pas de vis à droite (ou règle du tire-bouchon). Si on introduit maintenant une certaine directionnalité dans l'espace, par exemple à l'aide d'un champ magnétique, **p** ne peut alors prendre que certaines orientations par rapport à cette direction, de telle sorte que la composante de **p** dans cette direction n'acquière que certaines valeurs, discrètes. Ce phénomène s'appelle la quantification spatiale, obtenue aussi par un traitement semi-classique, mais d'une manière quantitativement incorrecte. Cet effet est connu sous le nom d'effet Zeeman.

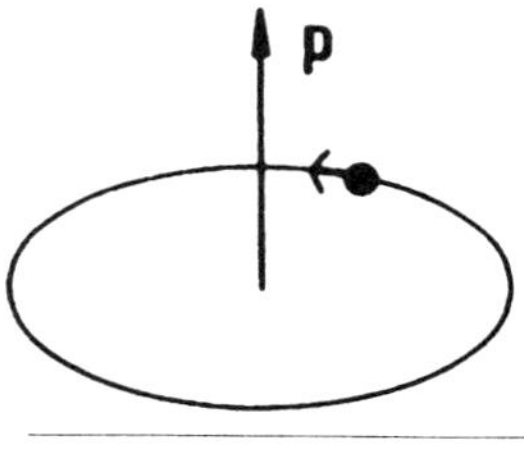

Fig. 1.5 — *Direction du vecteur moment angulaire* **p** *d'un électron sur une orbite.*

1. Une grandeur vectorielle est indiquée en caractères gras et son module en caractères italiques.

Pour l'atome d'hydrogène, l'hamiltonien de l'équation (1.22) devient

$$H = -\frac{\hbar^2}{2\mu}\nabla^2 - \frac{e^2}{4\pi\varepsilon_0 r} \tag{1.30}$$

Le deuxième terme de la partie droite est l'énergie potentielle coulombienne d'attraction entre les charges $-e$ et $+e$ séparées d'une distance r. Le premier terme contient la masse réduite μ ($= m_e m_p/(m_e + m_p)$) du système constitué d'un électron de masse m_e et d'un proton de masse m_p. Il contient également le laplacien ∇^2 qui est défini par

$$\nabla^2 = \frac{1}{r^2 \sin\theta}\left[\sin\theta \frac{\partial}{\partial r}\left(r^2 \frac{\partial}{\partial r}\right) + \frac{\partial}{\partial \theta}\left(\sin\theta \frac{\partial}{\partial \theta}\right) + \frac{1}{\sin\phi}\frac{\partial^2}{\partial \phi^2}\right] \tag{1.31}$$

où la distance r d'un point P à l'origine, la colatitude, θ, et l'angle azimutal, ϕ, constituent les coordonnées sphériques, illustrées dans la figure 1.6. Cela peut paraître surprenant vu la complexité de l'équation (1.31), mais les solutions de l'équation de Schrödinger sont plus simples que si l'on utilisait les coordonnées cartésiennes. En particulier, les fonctions d'onde correspondant à l'hamiltonien de l'équation (1.30) peuvent être factorisées :

$$\psi(r, \theta, \phi) = R_{n\ell}(r)\, Y_{\ell m_\ell}(\theta, \phi) \tag{1.32}$$

Les fonctions $Y_{\ell m_\ell}$ sont connues sous le nom de fonctions d'onde angulaires ou harmoniques sphériques puisqu'elles décrivent la distribution de ψ sur la surface d'une sphère de rayon r. Le nombre quantique $n = 1, 2, 3, \ldots, \infty$ est le même que dans la théorie de Bohr, ℓ est le nombre quantique azimutal associé aux valeurs discrètes du moment angulaire orbital, et m_ℓ est appelé nombre quantique magnétique, et résulte de la quantification spatiale du moment angulaire orbital. Ces nombres quantiques peuvent prendre les valeurs

$$\ell = 0, 1, 2, \ldots, (n-1) \tag{1.33}$$

$$m_\ell = 0, \pm 1, \pm 2, \ldots, \pm \ell \tag{1.34}$$

La fonction $Y_{\ell m_\ell}(\theta, \phi)$ de l'équation (1.32) peut être factorisée en

$$Y_{\ell m_\ell}(\theta, \phi) = (2\pi)^{-1/2}\, \Theta_{\ell m_\ell}(\theta) \exp(\mathrm{i} m_\ell \phi) \tag{1.35}$$

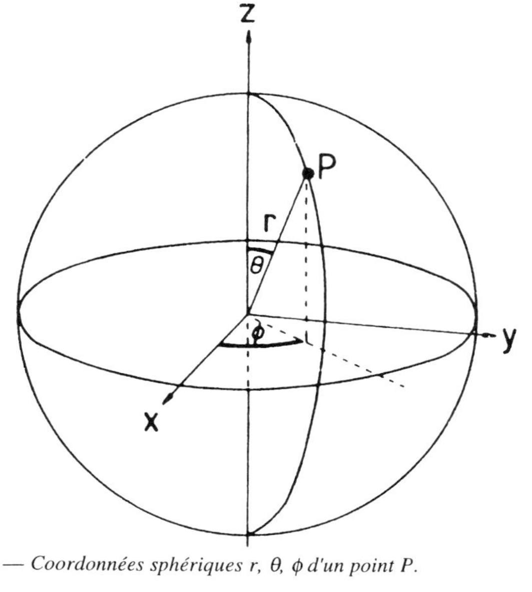

Fig. 1.6 — *Coordonnées sphériques r, θ, ϕ d'un point P.*

Tab. 1.1 — *Quelques fonctions d'onde $\Theta_{\ell m_\ell}$ de l'hydrogène et des atomes hydrogénoïdes.*

ℓ	m_ℓ	$\Theta_{\ell m_\ell}(\theta)$	ℓ	m_ℓ	$\Theta_{\ell m_\ell}(\theta)$
0	0	$\frac{1}{2^{1/2}}$	2	0	$\frac{10^{1/2}}{2}(3\cos^2\theta - 1)$
1	0	$\frac{6^{1/2}}{2}\cos\theta$	2	±1	$\frac{15^{1/2}}{2}\sin\theta\cos\theta$
2	±1	$\frac{3^{1/2}}{2}\sin\theta$	2	±2	$\frac{15^{1/2}}{2}\sin^2\theta$

Les fonctions $\Theta_{\ell m_\ell}$ sont les polynômes de Legendre, dont quelques-uns sont donnés dans le tableau 1.1. Ils sont indépendants de Z, le nombre de charge nucléaire, et sont donc les mêmes pour tous les atomes à un électron.

La résolution de l'équation de Schrödinger pour $R_{n\ell}(r)$, appelée fonction d'onde radiale puisqu'elle est fonction de r seulement, suit une procédure mathématique bien établie, qui fournit les solutions connues sous le nom de fonctions de Laguerre, dont quelques-unes sont données dans le tableau 1.2. Le rayon de l'orbite de Bohr pour $n = 1$ est donné par

$$a_0 = \frac{\hbar^2 4\pi\varepsilon_0}{\mu e^2 Z} \tag{1.36}$$

Pour l'hydrogène, $a_0 = 0{,}529$ Å et on utilise une grandeur ρ reliée à r par

$$\rho = \frac{Zr}{a_0} \tag{1.37}$$

Les orbitales sont marquées à l'aide des valeurs de n et de ℓ. Les symboles, plutôt étranges, s, p, d, f, g, ... indiquent les valeurs de $\ell = 0, 1, 2, 3, 4$, ..., et les raisons de ces appellations seront données dans la section 7.1.3. On parle ainsi d'orbitales $1s$, $2s$, $2p$, $3s$, $3p$, $3d$, etc., où 1, 2, 3, etc., correspondent aux valeurs de n.

Il y a trois méthodes utiles pour représenter graphiquement $R_{n\ell}$:

1. Tracer $R_{n\ell}$ en fonction de ρ (ou r). C'est ce qui est fait dans la figure 1.7(a) où l'on peut voir que R_{10} et R_{21} sont toujours positives alors que R_{20} passe de valeurs positives à des valeurs négatives, et s'annule pour une valeur de ρ.

Tab. 1.2 — *Quelques fonctions d'onde $R_{n\ell}$ de l'hydrogène et d'atomes hydrogénoïdes.*

n	ℓ	$R_{n\ell}(r)$
1	0	$\left(\frac{Z}{a_0}\right)^{3/2} 2\exp(-\rho)$
2	0	$\left(\frac{Z}{a_0}\right)^{3/2} \frac{1}{2^{1/2}}\left(1 - \frac{\rho}{2}\right)\exp\left(-\frac{\rho}{2}\right)$
2	1	$\left(\frac{Z}{a_0}\right)^{3/2}\left(\frac{1}{2}\right)\frac{1}{6^{1/2}}\rho\exp\left(-\frac{\rho}{2}\right)$

2. Tracer $R_{n\ell}^2(r)$ en fonction de ρ (ou r), comme le montre la figure 1.7(b). Puisque $R_{n\ell}^2(r)\,dr$ est la probabilité de trouver l'électron entre r et $r + dr$, cette courbe représente la distribution de probabilité radiale de l'électron.
3. Tracer $4\pi r^2 R_{n\ell}^2$ en fonction de ρ (ou r), comme le montre la figure 1.7(c). La quantité $4\pi r^2 R_{n\ell}^2$, appelée densité de charge radiale, est la probabilité de trouver l'électron dans un élément de volume formé par une couche mince sphérique, d'épaisseur dr, de rayon r, et de volume $4\pi r^2 dr$.

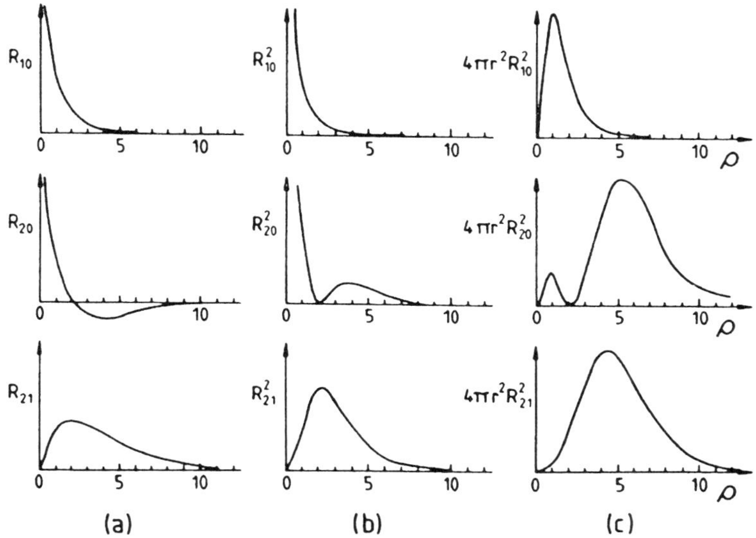

Fig. 1.7 — *Tracés de (a) la fonction d'onde radiale $R_{n\ell}$, (b) la fonction de distribution radiale de probabilité $R_{n\ell}^2$ et (c) la fonction de densité de charge radiale $4\pi r^2 R_{n\ell}^2$ en fonction de ρ.*

Pour tracer un diagramme représentant les fonctions imaginaires $Y_{\ell m_\ell}$, il est nécessaire de les transformer en fonctions réelles. Les fonctions avec $m_\ell = 0$ constituent des exceptions puisqu'elles sont déjà réelles.

En l'absence de champ électrique ou magnétique, toutes les fonctions avec $\ell \neq 0$ sont dégénérées $(2\ell + 1)$ fois, ce qui signifie qu'il existe $(2\ell + 1)$ fonctions ayant la même énergie, et dont chacune possède une des $(2\ell + 1)$ valeurs possibles de m_ℓ. Une propriété des fonctions dégénérées est que leurs combinaisons linéaires sont aussi solutions de l'équation de Schrödinger. Par exemple, $\psi_{2p,1}$ et $\psi_{2p,-1}$ étant solutions,

$$\psi_{2p_x} = 2^{-1/2}\,(\psi_{2p,1} + \psi_{2p,-1}) \tag{1.38}$$

$$\psi_{2p_y} = -2^{-1/2}\,\mathrm{i}\,(\psi_{2p,1} - \psi_{2p,-1})$$

le sont également. A partir des équations (1.32), (1.35) et (1.38) et en utilisant les fonctions $\Theta_{\ell m_\ell}$ du tableau 1.1, on obtient

$$\psi_{2p_x} = \frac{1}{2(4\pi)^{1/2}} R_{12}(r)\; 3^{1/2} \sin\theta\,[\exp(\mathrm{i}\phi) + \exp(-\mathrm{i}\phi)] \tag{1.39}$$

$$\psi_{2p_y} = \frac{1}{2(4\pi)^{1/2}}\, \mathrm{i}R_{12}(r)\; 3^{1/2} \sin\theta\,[\exp(\mathrm{i}\phi) - \exp(-\mathrm{i}\phi)]$$

Cependant, puisque

$$\exp(i\phi) + \exp(-i\phi) = 2\cos\phi \qquad (1.40)$$

$$\exp(i\phi) - \exp(-i\phi) = 2i\sin\phi$$

les équations (1.39) deviennent

$$\psi_{2p_x} = \frac{1}{(4\pi)^{1/2}} R_{12}(r)\ 3^{1/2} \sin\theta\cos\phi \qquad (1.41)$$

$$\psi_{2p_y} = \frac{1}{(4\pi)^{1/2}} R_{12}(r)\ 3^{1/2} \sin\theta\sin\phi \qquad (1.42)$$

De plus, la troisième fonction dégénérée $\psi_{2p,0}$ est toujours réelle, et nous la notons ψ_{2p_z},

$$\psi_{2p_z} = \frac{1}{(4\pi)^{1/2}} R_{12}(r)\ 3^{1/2} \cos\theta \qquad (1.43)$$

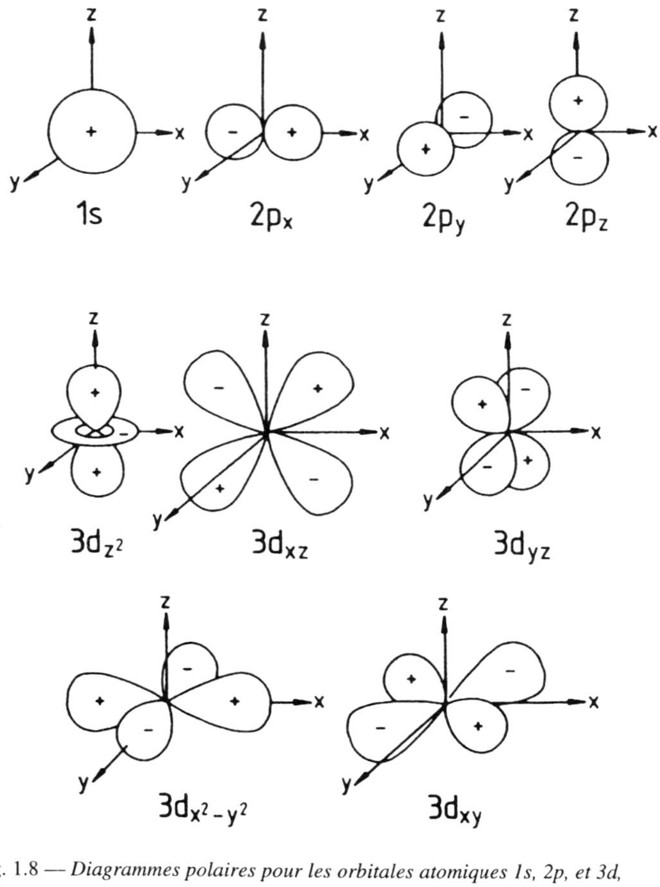

Fig. 1.8 — *Diagrammes polaires pour les orbitales atomiques 1s, 2p, et 3d, montrant les distributions de fonctions d'onde angulaires.*

Toutes les fonctions d'onde ψ_{ns} sont toujours réelles, ainsi que les fonctions ψ_{nd} , ψ_{nf}, etc., avec $m_\ell = 0$. Par contre, pour ψ_{nd} avec $m_\ell = \pm 1$ ou ± 2, il est nécessaire de combiner les fonctions d'onde imaginaires $\psi_{nd,1}$ et $\psi_{nd,-1}$, ou $\psi_{nd,2}$ et $\psi_{nd,-2}$ pour obtenir des fonctions réelles. Les fonctions d'onde orbitales ψ_{nd} pour tout $n > 2$ sont distinguées par les indices nd_{z^2} ($m_\ell = 0$), nd_{xz} et nd_{yz} ($m_\ell = \pm 1$), et nd_{xy} et $nd_{x^2-y^2}$ ($m_\ell = \pm 2$). Il y a sept orbitales nf pour tout $n > 3$, mais elles ne seront pas considérées ici.

Dans la figure 1.8, les fonctions d'onde réelles $Y_{\ell m_\ell}$ pour les orbitales 1*s*, 2*p* et 3*d* sont représentées sous forme de diagramme polaire, dont la construction peut être illustrée par le cas simple de l'orbitale $2p_z$. La fonction d'onde de l'équation (1.43) est indépendante de ϕ et est simplement proportionnelle à $\cos\theta$. Le diagramme polaire est constitué de points placés sur une surface obtenue en portant, sur des lignes tracées dans toutes les directions à partir du noyau, une distance proportionnelle à $|\cos\theta|$, pour une valeur constante de $R_{21}(r)$. La surface résultante est formée de deux sphères adjacentes, comme le montre la figure 1.8, où sont représentés les diagrammes polaires de toutes les orbitales 1*s*, 2*p* et 3*d*.

Pour toutes les orbitales, sauf 1*s*, il existe des régions de l'espace où $\psi(r, \theta, \phi) = 0$, soit parce que $Y_{\ell m_\ell} = 0$ soit parce que $R_{n\ell} = 0$. La densité électronique est nulle dans ces régions et nous les appelons surfaces nodales ou, plus simplement, nœuds. Par exemple, l'orbitale $2p_z$ possède un plan nodal, tandis que chacune des orbitales 3*d* a deux plans nodaux. Il y a en général ℓ nœuds angulaires où $Y_{\ell m_\ell} = 0$. L'orbitale 2*s* a une surface nodale sphérique, ou nœud radial, comme le montre la figure 1.7. En général, il y a $(n - 1)$ nœuds radiaux pour une orbitale *ns* (ou *n* si l'on en compte un à l'infini).

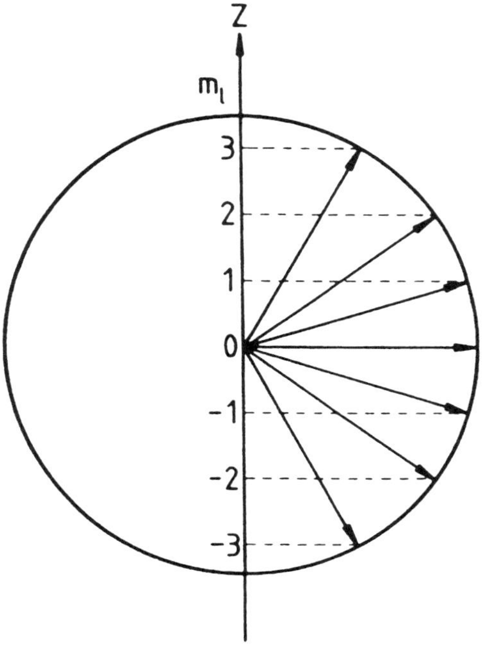

Fig. 1.9 — *Quantification spatiale du moment angulaire orbitale pour $\ell = 3$.*

L'expression des niveaux d'énergie résultant de la mécanique quantique est la même que celle de la théorie de Bohr, donnée par l'équation (1.9) — cependant, il en est ainsi puisque la théorie de Bohr est en accord parfait avec l'expérience, sauf pour la structure fine du spectre, que le calcul quantique présenté ici n'explique pas non plus. Les différences qu'introduit le traitement quantique sont d'une grande portée. Quelques-unes d'entre elles sont contenues dans les figures 1.7 et 1.8 qui décrivent l'électron comme étant distribué à l'intérieur de diverses figures de probabilité, qui tendent toujours vers zéro lorsque r tend vers l'infini. La distribution de probabilité contient aussi des surfaces nodales où la probabilité de présence de l'électron est nulle. Tout ceci est très éloigné de la représentation classique de l'électron en orbite autour du noyau comme la Lune autour de la Terre.

Contrairement à l'énergie totale, la valeur quantique, P_ℓ, du moment angulaire orbital est radicalement différente de celle de la théorie de Bohr, donnée dans l'équation (1.8). Elle est donnée par

$$P_\ell = [\ell(\ell + 1)]^{1/2}\,\hbar \tag{1.44}$$

où $\ell = 0, 1, 2, \ldots (n - 1)$, comme dans l'équation (1.33).

On peut observer un effet de la quantification spatiale du moment angulaire orbital, lorsqu'un champ magnétique est introduit le long d'un axe, noté axe des z. Le vecteur moment angulaire orbital, **P**, de module P_ℓ, ne peut prendre que certaines orientations telles que la composante $(P_\ell)_z$ selon l'axe des z soit donnée par

$$(P_\ell)_z = m_\ell\,\hbar \tag{1.45}$$

où $m_\ell = 0, \pm 1, \pm 2, \ldots, \pm\ell$, comme dans l'équation (1.34). La figure 1.9 illustre cette propriété pour un électron placé dans une orbitale d ($\ell = 2$).

1.3.3 Moments angulaires de spin électronique et de spin nucléaire

Dans l'image classique d'un électron en orbite autour du noyau, il n'est pas surprenant de constater que l'électron et le noyau peuvent tourner, chacun autour de son axe propre, exactement comme la Terre et la Lune, et que chacun possède un moment angulaire associé à cette rotation. Malheureusement, bien que le traitement quantique conduise à deux nouveaux moments angulaires, l'un associé à l'électron, l'autre au noyau, cette image physique simple s'effondre. Lorsque l'on envisage, par exemple, la description ondulatoire plutôt que corpusculaire pour l'électron, cette mise en défaut n'est pas surprenante. Cependant, on a gardé, malgré cela, l'habitude de parler de spin[1] électronique et de spin nucléaire.

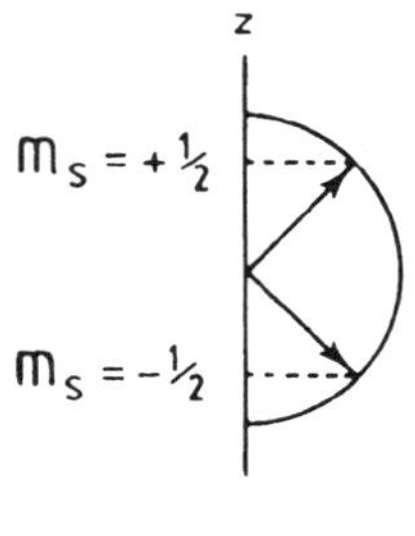

Fig. 1.10 — *Quantification spatiale du moment angulaire de spin électronique.*

Le module du moment angulaire, P_s, dû au spin d'un électron, qu'il appartienne à l'atome d'hydrogène ou à n'importe quel autre atome, est donné par

1. Le terme anglais *spin* correspond à un mouvement de rotation sur soi-même, comme une toupie, et est utilisé en français pour les particules (NdT).

$$P_s = [s\ (s + 1)]^{1/2}\ \hbar \tag{1.46}$$

où le nombre quantique de spin électronique, s, peut prendre la valeur $\frac{1}{2}$ *seulement*. Ce résultat ne peut, en réalité, être déduit de l'équation de Schrödinger, mais uniquement de la mécanique quantique relativiste de Dirac. La quantification spatiale de ce moment angulaire conduit à la composante

$$(P_s)_z = m_s\ \hbar \tag{1.47}$$

où $m_s = \pm\frac{1}{2}$ seulement. Ceci est illustré par la figure 1.10.

De la même manière, le module du moment angulaire, P_I, dû au spin nucléaire, est donné par

$$P_I = [I\ (I + 1)]^{1/2}\ \hbar \tag{1.48}$$

Le nombre quantique de spin nucléaire I peut être nul, demi-entier ou entier, suivant le noyau. Les noyaux contiennent des protons et des neutrons, chacun ayant $I = \frac{1}{2}$. La façon dont les moments angulaires de spin de ces particules se couplent détermine la valeur de I, dont quelques-unes sont données dans le tableau 1.3. Il est indispensable que $I \neq 0$ pour les noyaux analysés en spectroscopie de résonance magnétique nucléaire, de sorte que, par exemple, les noyaux ^{12}C ne sont d'aucune utilité dans cette technique, alors que ^{13}C, de spin $I = \frac{1}{2}$, est analysé, à son abondance naturelle (1,1 %), de plus en plus par la spectroscopie RMN impulsionnelle à transformée de Fourier.

Tab. 1.3 — *Quelques valeurs de nombres quantiques de spin nucléaire I.*

Noyau	I	Noyau	I	Noyau	I	Noyau	I
^{1}H	1/2	^{12}C	0	^{16}O	0	^{30}Si	0
^{2}H	1	^{13}C	1/2	^{19}F	1/2	^{31}P	1/2
^{10}B	3	^{14}N	1	^{28}Si	0	^{35}Cl	3/2
^{11}B	3/2	^{15}N	1/2	^{29}Si	1/2	^{37}Cl	3/2

1.3.4 L'approximation de Born-Oppenheimer

L'hamiltonien H d'une molécule diatomique ou polyatomique est, comme dans le cas de l'atome, la somme de l'énergie cinétique T, ou de son équivalent en mécanique quantique, et de l'énergie potentielle V, comme dans l'équation (1.20). Dans une molécule, l'énergie cinétique comprend deux contributions T_e et T_n, correspondant respectivement aux mouvements des électrons et des noyaux. L'énergie potentielle comprend deux termes, V_{ee} et V_{nn}, dus aux répulsions coulombiennes entre les électrons et entre les noyaux, et un troisième terme V_{en}, dû aux forces attractives entre les électrons et les noyaux, donnant

$$H = T_e + T_n + V_{en} + V_{ee} + V_{nn} \tag{1.49}$$

Pour des noyaux fixes, $T_n = 0$ et V_{nn} est constant, et il existe un ensemble de fonctions d'onde électroniques ψ_e qui satisfont

$$H_e\ \psi_e = E_e\ \psi_e \tag{1.50}$$

où

$$H_e = T_e + V_{en} + V_{ee} \tag{1.51}$$

Puisque H_e dépend des coordonnées nucléaires, à cause du terme V_{en}, ψ_e et E_e en dépendent également, mais, dans l'approximation de Born-Oppenheimer, proposée en 1927, on suppose que le mouvement de vibration des noyaux est lent par rapport au déplacement des électrons, de sorte que les coordonnées nucléaires interviennent dans ψ_e et E_e uniquement en tant que paramètres. On peut alors tracer, pour une molécule diatomique, une courbe (comme dans la figure 1.13, par exemple) donnant l'énergie potentielle en fonction de la distance internucléaire (ou bien du déplacement par rapport à l'équilibre), pour un état électronique particulier, dans lequel T_e et V_{ee} sont constants.

L'approximation de Born-Oppenheimer est valide car les électrons s'adaptent instantanément à tout mouvement nucléaire : on dit qu'ils suivent les noyaux. Pour cette raison, E_e peut être considéré comme une partie du potentiel dans lequel se déplacent les noyaux, de sorte que

$$H_n = T_n + V_{nn} + E_e \tag{1.52}$$

ce qui conduit à l'équation de Schrödinger pour le mouvement nucléaire

$$H_n\ \psi_n = E_n\ \psi_n \tag{1.53}$$

A partir de l'approximation de Born-Oppenheimer, la fonction d'onde totale ψ peut être factorisée selon

$$\psi = \psi_e(q,Q)\ \psi_n(Q) \tag{1.54}$$

où q représente les coordonnées électroniques, et ψ_e est une fonction de q ainsi que des coordonnées nucléaires Q. On tire de l'équation (1.54) :

$$E = E_e + E_n \tag{1.55}$$

On peut poursuivre la factorisation de ψ_n en une partie vibrationnelle ψ_υ et une partie rotationnelle ψ_r :

$$\psi_n = \psi_\upsilon\ \psi_r \tag{1.56}$$

pour des raisons analogues, ce qui est sans doute inattendu, à celles qui font que la fonction d'onde de l'atome d'hydrogène, $\psi(r, \theta, \phi)$, peut être factorisée en $R_{n\ell}(r)$ et $\psi_{\ell m_\ell}(\theta, \phi)$ comme dans l'équation (1.32). A partir de l'équation (1.56), on obtient

$$E_n = E_\upsilon + E_r \tag{1.57}$$

de sorte que

$$\psi = \psi_e\ \psi_\upsilon\ \psi_r \tag{1.58}$$

et

$$E = E_e + E_\upsilon + E_r \tag{1.59}$$

Si certains atomes possèdent un spin nucléaire, cette partie de la fonction d'onde totale peut alors être factorisée, et l'énergie traitée de manière additive. C'est pour cette raison que nous pouvons étudier séparément les spectroscopies électronique, vibrationnelle, rotationnelle et de RMN.

1.3.5 Le rotateur rigide

Le rotateur rigide, dans lequel la liaison entre les noyaux est considérée comme une tige rigide et sans masse, comme le montre la figure 1.11(a), constitue pour la rotation sur elle-même d'une molécule diatomique un modèle approché fructueux. Le moment angulaire est donné par

$$P_J = [J\ (J + 1)]^{1/2}\ \hbar \tag{1.60}$$

où le nombre quantique de rotation $J = 0, 1, 2, \ldots$. En général, J est associé au moment angulaire total, sans le spin nucléaire, c'est-à-dire rotationnel + orbital + spin électronique, mais lorsqu'il n'y a ni moment angulaire orbital ni spin électronique, il correspond simplement à la rotation.

Comme dans les cas des autres moments angulaires, il existe une quantification spatiale du moment angulaire de rotation, de telle sorte que la composante sur l'axe des z est donnée par

$$(P_J)_z = M_J \hbar \tag{1.61}$$

où $M_J = J, J - 1, \ldots, -J$. Par conséquent, en l'absence de champ électrique ou magnétique, chaque niveau d'énergie rotationnel est dégénéré $(2J + 1)$ fois.

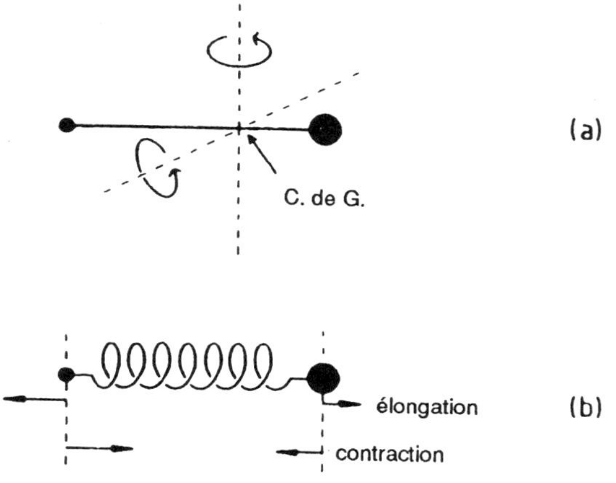

Fig.1.11 — *(a) Rotation d'une molécule diatomique hétéronucléaire autour d'axes perpendiculaires à la liaison, et passant par le centre de gravité. (b) Vibration de la même molécule.*

La résolution de l'équation de Schrödinger pour le rotateur rigide montre que l'énergie rotationnelle E_r est quantifiée selon

$$E_r = \frac{h^2}{8\pi^2 I} J\,(J + 1) \tag{1.62}$$

où le moment d'inertie $I = \mu r^2$, dans lequel r est la distance internucléaire, et $\mu = m_1 m_2/(m_1 + m_2)$ est la masse réduite, pour des noyaux de masse m_1 et m_2. La figure 1.12 montre la divergence, lorsque J augmente, des niveaux d'énergie rotationnelle donnés par l'équation (1.62).

Exercice résolu 1.2

Énoncé. Calculer, en utilisant l'équation (1.62), les niveaux d'énergie rotationnelle, en joule, avec quatre chiffres significatifs, pour $J = 0, 1, 2$ dans le cas de $^{12}C^{16}O$. Convertir ensuite les valeurs en cm^{-1}. (On prendra une longueur de liaison de 1,128 3 Å.)

Solution. Dans une question comme celle-ci, il est très important et utile de se concentrer sur les problèmes d'unités. C'est particulièrement vrai pour le calcul du moment d'inertie I. Puisqu'il a la dimension de : masse × longueur^2, nous allons utiliser les unités SI, en kg m^2.

En termes de masse molaire des atomes, M_1 et M_2, la masse réduite

$$\mu = \frac{M_1 M_2}{M_1 + M_2}$$

(Il faut prendre soin d'utiliser le nombre de chiffres significatifs nécessaires pour les masses molaires.)

$$\begin{aligned}
\text{Pour } {}^{12}C^{16}O,\ \mu &= \frac{12{,}000 \times 15{,}995}{12{,}000 + 15{,}995}\ \text{g mol}^{-1} \\
&= 6{,}856\,2\ \text{g mol}^{-1} \\
&= 6{,}856\,2 \times 10^{-3}\ \text{kg mol}^{-1} \\
&= \frac{6{,}856\,2 \times 10^{-3}\ \text{kg mol}^{-1}}{6{,}022\,1 \times 10^{23}\ \text{mol}^{-1}} \\
&= 1{,}138\,5 \times 10^{-26}\ \text{kg} \\
\text{D'où } I = \mu r^2 &= 1{,}138\,5 \times 10^{-26} \times (1{,}128\,3 \times 10^{-10})^2\ \text{kg m}^2 \\
&= 1{,}449\,4 \times 10^{-46}\ \text{kg m}^2 \\
\text{Par conséquent, } \frac{h^2}{8\pi^2 I} &= \frac{(6{,}626\,1 \times 10^{-34})^2\ \text{J}^2\ \text{s}^2}{8\pi^2 \times 1{,}449\,4 \times 10^{-46}\ \text{kg m}^2} = 3{,}836\,5 \times 10^{-23}\ \text{J} \\
\text{Donc, } E_r &= \frac{h^2}{8\pi^2 I} J(J+1) \\
&= 0 \qquad\qquad\qquad\qquad \text{pour } J = 0 \\
&= 7{,}673_0 \times 10^{-23}\ \text{J} \qquad \text{pour } J = 1 \\
&= 2{,}301_9 \times 10^{-22}\ \text{J} \qquad \text{pour } J = 2
\end{aligned}$$

Pour convertir l'énergie E en nombre d'onde $\tilde{\nu}$, utilisons la relation de Planck

$$E = h\nu = hc\tilde{\nu}$$

En divisant les niveaux d'énergie, en joules, par h (en J s) et c (en cm s^{-1}), on obtient les valeurs suivantes pour $\tilde{\nu}$

0	pour $J = 0$
3,863 cm^{-1}	pour $J = 1$
11,59 cm^{-1}	pour $J = 2$

Notons que, comme E_r est inversement proportionnel à I, les niveaux d'énergie sont plus rapprochées pour ${}^{13}C^{16}O$, par exemple.

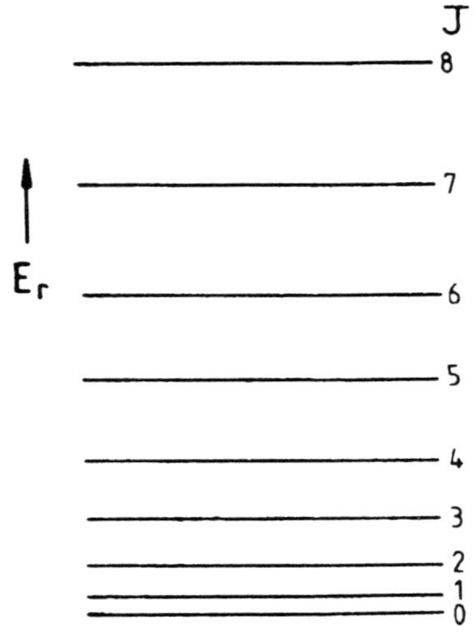

Fig. 1.12 — *Ensemble de niveaux d'énergie rotationnelle E_r.*

1.3.6 L'oscillateur harmonique

La figure 1.11(b) illustre le modèle de boules reliées par un ressort qui est adapté à un traitement approché de la vibration d'une molécule diatomique. Pour des petits déplacements, l'allongement et la compression de la liaison, représentée par un ressort, obéissent à la loi de Hooke :

$$\text{Force de rappel} = -\frac{\mathrm{d}V(x)}{\mathrm{d}x} = -k\,x \qquad (1.63)$$

où V est l'énergie potentielle, k la constante de force dont la valeur reflète la force de la liaison, et x ($= r - r_e$) le déplacement par rapport à la longueur de la liaison à l'équilibre r_e. L'intégration de cette équation donne

$$V(x) = \frac{1}{2}kx^2 \qquad (1.64)$$

Dans la figure 1.13, $V(r)$ est tracé en fonction de r et illustre cette relation parabolique.

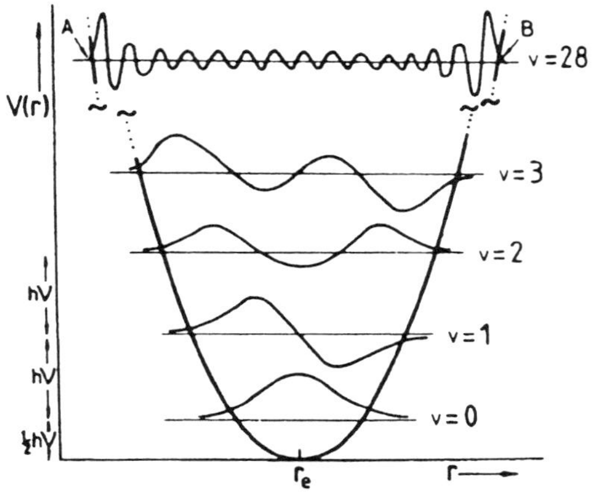

Fig. 1.13 — *Tracé de V(r) en fonction de r dans le cas du modèle de l'oscillateur harmonique pour la vibration. Quelques niveaux d'énergies et fonctions d'onde sont dessinés.*

L'hamiltonien quantique de l'oscillateur harmonique à une dimension est donné par

$$H = -\frac{\hbar^2}{2\mu}\frac{\mathrm{d}^2}{\mathrm{d}x^2} + \frac{1}{2}kx^2 \qquad (1.65)$$

où μ est la masse réduite des noyaux. L'équation de Schrödinger (voir l'équation 1.27) devient

$$\frac{\mathrm{d}^2\psi_\upsilon}{\mathrm{d}x^2} + \left(\frac{2\mu E_\upsilon}{\hbar^2} - \frac{\mu k x^2}{\hbar^2}\right)\psi_\upsilon \qquad (1.66)$$

à partir de laquelle on peut montrer que

$$E_\upsilon = h\nu\,(\upsilon + \tfrac{1}{2}) \qquad (1.67)$$

où ν est la fréquence de vibration classique, donnée par

$$\nu = \frac{1}{2\pi}\left(\frac{k}{\mu}\right)^{1/2} \qquad (1.68)$$

Comme on pouvait le prévoir, la fréquence augmente avec k (la raideur du ressort) et décroît avec μ. Cependant, on utilise plus couramment, plutôt que la fréquence, le nombre d'onde de vibration, ω, tel que

$$E_\upsilon = hc\omega\,(\upsilon + \tfrac{1}{2}) \tag{1.69}$$

Le nombre quantique de vibration, υ, peut prendre les valeurs 0, 1, 2, … .

L'équation (1.69) montre que les niveaux vibrationnels sont régulièrement espacés de $hc\omega$, et que le niveau $\upsilon = 0$ a l'énergie $\frac{1}{2}hc\omega$, nommée énergie de point zéro. Elle constitue l'énergie minimum que peut posséder la molécule, même à la température du zéro absolu, et c'est une conséquence du principe d'incertitude.

Chaque point d'intersection d'un niveau d'énergie avec la courbe correspond au point de rebroussement classique d'une vibration, où la vitesse des noyaux est nulle et toute l'énergie est sous forme d'énergie potentielle. Au point milieu, au contraire, l'énergie est entièrement sous forme d'énergie cinétique.

Tab. 1.4 — *Polynômes d'Hermite pour υ = 0 à 5.*

υ	$H_\upsilon(y)$	υ	$H_\upsilon(y)$
0	1	3	$8y^3 - 12y$
1	$2y$	4	$16y^4 - 48y^2 + 12$
2	$4y^2 - 2$	5	$32y^5 - 160y^3 + 120y$

Les fonctions d'onde, solutions de l'équation (1.66), sont

$$\psi_\upsilon = \left(\frac{1}{2^\upsilon \upsilon!\, \pi^{1/2}}\right)^{1/2} H_\upsilon(y) \exp\left(-\frac{y^2}{2}\right) \tag{1.70}$$

où les $H_\upsilon(y)$ sont connus sous le nom de polynômes d'Hermite, et

$$y = \left(\frac{4\pi^2 \nu \mu}{h}\right)^{1/2} (r - r_e) \tag{1.71}$$

Quelques-uns sont donnés dans le tableau 1.4 et quelques fonctions ψ_υ sont tracées dans la figure 1.13, où chaque niveau d'énergie correspond à $\psi_\upsilon = 0$. Il y a plusieurs points importants à noter à propos de ces fonctions d'onde :

1. Elles pénètrent dans des régions extérieures à la parabole, ce qui serait interdit dans un système décrit par la mécanique classique.
2. Lorsque υ augmente, les deux points où la probabilité vibrationnelle ψ_υ^2 possède une valeur maximale se rapprochent des points de rebroussement classiques. Ceci est illustré pour $\upsilon = 28$, où A et B sont les points de rebroussement classiques, contrastant avec $\upsilon = 0$ pour lequel le maximum de probabilité se trouve au point milieu du niveau d'énergie.
3. La longueur d'onde des oscillations dans ψ_υ augmente lorsqu'on s'éloigne des points de rebroussement classiques. Ceci devient plus visible lorsque υ augmente et est prononcé pour $\upsilon = 28$.

EXERCICES

1. En utilisant l'équation (1.7), calculer la vitesse des photoélectrons éjectés d'une surface métallique de sodium, possédant un travail d'extraction de 2,46 eV, par une lumière ultraviolette de longueur d'onde 250 nm.
2. Montrer que la longueur d'onde λ associée à un faisceau d'électrons accélérés par une différence de potentiel V est donnée par $\lambda = h(2eVm_e)^{-1/2}$. Calculer la longueur d'onde du faisceau lorsque la différence de potentiel vaut 36,20 kV.
3. A partir du principe d'incertitude de Heisenberg, tel qu'il est formulé dans l'équation (1.16), estimer, en cm^{-1} et en Hz, l'expansion en nombre d'ondes et en fréquence, d'une radiation pulsée, avec une durée d'impulsion de 30 fs, typique d'une impulsion très courte provenant d'un laser dans le domaine du visible, et de 6 ms, caractéristique d'une radiation radiofréquence utilisée dans une expérience de RMN à transformée de Fourier.
4. En utilisant l'équation (1.36), calculer, avec six chiffres significatifs, le rayon de l'orbite de Bohr $n = 1$, pour Be^{3+}.
5. Etant donné les nombres d'onde de vibration des molécules HCl, SO et PN, égaux respectivement à 2 991, 1 149 et 1 337 cm^{-1}, calculer, à partir de l'équation (1.68), leurs constantes de forces, et comparer leurs forces de liaison.

BIBLIOGRAPHIE

ATKINS P. W. — *Molecular Quantum Mechanics*. Oxford University Press, Oxford, 1970.

ATKINS P. W. — *Quanta*. Oxford University Press, Oxford, 1974.

BOCKHOFF F. J. — *Elements of Quantum Theory*. Addison-Wesley, Reading, Massachusetts, 1969.

FEYNMAN R. P., LEIGHTON R. B. et SANDS M. — *Cours de physique, tome 3 : mécanique quantique*. InterÉditions, Paris, 1988.

JØRGENSEN P. et ODDERSHEDE J. — *Problems in Quantum Chemistry*. Addison-Wesley, Reading, Massachusetts, 1983.

KAUZMANN W. — *Quantum Chemistry*. Academic Press, New York, 1957.

LANDAU L. D. et LIFSHITZ E. M. — *Mécanique quantique*. Mir, Moscou, 1967.

PAULING L. et WILSON E.B. — *Introduction to Quantum Mechanics*. McGraw-Hill, New York, 1935.

SCHUTTE C. J. H. — *The Wave Mechanics of Atoms, Molecules and Ions*. Arnold, Londres, 1968.

Chapitre 2

Le rayonnement électromagnétique et son interaction avec les atomes et les molécules

2.1 RAYONNEMENT ÉLECTROMAGNÉTIQUE

Le rayonnement électromagnétique inclut ce qu'on appelle couramment « lumière », ainsi que des radiations de longueurs d'onde plus grandes ou plus courtes (voir section 3.1). Comme son nom l'indique, il contient à la fois une composante électrique et une composante magnétique, la géométrie la plus simple étant celle d'un rayonnement polarisé dans un plan, connue sous le nom de polarisation rectiligne ou linéaire. La figure 2.1 illustre une radiation de ce type, se propageant le long de l'axe des x. La composante électrique du rayonnement est un champ électrique oscillant, **E**, et la composante magnétique est un champ magnétique oscillant, **B**. Les vecteurs **E** et **B** étant perpendiculaires entre eux, par exemple selon les directions y et z, on a

$$E_y = E_0 \sin(2\pi\nu t - kx) \qquad (2.1)$$

$$B_z = B_0 \sin(2\pi\nu t - kx)$$

où E_0 *et* B_0 sont les amplitudes[1]. Ainsi, les champs oscillent de façon sinusoïdale à une fréquence angulaire (ou pulsation) $2\pi\nu$, et en phase, puisque k est le même pour chaque composante.

Par convention, on définit comme plan de polarisation celui qui contient **E** et la direction de propagation ; dans la figure 2.1, il s'agit du plan xy. Ce choix est justifié par le fait que l'interaction du rayonnement électromagnétique avec la matière se fait généralement par l'intermédiaire de la composante électrique.

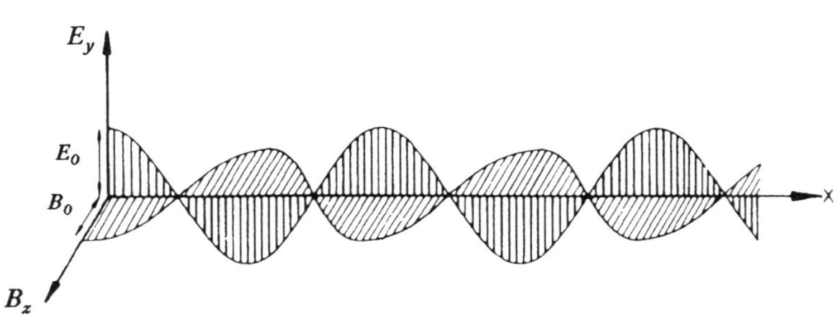

Fig. 2.1 — *Rayonnement électromagnétique polarisé rectilignement, se déplaçant le long de l'axe des x.*

1. D'après les équations de Maxwell, on a $E_0 = c\,B_0$, où c est la célérité de la lumière dans le vide (NdT).

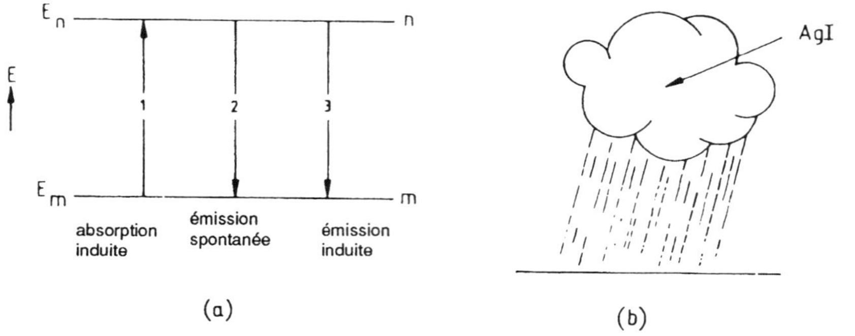

Fig. 2.2 — *(a) Processus d'absorption et d'émission entre des états m et n. (b) Ensemencement d'un nuage chargé de pluie, pour déclencher une averse.*

2.2 ABSORPTION ET ÉMISSION DE RAYONNEMENT

Dans la figure 2.2(a), les deux états m et n d'un atome ou d'une molécule sont des états stationnaires, appelés ainsi car ils sont indépendants du temps. Ce couple d'états est de type électronique, vibrationnel ou rotationnel. Trois processus peuvent se produire lorsqu'un système à deux états est soumis à un rayonnement de fréquence ν, ou de nombre d'onde $\tilde{\nu}$, correspondant à la différence d'énergie ΔE, telle que

$$\Delta E = E_n - E_m = h\nu = hc\tilde{\nu} \tag{2.2}$$

Ces processus sont :

1. *L'absorption induite*, dans laquelle la molécule (ou l'atome) M, absorbant un quantum de rayonnement, est excitée de m vers n :

$$M + hc\tilde{\nu} \rightarrow M^* \tag{2.3}$$

C'est le processus d'absorption habituel, qui fait qu'une solution aqueuse de sulfate de cuivre paraît bleue par absorption de la couleur rouge complémentaire.

2. *L'émission spontanée*, dans laquelle M* (dans l'état n) émet spontanément un quantum de rayonnement :

$$M^* \rightarrow M + hc\tilde{\nu} \tag{2.4}$$

La plupart des émissions que nous observons, comme celle de la vapeur de sodium ou d'une lampe à filament de tungstène, sont de type spontané.

3. *L'émission induite, ou stimulée*. C'est une émission différente de celle du type 2, dans le sens où un quantum de rayonnement, de nombre d'onde $\tilde{\nu}$, donné par l'équation (2.2) est nécessaire pour induire, ou stimuler le passage de n à m, dans M*. Le processus est représenté par

$$M^* + hc\tilde{\nu} \rightarrow M + 2hc\tilde{\nu} \tag{2.5}$$

et paraît plutôt singulier par rapport à l'émission spontanée. L'émission induite nécessite une radiation dont le nombre d'onde soit adapté. Elle est analogue, comme le montre la figure 2.2(b), à l'ensemencement d'un nuage avec des cristaux d'iodure d'argent permettant de déclencher une pluie abondante. L'iodure d'argent joue le rôle du quantum de rayonnement nécessaire pour induire le processus. Ceci permet de comprendre pourquoi on utilise le nom d'absorption induite, puisqu'elle est déclenchée par une radiation de nombre d'onde $\tilde{\nu}$.

La population N_n de l'état n dépend de l'absorption induite selon la loi cinétique

$$\frac{dN_n}{dt} = N_m\, B_{mn}\, \rho(\tilde{\nu}) \tag{2.6}$$

où B_{mn} est une constante appelée coefficient d'Einstein, et $\rho(\tilde{\nu})$, densité spectrale de rayonnement pour le nombre d'onde $\tilde{\nu}$ de la transition. Dans le cas d'un corps noir, on a

$$\rho(\tilde{\nu}) = \frac{8\pi hc\,\tilde{\nu}^3}{\exp(hc\,\tilde{\nu}/kT) - 1} \tag{2.7}$$

De la même façon, l'émission induite fait varier la population N_n de

$$\frac{dN_n}{dt} = -N_n\, B_{nm}\, \rho(\tilde{\nu}) \tag{2.8}$$

où B_{nm} est le coefficient d'Einstein de ce processus. Pour l'émission spontanée

$$\frac{dN_n}{dt} = -N_n\, A_{nm} \tag{2.9}$$

où A_{nm} est un troisième coefficient d'Einstein. L'absence du facteur $\rho(\tilde{\nu})$ traduit un processus spontané. En présence d'un rayonnement de nombre d'onde $\tilde{\nu}$, les trois processus ont lieu en même temps et, lorsque les populations ont atteint leur valeur à l'équilibre,

$$\frac{dN_n}{dt} = (N_m\, B_{mn} - N_n\, B_{nm})\, \rho(\tilde{\nu}) - N_n A_{nm} = 0 \tag{2.10}$$

A l'équilibre, N_n et N_m sont liés, compte tenu de la loi de distribution de Boltzmann, par la relation

$$\frac{N_n}{N_m} = \frac{g_n}{g_m}\exp\left(-\frac{\Delta E}{kT}\right) \tag{2.11}$$

où et g_m sont les dégénérescences des états n et m. L'introduction de cette relation et de l'expression de $\rho(\tilde{\nu})$ donnée par l'équation (2.7), dans l'équation (2.10), conduit au résultat

$$g_m\, B_{mn} = g_n\, B_{nm}$$

$$A_{nm} = 8\pi hc\,\tilde{\nu}^3 B_{nm} \tag{2.12}$$

Cette équation illustre un point important : le rapport entre l'émission spontanée et l'émission induite croît rapidement lorsque $\tilde{\nu}$ augmente. Ceci est particulièrement important pour la conception des lasers (section 9.1), puisqu'ils fonctionnent entièrement par émission induite. Lorsque la dégénérescence des deux niveaux est la même, B_{mn} est égal à B_{nm}.

Exercice corrigé 2.1

Énoncé. Calculer, pour des températures de 25 et 1 000 °C, le rapport entre le nombre de molécules dans des niveaux d'énergie rotationnelle, vibrationnelle ou électronique typiques, et le nombre de molécules dans le niveau fondamental. On suppose que ces niveaux sont placés respectivement à 30, 1 000, et 40 000 cm^{-1} au-dessus du niveau fondamental. (Trois chiffres significatifs suffisent. On suppose que, pour le niveau rotationnel excité, le nombre quantique de rotation, J, est égal à 4, et on rappelle que chaque niveau est dégénéré $(2J + 1)$ fois. Les états vibrationnels et électroniques sont supposés non dégénérés.)

Solution. En utilisant l'équation (2.11) pour le niveau d'énergie rotationnelle $J = 4$, et la relation de Planck entre l'énergie et le nombre d'onde, donnée par l'équation (2.2), on obtient

$$\frac{N_n}{N_m} = \frac{N_J}{N_0} = \frac{2J+1}{1}\exp\left(-\frac{hc\tilde{\nu}}{kT}\right)$$

$$= 9\exp\left(-\frac{6,626 \times 10^{-34}\ \text{J s} \times 2,998 \times 10^{10}\ \text{cm s}^{-1} \times 30\ \text{cm}^{-1}}{1,381 \times 10^{-23}\ \text{J K}^{-1} \times 298\ \text{K}}\right)$$

$= 7,79$ à 25 °C (298 K)

et 8,70 à 1 000 °C (1 273 K)

(Rappelons que, les arguments des exponentielles et des logarithmes étant sans dimension, les unités doivent s'éliminer)

Pour le niveau vibrationnel

$$\frac{N_\upsilon}{N_0} = \exp\left(-\frac{6,626 \times 10^{-34} \times 2,998 \times 10^{10} \times 1\,000}{1,381 \times 10^{-23} \times 298}\right)$$

$= 8,01 \times 10^{-3}$ à 25 °C

et 0,323 à 1 000 °C

Pour le niveau électronique

$$\frac{N_e}{N_0} = \exp\left(-\frac{6,626 \times 10^{-34} \times 2,998 \times 10^{10} \times 40\,000}{1,381 \times 10^{-23} \times 298}\right)$$

$= 1,40 \times 10^{-84}$ à 25 °C

et $2,35 \times 10^{-20}$ à 1 000 °C

Ces calculs montrent que les niveaux d'énergie rotationnelle sont bien plus peuplés que les niveaux d'énergie vibrationnelle, qui sont eux-mêmes beaucoup plus peuplés que les niveaux d'énergie électronique — à la température ordinaire, la population d'un état excité électronique typique est nulle. Les calculs montrent aussi que les populations augmentent avec la température, de sorte qu'à très haute température, les populations des états électroniques peuvent devenir importantes. Par exemple, la température des atomes d'hydrogène à l'extérieur (la photosphère) d'une étoile, peut être de l'ordre de 6 000 K. L'intérieur de l'étoile joue le rôle d'une source continue de rayonnement, et le très long parcours sur lequel des atomes absorbent, combiné avec une température élevée, conduit à une série de Balmer observée *en absorption*, possible grâce à la population significative du niveau $n = 2$.

Les coefficients d'Einstein sont reliés aux fonctions d'onde ψ_m et ψ_n des états qui se combinent, par l'intermédiaire du moment de transition $\mathbf{R}^{nm}$, qui est une grandeur vectorielle donnée par

$$\mathbf{R}^{nm} = \int \psi_n^* \mu\ \psi_n \,\mathrm{d}\tau \tag{2.13}$$

dans le cas de l'interaction avec la composante électrique de la radiation. La quantité μ est l'opérateur moment dipolaire électrique et

$$\mu = \sum_i q_i \mathbf{r}_i \tag{2.14}$$

où q_i et $\mathbf{r}_i$ sont la charge et le vecteur position de la particule i (électron ou noyau). On peut imaginer que le moment de transition représente le moment dipolaire électrique oscillant associé à la transition. La figure 2.3 montre les orbitales moléculaires π et π^* de l'éthylène et, si un électron est promu de π à π^* par une transition électronique, le moment de transition correspondant est non nul. Cet exemple illustre un point important : un moment de transition peut être non nul même si le moment dipolaire électrique permanent est nul dans chacun des états m et n.

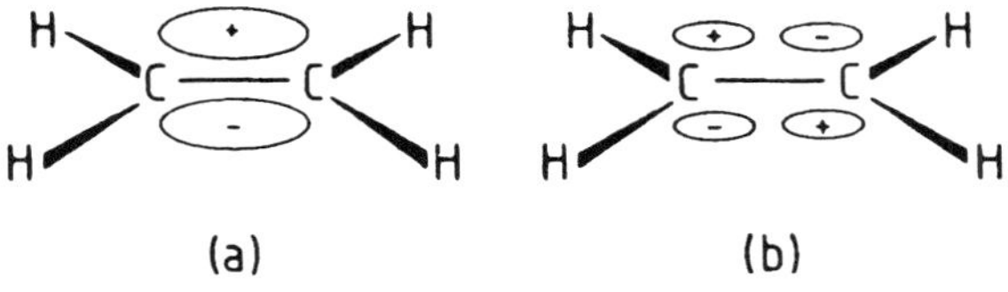

Fig. 2.3 — *Orbitales moléculaires (a) π et (b) π^* de l'éthylène.*

La probabilité de transition dépend du carré de la grandeur $\mathbf{R}^{nm}$, relié à B_{nm} par

$$g_n\, B_{nm} = \frac{8\pi^3}{(4\pi\varepsilon_0)3h^2}\,|\mathbf{R}^{nm}|^2 \tag{2.15}$$

On montre dans ce qui suit comment on les détermine expérimentalement dans une expérience d'absorption.

Le principe est illustrée dans la figure 2.4(a) où une radiation d'intensité I_0 pénètre dans une cellule d'absorption de longueur ℓ, contenant une substance absorbante de concentration c, en phase liquide. La radiation ressort avec une intensité I. On décompose la radiation sur une gamme de nombres d'onde appropriée, de $\tilde{\nu}_1$ à $\tilde{\nu}_2$, et la mesure de I_0/I donne un spectre d'absorption. L'absorbance A, définie par $\log_{10}(I_0/I)$, est, d'après la loi de Beer-Lambert, proportionnelle à c et ℓ, ce qui donne

$$A = \log_{10}\left(\frac{I_0}{I}\right) = \varepsilon(\tilde{\nu})c\ell \tag{2.16}$$

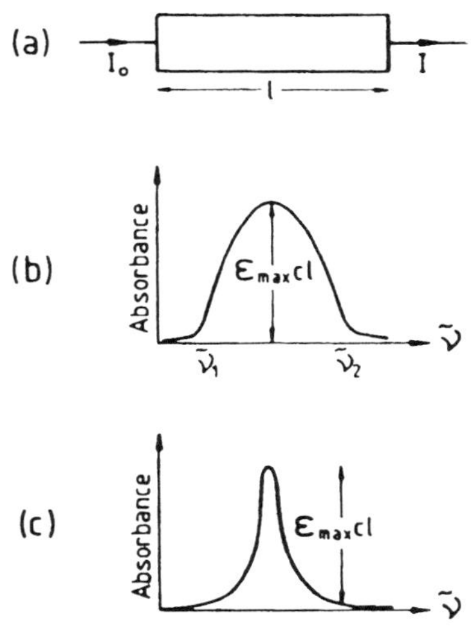

Fig. 2.4 — *(a) Une expérience d'absorption. (b) Bande d'absorption large, et (c) bande fine, ayant le même ε_{max}*

où ε est une fonction de $\tilde{\nu}$, et est appelé coefficient d'absorption molaire ou absorptivité molaire (les ouvrages anciens l'appellent souvent coefficient d'extinction molaire). Comme A est sans dimension, ε a la dimension (concentration × longueur)$^{-1}$ et l'unité mol^{-1} dm^3 cm^{-1}. Le spectre, donnant l'absorbance en fonction de $\tilde{\nu}$, est présenté dans les figures 2.4(b) et (c). Dans les deux courbes, la valeur maximum de A correspond à la même valeur de ε_{max}, mais la largeur, donc l'aire sous la courbe, sont différentes. Ceci montre le danger d'utiliser la seule mesure de ε_{max} car c'est la valeur intégrée qui est reliée à la probabilité d'absorption B_{mn} dans la bande d'absorption. Si l'on néglige l'émission induite (cas où $N_n << N_m$), on a la relation

$$\int_{\tilde{\nu}_1}^{\tilde{\nu}_2} \varepsilon(\tilde{\nu})\, \mathrm{d}\tilde{\nu} = \frac{N_A h \tilde{\nu}_{nm} B_{mn}}{\ln 10} \tag{2.17}$$

où $\tilde{\nu}_{nm}$ est le nombre d'onde moyen de l'absorption et N_A le nombre d'Avogadro.

Dans le cas d'une transition électronique, la force d'oscillateur, f_{nm}, est reliée à l'aire sous la courbe par

$$f_{mn} = \frac{4\varepsilon_0 m_e c^2 \ln 10}{N_A e^2} \int_{\tilde{\nu}_1}^{\tilde{\nu}_2} \varepsilon(\tilde{\nu})\, \mathrm{d}\tilde{\nu} \tag{2.18}$$

La quantité f_{nm} est sans dimension et représente le rapport entre l'intensité de la transition et celle d'une transition dipolaire électrique, entre deux états d'un électron, oscillant de manière harmonique à trois dimensions ; sa valeur, pour les raies les plus fortes, est voisine de 1.

La probabilité de transition, proportionnelle à $|\mathbf{R}^{nm}|^2$, est reliée aux règles de sélection en spectroscopie : elle vaut zéro pour une transition interdite. Le caractère « interdit » ou « autorisé » d'une transition est déterminé essentiellement par les règles de sélection dipolaires électriques, applicables aux transitions qui se produisent par interaction avec le champ électrique de la radiation. Les composantes de l'opérateur moment dipolaire électrique, le long des axes cartésiens, sont égales à

$$\mu_x = \sum_i q_i x_i\,; \qquad \mu_y = \sum_i q_i y_i\,; \qquad \mu_z = \sum_i q_i z_i \tag{2.19}$$

où q_i et x_i sont la charge et la coordonnée sur l'axe des x de la particule i, etc. De manière similaire, le moment de transition peut être réduit en trois composantes

$$R_x^{nm} = \int \psi_n^* \mu_x \psi_n \,\mathrm{d}x\,; \quad R_y^{nm} = \int \psi_n^* \mu_y \psi_n \,\mathrm{d}y\,; \quad R_z^{nm} = \int \psi_n^* \mu_z \psi_n \,\mathrm{d}z \tag{2.20}$$

et la probabilité de transition dépend de celles-ci par la somme

$$|\boldsymbol{R}^{nm}|^2 = (R_x^{nm})^2 + (R_y^{nm})^2 + (R_z^{nm})^2 \tag{2.21}$$

2.3 LARGEUR DE RAIE

Le terme « raie », utilisé partout pour décrire la manifestation expérimentale d'une transition, vient des premières observations de spectres visibles à l'aide de spectroscopes, dans lesquels les raies observées, comme par exemple dans le spectre de flamme du sodium, étaient les images de la fente d'entrée, formées à différentes longueurs d'onde. Bien que, de nos jours, les observations se présentent plutôt sous forme d'une courbe donnant la variation de l'intensité

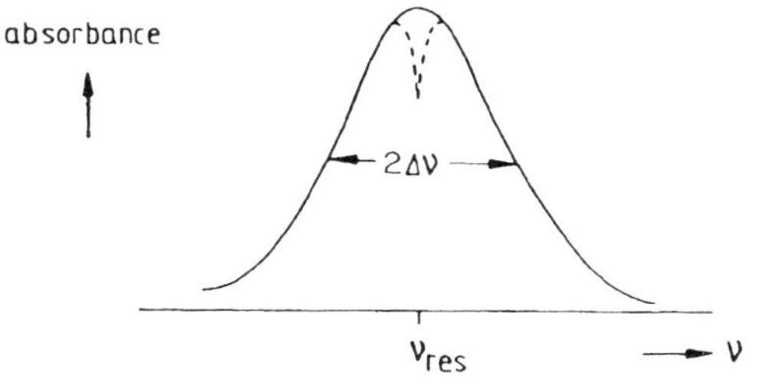

Fig. 2.5 — *Raie d'absorption typique (gaussienne), montrant la demi-largeur à mi-hauteur Δν et (courbe en pointillés) un « Lamb dip ».*

de la transition en fonction de la longueur d'onde, de la fréquence ou du nombre d'onde, on continue à appeler raies les pics observés dans le spectre.

La figure 2.5 montre une raie d'absorption typique d'un échantillon en phase gazeuse. La demi-largeur à mi-hauteur est $\Delta\nu$ et le profil de raie est caractéristique. Les raies ne sont jamais infiniment étroites, même si l'on suppose qu'aucun élargissement n'est dû à l'appareillage utilisé. Trois facteurs importants contribuent à la largeur et à la forme des raies.

2.3.1 Élargissement naturel des raies

Si la population de l'état n de la figure 2.2(a) augmente par absorption et dépasse la distribution de Boltzmann, l'espèce M*, dans cet état, se désexcite ensuite vers l'état fondamental, jusqu'au retour à la population d'équilibre, de sorte que

$$-\frac{dN_n}{dt} = kN_n \tag{2.22}$$

C'est un processus de premier ordre, où k est la constante de vitesse. La durée de vie τ de l'état n est définie par

$$\frac{1}{k} = \tau \tag{2.23}$$

Elle représente le temps mis pour que N_n devienne la fraction $1/e$ de la valeur initiale (e est la base des logarithmes népériens). Si l'émission spontanée est le seul processus de désexcitation de M*, la comparaison avec l'équation (2.9) montre que

$$k = A_{nm} \tag{2.24}$$

Le principe d'incertitude de Heisenberg, sous la forme

$$\tau\,\Delta E \geq \hbar \tag{2.25}$$

relie la durée de vie à l'élargissement en énergie de l'état n. Cette équation illustre le fait qu'un état n n'a une énergie parfaitement définie que si τ est infini, mais, comme ce n'est jamais le cas, tous les niveaux d'énergie sont plus ou moins étalés, ce qui conduit à un élargissement de raie.

On peut relier A_{nm} au carré du moment de transition, en combinant les équations (2.12) et (2.15)

$$A_{nm} = \frac{64\pi^4\nu^3}{(4\pi\varepsilon_0)3hc^3}\,|\mathbf{R}^{nm}|^2 \tag{2.26}$$

de telle sorte que l'on obtient, à partir de l'équation (2.25),

$$\Delta \nu \geq \frac{32\pi^3 \nu^3}{(4\pi\varepsilon_0)3hc^3} |\mathbf{R}^{nm}|^2 \tag{2.27}$$

A cause du facteur ν^3, l'étalement en fréquence $\Delta\nu$ est beaucoup plus important pour un état électronique excité, typiquement 30 MHz, que pour un état rotationnel excité, typiquement de 10^{-4} à 10^{-5} Hz. En effet, ν est beaucoup plus grand pour la transition vers un état électronique excité que vers un état rotationnel excité.

L'équation (2.27) donne l'élargissement naturel des raies, appelé ainsi puisque, de ce point de vue, chaque atome ou molécule se comporte de la même manière. C'est un exemple d'élargissement homogène, conduisant à un profil de raie de forme lorentzienne caractéristique.

L'élargissement naturel des raies est souvent très petit par rapport aux autres causes d'élargissement, mais son importance théorique est très grande. On arrive aussi à faire des observations de spectres en éliminant toutes les autres sources d'élargissement, grâce à l'ingénieuse technique de la spectroscopie du « Lamb dip » (voir section 2.3.4.2).

2.3.2 Élargissement Doppler

Que ce soit pour une radiation absorbée ou émise, la fréquence à laquelle se produit la transition dépend de la vitesse de l'atome ou de la molécule par rapport au détecteur. C'est pour la même raison que le sifflet d'un train est entendu avec une fréquence apparemment plus élevée lorsque le train se déplace vers l'observateur, et plus faible lorsqu'il s'éloigne de lui. Cet effet s'appelle l'effet Doppler.

Si un atome ou une molécule se déplace en direction du détecteur à une vitesse υ_a, la fréquence ν_a à laquelle la transition est observée est reliée à la fréquence ν de la transition de l'atome ou de la molécule stationnaire par

$$\nu_a = \nu \left(1 - \frac{\upsilon_a}{c}\right)^{-1} \tag{2.28}$$

où c est la vitesse de la lumière. Les valeurs de υ_a sont étalées à cause de la distribution de vitesses de Maxwell, ce qui donne un élargissement de raie caractéristique

$$\Delta \nu = \frac{\nu}{c}\left(\frac{2kT \ln 2}{m}\right)^{1/2} \tag{2.29}$$

où m est la masse de l'atome ou de la molécule ; cette valeur de $\Delta\nu$ est généralement beaucoup plus grande que l'élargissement naturel. L'élargissement est inhomogène, puisque les atomes ou les molécules d'un échantillon donné ne se comportent pas tous de la même façon. Il conduit à un profil de raie gaussien.

2.3.3 Élargissement dû à la pression

Lorsque des collisions se produisent entre des atomes ou des molécules en phase gazeuse, il y a un échange d'énergie qui conduit à étaler leurs niveaux d'énergie. Si τ est la durée de vie moyenne entre deux collisions, et si chaque collision conduit à une transition entre deux états, on obtient un élargissement de raie

$$\Delta\nu = (2\pi\tau)^{-1} \tag{2.30}$$

d'après le principe d'incertitude donné par l'équation (1.16). Cet élargissement est homogène, comme l'élargissement naturel, et produit habituellement une forme de raie lorentzienne, sauf pour les transitions à basse fréquence où le profil est asymétrique.

2.3.4 Élimination de l'élargissement de raie

Parmi les trois types d'élargissement précédents, celui qui est associé à la largeur naturelle est, de loin, le plus faible, dans les conditions normales, et ne peut jamais être éliminé. Au contraire, on peut réduire ou annuler les élargissements dus à l'effet Doppler ou à la pression. Sauf aux très faibles fréquences, l'élargissement dû à la pression peut être éliminé simplement en diminuant suffisamment la pression. Pour éliminer ou réduire l'élargissement Doppler, il existe deux méthodes générales, que nous allons décrire brièvement.

2.3.4.1 Faisceaux atomiques ou moléculaires obtenus par effusion

Un faisceau d'atomes ou de molécules est obtenu par effusion (voir Ramsey dans la bibliographie) au moyen d'un pompage à travers une fente étroite, typiquement de 20 μm de large et 1 cm de long, sous une pression de quelques torr du côté de la source. Des ouvertures appropriées, ménagées le long du faisceau, permettent ensuite de le collimater.

Ce type de faisceau a de nombreuses utilisations, dont certaines sont importantes en spectroscopie. En particulier, l'élargissement des raies spectrales par effet de pression est éliminé dans un faisceau obtenu par effusion et l'élargissement Doppler est considérablement réduit si l'on observe transversalement, la composante de la vitesse dans la direction d'observation étant alors très faible.

2.3.4.2 Spectroscopie de « Lamb dip »

En 1969, Costain inventa une méthode très élégante pour éliminer l'élargissement Doppler sans utiliser un faisceau effusif. La figure 2.5 montre une raie élargie par effet Doppler, et la figure 2.6 illustre une expérience d'absorption, dans laquelle le rayonnement provenant de la source est réfléchi à travers la cellule par un miroir R, en direction du détecteur. Supposons que la radiation émise par la source soit étroite par rapport au profil de raie, ce qui peut être réalisé pour des rayonnements micro-onde ou laser. Si l'on accorde la source sur une fréquence ν_a plus élevée que la fréquence de résonance, $\nu_{\text{rés}}$, au centre de la raie, seules absorbent la radiation certaines molécules, comme 1 et 2 dans la figure 2.6, dont la vitesse projetée sur la direction opposée à la source est v_a (voir équation 2.28). Lorsque la radiation revient au détecteur, c'est un groupe différent de molécules, comme 6 et 7, dont la vitesse a pour composante $-v_a$, qui absorbent. Lorsque la radiation est accordée sur ν_a, le nombre de molécules, dans l'état fondamental m, et ayant une vitesse de composante v_a dans la direction opposée à la source, décroît. Ce mécanisme, appelé *hole burning*, modifie la distribution de vitesses de Maxwell que possèdent normalement les molécules dans l'état m.

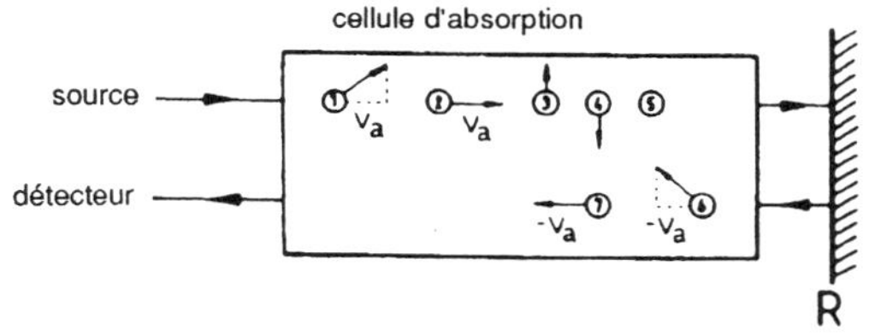

Fig. 2.6 — *Trois ensembles représentatifs de molécules ayant des vitesses v_a, 0 et $-v_a$, par rapport à la source dans une expérience de Lamb dip.*

Les molécules telles que 3, 4 et 5, dans la figure 2.6, qui ont une vitesse de composante nulle dans la direction opposée à la source, ont un comportement particulier, car elles absorbent le rayonnement de fréquence, $\nu_{rés}$, aussi bien lorsque le rayonnement se dirige vers R qu'après la réflexion sur R, produisant ce qu'on appelle une saturation.

Dans la figure 2.2(a), la population du niveau m, à l'équilibre de Boltzmann, est plus élevée que celle de n, comme le montre l'équation (2.11). Si le système est soumis à un rayonnement d'énergie $E_n - E_m$, d'intensité telle que les populations deviennent égales, l'absorption ne peut pas se poursuivre : cette situation correspond à une saturation. On peut ainsi voir que si, lors du passage de la radiation en direction de R, la saturation est obtenue pour l'ensemble des molécules 3, 4 et 5, il n'y a plus d'absorption possible après la réflexion sur R. Il en résulte une dépression, à $\nu_{rés}$, dans la courbe d'absorbance, comme le montre la figure 2.5. Ce phénomène, prédit par Lamb en 1964, est connu sous le nom de « Lamb dip ». La largeur de la dépression est égale à la largeur naturelle et son enregistrement permet une mesure bien plus précise de $\nu_{rés}$. La saturation est obtenue facilement si les niveaux m et n sont rapprochés, comme dans le cas des transitions micro-ondes ou RMN. Sinon, on utilise une source laser pour atteindre la saturation.

EXERCICES

1. Le nombre z de collisions par unité de temps effectuées par une molécule en phase gazeuse, lorsqu'une seule espèce est présente, est donné par

$$z = \pi d^2 \left(\frac{8kT}{\pi m}\right)^{1/2} \frac{p}{kT}$$

où d est le diamètre de collision, m la masse moléculaire, T la température, et p la pression. Calculer z pour le benzène, à 1 torr et 293 K, en supposant $d = 5$ Å, et en déduire l'élargissement dû à la pression $\Delta\nu$, en hertz, pour les transitions observées.

2. Calculer, en hertz, l'élargissement, dû à l'effet Doppler, des transitions dans HCN à 25 °C, dans les régions du spectre caractéristiques des transitions rotationnelles (10 cm^{-1}), vibrationnelles (1 500 cm^{-1}), ou électroniques (60 000 cm^{-1}).

3. La densité spectrale de radiation est donnée, en fonction de la fréquence, par

$$\rho(\nu) = \frac{8\pi h\nu^3}{c^3} \frac{1}{\exp(h\nu/kT) - 1}$$

Calculer des valeurs représentatives dans les domaines des micro-ondes ($\nu = 50$ GHz) et de l'ultraviolet proche ($\tilde{\nu} = 30\ 000\ cm^{-1}$).

BIBLIOGRAPHIE

RAMSEY N.F. — *Molecular Beams.* Oxford University Press, Oxford, 1956.

TOWNES C.H. et SCHAWLOW A.L. — *Microwave Spectroscopy.* McGraw-Hill, New York, 1955.

Chapitre 3

Caractéristiques générales des méthodes expérimentales

3.1 LE SPECTRE ÉLECTROMAGNÉTIQUE

Dans le vide, les radiations électromagnétiques ont toutes la même vitesse, celle de la lumière c, et elles peuvent être caractérisées par leur longueur d'onde λ, dans l'air ou dans le vide, ou par leur nombre d'onde $\tilde{\nu}$, ou leur fréquence ν, toutes deux dans le vide par convention, par

$$\lambda_{\text{vide}} = \frac{c}{\nu} = \frac{1}{\tilde{\nu}} \tag{3.1}$$

La figure 3.1 illustre l'étendue du spectre électromagnétique, allant des radiofréquences de basse énergie au rayonnement γ de haute énergie. La division en domaines, portant des noms variés, n'est pas basée sur des différences fondamentales, mais est commode pour indiquer que diverses techniques expérimentales sont utilisées. Les indications concernant les frontières des domaines, qui ne doivent pas être considérées comme strictement définies, sont données en longueur d'onde (mm ou nm), en fréquence (GHz), et en nombre d'onde (cm^{-1}). De plus, dans les domaines de haute énergie, l'énergie est indiquée en électron-volt (eV), avec

$$1 \text{ eV} = hc\,(8\,065{,}54 \text{ cm}^{-1}) = h\,(2{,}417\,99 \times 10^{14} \text{ s}^{-1}) \tag{3.2}$$

Les processus qui peuvent se produire dans un atome ou une molécule exposés au rayonnement sont également indiqués dans la figure 3.1. Une molécule peut être soumise à des processus rotationnels, vibrationnels, électroniques ou d'ionisation, cités dans l'ordre d'énergie croissante : des ordres de grandeur caractéristiques sont indiqués dans la figure. Une

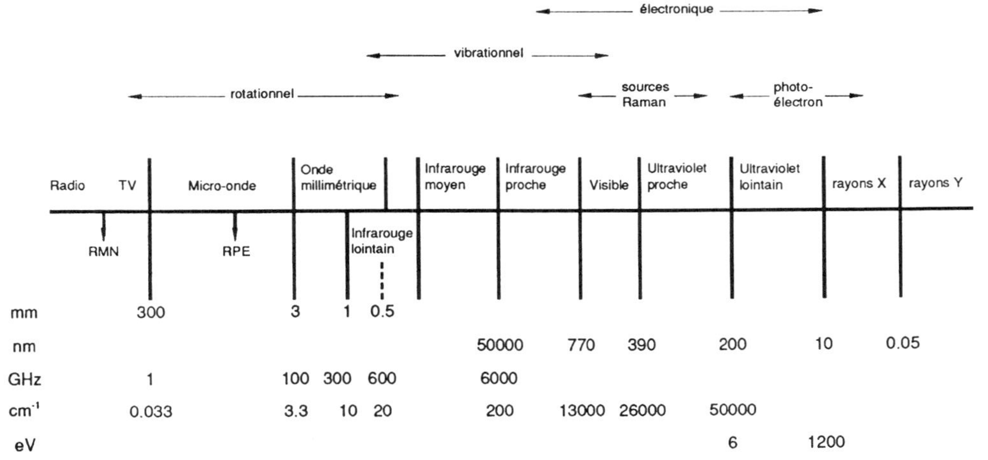

Fig. 3.1 — *Domaines du spectre électromagnétique.*

molécule peut aussi diffuser de la lumière par un processus Raman, et la source lumineuse pour ce type d'expérience se situe habituellement dans la région du visible ou de l'ultraviolet proche (voir cependant section 5.3.1). Un atome ne peut subir que des transitions électroniques ou d'ionisation, car il ne possède pas de degré de liberté rotationnel ou vibrationnel. Les processus de résonance magnétique nucléaire (RMN) et de résonance paramagnétique électronique (RPE) mettent en jeu des transitions respectivement entre niveaux de spin nucléaire et de spin électronique, mais ces spectroscopies nécessitent que l'échantillon soit placé entre les pôles d'un électro-aimant et elles ne seront pas traitées dans cet ouvrage.

3.2 COMPOSANTS DE BASE D'UNE EXPÉRIENCE D'ABSORPTION

La spectroscopie d'émission se limite en grande partie aux domaines visible et ultraviolet, où les spectres peuvent être produits à l'aide d'un arc, d'une décharge électrique ou par excitation laser. La spectroscopie d'absorption est, d'une manière générale, la technique la plus courante dans toutes les régions du spectre, et c'est pourquoi nous allons nous concentrer plutôt sur l'absorption.

La figure 3.2 montre schématiquement les quatre principaux composants d'une expérience d'absorption : la source, la cellule, l'élément de dispersion et le détecteur. La source idéale est une source continue dans laquelle la radiation est émise sur une large gamme de longueurs d'onde, avec une intensité uniforme. La cellule d'absorption, contenant l'échantillon, doit posséder des fenêtres faites d'un matériau qui transmet le rayonnement et doit être assez longue pour que l'absorbance (équation 2.16) soit suffisamment élevée.

Le choix de la phase de l'échantillon est important. En général, dans la spectroscopie à haute résolution (voir section 3.3.1 pour une discussion sur la résolution), l'échantillon est en phase gazeuse, sous une pression suffisamment faible pour éliminer l'élargissement dû à la pression (voir section 2.3.3). En phase liquide, toute structure rotationnelle disparaît, et la structure vibrationnelle est considérablement élargie, mais elle est importante par exemple dans l'utilisation de la spectroscopie infrarouge en tant qu'outil analytique, ou pour obtenir des forces d'oscillateur (équation 2.18) en mesurant l'aire sous une courbe d'absorption électronique. En phase solide, dans laquelle l'échantillon peut être un cristal pur, un mélange de cristaux ou une solution solide, par exemple dans une matrice de gaz rare, le mouvement rotationnel est gelé, les molécules étant maintenues rigidement. Les transitions vibrationnelles et électroniques sont en général larges aux températures normales, mais peuvent être rendues nettement plus fines à la température de l'hélium liquide (environ 4 K).

L'élément de dispersion, qui sera décrit dans la section 3.3, sépare les différentes

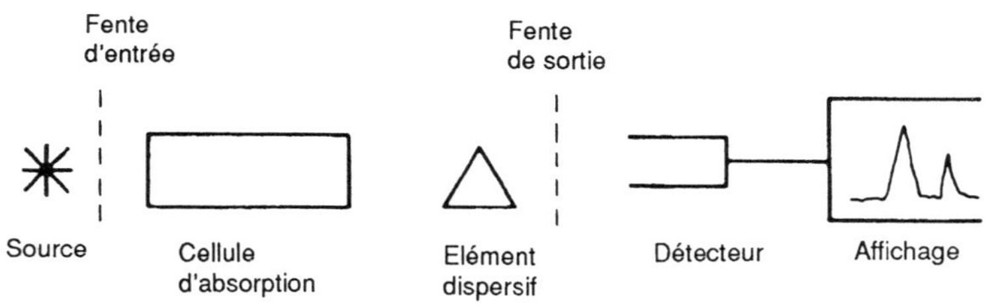

Fig. 3.2 — *Les composants d'une expérience typique d'absorption.*

longueurs d'onde qui composent la radiation. C'est généralement un prisme, un réseau de diffraction ou un interféromètre, sauf dans les spectroscopies micro-ondes et d'ondes millimétriques, qui ne nécessitent pas un tel élément.

Le détecteur doit être sensible à la radiation qu'il reçoit et le spectre est très souvent affiché sur un enregistreur graphique. On peut tracer l'absorbance ou le pourcentage de transmission ($100I/I_0$ — voir l'équation 2.16) en fonction de la fréquence ou du nombre d'onde, portés linéairement sur le graphique. Normalement, la longueur d'onde n'est pas utilisée car, contrairement à la fréquence ou au nombre d'onde, elle n'est pas proportionnelle à l'énergie. La longueur d'onde est relative plutôt aux aspects optiques de l'expérience qu'à ses aspects spectroscopiques.

3.3 ÉLÉMENTS DE DISPERSION

3.3.1 Prismes

Bien que les prismes, en tant qu'éléments de dispersion, aient été largement supplantés par les réseaux de diffraction et les interféromètres, ils ont encore des utilisations en spectroscopie, et ils illustrent certaines caractéristiques générales importantes de la dispersion et de la résolution.

La figure 3.3 montre un prisme, dont la base a pour longueur b, avec une face totalement éclairée par une radiation provenant d'une source de lumière blanche, rendue parallèle au moyen de la lentille L_1. Le prisme disperse et résout la radiation qui est focalisée par L_2 sur un détecteur. Si des longueurs d'onde λ et $\lambda + \mathrm{d}\lambda$ sont tout juste séparées, alors $\mathrm{d}\lambda$, ou les intervalles de fréquence $\mathrm{d}\nu$, ou de nombre d'onde $\mathrm{d}\tilde{\nu}$ qui lui correspondent, constituent la résolution[1] obtenue. Le pouvoir de résolution R d'un élément de dispersion est défini par

$$R = \frac{\lambda}{\mathrm{d}\lambda} = \frac{\nu}{\mathrm{d}\nu} = \frac{\tilde{\nu}}{\mathrm{d}\tilde{\nu}} \tag{3.3}$$

et pour un prisme,

$$R = b\frac{\mathrm{d}n}{\mathrm{d}\lambda} \tag{3.4}$$

à condition que le faisceau incident soit suffisamment large pour que les rayons extrêmes 1 et 2 tombent au bord de la face du prisme. Dans l'équation (3.4), n est l'indice de réfraction du

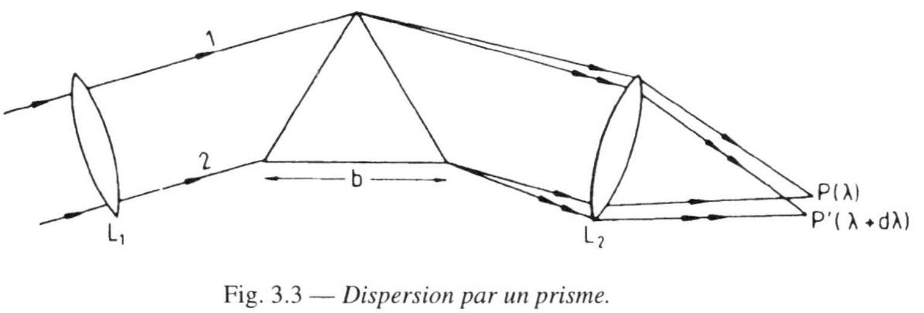

Fig. 3.3 — *Dispersion par un prisme.*

1. Nous dirons qu'une observation est à « haute résolution », ou à « basse résolution », lorsque $\mathrm{d}\lambda$, $\mathrm{d}\nu$, ou $\mathrm{d}\tilde{\nu}$, sont respectivement petits ou grands.

matériau constituant le prisme, et pour avoir un pouvoir de résolution élevé, $\mathrm{d}n/\mathrm{d}\lambda$ doit être grand. C'est ce qui se produit lorsqu'on approche d'une longueur d'onde à laquelle le matériau absorbe. Pour le verre, l'absorption se produit à λ inférieur à environ 360 nm et, par conséquent, le pouvoir de résolution est plus grand dans les domaines du bleu et du violet, tandis que le quartz absorbe à λ inférieur à environ 185 nm, et son pouvoir de résolution est le plus grand dans la région des 300 à 200 nm, et plutôt faible dans le visible.

Si dans la figure 3.3, P et P', sont séparés de $\mathrm{d}\ell$, on définit la dispersion linéaire, $\mathrm{d}\ell/\mathrm{d}\lambda$, et la dispersion angulaire, $\mathrm{d}\theta/\mathrm{d}\lambda$, où $\mathrm{d}\theta$ est la différence entre les angles avec lesquels les rayons dirigés vers P et P' émergent de L_2.

Nous avons dit que les longueurs d'onde λ et $\lambda + \mathrm{d}\lambda$ sont tout juste séparées, ou résolues, mais nous n'avons pas établi de critère pour estimer si c'est le cas. C'est Rayleigh qui a proposé un tel critère, qui est illustré par la figure 3.4. Si nous imaginons qu'il y a une fente d'entrée étroite avant la lentille L_1 de la figure 3.3, le détecteur ne voit pas seulement une image de la fente à la longueur d'onde λ, mais une figure de diffraction, comme le montre la figure 3.4(a), avec des minimums d'intensité à $\pm\lambda$, $\pm 2\lambda$, ... par rapport au maximum au centre. Rayleigh a suggéré que si deux figures de diffraction, correpondant aux points P et P' de la figure 3.3, sont telles que le maximum au centre de P' n'est pas plus proche de celui de P que le premier minimum de P, comme dans la figure 3.4(b), on considère P et P' comme tout juste résolus.

Il est important de bien comprendre qu'une raie dans un spectre est l'image de la fente d'entrée, formée à une longueur d'onde particulière, cette image étant une figure de diffraction comme celle de la figure 3.4(a). Par conséquent, si la fente est élargie, le pic principal de la figure de diffraction est élargi, et la résolution fournie par l'élément de dispersion est effectivement réduite. Par contre, lorsque la largeur de la fente est réduite, à partir d'une certaine valeur, la largeur de raie observée ne peut plus être diminuée même si l'élément de dispersion peut fournir une résolution extrêmement grande. Cette situation est susceptible de se produire lorsque la largeur de raie est limitée par un élargissement dû à la pression ou à l'effet Doppler (voir sections 2.3.2 et 2.3.3).

3.3.2 Réseaux de diffraction

Un réseau de diffraction est constitué d'une série de traits parallèles gravés sur un matériau dur en verre ou en métal. Les sillons sont extrêmement serrés, un espacement de l'ordre de 1 μm étant chose courante. Les réseaux sont généralement recouverts, sur la surface gravée, d'un matériau réflecteur, comme l'aluminium, de sorte qu'ils puissent également fonctionner en miroir. La surface peut être plane ou concave, servant, dans ce dernier cas, aussi bien à focaliser qu'à disperser et réfléchir la lumière qu'elle reçoit.

La figure 3.5 montre comment est dispersée une lumière blanche tombant sur la surface d'un réseau réfléchissant G. L'équation générale pour la diffraction par un réseau est

$$m\lambda = d(\sin i + \sin\theta) \tag{3.5}$$

où i et θ sont les angles d'incidence et de réflexion, mesurés à partir de la normale à la surface, d l'espacement des traits, λ la longueur d'onde et m (= 0, 1, 2, ...) l'ordre de la diffraction. Pour une incidence normale

$$m\lambda = d\sin\theta \tag{3.6}$$

La dispersion angulaire produite par le réseau est donnée par

$$\frac{\mathrm{d}\theta}{\mathrm{d}\lambda} = \frac{m}{d\cos\theta} \tag{3.7}$$

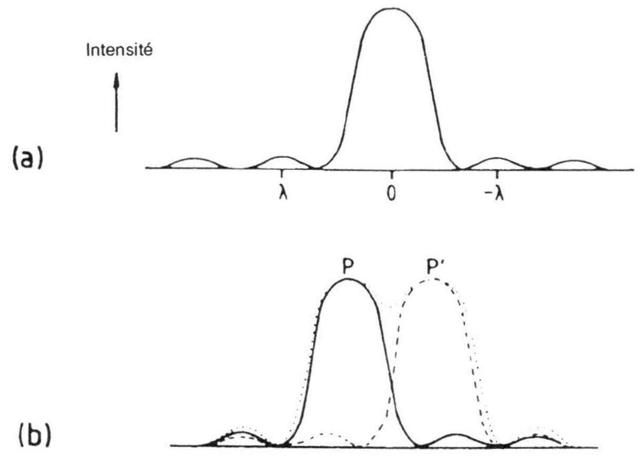

Fig. 3.4 — *(a) Figure de diffraction produite par une fente étroite. (b) Le critère de résolution de Rayleigh.*

et la figure montre comment elle augmente avec l'ordre, cette dispersion allant du violet (V) au rouge (R) dans chaque ordre. Le pouvoir de résolution R d'un réseau (équation 3.3) est donné par

$$R = mN \tag{3.8}$$

où N est le nombre total de traits, à condition, bien sûr, que tous les sillons reçoivent la lumière incidente si l'on veut que le pouvoir de résolution soit maximal. Si l'on souhaite une grande dispersion et une forte résolution, il est clair, à partir des équations (3.7) et (3.8), que l'on doit utiliser l'ordre le plus élevé possible. La figure 3.5 montre que le problème du recouvrement avec les ordres adjacents se pose d'autant plus que l'ordre est élevé. Ceci peut être évité en filtrant ou en prédispersant la lumière incidente avec un petit prisme ou un réseau.

Si l'on n'utilise qu'un ordre de diffraction, on gaspille beaucoup en rejetant les radiations diffractées aux autres ordres, ainsi que celle du même ordre, mais située de l'autre côté du faisceau incident. La radiation peut être diffractée préférentiellement à une valeur proche d'un angle donné, en utilisant un réseau en échelette ou « blazé ». Les sillons du

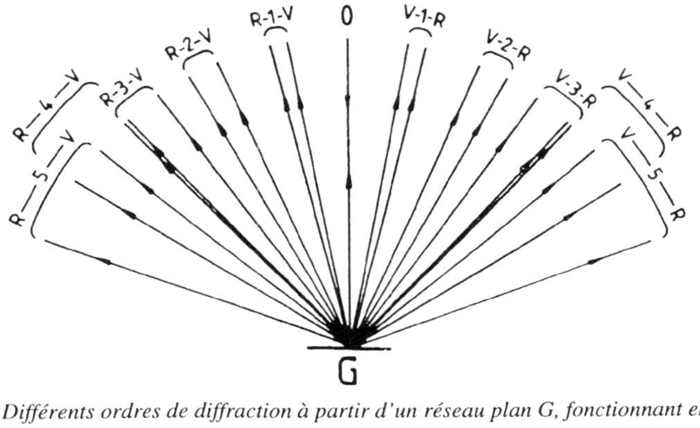

Fig. 3.5 — *Différents ordres de diffraction à partir d'un réseau plan G, fonctionnant en réflexion.*

réseau sont gravés à l'aide d'un diamant et ont normalement la forme d'un V symétrique, mais lorsqu'ils sont gravés de telle sorte qu'ils possèdent un côté court et un côté long, comme dans la figure 3.6, la réflexion est alors plus efficace lorsque les faisceaux incidents et diffractés forment un angle ϕ par rapport à la normale à la surface du réseau : les faisceaux sont perpendiculaires aux grands côtés des sillons. L'angle ϕ est appelé angle de « blaze », et lorsque le réseau est utilisé avec des angles d'incidence et de réflexion égaux, comme dans la figure, l'équation (3.5) devient

$$m\lambda = 2d \sin\theta \tag{3.9}$$

Les réseaux de diffraction peuvent être fabriqués au moyen d'un procédé holographique, mais les caractéristiques des réseaux blazés ne peuvent être contrôlées, et leur efficacité est faible dans l'infrarouge. Ils sont plutôt réservés aux utilisations à un ordre faible, dans le visible et l'ultraviolet proche.

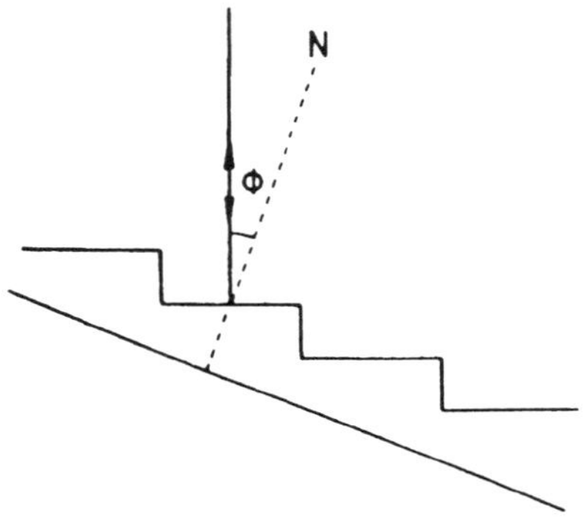

Fig. 3.6 — *Utilisation d'un réseau en échelette à l'angle de blaze ϕ.*

Exercice corrigé 3.1

Énoncé. Un réseau de diffraction possédant une surface gravée de 10,40 cm de large, avec 600,0 traits par millimètre, est « blazé » à un angle de 45,00°.

(a) Quelle est la longueur d'onde diffractée à l'angle de blaze, aux premier, quatrième et neuvième ordres ?

(b) Quel est le pouvoir de résolution à chacun de ces ordres ?

(c) Quelle est la résolution en termes de longueur d'onde (nm), de nombre d'onde (cm^{-1}) et de fréquence (GHz), au neuvième ordre à 300 nm ?

Solution.

(a) Le réseau a 104,0 mm de large. Le nombre total de traits est

$$N = 104{,}4 \text{ mm} \times 600{,}0 \text{ mm}^{-1} = 62\,400$$

et l'espacement entre les traits est

$$\begin{aligned} d &= \frac{0{,}104\,0 \text{ m}}{62\,400} \\ &= 1{,}666\,7 \times 10^{-6} \text{ m} \\ &= 1\,666{,}7 \text{ nm} \end{aligned}$$

L'équation de Bragg pour la diffraction est donnée par l'équation (3.9)

$$m\lambda = 2d \sin\theta$$

$$= 2 \times 1\,666{,}7 \times 0{,}707\,11 \text{ nm}$$
$$= 2\,357{,}1 \text{ nm}$$

donc, pour $m = 1, \quad \lambda = 2\,357$ nm

$m = 4, \quad \lambda = 589{,}3$ nm

$m = 9, \quad \lambda = 261{,}9$ nm

(b) Le pouvoir de résolution R du réseau est donné par l'équation (3.8)

$$R = mN$$
$$= 62\,400m$$
$$= 62\,400 \quad \text{pour } m = 1$$
$$= 249\,600 \quad \text{pour } m = 4$$
$$= 561\,600 \quad \text{pour } m = 9$$

(c) La résolution $\mathrm{d}\lambda$, $\mathrm{d}\,\tilde{\nu}$, ou $\mathrm{d}\nu$, est obtenue à partir du pouvoir de résolution en utilisant l'équation (3.3)

$$R = \frac{\lambda}{\mathrm{d}\lambda} = \frac{\tilde{\nu}}{\mathrm{d}\,\tilde{\nu}} = \frac{\nu}{\mathrm{d}\nu}$$

donc, $$\mathrm{d}\lambda = \frac{\lambda}{R} = \frac{300{,}0 \text{ nm}}{561\,600}$$
$$= 5{,}342 \times 10^{-4} \text{ nm}$$

Pour $\lambda = 300{,}0$ nm,

$$\tilde{\nu} = \frac{1}{\lambda} = \frac{1}{300{,}0 \text{ nm}} = \frac{1}{300{,}0 \times 10^{-7} \text{ cm}} = 33\,333 \text{ cm}^{-1}$$

donc, $$\mathrm{d}\,\tilde{\nu} = \frac{\tilde{\nu}}{R} = \frac{33\,333 \text{ cm}^{-1}}{561\,600}$$
$$= 0{,}059\,35 \text{ cm}^{-1}$$

Pour $\lambda = 300{,}0$ nm,

$$\nu = \frac{c}{\lambda} = \frac{2{,}998 \times 10^{10} \text{ cm s}^{-1}}{300{,}0 \times 10^{-7} \text{ cm}} = 9{,}993\,3 \times 10^{14} \text{ s}^{-1}$$
$$= 9{,}993\,3 \times 10^{5} \text{ GHz}$$

donc, $$\mathrm{d}\nu = \frac{\nu}{R} = \frac{9{,}993\,3 \times 10^{5} \text{ GHz}}{561\,600}$$
$$= 1{,}779 \text{ GHz}$$

3.3.3 Tranformation de Fourier et interféromètres

Une fine couche d'huile sur de l'eau montre souvent des régions de différentes couleurs, et cela illustre une troisième méthode de dispersion de la lumière. La lumière blanche frappant l'huile est réfléchie vers l'avant et vers l'arrière de la couche, une partie du faisceau émergeant de la surface à chaque fois. Les différents faisceaux qui émergent peuvent interférer constructivement ou destructivement, suivant la longueur d'onde, et produisent les différentes couleurs observées. Ce principe est mis à profit dans un interféromètre, employé pour disperser des radiations infrarouges, visibles ou ultraviolettes, et a une importance particulière dans le cas du rayonnement infrarouge.

Les interféromètres dans l'infrarouge seront discutés dans la section 3.3.3.2, mais, avant cela, nous avons besoin de comprendre les principes de la transformation de Fourier, car elle est mise en jeu dans l'étape très importante de traitement du signal provenant d'un interféromètre. Ce signal ne ressemble pas aux spectres normalement obtenus à partir d'un spectromètre, et c'est la transformation du signal en un spectre habituel, du type intensité en fonction de la longueur d'onde, qui nécessite une transformation de Fourier. Les principes de la transformation de Fourier sont probablement plus faciles à comprendre lorsqu'on les applique aux radiations radiofréquence, de plus grandes longueurs d'onde, que pour les radiations de plus courtes longueurs d'onde, infrarouges, visibles ou ultraviolettes. Nous considérerons d'abord les radiations radiofréquences.

3.3.3.1 Radiations radiofréquences

Considérons une radiation radiofréquence, de fréquence 100 MHz, ou de longueur d'onde 3 m. Ce type de radiations est utilisé, par exemple, dans un spectromètre de résonance magnétique nucléaire (RMN) et comme porteur de signaux radio FM (ou VHF). Les fréquences caractéristiques de ces radiations sont relativement basses comparées, par exemple, aux radiations de l'infrarouge proche, de fréquence 10 000 GHz (voir figure 3.1), et on peut

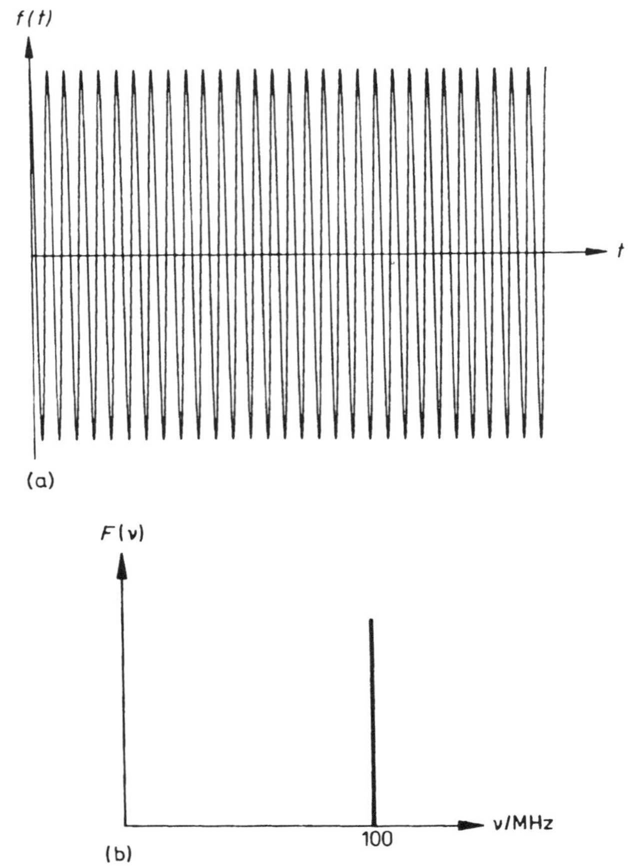

Fig. 3.7 — *(a) Spectre dans l'espace des temps et (b) spectre correpondant dans l'espace des fréquences, pour un rayonnement présentant une seule fréquence.*

sans problème construire des détecteurs qui répondent suffisamment rapidement, pour déterminer directement la fréquence d'un signal radiofréquence. Si l'on considère une source de radiation radiofréquence monochromatique, le détecteur répond au champ électrique **E**, qui oscille à la fréquence ν, comme dans la figure 2.1. La variation, avec le temps t, du signal détecté, $f(t)$, est représentée dans la figure 3.7(a), et on dit que c'est le spectre dans l'espace des temps. Dans ce cas, c'est le spectre d'une source monochromatique.

Nous sommes plus habitués aux spectres enregistrés, non dans l'espace des temps, mais dans l'espace des fréquences (ou des nombres d'onde ou des longueurs d'onde), dans lequel le signal du détecteur est tracé en fonction de la fréquence, par exemple, plutôt qu'en fonction du temps. On peut facilement voir que le spectre dans l'espace des temps, dans la figure 3.7(a), correspond au spectre dans l'espace des fréquences de la figure 3.7(b) dans lequel le signal $F(\nu)$ est tracé en fonction de la fréquence. Une source monochromatique produit un spectre à une seule raie.

Le processus de passage du spectre dans l'espace des temps, $f(t)$, au spectre dans l'espace des fréquences, $F(\nu)$, est appelé transformation de Fourier. Dans ce cas, la fréquence de la raie, 100 MHz par exemple, dans la figure 3.7(b), est simplement la valeur de ν qui apparaît dans l'équation

$$f(t) = A \cos 2\pi\nu t \tag{3.10}$$

pour le spectre dans l'espace des temps, où A est l'amplitude de $f(t)$.

Si maintenant la source émet une radiation radiofréquence constiutée de deux fréquences, ν et $\frac{1}{4}\nu$, de même amplitude, alors

$$f(t) = A[\cos 2\pi\nu t + \cos 2\pi(\tfrac{1}{4}\nu)t] \tag{3.11}$$

comme le montre la figure 3.8(a). Le spectre correspondant, dans l'espace des fréquences, est représenté sur la figure 3.8(b), qui montre deux raies d'intensités égales, une à 100 MHz et l'autre à 25 MHz.

La somme des deux ondes sinusoïdales, dans la figure 3.8(a), montre un battement entre les deux ondes. D'une manière générale, si les deux fréquences valent ν_1 et ν_2, la fréquence de battement, ν_B, est donnée par

$$\nu_B = |\nu_1 - \nu_2| \tag{3.12}$$

Dans l'exemple de la figure 3.8, ν_B vaut 75 MHz.

La figure 3.9(a) montre un spectre dans l'espace des temps, correspondant au spectre dans l'espace des fréquences de la figure 3.9(b), dans lequel il y a deux raies, à 25 et 100 MHz, l'intensité de cette dernière étant la moitié de celle de la première, de sorte que

$$f(t) = \tfrac{1}{2}A \cos 2\pi\nu t + A \cos 2\pi(\tfrac{1}{4}\nu)t] \tag{3.13}$$

Conceptuellement, le passage des spectres dans l'espace des temps, dans les figures 3.7(a)–3.9(a), aux spectres dans l'espace des fréquences, dans les figures 3.7(b)–3.9(b), est un problème simple, car le résultat était connu avant de commencer. On peut toujours se représenter la décomposition de n'importe quel spectre dans l'espace des temps, quelle que soit sa complexité et l'irrégularité de son aspect, en ondes, chacune avec sa fréquence et son amplitude caractéristiques. Bien qu'on puisse imaginer cette décomposition, le processus de transformation de Fourier qui la réalise est une opération mathématique complexe, qui nécessite un ordinateur. Les principes mathématiques seront décrits ici de manière succincte.

En général le spectre dans l'espace des temps peut s'exprimer comme

$$f(t) = \int_{-\infty}^{+\infty} F(\nu) \exp(\mathrm{i}2\pi\nu t)\, \mathrm{d}\nu \tag{3.14}$$

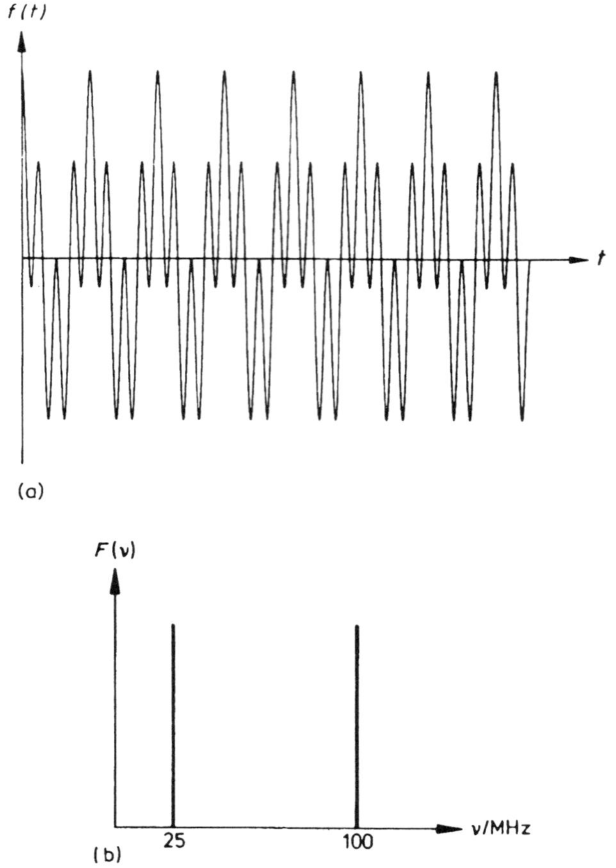

Fig. 3.8 — *(a) Spectre dans l'espace des temps et (b) spectre correpondant dans l'espace des fréquences, pour un rayonnement présentant deux fréquences différentes ayant des intensités dans le rapport 1:1.*

où $i = \sqrt{-1}$ et $F(\nu)$ est le spectre cherché, dans l'espace des fréquences ; mais, puisque

$$\exp(i\phi t) = \cos\phi t + i \sin\phi t \tag{3.15}$$

l'équation (3.14) devient

$$f(t) = \int_{-\infty}^{+\infty} F(\nu)\,(\cos 2\pi\nu t + i \sin 2\pi\nu t)\,d\nu \tag{3.16}$$

Pour la discussion, on peut négliger la partie imaginaire de l'équation (3.16), c'est-à-dire $i \sin 2\pi\nu t$, et il devient alors évident que $f(t)$ est une somme d'ondes sinusoïdales, comme nous l'avions supposé au départ. La transformation de Fourier nous permet de passer de $f(t)$ à $F(\nu)$ par la relation

$$F(\nu) = \int_{-\infty}^{+\infty} f(t) \exp(-i2\pi\nu t)\,dt \tag{3.17}$$

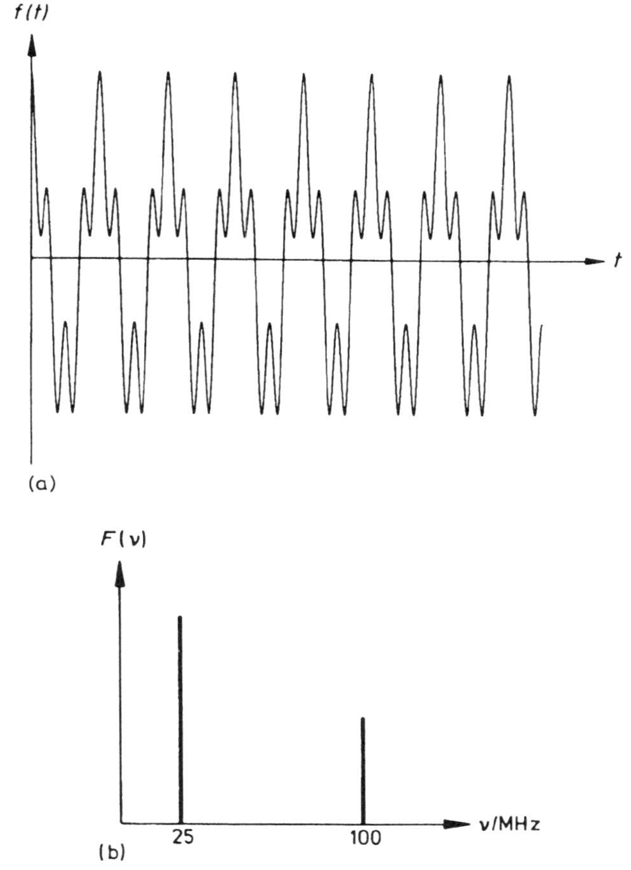

Fig. 3.9 — *(a) Spectre dans l'espace des temps et (b) spectre correpondant dans l'espace des fréquences, pour un rayonnement présentant deux fréquences différentes ayant des intensités dans le rapport 2:1.*

ou, en utilisant le fait que

$$\exp(-\mathrm{i}\phi t) = \cos\phi t - \mathrm{i}\,\sin\phi t \tag{3.18}$$

nous obtenons

$$F(\nu) = \int_{-\infty}^{+\infty} f(t)\,(\cos 2\pi\nu t - \mathrm{i}\,\sin 2\pi\nu t)\,\mathrm{d}t \tag{3.19}$$

où, là encore, nous pouvons négliger la partie imaginaire, i sin $2\pi\nu t$.

L'ordinateur numérise le spectre dans l'espace des temps $f(t)$ et effectue la transformation de Fourier pour produire un spectre $F(\nu)$ numérisé. Une conversion numérique-analogique donne alors le spectre dans l'espace des fréquences, sous la forme analogique recherchée.

Dans le cas d'un poste radio fonctionnant dans la bande des longueurs d'onde FM, ou même dans n'importe quelle gamme de longueurs d'onde, l'antenne reçoit un signal qui contient toutes les fréquences transmises. La radio réalise effectivement une transformation de

Fourier du signal, de telle sorte que l'on puisse l'accorder à n'importe quelle fréquence, sans interférence avec les autres.

Cependant, il y a un point important que nous avons négligé jusque là. Les spectres réels dans l'espace des fréquences ne ressemblent pas à ceux des figures 3.7(b)–3.9(b) : les raies du spectre ne sont pas comme des barres, infiniment fines, mais possèdent une certaine largeur et une certaine forme.

Si le spectre radiofréquence est dû à l'émission de radiation entre deux états, par exemple des états de spin nucléaire en spectroscopie RMN, la largeur d'une raie est la conséquence de la durée de vie, τ, de l'état le plus haut, qui émet. La durée de vie et l'étalement en énergie, ΔE, de l'état le plus haut, sont reliés grâce au principe d'incertitude (voir l'équation 1.16), par

$$\tau \Delta E \geq \hbar \tag{3.20}$$

ou, puisque $\Delta E = h\, \Delta \nu$,

$$\Delta \nu \geq \frac{1}{2\pi\tau} \tag{3.21}$$

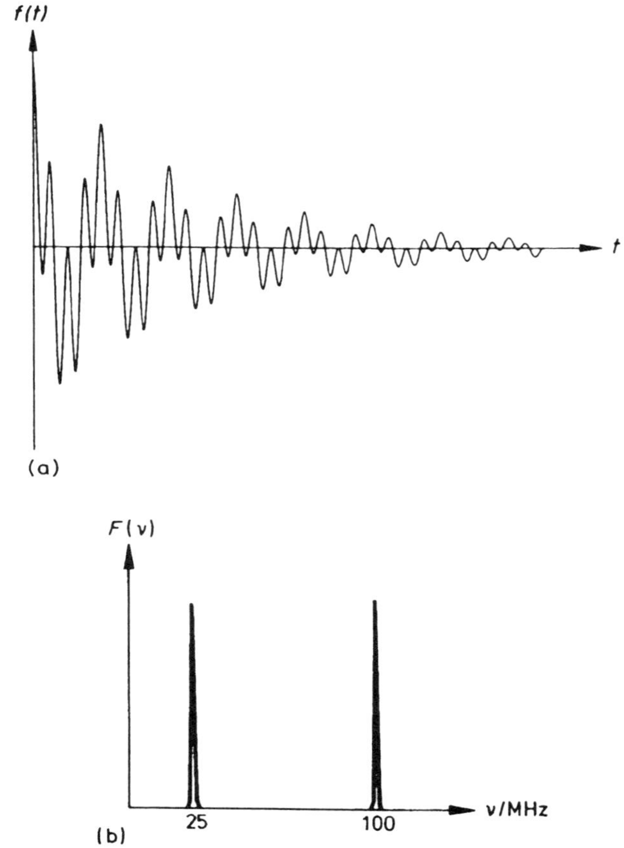

Fig. 3.10 — *Spectres dans l'espace des temps (a), et dans l'espace des fréquences (b), correspondant à ceux de la figure 3.8, mais avec un élergissement des deux raies.*

L'effet de la durée de vie de l'état le plus élevé peut être examiné dans le spectre dans l'espace des temps en irradiant l'échantillon au moyen d'une brève impulsion de radiation radiofréquence et en observant la décroissance du signal. La figure 3.10(a) montre un spectre dans l'espace des temps, similaire à celui de la figure 3.8(a), mais avec superposition d'une décroissance en fonction du temps. Le spectre obtenu par transformation de Fourier, dans la figure 3.10(b), montre deux raies ayant une largeur donnée par l'équation (3.21).

Le résultat de l'équation (3.21) montre aussi que, si $\tau = \infty$, comme dans les exemples des figures 3.7(a)–3.9(a), alors $\Delta\nu = 0$ et les raies sont infiniment fines.

L'application la plus importante de la spectroscopie par transformation de Fourier dans le domaine des radiofréquences est la spectroscopie RMN impulsionnelle par transformation de Fourier, qui ne sera pas traitée en détail ici[1] . Plus récemment, elle est devenue une technique très importante par ses applications en spectroscopie micro-onde.

Nous avons maintenant deux méthodes pour enregistrer un spectre d'émission comme celui de la figure 3.8. Nous pouvons soit enregistrer le spectre dans l'espace des temps et le transformer par transformation de Fourier en spectre dans l'espace des fréquences, soit obtenir directement, selon la façon la plus courante, le spectre dans le domaine des fréquences, en balayant la gamme de fréquences, et en enregistrant le signal fourni par le détecteur. Cependant, l'enregistrement du spectre dans l'espace des temps présente un avantage important : toutes les fréquences du spectre sont enregistrées en même temps. Cela s'appelle l'avantage multiplex, ou avantage de Fellgett, et un spectre comparable est obtenu en un temps beaucoup plus court. Par conséquent, la technique de transformation de Fourier (FT) peut être utilisée, par exemple pour obtenir des spectres d'espèces transitoires formées pendant une réaction chimique.

3.3.3.2 Radiations infrarouges, visibles et ultraviolettes

Pour les radiofréquences et les micro-ondes, il existe des détecteurs qui peuvent répondre suffisamment vite aux basses fréquences mises en jeu (< 100 GHz) et enregistrer directement le spectre dans l'espace des temps. Pour les radiations infrarouges, visibles et ultravioletttes, les fréquences mises en jeu sont si élevées (> 600 GHz) que ce n'est plus possible. On utilise alors un interféromètre, et le spectre est enregistré dans l'espace des longueurs plutôt que dans l'espace des fréquences. Comme la technique a été employée principalement dans les domaines spectraux de l'infrarouge lointain, moyen ou proche, l'appareil utilisé porte le nom de spectromètre infrarouge à transformée de Fourier (FT-IR), bien qu'il soit facile de le modifier pour qu'il fonctionne dans les domaines visible et ultraviolet.

La partie la plus importante d'un spectromètre FT-IR est l'interféromètre, basé sur le modèle original réalisé par Michelson en 1891, et présenté dans la figure 3.11.

Considérons, pour simplifier, une source S de rayonnement monochromatique pénétrant dans l'interféromètre. Un rayon provenant de cette source frappe la séparatrice B, qui est recouverte, sur sa deuxième face, d'un matériau qui la rend semi-transparente (rayon 2) et semi-réflectrice (rayon 1). Le rayon 1 est alors réfléchi, par le miroir mobile M_1, vers un détecteur D, à travers B, tandis que le rayon 2 est réfléchi par un miroir fixe M_2, une partie de celui-ci étant ensuite réfléchie par B en direction du détecteur. C est une lame compensatrice, introduite afin que chacun des rayons 1 et 2 ait traversé deux fois la même épaisseur du matériau dont sont faits B et C. Lorsque les rayons 1 et 2 atteignent D, ils ont parcouru des chemins différents, avec une différence de marche δ. On l'appelle aussi différence de chemin optique, et sa valeur dépend de la position de M_1. La figure 3.12(a) montre que, pour $\delta = 0, \lambda, 2\lambda, \ldots$, les deux rayons interfèrent constructivement au détecteur, alors que la figure

1. Voir, par exemple, Abraham R.J., Fisher, J. et Loftus P. — *Introduction to NMR Spectroscopy*. Wiley, Chichester, 1988, ou Canet D. — *La RMN. Concepts et méthodes*. InterÉditions, 1991.

3.12(b) montre que, si $\delta = \lambda/2, 3\lambda/2, 5\lambda/2, \ldots$, ils interfèrent de manière destructive et aucun signal n'est détecté. Par conséquent, si δ varie lentement en partant de zéro, l'intensité du signal détecté varie sinusoïdalement comme dans la figure 3.13.

Dans une expérience normale d'émission, la source contient de nombreuses longueurs d'onde, le détecteur reçoit des intensités dues à de nombreuses ondes sinusoïdales de différentes longueurs d'onde, et l'intensité détectée est de la forme

$$I(\delta) = \int_0^\infty B(\tilde{\nu}) \cos 2\pi \tilde{\nu} \delta \, d\tilde{\nu} \tag{3.22}$$

où $\tilde{\nu}$ est le nombre d'onde de la radiation et $B(\tilde{\nu})$ est l'intensité de la source à ce nombre d'onde (si l'on néglige les petites corrections dues aux variations de l'efficacité de la

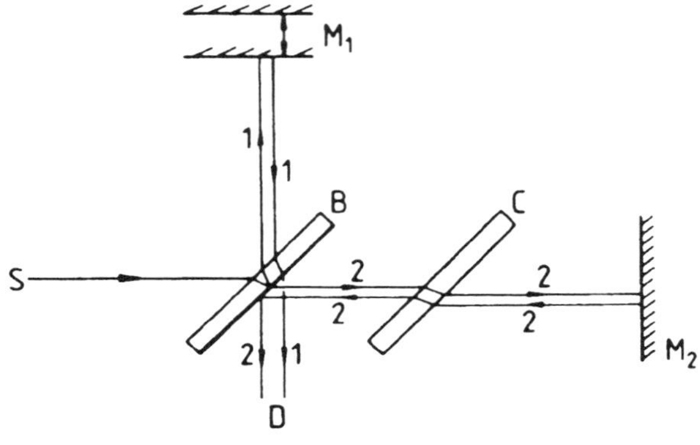

Fig. 3.11 — *Interféromètre de Michelson.*

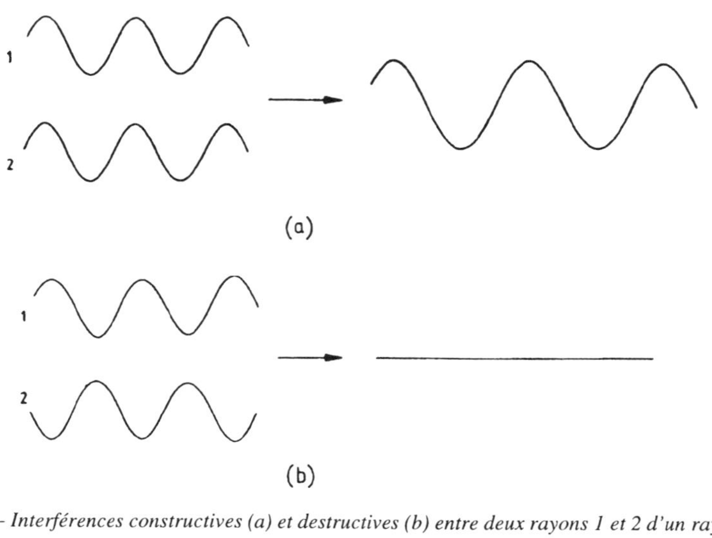

Fig. 3.12 — *Interférences constructives (a) et destructives (b) entre deux rayons 1 et 2 d'un rayonnement monochromatique.*

séparatrice et de la réponse du détecteur). Le tracé de $B(\tilde{\nu})$ en fonction de $\tilde{\nu}$ constitue le spectre en dispersion de la source et est obtenu par la technique de transformation de Fourier discutée dans la section 3.3.3.1, qui donne

$$B(\tilde{\nu}) = 2 \int_0^{\infty} I(\delta) \cos 2\pi \tilde{\nu} \delta \, \mathrm{d}\delta \qquad (3.23)$$

La plupart des spectres infrarouges sont obtenus par absorption plutôt que par émission, ce qui fait que la variation d'intensité du signal $I(\delta)$, en fonction du retard δ, a une allure différente de celle de la figure 3.13.

Considérons une source infrarouge émettant une gamme étendue de nombres d'ondes,

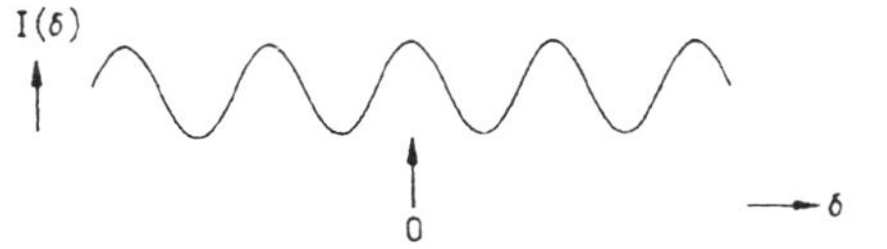

Fig. 3.13 — *Variation de l'intensité du signal $I(\delta)$, avec la différence de chemin optique δ.*

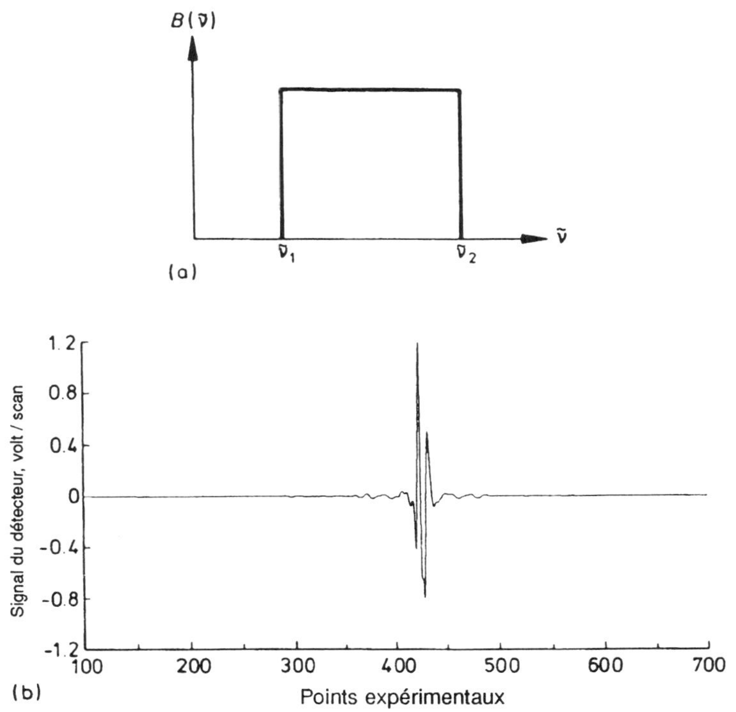

Fig. 3.14 — *(a) Spectre d'une source à large bande dans l'espace des nombres d'onde, et (b) l'interférogramme correspondant.*

destinée à une expérience d'absorption. La figure 3.14(a) montre l'allure que doit avoir, dans l'espace des nombres d'onde, le spectre de cette source, émettant de manière continue entre $\tilde{\nu}_1$ et $\tilde{\nu}_2$. On peut considérer que ce spectre comprend un très grand nombre de nombres d'onde entre $\tilde{\nu}_1$ et $\tilde{\nu}_2$, de telle sorte que le signal detecté correspondant, en fonction du retard, sera le résultat de la somme d'un très grand nombre de sinusoïdes de différentes longueurs d'onde. Le signal est grand à $\delta = 0$, car toutes les ondes sont en phase, mais ailleurs, elles ne sont pas en phase et interfèrent en produisant une annulation du signal. Le signal intense à $\delta = 0$ est connu sous le nom de *centre burst* (maximum central) et est montré dans la figure 3.14(b). (A cause de la légère dispersion de la séparatrice B, les ondes à $\delta = 0$ ne sont pas exactement en phase, ce qui conduit à une asymétrie du *centre burst* autour de $\delta = 0$.)

Si une absorption fine et isolée se produit à un nombre d'onde $\tilde{\nu}_a$, comme le montre, dans l'espace des nombres d'onde, le spectre de la figure 3.15, l'onde sinusoïdale correspondant à $\tilde{\nu}_a$ n'est pas éliminée, et subsiste dans le tracé de $I(\delta)$ en fonction de δ, souvent appelé interférogramme. Pour un jeu plus compliqué d'absorptions, le profil provenant des sinusoïdes non éliminées devient plus intense et plus irrégulier.

La figure 3.16(a) montre un interférogramme issu du spectre d'absorption de l'air dans la région 400–3 400 cm^{-1}. Le spectre à transformée de Fourier de la figure 3.16(b) montre de fortes bandes d'absorption, dues à CO_2 et H_2O, celles de H_2O offrant une structure très fine, car c'est une molécule plus légère.

L'interférogramme est numérisé avant la transformation de Fourier par un ordinateur. La figure 3.16(a) montre, dans cet exemple, qu'il y a 600 points dans la partie de l'interférogramme présenté. L'ordinateur est limité par le nombre de points qu'il peut manipuler, et l'utilisateur a le choix de prendre des points rapprochés, en négligeant les autres zones de l'interférogramme, ce qui donne une gamme de nombres d'onde plus étendue mais une résolution plus faible, ou de prendre des points plus éloignés, ce qui donne une résolution plus élevée, mais une gamme plus étroite de nombres d'onde. La résolution $\Delta\tilde{\nu}$ est toujours déterminée par la précision avec laquelle l'interférogramme peut être examiné, ce qui, en retour, dépend du déplacement maximum, δ_{max}, du miroir M_1. La résolution est donnée par

$$\Delta\tilde{\nu} = \frac{1}{\delta_{max}} \qquad (3.24)$$

Un des principaux problèmes de construction d'un spectromètre FT-IR est d'obtenir une translation précise et uniforme de M_1, sur des distances δ_{max} qui peuvent atteindre 1 m dans un interféromètre à haute résolution.

Comme dans toute technique de transformée de Fourier en spectroscopie, le spectromètre FT-IR béneficie fortement de l'avantage multiplex, ou de Fellgett, permettant de détecter, en permanence, une large bande de radiations (gamme étendue de nombres d'onde). Par comparaison, un spectromètre qui disperse le rayonnement au moyen d'un prisme ou d'un

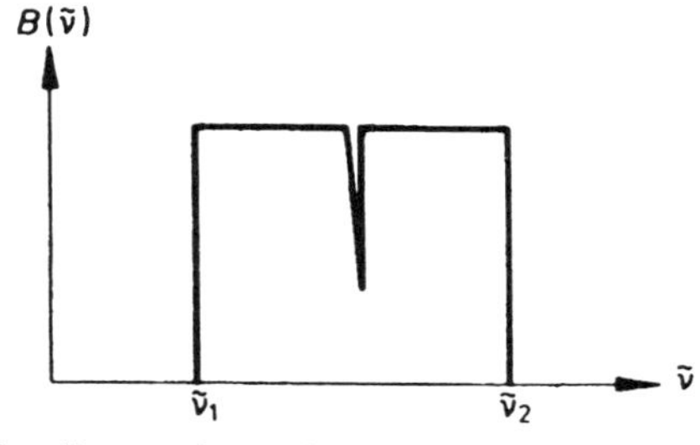

Fig. 3.15 — *Spectre, dans l'espace des nombres d'onde, d'une source à bande large, présentant une absorption étroite.*

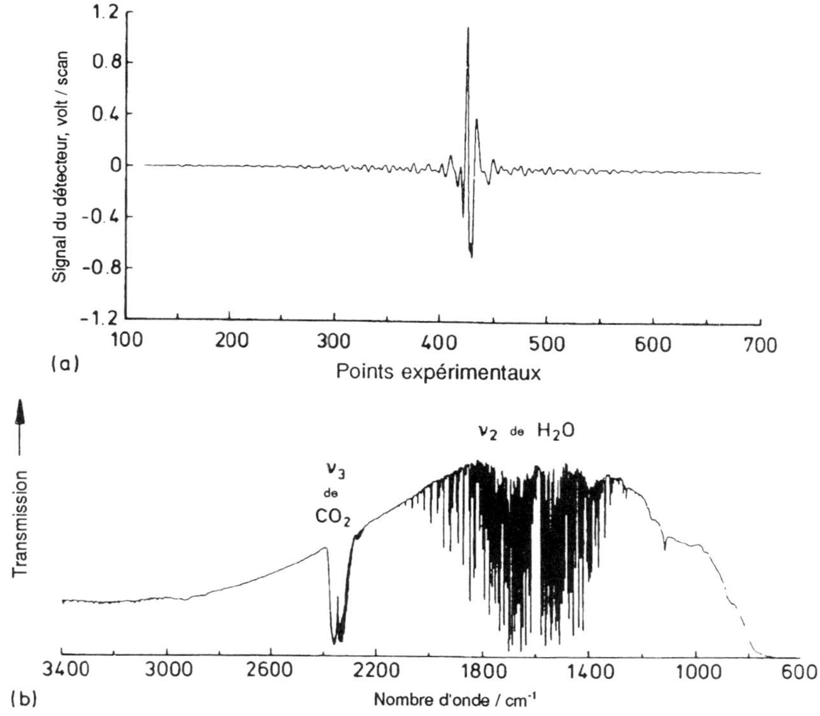

Fig. 3.16 — *(a) Interférogramme infrarouge du spectre d'absorption de l'air, dans le domaine 400–3 400 cm^{-1}, et (b) le spectre obtenu par transformée de Fourier.*

réseau de diffraction détecte, à chaque instant, seulement l'étroite bande de radiations que l'orientation du prisme ou du réseau permet d'envoyer au détecteur, comme dans le modèle de spectromètre infrarouge décrit dans la section 3.6.

En plus de l'avantage multiplex, un spectromètre FT-IR présente aussi l'avantage qu'une grande proportion du rayonnement de la source traverse l'instrument. La raison en est que l'étroite fente d'entrée (voir figure 3.2), qui limite sévèrement la radiation transmise dans un spectromètre à prisme ou à réseau, est remplacée par une ouverture circulaire de grande surface. Cet avantage lié à la transmission porte le nom d'avantage de Jacquinot.

3.4 COMPOSANTS D'EXPÉRIENCES D'ABSORPTION DANS DIFFÉRENTES RÉGIONS DU SPECTRE

Le tableau 3.1 donne certaines précisions sur les sources, les cellules d'absorption, les éléments de dispersion et les détecteurs typiques utilisés dans différents domaines du spectre électromagnétique.

3.4.1 Micro-ondes et ondes millimétriques

Dans la région des micro-ondes, la radiation monochromatique accordable est produite par des klystrons, chacun d'eux étant accordable sur une gamme de fréquences relativement petite,

Tab. 3.1 — *Éléments d'une expérience d'absorption dans différents domaines du spectre.*

Domaine	Source	Fenêtres de la cellule d'absorption	Élément de dispersion	Détecteur
Micro-onde	Klystron	Mica	Aucun	Diode à quartz
	Carcinotron			
Onde millimétrique	Klystron (fréquence multipliée)	Mica	Aucun	Comme dans le cas des micro-ondes ou de l'infrarouge lointain
	Carcinotron	Polymère		
Infrarouge lointain	Arc au mercure	Polymère	Réseau	Cellule de Golay
			Interféromètre	Thermocouple
				Bolomètre
				Détecteur pyroélectrique
Infrarouge moyen et proche	Filament de Nernst	NaCl ou KBr	Réseau	Comme dans le cas de l'infrarouge
	Globar		Interféromètre	Détecteur à photoconduction
Visible	Filament de tungstène	Verre	Prisme	Photomultiplicateur
	Arc au xénon		Réseau	Photodiode
			Interféromètre	Plaque photographique
Ultraviolet proche	Décharge dans le deutérium	Quartz	Prisme	Comme dans le cas du visible
	Arc au xénon		Réseau	
			Interféromètre	
Ultraviolet lointain	Décharge micro-onde dans des gaz rares	LiF (ou pas de fenêtre)	Réseau	Comme dans le cas du visible
	Décharge de Lyman			

ou par un carcinotron (oscillateur à onde régressive), accordable sur une plage beaucoup plus étendue. Les deux systèmes sont des appareils électroniques. Les expériences d'absorption sont habituellement effectuées en phase gazeuse, et des fenêtres en mica, qui transmettent dans ce domaine, sont placées à chaque extrémité de la cellule d'absorption, qui peut avoir une longueur de plusieurs mètres. La modulation Stark, obtenue en appliquant un champ électrique entre une plaque métallique, ou septum, placée au centre de la cellule, et les parois de la cellule, est souvent utilisée pour accroître la sensibilité. Cela permet également la mesure du moment dipolaire de la molécule qui absorbe. Contrairement à l'habitude, il n'est pas nécessaire d'avoir un élément de dispersion puisque la source est monochromatique. Le détecteur est un redresseur à diode à quartz.

Les radiations d'ondes millimétriques peuvent également être produites par un klystron, ou par un carcinotron, mais comme les klystrons ne fournissent que du rayonnement micro-onde, il faut multiplier la fréquence, ce qui entraîne une perte de puissance. Les fenêtres de la cellule d'absorption sont fabriquées dans le même matériau que celui qui est utilisé dans les régions des micro-ondes ou de l'infrarouge lointain. Il dépend de la gamme de fréquence : ceci est également valable pour le détecteur. Il n'est pas nécessaire d'avoir un élément de dispersion puisque la source est monochromatique.

Les radiations micro-onde et d'ondes millimétriques peuvent être acheminées dans n'importe quelle direction au moyen d'un guide d'onde, constitué d'un tube métallique à section rectangulaire, dont les dimensions dépendent de la gamme de fréquences. La cellule d'absorption constitue également un guide d'onde.

3.4.2 Infrarouge lointain

Dans le domaine de l'infrarouge lointain, la forte absorption de la vapeur d'eau normalement présente dans l'air nécessite soit un courant d'azote sec sur la totalité de la ligne optique, soit, de préférence, la mise sous vide.

Les sources de rayonnement ont toutes une intensité plus faible que celle qui serait idéale. La décharge de mercure dans une ampoule à quartz est l'une des plus couramment utilisées, l'essentiel des radiations des nombres d'onde les plus élevés provenant du quartz plutôt que du plasma de décharge.

Les fenêtres de la cellule d'absorption sont constituées d'un polymère comme le polyéthylène, le poly(éthylène téréphtalate) (Terylène), ou le polystyrène.

L'élément de dispersion est couramment un interféromètre de type Michelson (section 3.3.3.2), avec une séparatrice faite d'un matériau transparent, mais on peut aussi utiliser un réseau de diffraction plan. On peut utiliser un réseau plan selon différentes méthodes, mais la plus courante est le système de Czerny-Turner, présenté dans la figure 3.17. La radiation provenant de la source S traverse la cellule d'absorption et pénètre par la fente S_1, qui est placée à la distance focale du miroir concave M_1. Ce miroir est tourné de telle sorte que la radiation, qui est alors sous forme d'un faisceau parallèle, soit reflétée en direction du réseau G, qui la disperse et la réfléchit sur M_2. Ce second miroir focalise la radiation dispersée sur la fente de sortie S_2 et, de là, en direction du détecteur D. Le balayage du spectre est obtenu grâce à une rotation lente du réseau.

Le détecteur couramment utilisé est une cellule de Golay, qui contient un matériau absorbant dans l'infrarouge lointain, comme de l'aluminium déposé sur du collodion, sur la face intérieure de la fenêtre d'entrée de la cellule. L'aluminium absorbe la radiation, s'échauffe et transfère la chaleur à du xénon contenu dans la cellule. Lorsque la température du gaz varie, la courbure d'un miroir flexible, fait de collodion recouvert d'antimoine, et faisant partie de la cellule, change. La réflexion d'un faisceau lumineux sur ce miroir, placé sur la face extérieure de la cellule, indique sa courbure et par conséquent l'intensité de la radiation absorbée par la cellule.

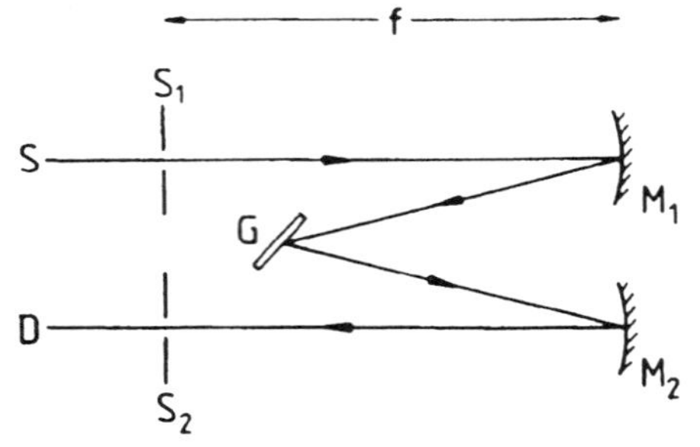

Fig. 3.17 — *Le montage du réseau de Czerny-Turner.*

On utilise également des détecteurs à thermocouple, à bolomètre, pyroélectriques et à semi-conducteur. Les trois premiers sont, fondamentalement, des thermomètres à résistance. Le détecteur à semi-conducteur compte les photons qui l'atteignent, en mesurant le changement de conductivité dû aux électrons excités de la bande de valence vers la bande de conduction.

3.4.3 Infrarouge proche et moyen

La mise sous vide n'est pas nécessaire dans cette région, et les sources posent moins de problème que dans l'infrarouge lointain. Un corps noir chauffé émet fortement dans l'infrarouge proche et un filament de Nernst, composé d'un mélange d'oxydes de terres rares, ou un globar en carbure de silicium, constituent une très bonne modélisation d'un corps noir.

Le fenêtres de la cellule sont habituellement faites en chlorure de sodium, qui transmet jusqu'à 700 cm^{-1}, ou en bromure de potassium, qui permet d'aller jusqu'à 400 cm. Des miroirs concaves, dont la face avant est recouverte d'aluminium, d'argent ou d'or, peuvent être utilisés afin d'obtenir de nombreuses réflexions multiples à travers la cellule, permettant une absorption plus importante pour un échantillon en phase gazeuse. Si l'échantillon est en solution, le solvant doit être choisi soigneusement. Aucun solvant à lui tout seul n'est transparent sur tout le domaine, mais le sulfure de carbone, par exemple, est transparent, sauf dans la région située entre 1 400 et 1 700 cm^{-1}, où c'est le tétrachloroéthylène qui est transparent. Les échantillons solides doivent être réduits en poudre fine et, pour des nombres d'onde inférieurs à 1 300 cm^{-1}, mis en suspension dans le Nujol (une paraffine liquide) ou, pour des observations sur la totalité de la gamme, incorporés à du bromure de potassium et comprimés sous vide pour faire une pastille de KBr.

L'élément de dispersion est habituellement un réseau de diffraction ou un interféromètre possédant une séparatrice en quartz ou en fluorure de calcium, recouverte de silicium ou de germanium. Les détecteurs sont du même type que ceux qui sont utilisés dans l'infrarouge lointain, c'est-à-dire des thermocouples, des bolomètres, des cellules de Golay, ou des semi-conducteurs photosensibles.

3.4.4 Visible et ultraviolet proche

Les sources traditionnelles, mais peu intenses, dans ces domaines sont, pour le visible, la lampe à filament de tungstène ou de de tungstène-iode et, pour l'ultraviolet proche, la lampe à décharge au deutérium (plus intense qu'une lampe à décharge à l'hydrogène), dans une enveloppe en quartz. Pour ces deux domaines, il existe une source beaucoup plus intense, constituée d'une lampe à arc, sous haute pression de xénon, dans laquelle un arc (généralement en courant continu) est établi entre deux pôles de tungstène, distants de 1 mm à 1 cm, dans une enveloppe en quartz contenant le gaz xénon sous une pression d'environ 20 atm. Une lampe de ce type produit un rayonnement descendant jusqu'à environ 200 nm.

Les matériaux utilisés pour les fenêtres des cellules, les lentilles, etc., sont le verre de Pyrex pour le visible et le quartz fondu pour le visible et l'ultraviolet proche.

Les éléments de dispersion peuvent être soit des prismes (en verre pour le visible, en quartz pour l'ultraviolet proche) ou, plus fréquemment, des réseaux de diffraction, pour lesquels un montage de Czerny-Turner, présenté à la figure 3.17, peut être utilisé.

Les détecteurs sont principalement des photomutiplicateurs, dans lesquels les photons atteignent une surface métallique, en césium par exemple, qui émet ensuite des électrons (des photoélectrons, voir section 1.2). Ces électrons sont soumis à une tension accélératrice, et sont envoyés sur une deuxième surface, libérant des électrons secondaires, ce processus étant répété plusieurs fois pour aboutir à une grande amplification du courant. On utilise également des plaques photographiques et des réseaux de photodiodes, présentant tous deux l'avantage multiplex, caractérisé par la détection simultanée d'une gamme étendue de longueurs d'onde.

Il existe un type de détecteur plus récent et plus efficace, qui bénéficie aussi de l'avantage multiplex : le dispositif à transfert de charge, ou CCD (*Charge-Coupled Device*). Le CCD utilisé en spectroscopie est dérivé des détecteurs CCD utilisés dans les caméscopes. Le CCD est un réseau à deux dimensions de photocapteurs en silicium, chacun d'eux étant appelé « pixel ». Lorsque le rayonnement atteint un pixel, des photoélectrons sont produits en nombre proportionnel à l'intensité de la radiation. Le CCD est sensible dans une gamme de longueurs d'onde allant de 400 à 1 050 nm, qui peut être étendue jusqu'à moins de 1,5 nm en utilisant un matériau phosphorescent, qui convertit les longueurs d'onde courtes en radiation visible.

Alors qu'un réseau de photodiodes est typiquement un réseau linéaire constitué d'une seule ligne de photodiodes, le CCD est un réseau à deux dimensions, constitué de lignes et de colonnes de pixels. D'une certaine manière, il ressemble à une plaque photographique. Chaque ligne de CCD devrait donner, dans l'idéal, le même spectre (longueur d'onde fonction de l'intensité). L'addition, au moyen d'un ordinateur, des signaux provenant d'une même colonne de pixels donne un spectre avec un meilleur rapport signal sur bruit que dans le cas d'un réseau à une dimension. Un CCD typique peut contenir environ 2 000 colonnes et 800 lignes de pixels, l'aire de chaque pixel étant d'environ 15 μm × 15 μm.

3.4.5 Ultraviolet lointain

Comme pour l'infrarouge lointain, l'absorption par l'air dans l'ultraviolet lointain (VUV, *Vacuum UltraViolet*) nécessite la mise sous vide du chemin optique, de la source jusqu'au détecteur. Dans cette région, c'est l'oxygène qui absorbe, et qui est opaque en-dessous de 185 nm. L'utilisation des sources de rayonnement VUV posent quelques problèmes. La lampe à décharge au deutérium émet jusqu'à 160 nm, une décharge à étincelle sous haute tension dans l'hélium produit une radiation allant de 100 à 60 nm, et des décharges induites par micro-ondes dans l'argon, le krypton ou le xénon couvrent la gamme allant de 200 à 105 nm. Une gamme continue beaucoup plus large, allant du visible jusqu'à environ 30 nm, est fournie par une source de Lyman, dans laquelle un condensateur de grande capacité est déchargé de manière répétée dans un gaz à faible pression contenu dans un capillaire en verre. La source idéale de radiation VUV est la source de rayonnement synchrotron, qui sera discutée dans la section 8.1.1.

Le fluorure de lithium est transparent jusqu'à environ 105 nm, valeur en dessous de laquelle il faut utiliser des systèmes sans fenêtre, avec un pompage différentiel.

L'élément de dispersion est un réseau de diffraction, utilisé de préférence dans des conditions d'incidence rasante (ϕ, dans l'équation 3.9, égal à 89° environ) afin d'améliorer la réflectance. Le réseau peut aussi être concave pour éviter l'utilisation d'un miroir de focalisation. Des photomultiplicateurs ou des plaques photographiques peuvent être employés comme détecteurs.

3.5 AUTRES TECHNIQUES EXPÉRIMENTALES

3.5.1 Spectroscopie de réflexion totale atténuée (ATR) et spectroscopie infrarouge de réflexion-absorption (RAIRS)

La technique de réflexion totale atténuée (ATR, *Attenuated Total Reflectance*) est couramment utilisée dans l'infrarouge proche pour obtenir des spectres d'absorption de films minces et de matériaux opaques. L'échantillon, d'indice de réfraction n_1, est placé en contact direct avec un matériau transparent dans le domaine d'étude, comme le bromure de thallium/iodure de thallium (connu sous le nom de KRS-5), le chlorure d'argent ou le germanium, avec un indice de réfraction n_2 élevé, de telle sorte que $n_2 >> n_1$. Dans ce cas, comme le montre la figure 3.18, une radiation qui tombe sur l'interface peut être totalement réfléchie, à condition que l'angle i soit plus grand qu'une certaine valeur critique. Malgré cela la radiation pénètre dans l'échantillon à une profondeur d'environ 20 µm et peut être absorbée. Lorsqu'on s'approche d'une longueur d'onde à laquelle peut avoir lieu l'absorption, l'indice de réfraction n_1, qui dépend de la longueur d'onde, varie rapidement, et plus cette variation est grande, plus le degré d'atténuation de la radiation est important. Par conséquent, l'intensité de la lumière réfléchie varie en fonction de la longueur d'onde d'une façon analogue à un spectre d'absorption. En pratique, de multiples réflexions internes sont utilisées pour amplifier l'atténuation.

La spectroscopie ATR est fréquemment appliquée à l'obtention des spectres d'absorption infrarouge de matériaux opaques. Pour obtenir le spectre d'absorption d'une couche mince de matériau adsorbé sur une surface métallique opaque, on utilise en général la spectroscopie infrarouge de réflexion-absorption (RAIRS, *Reflection-Absorption InfraRed Spectroscopy*). Le monoxyde de carbone adsorbé sur le cuivre en est un exemple. La surface métallique peut être soit un film, soit une face cristalline particulière du métal, ce qui est d'une grande importance dans l'étude de la catalyse. La radiation provenant d'une source infrarouge est dirigée sur la surface, avec un très faible angle d'incidence (angle rasant). La lumière réfléchie, puis dispersée donne le spectre d'absorption du matériau adsorbé. L'interprétation du spectre donne des informations sur la façon dont le matériau est adsorbé. Par exemple, il est possible de distinguer les molécules de monoxyde de carbone disposées perpendiculairement à la surface métallique de celles qui lui sont parallèles. Cette orientation de l'adsorbat peut varier avec le taux de recouvrement de la surface.

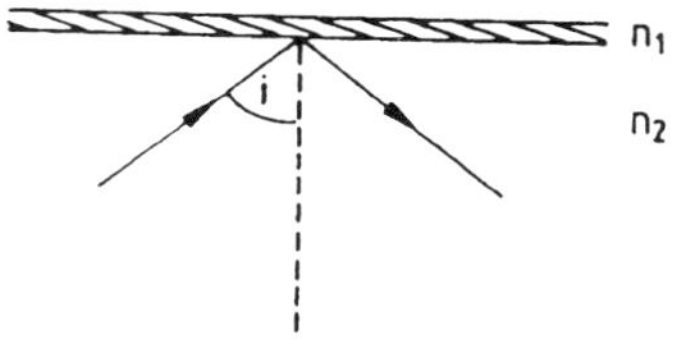

Fig. 3.18 — *Réflexion totale d'une radiation dans un milieu d'indice de réfraction n_2, par un film mince d'indice de réfraction n_1, avec $n_2 >> n_1$.*

3.5.2 Spectroscopie d'absorption atomique

La spectroscopie d'absorption atomique (AAS, *Atomic Absorption Spectroscopy*), complémentaire de la spectroscopie d'émission atomique (voir section 3.5.3), est devenue possible pour un grand nombre d'atomes au milieu des années 1950.

Sachant que les matériaux à analyser sont peu volatils, on voit que la principale difficulté de cette technique est d'obtenir les atomes en phase vapeur. La méthode utilisée consiste à nébuliser, en un très fin brouillard, un échantillon moléculaire liquide, contenant l'atome concerné, dans une flamme à haute température. De l'air mélangé à un gaz naturel, le propane ou l'acétylène, ou de l'oxyde nitreux mélangé à l'acétylène, produisent des flammes dans une gamme de températures allant de 2 100 à 3 200 K, la température la plus élevée étant nécessaire pour des éléments réfractaires tels que Al, Si, V, Ti et Be.

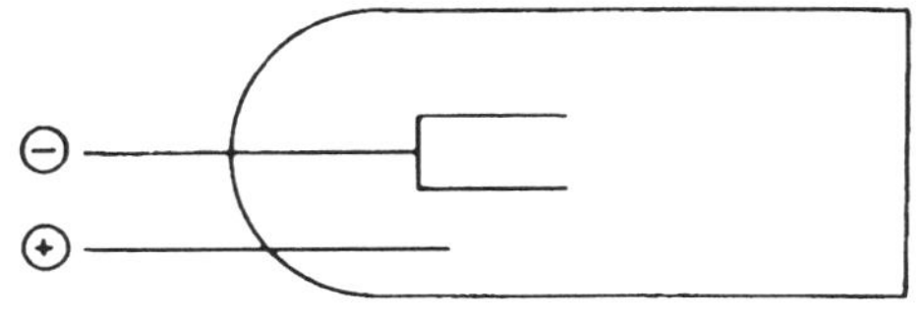

Fig.3.19 — *Une lampe à cathode creuse.*

La radiation source qui traverse la flamme n'est pas continue, comme ce qu'il faudrait normalement utiliser en spectroscopie d'absorption, car elle est fournie par une lampe à cathode creuse. La lampe, présentée dans la figure 3.19, contient une anode de tungstène, une cathode en forme de tasse fabriquée dans le matériau étudié, et un gaz porteur, comme le néon, à environ 5 torr. Lorsqu'on applique une tension, une décharge colorée apparaît et une zone chargée positivement, dans laquelle se produit principalement l'émission d'atomes neutres, est confinée à l'intérieur de la cathode, en fonction du choix de la tension et de la pression du gaz porteur. La radiation émise, en dehors de celle du gaz porteur, provient de l'atome à observer en absorption. La figure 3.20 montre simplement deux raies d'émission atomique λ_1 et λ_2, provenant de la cathode creuse. Si la raie λ_1, par exemple, correspond à la transition d'un état excité vers l'état *fondamental* de l'atome, elle peut être absorbée par la flamme, comme le montre la figure. Cependant, si la raie λ_2 représente une transition entre deux états excités, elle ne peut pas être absorbée puisque, même à une température de flamme de 3 000 K, les états excités ne sont pratiquement pas peuplés, car les écarts ΔE par rapport à l'état fondamental sont trop grands (voir l'équation 2.11). L'élément de dispersion du spectromètre est conçu pour que le détecteur photoélectrique ne reçoive que la radiation de longueur d'onde λ_1. La calibration est obtenue en nébulisant dans la flamme un brouillard d'une solution qui contient une concentration connue de l'atome concerné.

L'avantage de l'utilisation de la cathode creuse plutôt qu'une source continue à bande large est illustré dans la figure 3.20. En utilisant une source continue, la sensibilité serait perdue, car une partie seulement de la radiation, relativement faible, serait absorbée.

3.5.3 Spectroscopie d'émission atomique à plasma induit par hyperfréquence

La spectroscopie d'émission est une technique analytique très utile pour déterminer la composition en éléments d'un échantillon. L'émission peut être produite dans un arc électrique ou une étincelle, mais, depuis le milieu des années 1960, on utilise de plus en plus

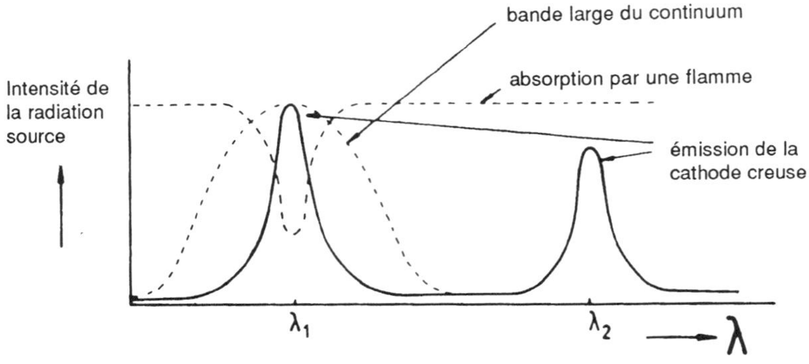

Fig. 3.20 — *Le principe de la spectroscopie d'absorption atomique.*

un plasma induit par hyperfréquence. Pour la spectroscopie d'émission atomique à plasma induit par hyperfréquence (ICP–AES, *Inductively Coupled Plasma Atomic Emission Spectroscopy*), l'échantillon est normalemnt en solution, mais peut être un solide en particules fines, ou même un gaz. Si c'est une solution, elle est nébulisée dans un flux d'argon, ce qui produit une pulvérisation fine, ou aérosol. L'aérosol est introduit dans une torche à plasma, illustrée dans la figure 3.21.

La torche consiste en trois tubes en quartz, concentriques. L'aérosol d'argon monte dans le tube central. Il y a une alimentation auxiliaire d'argon dans le tube extérieur pour le refroidissement, et, entre les deux, une autre alimentation auxiliaire d'argon. Une radiation de radiofréquence, avec une fréquence de 25–60 MHz et une puissance de 0,5–2,0 kW, est produite par un bobinage de cuivre autour du tube extérieur. Une étincelle à haute tension permet de démarrer la flamme de plasma qui est ensuite maintenue au moyen d'un chauffage du gaz par induction, grâce à la radiation de radiofréquence. Le flux d'argon dans le tube central peut être modifié pour ajuster la hauteur de la flamme.

La température du plasma dans la zone d'observation vaut typiquement 7 000–8 000 K et toutes les molécules contenues dans l'aérosol sont atomisées. La majorité des atomes sont également ionisés une fois, et de nombreux ions sont produits dans divers états excités. Le

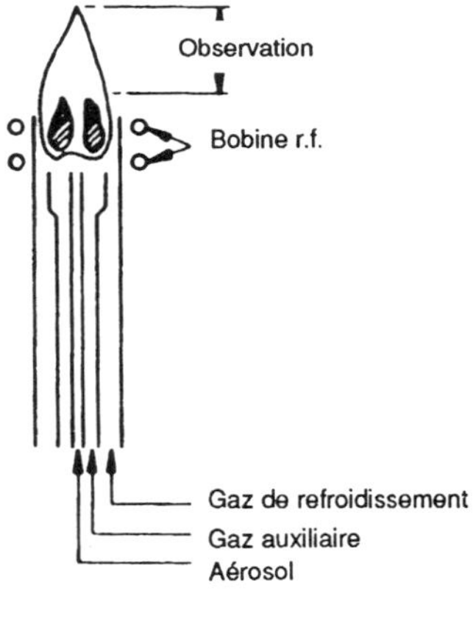

Fig. 3.21 — *Une torche à plasma pour la spectroscopie d'émission atomique à plasma induit par hyperfréquence.*

rayonnement émis à partir de ces ions excités est ensuite analysé par un spectromètre, qui travaille généralement dans la région 800–190 nm, la mise sous vide étant nécessaire si les longueurs d'onde inférieures à 190 nm sont importantes. Les longueurs d'onde sont dispersées et résolues au moyen d'un réseau de diffraction.

Il existe deux classes de spectromètres. Dans un spectromètre à balayage, il y a un détecteur fixe à photomultiplicateur, et le réseau subit une rotation lente pour que le détecteur unique couvre la gamme complète de longueurs d'onde dans laquelle se produit l'émission. Au contraire, dans un montage multicanal, le réseau est fixe, et un certain nombre de détecteurs sont placés aux positions correspondant aux longueurs d'onde émises par les atomes et les ions qui sont recherchés. Ainsi, une analyse simultanée de plusieurs éléments peut être réalisée.

La spectroscopie d'émission atomique à plasma induit par hyperfréquence permet de couvrir une gamme d'éléments plus large que la spectroscopie d'émission atomique. Tous les éléments, sauf l'argon, peuvent être détectés par un plasma induit par hyperfréquence, bien qu'il existe quelques difficultés pour He, Ne, Kr, Xe, F, Cl, Br, O et N.

Les limites de détection, 1–100 $\mu g\ dm^{-3}$, sont similaires pour les deux techniques.

3.5.4 Photolyse éclair

Des espèces transitoires, présentes pendant des durées de l'ordre de la microseconde ou de la nanoseconde, peuvent être produites par photolyse, en utilisant des radiations dans l'ultraviolet lointain. La spectroscopie électronique est l'une des méthodes les plus sensibles pour détecter de telles espèces, qu'elles soient produites en phase solide, liquide ou gazeuse, mais elle nécessite une technique spéciale, la photolyse éclair, inventée par Norrish et Porter en 1949.

La figure 3.22 illustre les principes généraux, appliqués à une expérience d'absorption en phase gazeuse. La lampe flash F contient des électrodes placées à l'intérieur d'une enveloppe en quartz, remplie d'un gaz rare. Des condensateurs à haute capacité sont déchargés entre les électrodes et du rayonnement visible et ultraviolet provenant de F traverse les parois de la cellule en quartz C. La molécule mère placée dans C est photolysée par la radiation ultraviolette produite dans le flash, par exemple $NH_3 \rightarrow NH_2 + H$. Afin d'observer, par exemple, le spectre d'absorption de NH_2 à sa concentration optimale, on envoie, à partir d'une source continue, S, une impulsion, qui traverse la cellule en direction d'un spectrographe (enregistrement photographique) ou d'un spectromètre (enregistrement photoélectrique). Le processus de photolyse éclair, suivie d'un flash de la source, peut être répété de nombreuses fois afin d'accumuler le spectre et on peut faire circuler un échantillon

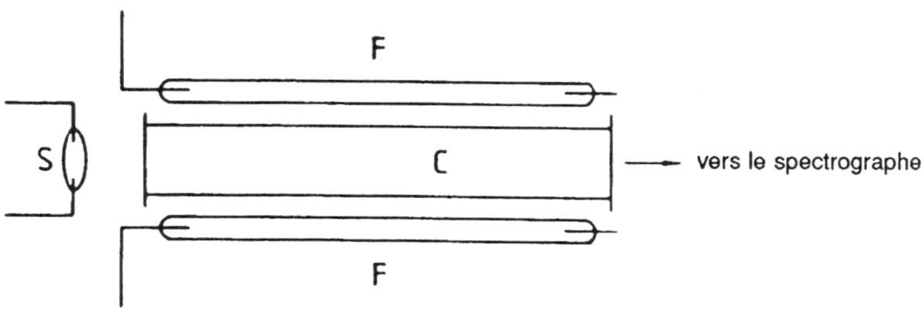

Fig. 3.22 — *Principaux composants d'une expérience d'absorption en photolyse éclair.*

liquide ou gazeux dans la cellule. Le délai entre la photolyse et le flash de la source est un paramètre variable important, qui est typiquement dans une gamme allant de 1 à 1 000 µs, suivant les espèces et les conditions régnant dans la cellule.

On peut utiliser les lasers à impulsion (chapitre 9) aussi bien pour la photolyse que comme source. Puisque les impulsions peuvent être extrêmement brèves, de l'ordre de quelques picosecondes ou moins, on peut étudier des espèces ayant une durée de vie aussi courte, comme un atome ou une molécule dans un état électronique excité.

3.6 SPECTROPHOTOMÈTRES À ENREGISTREMENT DANS LES DOMAINES DE L'INFRAROUGE PROCHE ET MOYEN, DU VISIBLE ET DE L'ULTRAVIOLET PROCHE

Le spectrophotomètre à double faisceau, utilisé dans les domaines de l'infrarouge proche et moyen, du visible et de l'ultraviolet proche est le type de spectromètre le plus courant au laboratoire. Le « double faisceau » correspond au dispositif permettant d'avoir deux faisceaux d'un continuum de rayonnement, un pour la cellule d'échantillon contenant, par exemple, une solution de A dans un solvant B, et l'autre pour la cellule de référence ne contenant que B. Le spectre d'absorption, enregistré avec des cellules de longueur identique pour chaque faisceau, est celui de la solution moins celui du solvant, c'est-à-dire, dans ce cas, de A seul. Il est important de noter, cependant, que si le solvant absorbe pratiquement la totalité du rayonnement à une longueur d'onde particulière, la valeur de l'absorbance de la solution moins celle du solvant ne peut pas être significative.

La figure 3.23 illustre le schéma d'un spectrophotomètre typique dans l'infrarouge moyen et proche. La radiation de la source est divisée en un faisceau de référence et un faisceau d'échantillon au moyen de deux miroirs toroïdaux (concaves mais avec des courbures différentes dans deux directions perpendiculaires — comme la section des côtés d'un tonneau). Finalement, ils frappent le miroir à secteur tournant, qui possède des régions

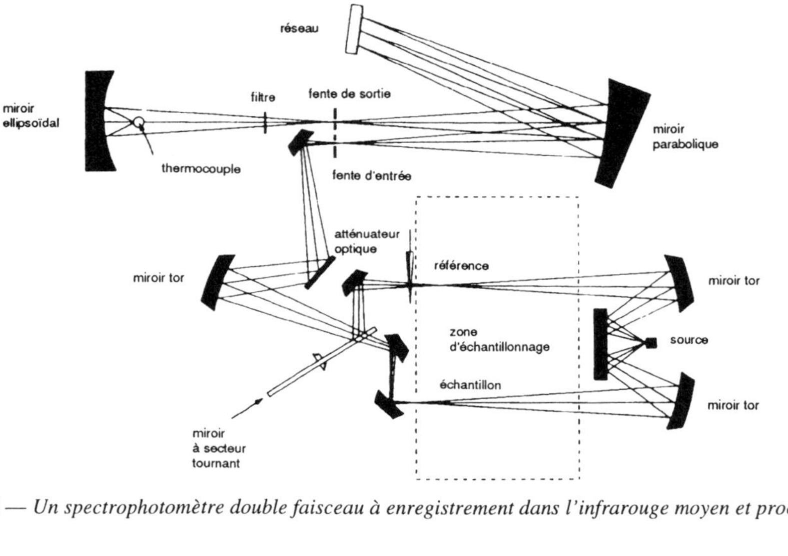

Fig. 3.23 — *Un spectrophotomètre double faisceau à enregistrement dans l'infrarouge moyen et proche.*

alternées lesquelles, soit transmettent le faisceau de l'échantillon, soit reflètent le faisceau de référence, en direction du miroir toroïdal placé à la suite. Celui-ci reçoit alternativement la lumière provenant des faisceaux de l'échantillon et de la référence, qui sont réfléchis vers le réseau de diffraction par un miroir parabolique. Ce type de miroir rend parallèle tout rayonnement provenant du foyer de la parabole, quelle que soit la partie du miroir rencontrée. Les fentes d'entrée et de sortie peuvent limiter la résolution lorsqu'elles sont relativement larges, mais si on les diminue, c'est finalement le nombre de traits sur le réseau qui limite la résolution (équations 3.3 et 3.8). Le détecteur reçoit un rayonnement provenant alternativement de l'échantillon et de la référence, et un traitement sensible à la phase du signal permet de les séparer.

Dans la méthode d'enregistrement de la figure 3.23, l'absorbance dans le faisceau de l'échantillon par rapport à celle du faisceau de référence est obtenue en insérant un atténuateur optique dans le faisceau de référence, qui est atténué jusqu'à ce que les deux signaux détectés soient égaux. Cette méthode de zéro optique présente l'inconvénient de réduire sérieusement l'intensité du faisceau de référence lorsque l'échantillon absorbe fortement. Dans l'infrarouge, cette méthode a été largement remplacée par un enregistrement du rapport des intensités, I_0 dans le faisceau de référence et I dans le faisceau de l'échantillon, calculé par un microprocesseur, pour donner, au moyen de l'équation (2.16), l'absorbance de l'échantillon par rapport à celle de la référence. Cette méthode est particulièrement avantageuse lorsque l'absorbance est forte, c'est-à-dire lorsque la transmission est faible.

La figure 3.24 illustre un dispositif optique typique pour un spectrophotomètre enregistreur à double faisceau, dans le visible et l'ultraviolet proche. La disposition est très semblable à celle de la figure 3.23 pour un instrument infrarouge, sauf que le chemin optique est inversé, les positions de la source et du détecteur étant échangées. La rotation d'un miroir permet de passer de la lampe au tungstène à la lampe à deutérium dans le cas de l'ultraviolet proche.

Les domaines typiques couverts par ces instruments sont de 200 à 5 000 cm^{-1} (50 à 2 μm) dans l'infrarouge, et de 11 100 à 51 300 cm^{-1} (900 à 195 nm) dans le visible et l'ultraviolet proche. Cela laisse un intervalle allant de 0,9 à 2 μm, qui est couvert par certains spectrophotomètres.

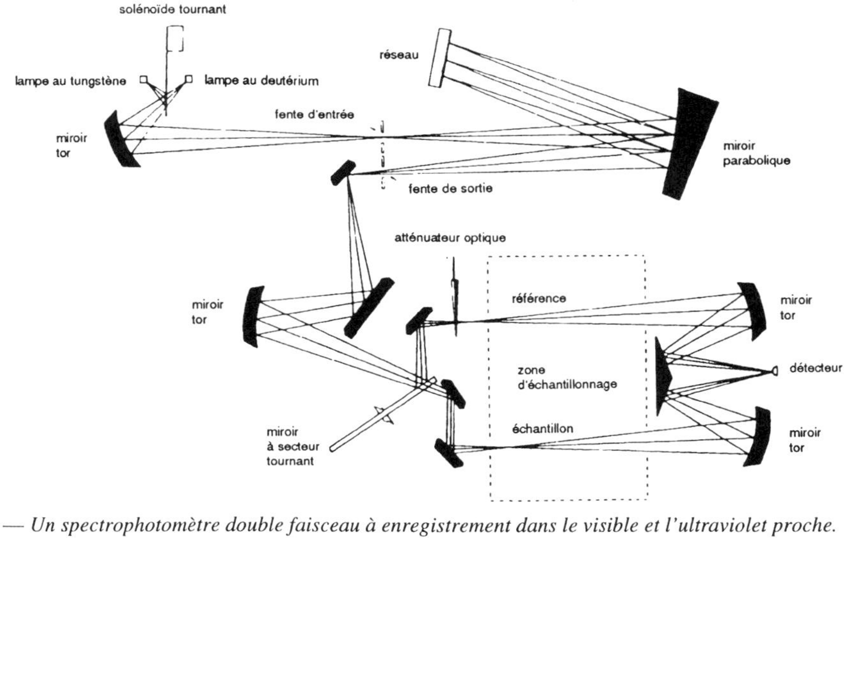

Fig. 3.24 — *Un spectrophotomètre double faisceau à enregistrement dans le visible et l'ultraviolet proche.*

EXERCICE

1. A 18°C, l'indice de réfraction du quartz fondu varie avec la longueur d'onde selon

λ/nm	n	λ/nm	n
185,47	1,574 4	274,87	1,496 2
193,58	1,560 0	303,41	1,485 9
202,55	1,547 3	340,37	1,478 7
214,44	1,533 9	396,85	1,470 6
226,50	1,523 1	404,66	1,469 7
250,33	1,507 5	434,05	1,467 0

Tracer λ en fonction de n et en déduire le pouvoir de résolution, à 200, 300, et 350 nm, d'un prisme à quartz fondu, possèdant une base de 3,40 cm de long. Quelle est la résolution, en nanomètres, à ces longueurs d'onde ? Comment seraient affectés, quantitativement, le pouvoir de résolution et la résolution, si l'on utilisait deux prismes de ce type, associés en série ?

BIBLIOGRAPHIE

BOUSQUET P. — *Spectroscopy and Its Instrumentation*. Adam Hilger, Londres, 1971.

HARRISON G.R., LORD R.C. et LOOFBOUROW J.R. — *Practical Spectroscopy*. Prentice Hall, Englewood, New Jersey, 1948.

HECHT H. et ZAJAC A. — *Optics*. Addison-Wesley, Reading, Massachusetts, 1974.

JENKINS F.A. et WHITE H.E. — *Fundamentals of Optics*. McGraw-Hill, New York, 1957.

LONGHURST R.S. — *Geometrical and Physical Optics*. Longman, Londres, 1957.

SAWYER R.A. — *Experimental Spectroscopy*. Dover, New York, 1963.

Chapitre 4

La symétrie moléculaire

La théorie de la symétrie moléculaire fournit un fil directeur qui unifie la spectroscopie et la théorie de la valence. Bien qu'on puisse comprendre les propriétés des atomes et des molécules diatomiques sans utiliser cette théorie, lorsqu'il est nécessaire d'expliquer par exemple les règles de sélection dans les molécules polyatomiques, la symétrie moléculaire n'est qu'une petite barrière à surmonter. Cependant, le lecteur qui ne désire pas aller jusque là peut ignorer ce chapitre sans trop d'inconvénients.

L'utilisation d'arguments de symétrie pour les atomes et les molécules provient de la théorie des groupes, que les mathématiciens ont développée au début du XIXe siècle, mais qui n'a pas été appliquée aux atomes et aux molécules avant les années 1920 et 1930. Pour des raisons historiques, l'enseignement de ce sujet a souvent été précedé d'un traitement détaillé de l'algèbre matricielle. Néanmoins, il est possible de progresser assez loin dans la compréhension de la symétrie moléculaire sans cette connaissance mathématique et c'est le traitement que nous avons adopté ici.

4.1 ÉLÉMENTS DE SYMÉTRIE

Si l'on compare la symétrie d'un cercle, d'un carré et d'un rectangle, il est évident intuitivement que le degré de symétrie décroît dans cet ordre. Que peut-on dire du degré de symétrie d'un parallélogramme ou d'un triangle isocèle ? De la même manière, il y a une diminution du degré de symétrie le long de la série des molécules présentées dans la figure 4.1, l'éthylène, le 1,1-difluoroéthylène, et le fluoroéthylène. Cependant, le *cis*- et le *trans*-1,2-difluoroéthylène, également montrés dans la figure, posent un problème similaire à celui du parallélogramme et du triangle isocèle. On montrera dans cette section que le *cis*-1,2-difluoroéthylène et un triangle isocèle ont la même symétrie, ce qui est également vrai du *trans*-1,2-difluoroéthylène et d'un parallélogramme.

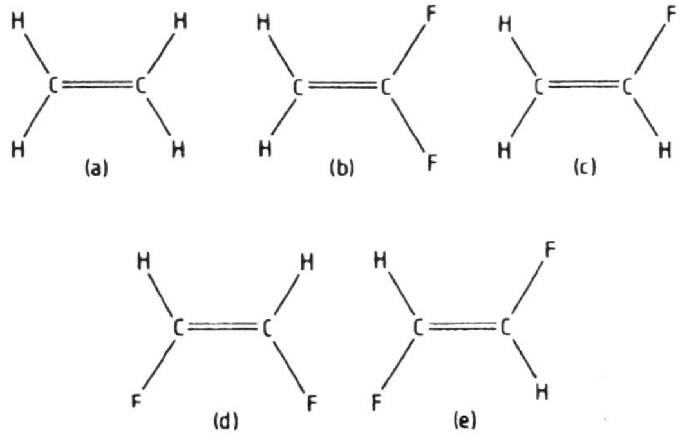

Fig. 4.1 — *(a) Ethylène, (b) 1,1-difluoroéthylène, (c) fluoroéthylène, (d) cis-1.2-difluoroéthylène et (e) trans-1,2-difluoroéthylène.*

Ces exemples simples servent à montrer que des considérations intuitives sur la symétrie ne nous amèneront pas très loin. La classification en symétrie, si elle est utile, doit reposer sur des bases plus solides. Pour cela, nous avons besoin de cinq types d'éléments de symétrie seulement — et l'un d'eux est presque évident. Dans cette discussion, nous ne nous intéressons qu'aux molécules libres, en phase gazeuse et à basse pression, et non aux cristaux qui ont des éléments de symétrie supplémentaires, reliant les positions des différentes molécules au sein de la cellule unité. Nous utilisons donc la notation de Schönflies, plutôt que celle de Hermann-Mauguin, réservée à la cristallographie.

Lors de la discussion de la symétrie moléculaire, il est indispensable de connaître la forme de la molécule avec précision, ce qu'on obtient souvent par des méthodes spectroscopiques ou par diffraction de rayons X, d'électrons ou de neutrons.

4.1.1 Axe de symétrie d'ordre *n*, C_n

Si une molécule possède un axe de symétrie d'ordre *n*, dont le symbole de Schönflies est C_n, une rotation de la molécule de $2\pi/n$ radians, où $n = 1, 2, 3, \ldots\infty$, autour de l'axe, conduit à une configuration qu'un observateur fixe ne peut distinguer de la configuration initiale. Les figures 4.2(a) à (e) illustrent un axe C_2 dans H_2O, un axe C_3 dans CH_3F, un axe C_4 dans $XeOF_4$, un axe C_6 dans C_6H_6, et un axe C_∞ dans HCN (où une rotation de n'importe quel angle produit une configuration indiscernable de la configuration initiale).

A chaque élément de symétrie correspond une opération de symétrie, à laquelle on donne le même symbole que celui de l'élément. Par exemple, C_n indique aussi l'opération réelle de rotation de la molécule de $2\pi/n$ radians autour de l'axe.

4.1.2 Plan de symétrie, σ

Si une molécule possède un plan de symétrie, dont le symbole est σ, la réflexion de tous les noyaux à travers ce plan, à une distance égale du côté opposé, produit une configuration indiscernable de la configuration initiale. La figure 4.3(a) montre les deux plans de symétrie, $\sigma_v(xz)$ et $\sigma_v(yz)$, de H_2O, en utilisant la notation conventionnelle des axes. Le plan de la molécule, *yz*, est un plan de symétrie. Ainsi, toute molécule plane possède au moins un plan

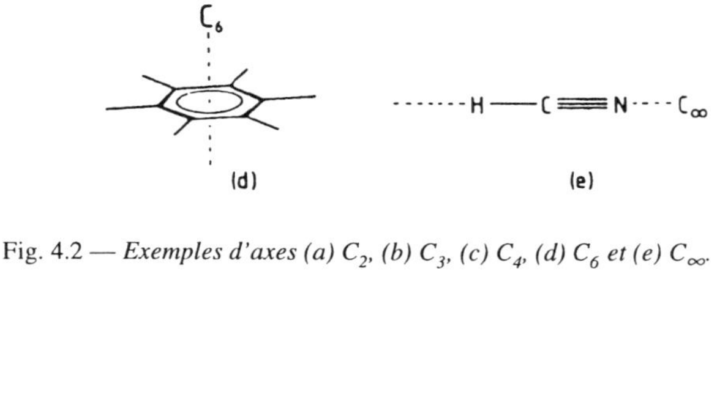

Fig. 4.2 — *Exemples d'axes (a)* C_2*, (b)* C_3*, (c)* C_4*, (d)* C_6 *et (e)* C_∞.

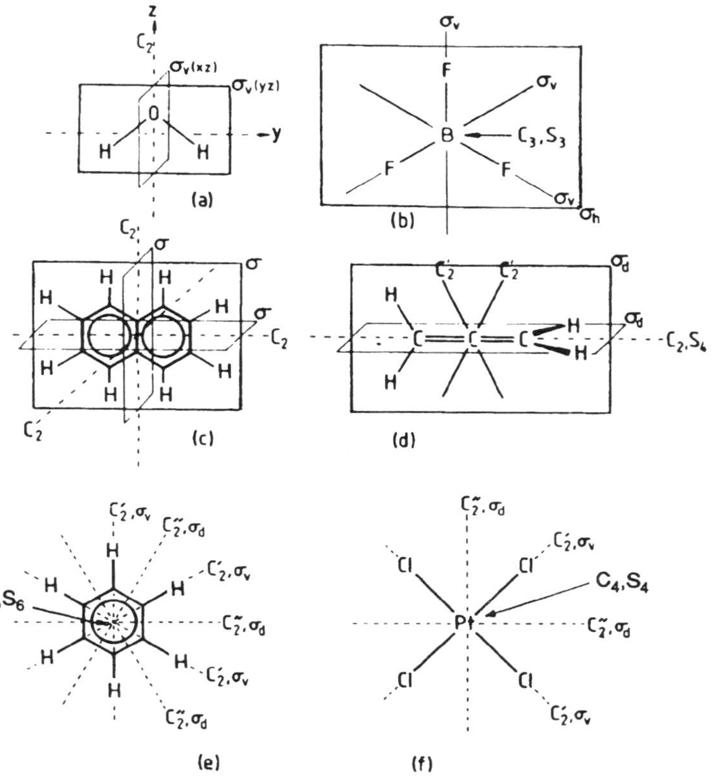

Fig. 4.3 — *Plans et axes de symétrie dans (a) H_2O, (b) BF_3, (c) le naphtalène, (d) l'allène, (e) le benzène et (f) $[PtCl_4]^{2-}$.*

de symétrie. L'indice v pour « vertical » donne l'orientation du plan par rapport à l'axe d'ordre le plus élevé, C_2 dans ce cas, qui définit la direction verticale.

Dans la molécule plane BF_3 (figure 4.3b), l'axe C_3, passant par B et perpendiculaire à la figure, est l'axe d'ordre le plus élevé et, par conséquent, les trois plans de symétrie, perpendiculaires à la figure et contenant chacun une liaison B–F, sont notés σ_v. D'autre part, le plan de la molécule est aussi un plan de symétrie, noté σ_h où « *h* » signifie horizontal par rapport à C_3.

Dans une molécule comme le naphtalène, dans la figure 4.3(c), il n'y a pas qu'un seul axe d'ordre le plus élevé et aucun des trois plans n'a d'indice.

Un troisième indice, « *d* », pour dièdre, est parfois utile. Son utilisation est illustrée par la molécule d'allène dans la figure 4.3(d), dont les axes, notés C_2', sont à 90° l'un de l'autre, et à 45° du plan de la figure[1]. On les appelle des axes dièdres et ce sont en général des axes C_2 placés à des angles égaux les uns des autres et perpendiculaires à l'axe principal. Dans l'allène, l'axe principal est l'axe C=C=C, qui n'est pas seulement un axe C_2, mais aussi un axe S_4 (voir section 4.1.4). Les plans σ_d sont bissecteurs des angles entre les axes dièdres.

1. Les modèles moléculaires aident beaucoup à visualiser ces axes particuliers, ainsi que tous les éléments de symétrie.

Dans des molécules comme le benzène et comme $[PtCl_4]^{2-}$ plan-carré, il faut choisir les labels σ_v et σ_d pour les plans perpendiculaires à celui de la molécule. Les figures 4.3(e) et (f) montrent que, par convention, les plans bissecteurs des angles de liaison sont généralement appelés σ_d et ceux qui contiennent les liaisons sont appelés σ_v.

L'opération de symétrie σ est l'opération de réflexion des noyaux par rapport au plan.

4.1.3 Centre d'inversion, *i*

Si une molécule possède un centre d'inversion (ou centre de symétrie) i, la réflexion de chaque noyau par rapport au centre de la molécule, à une distance égale du côté opposé au centre, produit une configuration indiscernable de la configuration initiale. La figure 4.4 présente le *s-trans*-buta-1,3-diène (le label « *s* » correspond à une configuration *trans* par rapport à une liaison simple) et l'hexafluorure de soufre, molécules qui possèdent toutes les deux un centre d'inversion.

L'opération de symétrie i est l'opération d'inversion par rapport au centre.

4.1.4 Axe de rotation-réflexion d'ordre *n*, S_n

Si une molécule possède un axe de rotation-réflexion d'ordre n, S_n, la rotation de $2\pi/n$, suivie d'une réflexion par rapport à un plan perpendiculaire à l'axe et passant par le centre de gravité de la molécule, conduit à une configuration indiscernable de la configuration initiale. La figure 4.3(d) montre que l'axe C=C=C de l'allène est un axe S_4. Le plan par rapport auquel est effectuée la réflexion peut être ou non un plan de symétrie ; dans l'allène, ce n'en est pas un, mais dans BF_3 (figure 4.3b), le plan mis en jeu dans l'opération S_3 est le plan σ_h. Cet exemple illustre également le fait que, s'il existe un plan σ_h, perpendiculaire à l'axe C_n d'ordre le plus élevé, cet axe doit aussi être un axe S_n. On dit que C_n et σ_h engendrent S_n, ou

$$\sigma_h \times C_n = S_n \tag{4.1}$$

Cette équation signifie également que, si on effectue une opération C_n, suivie d'une opération σ_h, le résultat est le même qu'en effectuant une opération S_n. (On écrit conventionnellement $A \times B$ pour indiquer qu'on effectue B d'abord et A ensuite : dans le cas de C_n et de σ_h, l'ordre n'a pas d'importance, mais nous verrons des exemples où il est important.)

La définition de S_n implique que $\sigma = S_1$ et $i = S_2$; puisque σ et i sont considérés comme des éléments de symétrie séparés, les symboles S_1 et S_2 ne sont jamais utilisés.

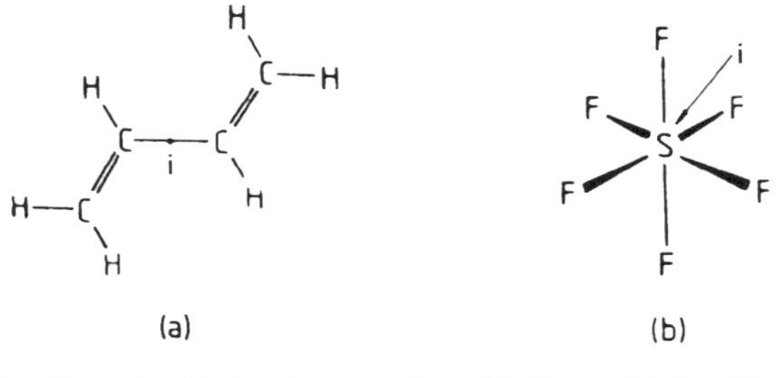

Fig. 4.4 — *Centre d'inversion (a) dans le s-trans-buta-1,3-diène et (b) dans l'hexafluorure de soufre.*

4.1.5 L'élément de symétrie identité, *I* (ou *E*)

Toutes les molécules possèdent, comme élément de symétrie, l'identité, dont le symbole est I (certains auteurs utilisent E, mais cela peut conduire à une confusion avec l'espèce de symétrie E — voir section 4.3.2). L'opération de symétrie I consiste à ne rien faire à la molécule, ce qui peut sembler sans importance, mais c'est un élément nécessaire pour les règles de la théorie des groupes. Comme l'opération C_1 est une rotation de 2π radians, $C_1 = I$ et le symbole C_1 n'est pas utilisé.

4.1.6 Génération d'éléments

L'équation (4.1) explique comment les éléments C_n et σ_h engendrent S_n. La figure 4.5 montre comment C_2 et σ_v, dans le difluorométhane CH_2F_2, engendrent σ'_v, soit

$$\sigma_v \times C_2 = \sigma'_v \tag{4.2}$$

où σ_v est le plan contenant CH_2 et σ'_v celui qui contient CF_2. De la même manière,

$$\sigma'_v \times C_2 = \sigma_v \tag{4.3}$$

$$\sigma'_v \times \sigma_v = C_2$$

A partir d'un élément C_n, on peut engendrer d'autres éléments en l'élevant aux puissances 1, 2, 3, ..., $(n-1)$. Par exemple, s'il y a un élément C_3, il existe aussi C_3^2, avec

$$C_3^2 = C_3 \times C_3 \tag{4.4}$$

et l'opération C_3^2 est une rotation de $2 \times (2\pi/3)$ radians, que nous prenons dans le sens des aiguilles d'une montre. De la même manière, s'il y a un élément C_6, il existe nécessairement C_6^2 $(= C_3)$, C_6^3 $(= C_2)$, C_6^4 $(= C_3^2)$ et C_6^5. L'opération C_6^5 est équivalente à une rotation de $2\pi/6$ dans le sens contraire des aiguilles d'une montre, et on attribue à cette opération le symbole C_6^{-1}. De même, C_3^2 est équivalente à C_3^{-1} et, d'une façon générale,

$$C_n^{n-1} = C_n^{-1} \tag{4.5}$$

A partir d'un élément S_n on peut aussi engendrer S_n à la puissance 1, 2, 3, ..., $(n-1)$. La figure 4.6, par exemple, illustre les opérations dans l'allène et montre que

$$S_4^2 = C_2 \tag{4.6}$$

$$S_4^3 = S_4^{-1}$$

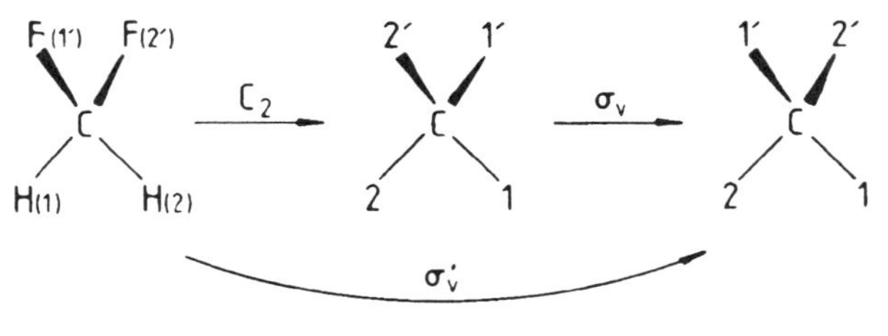

Fig. 4.5 — *Exemple de CH_2F_2, où C_2 et σ_v engendrent σ'_v*

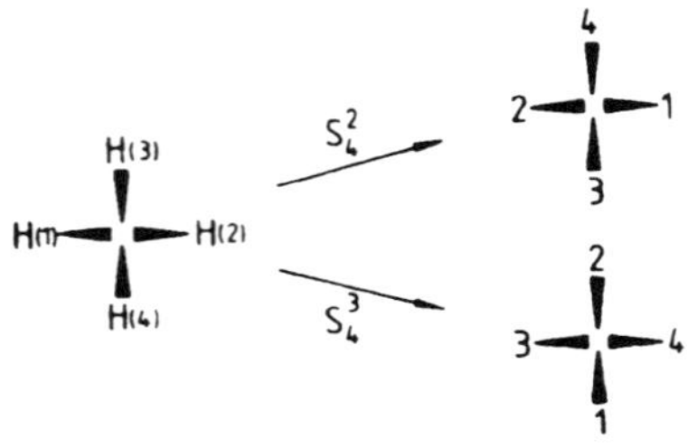

Fig. 4.6 — *Les opérations S_4^2 et S_4^3 dans l'allène.*

où S_4^{-1} met en jeu une rotation de $2\pi/4$ dans le sens contraire des aiguilles d'une montre, suivie d'une réflexion (notons qu'une réflexion est identique à son inverse, σ^{-1}).

4.1.7 Conditions de symétrie pour la chiralité des molécules

Une molécule chirale existe sous deux formes, appelées énantiomères. Chacun des énantiomères est optiquement actif, ce qui signifie qu'ils peuvent faire tourner le plan de polarisation de la lumière polarisée rectilignement. L'énantiomère qui fait tourner le plan à droite (sens des aiguilles d'une montre) a été appelé forme *d* (ou dextro-), et celui qui fait tourner le plan à gauche (sens contraire des aiguilles d'une montre) forme *l* (ou lévo-). De nos jours, les formes *d* et *l* sont plutôt appelées (+) et (–).

Très souvent, les échantillons de molécules chirales existent sous forme d'un mélange équimolaire des énantiomères (+) et (–). Un mélange de ce type ne fait pas tourner le plan de polarisation de la lumière, et est appelé mélange racémique, indiqué par le préfixe (±). Dans le cas de certaines molécules chirales, les composantes (+) et (–) d'un mélange racémique peuvent être séparées, ou peuvent être synthétisées séparément, mais il existe de nombreux cas de molécules chirales qui ne sont connues que sous forme d'un mélange racémique.

Il existe des exemples intéressants d'énantiomères qu'on peut non seulement trouver séparément, mais qui possèdent des propriétés chimiques différentes, lorsqu'ils réagissent avec un réactif qui est lui-même un énantiomère. Par exemple, le (+)-glucose est métabolisé par les animaux et peut être fermenté par la levure de bière, tandis que le (–)-glucose n'a aucune de ces deux propriétés. L'énantiomère (+) de la carvone sent le cumin, alors que la (–)-carvone a une odeur de menthe.

On peut décrire de façon pratique la différence entre les énantiomères (+) et (–), en utilisant le fait que l'un est l'image de l'autre dans un miroir. Autrement dit, aucun énantiomère n'est superposable à son image dans un miroir.

La figure 4.7 montre que tout méthane substitué, dans lequel les quatre groupes attachés à l'atome de carbone central sont différents, comme par exemple CHFClBr, forme des énantiomères. En imaginant ou en construisant des modèles de ces énantiomères, on constate que l'on peut superposer l'atome de carbone et deux autres atomes, comme H et F, mais les deux atomes restants, Cl et Br, ne peuvent pas être superposés.

Juste après la découverte de la chiralité, on pensait que cela concernait seulement les molécules de type CWXYZ, des méthanes diversement substitués, et on disait qu'une molécule possédant un « atome de carbone asymétrique » forme des énantiomères. De nos jours, cette définition est totalement inadéquate, pour deux raisons. La première est que l'existence d'énantiomères n'est pas limitée aux molécules ayant un atome de carbone central (elle n'est même pas limitée aux molécules organiques) et la seconde est que, compte tenu de ce que nous avons vu des divers éléments de symétrie possibles, l'expression « atome de carbone asymétrique » n'a pas vraiment de sens.

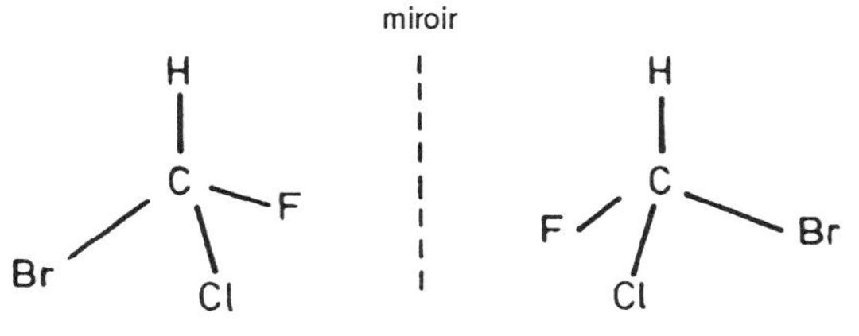

Fig. 4.7 — *La molécule CHFClBr et son image dans un miroir.*

La règle pratique suivante reste valable :

Une molécule non superposable à son image dans un miroir est une molécule chirale.

Cette règle est applicable à n'importe quelle molécule, qu'elle contienne ou non un atome de carbone central, ou même si elle n'a pas d'atome de carbone.

Si l'on recherche si une molécule est superposable à son image dans un miroir, les propriétés de symétrie de la molécule peuvent nous donner cette information. La règle de symétrie pour la chiralité est très simple :

Une molécule est chirale si elle ne possède pas d'élément de symétrie S_n, quel que soit n.

Nous avons vu dans la section 4.1.4 que $S_1 = \sigma$ et que $S_2 = i$, nous pouvons donc immédiatement exclure de la chiralité toute molécule possédant un plan de symétrie ou un centre d'inversion. Dans la majorité des cas, pour savoir si une molécule est chirale, la condition selon laquelle une molécule chirale ne doit pas avoir de plan de symétrie ou de centre d'inversion, est suffisante. Il faut envisager une molécule plutôt inhabituelle, comme le tétrafluorospiropentane, présenté dans la figure 4.8, pour trouver un cas où il n'y a pas d'élément de symétrie mais un élément S_n avec un ordre plus élevé. Dans cette molécule, les cycles carbonés ternaires sont perpendiculaires et les paires d'atomes de fluor, à chaque extrémité de la molécule, sont en position *trans* les uns par rapport aux autres. Il y a un axe S_4, comme le montre la figure 4.8, mais pas d'élément σ ou i, donc la molécule n'est pas chirale.

Dans le cas de CHFClBr dans la figure 4.7, il n'y a aucun élément de symétrie, sauf l'identité I, la molécule est donc chirale.

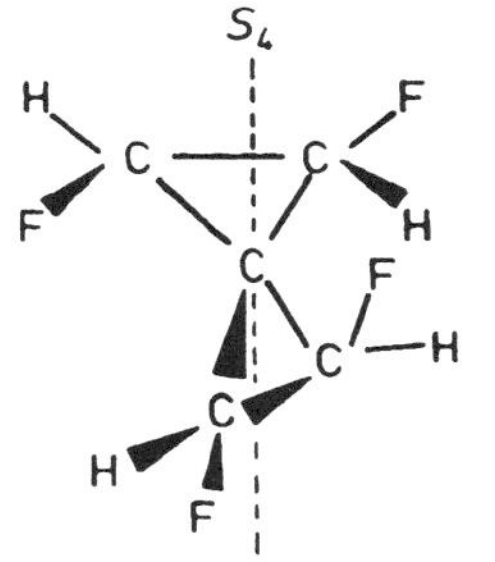

Fig. 4.8 — *Un isomère chiral du tétrafluorospiropentane.*

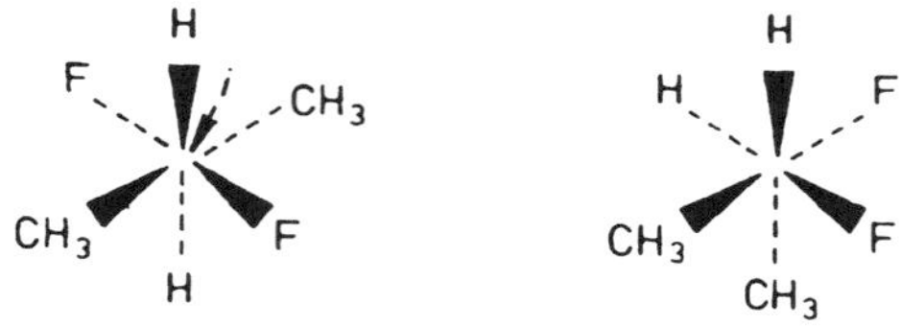

(a) tous *trans*, non chirale
(b) tous *gauche*, chirale

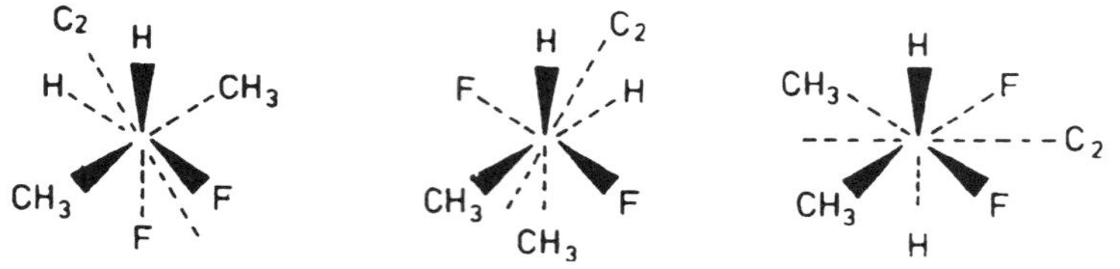

(c) CH_3 *trans*, chirale
(d) F *trans*, chirale
(e) H *trans*, chirale

Fig. 4.9 — *Les cinq structures décalées du 2,3-difluorobutane.*

Dans la section 4.2.1, on soulignera le fait que la molécule de peroxyde d'hydrogène (figure 4.11a) a un seul élément de symétrie, un axe C_2. C'est donc une molécule chirale bien que les énantiomères n'aient jamais été séparés. L'ion complexe $[Co(éthylènediamine)_3]^{3+}$, discuté dans la section 4.2.4 et représenté dans la figure 4.11(f), est également chiral, avec seulement un axe C_3 et trois axes C_2.

En chimie organique, il existe un grand nombre de molécules importantes, qui contiennent deux groupes, ou plus, dont chacun serait chiral s'il était isolé. Le 2,3-difluorobutane, présenté dans la figure 4.9, en est un exemple simple. La molécule peut être considérée comme un éthane substitué, et supposons que, comme dans l'éthane lui-même, la structure stable soit l'une de celles dans lesquelles le groupe $CHFCH_3$ est décalé par rapport à l'autre.

Les cinq structures décalées possibles du 2,3-difluorobutane sont indiquées dans la figure 4.9. Toutes les possibilités permettant à deux groupes identiques d'être en position *trans* ou *gauche* l'un par rapport à l'autre sont envisagées. Dans les positions *trans*, il sont loin l'un de l'autre et dans les positions *gauches*, ils sont aussi proches que possible. Les structures dans les figures 4.9(a) et (b) sont interchangeables par rotation autour de la liaison carbone–carbone centrale et s'appellent des conformères, ou rotamères. Ceci est également vrai pour les structures des figures 4.9(c), (d) et (e).

La structure entièrement *trans* de la figure 4.9(a) n'est pas chirale, car elle possède un centre d'inversion *i*. On l'appelle la structure *méso*. Bien que chaque groupe $CHFCH_3$ fasse tourner le plan de polarisation de la lumière dans une direction, l'autre groupe le fait tourner d'une même valeur dans le sens opposé. C'est pourquoi il n'y a pas de rotation du plan de polarisation. La molécule n'est pas chirale, comme nous le montre la présence d'un centre d'inversion.

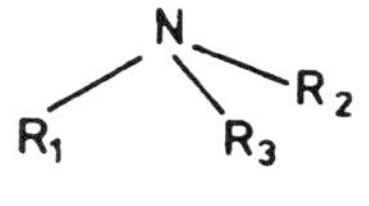

Fig. 4.10 — *Structure générale d'une amine tertiaire.*

Les quatre autres structures de la figure 4.9 sont chirales. La structure entièrement *gauche* de la figure 4.9(b) n'a aucune symétrie, alors que les structures des figures 4.9(c), (d) et (e) possèdent un axe C_2 seulement. L'ammoniac trisubstitué (amine tertiaire) de la figure 4.10, dans lequel tous les substituants sont différents, n'a pas d'élément de symétrie. Il est donc chiral, mais il faut qu'une condition essentielle soit réalisée. La molécule d'ammoniac est elle-même pyramidale, et peut s'inverser comme un parapluie qui se retourne. Cela s'effectue si rapidement (en 10^{-11} s environ, voir section 6.2.4.4a), qu'elle peut être considérée ici comme effectivement plane. La vitesse d'inversion de la molécule de la figure 4.10 dépend fortement de la masse des groupes R_1, R_2 et R_3. Plus ils sont lourds, plus l'inversion est un processus lent. Dans ce cas, l'interconversion entre les éniantomères ne se fait plus. Il se peut également que, parmi ces amines tertiaires, certaines ne soient pas chirales à cause d'une configuration plane autour de l'atome d'azote.

4.2 GROUPES PONCTUELS

L'ensemble des éléments de symétrie que possède une molécule, comme les éléments I, C_2, $\sigma_v(xz)$, $\sigma_v(yz)$ de H_2O, et les éléments I, S_4, S_4^{-1}, C_2, C_2', C_2', σ_d, σ_d de l'allène, constitue un groupe ponctuel.

Il faut distinguer les groupes ponctuels des groupes d'espace. Les groupes ponctuels sont appelés ainsi car, lorsque les opérations du groupe sont effectuées, un point au moins est invariant : dans le cas de l'allène, c'est le point au centre de la molécule, tandis que dans H_2O, tout point de l'axe C_2 est invariant. Les groupes d'espace sont appropriés aux propriétés de symétrie d'arrangements réguliers de molécules dans l'espace, comme ceux que l'on rencontre dans les cristaux, et ils ne nous concernent pas ici.

De nombreux groupes ponctuels sont nécessaires pour englober toutes les molécules possibles, et il est pratique de rassembler ceux qui ont certains éléments de même type. Il est également commode, dans la définition des groupes ponctuels, de ne pas faire la liste de tous les éléments du groupe. En théorie, il suffit de faire la liste des éléments générateurs, à partir desquels tous les autres peuvent être engendrés. En pratique, il est utile de donner plus d'éléments que les éléments générateurs, et c'est ce que nous ferons ici. Bien sûr tous les groupes ponctuels contiennent l'identité, qui ne sera pas incluse dans la définition des groupes.

4.2.1 Groupes ponctuels C_n

Un groupe ponctuel C_n contient un axe de symétrie C_n. Implicitement, il n'a pas d'élément σ, ni i, ni S_n. Par contre, il contient C_n^2, C_n^3, ..., C_n^{n-1}.

Les exemples de molécules appartenant à un groupe ponctuel C_n, avec $n = 1, 2, 3, \ldots$ ne sont pas très courants. Toutefois le peroxyde d'hydrogène (H_2O_2), présenté dans la figure 4.11(a), appartient au groupe ponctuel C_2 ; le seul élément de symétrie, à part I, est l'axe C_2, bissecteur de l'angle de 118° que font les deux plans O–O–H. Le bromochlorofluorométhane (CHBrClF), présenté dans la figure 4.7, n'a pas d'autre élément de symétrie que I, et appartient au groupe ponctuel C_1.

4.2.2 Groupes ponctuels S_n

Un groupe ponctuel S_n contient un axe de symétrie S_n. Le groupe contient aussi S_n^2, S_n^3, ..., S_n^{n-1}. Les exemples sont rares, sauf pour le groupe S_2. Ce groupe ponctuel possède un axe S_2, mais, puisque $S_2 = i$, il a seulement un centre d'inversion, et le symbole habituellement utilisé pour ce groupe ponctuel est C_i. L'isomère de la molécule ClFHC–CHFCl, présenté dans la

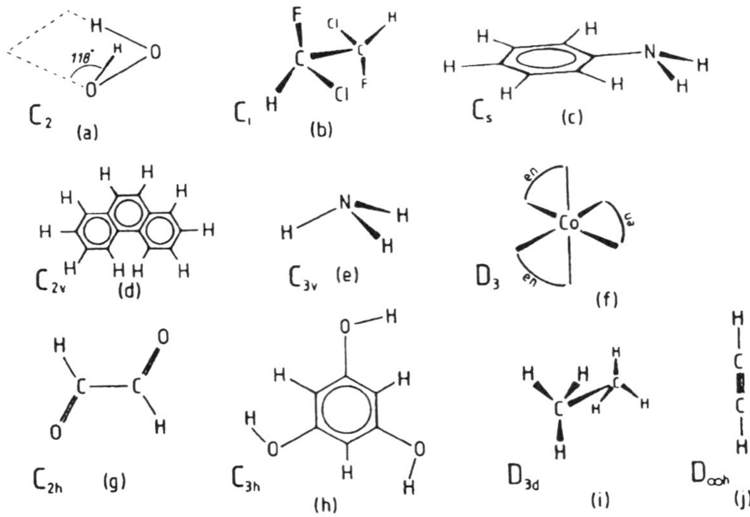

Fig. 4.11 — *Exemples de molécules appartenant à divers groupes ponctuels.*

figure 4.11(b), dans lequel toutes les paires d'atomes identiques, H, F, ou Cl sont en position *trans*, appartient au groupe ponctuel C_i.

4.2.3 Groupes ponctuels $C_{n\upsilon}$

Un groupe ponctuel $C_{n\upsilon}$ contient un axe C_n et n plans de symétrie σ, chacun d'eux contenant l'axe C_n. Il contient également d'autres éléments qui peuvent être engendrés à partir de ceux-ci.

De nombreuses molécules appartiennent au groupe ponctuel $C_{1\upsilon}$. En dehors de I (= C_1), elles n'ont qu'un plan de symétrie. Le fluoroéthylène (figure 4.1c) et l'aniline (figure 4.11c), qui a une configuration pyramidale autour de l'atome d'azote et un plan de symétrie bissecteur de l'angle HNH, en sont des exemples. Le symbole C_s est habituellement utilisé à la place de $C_{1\upsilon}$.

H_2O (figure 4.3a), le difluorométhane (figure 4.5), le 1,1-difluoroéthylène (figure 4.1b), le *cis*-1,2-difluoroéthylène (figure 4.1d) et le phénantrène (figure 4.11d) ont un axe C_2 et deux plans σ_υ, et appartiennent par conséquent au groupe ponctuel $C_{2\upsilon}$.

NH_3 (figure 4.11e) et le fluorure de méthyle (figure 4.2b) ont un axe C_3 et trois plans σ_υ,et appartiennent au groupe ponctuel $C_{3\upsilon}$. $XeOF_4$ (figure 4.2c) appartient au groupe ponctuel $C_{4\upsilon}$.

$C_{\infty\upsilon}$ est un groupe important, car toutes les molécules linéaires ne possédant pas de plan σ_h en font partie. HCN (figure 4.2e) a un axe C_∞ et une infinité de plans σ_υ, contenant tous l'axe C_∞ et faisant n'importe quel angle avec le plan de la figure. Il appartient par conséquent au groupe ponctuel $C_{\infty\upsilon}$.

4.2.4 Groupes ponctuels D_n

Un groupe ponctuel D_n contient un axe C_n et n axes C_2 perpendiculaires à C_n et régulièrement répartis. Il contient aussi d'autres éléments qui peuvent être engendrés par ceux-ci. Les molécules appartenant aux groupes ponctuels D_n ne sont pas courantes. On peut les visualiser comme étant formées de deux fragments C_{nv} identiques, reliés dos à dos de telle sorte qu'un fragment soit décalé par rapport à l'autre, d'un angle autre que $m\pi/n$, où m est un entier.

L'ion complexe $[Co(\text{éthylènediamine})_3]^{3+}$, représenté sur la figure 4.11(f), dans lequel « en » est le groupe $H_2NCH_2CH_2NH_2$[1] , appartient au groupe ponctuel D_3, et peut être considéré comme étant formé de deux fragments C_{3v} décalés.

4.2.5 Groupes ponctuels C_{nh}

Un groupe ponctuel C_{nh} contient un axe C_n et un plan σ_h, perpendiculaire à C_n. Pour n pair, le groupe ponctuel contient un centre d'inversion i.

Le groupe ponctuel C_{1h} ne contient, en plus de I, qu'un plan de symétrie. Il est donc analogue à C_{1v} et est représenté habituellement par le symbole C_s.

Le *trans*-1,2-difluoroéthylène (figure 4.1e), le *s-trans*-buta-1,3-diène (figure 4.4a) et le *s-trans*-glyoxal (figure (4.11g) sont des exemples de molécules ayant un axe C_2, un plan σ_h, et un centre d'inversion i, et appartiennent donc au groupe ponctuel C_{2h}. Le 1,3,5-trihydroxybenzène (figure 4.11h) appartient au groupe ponctuel C_{3h}.

4.2.6 Groupes ponctuels D_{nd}

Un groupe ponctuel D_{nd} contient un axe C_n, un axe S_{2n}, n axes C_2 perpendiculaires à C_n et régulièrement répartis, et n plans σ_d bissecteurs des angles entre les axes C_2. Pour n impair, le groupe ponctuel contient un centre d'inversion i. Il comprend également d'autres éléments qui peuvent être engendrés par ceux-ci.

Le groupe ponctuel D_{1d} est identique à C_{2v}. Les molécules appartenant aux autres groupes ponctuels D_{nd} peuvent être visualisées comme étant formées à partir de deux fragments identiques de symétrie C_{nv}, placés dos à dos, décalés l'un de l'autre d'un angle π/n.

L'allène (figure 4.3d) appartient au groupe ponctuel D_{2d}, et l'éthane (figure 4.11i), dans une configuration décalée, dans laquelle chaque liaison C–H à une extrémité de la molécule est bissectrice d'un angle HCH de l'autre extrémité, appartient au groupe ponctuel D_{3d}.

A part ces deux cas importants, les exemples de molécules appartenant à des groupes ponctuels D_{nd} sont rares.

4.2.7 Groupes ponctuels D_{nh}

Un groupe ponctuel D_{nh} contient un axe C_n, n axes C_2 perpendiculaires à C_n et régulièrement répartis, un plan σ_h, et n autres plans σ. Pour n pair, le groupe ponctuel contient un centre d'inversion i. Il comprend également d'autres éléments qui peuvent être engendrés par ceux-ci. Un groupe ponctuel D_{nh} est relié au groupe ponctuel C_{nv} correspondant par l'introduction d'un plan σ_h.

Le groupe ponctuel D_{1h} est identique à C_{2v}. L'éthylène (figure 4.1a) et le naphtalène (figure 4.3c) appartiennent au groupe ponctuel D_{2h}, dans lequel on n'utilise pas d'indice pour les plans de symétrie à cause de l'équivalence des trois axes C_2 mutuellement perpendiculaires.

BF_3 (figure 4.3b) appartient à D_{3h}, $[PtCl_4]^{2-}$ (figure 4.3f) à D_{4h} et le benzène (figure 4.3e) au groupe ponctuel D_{6h}.

---

1. Le repliement de ce ligand a été négligé.

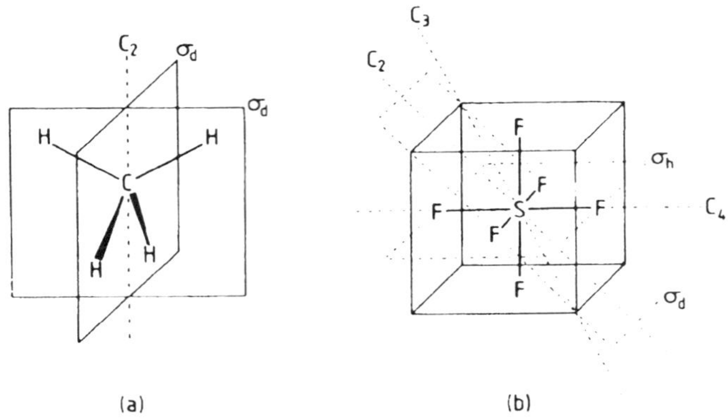

Fig. 4.12 — *(a) Quelques éléments C_2 et σ_d dans le méthane.*
(b) Quelques éléments de symétrie de l'hexafluorure de soufre.

Le groupe ponctuel $D_{\infty h}$ est dérivé de $C_{\infty v}$ par introduction de σ_h : par conséquent toutes les molécules linéaires avec un plan de symétrie perpendiculaire à l'axe C_∞ appartiennent à $D_{\infty h}$. L'acétylène (figure 4.11j), par exemple, et toutes les molécules diatomiques homonucléaires appartiennent à ce groupe ponctuel.

4.2.8 Groupe ponctuel T_d

Le groupe ponctuel T_d contient quatre axes C_3, trois axes C_2 et six plans σ_d. Il contient aussi des éléments engendrés par ceux-ci.

C'est le groupe ponctuel auquel appartiennent toutes les molécules tétraédriques régulières, comme le méthane (figure 4.12a), le silane (SiH_4) et le nickel tétracarbonyle ($Ni(CO)_4$).

Dans le cas du méthane, les axes C_3 ont les directions de chacune des liaisons C–H. Les plans σ_d sont les six plans définis par tous les fragments CH_2 possibles. Les axes C_2 ne sont pas aussi évidents, mais la figure 4.12(a) montre que la ligne d'intersection de deux plans σ_d, mutuellement perpendiculaires, est un axe C_2.

4.2.9 Groupe ponctuel O_h

Le groupe ponctuel O_h contient trois axes C_4, quatre axes C_3, six axes C_2, trois plans σ_h, six plans σ_d et un centre d'inversion *i*. Il contient également des éléments engendrés par ceux-ci. C'est le groupe ponctuel auquel appartiennent toutes les molécules octaédriques régulières, comme SF_6 (figure 4.12b) et $[Fe(CN)_6]^{3-}$.

Les principaux éléments de symétrie de SF_6 peuvent être visualisés (voir figure 4.12b), en considérant l'atome de soufre au centre d'un cube, et un fluor au centre de chaque face. Les trois axes C_4 sont les directions F–S–F, les quatre axes C_3 sont les diagonales principales du cube, les six axes C_2 joignent les milieux de deux côtés diagonalement opposés, les trois plans σ_h sont à mi-chemin entre deux faces opposées et les six plans σ_d joignent les côtés diagonalement opposés du cube.

4.2.10 Groupe ponctuel K_h

Le groupe ponctuel K_h contient un nombre infini d'axes C_∞ et un centre d'inversion i. Il comprend également les éléments engendrés par ceux-ci.

C'est le groupe ponctuel auquel appartient la sphère, et donc tous les atomes[1].

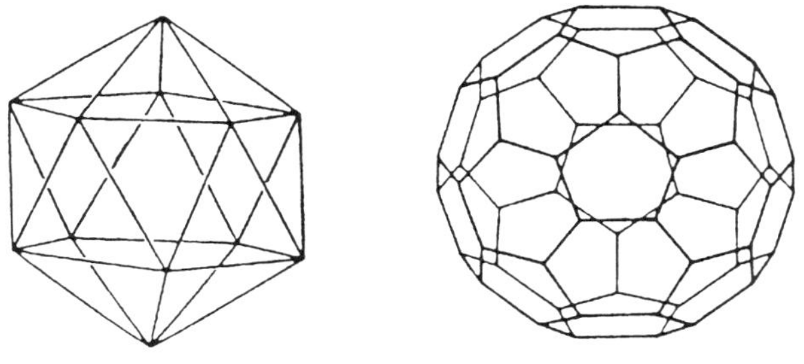

Fig. 4.13 — *(a) Icosaèdre régulier ; (b) buckminsterfullérène* (C_{60}).

4.2.11 Groupe ponctuel I_h

Le groupe ponctuel I_h est celui de l'icosaèdre régulier, illustré dans la figure 4.13a. Il contient vingt triangles équilatéraux, disposés dans une structure à trois dimensions. C'est la conformation de l'anion $B_{12}H_{12}^-$, dans lequel il y a un atome de bore, auquel est lié un atome d'hydrogène, à chacun des douze sommets.

Le dodécaèdre régulier, constitué de douze pentagones réguliers, disposés dans une structure à trois dimensions, appartient aussi à ce groupe. Un exemple est donné par la molécule de dodécaédrane, $C_{20}H_{20}$, dans laquelle il y a un atome de carbone, auquel est lié un atome d'hydrogène, à chacun des sommets des pentagones voisins. Cette molécule appartient également au groupe ponctuel I_h.

La molécule C_{60}, connue sous le nom de buckminsterfullérène, représentée dans la figure 4.13b, est un exemple, récemment découvert et d'importance remarquable, de molécule appartenant au groupe ponctuel I_h. Il y a un atome de carbone à chacun des soixante sommets identiques, chaque sommet reliant deux hexagones et un pentagone. Cette structure comprend douze pentagones réguliers et vingt hexagones réguliers, les douze (et seulement douze) pentagones étant essentiels pour la fermeture de la structure tridimensionnelle. Il y a seulement deux types de liaisons carbone-carbone, l'une rattachant deux hexagones, et l'autre joignant un hexagone et un pentagone.

Les molécules appartenant au groupe I_h sont hautement symétriques, puisqu'elles ont quinze axes C_2, dix axes C_3, six axes C_5, quinze plans σ, dix axes S_6, six axes S_{10} et un centre d'inversion i. De plus, ces éléments de symétrie peuvent engendrer d'autres éléments.

Les groupes ponctuels discutés ici sont tous ceux qu'on rencontre couramment, mais il existe quelques groupes très peu courants qui n'ont pas été envisagés : on les trouvera dans plusieurs ouvrages sur la symétrie moléculaire, mentionnés dans la bibliographie à la fin du chapitre.

---

1. Bien que la densité électronique d'un atome ayant des orbitales partiellement remplies puisse ne pas être sphérique, la fonction d'onde électronique est classée dans le groupe ponctuel K_h.

4.3 TABLES DE CARACTÈRES DES GROUPES PONCTUELS

Les groupes ponctuels peuvent être divisés en deux ensembles importants — dégénérés et non dégénérés. Les groupes ponctuels dégénérés contiennent un axe C_n, avec $n > 2$ ou un axe S_4. Une molécule appartenant à ce type de groupe peut avoir des propriétés dégénérées, par exemple des fonctions d'onde électroniques ou vibrationnelles différentes associées à des énergies égales, alors qu'une molécule appartenant à un groupe ponctuel non dégénéré ne peut avoir de propriété dégénérée.

Dans les sections 4.1 et 4.2, nous avons vu que les propriétés de symétrie de la configuration nucléaire, à l'équilibre, de n'importe quelle molécule peuvent être classées dans le groupe ponctuel de la molécule. Néanmoins, les molécules peuvent avoir des propriétés, telles que les fonctions d'onde électroniques et vibrationnelles, qui ne préservent pas tous les éléments de symétrie. C'est à la classification des symétries de ces propriétés que sont consacrées les tables de caractères. Nous considérerons en détail trois tables, celles de C_{2v}, qui est un exemple de groupe ponctuel non dégénéré, C_{3v}, exemple de groupe dégénéré, et $C_{\infty v}$, exemple de groupe infini, avec un nombre infini d'éléments.

4.3.1 Table de caractères C_{2v}

Une propriété comme la fonction d'onde vibrationnelle, de H_2O par exemple, peut préserver ou non un élément de symétrie. Si cet élément est préservé, l'exécution de l'opération de symétrie correspondante, σ_v par exemple, n'a pas d'effet sur la fonction d'onde, ce que nous écrivons

$$\psi_v \xrightarrow{\sigma_v} (+1)\, \psi_v \tag{4.7}$$

et on dit que ψ_v est symétrique par rapport à σ_v. La seule autre possibilité dans un groupe ponctuel non dégénéré est que la fonction change de signe lorsqu'on exécute l'opération

$$\psi_v \xrightarrow{\sigma_v} (-1)\, \psi_v \tag{4.8}$$

Dans ce cas on dit que ψ_v est antisymétrique par rapport à σ_v. Le nombre +1 de l'équation (4.7) ou –1 de l'équation (4.8) s'appelle le caractère de ψ_v par rapport à σ_v.

Nous avons vu que l'on peut prendre deux éléments parmi C_2, $\sigma_v(xz)$, $\sigma_v'(yz)$ comme éléments générateurs. Il y a quatre combinaisons possibles des caractères +1 et –1 par rapport à ces éléments générateurs, +1 et +1, +1 et –1, –1 et +1, –1 et –1, par rapport à C_2 et $\sigma_v(xz)$. Ces combinaisons sont inscrites dans les colonnes 3 et 4 de la table de caractères C_{2v} (table A.11 de l'annexe). Le caractère par rapport à I est toujours +1, comme $\sigma_v'(yz)$ est engendré à partir de C_2 et de $\sigma_v(xz)$, le caractère par rapport à $\sigma_v'(yz)$ est le produit des caractères par rapport à C_2 et $\sigma_v(xz)$. Chacune des quatre lignes de caractères est appelée une représentation irréductible du groupe et, pour simplifier, elles sont représentées par les espèces de symétrie A_1, A_2, B_1, B_2. L'espèce A_1 est dite totalement symétrique, car tous les caractères valent +1 : les autres espèces ne sont pas totalement symétriques.

Les labels des espèces de symétrie sont conventionnels : A et B indiquent la symétrie ou l'antisymétrie par rapport à C_2 et les indices 1 et 2 indiquent la symétrie ou l'antisymétrie par rapport à $\sigma_v(xz)$.

La sixième colonne de la table de caractères donne les espèces de symétrie des translations (T) de la molécule le long des axes cartésiens et des rotations (R) autour de ces axes. Dans la figure 4.14, des vecteurs attachés aux noyaux de H_2O représentent ces mouvements, dont le comportement vis-à-vis des opérations C_2 et $\sigma_v(xz)$ permet d'attribuer une symétrie. La figure 4.14(a) montre que

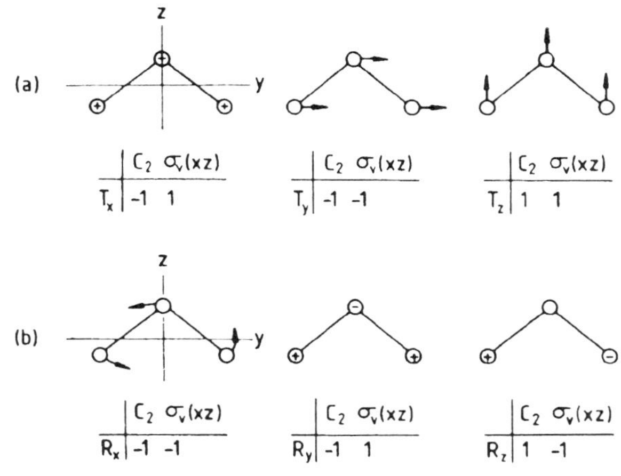

Fig. 4.14 — *(a) Translations et (b) rotations dans la molécule H_2O.*

$$\Gamma(T_x) = B_1 \; ; \qquad \Gamma(T_y) = B_2 \; ; \qquad \Gamma(T_z) = A_1 \tag{4.9}$$

et la figure 4.14(b) que

$$\Gamma(R_x) = B_2 \; ; \qquad \Gamma(R_y) = B_1 \; ; \qquad \Gamma(R_z) = A_2 \tag{4.10}$$

Le symbole Γ est utilisé pour « représentation de ... ». Ici, c'est une représentation irréductible, ou espèce de symétrie. Dans les sections 6.2.2.1 et 7.3.2, où nous déterminons, pour les molécules polyatomiques, les règles de sélection vibrationnelles (dans l'infrarouge) et électroniques, nous aurons besoin des espèces de symétrie des translations.

La dernière colonne de la table de caractères donne les attributions des espèces de symétrie de α_{xx}, α_{yy}, α_{xy}, α_{yz} et α_{xz}. Ce sont les composantes du tenseur de polarisabilité symétrique, α, qui est important dans la spectroscopie Raman, décrite dans la section 6.2.2.2.

Une molécule non linéaire à N atomes possède $3N - 6$ modes normaux de vibration. Cela provient du fait que chaque atome a trois degrés de liberté correspondant aux trois coordonnées qui définissent sa position, par exemple x, y, et z. Sur un total de $3N$ degrés de liberté pour la molécule, trois représentent la translation de la molécule dans son ensemble le long des axes x, y, et z, et trois autres représentent la rotation de la molécule autour de chacun de ces axes. Les $3N - 6$ degrés de liberté restants représentent les mouvements des noyaux les uns par rapport aux autres, c'est-à-dire les vibrations. Pour une molécule linéaire, il y a $3N - 5$ modes normaux de vibration car il n'y a pas de degré de liberté pour la rotation autour de l'axe internucléaire — il n'y a pas de moment d'inertie autour de cet axe.

La molécule H_2O a donc trois modes normaux de vibration, qui sont illustrés dans la figure 4.15, dans laquelle les vecteurs attachés aux noyaux indiquent les directions et les amplitudes relatives des mouvements. En utilisant la table de caractères $C_{2\upsilon}$, on peut facilement attribuer l'espèce de symétrie à la fonction d'onde ψ_υ de chaque mode. Les caractères des trois vibrations vis-à-vis des opérations C_2 et $\sigma_\upsilon(xz)$ sont, respectivement, +1 et +1 pour ν_1, +1 et +1 pour ν_2, et −1 et −1 pour ν_3. Par conséquent,

$$\Gamma(\psi_{\upsilon(1)}) = A_1 \; ; \qquad \Gamma(\psi_{\upsilon(2)}) = A_1 \; ; \qquad \Gamma(\psi_{\upsilon(3)}) = B_2 \tag{4.11}$$

Il est important de noter que l'attribution des espèces de symétrie aux propriétés moléculaires dépend de l'appellation des axes. Les labels des axes utilisés pour T, R et α dans les deux dernières colonnes d'une table de caractères sont toujours les mêmes, mais le choix des axes pour une molécule particulière n'est pas nécessairement standard. Mulliken (voir la bibliographie) a proposé des conventions, largement utilisées, pour l'attribution des axes dans de nombreux cas. Pour une molécule plane C_{2v}, la convention est que l'axe C_2 est pris comme axe des z et que l'axe des x est perpendiculaire au plan. C'est la convention utilisée ici pour H_2O. L'importance de l'utilisation d'une convention peut être illustrée par le fait que si par exemple on échangeait les axes des x et des y, alors $\Gamma(\psi_{v(3)})$ serait de type B_1 au lieu de B_2. Néanmoins pour une molécule non plane, comme CH_2F_2 (figure 4.5), bien qu'il soit naturel de prendre l'axe C_2 comme axe des z, le choix des axes des x et des y est arbitraire. Cet exemple démontre bien qu'il est important d'indiquer le choix des axes.

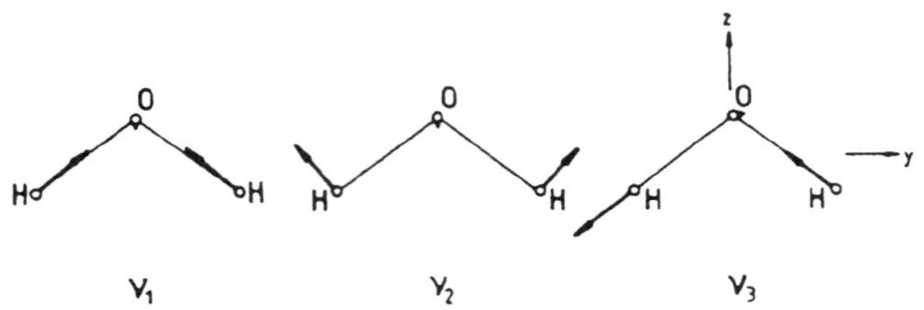

Fig. 4.15 — *Les modes normaux de vibration de la molécule H_2O.*

Exercice corrigé 4.1

Énoncé. La molécule de formaldéhyde, qui est plane, possède six vibrations normales, qui peuvent être représentées approximativement par

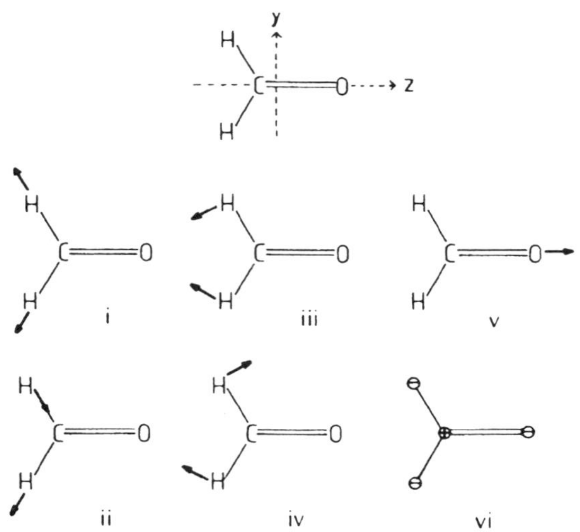

En utilisant la notation conventionnelle qui a été donnée pour les axes, attribuer à ces vibrations les espèces de symétrie du groupe ponctuel de la molécule.

Solution. Le formaldéhyde appartient au groupe ponctuel C_{2v}. Pour une molécule C_{2v} plane, l'attribution conventionnelle des axes est celle qui est indiquée dans la question.

En utilisant la table de caractères (table A.11 de l'annexe), les caractères des vibrations vis-à-vis des différentes opérations peuvent être classés de la façon suivante :

Vibration	I	C_2	$\sigma_v(xz)$	$\sigma'_v(yz)$
(i)	1	1	1	1
(ii)	1	−1	−1	1
(iii)	1	1	1	1
(iv)	1	−1	−1	1
(v)	1	1	1	1
(vi)	1	−1	1	−1

On en déduit que les espèces de symétrie $\Gamma(\psi_v)$ des vibrations sont données par :

$$\Gamma(\psi_{v(\mathrm{i})}) = A_1$$

$$\Gamma(\psi_{v(\mathrm{ii})}) = B_2$$

$$\Gamma(\psi_{v(\mathrm{iii})}) = A_1$$

$$\Gamma(\psi_{v(\mathrm{iv})}) = B_2$$

$$\Gamma(\psi_{v(\mathrm{v})}) = A_1$$

$$\Gamma(\psi_{v(\mathrm{vi})}) = B_1$$

Les classifications auraient pu être faites en utilisant deux des éléments C_2, $\sigma_v(xz)$, et $\sigma'_v(yz)$ puisque tout couple de ces éléments est générateur et que le caractère vis-à-vis de I est toujours 1 dans ce groupe ponctuel.

La description couramment utilisée pour ces vibrations est : (i) élongation symétrique CH, (ii) élongation antisymétrique CH, (iii) cisaillement CH_2, (iv) balancement CH_2, (v) élongation CO, (vi) déformation hors du plan.

Il sera souvent nécessaire de multiplier les espèces de symétrie, ou, dans le langage de la théorie des groupes, d'obtenir leur produit direct. Par exemple, si H_2O est excité vibrationnellement, simultanément avec un quantum de ν_1 et de ν_2, la symétrie de la fonction d'onde pour cet état vibrationnel combiné est

$$\Gamma(\psi_v) = A_1 \times B_2 = B_2 \tag{4.12}$$

Pour obtenir le produit direct de deux espèces, on multiplie les caractères vis-à-vis de chaque élément de symétrie en utilisant les règles

$$(+1) \times (+1) = 1\ ; \qquad (+1) \times (-1) = -1\ ; \qquad (-1) \times (-1) = 1 \tag{4.13}$$

Le résultat de l'équation (4.12) est obtenu de cette façon. Si H_2O est excité avec, par exemple, deux quanta de ν_3, alors

$$\Gamma(\psi_v) = B_2 \times B_2 = A_1 \tag{4.14}$$

Les multiplications dans les équations (4.12) et (4.14) montrent (a) que le produit direct de toute espèce avec l'espèce totalement symétrique la laisse inchangée et (b) que le produit direct de toute espèce avec elle-même donne l'espèce totalement symétrique. Ces résultats sont tout à fait généraux pour tous les groupes ponctuels non dégénérés.

En utilisant les règles de formation des produits directs, on peut montrer que, dans le groupe ponctuel C_{2v},

$$A_2 \times B_1 = B_2\ ; \qquad A_2 \times B_2 = B_1 \tag{4.15}$$

Les tables de caractères pour tous les groupes ponctuels importants, dégénérés et non dégénérés, sont données dans l'annexe.

4.3.2 Table de caractères C_{3v}

L'examen de cette table de caractères, donnée dans la table A.12 de l'annexe, met en évidence deux différences par rapport à une table de caractères d'un groupe ponctuel non dégénéré. La première est le regroupement de tous les éléments d'une même classe, à savoir C_3 et C_3^2 dans $2C_3$, et σ_v, σ_v' et σ_v'' dans $3\sigma_v$.

Deux éléments P et Q appartiennent à la même classe s'il existe un élément R tel que

$$P = R^{-1} \times Q \times R \tag{4.16}$$

La figure 4.16 montre que dans le groupe ponctuel C_{3v},

$$C_3 = \sigma_v^{-1} \times C_3^2 \times \sigma_v \tag{4.17}$$

et, par conséquent, C_3 et C_3^2 appartiennent à la même classe. Les éléments appartenant à la même classe ont les mêmes caractères et, comme dans le cas des groupes ponctuels non dégénérés pour lesquels chaque élément est dans une classe séparée, le nombre d'espèces de symétrie est égal au nombre de classes.

La seconde différence est l'apparition d'une espèce de symétrie doublement dégénérée, E, dont les caractères ne sont plus +1 ou –1, comme ceux que nous avons rencontrés dans les groupes ponctuels non dégénérés.

Les caractères +1 et –1 des espèces A_1 et A_2 ont la même signification que dans les groupes ponctuels non dégénérés. On peut comprendre les caractères de l'espèce E en utilisant l'exemple des vibrations normales de NH_3, montrées dans la figure 4.17[1] . Les vibrations ν_1 et ν_2 sont de toute évidence a_1[2]. Les deux vibrations ν_{3a} et ν_{3b} sont dégénérées : bien que ce ne soit pas évident, il faut la même énergie pour exciter un quantum de chacune d'elles, et elles ont manifestement des fonctions d'onde différentes. De la même manière, ν_{4a} et ν_{4b} sont dégénérées.

Les propriétés de symétrie d'une fonction d'onde de vibration fondamentale ψ_v sont les mêmes que celles de la coordonnée normale Q correspondante. Par exemple, lorsque l'opération C_3 est effectuée sur Q_1, coordonnée normale de ν_1, elle est transformée en Q_1', où

$$Q_1 \xrightarrow{C_3} Q_1' = (+1)\, Q_1 \tag{4.18}$$

D'autre part, lorsqu'une opération de symétrie est exécutée sur une coordonnée normale dégénérée, elle n'est pas simplement limitée à rester la même ou à changer de signe : en

1. Mulliken a recommandé une convention pour la numérotation des vibrations. Les vibrations sont regroupées en fonction de leurs symétries, prises dans l'ordre des tables de caractères présentées par Herzberg (voir la bibliographie). Pour chaque espèce de symétrie, les vibrations sont classées dans l'ordre des nombres d'onde décroissants. L'espèce totalement symétrique est toujours la première, et la vibration totalement symétrique avec le nombre d'onde le plus élevé est ν_1, la suivante ν_2, et ainsi de suite. Exceptionnellement, la vibration de déformation doublement dégénérée d'une molécule triatomique linéaire, comme CO_2 ou HCN, est toujours désignée par ν_2. Egalement, dans les triatomiques linéaires non symétriques, comme HCN, il y a deux vibrations d'élongation appartenant à la même espèce de symétrie (σ^+) : celle du nombre d'onde inférieur est notée ν_1, et celle du nombre d'onde supérieur ν_2.

2. Les lettres minuscules sont recommandées pour les espèces de symétrie d'une vibration (et pour une orbitale électronique), tandis que les lettres majuscules sont recommandées pour les espèces de symétrie des fonctions d'onde correspondantes.

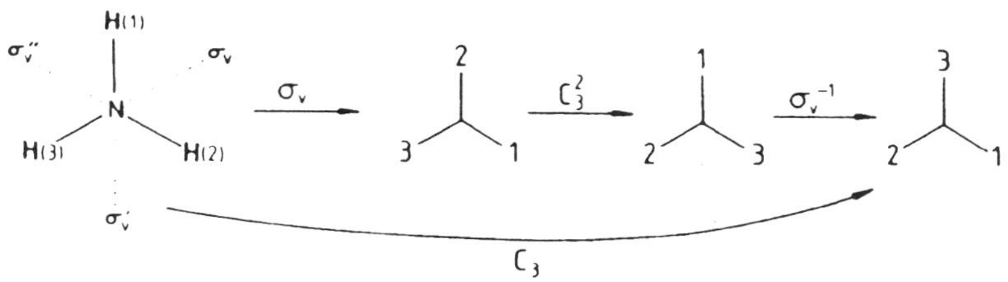

Fig. 4.16 — *Dans le groupe ponctuel C_{3v}, C_3 et C_3^2 appartiennent à la même classe.*

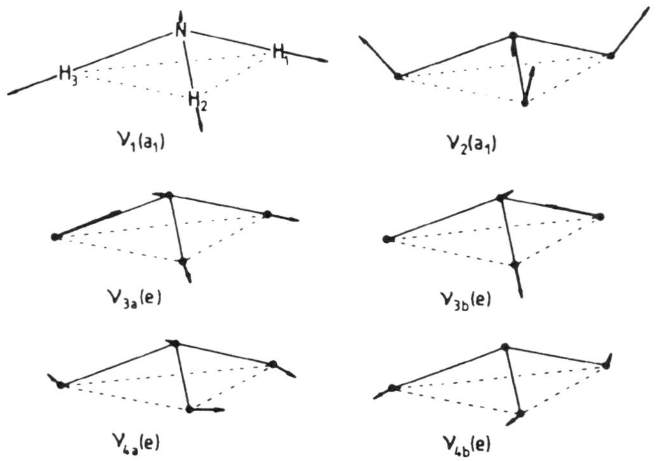

Fig. 4.17 — *Modes normaux de vibration de la molécule NH_3.*

général, elle est transformée en une combinaison linéaire des deux coordonnées normales dégénérées. Ainsi, en exécutant une opération de symétrie S,

$$Q_{3a} \xrightarrow{S} Q_{3a}' = d_{aa}\, Q_{3a} + d_{ab}\, Q_{3b} \tag{4.19}$$

$$Q_{3b} \xrightarrow{S} Q_{3b}' = d_{ba}\, Q_{3a} + d_{bb}\, Q_{3b}$$

En notation matricielle, ceci peut s'écrire

$$\begin{pmatrix} Q_{3a}' \\ Q_{3b}' \end{pmatrix} = \begin{pmatrix} d_{aa} & d_{ab} \\ d_{ba} & d_{bb} \end{pmatrix} \begin{pmatrix} Q_{3a} \\ Q_{3b} \end{pmatrix} \tag{4.20}$$

La quantité $d_{aa} + d_{bb}$ s'appelle la trace de la matrice qui constitue alors le caractère de la coordonnée normale, vis-à-vis de l'opération de symétrie S.

Le caractère de l'espèce E vis-à-vis de l'opération I est obtenu à partir de

$$Q_{3a} \xrightarrow{I} Q_{3a}' = 1 \times Q_{3a} + 0 \times Q_{3b} \tag{4.21}$$

$$Q_{3b} \xrightarrow{I} Q_{3b}' = 0 \times Q_{3a} + 1 \times Q_{3b}$$

ou

$$\begin{pmatrix} Q'_{3a} \\ Q'_{3b} \end{pmatrix} = \begin{pmatrix} 1 & 0 \\ 0 & 1 \end{pmatrix} \begin{pmatrix} Q_{3a} \\ Q_{3b} \end{pmatrix} \tag{4.22}$$

La trace de la matrice est 2, ce qui constitue le caractère de E vis-à-vis de I.

L'une des deux composantes de ν_3, ν_{3a}, est symétrique par réflexion par rapport au plan σ_υ bissecteur de l'angle entre H_1 et H_2, et l'autre est antisymétrique, ce qui donne

$$\begin{pmatrix} Q'_{3a} \\ Q'_{3b} \end{pmatrix} = \begin{pmatrix} 1 & 0 \\ 0 & -1 \end{pmatrix} \begin{pmatrix} Q_{3a} \\ Q_{3b} \end{pmatrix} \tag{4.23}$$

Par conséquent, le caractère de E vis-à-vis de σ_υ est 0. A cause de l'équivalence de tous les σ_υ, le caractère vis-à-vis de σ'_υ et de σ''_υ est le même.

Lorsque l'opération est une rotation d'angle ϕ autour d'un axe C_n, dans ce cas d'un angle $2\pi/3$ radians autour de l'axe C_3, nous admettrons que la transformation de la coordonnée est donnée par

$$\begin{pmatrix} Q'_{3a} \\ Q'_{3b} \end{pmatrix} = \begin{pmatrix} \cos\phi & \sin\phi \\ -\sin\phi & \cos\phi \end{pmatrix} \begin{pmatrix} Q_{3a} \\ Q_{3b} \end{pmatrix} \tag{4.24}$$

$$= \begin{pmatrix} -\frac{1}{2} & \sqrt{\frac{3}{2}} \\ -\sqrt{\frac{3}{2}} & -\frac{1}{2} \end{pmatrix} \begin{pmatrix} Q_{3a} \\ Q_{3b} \end{pmatrix}$$

La trace de la matrice est -1, qui est le caractère de E vis-à-vis de C_3.

Sauf pour la multiplication de E par E, nous suivons encore les règles des produits directs utilisées dans les groupes ponctuels non dégénérés : les caractères vis-à-vis des différentes opérations de symétrie sont obtenus en faisant le produit des caractères des espèces multipliées, ce qui donne

$$A_1 \times A_2 = A_2\ ; \quad A_2 \times A_2 = A_1; \quad A_1 \times E = E\ ; \quad A_2 \times E = E \tag{4.25}$$

Pour multiplier E par E, utilisons à nouveau l'exemple des vibrations de NH_3. Le résultat n'est pas le même si nous cherchons $\Gamma(\psi_\upsilon)$ quand (a) un quantum de chacune des deux vibrations e est excité, c'est-à-dire un état de combinaison, ou (b) deux quanta de la même vibration e sont excités, c'est-à-dire un état harmonique. Dans le cas (a), comme pour la combinaison $\nu_3 + \nu_4$, le produit est écrit $E \times E$ et le résultat est obtenu en élevant d'abord au carré les caractères vis-à-vis de chaque opération, ce qui donne

	I	$2C_3$	$3\sigma_\upsilon$
$E \times E$	4	1	0

(4.26)

Les caractères 4, 1, 0 forment une représentation réductible dans le groupe ponctuel $C_{3\upsilon}$ et il faut la réduire en un ensemble de représentations irréductibles, dont la somme des caractères vis-à-vis de chaque opération est égale à celui de la représentation réductible. Algébriquement, nous pouvons l'exprimer selon

$$\chi_C(k) \times \chi_D(k) = \chi_F(k) + \chi_G(k) + \ldots \tag{4.27}$$

où χ est le caractère d'une opération k et le résultat de la multiplication des espèces dégénérées C et D est

$$C \times D = F + G + \ldots \tag{4.28}$$

La réduction de la représentation $E \times E$ donne, comme pour toute réduction, un ensemble unique de représentations irréductibles, qui est

$$E \times E = A_1 + A_2 + E \tag{4.29}$$

On peut voir à partir de la table A.12 de l'annexe que la somme des caractères de A_1, A_2, et E vis-à-vis de I, C_3 et σ_v donne la représentation réductible de l'équation (4.26).

Dans le cas (b), où deux quanta de la même vibration sont excités, comme $2\nu_3$, le produit s'écrit $(E)^2$ où

$$(E)^2 = A_1 + E \tag{4.30}$$

qui est appelé partie symétrique de $E \times E$, car c'est la partie qui est symétrique vis-à-vis de l'échange des particules. Nous arrivons au résultat de l'équation (4.30) en calculant d'abord le produit $E \times E$. Une des espèces du produit $E \times E$ est interdite. Dans les groupes ponctuels dégénérés, c'est une espèce A, et lorsque c'est possible, une espèce qui n'est pas totalement symétrique ; dans ce cas, l'espèce qui est éliminée est A_2, partie antisymétrique de $E \times E$.

Pour tous les groupes dégénérés, les ouvrages de Herzberg et de Hollas, cités dans la bibliographie, donnent des tableaux qui indiquent les espèces de symétrie des états vibrationnels de combinaison résultant de l'excitation d'un quantum de deux vibrations dégénérées différentes, et des états vibrationnels harmoniques, provenant de l'excitation de deux quanta de la même vibration dégénérée.

4.3.3 Table de caractères $C_{\infty v}$

Dans cette table de caractères, table A.16 de l'annexe, il y a une infinité de classes, car la rotation autour de l'axe C_∞ peut se faire avec n'importe quel angle ϕ et chaque élément C_∞^ϕ appartient à une classe différente. Néanmoins, $C_\infty^{-\phi}$, rotation de ϕ dans le sens contraire des aiguilles d'une montre, appartient à la même classe que C_∞^ϕ. Comme il y a un nombre infini de classes, il y a un nombre infini d'espèces de symétrie. Leurs labels sont A_1, A_2, E_1, E_2, ..., E_∞ si on suit les conventions utilisées dans les autres tables de caractères. Malheureusement, avant que les labels des espèces de symétrie n'aient été largement adoptés, une autre convention était apparue et a été utilisée, en particulier en spectroscopie électronique des molécules diatomiques. On a donné aux états electroniques les labels Σ, Π, Δ, Φ, ... correpondant aux valeurs du nombre quantique associé au moment angulaire orbital électronique, qui peut prendre les valeurs 0, 1, 2, 3, ... On utilise principalement ce système de notation dans les groupes ponctuels $C_{\infty v}$, ainsi que $D_{\infty h}$. Néanmoins, les deux systèmes sont indiqués dans la table A.16 de l'annexe.

La multiplication des espèces de symétrie est effectuée en utilisant les règles habituelles, de sorte que, par exemple,

$$\Sigma^+ \times \Sigma^- = \Sigma^- \; ; \qquad \Sigma^- \times \Pi = \Pi \; ; \qquad \Sigma^+ \times \Delta = \Delta \tag{4.31}$$

Pour le produit $\Pi \times \Pi$, la représentation réductible est

	I	$2C_\infty^\phi$	$\infty\sigma_v$
$\Pi \times \Pi$	4	$4\cos^2\phi$	0
		$(= 2 + 2\cos 2\phi)$	

(4.32)

qui se réduit en

$$\Pi \times \Pi = \Sigma^+ + \Sigma^- + \Delta \tag{4.33}$$

L'utilisation de la même règle que pour obtenir $(E)^2$ dans le groupe ponctuel C_{3v}, donne

$$(\Pi)^2 = \Sigma^+ + \Delta \tag{4.34}$$

4.3.4 Table de caractères I_h

La table de caractères I_h est donnée par la table A.46 de l'annexe.

La très haute symétrie de ce groupe ponctuel conduit à des espèces de symétrie avec des dégénérescences allant jusqu'à cinq, comme dans H_g et H_u.

4.4 SYMÉTRIE ET MOMENTS DIPOLAIRES

Le moment dipolaire (en toute rigueur, le moment dipolaire électrique) d'une molécule mesure l'asymétrie de charge et est habituellement noté à l'aide du symbole μ.

Dans les exemples des figures 4.18(a–g), les molécules ont toutes une asymétrie de charge et par conséquent un moment dipolaire non nul. Comme le moment dipolaire possède un module et une direction, c'est une quantité vectorielle et si nous voulons insister sur cet aspect, nous utiliserons le symbole vectoriel $\boldsymbol{\mu}$, tandis que si nous ne nous intéressons qu'à son module, nous utiliserons le symbole μ.

Dans H_2O et NH_3, présentés dans les figures 4.18(a) et (b), la direction du moment dipolaire est le long des axes C_2 ou C_3. Dans les deux molécules, il y a des paires libres d'électrons dirigées du côté opposé aux liaisons O–H ou N–H, de sorte que l'extrémité négative du dipôle est celle qui est indiquée sur la figure.

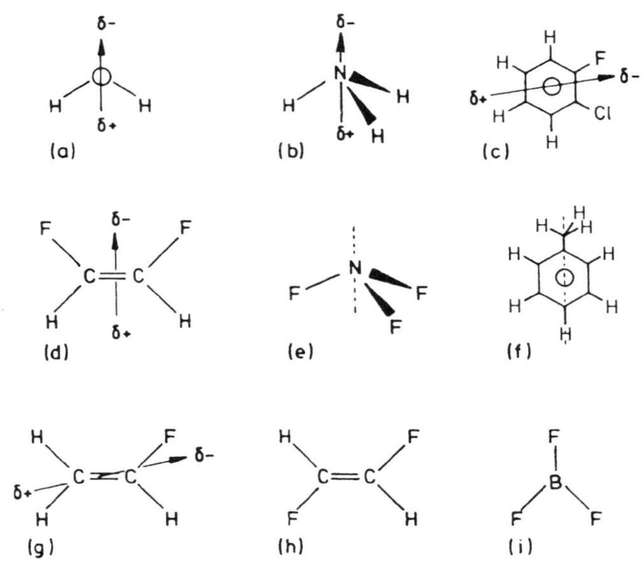

Fig. 4.18 — *Les molécules (a)–(g) possèdent un moment dipolaire permanent, tandis que les molécules (h) et (i) n'en ont pas.*

L'asymétrie de charge peut être associée à une liaison particulière dans une molécule, et donne lieu à ce qu'on nomme un moment dipolaire de liaison ou, plus simplement, un moment de liaison. La valeur des moments de liaison peut être transférée d'une molécule à une autre, avec un degré d'approximation satisfaisant. Ainsi, le moment dipolaire d'une molécule peut souvent être estimé à partir de la somme vectorielle des moments de liaison. Par exemple, le moment dipolaire du 2-chlorofluorobenzène, présenté dans la figure 4.18(c), peut être calculé à partir de la somme vectorielle des moments de liaison C–F et C–Cl tirés respectivement de CH_3F et CH_3Cl.

Les moments de liaison pour des liaisons faisant intervenir un atome d'hydrogène sont relativement faibles, de sorte que les moments dipolaires de H_2O et de NH_3 sont dominés par les effets de la paire d'électrons libres. Le moment dipolaire du *cis*-1,2-difluoroéthylène, présenté dans la figure 4.18(d), est dominé par les grands moments des liaisons C–F dont les extrémités négatives sont dirigées du côté des atomes de fluor, à cause de sa forte électronégativité. Le moment dipolaire a la direction de l'axe C_2, avec l'extrémité négative placée comme le montre la figure.

Dans NF_3 et $C_6H_5CH_3$ (toluène), représentés dans les figures 4.18(e) et (f), l'asymétrie de charge confère un moment dipolaire à chacune des deux molécules dans les directions indiquées par les traits pointillés, mais la position de l'extrémité négative n'est pas évidente. Dans NF_3, l'effet des atomes de fluor électronégatifs tend à être contrebalancé par le doublet libre d'électrons de l'atome d'azote et, dans $C_6H_5CH_3$, tous les moments des liaisons C–H sont très faibles et leur somme vectorielle ne donne pas une indication fiable de la position de l'extrémité négative du dipôle.

L'unité du module μ d'un moment dipolaire est généralement le debye. Le moment dipolaire est le produit de la charge par la distance, de sorte que pour des charges $-q$ et $+q$ séparées d'une distance r,

$$\mu = qr \tag{4.35}$$

Pour une molécule ayant beaucoup de noyaux et d'électrons avec une charge q_i

$$\mu = \sum_i q_i \mathbf{r}_i \tag{4.36}$$

Les équations (4.35) et (4.36) montrent que l'unité SI du moment dipolaire est le produit des unités de charge et de distance, qui sont respectivement le coulomb et le mètre. Le debye (D) est encore couramment utilisée, l'unité C m étant assez inadaptée, dans la mesure où les moments dipolaires des molécules sont souvent de l'ordre de 1 D. Ces unités sont reliées par

$$1\ \mathrm{D} \approx 3{,}335\,64 \times 10^{-30}\ \mathrm{C\ m} \tag{4.37}$$

Les moments dipolaires de NH_3 (1,47 D), NF_3 (0,2 D) et $C_6H_5CH_3$ (0,36 D) valident les arguments que nous avons avancés à propos de l'ordre de grandeur de leur module.

Il est important de noter que, bien que diverses expériences puissent donner la valeur d'un moment dipolaire, aucune ne peut indiquer dans quelle direction se trouvent les extrémités négative et positive. Dans des molécules telles que NF_3 et $C_6H_5CH_3$, où le moment dipolaire est trop faible pour que des arguments simples permettent d'en prédire le sens, seuls des calculs précis, basés sur la théorie de la valence, peuvent fournir une réponse. Ces calculs ne sont eux-mêmes fiables que pour des molécules assez petites (voir la section 5.2.3 pour le cas de CO).

La valeur élevée du moment de liaison de C–F dans le fluoroéthylène (figure 4.18g) domine le moment dipolaire, qui est dans le plan de la molécule, mais avec une direction qui dépend des autres parties de la molécule, ce qui fait qu'il ne sera pas orienté exactement selon la liaison C–F. Dans des molécules comme le *trans*-1,2-difluoroéthylène et BF_3, représentées sur les figures 4.18(h) et (i), il est évident que leurs moments dipolaires sont nuls, et nous verrons que ceci est confirmé par des arguments de symétrie.

D'après les exemples de la figure 4.18, on peut utiliser la symétrie moléculaire pour établir une règle nous indiquant si le moment dipolaire d'une molécule est nul ou non.

Le vecteur moment dipolaire $\boldsymbol{\mu}$ doit être totalement symétrique, donc symétrique par rapport à toutes les opérations du groupe ponctuel auquel appartient la molécule : sinon la direction du moment dipolaire pourrait être inversée en effectuant une opération de symétrie, ce qui n'est évidemment pas possible. Le vecteur $\boldsymbol{\mu}$ a des composantes μ_x, μ_y, et μ_z selon les axes cartésiens de la molécule. Dans les exemples de NH_3 et NF_3 (figures 4.18b et e), si l'axe C_3 est l'axe des z, $\mu_z \neq 0$ mais $\mu_x = \mu_y = 0$. De même, dans H_2O et dans le *cis*-1,2-difluoroéthylène (figures 4.18a et d), si l'axe C_2 est l'axe des z, $\mu_z \neq 0$, mais $\mu_x = \mu_y = 0$. Dans le cas du fluoroéthylène (figure 4.18g), si le plan de la molécule est le plan xy, $\mu_x \neq 0$ et $\mu_y \neq 0$, mais $\mu_z = 0$. Dans une molécule comme CHFClBr (figure 4.7), le moment dipolaire n'est pas contraint par la symétrie, ce qui fait que $\mu_x \neq 0$, $\mu_y \neq 0$, et $\mu_z \neq 0$.

Si on compare le vecteur représentant une translation selon l'axe des z de la molécule H_2O, par exemple, avec le vecteur moment dipolaire représenté dans la figure 4.18(a), et qui est également orienté selon l'axe des z, il est évident qu'ils ont la même symétrie, c'est-à-dire $\Gamma(\mu_z) = \Gamma(T_z)$ et d'une manière générale, pour toutes les molécules

$$\begin{aligned} \Gamma(\mu_x) &= \Gamma(T_x) \\ \Gamma(\mu_y) &= \Gamma(T_y) \\ \Gamma(\mu_z) &= \Gamma(T_z) \end{aligned} \tag{4.38}$$

Comme $\boldsymbol{\mu}$ doit être totalement symétrique, une molécule possède un moment dipolaire permanent si une des composantes μ_x, μ_y, et μ_z est totalement symétrique. Avec les relations de l'équation (4.38), on peut formuler la règle générale suivante :

Une molécule possède un moment dipolaire permanent si une des espèces de symétries translationnelles de son groupe ponctuel est l'espèce totalement symétrique.

Si on examine les tables de caractères des groupes ponctuels de l'annexe pour savoir si les espèces de symétrie translationnelles sont totalement symétriques, il apparaît que les molécules qui ont un moment dipolaire permanent appartiennent aux groupes ponctuels suivants :

(a) C_1, dans lequel $\Gamma(T_x) = \Gamma(T_y) = \Gamma(T_z) = A$;
(b) C_s, dans lequel $\Gamma(T_x) = \Gamma(T_y) = A'$;
(c) C_n, dans lequel $\Gamma(T_z) = A$;
(d) C_{nv}, dans lequel $\Gamma(T_z) = A_1$ (ou Σ^+ dans $C_{\infty v}$).

Dans les groupes ponctuels C_1, C_s, C_n et C_{nv}, les espèces de symétrie totalement symétriques sont A, A', A et A_1 (ou Σ^+). Par exemple, CHFClBr (figure 4.7) appartient au groupe ponctuel C_1 : par conséquent $\mu \neq 0$ et, comme les trois translations sont totalement symétriques, le vecteur moment dipolaire n'est pas contraint par symétrie dans une direction donnée. Le fluoroéthylène (figure 4.18g) appartient au groupe ponctuel C_s et a donc un moment dipolaire non nul qui est dans le plan xy, puisque $\Gamma(T_x)$ et $\Gamma(T_y)$ sont totalement symétriques. Le peroxyde d'hydrogène (H_2O_2, figure 4.11a) appartient au groupe ponctuel C_2 et possède un moment dipolaire dirigé selon l'axe des z (axe C_2). La molécule NF_3 (figure 4.18e) appartient au groupe ponctuel C_{3v} et a un moment dipolaire orienté selon l'axe des z (axe C_3).

On voit alors que la molécule BF_3, représentée sur la figure 4.18(i), possède un moment dipolaire $\mu = 0$, car elle appartient au groupe ponctuel D_{3h} dans lequel aucune des espèces de symétries translationnelles n'est totalement symétrique. Par ailleurs, nous pouvons montrer que $\mu = 0$ en utilisant le concept de moment de liaison. Si μ_{BF} représente le moment de la liaison B–F, et si nous projetons les trois moments de liaison sur la direction de l'une des liaisons B–F, nous obtenons

$$\mu = \mu_{BF} - 2\mu_{BF} \cos 60° = 0 \qquad (4.39)$$

S'il semble évident, en regardant la molécule BF_3 dans la figure 4.18(i), qu'elle n'a pas de moment dipolaire, c'est parce que nous faisons mentalement cette projection des moments de liaison.

La molécule de *trans*-1,2-difluoroéthylène, dans la figure 4.18(h), appartient au groupe ponctuel C_{2h} dans lequel aucune des espèces de symétries translationnelles n'est totalement symétrique : la molécule ne possède donc pas de moment dipolaire. Des arguments utilisant les moments de liaison aboutiraient à la même conclusion.

Même si les propriétés de symétrie prédisent si une molécule possède un moment dipolaire permanent, elles ne nous donnent pas la valeur du module du moment dipolaire. Celui-ci peut être déterminé avec précision à l'aide du spectre micro-onde ou d'ondes millimétriques de la molécule concernée (voir section 5.2.3).

Exercice corrigé 4.2

Énoncé. Etablir la liste des éléments de symétrie de chacune des molécules suivantes : (a) 1,2,3,-trifluorobenzène, (b) 1,2,4-trifluorobenzène, (c) 1,3,5-trifluorobenzène, (d) 1,2,4,5-tétrafluorobenzène, (e) hexafluorobenzène et (f) 1,4-dibromo-2,5-difluorobenzène.

Une molécule possède un moment dipolaire permanent si une des espèces de symétries des translations T_x et/ou T_y et/ou T_z est totalement symétrique. En utilisant la table de caractères appropriée, appliquer ce principe à chacune de ces molécules et indiquer la direction des moments dipolaires non nuls.

Solution.

(a)

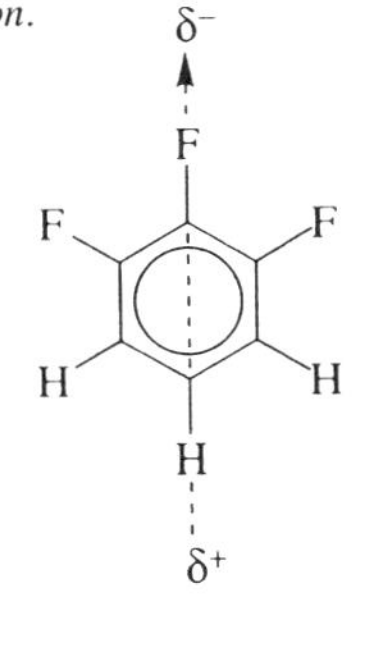

I, C_2, $2\sigma_v$
Groupe ponctuel C_{2v}

(b)

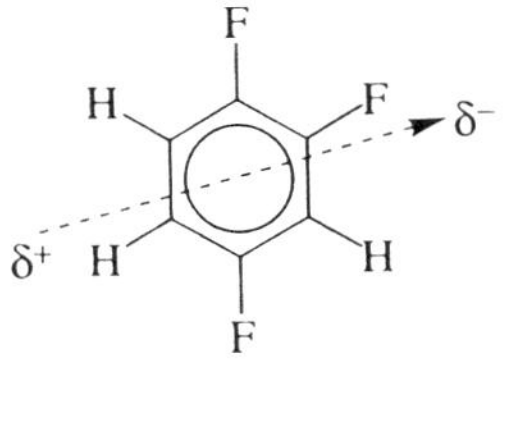

I, σ
Groupe ponctuel C_s

(c)

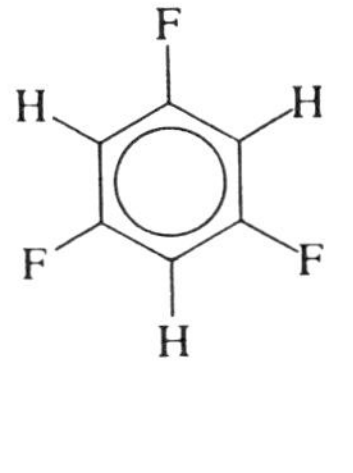

I, C_3, $3C_2$, σ_h, $3\sigma_v$, S_3
Groupe ponctuel D_{3h}

(d) 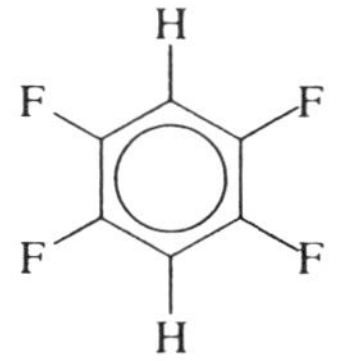

I, $3C_2$, 3σ, i
Groupe ponctuel D_{2h}

(e) 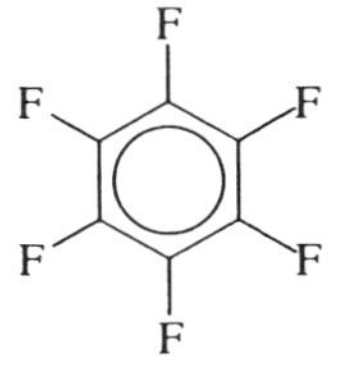

I, C_6, $3C_2'$, $3C_2''$, σ_h, $3\sigma_v$, $3\sigma_d$, i, S_6
Groupe ponctuel D_{6h}

(f) 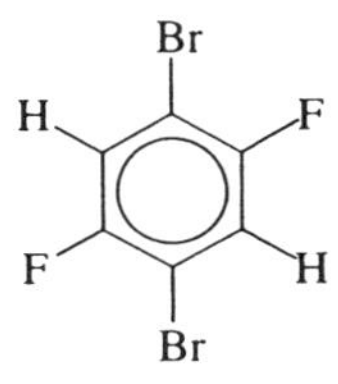

I, C_2 (perpendiculaire au plan de la molécule), i, σ_h
Groupe ponctuel C_{2h}

(a) Pour le groupe ponctuel C_{2v}, $\Gamma(T_z) = A_1$ (totalement symétrique) d'après la table A.11 de l'annexe. Il y a donc un moment dipolaire permanent le long de l'axe C_2. A cause de la forte électronégativité des atomes de fluor, $\delta-$ est situé vers ces atomes et $\delta+$ vers les atomes d'hydrogène.

(b) Pour le groupe ponctuel C_s, $\Gamma(T_x,T_y) = A'$ (totalement symétrique) d'après la table A.1 de l'annexe. Il y a donc un moment dipolaire permanent dans le plan xy. La direction du moment dipolaire n'est pas contrainte par symétrie à une direction particulière dans ce plan. Comparé au 1,2,3,-trifluorobenzène, le glissement d'un atome de fluor de la position 3 à la position 4 fait basculer le moment dipolaire vers la position 4.

Les quatre autres molécules, (c)–(f), n'ont pas de moment dipolaire permanent, comme le confirme l'examen des tables de caractères correspondantes de l'annexe A.

EXERCICES

1. En passant de l'état fondamental à un état excité, les molécules suivantes subissent un changement de géométrie, qui induit un changement de groupe ponctuel :
   (a) l'ammoniac (état fondamental pyramidal, état excité plan) ;
   (b) l'acétylène (état fondamental linéaire, état excité coudé *trans*) ;

(c) le fluoroacétylène (état fondamental linéaire, état excité coudé *trans*) ;
(d) le formaldéhyde (état fondamental plan, état excité pyramidal).
Etablir la liste des éléments de symétrie et des groupes ponctuels de ces molécules dans chacun des états électroniques.

2. Etablir la liste de tous les éléments de symétrie des molécules suivantes, attribuer à chacune son groupe ponctuel et déterminer si elles forment des énantiomères : (a) acide lactique, (b) *trans*-[Co(éthylènediamine)$_2$Cl$_2$]$^+$, (c) *cis*-[Co(éthylènediamine)$_2$Cl$_2$]$^+$, (d) cyclopropane, (e) *trans*-1,2-dichlorocyclopropane et (f) 1-chloro-3-fluoroallène.

3. Déterminer le groupe ponctuel de la molécule d'allène et utiliser la table de caractères pour faire le produit direct $A_2 \times B_1$, $B_1 \times B_2$, $B_2 \times E$ et $E \times E$. Montrer que les espèces de symétrie du groupe ponctuel auquel appartient le 1,1-difluoroallène se corrèlent à celles de l'allène.

BIBLIOGRAPHIE

COTTON F.A. — *Chemical Applications of Group Theory*. Wiley, New York, 1990.

HERZBERG G. — *Infrared and Raman Spectra*. Van Nostrand, New York, 1945.

HOLLAS J.M. — *Symmetry in Molecules*. Chapman and Hall, Londres, 1972.

JAFFÉ H.H. et ORCHIN M. — *Symmetry in Chemistry*. Krieger, New York, 1977.

MULLIKEN R.S. — *J. Chem. Phys.*, **23**, 1997 (1955).

SCHONLAND D.S. — *La symétrie moléculaire*. Gautier-Villars, Paris, 1971.

Chapitre 5

Spectroscopie rotationnelle

5.1 MOLÉCULES LINÉAIRES, ROTATEURS SYMÉTRIQUES, SPHÉRIQUES ET ASYMÉTRIQUES

Afin d'étudier les spectres rotationnels des molécules, il est essentiel de classer celles-ci selon leurs moments principaux d'inertie.

Le moment d'inertie d'une molécule par rapport à un axe quelconque, passant par le centre de gravité, est donné par

$$\mathrm{I} = \sum_i m_i r_i^2 \tag{5.1}$$

où m_i et r_i sont la masse de l'atome i et sa distance à l'axe. Il existe un axe particulier, noté conventionnellement axe c, par rapport auquel le moment d'inertie a sa valeur maximale, et un deuxième axe, noté axe a, par rapport auquel le moment d'inertie a sa valeur minimale. On peut montrer que les axes a et c sont nécessairement orthogonaux. Avec un troisième axe, l'axe b, qui est perpendiculaire aux deux autres, ils constituent les axes principaux d'inertie, et les moments d'inertie correspondants I_a, I_b et I_c sont les moments principaux d'inertie. D'une manière générale, selon la convention,

$$I_c \geq I_b \geq I_a \tag{5.2}$$

Pour une molécule linéaire, telle que HCN, dans la figure 5.1(a),

$$I_c = I_b > I_a = 0 \tag{5.3}$$

où les axes b et c peuvent avoir n'importe quelle direction perpendiculaire à l'axe internucléaire a. Si l'on considère les noyaux comme des masses ponctuelles sur l'axe a, il est évident que I_a doit être nul, puisque tous les r_i de l'équation (5.1) sont égaux à zéro.

Pour un rotateur symétrique, parfois appelé toupie symétrique, deux moments principaux d'inertie sont égaux et le troisième est non nul. Si

$$I_c = I_b > I_a \tag{5.4}$$

la molécule est un rotateur symétrique allongé. La figure 5.1(b) montre l'exemple de l'iodure de méthyle. Comme le noyau d'iode, qui est lourd, ne contribue pas à I_a, celui-ci est par conséquent relativement faible et la molécule est un rotateur symétrique allongé. La molécule de benzène, présentée dans la figure 5.1(c), est un rotateur symétrique aplati, pour lequel

$$I_c > I_b = I_a \tag{5.5}$$

Comme dans le cas de I_c et de I_b dans l'iodure de méthyle, il n'est pas immédiat de voir que I_b et I_a dans le benzène sont égaux, mais on peut le prouver grâce à un raisonnement trigonométrique simple.

Un rotateur symétrique doit posséder soit un axe C_n avec $n > 2$ (voir section 4.1.1), soit un axe S_4 (voir section 4.1.4). L'iodure de méthyle a un axe C_3 et le benzène un axe C_6 ; ce sont par conséquent des rotateurs symétriques. De même, l'allène, présenté dans la figure 4.3(d), est un rotateur symétrique car il possède un axe S_4, qui est l'axe a : l'allène est un rotateur symétrique allongé.

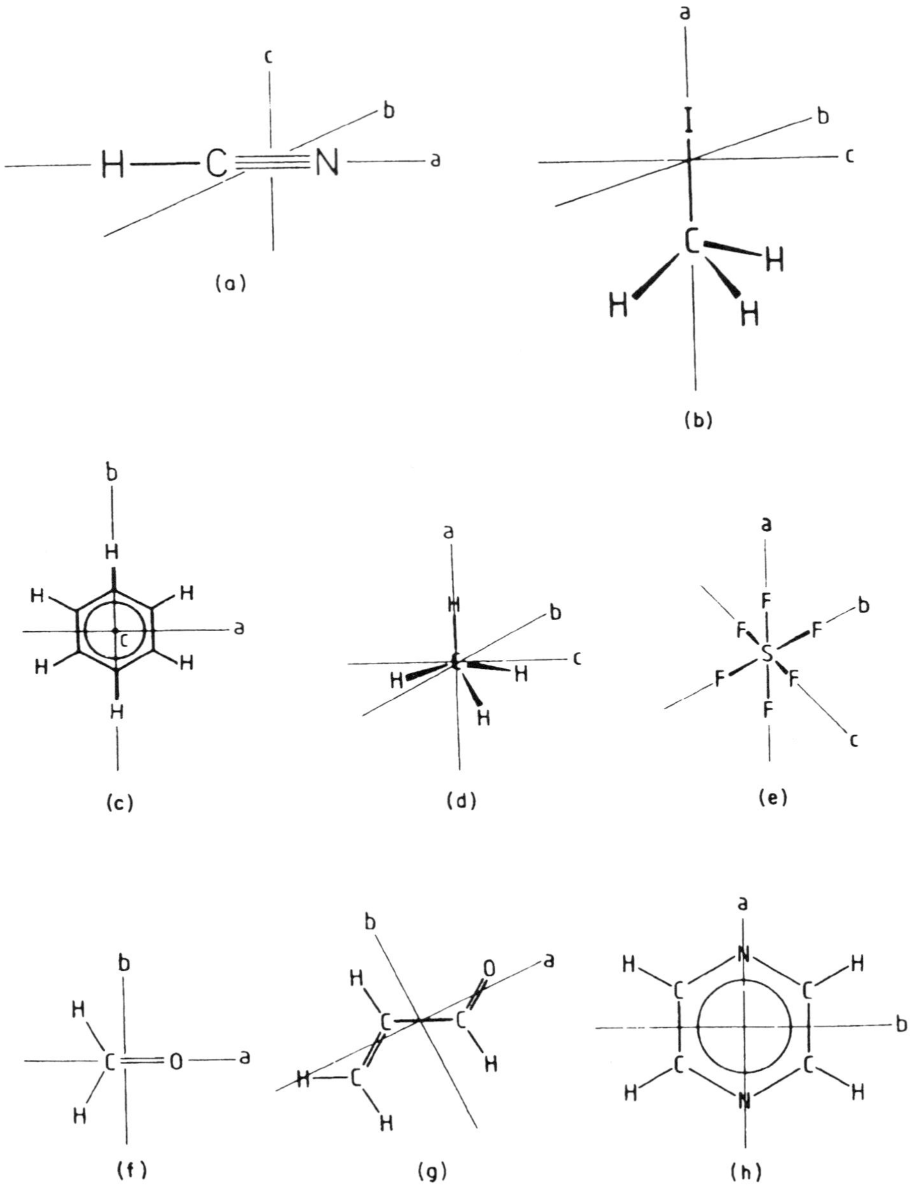

Fig. 5.1 — *Axes principaux d'inertie de (a) HCN, (b) l'iodure de méthyle, (c) le benzène, (d) le méthane, (e) l'hexafluorure de soufre, (f) le formaldéhyde, (g) la s-trans-acroléine et (h) la pyrazine.*

Un rotateur sphérique a ses trois moments principaux d'inertie égaux

$$I_c = I_b = I_a \tag{5.6}$$

comme dans le cas du méthane et de l'hexafluorure de soufre présentés dans les figures 5.1(d) et (e). En fait, toutes les molécules appartenant soit au groupe ponctuel T_d, soit au groupe ponctuel O_h (voir sections 4.2.8 et 4.2.9) sont des rotateurs sphériques.

Un rotateur asymétrique a tous ses moments principaux d'inertie différents

$$I_c \neq I_b \neq I_a \tag{5.7}$$

Le formaldéhyde, dans la figure 5.1(f), est un exemple de rotateur asymétrique, catégorie comprenant la plupart des molécules. Cependant, pour de nombreux rotateurs asymétriques, soit

$$I_c \approx I_b > I_a \tag{5.8}$$

et la molécule est appelée rotateur quasi symétrique allongé, soit

$$I_c > I_b \approx I_a \tag{5.9}$$

et il s'agit d'un rotateur quasi symétrique aplati. La s-*trans*-acroléïne (figure 5.1(g)) est un exemple du premier cas , et la pyrazine (figure 5.1(h)) est un exemple du deuxième cas.

5.2 SPECTRES ROTATIONNELS DANS L'INFRAROUGE, DANS LES ONDES MILLIMÉTRIQUES ET LES MICRO-ONDES

5.2.1 Molécules diatomiques et polyatomiques linéaires

5.2.1.1 Fréquences ou nombres d'onde des transitions

Dans la section 1.3.5, on a introduit l'expression

$$E_r = \frac{h^2}{8\pi^2 I} J(J+1) \tag{5.10}$$

pour les niveaux d'énergie rotationnelle E_r d'une molécule diatomique, dans l'approximation du rotateur rigide. Dans cette équation, I est le moment d'inertie ($= \mu r^2$ où la masse réduite $\mu = m_1 m_2/(m_1 + m_2)$) et le nombre quantique rotationnel $J = 0, 1, 2, \ldots$. La même expression s'applique également à toute molécule polyatomique linéaire, mais, comme il est probable que I soit plus grand que pour une molécule diatomique, les niveaux d'énergie de la figure 1.12 ont tendance à être plus rapprochés.

En pratique, on ne mesure pas expérimentalement l'énergie, mais la fréquence dans les domaines des ondes millimétriques et des micro-ondes, ou le nombre d'onde dans l'infrarouge lointain. Ainsi, on convertit les niveaux d'énergie de l'équation (5.10) en ce qu'on nomme les valeurs des termes, $F(J)$, qui ont soit la dimension d'une fréquence, si l'on divise par h, soit la dimension d'un nombre d'ondes si l'on divise par hc, ce qui donne

$$F(J) = \frac{E_r}{h} = \frac{h}{8\pi^2 I} J(J+1) = B\,J(J+1) \tag{5.11}$$

ou

$$F(J) = \frac{E_r}{hc} = \frac{h}{8\pi^2 cI} J(J+1) = B\,J(J+1) \tag{5.12}$$

L'utilisation des symboles $F(J)$ et B pour des quantités pouvant avoir la dimension d'une fréquence ou d'un nombre d'onde n'est pas très heureuse, mais cette notation est utilisée de manière si courante qu'il semble y avoir peu de perspective de changement. Dans les équations (5.11) et (5.12), la grandeur B s'appelle la constante rotationnelle. Sa mesure par des méthodes spectroscopiques conduit à la détermination des distances internucléaires, et constitue une technique structurale très puissante.

La figure 5.2 montre un ensemble de niveaux d'énergie rotationnelle, ou plus précisément, de valeurs des termes, pour la molécule CO.

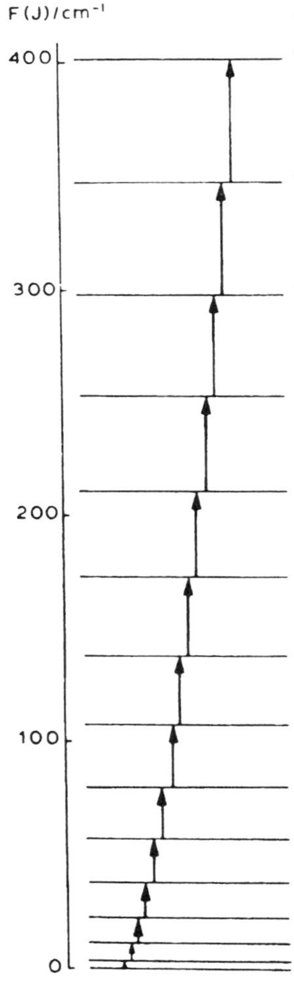

J	$(2J+1)$	$\exp\left(\frac{-E_J}{kT}\right)$	$\frac{N_J}{N_0}$	$\tilde{\nu}/cm^{-1}$
14	29	0.138	4.00	57.7
13	27	0.180	4.86	53.8
12	25	0.230	5.75	50.0
11	23	0.288	6.62	46.1
10	21	0.355	7.46	42.3
9	19	0.428	8.13	38.4
8	17	0.507	8.62	34.6
7	15	0.590	8.85	30.8
6	13	0.673	8.75	26.9
5	11	0.754	8.29	23.1
4	9	0.828	7.45	19.2
3	7	0.893	6.25	15.4
2	5	0.945	4.73	11.5
1	3	0.981	2.94	7.69
0	1	1.00	1.00	3.84

Fig. 5.2 — *Valeurs des termes rotationnels, populations relatives et nombres d'onde des transitions pour CO.*

L'intensité de la transition est proportionnelle au carré du moment de transition, donné par

$$\mathbf{R}_r = \int \psi_r'^{*} \, \mu \, \psi_r'' \, d\tau \tag{5.13}$$

analogue à l'équation (2.13). Les règles de sélection rotationnelles constituent les conditions dans lesquelles l'intensité, et donc $\mathbf{R}_r$, sont non nuls, et sont les suivantes :

1. La molécule doit posséder un moment dipolaire permanent ($\mu \neq 0$).
2. $\Delta J = \pm 1$.
3. $\Delta M_J = 0, \pm 1$, règle importante seulement dans le cas où la molécule est dans un champ électrique ou magnétique (voir l'équation 1.61).

La règle 1 montre que les transitions sont autorisées dans les molécules diatomiques hétéronucléaires, comme CO, NO, HF, et même $^1H^2H$ (pour laquelle $\mu = 5{,}9 \times 10^{-4}$ D[1], comparé à HF, par exemple, pour laquelle $\mu = 1{,}82$ D), mais pas pour H_2, Cl_2, et N_2. De la même manière, pour les molécules polyatomiques linéaires *non symétriques* (plus précisément, celles qui n'ont pas de centre d'inversion — section 4.1.3), comme O=C=S, H–C≡N et même ^{1}H–C≡C–^{2}H ($\mu \approx 0{,}012$ D), les transitions rotationnelles sont autorisées, tandis que pour les molécules *symétriques* (celles qui possèdent un centre d'inversion), comme S=C=S et H–C≡C–H, elles ne le sont pas. En ce qui concerne la règle 2, comme ΔJ correspond conventionnellement à $J' - J''$ où J' est le nombre quantique de l'état le plus haut et J'' celui de l'état le plus bas dans la transition, $\Delta J = -1$ n'a pas de sens physique (bien qu'il soit un résultat de la mécanique quantique). On croit couramment, mais cela est incorrect, que $\Delta J = +1$ et -1 correspondent respectivement à l'absorption et à l'émission : en fait $\Delta J = +1$ s'applique aux *deux*. Les nombres d'onde ou les fréquences de transition sont donnés par

$$\tilde{\nu} \text{ (ou } \nu) = F(J+1) - F(J) = 2B(J+1) \tag{5.14}$$

où J est utilisé conventionnellement à la place de J''. Les transitions autorisées sont indiquées dans la figure 5.2, et sont espacées les unes des autres de $2B$ d'après l'équation (5.14). La transition $J = 1$–0 (les transitions sont écrites conventionnellement J'–J'') se produit à $2B$. Suivant les valeurs de B et de J, les transitions se produisent dans le domaine des micro-ondes, des ondes millimétriques, ou de l'infrarouge lointain. Le spectre de CO couvre les régions des ondes millimétriques et de l'infrarouge lointain. Une partie du spectre dans l'infrarouge lointain, de 14 à 40 cm^{-1}, avec $J'' = 3$ à 9, est présentée dans la figure 5.3, et le tableau 5.1 donne la liste des fréquences et des nombres d'onde, avec une précision particulièrement élevée, pour les transitions avec J'' allant de 0 à 6, observées dans la région des ondes millimétriques.

Tab. 5.1 — *Fréquences et nombres d'onde des transitions rotationnelles de CO, observées dans le domaine des ondes millimétriques.*

$\tilde{\nu}$ /cm^{-1}	J''	J'	ν /GHz	$\Delta\nu_{J''}^{J''+1}$ /GHz
3,845 033 19	0	1	115,271 195	115,271 195
7,689 919 07	1	2	230,537 974	115,266 779
11,534 509 6	2	3	345,795 900	115,257 926
15,378 662	3	4	461,040 68	115,244 78
19,222 223	4	5	576,267 75	115,227 07
23,065 043	5	6	691,472 60	115,204 85

1. 1 D = 3,335 64 × 10^{-30} C m.

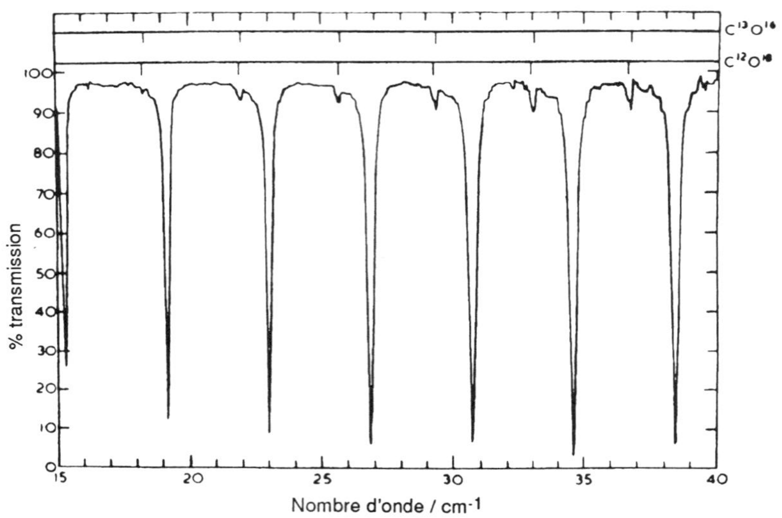

Fig. 5.3 — *Spectre de CO, dans l'infrarouge lointain, montrant les transitions avec J" allant de 3 à 9. (Reproduit avec autorisation, de Fleming J. W., et Chamberlain J.,* Infrared Phys., ***14****, 277, 1974. Copyright (1974) Pergamon Press).*

Il est évident à partir de la figure 5.3, et de la dernière colonne du tableau 5.1, que l'espacement des transitions adjacentes est pratiquement constant. Comme le montre l'équation (5.14), cet espacement est égal à $2B$.

Exercice corrigé 5.1

Énoncé. Déterminer, en mesurant sur la figure 5.3, la séparation moyenne des transitions rotationnelles dans $^{12}C^{16}O$, et en déduire une estimation de la longueur de liaison.

Solution. Afin d'obtenir la meilleure valeur de $2B$, séparation entre les transitions rotationnelles adjacentes, on mesure la distance totale entre les transitions $J = 3$ et $J = 9$. Celle-ci peut être convertie en cm^{-1} en utilisant l'échelle au bas de la figure. La séparation entre les transitions $J = 3$ et $J = 9$ vaut $12B$, ce qui donne $B = 1{,}929\ cm^{-1}$ (en utilisant quatre chiffres significatifs jusqu'à la fin, où trois seulement sont justifiés).

$$B = \frac{h}{8\pi^2 cI}\ \text{(avec les dimensions d'un nombre d'onde)}$$

$$\text{où } I = \mu r^2$$

$$\text{donc } r^2 = \frac{h}{8\pi^2 c\mu B}$$

Pour $^{12}C^{16}O$, la masse réduite

$$\mu = \frac{12{,}00 \times 16{,}00}{12{,}00 + 16{,}00}\ \text{g mol}^{-1}$$

$$= 6{,}857 \times 10^{-3}\ \text{kg mol}^{-1}$$

$$= \frac{6{,}857 \times 10^{-3}\ \text{kg mol}^{-1}}{6{,}022 \times 10^{23}\ \text{mol}^{-1}}$$

$$= 1{,}139 \times 10^{-26}\ \text{kg}$$

$$\text{Donc } r^2 = \frac{h}{8\pi^2 c\mu B} = \frac{6{,}626 \times 10^{-34}\ \text{J s}}{8\pi^2 \times 2{,}998 \times 10^{10}\ \text{cm s}^{-1} \times 1{,}139 \times 10^{-26}\ \text{kg} \times 1{,}929\ \text{cm}^{-1}}$$

$$= 1{,}274 \times 10^{-20}\ \text{m}^2$$

$$r = 1{,}13 \times 10^{-10}\ \text{m}$$

$$= 1{,}13\ \text{Å}$$

On verra dans la section 5.2.1.4 que, comme ces transitions rotationnelles de CO sont associées au niveau de point zéro ($\upsilon = 0$), la valeur de B obtenue ici est, en fait, B_0, et non la valeur à l'équilibre B_e. L'équation (5.25) montre comment ces grandeurs sont reliées.

La plupart des molécules polyatomiques linéaires ont des valeurs de B plus petites. Par conséquent, il se produit plus de transitions dans les domaines des ondes millimétriques ou des micro-ondes. La figure 5.4 montre une partie du spectre micro-onde du cyanodiacétylène (H–C≡C–C≡C–C≡N), dont la valeur de B est tellement faible (1 331,331 MHz) que la région allant de 26,5 à 40,0 GHz, présente six transitions avec J'' allant de 9 à 14.

Il est évident, d'après la figure 5.3, que les intensités des transitions ne sont pas égales et, à partir du tableau 5.1, que les espacements des transitions présentent une légère décroissance lorsque J'' augmente. Nous allons maintenant nous intéresser à l'origine de ces observations.

5.2.1.2 Intensités

Les intensités dépendent de la valeur numérique du carré du moment de transition de l'équation (5.13), qui varie relativement peu avec J, mais aussi de la population de l'état le plus bas d'une transition. La population N_J du niveau J, par rapport à N_0, est obtenue à partir de la loi de distribution de Boltzmann. L'équation (2.11) donne

$$\frac{N_J}{N_0} = (2J + 1) \exp\left(-\frac{E_r}{kT}\right) \tag{5.15}$$

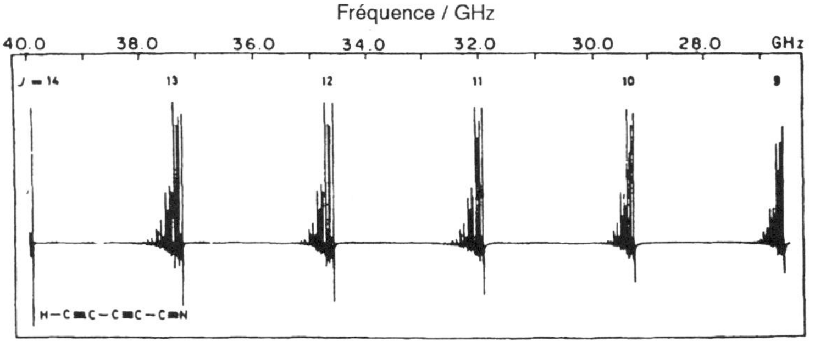

Fig. 5.4 — *Partie du spectre micro-onde du cyanodiacétylène. (Les nombreuses transitions « satellites » dans chaque groupe sont dues aux molécules qui sont non seulement dans l'état vibrationnel de point zéro, mais aussi dans une multitude d'états vibrationnels excités.)(Reproduit avec autorisation, de Alexander A. J., Kroho H.W. et Walton D. R. M.,* J. Mol. Spectrosc., ***62****, 175, 1967).*

où $(2J + 1)$ est la dégénérescence du niveau J. Cette dégénérescence provient du fait que, en l'absence de champ électrique ou magnétique, les $(2J + 1)$ niveaux provenant du nombre de valeurs de M_J (voir équation 1.61) ont la même énergie : en d'autres termes, ils sont dégénérés. Les valeurs de $(2J + 1)$, de $\exp(-E_r/kT)$ et de N_J/N_0 sont données, pour CO, dans la figure 5.2, et illustrent le fait qu'il y a deux termes en concurrence dans N_J/N_0. Le facteur $(2J + 1)$ augmente avec J, alors que le facteur $\exp(-E_r/kT)$ décroît rapidement, de sorte que N_J/N_0 augmente pour J faible, jusqu'à ce que, pour J plus élevé, le facteur exponentiel l'emporte, N_J/N_0 tendant alors vers 0. La population présente donc un maximum pour une valeur de $J = J_{max}$, correspondant à

$$\frac{d(N_J/N_0)}{dJ} = 0 \tag{5.16}$$

ce qui donne

$$J_{max} = \left(\frac{kT}{2hB}\right)^{1/2} - \frac{1}{2} \tag{5.17}$$

lorsque B a la dimension d'une fréquence. La figure 5.2 montre que $J_{max} = 7$ pour CO. En réalité, la figure 5.3 montre que l'intensité maximum observée se situe à environ $J'' = 8$, à cause d'autres facteurs, moins importants, que nous avons négligés.

5.2.1.3 Distorsion centrifuge

La faible diminution des espacements des transitions, lorsque J augmente, comme le montre le tableau 5.1, par comparaison avec l'espacement constant qui était attendu, est due au fait que notre approximation initiale de la section 1.3.5, consistant à traiter la molécule comme un rotateur rigide, n'est pas tout à fait valable. En fait, la liaison n'est pas rigide mais est représentée, plus précisément, par un ressort reliant les noyaux, comme nous l'avons montré en considérant le mouvement vibrationnel dans la section 1.3.6. Il n'est donc pas surprenant que, lorsque la vitesse de rotation s'accroît, c'est-à-dire lorsque J augmente, les noyaux tendent à être tirés vers l'extérieur par les forces centrifuges. Le ressort s'allonge, r augmente et, par conséquent, B diminue. Au départ, cette décroissance de B, dépendant de J, avait été prise en compte en changeant les valeurs des termes, dans les équations (5.11) et (5.12), en

$$F(J) = B\,[1 - uJ\,(J + 1)]\,J\,(J + 1) \tag{5.18}$$

où u est une constante supplémentaire, mais elle est souvent écrite sous la forme

$$F(J) = B\,J\,(J + 1) - D\,J^2\,(J + 1)^2 \tag{5.19}$$

où D est la constante de distorsion centrifuge, toujours positive pour les molécules diatomiques. Les nombres d'onde ou les fréquences de transition de l'équation (5.14) sont alors transformés en

$$\tilde{\nu}\ (\text{ou}\ \nu) = F(J + 1) - F(J) = 2B\,(J + 1) - 4D\,(J + 1)^3 \tag{5.20}$$

La constante de distorsion centrifuge dépend de la rigidité de la liaison et elle est reliée au nombre d'onde de vibration ω, dans l'approximation harmonique (voir section 1.3.6), par

$$D = \frac{4B^3}{\omega^2} \tag{5.21}$$

5.2.1.4 Molécules diatomiques dans des états vibrationnels excités

On peut associer un jeu de niveaux rotationnels, dont les valeurs des termes sont données par les équations (5.19), non seulement au niveau vibrationnel de point zéro, mais aussi à chacun des niveaux vibrationnels présentés, par exemple, dans la figure 1.13. Néanmoins, l'équation de Boltzmann (équation 2.11), utilisée avec l'expression des niveaux d'énergie vibrationnelle (équation 1.69), donne le rapport entre la population N_υ du niveau vibrationnel υ, et N_0 du niveau de point zéro, soit

$$\frac{N_\upsilon}{N_0} = \exp\left(-\frac{hc\upsilon\omega}{kT}\right) \tag{5.22}$$

où ω est le nombre d'onde de vibration, et υ le nombre quantique de vibration. Comme ce rapport vaut, par exemple, seulement 0,10 , pour $\upsilon = 1$ et $\omega = 470$ cm^{-1}, on peut constater que les transitions rotationnelles dans des états vibrationnels excités sont généralement très faibles, à moins que la molécule soit particulièrement lourde, ce qui conduit à une valeur de ω relativement faible, ou bien que la température soit élevée ; néanmoins, le comportement en exponentielle négative dans l'équation (5.22) entraîne que l'accroissement de température n'a qu'un faible effet sur les populations.

Les deux constantes rotationnelles B et D dépendent légèrement de la vibration, ce qui fait que les valeurs des termes, dans l'équation (5.19), doivent être écrites

$$F_\upsilon(J) = B_\upsilon J\,(J+1) - D_\upsilon J^2\,(J+1)^2 \tag{5.23}$$

et que l'équation (5.20) devient

$$\tilde{\nu}\ (\text{ou } \nu) = 2B_\upsilon\,(J+1) - 4D_\upsilon\,(J+1)^3 \tag{5.24}$$

La dépendance vibrationnelle de B est donnée, avec une bonne approximation, par

$$B_\upsilon = B_e - \alpha\,(\upsilon + \tfrac{1}{2}) \tag{5.25}$$

où B_e correspond à l'état d'équilibre, hypothétique, de la molécule à la base de la courbe d'énergie potentielle de la figure 1.13, et α est la constante d'interaction vibration-rotation. Pour calculer B_e et donc la longueur r_e de la liaison à l'équilibre, B_υ doit être obtenu pour au moins deux états vibrationnels. Si la population du niveau $\upsilon = 1$ est insuffisante pour obtenir B_1, la spectroscopie rotationnelle ne peut alors donner que B_0. La dépendance vibrationnelle de la constante de distorsion centrifuge D_υ est trop faible pour que nous nous y intéressions davantage.

5.2.2 Rotateurs symétriques

Dans les molécules diatomiques ou polyatomiques linéaires, le vecteur moment angulaire de rotation, **P**, a la direction de l'axe de rotation, comme le montre la figure 5.5(a), qui est analogue à la figure 1.5 correspondant au moment angulaire orbital électronique. Pour un rotateur symétrique allongé, comme l'iodure de méthyle présenté dans la figure 5.5(b), **P** n'est pas nécessairement perpendiculaire à l'axe a. En général, il adopte n'importe quelle direction dans l'espace et la molécule tourne autour de **P**. La composante de **P** sur l'axe a est P_a, qui ne peut prendre que les valeurs $K\hbar$, où K est un deuxième nombre quantique de rotation. Les valeurs des termes de rotation sont données par

$$F(J,K) = B\,J\,(J+1) + (A-B)\,K^2 \tag{5.26}$$

si l'on néglige la distorsion centrifuge et la dépendance vibrationnelle des constantes rotationnelles A et B. Celles-ci sont reliées à I_a et I_b par

$$A = \frac{h}{8\pi^2 I_a}\,; \qquad B = \frac{h}{8\pi^2 I_b} \tag{5.27}$$

où elles ont la dimension d'une fréquence. Le nombre quantique K peut prendre les valeurs $K = 0, 1, 2, \ldots, J$. Le fait que K ne puisse être supérieur à J vient de ce que P_a ne peut être

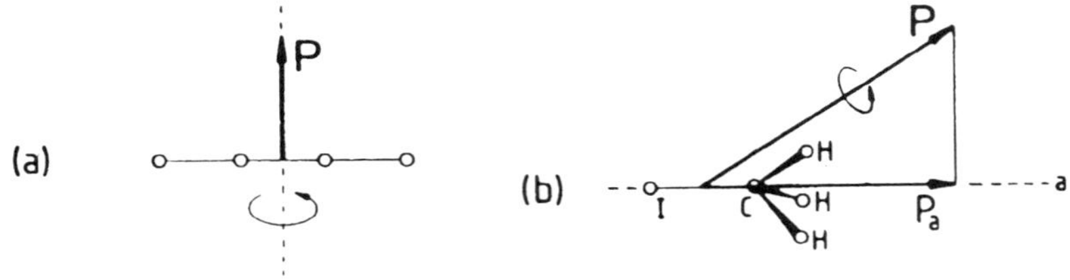

Fig. 5.5 — *Vecteur moment angulaire de rotation* **P** *pour (a) une molécule linéaire, et (b) le rotateur symétrique allongé CH_3I, où P_a est la composante sur l'axe a.*

plus grand que le module de **P**. Tous les niveaux avec $K > 0$ sont doublement dégénérés, ce qui peut être considéré comme provenant des rotations, autour de l'axe a et avec le même moment angulaire, dans le sens des aiguilles d'une montre ou dans le sens contraire. Pour $K = 0$, il n'y pas de moment angulaire autour de l'axe a et, par conséquent, pas de dégénérescence en K.

Pour un rotateur symétrique aplati, comme NH_3, les valeurs des termes rotationnels sont données par

$$F(J,K) = B\,J\,(J+1) + (C - B)\,K^2 \tag{5.28}$$

analogue à l'équation (5.26), où

$$C = \frac{h}{8\pi^2 I_c} \tag{5.29}$$

avec la dimension d'une fréquence.

Les niveaux d'énergie rotationnelle, pour des rotateurs symétriques allongé et aplati, sont tracés schématiquement dans la figure 5.6. Bien que la représentation soit beaucoup plus complexe que pour les niveaux d'une molécule linéaire, le fait que les règles de sélection

$$\Delta J = \pm 1\;; \qquad \Delta K = 0 \tag{5.30}$$

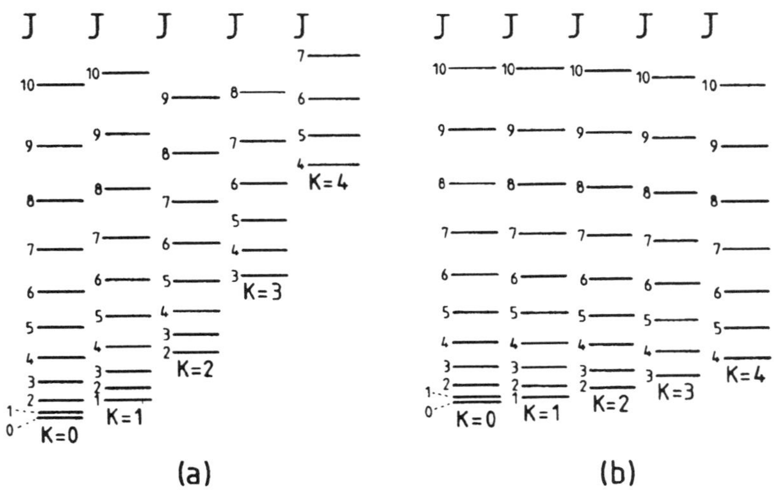

Fig. 5.6 — *Niveaux d'énergie rotationnelle pour un rotateur symétrique (a) allongé et (b) aplati.*

comprennent $\Delta K = 0$ conduit à l'expression suivante pour les fréquences ou les nombres d'onde des transitions

$$\nu \,(\text{ou } \tilde{\nu}) = F(J+1,K) - F(J,K) = 2B\,(J+1) \tag{5.31}$$

C'est la même équation que l'équation (5.14) pour une molécule diatomique ou polyatomique linéaire, et les transitions possèdent également un espacement constant de $2B$. La nécessité d'un moment dipolaire permanent pour la molécule s'applique aussi aux rotateurs symétriques.

Si on inclut les effets de la distorsion centrifuge, les valeurs des termes d'un rotateur symétrique allongé sont données par

$$F(J,K) = B\,J\,(J+1) + (A-B)\,K^2 - D_J\,J^2\,(J+1)^2 - D_{JK}\,J\,(J+1)\,K^2 - D_K\,K^4 \tag{5.32}$$

où il y a maintenant trois constantes de distorsion centrifuge D_J, D_{JK}, et D_K. Il existe une équation analogue pour un rotateur symétrique aplati et, dans les deux cas, les fréquences ou les nombres d'onde des transitions sont donnés par

$$\nu \,(\text{ou } \tilde{\nu}) = F(J+1,K) - F(J,K) = 2(B_\upsilon - D_{JK}\,K^2)(J+1) - 4D_J\,(J+1)^3 \tag{5.33}$$

Le terme $-2D_{JK}\,K^2\,(J+1)$ produit une séparation des $(J+1)$ composantes de chaque transition $(J+1) \leftarrow J$ avec les différentes valeurs de K. Ceci est illustré dans la figure 5.7 qui montre les huit composantes de la transition $J = 8-7$ de l'isocyanate de silyle (H_3Si–N=C=S), qui possède une chaîne SiNCS linéaire et qui est un rotateur symétrique allongé.

5.2.3 Effet Stark dans les molécules diatomiques, linéaires et les rotateurs symétriques

Comme nous l'avons vu dans l'équation (1.61), la quantification spatiale du moment angulaire de rotation d'une molécule diatomique ou polyatomique linéaire s'exprime selon

$$(P_J)_z = M_J\,\hbar \tag{5.34}$$

où $M_J = J, J-1, \ldots, -J$. Dans les conditions normales, ces $(2J+1)$ composantes de chaque niveau J restent dégénérées, mais, en présence d'un champ électrique $\mathcal{E}$, la dégénérescence est partiellement levée : chaque niveau est séparé en $(J+1)$ composantes selon les valeurs de

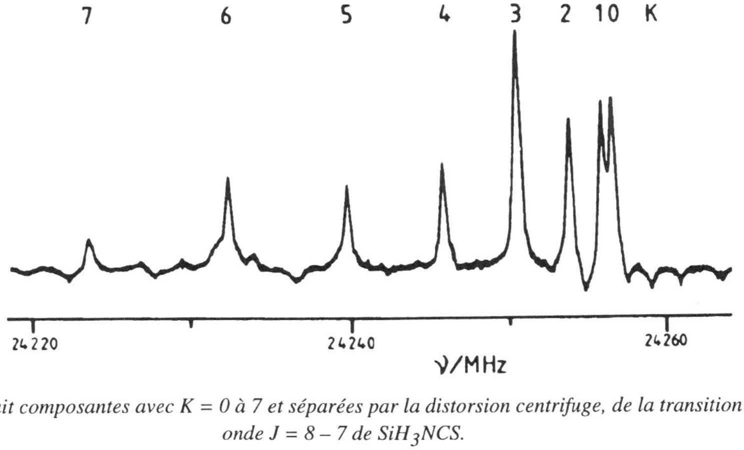

Fig. 5.7 — *Huit composantes avec K = 0 à 7 et séparées par la distorsion centrifuge, de la transition micro-onde J = 8 – 7 de SiH_3NCS.*

$|M_J| = 0, 1, 2, \ldots, J$. Ce dédoublement dans un champ électrique est connu sous le nom d'effet Stark. Les niveaux d'énergie E_r de l'équation (5.10) sont transformés en $E_r + E_\mathcal{E}$ où

$$E_\mathcal{E} = \frac{\mu^2 \ \mathcal{E}^2 \ [J(J+1) - 3M_J^2]}{2hBJ(J+1)(2J-1)(2J+3)} \tag{5.35}$$

Dans cette énorme équation, il y a deux points à noter :

1. Elle fait intervenir M_J^2 et par conséquent l'énergie est indépendante du signe de M_J.
2. Elle fait intervenir le moment dipolaire μ.

Grâce au point 2, les spectroscopies micro-ondes et d'ondes millimétriques sont des techniques puissantes pour la détermination du moment dipolaire. Néanmoins, on ne peut pas déterminer la direction du moment dipolaire. Dans le cas de O=C=S, pour lequel $\mu = 0{,}715\ 21 \pm 0{,}000\ 20$ D [$(2{,}385\ 7 \pm 0{,}000\ 7) \times 10^{-30}$ C m], un simple argument basé sur l'électronégativité conduit à la conclusion correcte — l'extrémité oxygène est l'extrémité négative du dipôle. Cependant, dans CO, la valeur de $\mu = 0{,}112$ D ($3{,}74 \times 10^{-31}$ C m) est si faible que seuls des calculs de structure électronique précis peuvent conduire à la conclusion correcte, selon laquelle c'est l'extrémité « carbone » qui est négative. Pour un rotateur symétrique, la correction $E_\mathcal{E}$ aux niveaux d'énergie rotationnelle dans un champ électrique $\mathcal{E}$ est donnée par

$$E_\mathcal{E} = -\frac{\mu \mathcal{E} K M_J}{J(J+1)} + \frac{\mu^2 \mathcal{E}^2}{2hB}\left\{\frac{(J^2-K^2)(J^2-M_J^2)}{J^3(2J-1)(2J+1)} - \frac{[(J+1)^2-K^2][(J+1)^2-M_J^2]}{(J+1)^3(2J+1)(2J+3)}\right\} \tag{5.36}$$

équation encore plus énorme, faisant intervenir, là encore, M_J^2 et le moment dipolaire μ. En utilisant l'effet Stark, on a mesuré, par exemple, le moment dipolaire de CH_3F, égal à $1{,}857 \pm 0{,}001$ D [$(6{,}194 \pm 0{,}004) \times 10^{-30}$ C m].

5.2.4 Rotateurs asymétriques

Bien que ces molécules constituent le groupe de loin le plus abondant, nous consacrerons peu de place à l'étude de leurs spectres rotationnels. La raison en est qu'il n'existe pas de formule générale pour les valeurs de leurs termes rotationnels. Au contraire, on ne peut déterminer ces termes avec précision que par une diagonalisation de matrice pour chaque valeur de J, qui reste un bon nombre quantique. La règle de sélection $\Delta J = 0, \pm 1$ s'applique et la molécule doit posséder un moment dipolaire permanent.

Les transitions rotationnelles des rotateurs quasi symétriques (voir les équations 5.8 et 5.9) sont faciles à comprendre à un niveau élémentaire. Pour un rotateur quasi symétrique allongé ou aplati, les valeurs approchées des termes rotationnels sont données, respectivement par

$$F(J,K) \approx \overline{B} J(J+1) + (A - \overline{B}) K^2 \tag{5.37}$$

et

$$F(J,K) \approx \overline{B} J(J+1) + (C - \overline{B}) K^2 \tag{5.38}$$

où $\overline{B} = \frac{1}{2}(B + C)$ pour un rotateur allongé et $\frac{1}{2}(A + B)$ pour un rotateur aplati. La distorsion centrifuge a été négligée. Comme les molécules concernées sont seulement des rotateurs approximativement symétriques, K n'est pas strictement un bon nombre quantique, c'est-à-dire qu'il ne prend pas des valeurs entières. Les isomères *s-trans* et *s-cis* de l'acide crotonique, présentés dans la figure 5.8, sont des exemples de rotateurs quasi symériques

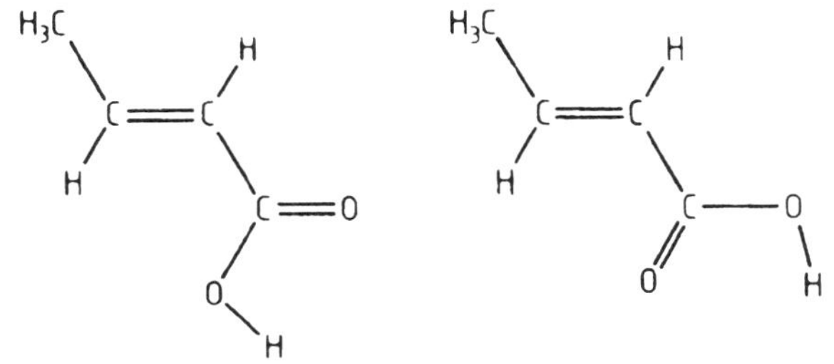

Fig. 5.8 — *Les isomères s-trans et s-cis de l'acide crotonique.*

allongés, l'axe *a* étant à cheval sur la chaîne formée par les atomes les plus lourds dans les deux espèces. Les valeurs des termes rotationnels pour les deux isomères sont données approximativement par l'équation (5.37) mais, comme A et $\overline{B}$ sont différents pour chacun d'eux, leurs transitions rotationnelles ne coïncident pas tout à fait. La figure 5.9 montre une partie d'un spectre micro-ondes de l'acide crotonique, à basse résolution, dans lequel la série de raies plus faibles est due à l'isomère *s-cis*, moins abondant, la série plus intense étant due à l'isomère *s-trans*, plus abondant. Le moment dipolaire des rotateurs asymétriques, ou, plus précisément, ses composantes sur les différents axes d'inertie, peuvent être déterminées en utilisant l'effet Stark.

5.2.5 Rotateurs sphériques

On pense généralement que les molécules formant un rotateur sphérique, comme le méthane (voir figure 4.12a), n'ont pas de moment dipolaire permanent et, par conséquent, pas de spectre rotationnel en infrarouge, en ondes millimétriques, ou en micro-ondes. Cependant, la rotation autour d'un des axes C_3, c'est-à-dire l'un des quatre axes contenant, dans le méthane, une liaison C–H, entraîne une distorsion centrifuge dans laquelle les trois autres

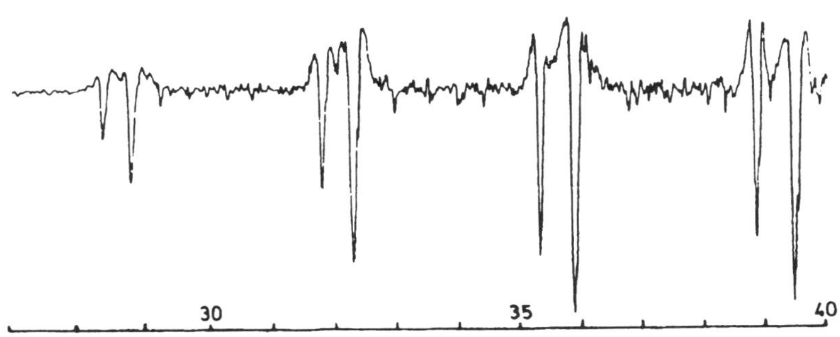

Fig. 5.9 — *Partie du spectre micro-onde de l'acide crotonique. (Reproduit avec autorisation, de Scharpen L. H. et Laurie V. W., Analyt. Chem., **44**, 378R, 1972. ©(1972) American Chemical Society).*

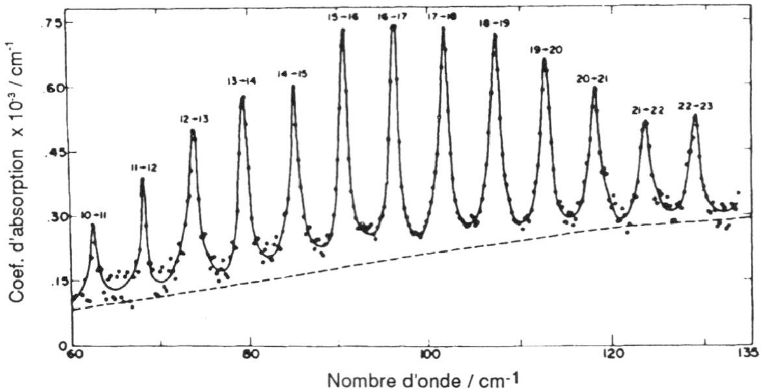

Fig. 5.10 — *Partie du spectre du silane dans l'infrarouge lointain.*
(Reproduit avec autorisation de Rosenberg A. et Ozier I., Can. J. Phys., ***52**, 575, 1974).*

atomes d'hydrogène sont légèrement tirés à l'extérieur par rapport à l'axe. La molécule est transformée en rotateur symétrique, et un petit moment dipolaire apparaît, conduisant à un spectre rotationnel de faible intensité.

Une partie du spectre rotationnel du silane (SiH_4) est présentée dans la figure 5.10. Il a été obtenu en utilisant un interféromètre de Michelson (voir section 3.3.3.2), une longueur d'absorption de 10,6 m, et une pression de 4,03 atm ($4,08 \times 10^5$ Pa), ces conditions montrant que l'intensité du spectre est très faible. Le moment dipolaire estimé à partir de l'intensité des transitions est de $8,3 \times 10^{-6}$ D ($2,7 \times 10^{-35}$ C m).

Si l'on néglige la distorsion centrifuge, les valeurs des termes rotationnels d'un rotateur sphérique sont données par

$$F(J) = B\,J\,(J + 1) \tag{5.39}$$

Cette expression est identique à celle des molécules diatomiques ou polyatomiques linéaires (équations 5.11 et 5.12) et, la règle de sélection rotationnelle étant la même, c'est-à-dire $\Delta J = \pm 1$, les nombres d'onde ou les fréquences des transitions sont donnés par

$$\nu \text{ (ou } \tilde{\nu}) = F(J + 1) - F(J) = 2B\,(J + 1) \tag{5.40}$$

et les transitions adjacentes sont séparées de $2B$.

Toutes les molécules tétraédriques régulières, appartenant au groupe ponctuel T_d (section 4.2.8), peuvent présenter un spectre rotationnel de ce type. Par contre, les rotateurs sphériques qui sont des molécules octaédriques régulières et qui appartiennent au groupe ponctuel O_h (section 4.2.9), n'offrent pas ce type de spectre. La raison en est que, si par exemple SF_6 (voir la figure 5.1e) tourne autour d'un axe C_4 (un des axes F–S–F), aucun moment dipolaire n'apparaît lorsque les quatre autres atomes de fluor sont tirés vers l'extérieur.

5.2.6 Molécules interstellaires détectées au moyen de leurs spectres en radiofréquences, micro-ondes ou ondes millimétriques

On utilise des radiotélescopes pour sonder dans l'Univers les radiations appartenant au domaine des radiofréquences (voir figure 3.1). Comme le montre la figure 5.11, les télescopes de ce type sont constitués d'un réflecteur, qui focalise tous les rayons parallèles qui l'atteignent sur un détecteur de radiofréquences fixé au foyer du paraboloïde. La surface de ce

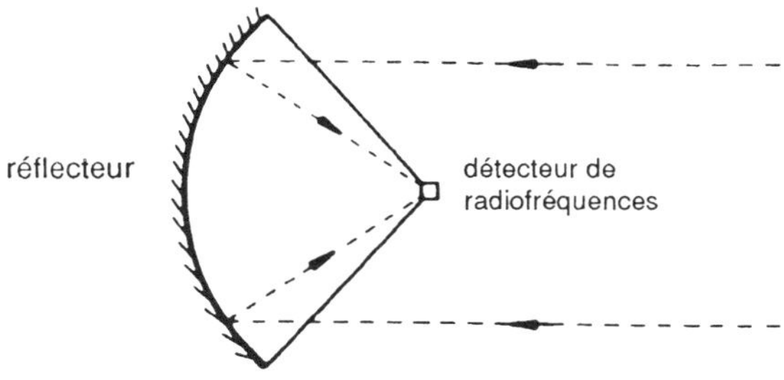

Fig. 5.11 — *Un radiotélescope.*

type d'antenne doit être construite de façon précise, mais seulement assez pour que les irrégularités soient petites devant la longueur d'onde de la radiation, qui est de l'ordre de 0,5 m.

La détection de l'hydrogène atomique, qui se trouve en grande quantité dans tout l'Univers, avec une densité variable, et qui possède une raie d'émission de longueur d'onde égale à 21 cm, constitue l'une des applications de ce type de télescope. Le niveau $n = 1$ (voir figure 7.8) est dédoublé en deux sous-niveaux rapprochés, entre lesquels se produit l'émission. La première molécule, OH, a été détectée en 1963, avec ce type de télescope. On a observé, en absorption, une transition de longueur d'onde d'environ 18 cm, de type électronique : c'est une transition entre les composantes de doublets Λ, dus à l'état électronique fondamental $^2\Pi$ dédoublé (voir section 7.2.6.2).

L'émission et l'absorption reposent toutes les deux sur le rayonnement fossile présent partout dans l'Univers, et dont la distribution de longueurs d'onde est celle du corps noir à une température d'environ 2,7 K. Ce rayonnement est une conséquence du *big bang*, supposé être à l'origine de l'Univers. On a détecté, depuis 1963, de nombreuses molécules, principalement en émission, et quelques-unes en absorption. Des télescopes, avec des paraboloïdes conçus pour être plus précis, ont été construits afin d'étendre les observations dans les domaines des ondes millimétriques et des micro-ondes.

Tab. 5.2 — *Molécules interstellaires détectées grâce à leur spectre radiofréquence ou micro-onde.*

Diatomiques	OH, CO, CN, CS, SiO, SO, SiS, NO, NS, CH, CH^+, SiC, NH, CP, HCl, CO^+, SO^+
Triatomiques	H_2O, HCN, HNC, OCS, H_2S, N_2H^+, SO_2, HNO, C_2H, HCO, HCO^+, HCS^+, H_2D^+
Tétratomiques	NH_3, H_2CO, HNCO, H_2CS, HNCS, N≡C–C≡C, H_3O^+, C_3H (linéaire), C_3H (cyclique)
A 5 atomes	N≡C–C≡C≡H, HCOOH, CH_2=NH, H–CC–CC, NH_2CN, C_3H_2 (linéaire), C_3H_2(cyclique)
A 6 atomes	CH_3OH, CH_3CN, NH_2CHO, CH_3SH, CH_3NC, HC_2CHO, HC_3NH^+, C_5H
A 7 atomes	CH_3–C≡C–H, CH_3CHO, CH_3NH_2, CH_2=CHCN, N≡C–C≡C–C≡C–H, C_6H
A 8 atomes	$HCOOCH_3$, CH_3–C≡C–C≡N
A 9 atomes	CH_3OCH_3, CH_3CH_2OH, N≡C–C≡C–C≡C–C≡C–H, CH_3CH_2CN, CH_3C_4H
A 11 atomes	N≡C–C≡C–C≡C–C≡C–C≡C–H
A 13 atomes	N≡C–C≡C–C≡C–C≡C–C≡C–C≡C–H

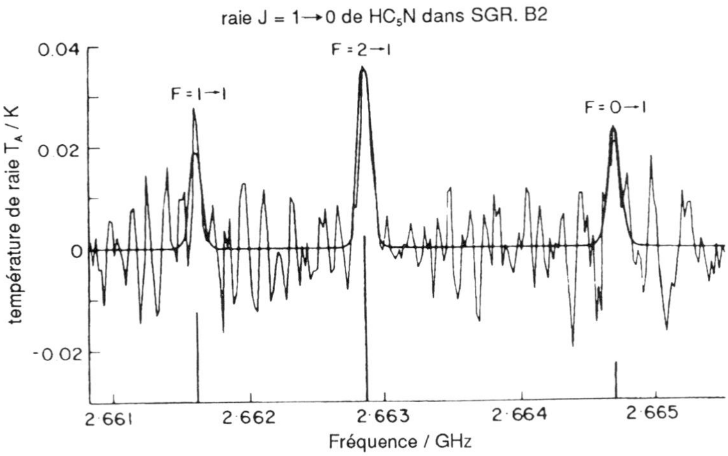

Fig. 5.12 — *La transition J = 1 – 0 du cyanodiacétylène, observée en émission dans Sagittarius B2. (Reproduit avec autorisation, de Broton N. W., MacLeod J. M., Oka T., Avery L. W., Brooks J. W., McGee R. X. et Newton L. M.,* Astrophys. J., ***209****, L143, 1976, publié par University of Chicago Press ; © 1976 The American Astronomical Society).*

Les régions de l'espace où des molécules ont été détectées sont les nébuleuses, présentes non seulement dans notre propre galaxie, mais également dans les autres. Dans notre galaxie, on trouve les nébuleuses dans la Voie lactée qui a l'apparence d'une bande lumineuse floue, car elle contient des millions d'étoiles. Il existe, associés aux nuages lumineux comprenant les nébuleuses, des nuages sombres de poussière interstellaire et de gaz. La présence de particules de poussière est indiquée par le fait que la lumière visible d'une étoile, traversant ce type de nuage, est rendue plus rouge, car la diffusion par les particules de poussière, proportionnelle à λ^{-4}, est favorisée pour la lumière bleue. On ne connaît pas la nature des particules de poussière, mais elles ont un diamètre d'environ 0,2 μm. Comme de nouvelles étoiles se forment par effondrement gravitationnel dans les nébuleuses, qui contiennent donc le matériau de base à partir duquel les nouvelles étoiles sont formées, la détection de molécules dans ces régions est de grande importance. On a détecté des molécules dans plusieurs nébuleuses, mais le vaste nuage appelé Sagittarius B2, proche du centre de notre galaxie, s'est avéré être une source particulièrement riche.

La première molécule polyatomique a été détectée en 1968, à Hat Creek, en Californie, à l'aide d'un télescope possédant une antenne de 6,3 m de diamètre, construit pour fonctionner dans le domaine des ondes millimétriques. On a trouvé des raies d'émission, dues à NH_3, dans le domaine des longueurs d'onde de 1,25 cm. Les transitions ne sont pas rotationnelles, mais se font entre les niveaux très proches $v_2 = 0$ et $v_2 = 1$ de la vibration d'inversion ν_2 (voir section 6.2.4.4a).

Le tableau 5.2 mentionne quelques-unes des molécules qui ont été détectées. Il est intéressant de noter que certaines d'entre elles, comme les triatomiques linéaires C_2H, HCO^+ et N_2H^+, ont été découvertes dans le milieu interstellaire, avant qu'on les ait recherchées et trouvées en laboratoire. Dans toutes les molécules, sauf OH et NH_3, les transitions sont, par nature, rotationnelles.

L'identification d'une molécule connue au laboratoire se fait en général sans ambiguïté, grâce à l'unicité des fréquences des transitions, extrêmement précises. Néanmoins, avant de comparer les fréquences détectées dans le milieu interstellaire avec les fréquences du laboratoire, il faut les corriger de l'effet Doppler (voir section 2.3.2), dû au mouvement des nuages. Dans Sagittarius B2, les molécules se déplacent de façon relativement uniforme, avec une vitesse de 60 km.s^{-1} par rapport à un référentiel au repos, défini par certaines étoiles proches du Soleil. Dans d'autres nuages, la distribution de vitesses est plus large.

La figure 5.12 présente la transition $J = 1 - 0$ de la molécule linéaire de cyanodiacétylène (H–C≡C–C≡C–C≡N) observée en émission dans Sagittarius B2 (la figure 5.4 montre une partie du spectre d'absorption obtenu au laboratoire). La transition est séparée en trois composantes hyperfines, dues à l'interaction entre le moment angulaire de rotation et le spin nucléaire du noyau ^{14}N pour lequel $I = 1$ (voir tableau 1.3). L'échelle verticale correspond à une mesure de la variation de température de l'antenne, due au signal qui est reçu.

Le tableau 5.2 montre qu'on a détecté des molécules de taille tout à fait importante, dont les cyanopolyacétylènes forment une catégorie remarquable. La présence de ces grandes molécules dans le milieu interstellaire a été une surprise considérable. Auparavant, on supposait que le rayonnement ultraviolet présent dans toutes les galaxies allait décomposer la plupart des molécules, en particulier les plus grandes. Il semble probable que les particules de poussière jouent un rôle important non seulement dans la formation des molécules, mais aussi dans la prévention de leur décomposition.

Si l'on considère les molécules du tableau 5.2, il faut rappeler que la méthode de détection élimine toutes les molécules dont le moment dipolaire est nul. On sait qu'il y a de grandes quantités de H_2 et qu'on peut trouver, sans aucun doute, dans les nébuleuses, des molécules telles que C_2, N_2, O_2, H–C≡C–H et des polyacétylènes, mais leur détection échappe à la spectroscopie en radiofréquences, en ondes millimétriques ou en micro-ondes.

Il apparaît également, dans le tableau 5.2, que, jusqu'ici, les seules molécules cycliques qui ont été trouvées sont H_2D^+ et C_3H, bien que des molécules comme le pyrrole ou la pyridine aient pu être prédites à partir des atomes généralement présents.

5.3 SPECTROSCOPIE RAMAN ROTATIONNELLE

Si une radiation électromagnétique tombe sur un échantillon atomique ou moléculaire, elle peut être absorbée si l'énergie de la radiation correspond à la séparation entre deux niveaux d'énergie des atomes ou des molécules. Sinon, la radiation sera soit transmise, soit diffusée par l'échantillon. La plupart du rayonnement diffusé n'a pas changé de longueur d'onde λ, et cela correspond à la diffusion Rayleigh. C'est Lord Rayleigh qui a montré, en 1871, que l'intensité de la lumière diffusée I_s est reliée à λ par

$$I_s \propto \lambda^{-4} \tag{5.41}$$

A cause de cette loi, la diffusion par les particules de l'atmosphère est favorisée pour les radiations bleues provenant du Soleil, ce qui fait qu'un ciel sans nuage paraît bleu. Smekal a prédit en 1923 et Raman et Krishnan ont montré expérimentalement en 1928 qu'une faible quantité du rayonnement diffusé par un gaz, un liquide ou un solide, possède une longueur d'onde (ou un nombre d'onde) augmentée ou diminuée. On appelle cela l'effet Raman et les radiations diffusées avec un nombre d'onde ayant diminué ou augmenté sont nommées respectivement diffusions Raman Stokes ou anti-Stokes.

5.3.1 Méthodes expérimentales

Pour que l'effet Raman soit observé de façon nette, il faut que la radiation incidente soit fortement monochromatique et, comme la diffusion Raman est faible, la radiation incidente doit être très intense. Ceci est particulièrement important lorsque l'échantillon est en phase gazeuse, comme c'est le cas en spectroscopie Raman rotationnelle.

Le principe de la méthode utilisée consiste, dans ses grandes lignes, à faire passer la radiation monochromatique à travers l'échantillon gazeux, à disperser et détecter la radiation diffusée. En général, cette radiation est recueillie dans une direction normale à la radiation incidente afin d'éviter que celle-ci n'atteigne le détecteur.

Avant l'avènement des lasers, les sources de rayonnement monochromatique les plus intenses dont on disposait étaient les sources d'émission atomique, dont on isolait, si nécessaire au moyen d'un filtrage optique, une raie discrète et intense, dans le domaine visible ou ultraviolet proche. La source de ce type la plus utilisée a été la lampe à décharge de mercure, fonctionnant à la tension de vapeur du mercure. Les trois raies les plus intenses se situent à 253,7 nm (ultraviolet proche), 404,7 nm et 435,7 nm (ces deux dernières dans le domaine visible). Bien que la largeur de raie soit typiquement petite, la plus étroite a une largeur d'environ 0,2 cm^{-1}, ce qui donne la limite de la résolution que l'on peut obtenir.

Les lasers (voir chapitre 9) sont des sources intenses de rayonnement monochromatique, idéales pour la spectroscopie Raman. Ils ont complètement remplacé les sources d'émission atomique. Ils sont plus pratiques à utiliser, ont une intensité plus élevée et sont plus fortement monochromatiques : par exemple la largeur de raie à mi-intensité de la radiation à 632,8 nm (rouge) d'un laser hélium-néon, peut être inférieure à 0,05 cm^{-1}.

Lorsque l'excitation était produite par une lampe à décharge de mercure, on utilisait en général des miroirs à réflexion multiple pour recueillir de manière efficace la faible diffusion Raman des gaz. Avec une source laser, on peut utiliser deux miroirs parallèles, M_1 et M_2 (figure 5.13), pour faire passer le faisceau, fortement parallèle, de nombreuses fois à travers la cellule de gaz. Un système de quatre miroirs concaves, M_3 à M_6, recueille efficacement la radiation Raman diffusée, qui est ensuite dispersée et détecté par un spectrographe (détection photographique) ou un spectromètre (détection photoélectrique).

Jusqu'au milieu des années 1970, seuls les lasers fonctionnant dans le domaine visible du spectre, comme le laser hélium-néon (section 9.2.5) à 632,8 nm, et le laser à argon (section 9.2.6) à 514,5 nm, étaient utilisés comme sources de rayonnement monochromatique pour la spectroscopie Raman. Cependant, de nombreuses molécules sont colorées, donc absorbent et fluorescent dans le domaine visible. Cette fluorescence tend à masquer la diffusion Raman la plus faible, excluant ainsi l'étude, par effet Raman, de nombreuses molécules. Très souvent, les spectres Raman sont obtenus en phase liquide ou solide, et même une petite quantité d'impureté colorée peut produire une fluorescence suffisante pour interférer avec la diffusion Raman de très faible intensité du constituant principal de l'échantillon.

L'utilisation d'un laser fonctionnant dans l'infrarouge évite le problème de la fluorescence, qui n'apparaît normalement qu'à la suite de l'absorption de radiation visible ou ultraviolette (voir section 7.2.5.2). Néanmoins, avec un spectromètre ordinaire ayant un réseau de diffraction comme élément de dispersion, l'intérêt de l'utilisation d'un laser infrarouge est amoindri par le fait que l'intensité de la diffusion Raman décroît comme la puissance quatrième de la longueur d'onde, comme l'indique l'équation (5.41), ce qui rend la détection extrêmement difficile.

Seul le développement des spectromètres infrarouges à transformée de Fourier (FTIR, voir section 3.3.3.2) a permis d'utiliser un laser infrarouge de manière courante. Le gain en intensité d'un interféromètre infrarouge, avec lequel on peut obtenir un spectre rapidement, donc facilement cumuler plusieurs spectres, combiné avec le développement de détecteurs infrarouges à semiconducteurs Ge et InGaAs, plus sensibles, compense largement la perte d'intensité de diffusion dans le domaine infrarouge.

Le laser infrarouge le plus utilisé dans cette technique de spectroscopie Raman à transformée de Fourier, ou FT-Raman, est le laser Nd-YAG (voir section 9.2.3), fonctionnant à une longueur d'onde de 1 064 nm.

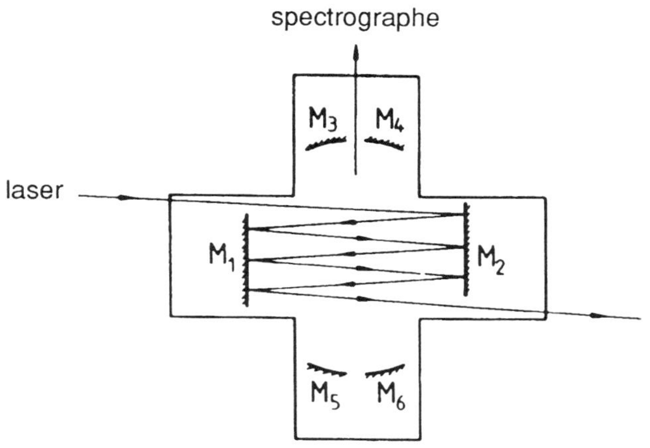

Fig. 5.13 — *Cellule à gaz à réflexions multiples pour la spectroscopie Raman.*

Dans la spectroscopie FT-Raman, le rayonnement issu d'un échantillon contient non seulement la diffusion Raman, mais également la radiation laser extrêmement intense utilisée pour la produire. Si on laissait celle-ci contribuer à l'interférogramme, avant la transformée de Fourier, l'onde sinusoïdale correspondante cacherait celles qui sont dues à la diffusion Raman. Pour empêcher cela, un filtre interférentiel est inséré après la cellule de l'échantillon pour enlever la radiation à 1 064 nm (et les radiations de plus faibles longueurs d'onde). Souvent, le spectromètre FT-Raman est simplement un spectromètre FT-IR, modifié pour recevoir la source laser, des filtres permettant d'enlever la radiation laser, et une grande diversité de détecteurs dans l'infrarouge.

5.3.2 Théorie de la diffusion Raman rotationnelle

La diffusion Raman peut mettre en jeu des transitions électroniques, vibrationnelles et rotationnelles, mais dans ce chapitre, nous ne considérerons que les transitions rotationnelles.

La propriété de l'échantillon qui détermine le degré de diffusion est la polarisabilité α. Lorsque la radiation incidente se situe dans le domaine visible ou ultraviolet proche, comme c'est habituellement le cas en spectroscopie Raman, la polarisabilité mesure le degré avec lequel les électrons de la molécule sont déplacés par rapport aux noyaux. En général, la polarisabilité d'une molécule est une propriété anisotropique, ce qui signifie qu'à une même distance du centre de la molécule, α peut avoir des valeurs différentes lorsqu'il est mesuré dans différentes directions. La surface tracée de telle sorte que la distance de l'origine à un point de cette surface ait une longueur $\alpha^{-1/2}$, où α est la polarisabilité *dans cette direction*, forme un ellipsoïde. Celui-ci a des sections elliptiques dans les plans xy et yz, comme le montre la figure 5.14, et les longueurs des axes dans les directions x, y, et z sont en général différentes. Comme d'autres propriétés anisotropiques, telles que le moment d'inertie d'une molécule (section 5.1), et la conductivité électrique d'un cristal, la polarisabilité est une propriété tensorielle. Le tenseur peut être exprimé sous la forme d'une matrice :

$$\alpha = \begin{pmatrix} \alpha_{xx} & \alpha_{xy} & \alpha_{xz} \\ \alpha_{yx} & \alpha_{yy} & \alpha_{yz} \\ \alpha_{zx} & \alpha_{zy} & \alpha_{zz} \end{pmatrix} \tag{5.42}$$

où les éléments diagonaux α_{xx}, α_{yy} et α_{zz}, sont les valeurs le long des axes x, y, et z de la molécule. La matrice est symétrique dans la mesure où $\alpha_{yx} = \alpha_{xy}$, $\alpha_{zx} = \alpha_{xz}$, et $\alpha_{zy} = \alpha_{yz}$ de sorte qu'il existe, en général, six composantes différentes de $\boldsymbol{\alpha}$, soit α_{xx}, α_{yy}, α_{zz}, α_{xy}, α_{xz} et α_{yz}. On peut attribuer à chacune d'elles une des symétries du groupe ponctuel auquel appartient la molécule. Ces attributions sont indiquées dans la colonne de droite de chacune des tables de caractères de l'annexe, et elles seront nécessaires lorsqu'on étudiera les spectres Raman vibrationnels dans la section 6.2.2.2.

Lorsqu'une radiation monochromatique tombe sur un échantillon moléculaire en phase gazeuse et n'est pas absorbée par ce dernier, le champ électrique oscillant $\mathbf{E}$ (voir équation 2.1) de la radiation induit dans la molécule un dipôle électrique $\boldsymbol{\mu}$, relié à $\mathbf{E}$ par la polarisabilité :

$$\mu = \alpha \mathbf{E} \tag{5.43}$$

où $\boldsymbol{\mu}$ et $\mathbf{E}$ sont des grandeurs vectorielles. Le module du vecteur $\mathbf{E}$ peut s'écrire :

$$E = A \sin 2\pi c \tilde{\nu} t \tag{5.44}$$

où A est l'amplitude et $\tilde{\nu}$ le nombre d'onde de la radiation monochromatique. La valeur de la polarisabilité varie pendant la rotation et un traitement classique simple permet d'illustrer l'effet Raman rotationnel.

L'ellipsoïde de polarisabilité tourne avec la molécule à une fréquence ν_{rot}, et la radiation « voit » la polarisabilité changer comme *deux fois* la fréquence de rotation puisque, comme on peut le voir sur la figure 5.14, l'ellipsoïde est le même par une rotation de π radians autour de n'importe quel axe cartésien. La variation de α avec la rotation est donnée par

$$\alpha = \alpha_{0,r} + \alpha_{1,r} \sin 2\pi c(2\tilde{\nu}_{rot})t \tag{5.45}$$

où $\alpha_{0,r}$ est la polarisabilité moyenne, et $\alpha_{1,r}$ est l'amplitude de la variation de polarisabilité pendant la rotation. La substitution des équations (5.45) et (5.44) dans l'équation (5.43) donne le module du moment dipolaire induit selon

$$\mu = \alpha_{0,r} A \sin 2\pi c \tilde{\nu} t + \tfrac{1}{2}\alpha_{1,r} A \cos 2\pi c(\tilde{\nu} + 2\tilde{\nu}_{rot})t$$
$$+ \tfrac{1}{2}\alpha_{1,r} A \cos 2\pi c(\tilde{\nu} - 2\tilde{\nu}_{rot})t \tag{5.46}$$

Les trois termes de cette équation représentent tous la diffusion de la radiation. Le premier terme correspond à la diffusion Rayleigh de nombre d'onde $\tilde{\nu}$ inchangé, et les second et troisième termes correspondent aux diffusions Raman anti-Stokes et Stokes, avec des nombres d'onde égaux à $(\tilde{\nu} + 2\tilde{\nu}_{rot})$ et $(\tilde{\nu} - 2\tilde{\nu}_{rot})$.

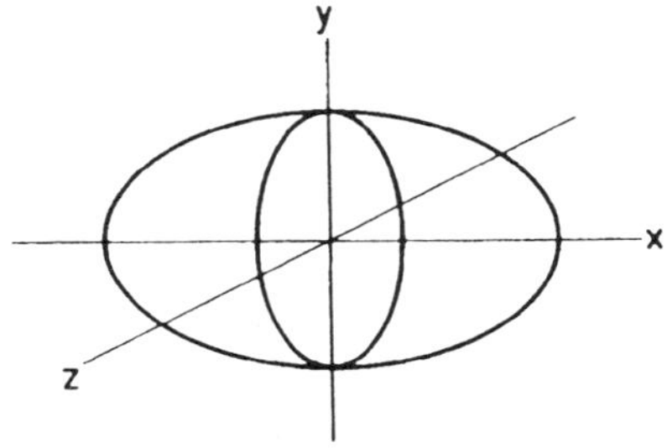

Fig. 5.14 — *L'ellipsoïde de polarisabilité.*

Alors que dans un système classique, $\tilde{\nu}_{rot}$ peut prendre n'importe quelle valeur, dans un système quantique, il ne peut prendre que certaines valeurs, que nous allons maintenant étudier dans le cas des molécules diatomiques et polyatomiques linéaires.

5.3.3 Spectres Raman rotationnels de molécules diatomiques et polyatomiques linéaires

Dans une molécule diatomique ou polyatomique linéaire, la diffusion Raman rotationnelle obéit à la règle de sélection

$$\Delta J = 0, \pm 2 \tag{5.47}$$

mais les transitions $\Delta J = 0$ sont sans intérêt puisqu'elles correspondent à la diffusion Rayleigh intense. De plus, la molécule possède une polarisabilité anisotropique, ce qui veut dire que α n'est pas le même dans toutes les directions. Ceci ne constitue pas une condition très contraignante, puisque toutes les molécules, sauf les rotateurs sphériques, dont la polarisabilité a la forme d'une sphère, ont cette propriété. Il en résulte que toutes les diatomiques et toutes les polyatomiques linéaires, qu'elles soient symétriques ou non, c'est-à-dire qu'elles aient ou non un centre d'inversion, présentent un spectre Raman rotationnel.

Le spectre qui en résulte est illustré par la figure 5.15, alors que la figure 5.16 montre en détail les processus mis en jeu dans les premières transitions Stokes et anti-Stokes, et dans la diffusion Rayleigh.

Les molécules initialement dans l'état $J = 0$ sont soumises à un rayonnement monochromatique intense, de nombre d'onde $\tilde{\nu}$. A condition que son énergie ne corresponde pas à la différence d'énergie $hc\tilde{\nu}$ entre $J = 0$ et un autre état (électronique, vibrationnel ou rotationnel) de la molécule, il n'est pas absorbé, mais produit un dipôle induit dans la molécule, comme l'exprime l'équation (5.43). On dit que la molécule est dans un état virtuel, noté V_0 dans la figure 5.16. Lorsque la diffusion se produit, la molécule peut retourner, conformément aux règles de sélection, à $J = 0$ (Rayleigh) ou $J = 2$ (Stokes). De façon similaire, une molécule initialement dans l'état $J = 2$ passe dans l'état V_1 et retourne à $J = 2$ (Rayleigh), $J = 4$ (Stokes) ou $J = 0$ (anti-Stokes). Les transitions globales, $J = 2$ à 0 et 0 à 2, sont indiquées par des traits pleins sur la figure 5.16, tandis que la figure 5.15 présente un plus grand nombre de ces transitions globales.

Conventionnellement, on utilise ΔJ pour désigner J (supérieur) – J (inférieur), ce qui fait que l'on n'a à considérer que $\Delta J = +2$. La grandeur du déplacement Raman par rapport à la radiation d'excitation $\tilde{\nu}$ est donnée par

$$|\Delta \tilde{\nu}| = F(J+2) - F(J) \tag{5.48}$$

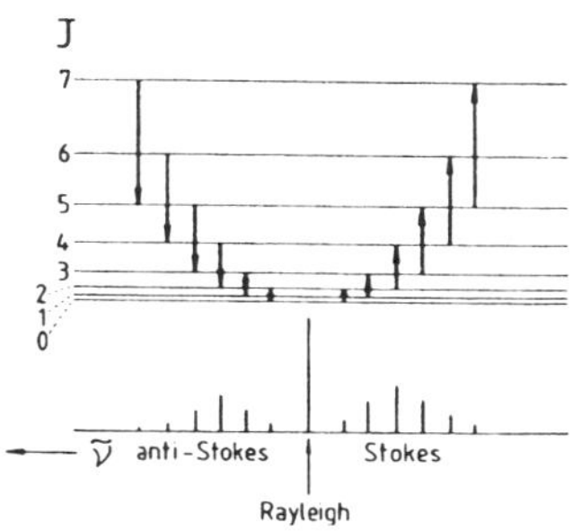

Fig. 5.15 — *Spectre Raman rotationnel d'une molécule diatomique ou polyatomique linéaire.*

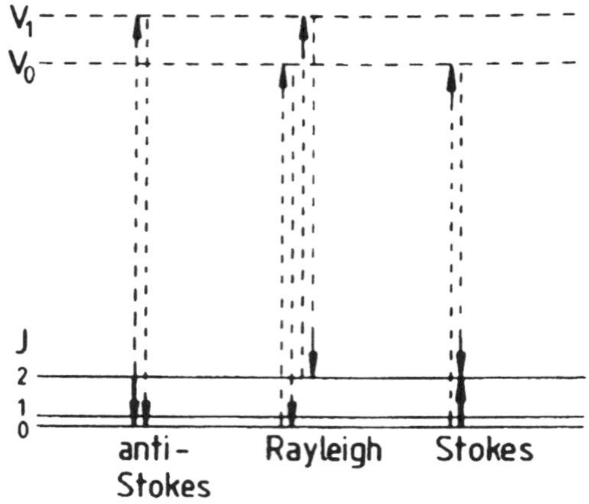

Fig. 5.16 — *Processus de diffusion Raman et Rayleigh faisant intervenir des états virtuels V_0 et V_1.*

où $\Delta \tilde{\nu} = \tilde{\nu} - \tilde{\nu}_L$ est positif pour les raies anti-Stokes et négatif pour les raies Stokes ($\tilde{\nu}_L$ est le nombre de d'onde de la radiation laser d'excitation). Si l'on néglige la distorsion centrifuge, les valeurs des termes rotationnels $F(J)$ sont données par l'équation (5.12), et l'équation (5.48) devient

$$|\Delta \tilde{\nu}| = 4B_0 J + 6B_0 \tag{5.49}$$

pour les molécules dans l'état vibrationnel de point zéro. Le spectre comporte deux ensembles de raies également espacées, avec une séparation de $4B_0$, et une séparation de $12B_0$ entre les premières raies Stokes et anti-Stokes.

Si la distorsion centrifuge est prise en compte, les valeurs des termes rotationnels sont données par l'équation (5.19) et nous avons

$$|\Delta \tilde{\nu}| = (4B_0 - 6D_0)(J + \tfrac{3}{2}) - 8D_0(J + \tfrac{3}{2})^3 \tag{5.50}$$

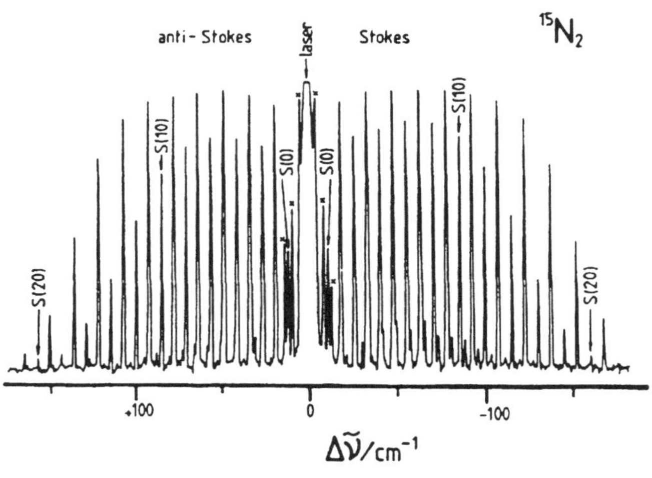

Fig. 5.17 — *Spectre Raman rotationnel de $^{15}N_2$. (Les raies marquées par une croix sont des « fantômes » du réseau, et non une partie du spectre).*

Les séries de transitions rotationnelles sont appelées branches et sont désignées par une lettre correspondant à la valeur de ΔJ de la façon suivante :

$$\begin{array}{lccccccc} \Delta J & \ldots & -2 & -1 & 0 & +1 & +2 & \ldots \\ \text{Branche} & \ldots & O, & P, & Q, & R, & S, & \ldots \end{array} \qquad (5.51)$$

de sorte que les branches, dans la figure 5.15, sont toutes deux des branches S (bien que certains auteurs désignent par branche O la branche S de type anti-Stokes).

Comme les populations des niveaux de départ des transitions (équation 5.15) passent par un maximum en fonction de J, les intensités au sein des branches présentent également un maximum.

La figure 5.17 montre le spectre Raman rotationnel de $^{15}N_2$, obtenu avec une radiation de 476,5 nm provenant d'un laser à argon. Ce spectre a permis d'obtenir une valeur très précise de B_0 égale à 1,857 672 ± 0,000 027 cm^{-1}, d'où résulte une valeur de la longueur de liaison égale à 1,099 985 ± 0,000 010 Å. Une telle précision est typique de la spectroscopie Raman rotationnelle à haute résolution. L'alternance des intensités de 1 : 3 pour les valeurs de J pairs : impairs du niveau initial de la transition, est une des caractéristiques du spectre de $^{15}N_2$. Ceci est un effet dû au spin nucléaire des noyaux ^{15}N, ce que nous allons maintenant discuter en détail.

5.3.4 Poids statistiques du spin nucléaire

Si l'on inclut le spin nucléaire, la fonction d'onde totale ψ d'une molécule est transformée, par rapport à l'équation (1.58), en

$$\psi = \psi_e \, \psi_\upsilon \, \psi_r \, \psi_{ns} \qquad (5.52)$$

où ψ_e, ψ_υ, ψ_r sont les fonctions électronique, vibrationnelle et rotationnelle, et ψ_{ns} est la fonction d'onde de spin nucléaire. Nous nous intéressons ici principalement aux propriétés de symétrie de ψ_{ns} et de ψ_r. Pour une molécule diatomique ou polyatomique linéaire symétrique ($D_{\infty h}$), avec deux ou tout nombre pair de noyaux identiques possédant un nombre quantique de spin nucléaire $I = n + \frac{1}{2}$ (voir équation 1.47), où n est nul ou entier, l'échange de deux noyaux équidistants du centre de la molécule conduit à un changement de signe de ψ, qui est qualifiée d'antisymétrique par rapport à l'échange nucléaire. En outre, on dit que les noyaux sont des particules de Fermi (ou fermions), et obéissent à la statistique de Fermi-Dirac. D'autre part, si $I = n$, ψ est symétrique par rapport à l'échange nucléaire et on dit que les noyaux sont des particules de Bose (ou bosons) et obéissent à la statistique de Bose-Einstein. Nous allons maintenant considérer les conséquences de ces règles dans le cas simple de $^1H_2$. Dans cette molécule ψ_υ, quel que soit υ, et ψ_e dans l'état électronique fondamental sont symétriques par rapport à l'échange nucléaire : nous pouvons donc considérer uniquement $\psi_r\psi_{ns}$. Comme $I = \frac{1}{2}$ pour ^1H, ψ, donc $\psi_r\psi_{ns}$, sont antisymétriques par rapport à l'échange nucléaire. On peut montrer que pour des valeurs paires du nombre quantique rotationnel J, ψ_r est symétrique (s) par rapport à l'échange et pour des valeurs impaires de J, ψ_r est antisymétrique (a) par rapport à l'échange, comme le montre la figure 5.18.

L'équation (1.48) montre que, pour $I = \frac{1}{2}$, la quantification spatiale du moment angulaire de spin nucléaire conduit aux valeurs $\frac{1}{2}$ ou $-\frac{1}{2}$ pour le nombre quantique M_I. La fonction d'onde de spin nucléaire ψ_{ns} est habituellement écrite α ou β, correspondant respectivement à $M_I = \frac{1}{2}$ ou $-\frac{1}{2}$, et les deux noyaux ^1H, notés 1 et 2, peuvent avoir une fonction d'onde de spin α ou β. Il y a donc quatre formes possibles de ψ_{ns} pour la molécule dans son ensemble :

$$\psi_{ns} = \alpha(1)\,\alpha(2)\,; \quad \beta(1)\,\beta(2)\,; \quad \alpha(1)\,\beta(2)\,; \quad \text{ou}\ \beta(1)\,\alpha(2) \qquad (5.53)$$

Alors que les fonctions d'onde $\alpha(1)\alpha(2)$ et $\beta(1)\beta(2)$ sont de toute évidence symétriques par rapport à l'échange des labels 1 et 2, les deux autres fonctions ne sont ni symétriques, ni antisymétriques. Il est nécessaire, pour cette raison, de les remplacer par les combinaisons linéaires $2^{-1/2}[\alpha(1)\beta(2) + \beta(1)\alpha(2)]$ et $2^{-1/2}[\alpha(1)\beta(2) - \beta(1)\alpha(2)]$ où $2^{-1/2}$ est une constante de normalisation. Ainsi, on constate que trois des quatre fonctions d'onde de spin nucléaire sont symétriques (s) par rapport à l'échange nucléaire, et qu'une est antisymétrique (a) :

$$(s) \qquad \psi_{ns} = \begin{cases} \alpha(1)\alpha(2) \\ 2^{-1/2}[\alpha(1)\beta(2) + \beta(1)\alpha(2)] \\ \beta(1)\beta(2) \end{cases} \tag{5.54}$$

$$(a) \qquad \psi_{ns} = 2^{-1/2}[\alpha(1)\beta(2) - \beta(1)\alpha(2)] \tag{5.55}$$

D'une manière générale, pour une molécule diatomique homonucléaire, il y a $(2I + 1)(I + 1)$ fonctions d'onde de spin nucléaire symétriques et $(2I + 1)\,I$ fonctions antisymétriques ; d'où

$$\frac{\text{Nombre de fonctions } (s)}{\text{Nombre de fonctions } (a)} = \frac{I+1}{I} \tag{5.56}$$

Afin que $\psi_r\psi_{ns}$ reste toujours antisymétrique pour $^1H_2$, les ψ_{ns} antisymétriques sont associés à des états de J pair et les ψ_{ns} symétriques à des états de J impair, comme le montre la figure 5.18. L'échange entre les états de ψ_{ns} symétrique et antisymétrique est interdit de sorte que $^1H_2$ peut être considéré comme étant constitué de deux formes distinctes :

1. le *para*-hydrogène, avec ψ_{ns} antisymétrique et avec ce qu'on appelle couramment des spins nucléaires antiparallèles ;
2. l'*ortho*-hydrogène, avec ψ_{ns} symétrique et des spins nucléaires parallèles.

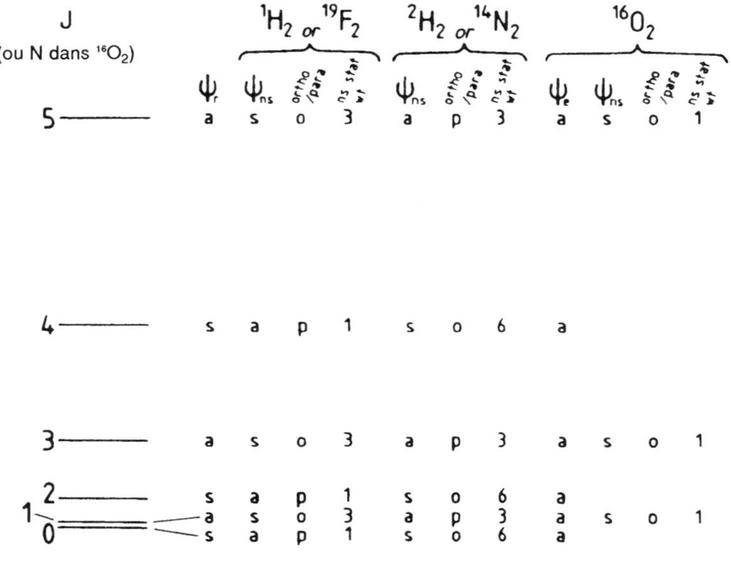

Fig. 5.18 — *Poids statistiques de spin nucléaire pour les états rotationnels de différentes molécules diatomiques.*

Comme l'indique la figure 5.18, le *para*-$^{1}H_2$ n'existe que dans des états de J pair, et l'*ortho*-$^{1}H_2$ dans des états de J impair. Aux températures auxquelles il y a une population notable jusqu'à des valeurs de J relativement élevées, il y a en gros trois fois plus d'*ortho*- que de *para*-$^{1}H_2$. Cependant, aux très basses températures, pour lesquelles la population de tous les niveaux rotationnels autres que $J = 0$ est faible, $^{1}H_2$ est principalement sous la forme *para*.

Toutes les autres molécules diatomiques homonucléaires ayant $I = \frac{1}{2}$ pour chaque noyau, comme $^{19}F_2$, possèdent également des formes *ortho* et *para* avec J impair et pair, et des poids statistiques du spin nucléaire respectivement de 3 et de 1, comme le montre la figure 5.18.

Si $I = 1$ pour chaque noyau, comme dans $^{2}H_2$ et $^{14}N_2$, la fonction d'onde totale doit être symétrique par rapport à l'échange nucléaire. Il y a neuf fonctions d'onde de spin nucléaire, dont six sont symétriques et trois antisymétriques par rapport à l'échange. La figure 5.18 illustre le fait que l'*ortho*-$^{2}H_2$ (ou $^{14}N_2$) ne peut avoir que des J pairs et la forme *para* seulement des J impairs, et qu'il y a, en gros, deux fois plus de forme *ortho* que de forme *para* aux températures normales ; à basse température, il y a un excès de forme *ortho*.

L'effet dû aux basses températures, affectant le rapport *ortho* : *para* est plus important pour les molécules légères, comme $^{1}H_2$ et $^{2}H_2$, que pour les molécules lourdes telles que $^{19}F_2$ et $^{14}N_2$. Ceci est dû au fait que la séparation entre les niveaux $J = 0$ et $J = 1$ est plus petite pour une molécule plus lourde, et qu'il faut une température plus basse avant qu'une déviation significative du rapport normal *ortho* : *para* ne soit visible.

Pour l'acétylène, molécule polyatomique linéaire symétrique : $^{1}H{-}^{12}C{\equiv}^{12}C{-}^{1}H$, la situation est très similaire à celle de $^{1}H_2$, car $I = 0$ pour ^{12}C. La principale différence est que, comme les niveaux d'énergie rotationnelle sont beaucoup plus rapprochés, il faut une température bien plus basse pour que l'acétylène soit produit de manière prédominante sous la forme *para*.

Pour ^{16}O, I est nul et $^{16}O_2$ n'a pas de fonction d'onde de spin nucléaire antisymétrique. Comme chaque ^{16}O est un boson, la fonction d'onde totale doit être symétrique par rapport à l'échange nucléaire. Dans le cas de $^{16}O_2$, avec deux électrons ayant des spins non appariés dans l'état fondamental (voir section 7.2.1.1), ψ_e est antisymétrique, contrairement aux autres molécules que nous avons considérées. Comme $I = 0$, la fonction d'onde de spin nucléaire ψ_{ns} est égale à 1 ; elle est donc symétrique par rapport à l'échange des noyaux. Par conséquent, comme le montre la figure 5.18, $^{16}O_2$ ne possède que des niveaux avec un nombre quantique de rotation impair et, dans son spectre Raman rotationnel, il manque l'alternance avec les raies de N'' pair. (Dans les molécules comme $^{16}O_2$, qui possèdent un moment angulaire de spin électronique provenant d'électrons non appariés, c'est le nombre quantique N, plutôt que J, qui distingue les niveaux rotationnels.)

5.3.5 Spectres Raman rotationnels de rotateurs symétriques et asymétriques

Pour un rotateur symétrique, les règles de sélection, pour les spectres Raman rotationnels, sont

$$\Delta J = 0, \pm 1, \pm 2 \ ; \qquad \Delta K = 0 \tag{5.57}$$

dont résultent des branches R et S, pour chaque valeur de K, en plus de la diffusion Rayleigh.

Pour les rotateurs asymétriques, la règle de sélection en J est $\Delta J = 0, \pm 1, \pm 2$, mais comme K n'est pas un bon nombre quantique, les règles de sélections complémentaires sont trop complexes pour pouvoir être discutées ici.

5.4 DÉTERMINATION DE STRUCTURES À PARTIR DES CONSTANTES ROTATIONNELLES

La mesure et l'attribution du spectre rotationnel de molécules diatomiques ou polyatomiques linéaires permet d'obtenir la valeur de la constante rotationnelle. Il s'agit en général de B_0, relative à l'état vibrationnel de point zéro. Si la constante rotationnelle peut être déterminée dans un ou plusieurs états vibrationnels excités, il est possible d'obtenir B_e, en utilisant l'équation (5.25), relative à la molécule dans sa configuration d'équilibre, physiquement inaccessible. Pour une molécule diatomique, B_0 et B_e peuvent être convertis en moments d'inertie, en utilisant l'équation (5.11) ou l'équation (5.12), puis en longueurs de liaison r_0 ou r_e, puisque $I = \mu r^2$. Ceci pose le problème de savoir si la longueur de liaison est représentée par r_0 ou r_e.

En fait, à moins d'avoir besoin d'une très grande précision, cela n'a pas beaucoup d'importance. C'est ce qu'illustrent les valeurs de r_0 et de r_e pour $^{14}N_2$ et $^{15}N_2$, dans le tableau 5.3. Néanmoins, il existe en général une différence importante entre r_0 et r_e, résidant dans le fait que r_e est indépendant des espèces isotopiques, alors que r_0 ne l'est pas. Le tableau 5.3 illustre également ce point. C'est r_e qui est utilisé dans les discussions sur les longueurs de liaison au plus haut degré de précision, à cause de son indépendance isotopique.

Tab. 5.3 — *Valeurs de r_0 et de r_e pour N_2.*

Molécule	r_0 / Å	r_e / Å
$^{14}N_2$	1,100 105 ± 0,000 010	1,097 651 ± 0,000 030
$^{15}N_2$	1,099 985 ± 0,000 010	1,097 614 ± 0,000 030

La raison pour laquelle r_e ne change pas par substitution isotopique est qu'il correspond à la longueur de liaison au minimum de la courbe d'énergie potentielle (voir figure 1.13). Cette courbe, qu'elle soit associée à l'approximation de l'oscillateur harmonique (section 1.3.6) ou à un oscillateur anharmonique (qui sera discuté dans la section 6.1.3.2), ne change pas par substitution isotopique. Par contre, les niveaux d'énergie vibrationnelle, au sein de la courbe d'énergie potentielle, et donc r_0, sont affectés par substitution isotopique : ceci est illustré par la dépendance en masse de la fréquence de vibration, démontrée par l'équation (1.68).

Ces arguments peuvent être étendus aux molécules polyatomiques linéaires et non linéaires, dont la structure au point zéro, en termes de longueurs et d'angles de liaison, dépend des isotopes, mais dont la structure à l'équilibre n'en dépend pas.

Comme pour les molécules diatomiques, la structure la plus importante est la structure à l'équilibre. Cependant la détermination d'une seule constante rotationnelle ne peut donner au mieux qu'un seul paramètre structural. Dans une molécule non linéaire, mais plane, le moment principal d'inertie hors du plan, I_c, est relié aux deux autres par

$$I_c = I_a + I_b \tag{5.58}$$

de sorte qu'il n'y a que deux constantes rotationnelles indépendantes.

Par exemple, dans la molécule de formaldéhyde, ^1H_2CO, présentée dans la figure 5.1(f), et qui est un rotateur asymétrique plan, il est possible, afin de déterminer A_e et B_e, d'obtenir A_υ et B_υ dans le niveau de point zéro et dans le niveau $\upsilon = 1$ des six vibrations. Cependant, deux constantes rotationnelles ne suffisent pas pour donner les paramètres structuraux r_e(CH),

r_e(CO) et $(\angle HCH)_e$, nécessaires pour une structure complète à l'équilibre. C'est à ce niveau qu'il est important de s'intéresser à l'équilibre plutôt qu'au point zéro. La détermination de A_e et B_e pour ^2H_2CO, dont la géométrie à l'équilibre est identique à celle de ^1H_2CO, permet une détermination complète de la structure, en extrayant trois paramètres structuraux de quatre constantes rotationnelles. Néanmoins, même pour une petite molécule comme H_2CO, la détermination des constantes rotationnelles dans les niveaux $\upsilon = 1$ de toutes les vibrations présente des difficultés considérables. Dans les molécules plus grandes, il est possible qu'on ne puisse déterminer que A_0, B_0 et C_0. Dans ce cas, la façon la plus simple de déterminer la structure est d'ignorer les différences avec A_e, B_e et C_e, et de faire suffisamment de substitutions isotopiques pour obtenir une structure complète mais approchée, appelée la structure r_0.

La structure de substitution, ou structure r_s, est une amélioration de la structure r_0. Elle est obtenue en utilisant les équations dites de Kraitchman, qui donnent les coordonnées d'un atome qui a été substitué isotopiquement, par rapport aux axes principaux d'inertie de la molécule avant substitution. La structure de substitution est également approximative mais plus proche de la structure à l'équilibre que la structure de point zéro. L'aniline, présentée dans la figure 5.19, est une des plus grandes molécules dont la structure r_s ait été obtenue. Le cycle benzénique montre de petites déviations des angles par rapport à un hexagone régulier, mais pas de variation significative des longueurs de liaison. Comme on peut s'y attendre si l'on compare à la molécule pyramidale NH_3, le plan du groupe $-NH_2$ n'est pas coplanaire au reste de la molécule.

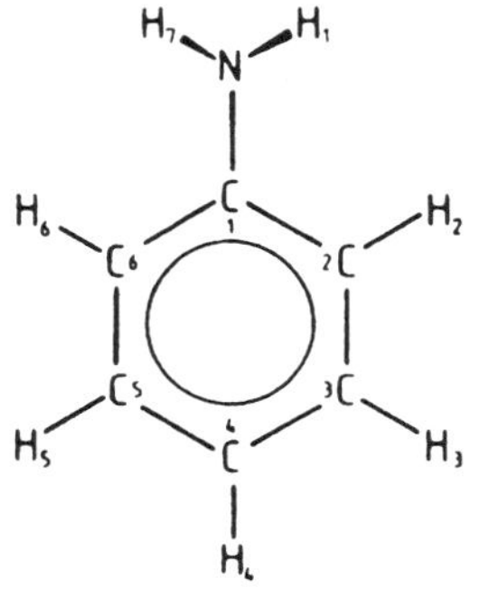

XY	r_s (XY) / Å	XYZ	$(\angle XYZ)_s$ / deg
NH_1	1,001 ± 0,01	H_1NH_7	113,1 ± 2
C_1N	1,402 ± 0,002	$C_6C_1C_2$	119,4 ± 0,2
C_1C_2	1,397 ± 0,003	$C_1C_2C_3$	120,1 ± 0,2
C_2C_3	1,394 ± 0,004	$H_2C_2C_3$	120,1 ± 0,2
C_3C_4	1,396 ± 0,002	$C_2C_3C_4$	120,7 ± 0,1
C_2H_2	1,082 ± 0,004	$H_3C_3C_2$	119,4 ± 0,1
C_3H_3	1,083 ± 0,002	$C_3C_4C_5$	118,9 ± 0,1
C_4H_4	1,080 ± 0,002		

L'angle de NH_2 hors du plan est de 37,5 ± 2°

Fig. 5.19 — *La structure r_s de l'aniline.*

Exercice corrigé 5.2

Énoncé.

(a) A partir de la valeur de B_0, égale à 1,923 604 ± 0,000 027 cm^{-1}, tirée du spectre rotationnel Raman de $^{14}N^{15}N$, calculer la longueur de liaison r_0.

(b) Pourquoi diffère-t-elle de r_0 pour $^{14}N_2$?

(c) La valeur de r_e est-elle différente ?

(d) Y a-t-il une alternance d'intensité dans le spectre de $^{14}N^{15}N$?

(e) $^{14}N^{15}N$ possède-t-il un spectre rotationnel dans l'infrarouge ?

Solution.

(a) pour $^{14}N^{15}N$, la masse réduite

$$\mu = \frac{14{,}003\,07 \times 15{,}000\,11}{14{,}003\,07 + 15{,}000\,11}\,\mathrm{g\,mol^{-1}} \times \frac{10^{-3}\,\mathrm{kg\,g^{-1}}}{6{,}022\,137 \times 10^{23}\,\mathrm{mol^{-1}}}$$

$$= 1{,}202\,601 \times 10^{-26}\,\mathrm{kg}$$

d'où $$r_0^2 = \frac{h}{8\pi^2 \mu c B_0}$$

$$= \frac{6{,}626\,676 \times 10^{-34}\,\mathrm{J\,s}}{8\pi^2 \times 2{,}997\,925 \times 10^{10}\,\mathrm{cm\,s^{-1}} \times 1{,}202\,601 \times 10^{-26}\,\mathrm{kg} \times 1{,}923\,604\,\mathrm{cm^{-1}}}$$

$$= 1{,}210\,065 \times 10^{20}\,\mathrm{m^2}$$

donc $$r_0 = 1{,}100\,03 \times 10^{-10}\,\mathrm{m}$$

$$= 1{,}100\,03\,\text{Å}$$

Remarquons que, comme B_0 est donné avec six chiffres significatifs, le calcul a été effectué avec sept chiffres et arrondi à six à la dernière étape.

(b) La valeur calculée pour r_0 diffère de $r_0 = 1{,}100\,105$ Å pour $^{14}N_2$ (tableau 5.3) car le niveau de point zéro est plus bas, avec le même potentiel anharmonique (voir section 6.1.3), pour l'espèce isotopique plus lourde. Par conséquent, le milieu du niveau de point zéro est placé à une valeur plus petite de la longueur de liaison. Notons que ce degré de précision dans le calcul est nécessaire pour illustrer ce point.

(c) Les valeurs de r_e ne sont pas différentes car elles correspondent au minimum de la courbe d'énergie potentielle, indépendante des isotopes.

(d) Non, car il n'y a pas d'échange de noyaux identiques par rotation autour d'un axe perpendiculaire à la liaison.

(e) Non, car $^{14}N^{15}N$ n'a pas de moment dipolaire. (En fait, comme toutes les molécules non symétriques isotopiquement, elle a un moment dipolaire extrêmement petit, mais trop faible pour qu'un spectre rotationnel dans l'infrarouge puisse être détecté.)

EXERCICES

1. Utiliser l'équation (5.16) pour en tirer l'équation (5.17). Comparer les valeurs de J_{max} et les fréquences des transitions associées à J_{max} pour HCN ($B \approx 44{,}316$ GHz) et N≡C–(C≡C)$_2$–H ($B \approx 1{,}313$ GHz).
2. Réarranger l'équation (5.20) sous la forme $y = mx + c$, telle que m ne fasse intervenir que D. Tracer y en fonction de x en utilisant les données du tableau 5.1, pour obtenir B et D, en hertz, pour le monoxyde de carbone (utiliser un ordinateur ou une calculatrice avec une précision de neuf chiffres).
3. Effectuer des mesures des nombres d'onde de transition dans le spectre rotationnel du silane, à partir de la figure 5.10, et en déduire la longueur de la liaison de Si–H.
4. En supposant une longueur de liaison raisonnable, estimer la fréquence de la transition $J = 15 - 14$ dans la molécule linéaire N≡C–(C≡C)$_6$–H. Dans quelle région du spectre électromagnétique si situe-t-elle ?
5. En partant d'une expression des valeurs des termes rotationnels, montrer que

$$|\Delta \tilde{\nu}| = (4B_0 - 6D_0)(J + \tfrac{3}{2}) - 8D_0(J + \tfrac{3}{2})^3$$

pour les transitions rotationnelles Raman d'une molécule diatomique ou polyatomique linéaire.

6. Les trois premières raies Stokes du spectre rotationnel Raman de $^{16}O_2$ sont séparées de 14,4, 25,8 et 37,4 cm^{-1} de la radiation d'excitation. Trouver une valeur de r_0 en utilisant l'approximation du rotateur rigide.

BIBLIOGRAPHIE

CARRINGTON A. — *Microwave Spectroscopy of Free Radicals*. Academic Press, New York, 1974.

GORDY W., et COOK R.L. — *Microwave Molecular Spectra*. 3e éd., Wiley-Interscience, New York, 1984.

HERZBERG G. — *Infrared and Raman Spectra*. Van Nostrand. New York, 1945.

HERZBERG G. — *Spectra of Diatomic Molecules*. Van Nostrand, New York, 1950.

KROTO H. W. — *Molecular Rotation Spectra*. Wiley, London, 1975 ; Dover, New York, 1992.

LONG D. A. — *Raman Spectroscopy*. McGraw-Hill, London, 1977.

SUGDEN T.M. et KENNEY C. N. — *Microwave Spectroscopy of Gases*. Van Nostrand, London, 1965.

TOWNES C. H. et SCHAWLOW A. L. — *Microwave Spectroscopy*. McGraw-Hill, New York, 1955.

WOLLRAB J. E. — *Rotational Spectra and Molecular Structure*. Academic Press, New York, 1967.

Chapitre 6

Spectroscopie vibrationnelle

6.1 MOLÉCULES DIATOMIQUES

Nous avons vu, à la section 1.3.6, que les niveaux d'énergie vibrationnelle d'une molécule diatomique, E_υ, sont donnés, dans le cadre de l'approximation de l'oscillateur harmonique, par :

$$E_\upsilon = h\nu(\upsilon + \tfrac{1}{2}) \tag{6.1}$$

où $\upsilon = 0, 1, 2 \ldots$ est le nombre quantique vibrationnel. La fréquence de vibration classique ν est reliée à la masse réduite μ [$= m_1 m_2/(m_1 + m_2)$] et à la constante de force k par

$$\nu = \frac{1}{2\pi}\left(\frac{k}{\mu}\right)^{1/2} \tag{6.2}$$

La constante de force peut être considérée comme une mesure de la tension du ressort dans le modèle où les vibrations moléculaires sont traitées comme des masses, reliées par un ressort. Le tableau 6.1 donne quelques valeurs caractéristiques en unité[1] aJ $Å^{-2}$ (= 10^2 N m^{-1}). Avant l'utilisation du système d'unités SI, k était fréquemment exprimé en mdyne $Å^{-1}$ et il s'avère que 1 aJ $Å^{-2}$ = 1 mdyne $Å^{-1}$. Les valeurs illustrent l'accroissement de k avec l'ordre de liaison. HCl, HF, Cl_2 et F_2 ont toutes des liaisons simples et des valeurs relativement faibles de k, bien que celle de HF soit un peu plus grande. O_2, NO, CO et N_2 ont des ordres de liaison égaux respectivement à 2, $2\frac{1}{2}$, 3 et 3, et les valeurs de k en sont le reflet.

Physiquement, la force du ressort représentant la liaison est due à un équilibre subtil entre les répulsions nucléaires, les répulsions électroniques et les attractions électron-noyau. Aucune de ces interactions n'est affectée par la masse des noyaux et, par conséquent, k n'est pas modifié par substitution isotopique.

La figure 1.13 montre le potentiel, les fonctions d'onde vibrationnelles et les niveaux d'énergie de l'oscillateur harmonique. Comme dans le cas de la rotation, il est commode d'utiliser les valeurs des termes, plutôt que les niveaux d'énergie. Le terme vibrationnel $G(\upsilon)$ a toujours les dimensions d'un nombre d'onde ; ainsi nous avons, à partir de l'équation (1.69),

$$\frac{E_\upsilon}{hc} = G(\upsilon) = \omega\,(\upsilon + \tfrac{1}{2}) \tag{6.3}$$

où ω est le nombre d'onde vibrationnel (souvent appelé, de manière incorrecte, fréquence de vibration).

6.1.1 Spectres dans l'infrarouge

Le moment de transition (équation 2.13), pour une transition entre des états inférieur et supérieur, de fonctions d'onde vibrationnelles respectives Ψ''_υ et Ψ'_υ, est donné par

$$\mathbf{R}_\upsilon = \int \Psi'^{*}_\upsilon \mu \Psi''_\upsilon \, dx \tag{6.4}$$

1. a est l'abréviation du préfixe « atto » correspondant à 10^{-18}.

Tab. 6.1 — *Constantes de force pour quelques molécules diatomiques.*

Molécule	k / aJ Å^{-2}	Molécule	k / aJ Å^{-2}	Molécule	k / aJ Å^{-2}
HCl	5.16	F_2	4.45	CO	18.55
HF	9.64	O_2	11.41	N_2	22.41
Cl_2	3.20	NO	15.48		

où x représente $(r - r_e)$, variation de la distance internucléaire par rapport à l'équilibre. Le moment dipolaire μ est nul pour une molécule diatomique homonucléaire, ce qui conduit à $\mathbf{R}_\upsilon = 0$ et toutes les transitions vibrationnelles sont interdites. Pour une molécule diatomique hétéronucléaire, μ n'est pas égal à zéro et varie avec x. Cette variation peut être développée en série de Taylor

$$\mu = \mu_e + \left(\frac{\mathrm{d}\mu}{\mathrm{d}x}\right)_e x + \frac{1}{2!}\left(\frac{\mathrm{d}^2\mu}{\mathrm{d}x^2}\right)_e x^2 + \cdots \tag{6.5}$$

où l'indice « e » correspond à la configuration d'équilibre. Le moment de transition, donné par l'équation (6.4), devient alors

$$\mathbf{R}_\upsilon = \mu_e \int \Psi_\upsilon'^{*} \Psi_\upsilon'' \,\mathrm{d}x + \left(\frac{\mathrm{d}\mu}{\mathrm{d}x}\right)_e \int \Psi_\upsilon'^{*} x \Psi_\upsilon'' \,\mathrm{d}x + \cdots \tag{6.6}$$

Comme Ψ_υ' et Ψ_υ'' sont les fonctions propres du même hamiltonien, donné par l'équation (1.65), elles sont orthogonales, ce qui signifie que, si $\upsilon' \neq \upsilon''$,

$$\int \Psi_\upsilon'^{*} \Psi_\upsilon'' \,\mathrm{dx} = 0 \tag{6.7}$$

L'équation (6.6) devient alors

$$\mathbf{R}_\upsilon = \left(\frac{\mathrm{d}\mu}{\mathrm{d}x}\right)_e \int \Psi_\upsilon'^{*} x \Psi_\upsilon'' \,\mathrm{d}x + \cdots \tag{6.8}$$

Le premier terme de cette série est non nul si

$$\Delta\upsilon = \pm 1 \tag{6.9}$$

ce qui constitue la règle de sélection vibrationnelle. La règle de sélection est en fait $\Delta\upsilon = +1$, puisque $\Delta\upsilon$ correspond à υ(supérieur) $-\upsilon$(inférieur). Dans le cas de l'oscillateur harmonique, où les espacements des niveaux sont tous les mêmes, toutes les transitions obéissant à cette règle de sélection sont en coïncidence, avec un nombre d'onde ω.

Si le spectre est observé en absorption, comme c'est fréquemment le cas, et à température normale, les intensités des transitions décroissent rapidement lorsque υ'' augmente, car la population N_υ du niveau vibrationnel υ est reliée à N_0 par le facteur de Boltzmann

$$\frac{N_\upsilon}{N_0} = \exp\left(-\frac{E_\upsilon}{kT}\right) \tag{6.10}$$

obtenu à partir de l'équation (2.11).

Chaque transition observée en phase gazeuse donne lieu à ce que l'on appelle une « bande » dans le spectre. Le terme « raie » est réservé à la description des transitions entre niveaux rotationnels associés à chacun des deux niveaux vibrationnels, donnant lieu à la structure fine de la bande. Néanmoins, en phase solide ou liquide, où la structure fine n'est pas présente, chaque transition vibrationnelle est parfois appelée raie plutôt que bande.

Toutes les bandes avec $\upsilon'' \neq 0$ sont appelées bandes chaudes car, comme l'indique l'équation (6.10), les populations des niveaux inférieurs dans ces transitions, et par conséquent les intensités des transitions, croissent avec la température.

Les intensités des transitions sont également proportionnelles à $|\mathbf{R}_\upsilon|^2$ et par conséquent, d'après l'équation (6.8), à $(\mathrm{d}\mu/\mathrm{d}x)_e^2$. La figure 6.1 montre comment varie le module μ du moment dipolaire avec la distance internucléaire, dans une molécule diatomique hétéronucléaire typique. Bien sûr, $\mu \to 0$ lorsque $r \to 0$ car les noyaux coalescent. Pour les diatomiques neutres, $\mu \to 0$ lorsque $r \to \infty$ car la molécule se dissocie en atomes neutres. Par conséquent, entre $r = 0$ et ∞, μ présente un maximum. La figure 6.1 a été tracée avec ce maximum en $r < r_e$, ce qui donne une pente $\mathrm{d}\mu/\mathrm{d}r$ négative en r_e. Si le maximum avait été en $r > r_e$, la pente aurait été positive en r_e. Il est possible d'avoir le maximum en r_e, dans ce cas $\mathrm{d}\mu/\mathrm{d}r = 0$ en r_e et la transition $\Delta\upsilon = 1$, bien qu'autorisée, a une intensité nulle.

Il est important de noter que, d'une manière générale, les règles de sélection spectroscopiques nous indiquent si une transition *peut* se produire, mais ne donnent pas les intensités, qui peuvent être accidentellement nulles ou très faibles.

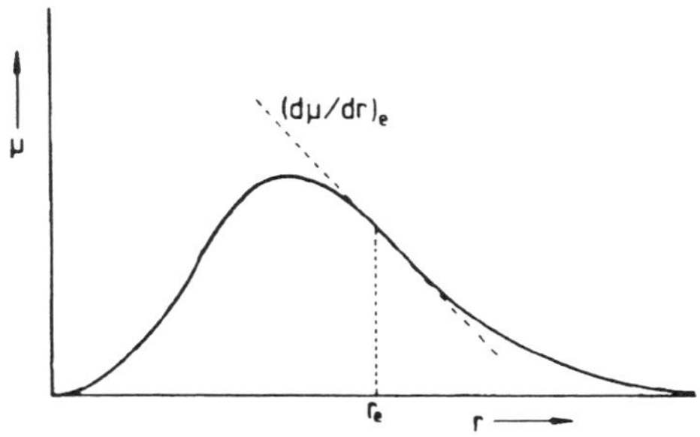

Fig. 6.1 — *Variation du moment dipolaire avec la distance internucléaire dans une molécule diatomique hétéronucléaire.*

6.1.2 Spectres Raman

Dans les deux cas de molécules diatomiques, homonucléaires et hétéronucléaires, la polarisabilité (voir section 5.3.2) varie pendant le mouvement de vibration, conduisant à un effet Raman vibrationnel. Cette variation peut être visualisée par l'expansion et la contraction de l'ellipsoïde de polarisabilité (figure 5.14) en fonction de l'accroissement et de la diminution de la longueur de liaison, dus à la vibration. Un traitement classique, analogue à celui effectué à la section 5.3.2 dans le cas de la rotation, conduit à une variation, avec le temps, du moment dipolaire μ induit par l'irradiation de l'échantillon à l'aide d'un rayonnement monochromatique intense de nombre d'onde $\tilde{\nu}$, donnée par

$$\mu = \alpha_{0,\upsilon} A \sin 2\pi c \tilde{\nu} t - \frac{1}{2} \alpha_{1,\upsilon} A \cos 2\pi c(\tilde{\nu} + \omega)t + \frac{1}{2} \alpha_{1,\upsilon} A \cos 2\pi c(\tilde{\nu} - \omega)t \qquad (6.11)$$

Dans cette équation, $\alpha_{0,\upsilon}$ est la polarisabilité moyenne pendant la vibration, $\alpha_{1,\upsilon}$ est l'amplitude de la variation de polarisabilité due à la vibration, A est l'amplitude du champ électrique oscillant associé au rayonnement incident (équation 5.44) et ω est le nombre d'onde vibrationnel. L'équation (6.11) est similaire à l'équation (5.46) pour la rotation, mis à part le fait que les deuxième et troisième termes de l'équation (6.11) sont associés à une diffusion Raman avec des nombres d'onde $(\tilde{\nu} + \omega)$ et $(\tilde{\nu} - \omega)$, correspondant respectivement aux diffusions anti-Stokes et Stokes. Tandis que pour la rotation α varie avec le double de la fréquence rotationnelle, pendant un cycle vibrationnel complet, α présente une seule période et par conséquent varie avec la même fréquence que la fréquence de vibration. Ceci justifie l'absence de facteur deux dans l'équation (6.11) par rapport à l'équation (5.46).

Comme pour le moment dipolaire, la variation de la polarisabilité avec le déplacement vibrationnel x peut être exprimée à l'aide d'un développement en série de Taylor

$$\alpha = \alpha_e + \left(\frac{\mathrm{d}\alpha}{\mathrm{d}x}\right)_e x + \frac{1}{2!}\left(\frac{\mathrm{d}^2\alpha}{\mathrm{d}x^2}\right)_e x^2 + \cdots \tag{6.12}$$

Par analogie avec l'équation (6.6), le moment de transition vibrationnel Raman $\mathbf{R}_\upsilon$ est donné par

$$\mathbf{R}_\upsilon = \left(\frac{\mathrm{d}\alpha}{\mathrm{d}x}\right)_e A \int \Psi_\upsilon'^{*} x \Psi_\upsilon'' \,\mathrm{d}x + \cdots \tag{6.13}$$

et le premier terme est non nul seulement si

$$\Delta\upsilon = \pm 1 \tag{6.14}$$

ce qui constitue la règle de sélection Raman vibrationnelle. Elle est la même que pour les transitions vibrationnelles dans l'infrarouge, mais l'avantage de la spectroscopie Raman vibrationnelle réside dans le fait que les transitions sont autorisées, que les molécules diatomiques soient homonucléaires ou hétéronucléaires.

Les intensités des transitions Raman sont proportionnelles à $|\mathbf{R}_\upsilon|^2$ et par conséquent, d'après l'équation (6.13), à $(\mathrm{d}\alpha/\mathrm{d}x)_e^2$. Puisque α est un tenseur, on ne peut pas représenter facilement sa variation avec x : au lieu de cela, nous utilisons la polarisabilité moyenne $\overline{\alpha}$, donnée par

$$\overline{\alpha} = \tfrac{1}{3}(\alpha_{xx} + \alpha_{yy} + \alpha_{zz}) \tag{6.15}$$

La figure 6.2 montre une variation typique de $\overline{\alpha}$ avec r ; $\mathrm{d}\overline{\alpha}/\mathrm{d}r$ est généralement positif et, contrairement à $\mathrm{d}\mu/\mathrm{d}r$ dans la figure 6.1, varie peu avec r. Pour cette raison, les intensités vibrationnelles Raman sont moins sensibles que les intensités dans l'infrarouge à l'environnement de la molécule, comme le solvant dans un spectre en solution.

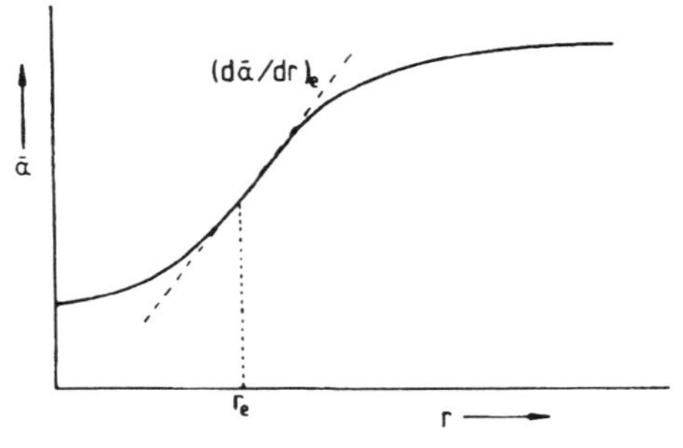

Fig. 6.2 — *Variation de la polarisabilité moyenne en fonction de la distance internucléaire dans une molécule diatomique.*

Le mécanisme des transitions vibrationnelles Raman de types Stokes et anti-Stokes est analogue à celui des transitions rotationnelles, illustré dans la figure 5.16. Comme le montre la figure 6.3, une radiation monochromatique intense peut faire passer la molécule de l'état $\upsilon = 0$ à un état virtuel V_0. Elle peut ensuite retourner à $\upsilon = 0$ par un processus de diffusion Rayleigh, ou à $\upsilon = 1$ par une transition Raman de type Stokes. Elle peut passer de l'état $\upsilon = 1$ à l'état virtuel V_1 et retourner à $\upsilon = 1$ (Rayleigh) ou à $\upsilon = 0$ (Raman de type anti-Stokes).

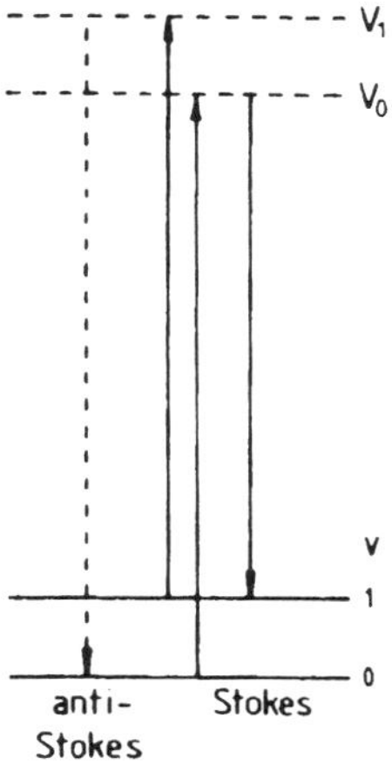

Fig. 6.3 — *Diffusion Raman de types Stokes et anti-Stokes.*

Cependant, dans de nombreuses molécules à la température ordinaire, la population initiale de l'état $\upsilon = 1$ est si faible que les transitions anti-Stokes sont trop peu intenses pour être observées.

6.1.3 Anharmonicité

6.1.3.1 Anharmonicité électrique

Les équations (6.5) et (6.12) contiennent des termes au second ordre et à des puissances plus élevées en x. Si les expressions du moment dipolaire μ et de la polarisabilité α étaient linéaires en x, on dirait alors que μ et α varient de façon harmonique avec x. L'effet des termes plus élevés s'appelle anharmonicité, et comme ce type particulier d'anharmonicité est relatif aux propriétés électriques des molécules, on parle d'anharmonicité électrique. Un de ses effets est d'induire une modification de la règle de sélection vibrationnelle $\Delta\upsilon = \pm 1$ des spectroscopies infrarouge et Raman, en $\Delta\upsilon = \pm 1, \pm 2, \pm 3, \ldots$. Néanmoins, comme l'anharmonicité électrique est en général petite, l'effet ne provoque qu'une très faible contribution aux intensités des transitions $\Delta\upsilon = \pm 2, \pm 3, \ldots$, qu'on appelle des harmoniques.

6.1.3.2 Anharmonicité mécanique

De même que le comportement électrique d'une molécule diatomique réelle n'est pas exactement harmonique, son comportement mécanique ne l'est pas non plus. La fonction potentiel, les niveaux d'énergie vibrationnelle, et les fonctions d'onde présentées dans la figure 1.13, ont été obtenus en supposant que le mouvement vibrationnel obéit à la loi de Hooke, exprimée par l'équation (1.63), mais cette hypothèse n'est raisonnable que lorsque r n'est pas très différent de r_e, c'est-à-dire lorsque x est petit. Aux grandes valeurs de r, on sait que la molécule se dissocie : deux atomes neutres sont formés et, puisqu'ils n'interagissent plus l'un avec l'autre, la constante de force est nulle et r peut alors augmenter jusqu'à l'infini, sans variation de l'énergie potentielle V. Par conséquent, la courbe d'énergie potentielle devient plate à $V = D_e$, où D_e est l'énergie de dissociation, mesurée par rapport à l'énergie potentielle d'équilibre, comme le montre la figure 6.4. Lors de l'approche de la dissociation,

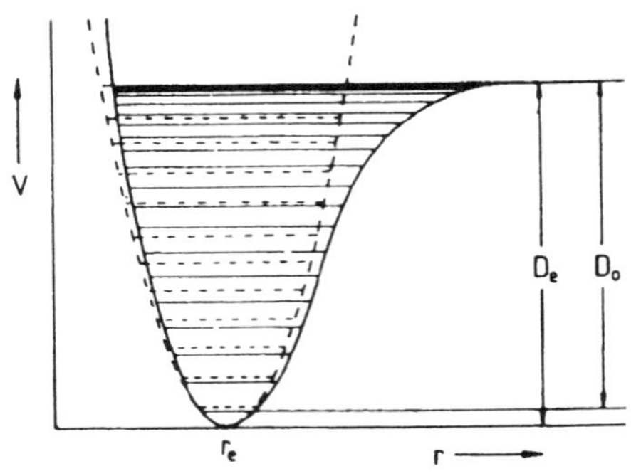

Fig. 6.4 — *Courbe d'énergie potentielle et niveaux d'énergie d'une molécule diatomique se comportant comme un oscillateur anharmonique, comparés à ceux d'un oscillateur harmonique (courbe de tirets).*

la constante de force k tend vers 0 et la liaison devient plus faible. Cet effet donne une courbe d'énergie potentielle moins élevée que pour un oscillateur harmonique, lorsque $r > r_e$, comme le montre la figure. Aux petites valeurs de r, les charges positives des deux noyaux causent une répulsion mutuelle, qui s'oppose de plus en plus à leur approche. Par conséquent, la courbe d'énergie potentielle est plus abrupte que pour un oscillateur harmonique, comme le montre également la figure. Les déviations observées dans la courbe d'une molécule réelle, par rapport à celle qui résulte de l'approximation de l'oscillateur harmonique, sont dues à l'anharmonicité mécanique.

Les molécules peuvent présenter les deux anharmonicités, électrique et mécanique, mais cette dernière est généralement beaucoup plus importante, et on définit habituellement un oscillateur harmonique comme étant harmonique au sens mécanique. Il est donc possible qu'un oscillateur harmonique présente une anharmonicité électrique.

Un effet de l'anharmonicité mécanique est de modifier la règle de sélection vibrationnelle infrarouge et Raman, $\Delta \upsilon = \pm 1$, en $\Delta \upsilon = \pm 1, \pm 2, \pm 3$ ..., mais les transitions harmoniques, avec $\Delta \upsilon = \pm 2, \pm 3$ ..., sont généralement faibles par rapport aux transitions $\Delta \upsilon = \pm 1$. Puisque l'anharmonicité électrique a aussi cet effet, les deux types d'anharmonicité peuvent contribuer aux intensités des harmoniques.

Par contre, contrairement à l'anharmonicité électrique, l'anharmonicité mécanique modifie les valeurs des termes vibrationnels et les fonctions d'onde. Les valeurs des termes de l'oscillateur harmonique, de l'équation (6.3), sont modifiées sous forme d'un développement en puissances de $(\upsilon + \frac{1}{2})$:

$$G(\upsilon) = \omega_e(\upsilon + \tfrac{1}{2}) - \omega_e x_e(\upsilon + \tfrac{1}{2})^2 + \omega_e y_e(\upsilon + \tfrac{1}{2})^3 + \ldots \qquad (6.16)$$

où ω_e est le nombre d'onde de vibration qu'un oscillateur classique aurait pour un déplacement infinitésimal par rapport à l'équilibre. $\omega_e x_e$, $\omega_e y_e$, ... sont des constantes anharmoniques et sont écrites de cette façon plutôt que, par exemple, x_e, y_e,..., car les premiers auteurs ont écrit l'équation (6.16) sous la forme

$$G(\upsilon) = \omega_e\,[(\upsilon + \tfrac{1}{2}) - x_e(\upsilon + \tfrac{1}{2})^2 + y_e(\upsilon + \tfrac{1}{2})^3 + \ldots] \qquad (6.17)$$

La raison du signe négatif dans le deuxième terme du développement est que la constante $\omega_e x_e$ a le même signe pour toutes les molécules diatomiques et avec le signe négatif, $\omega_e x_e$ est toujours positif. Les termes suivants du développement peuvent être positifs ou négatifs.

Il y a une décroissance rapide des valeurs dans la série ω_e, $\omega_e x_e$, $\omega_e y_e$, ... Par exemple, pour $^1H^{35}Cl$, $\omega_e = 2\,990{,}946$ cm^{-1}, $\omega_e x_e = 52{,}818\,6$ cm^{-1}, $\omega_e y_e = 0{,}224\,4$ cm^{-1}, $\omega_e z_e = -0{,}012\,2$ cm^{-1}. L'effet de la valeur positive de $\omega_e x_e$ est de rapprocher les niveaux d'énergie lorsque υ croît. Dans la figure 6.4, les niveaux d'énergie correspondants sont comparés à ceux d'un oscillateur harmonique ayant une séparation constante. Les niveaux de l'oscillateur anharmonique convergent vers la limite de dissociation D_e, au-dessus de laquelle il y a un continuum de niveaux. Un effet des modifications des valeurs des termes par rapport à celles de l'oscillateur harmonique est que ω_e ne peut plus être mesuré directement. Les nombres d'onde $\Delta G_{\upsilon+1/2}$ pour les transitions $(\upsilon+1)-\upsilon$ [1] sont donnés par

$$\Delta G_{\upsilon+1/2} = G(\upsilon+1) - G(\upsilon) = \omega_e - \omega_e x_e(2\upsilon+2) + \omega_e y_e(3\upsilon^2 + 6\upsilon + \tfrac{13}{4}) + \ldots \quad (6.18)$$

Afin de déterminer ω_e et $\omega_e x_e$, il faut obtenir au moins deux transitions, par exemple $G(1) - G(0) = \omega_0$ et $G(2) - G(1) = \omega_1$.

L'énergie de dissociation est donnée, approximativement, par

$$D_e \approx \frac{\omega_e^2}{4\omega_e x_e} \quad (6.19)$$

l'approximation étant due au fait que toutes les constantes anharmoniques autres que $\omega_e x_e$ sont négligées.

Exercice corrigé 6.1

Énoncé. A partir des séparations suivantes entre les niveaux vibrationnels dans l'état électronique fondamental de CO, déterminer les valeurs de ω_e et $\omega_e x_e$, ainsi qu'une valeur approchée de l'énergie de dissociation D_e :

$\upsilon' - \upsilon''$	1 – 0	2 – 1	3 – 2	4 – 3	5 – 4	6 – 5
$[G(\upsilon+1) - G(\upsilon)]$/cm^{-1}	2 143,1	2 116,1	2 088,9	2 061,3	2 033,5	2 005,5

Solution. En utilisant l'équation (6.18) et en négligeant le terme en $\omega_e x_e$ et les termes plus élevés, on obtient

$$G(\upsilon+1) - G(\upsilon) = \omega_e - 2\omega_e x_e(\upsilon+1)$$

Le tracé de $G(\upsilon+1) - G(\upsilon)$ en fonction de $(\upsilon+1)$ donne une droite de pente $-2\omega_e x_e$ et d'ordonnée à l'origine ω_e. En utilisant un programme informatique pour ajuster les données à une droite avec la méthode des moindres carrés, on obtient

$$\omega_e = 2\,171{,}1 \pm 0{,}4 \text{ cm}^{-1}$$

$$\omega_e x_e = 13{,}8 \pm 0{,}1 \text{ cm}^{-1}$$

Les incertitudes données ici sont les déviations standard.

Expérimentalement, l'énergie de dissociation ne peut être mesurée que par rapport au niveau de point zéro et est symbolisée par D_0. Il est évident, à partir de la figure 6.4, que

$$D_0 = \sum_{\upsilon} \Delta G_{\upsilon+1/2} \quad (6.20)$$

Si on néglige toutes les constantes anharmoniques autres que $\omega_e x_e$, $\Delta G_{\upsilon+1/2}$ est une

1. Noter que le nombre quantique de l'état supérieur de la transition est donné en premier et le nombre quantique de l'état inférieur en second.

fonction linéaire de v (équation 6.18) et D_0 est l'aire sous la courbe $\Delta G_{v+1/2}$ en fonction de v, indiquée par une ligne de tirets sur la figure 6.5. Dans de nombreux cas, seules les premières valeurs de ΔG peuvent être observées, et il faut faire une extrapolation linéaire à $\Delta G_{v+1/2} = 0$. On appelle cela l'extrapolation de Birge-Sponer et l'aire sous la droite extrapolée donne une valeur approchée de D_0. Cependant, la plupart des tracés dévient considérablement de la linéarité aux grands v, de la façon indiquée dans la figure 6.5, ce qui fait que la valeur de D_0 est généralement surestimée. Normalement, on ne peut pas obtenir les valeurs de $\Delta G_{v+1/2}$ pour les valeurs élevées de v à partir de la spectroscopie infrarouge ou Raman, à cause de la faible intensité des transitions $\Delta v = \pm 2, \pm 3, \ldots$ et de la faible population des niveaux d'énergie vibrationnelle excités. L'information sur les niveaux vibrationnels supérieurs est tirée principalement de la spectroscopie électronique d'émission (chapitre 7).

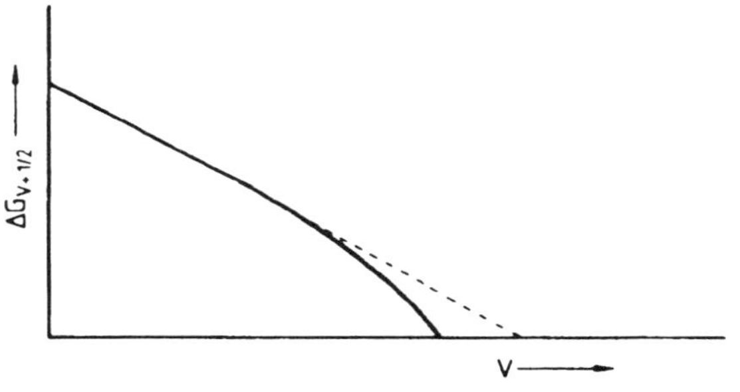

Fig. 6.5 — *Extrapolation de Birge-Sponer (ligne de tirets) pour la détermination de D_0. Dans un cas typique, les points réels se situent sur la courbe continue.*

L'énergie de dissociation D_e n'est pas modifiée par substitution isotopique, car la courbe d'énergie potentielle, donc la constante de force, ne sont pas affectées par le nombre de neutrons dans le noyau. Par contre, les niveaux d'énergie vibrationnelle sont modifiés à cause de la variation de ω avec la masse (ω est proportionnel à $\mu^{-1/2}$ où μ est la masse réduite), ce qui donne à D_0 une dépendance isotopique. D_0 est inférieur à D_e d'une valeur égale à l'énergie de point zéro. La valeur du terme $G(0)$, correspondant à l'énergie de point zéro, est donnée par

$$G(0) = \frac{1}{2}\omega_e - \frac{1}{4}\omega_e x_e + \frac{1}{8}\omega_e y_e + \ldots \tag{6.21}$$

Par exemple, ω_e est plus petit pour $^2H_2$ que pour $^1H_2$, donc

$$D_0(^2H_2) > D_0(^1H_2) \tag{6.22}$$

Une conséquence importante de la dépendance isotopique de D_0 est que si une réaction chimique nécessite une dissociation de liaison dans une étape cinétiquement déterminante, la vitesse de la réaction augmente par substitution par un isotope plus lourd à l'une des extrémités de la liaison. La substitution de ^1H par ^2H est particulièrement efficace pour réduire la vitesse de réaction, car l'effet sur D_0 est relativement grand.

A cause des effets de l'anharmonicité mécanique — que nous nommerons simplement anharmonicité par la suite, car on rencontre moins fréquemment l'anharmonicité électrique — les fonctions d'onde vibrationnelles sont également modifiées par rapport à celles de l'oscillateur harmonique. La figure 6.6 présente quelques fonctions d'onde et fonctions densités de probabilité $(\psi_v^* \psi_v)^2$, pour un oscillateur anharmonique. Par comparaison avec les fonctions d'onde de l'oscillateur harmonique de la figure 1.13, l'asymétrie accroît l'amplitude de ψ_υ et de $(\psi_\upsilon^* \psi_\upsilon)^2$ du côté où la courbe de potentiel est en pente douce, par rapport au côté abrupt.

En 1929, Morse a proposé la fonction

$$V(x) = D_e[1 - \exp(-ax)]^2 \tag{6.23}$$

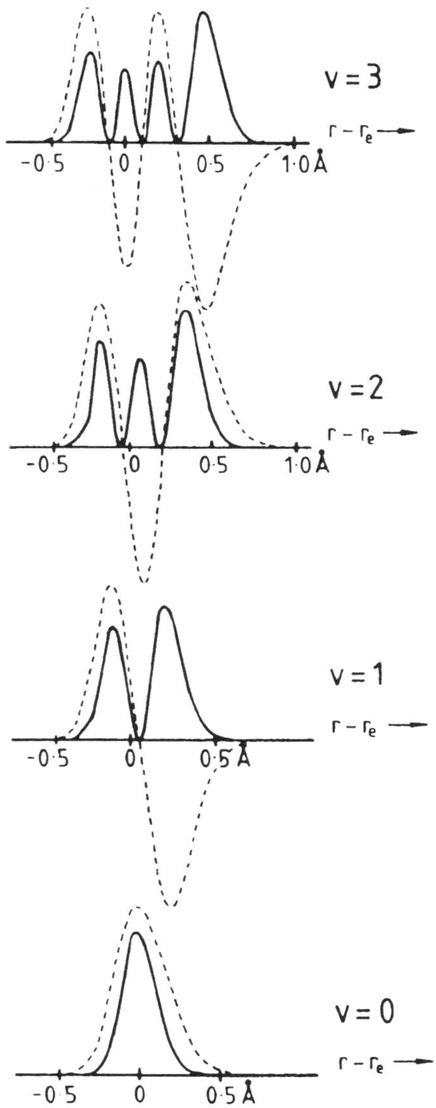

Fig. 6.6 — ψ_υ *(courbes pointillées) et* $(\psi_\upsilon^* \psi_\upsilon)^2$ *(courbes continues) pour* $\upsilon = 0$ *à 3 pour un oscillateur anharmonique.*

pour décrire le potentiel relatif au comportement de l'oscillateur anharmonique. Dans la fonction de Morse, $x = r - r_e$, et a et D_e sont des constantes caractéristiques d'un état électronique particulier de la molécule — ici l'état électronique fondamental. Pour cette fonction, $V(x) \rightarrow D_e$ lorsque $x \rightarrow \infty$, comme ce doit être le cas. Au contraire, lorsque $r \rightarrow 0$, c'est-à-dire lorsque $x \rightarrow -r_e$, $V(x)$ devient grand mais *non infini*. Ce défaut de la fonction de Morse n'est pas aussi grave qu'il y paraît, car la région où $r \rightarrow 0$ a peu d'importance sur le plan expérimental. Les valeurs des termes vibrationnels provenant de la courbe de Morse ne font intervenir que les termes en $(\upsilon + \frac{1}{2})$ et $(\upsilon + \frac{1}{2})^2$ mais, bien que l'utilisation quantitative de la fonction soit limitée, sa manipulation aisée explique sa grande popularité par rapport à d'autres fonctions, plus précises, mais bien plus compliquées.

6.1.4 Spectroscopie de vibration-rotation

6.1.4.1 Spectres dans l'infrarouge

Nous avons vu dans la section 5.2.1.4 qu'il y a un jeu de niveaux d'énergie rotationnelle associé à chaque niveau vibrationnel. En spectroscopie rotationnelle, on observe des transitions entre les niveaux d'énergie rotationnelle d'un même niveau vibrationnel (en général $\upsilon = 0$). En spectroscopie de vibration-rotation (ou rovibrationnelle), on observe des transitions entre des jeux de niveaux d'énergie rotationnelle associés à deux niveaux vibrationnels différents. Ces transitions accompagnent toutes les transitions vibrationnelles mais, alors qu'on peut observer les transitions vibrationnelles même lorsque l'échantillon est en phase liquide ou solide, les transitions rotationnelles ne peuvent être observées qu'en phase gazeuse à basse pression et en général dans un processus d'absorption.

Lorsqu'une molécule possède à la fois une énergie rotationnelle et vibrationnelle, les valeurs totales des termes, S, sont égales à la somme des valeurs des termes rotationnels $F_\upsilon(J)$, donnés par l'équation (5.23) et des termes vibrationnels $G(\upsilon)$, donnés par l'équation (6.16) :

$$S = G(\upsilon) + F_\upsilon(J) = \omega_e(\upsilon + \tfrac{1}{2}) - \omega_e x_e(\upsilon + \tfrac{1}{2})^2 + \ldots + B_\upsilon J(J+1) - D_\upsilon J^2(J+1)^2 \quad (6.24)$$

La figure 6.7(a) illustre les niveaux d'énergie rotationnelle associés à deux niveaux vibrationnels υ' (supérieur) et υ'' (inférieur), entre lesquels la transition vibrationnelle est autorisée par la règle de sélection $\Delta\upsilon = \pm 1$. La règle de sélection rotationnelle gouvernant la transition entre les deux jeux de niveaux est

$$\Delta J = \pm 1 \quad (6.25)$$

ce qui donne une branche R ($\Delta J = +1$) et une branche P ($\Delta J = -1$). Chaque transition est notée $R(J)$ ou $P(J)$, où J représente J'', valeur de J pour l'état inférieur. Le fait que $\Delta J = 0$ soit interdite signifie qu'on n'observe pas de transition purement vibrationnelle. La position où elle se produirait s'appelle le centre de bande. Des molécules comme l'oxyde nitrique, qui possèdent un moment angulaire électronique dans l'état électronique fondamental, font exception à cette règle de sélection. La règle de sélection rotationnelle pour ce type de molécule est

$$\Delta J = 0, \pm 1 \quad (6.26)$$

et la transition $(J' = 0) - (J'' = 0)$, première raie de la branche Q ($\Delta J = 0$), marque le centre de la bande.

Le type de bande rovibrationnelle présenté dans la figure 6.8 est plus courant. Ce spectre a été obtenu avec un spectromètre à réseau, ayant une résolution d'environ 2 cm^{-1}, et montre la transition $\upsilon = 1 - 0$ dans $^1H^{35}Cl$ et $^1H^{37}Cl$. Les isotopes ^{35}Cl et ^{37}Cl existent naturellement

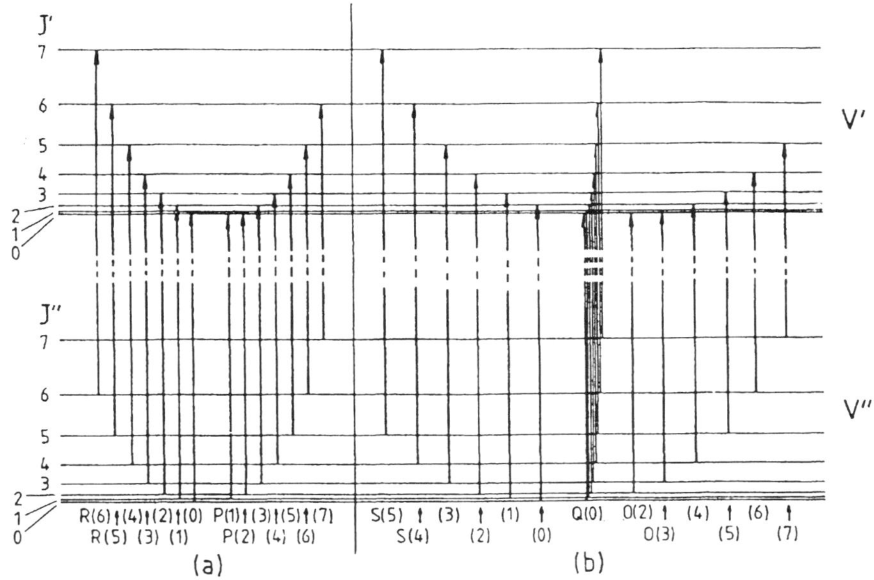

Fig. 6.7 — *Transitions rotationnelles accompagnant une transition vibrationnelle dans (a) un spectre infrarouge, et (b) un spectre Raman d'une molécule diatomique.*

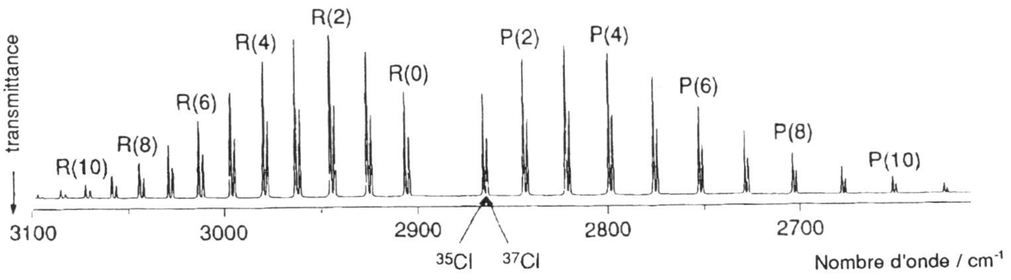

Fig. 6.8 — *Spectre infrarouge $v = 1$–0 de $^1H^{35}Cl$ et $^1H^{37}Cl$, montrant la structure rotationnelle des branches P et R.*

avec une abondance dans le rapport 3 : 1. La bande due à $^1H^{37}Cl$ est déplacée vers les faibles nombres d'onde par rapport à celle de $^1H^{35}Cl$, à cause de la masse réduite plus grande (voir équation 6.2).

Il est évident, à partir de la figure 6.8, que la bande de chaque isotope est pratiquement symétrique par rapport au centre de bande correspondant et qu'il y a approximativement un espacement égal entre les raies de la branche R et entre les raies de la branche P, avec deux fois cet écart entre les premières raies des branches R et P, $R(0)$ et $P(1)$. Cet espacement entre $R(0)$ et $P(1)$, parfois appelé *gap* zéro, est la région dans laquelle se trouve le centre de bande.

La symétrie approchée de la bande est due au fait que $B_1 \approx B_0$, c'est-à-dire que la constante d'interaction vibration-rotation est faible (équation 5.25). Si on suppose que

$B_1 = B_0 = B$, et que l'on néglige la distorsion centrifuge, les nombres d'onde des transitions de la branche R, $\tilde{\nu}[R(J)]$, sont donnés par

$$\tilde{\nu}[R(J)] = \omega_0 + BJ(J+1)(J+2) - BJ(J+1) = \omega_0 + 2BJ + 2B \tag{6.27}$$

où ω_0 est le nombre d'onde de la transition purement vibrationnelle. De la même façon, les nombres d'onde des transitions de la branche P, $\tilde{\nu}[P(J)]$, sont donnés par

$$\tilde{\nu}[P(J)] = \omega_0 + BJ(J-1)J - BJ(J+1) = \omega_0 - 2BJ \tag{6.28}$$

On déduit des équations (6.27) et (6.28) le *gap* zéro, $\tilde{\nu}[R(0)] - \tilde{\nu}[P(1)]$, égal à $4B$ et l'espacement, égal à $2B$, entre les raies adjacentes de la branche R et les raies adjacentes de la branche P, d'où la symétrie approximative de la bande.

Un examen plus approfondi de la figure 6.8 révèle que les bandes ne sont pas totalement symétriques, mais montrent une convergence dans la branche R et une divergence dans la branche P. Ce comportement est dû principalement à la différence entre B_0 et B_1, et il y a suffisamment d'information dans la bande pour permettre la détermination de ces deux quantités séparément. La méthode, tout à fait courante en spectroscopie, utilise des relations de combinaisons. Le principe est que, si on souhaite obtenir une information sur une série d'états inférieurs et une série d'états supérieurs entre lesquels se produisent des transitions, les différences de nombres d'onde entre les transitions de même état supérieur ne dépendent que des propriétés des états inférieurs. De la même manière, les différences de nombres d'onde entre des transitions de même état inférieur ne dépendent que des propriétés des états supérieurs.

Dans le cas d'une bande de vibration-rotation, il est clair, d'après la figure 6.7(a), que, comme $R(0)$ et $P(2)$ ont un même état supérieur avec $J' = 1$, alors $\tilde{\nu}[R(0)] - \tilde{\nu}[P(2)]$ est une fonction de B'' seulement. Les transitions $R(1)$ et $P(3)$ ont $J' = 2$ en commun et, d'une manière générale, $\tilde{\nu}[R(J-1)] - \tilde{\nu}[P(J+1)]$, habituellement écrit $\Delta_2''F(J)$[1], est une fonction de B'' seulement. Si l'on néglige à nouveau la distorsion centrifuge, la fonction est donnée par

$$\begin{aligned}\Delta_2''F(J) &= \tilde{\nu}[R(J-1)] - \tilde{\nu}[P(J+1)]\\ &= \omega_0 + B'J(J+1) - B''(J-1)J - [\omega_0 + B'J(J+1) - B''(J+1)(J+2)]\\ &= 4B''(J+\tfrac{1}{2})\end{aligned} \tag{6.29}$$

Après attribution et mesure des nombres d'onde des raies rotationnelles, le graphe de $\Delta_2''F(J)$ en fonction de $(J+\frac{1}{2})$ est une droite de pente $4B''$.

De la même manière, comme toutes les paires de transitions $R(J)$ et $P(J)$ ont le même état inférieur, $\tilde{\nu}[R(J)] - \tilde{\nu}[P(J)]$ est une fonction de B' seulement et on a

$$\begin{aligned}\Delta_2'F(J) &= \tilde{\nu}[R(J)] - \tilde{\nu}[P(J)]\\ &= \omega_0 + B'(J+1)(J+2) - B''J(J+1) - [\omega_0 + B'(J-1)J - B''J(J+1)]\\ &= 4B'(J+\tfrac{1}{2})\end{aligned} \tag{6.30}$$

et le graphe de $\Delta_2'F(J)$ en fonction de $(J+\frac{1}{2})$ est une droite de pente $4B'$.

Le centre de la bande n'est pas tout à fait à mi-chemin entre $R(0)$ et $P(1)$, mais son nombre d'onde peut être obtenu à partir de

$$\omega = \tilde{\nu}[R(0)] - 2B' = \tilde{\nu}[P(1)] + 2B'' \tag{6.31}$$

Tous les effets de la distorsion centrifuge se manifestent par une légère courbure des graphes $\Delta_2''F(J)$ en fonction de $(J+\frac{1}{2})$. Si l'on inclut le terme $-DJ^2(J+1)^2$, dans l'expression

1. La raison de l'indice 2 dans le symbole Δ_2'' F(J) est liée au fait qu'il s'agit des différences entre valeurs de termes rotationnels pour lesquels J diffère de 2, dans un état vibrationnel donné.

de la valeur du terme rotationnel, comme dans l'équation (6.24), on obtient

$$\Delta_2''F(J) = (4B'' - 6D'')(J + \tfrac{1}{2}) - 8D''(J + \tfrac{1}{2})^3 \tag{6.32}$$

et

$$\Delta_2'F(J) = (4B' - 6D')(J + \tfrac{1}{2}) - 8D'(J + \tfrac{1}{2})^3 \tag{6.33}$$

Le graphe de $\Delta_2''F(J)/(J + \frac{1}{2})$ en fonction de $(J + \frac{1}{2})^2$ est une droite de pente $8D''$ et l'ordonnée à l'origine est $4B''$ (ou plus exactement $(4B'' - 6D'')$, mais $6D''$ est trop faible pour affecter l'ordonnée à l'origine). De même, le graphe de $\Delta_2'F(J)/(J + \frac{1}{2})$ en fonction de $(J + \frac{1}{2})^2$ est une droite de pente $8D'$ et l'ordonnée à l'origine est $4B'$.

Si on peut obtenir B_υ pour au moins deux niveaux vibrationnels, par exemple B_0 et B_1, on peut obtenir B_e et la constante d'interaction vibration-rotation α à partir de l'équation (5.25). Le tableau 6.2 donne des valeurs de B_e et de α, ainsi que d'autres constantes pour $^1H^{35}Cl$.

La distribution d'intensité des transitions rotationnelles de la bande de vibration-rotation est gouvernée principalement par la distribution de Boltzmann des populations des états initiaux, ce qui donne

$$\frac{N_{J''}}{N_0} = (2J'' + 1)\exp\left[-\frac{hcB''J''(J''+1)}{kT}\right] \tag{6.34}$$

comme pour les transitions purement rotationnelles (équation 5.15).

Tab. 6.2 — *Constantes rotationnelles et vibrationnelles de* $^1H^{35}Cl$.

$\upsilon = 0$	$\upsilon = 1$
B_0 = 10,440 254 cm^{-1}	B_1 = 10,136 228 cm^{-1}
D_0 = 5,282 8 × 10^{-4} cm^{-1}	D_1 = 5,215 7 × 10^{-4} cm^{-1}
ω_0 (pour une transition υ = 1–0) = 2 885,977 5 cm^{-1}	
B_e = 10,593 42 cm^{-1}	
α_e = 0,307 18 cm^{-1}	

6.1.4.2 Spectres Raman

La règle de sélection rotationnelle pour les transitions Raman de vibration-rotation dans les molécules diatomiques est

$$\Delta J = 0, \pm 2 \tag{6.35}$$

conduisant à une branche Q ($\Delta J = 0$), une branche S ($\Delta J = +2$), et une branche O ($\Delta J = -2$), comme le montre la figure 6.7(b).

La figure 6.9 présente la structure rotationnelle qui en résulte, pour la transition Raman de type Stokes, υ = 1–0, dans CO. La symétrie approchée de la bande est due, comme dans le spectre de vibration-rotation dans l'infrarouge, au fait que $B_1 \approx B_0$. Si on suppose que $B_1 = B_0 = B$, les nombres d'onde $\tilde{\nu}[S(J)]$, $\tilde{\nu}[O(J)]$ et $\tilde{\nu}[Q(J)]$ des raies des branches respectives, S, O et Q, sont donnés par

$$\tilde{\nu}[S(J)] = \omega_0 + B(J+2)(J+3) - BJ(J+1) = \omega_0 + 4BJ + 6B \tag{6.36}$$

$$\tilde{\nu}[O(J)] = \omega_0 + B(J-2)(J-1) - BJ(J+1) = \omega_0 - 4BJ + 2B \tag{6.37}$$

$$\tilde{\nu}[Q(J)] = \omega_0 \tag{6.38}$$

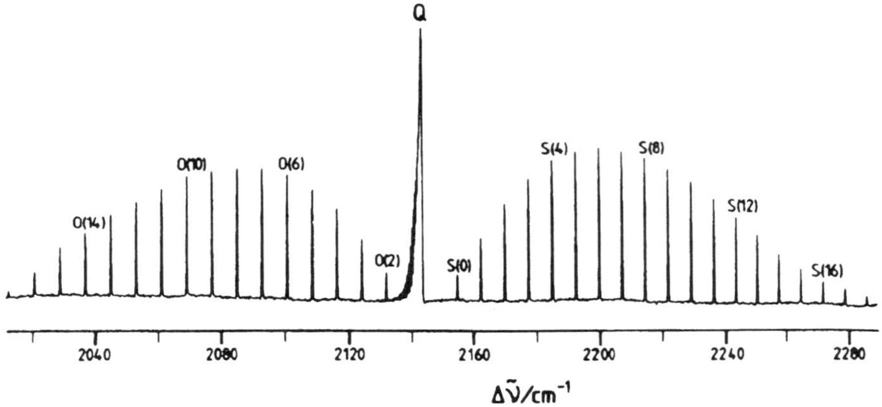

Fig. 6.9 — *Spectre Raman vibrationnel 1–0, de type Stokes, de la molécule CO, montrant la structure rotationnelle des branches O, Q et S.*

Avec cette approximation, les raies de la branche Q coïncident. La séparation de la première raie de la branche S, $S(0)$ et de la première raie de la branche O, $O(2)$ vaut $12B$, et la séparation des raies adjacentes dans la branche S ou dans la branche O est égale à $4B$.

Exercice corrigé 6.2

Énoncé. Pour $^1H^{35}Cl$, on donne les constantes rotationnelles $B_0 = 10{,}44$ cm^{-1} et $B_1 = 10{,}13$ cm^{-1} pour les niveaux vibrationnels respectifs $\upsilon = 0$ et 1, et la séparation entre ces niveaux vibrationnels, ω_0, est égale à 2 886,04 cm^{-1}. Calculer les nombres d'onde des deux premiers membres de chacune de branches O et S, dans le spectre Raman de vibration-rotation.

Solution. Pour une branche O, $\Delta J = -2$. Pour la première raie, $J'' = 2$ (état inférieur) et $J' = 0$ (état supérieur)

$$\text{donc } \tilde{\nu}[O(2)] = \omega_0 + B'J'(J'+1) - B''J''(J''+1)$$

$$= \omega_0 + 0 - 6B_0$$

$$= 2\,823{,}40 \text{ cm}^{-1}$$

et, pour la seconde raie, $J'' = 3$ et $J' = 1$

$$\tilde{\nu}[O(3)] = \omega_0 + 2B_1 - 12B_0$$

$$= 2\,781{,}02 \text{ cm}^{-1}$$

Pour une branche S, $\Delta J = +2$. Pour la première raie, $J'' = 0$ (état inférieur) et $J' = 2$ (état supérieur)

$$\text{donc } \tilde{\nu}[S(0)] = \omega_0 + B'J'(J'+1) - B''J''(J''+1)$$

$$= \omega_0 + 6B_0 - 0$$

$$= 2\,946{,}82 \text{ cm}^{-1}$$

et, pour la seconde raie, $J'' = 1$ et $J' = 3$

$$\tilde{\nu}[S(1)] = \omega_0 + 12B_1 - 2B_0$$

$$= 2\,986{,}72 \text{ cm}^{-1}$$

D'une manière plus précise, il est possible d'utiliser la méthode des différences de combinaisons, tout en continuant à négliger la distorsion centrifuge, pour obtenir B'' et B'. Les transitions avec les nombres d'onde $\tilde{\nu}[S(J-2)]$ et $\tilde{\nu}[O(J+2)]$ ont l'état inférieur commun, de sorte que la différence de combinaisons $\Delta_4''F(J)$ est une fonction de B'' seulement :

$$\Delta_4''F(J) = \tilde{\nu}[S(J-2)] - \tilde{\nu}[O(J+2)] = 8B''(J + \tfrac{1}{2}) \tag{6.39}$$

De même, les transitions possédant les nombres d'onde $\tilde{\nu}[S(J)]$ et $\tilde{\nu}[O(J)]$ ont l'état inférieur commun et

$$\Delta_4'F(J) = \tilde{\nu}[S(J)] - \tilde{\nu}[O(J)] = 8B'(J + \tfrac{1}{2}) \tag{6.40}$$

Le tracé des graphes de $\Delta_4''F(J)$ et de $\Delta_4'F(J)$ en fonction de $(J + \frac{1}{2})$ donne des droites de pentes égales respectivement à $8B''$ et $8B'$.

Les poids statistiques de spin nucléaire ont été discutés dans la section 5.3.4 ; la figure 5.18 illustre les effets sur les populations des niveaux rotationnels dans l'état $\upsilon = 0$ de $^1H_2$, $^{19}F_2$, $^2H_2$, $^{14}N_2$, et $^{16}O_2$.

Ces poids statistiques dans le spectre Raman de vibration-rotation induisent une alternance d'intensité avec J'' pair : impair égale à 1 : 3 pour $^1H_2$ et $^{19}F_2$, 6 : 3 pour $^2H_2$ et $^{14}N_2$ et, pour $^{16}O_2$, toutes les transitions de J'' pair sont absentes. Les labels « *s* » ou « *a* », donnant la symétrie ou l'antisymétrie de la fonction d'onde rotationnelle ψ_r vis-à-vis de l'échange des noyaux, sont indiqués sur la figure 5.18 pour les spectres Raman de ce type de molécules diatomiques homonucléaires.

6.2 MOLÉCULES POLYATOMIQUES

6.2.1 Vibrations de groupe

Une molécule avec N atomes possède $3N - 5$ modes normaux de vibration si elle est linéaire et $3N - 6$ si elle est non linéaire : ces expressions ont été obtenues dans la section 4.3.1.

Classiquement, on peut imaginer les mouvements de vibration d'une molécule comme étant ceux d'un ensemble de boules, représentant les noyaux, de masses différentes, reliées par des ressorts, vérifiant la loi de Hooke et représentant les différentes forces agissant entre les noyaux. Un modèle de ce type pour la molécule H_2O est illustré par la figure 6.10. Les forces plus grandes entre les noyaux liés O et H sont représentées par des ressorts de constante de force élevée, qui produisent la résistance à l'allongement des liaisons. La force plus faible entre les atomes d'hydrogène non liés est représentée par un ressort plus faible, qui correspond à la résistance à un accroissement ou une diminution de l'angle HOH. Même avec ce modèle simple, il est évident que si on déplace brusquement un des noyaux, la molécule tout entière va être soumise à un mouvement très compliqué, un mouvement de Lissajous, consistant en un mélange de variations d'angle et d'allongements de liaisons. Le

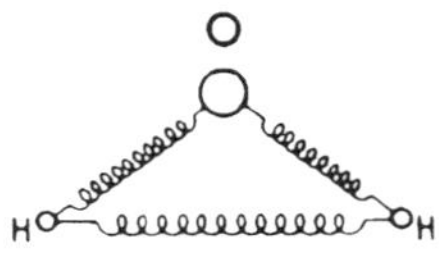

Fig. 6.10 — *Modèle de boules reliées par des ressorts pour H_2O.*

mouvement de Lissajous peut toujours être décomposé en une combinaison de ce qu'on appelle les vibrations normales du système, qui dans le mouvement de Lissajous sont superposées en une certaine proportion.

Dans un mode normal de vibration, tous les noyaux sont soumis à un mouvement harmonique, ont la même fréquence d'oscillation et se déplacent en phase, mais généralement avec des amplitudes différentes. ν_1 et ν_3 de H_2O, dans la figure 4.14, et ν_1 et ν_{4b} de NH_3 dans la figure 4.16 sont des exemples de modes normaux[1]. Les flèches appliquées aux noyaux sont des vecteurs représentant les amplitudes relatives et les directions des mouvements.

La forme des vibrations normales peut être obtenue à partir de la connaissance des longueurs et des angles de liaison ainsi que des constantes de force d'élongation des liaisons et de variation d'angle, qui mesurent les forces des différents ressorts du modèle des boules reliées par des ressorts. Néanmoins, les calculs sont complexes et ne seront pas envisagés ici, mais des références sont données dans la bibliographie.

Suivant une approximation analogue à celle que nous avons utilisée pour les molécules diatomiques, chacune des vibrations d'une molécule polyatomique peut être considérée comme harmonique. Le traitement quantique dans l'approximation de l'oscillateur harmonique montre que les valeurs des termes vibrationnels $G(v_i)$ associés à chaque vibration normale i, toutes prises non dégénérées, sont données par

$$G(v_i) = \omega_i(v_i + \tfrac{1}{2}) \tag{6.41}$$

où ω_i est le nombre d'onde vibrationnel classique et v_i le nombre quantique de vibration, qui peut prendre les valeurs 0, 1, 2, 3, ... D'une manière générale, pour des vibrations de degré de dégénérescence d_i, l'équation (6.41) devient

$$G(v_i) = \omega_i(v_i + \frac{d_i}{2}) \tag{6.42}$$

Comme pour une molécule diatomique, la règle de sélection générale de l'oscillateur harmonique pour les transitions vibrationnelles infrarouge et Raman est

$$\Delta v_i = \pm 1 \tag{6.43}$$

pour chaque vibration. Les harmoniques $\Delta v_i = \pm 2, \pm 3, \ldots$ sont autorisées, mais si l'on tient compte de l'anharmonicité elles restent généralement faibles.

De plus il y a une possibilité de combinaisons, faisant intervenir des transitions vers des états vibrationnels excités dans lesquels plus d'une vibration normale est excitée. La figure 6.11 illustre des transitions fondamentales, harmoniques et de combinaison faisant intervenir deux vibrations ν_i et ν_j.

Pour que des transitions vibrationnelles soient autorisées dans un spectre infrarouge, il faut, de plus, qu'elles soient accompagnées d'une variation du moment dipolaire et, dans un spectre Raman, d'une variation de l'amplitude du moment dipolaire induit (équation (5.43)). Ces contraintes nécessitent des règles de sélection supplémentaires, qui dépendent des propriétés de symétrie de la molécule concernée, et qui seront discutées dans la section 6.2.2. Toutefois, dans cette discussion des vibrations de groupe, nous nous intéresserons

---

1. Pour l'ordre de numérotation des vibrations, voir la note en bas de la page 80.

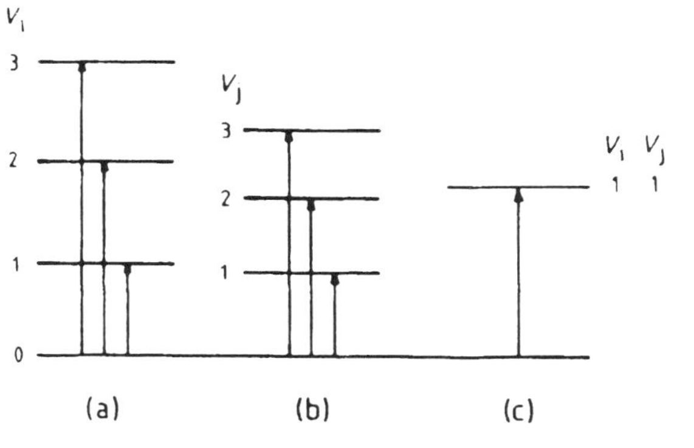

Fig. 6.11 — *Transitions fondamentale et harmonique(a, b), et de combinaison (c) mettant en jeu les vibrations v_i et v_j.*

principalement aux molécules de basse symétrie, pour lesquelles les règles de sélection sont assez peu restrictives. Par exemple dans le 2-chlorofluorobenzène (figure 6.12), qui n'a qu'un plan de symétrie (groupe C_s), les trente vibrations normales mettent toutes en jeu une variation du moment dipolaire et de l'amplitude du moment dipolaire induit. Ainsi, les transitions $\Delta v_i = 1$ sont toutes autorisées dans les spectres infrarouge et Raman. Néanmoins, leurs intensités dépendent des modules de la variation du moment dipolaire permanent et de la variation d'amplitude du moment dipolaire induit : pour certaines vibrations, elles peuvent être si petites que, même si elles sont autorisées, les transitions sont trop faibles pour être observées.

En général un mode normal de vibration fait intervenir un déplacement de tous les atomes de la molécule. Néanmoins, dans certaines circonstances, le mouvement est plus ou moins localisé dans une partie de la molécule. Par exemple, si la vibration met en jeu l'allongement ou la variation d'angle d'un groupe terminal –X–Y, où X est lourd par rapport à Y, comme dans le groupe –O–H de l'alcool éthylique (CH_3CH_2OH), les nombres d'onde des vibrations correspondantes sont presque indépendants du reste de la molécule à laquelle –X–Y est attaché. Dans l'alcool éthylique, le mouvement de l'atome d'hydrogène du groupe OH est approximativement celui qu'il aurait s'il était attaché à une masse infinie par une liaison dont la constante de force est caractéristique d'une liaison OH. C'est pour cette raison que l'on parle de nombre d'onde caractéristique d'une vibration d'élongation de OH, pour laquelle le

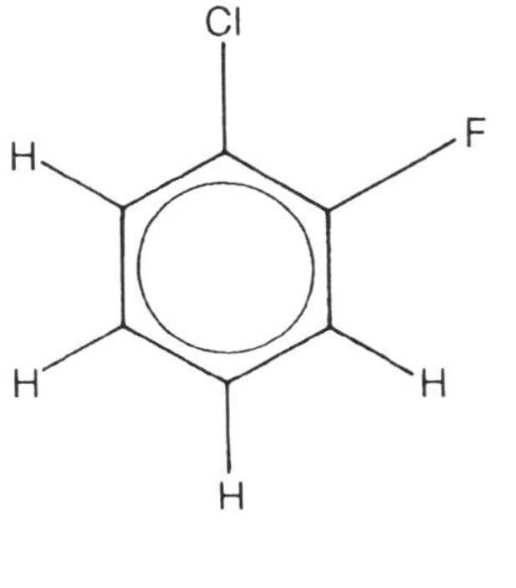

Fig. 6.12 — *2-Chlorofluorobenzène.*

symbole ν(O–H)est utilisé[1], de 3 590 à 3 650 cm^{-1} en l'absence de liaison hydrogène. La gamme de nombres d'onde est petite et reflète l'influence relativement modérée de la partie de la molécule dans le voisinage immédiat du groupe. Un tel nombre d'onde caractéristique est appelé nombre d'onde de groupe ou, de façon courante mais incorrecte, fréquence de groupe. La vibration de variation d'angle, ou déformation, est un autre nombre d'onde de groupe associé à OH, situé typiquement dans la zone allant de 1 050 à 1 200 cm^{-1}.

Les vibrations normales sont également localisées dans un groupe d'atomes particulier, lorsqu'il y a une chaîne d'atomes dans laquelle la constante de force entre deux d'entre eux est très différente de celles qui existent entre les autres atomes de la chaîne. Par exemple dans la molécule $HC{\equiv}C{-}CH{=}CH_2$, les constantes de forces dans les liaisons C–C, C=C et C≡C sont tout à fait différentes. Il en résulte que les élongations des liaisons sont faiblement couplées et que chaque nombre d'onde de vibration d'élongation est caractéristique d'un groupe C–C, C=C ou C≡C.

Le tableau 6.3 donne la liste de plusieurs nombres d'onde de vibration de groupe pour des vibrations d'élongations de liaison et de déformations d'angle.

Toutes les parties d'une molécule ne sont pas caractérisées par des vibrations de groupe. De nombreux modes normaux font intervenir des couplages forts entre les mouvements d'élongation ou de déformation des atomes dans une chaîne droite, une chaîne ramifiée ou un cycle. Ce type de vibration est appelé vibration de squelette ; elle est en général spécifique à une molécule donnée. C'est pour cette raison que la zone où interviennent principalement les vibrations de squelette, de 1 300 cm^{-1} jusqu'aux faibles nombres d'onde, est parfois appelée la région d'empreinte digitale. Par ailleurs, la zone de 1 500 à 3 700 cm^{-1}, où interviennent de nombreuses vibrations de groupes, transférables d'une molécule à une autre, est connue sous le nom de région des groupes fonctionnels.

En plus de la description des vibrations de groupes comme des élongations et des variations d'angle (déformations), les termes de rotation plane, torsion, cisaillement, balancement, respiration de cycle et inversion (ou « parapluie») sont fréquemment utilisés : ces mouvements sont illustrés par la figure 6.13.

L'utilisation des vibrations de groupe est un outil important dans l'analyse qualitative d'un échantillon moléculaire. Jusqu'à l'arrivée de la spectroscopie Raman par excitation laser, elle a été largement réservée à la spectroscopie infrarouge. Dans un spectre infrarouge, l'intensité de l'absorption due à une vibration particulière dépend de la variation du moment dipolaire pendant la vibration, pratiquement comme pour une molécule diatomique (voir figure 6.1). Par exemple, la vibration d'élongation de la liaison fortement polaire C=O donne une bande d'absorption intense alors que celle de la liaison C=C donne une bande faible. D'ailleurs si la liaison C=C est dans une molécule symétrique comme $H_2C{=}CH_2$, il n'y a pas du tout de variation du moment dipolaire, et la vibration est inactive en infrarouge. Si la liaison C=C est, par exemple, dans $HFC{=}CH_2$, il y a une faible variation de moment dipolaire lors de l'élongation de la liaison, mais évidemment pas aussi grande que celle qui est due à l'élongation de la liaison C–F.

De même que les nombres d'onde, les intensités des vibrations de groupe sont relativement constantes d'une molécule à une autre. Par exemple, si une molécule est testée pour la présence d'une liaison C–F, non seulement il doit exister une bande d'absorption infrarouge due à l'élongation de liaison à environ 1 100 cm^{-1}, mais elle doit également être intense. Une bande faible dans cette région devrait être attribuée à un autre mode normal.

Les spectres infrarouge destinés à l'analyse qualitative peuvent être obtenus à partir d'un liquide pur, du solide incorporé dans un disque de KBr, ou d'une solution en utilisant un

---

1. On utilise couramment les symboles ν(X–Y), δ(X–Y) et ∂(X–Y) pour désigner, respectivement, l'allongement, la déformation dans le plan et la déformation hors du plan, dans le groupe X–Y. Le mot « déformation » est utilisé pour les mouvements de variation d'angle.

Tab. 6.3 — *Nombres d'onde ω caractéristiques des vibrations d'élongations de liaison et de déformations angulaires pour quelques groupes.*

Élongations de liaison		Élongations de liaison	
Groupe	ω / cm^{-1}	Groupe	ω / cm^{-1}
≡C—H	3 300	—O—H	3 600[a]
=C(H)<	3 020	>N—H	3 350
sauf O=C(H)<	2 800	≥P=O	1 295
≥C—H	2 960	>S=O	1 310
—C≡C—	2 050		
>C=C<	1 650	Déformations angulaires	
≥C—C≤	900	≡C—H (déformation)	700
≥Si—Si≤	430	=C(H)(H) (déformation)	1 100
>C=O	1 700	—C(H)(H)(H) (déformation)	1 000
—C≡N	2 100		
≥C—F	1 100	>C(H)(H) (déformation)	1 450
≥C—Cl	650	C≡C—C (déformation)	300
≥C—Br	560		
≥C—I	500		

a. Peut être diminué par liaisons hydrogène en phase condensée.

solvant non polaire. Les solvants polaires peuvent affecter à la fois les nombres d'onde de vibration de groupes et l'intensité des bandes, et peuvent engager des liaisons hydrogène avec le soluté. Par exemple, la vibration d'élongation O–H du phénol en solution dans l'hexane a un nombre d'onde de 3 622 cm^{-1}, mais il est réduit à 3 344 cm^{-1} dans le diéthyléther, à cause des liaisons hydrogène illustrées par la figure 6.14.

L'utilisation de la spectroscopie Raman vibrationnelle en analyse qualitative a énormément progressé depuis l'introduction des lasers qui ont remplacé les arcs à mercure utilisés comme sources monochromatiques. Bien qu'un spectromètre Raman par excitation laser soit plus coûteux qu'un spectromètre infrarouge de routine, utilisé pour l'analyse

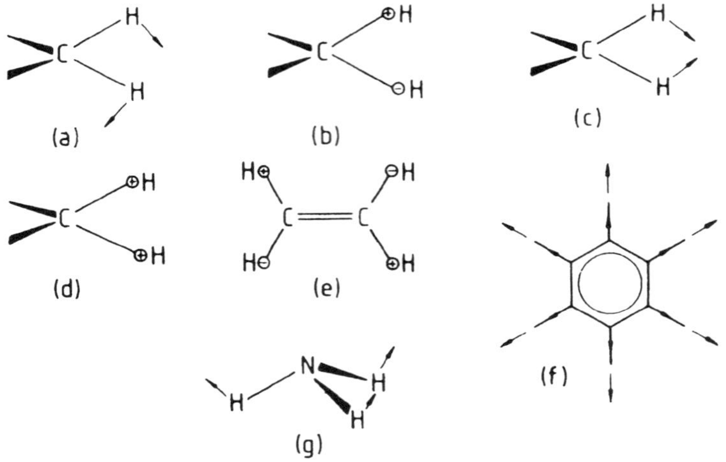

Fig. 6.13 — *Illustration des vibrations de (a) rotation plane, (b) torsion, (c) cisaillement, et (d) balancement dans un groupe CH_2. Sont également présentées (e) la vibration de torsion dans l'éthylène, (f) la vibration de respiration de cycle dans le benzène, et (g) la vibration d'inversion, ou parapluie, dans l'ammoniac.*

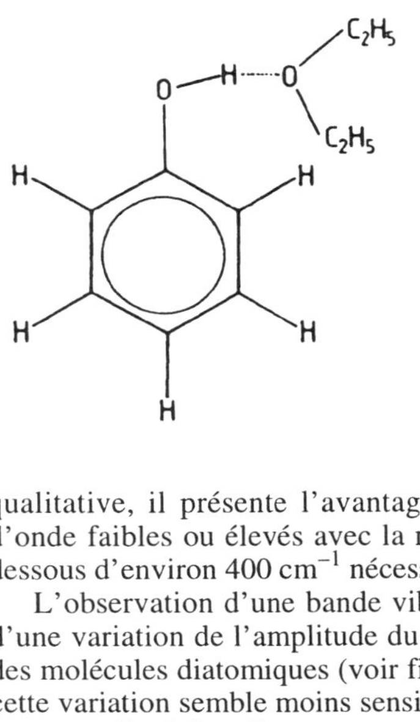

Fig. 6.14 — *Liaison hydrogène entre le phénol et de diéthyléther.*

qualitative, il présente l'avantage de permettre l'observation des vibrations de nombres d'onde faibles ou élevés avec la même facilité, alors qu'en infrarouge, les observations en-dessous d'environ 400 cm^{-1} nécessitent un spectromètre différent, dans l'infrarouge lointain.

L'observation d'une bande vibrationnelle dans un spectre Raman dépend de l'existence d'une variation de l'amplitude du moment dipolaire induit, et l'intensité, comme dans le cas des molécules diatomiques (voir figure 6.2), dépend du module de cette variation. En général, cette variation semble moins sensible à l'environnement du groupe vibrant que la variation du moment dipolaire. Il en ressort que les intensités des vibrations de groupe peuvent être transférées plus fidèlement d'une molécule à une autre, et d'une phase ou d'un solvant à un autre, dans un spectre Raman que dans un spectre infrarouge.

La figure 6.15 présente le spectre infrarouge de la *s-trans*-crotonaldéhyde, illustrée dans la figure 6.16 et la figure 6.17 montre son spectre Raman-laser. Le spectre infrarouge provient principalement d'une solution dans le tétrachlorure de carbone et en partie d'un film mince du

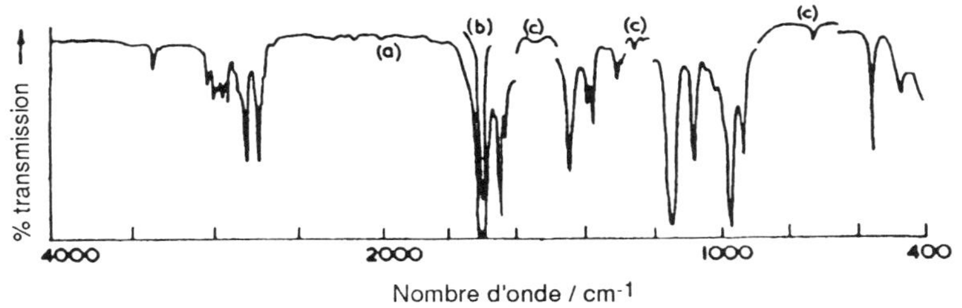

Fig. 6.15 — *Spectre vibrationnel infrarouge de la crotonaldéhyde. Les parties notées (a), (b), et (c) correspondent respectivement à une solution à 10 pour cent (en volume) dans CCl_4, à une solution à 1 pour cent dans CCl_4 et à un film liquide mince. (Reproduit avec autorisation, de Bowles A.J., George W.O. et Maddams W.F.,* J. Chem. Soc. *(B), 810 (1969)).*

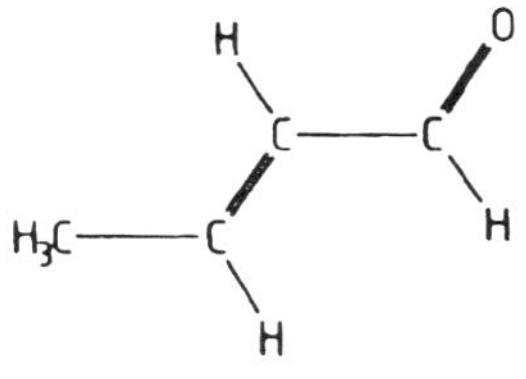

Fig. 6.16 — *s-trans-crotonaldéhyde.*

liquide pur, dans la région où le tétrachlorure de carbone absorbe. Le spectre Raman provient du liquide pur. Le tableau 6.4 reproduit les nombres d'onde de vibration des vingt-sept modes normaux, ainsi qu'une description approchée des mouvements vibrationnels. Une comparaison de ce tableau avec le tableau 6.3 montre que ν_1, ν_2, ν_5, ν_6, ν_7, ν_{15} sont toutes des vibrations de groupe bien indentifiées. Une comparaison des spectres infrarouge et Raman montre de nombreuses similitudes entre les intensités, mais aussi des différences notables. Par exemple ν_{15}, la vibration d'élongation C–CH_3, est forte dans le spectre infrarouge, mais très faible dans le spectre Raman, alors que ν_3, la vibration d'élongation antisymétrique CH_3, est très forte dans le spectre Raman, mais faible dans le spectre infrarouge.

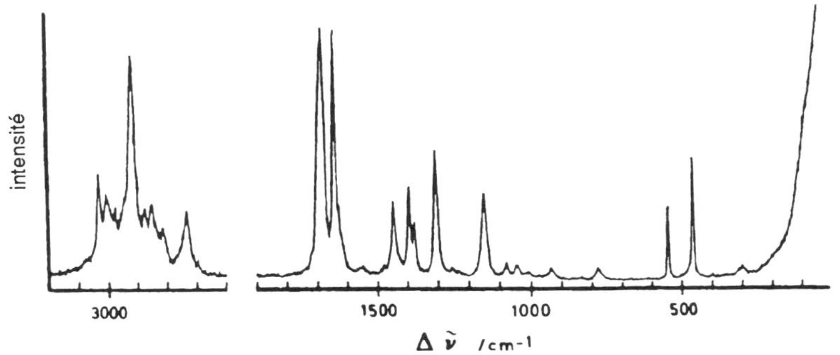

Fig. 6.17 — *Spectre vibrationnel Raman-laser de crotonaldéhyde à l'état liquide. (Reproduit avec autorisation de Durig J.R., Brown S.C., Kalasinsky V.F. et George W.O.,* Spectrochim. Acta, ***32A**, 807 (1976).*
© (1976) Pergamon Press).

Tab. 6.4 — *Nombres d'onde des vibrations fondamentales du crotonaldéhyde, obtenus à partir de spectres infrarouge et Raman.*

Vibration[a]	Description approchée	$\tilde{\nu}$ / cm^{-1}	
		Infrarouge	Raman
	Dans le plan		
ν_1	Élongation antisymétrique de CH porté par C=C	3 042	3 032
ν_2	Élongation symétrique de CH porté par C=C	3 002	3 006
ν_3	Élongation antisymétrique de CH_3	2 944	2 949
ν_4	Élongation symétrique de CH_3	2 916	2 918
ν_5	Élongation de CH porté par C=O	2 727	2 732
ν_6	Élongation C=O	1 693	1 682
ν_7	Élongation C=C	1 641	1 641
ν_8	Déformation antisymétrique de CH_3	1 444	1 445
ν_9	Rotation plane de CH dans CHO	1 389	1 393
ν_{10}	Déformation symétrique de CH_3	1 375	1 380
ν_{11}	Déformation symétrique de CH porté par C=C	1 305	1 306
ν_{12}	Déformation antisymétrique de CH porté par C=C	1 253	1 252
ν_{13}	Rotation plane de CH_3	1 075	1 080
ν_{14}	Élongation C–CHO	1 042	1 046
ν_{15}	Élongation C–CH_3	931	931
ν_{16}	Déformation angulaire de CH_3–C=C	542	545
ν_{17}	Déformation angulaire de C=C–C	459	464
ν_{18}	Déformation angulaire C–C=O	216	230
	Hors du plan		
ν_{19}	Élongation antisymétrique de CH_3	2 982	2 976
ν_{20}	Déformation antisymétrique de CH_3	1 444	1 445
ν_{21}	Rotation plane de CH_3	1 146	1 149
ν_{22}	Déformation antisymétrique[b] des CH portés par C=C	966	—
ν_{23}	Déformation symétrique[b] des CH portés par C=C	—	780
ν_{24}	Balancement hors du plan de CH dans CHO	727	—
ν_{25}	Déformation de CH_3	297	300
ν_{26}	Torsion de CH_3	173	—
ν_{27}	Torsion de CHO	121	—

a. Voir la note au bas de la page 80 pour la convention de numérotation.

b. Pour l'inversion des deux hydrogènes par rapport au centre de la liaison C=C.

Le spectre Raman peut être utilisé pour donner une information complémentaire vis-à-vis des propriétés de symétrie des vibrations. Cette information provient de la mesure du rapport de dépolarisation ρ de chaque bande Raman. La quantité ρ mesure le degré auquel les propriétés de polarisation de la radiation incidente sont modifiées par diffusion et elle est souvent utilisée pour faire la distinction entre les vibrations totalement symétriques et non totalement symétriques.

En plus des bandes des spectres infrarouge et Raman dues aux transitions $\Delta \upsilon = 1$, des bandes harmoniques et de combinaisons peuvent intervenir avec des intensités appréciables, en particulier dans l'infrarouge. Il convient de ne pas confondre ces bandes avec des bandes fondamentales faiblement actives. Il arrive que les combinaisons, et plus souvent les harmoniques, puissent aider à l'identification des vibrations de groupe.

Jusqu'ici, l'essentiel de la discussion des vibrations de groupe a été limitée aux molécules organiques auxquelles elles ont été le plus souvent appliquées. Dans les molécules et les ions inorganiques, les approximations faites dans le cadre de la notion de nombre d'onde de vibration de groupe sont souvent moins pertinentes. Néanmoins, les vibrations mettant en jeu des liaisons M–H, M–C, M–X et M=O, où M est un atome de métal et X un atome d'halogène, sont des vibrations de groupe utiles. Les complexes inorganiques contenant des ligands organiques offrent au moins quelques vibrations qui sont caractéristiques des ligands.

A cause de la présence d'atomes lourds dans de nombreuses molécules inorganiques, plusieurs vibrations de faible nombre d'onde peuvent être présentes. Pour cette raison, il est en général plus important dans ce cas d'obtenir le spectre dans l'infrarouge lointain ou le spectre Raman que pour les molécules organiques.

6.2.2 Nombre de vibrations normales de chaque symétrie

Dans la section 4.3.1, on a vu qu'il y a $3N - 5$ vibrations normales dans une molécule linéaire et $3N - 6$ dans une molécule non linéaire, où N est le nombre d'atomes dans la molécule. Il existe un ensemble de règles relativement simples pour déterminer le nombre de vibrations associées à chacune des symétries du groupe ponctuel auquel appartient la molécule. Ces règles mettent en jeu le concept d'ensemble de noyaux équivalents. Des noyaux forment un ensemble s'ils peuvent être transformés les uns en les autres par

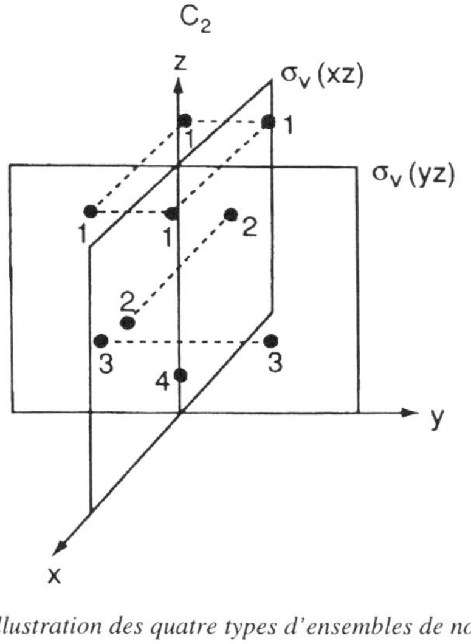

Fig. 6.18 — *Illustration des quatre types d'ensembles de noyaux identiques qui sont possibles dans le groupe ponctuel $C_{2\upsilon}$.*

n'importe quelle opération de symétrie du groupe ponctuel. Par exemple, dans le groupe ponctuel C_{2v}, il peut y avoir, comme le montre la figure 6.18, quatre sortes d'ensembles :

(i) si un noyau, comme un de ceux qui sont notés « 1 », n'est pas placé sur un élément de symétrie C_2, $\sigma_v(xz)$ ou $\sigma_v(yz)$, il fait alors partie d'un ensemble de quatre noyaux équivalents de telle sorte que la molécule soit symétrique par rapport à tous les éléments de symétrie ;

(ii) si un noyau, comme un de ceux qui sont notés « 2 », est placé sur l'élément $\sigma_v(xz)$ uniquement, il fait partie d'un ensemble de deux noyaux équivalents ;

(iii) si un noyau, comme un de ceux qui sont notés « 3 », est placé sur l'élément $\sigma_v(yz)$ uniquement, il fait partie d'un ensemble de deux noyaux équivalents ;

(iv) si un noyau, comme celui qui est noté « 4 », est placé sur tous les éléments de symétrie, il forme alors un ensemble constitué d'un seul noyau.

6.2.2.1 Vibrations non dégénérées

Dans le cas d'une vibration non dégénérée de symétrie particulière, tous les noyaux d'un ensemble se déplacent exactement de la même façon. Chaque noyau a trois degrés de liberté ; par conséquent, les noyaux d'un ensemble peuvent contribuer pour un maximum de trois degrés de liberté à chaque symétrie non dégénérée. Ce maximum est atteint lorsque les noyaux de l'ensemble n'appartiennent à aucun élément de symétrie. S'il existe m ensembles de ce type, ils contribuent pour $3m$ degrés de liberté à chaque type de symétrie. Mais si les noyaux d'un ensemble appartiennent à un ou plusieurs éléments de symétrie, ils contribuent pour $2 \times m$, $1 \times m$ ou $0 \times m$ degrés de liberté à une symétrie, en fonction de l'élément de symétrie et du type de symétrie. Ainsi on peut déterminer le nombre total de degrés de liberté de chaque symétrie.

Par exemple dans le groupe ponctuel C_{2v}, chacun des quatre types d'ensembles de noyaux illustrés dans la figure 6.18 va contribuer aux symétries pour les degrés de liberté suivants :

(i) *Ensemble de noyaux « 1 »*

Chaque ensemble de ce type contribue pour trois degrés de liberté à chaque symétrie. S'il existe m ensembles, ils contribuent pour $3m$ degrés de liberté à chaque symétrie, comme l'indique le tableau 6.5.

(ii) *Ensemble de noyaux « 2 »*

Si les mouvements des noyaux de ce type sont de symétrie a_1, alors, afin d'être symétriques par rapport à toutes les opérations, ils se déplacent seulement dans le plan xz, et possèdent deux degrés de liberté. Si les mouvements sont de symétrie a_2, ils sont antisymétriques dans la réflexion par rapport à chacun des deux plans et donc les deux atomes se déplacent dans des directions opposées, mais le long de droites perpendiculaires au plan xz. Par conséquent, ils ne contribuent que pour un degré de liberté à la symétrie a_2. De la même manière, ils contribuent pour deux degrés de liberté à la symétrie b_1 et pour un à b_2. Le nombre d'ensembles de ce type est désigné par m_{xz} et le nombre total de degrés de liberté contribuant aux différentes symétries est donné dans le tableau 6.5.

(iii) *Ensemble de noyaux « 3 »*

Les mouvements des noyaux dans les ensembles de ce type sont analogues à ceux qui sont discutés en (ii) et leur attribution aux espèces de symétries est analogue. Le nombre d'ensembles de ce type est appelé m_{yz} et l'attribution des mouvements aux symétries est donnée dans le tableau 6.5.

(iv) *Ensemble de noyaux « 4 »*

Dans chaque ensemble de ce type, il n'y a nécessairement qu'un noyau. Lorsque son mouvement est symétrique par rapport à toutes les opérations, il ne peut se déplacer que le long de l'axe C_2, ce qui donne un degré de liberté appartenant à la symétrie a_1. Comme il ne peut se déplacer en étant antisymétrique par rapport aux deux plans, aucun degré de liberté n'appartient à la symétrie a_2. Pour qu'un degré de liberté soit antisymétrique dans la réflexion par rapport à l'un des plans, il faut que le déplacement soit selon une droite perpendiculaire à ce plan, ainsi, un degré de liberté appartient à chacune des symétries b_1 et b_2. Le nombre d'ensembles de ce type est appelé m_0 et l'attribution des mouvements est donnée dans le tableau 6.5.

Par ailleurs, nous savons qu'une molécule non linéaire possède trois degrés de liberté rotationnels et trois degrés de liberté translationnels, chacun d'eux pouvant être associé à une symétrie (section 4.3.1). Ceux-ci sont indiqués dans le tableau 6.5 et soustraits du nombre total de degrés de liberté afin de donner le nombre total de degrés de liberté vibrationnels.

Des formules, analogues à celles qui ont été dérivées pour le groupe ponctuel $C_{2\upsilon}$, servant à déterminer le nombre de vibrations normales appartenant aux différentes symétries de tous les groupes ponctuels non dégénérés, sont données dans le tableau B.1 de l'annexe B.

Nous choisissons, comme exemple de l'utilisation de ces formules, le naphtalène, pour lequel, en utilisant une notation des axes dans laquelle le petit axe dans le plan est l'axe des z et le grand axe dans le plan est l'axe des y, $m_{yz} = 4$, $m_{2z} = 1$, les autres m étant égaux à zéro. Ceci donne le résultat suivant pour la distribution des quarante-huit vibrations normales : $9a_g$, $4a_u$, $3b_{1g}$, $8b_{1u}$, $4b_{2g}$, $8b_{2u}$, $8b_{3g}$, $4b_{3u}$.

Tab. 6.5 — *Nombre de vibrations normales de chaque type de symétrie dans le groupe ponctuel $C_{2\upsilon}$.*

Symétrie	Degrés de liberté auxquels contribuent des ensembles de noyaux placés :				Degrés de liberté de translation	Degrés de liberté de rotation	Nombre de vibrations normales
	sur aucun élément de symétrie	sur $\sigma_\upsilon(xz)$	sur $\sigma_\upsilon(yz)$	sur tous les éléments de symétrie			
a_1	$3m$	$2m_{xz}$	$2m_{yz}$	$1m_0$	1	0	$3m + 2m_{xz} + 2m_{yz} + m_0 - 1$
a_2	$3m$	$1m_{xz}$	$1m_{yz}$	0	0	1	$3m + m_{xz} + m_{yz} - 1$
b_1	$3m$	$2m_{xz}$	$1m_{yz}$	$1m_0$	1	1	$3m + 2m_{xz} + m_{yz} + m_0 - 2$
b_2	$3m$	$1m_{xz}$	$2m_{yz}$	$1m_0$	1	1	$3m + m_{xz} + 2m_{yz} + m_0 - 2$

6.2.2.2 Vibrations dégénérées

Pour une molécule appartenant à un groupe ponctuel dégénéré, par exemple $C_{3\upsilon}$, les vibrations non dégénérées des différents ensembles de noyaux équivalents peuvent être traitées comme dans la section 6.2.2.1.

Dans le groupe ponctuel $C_{3\upsilon}$, il y a trois types d'ensembles de noyaux. Ils sont illustrés par la figure 6.19, qui présente une vue selon l'axe C_3.

(i) *Ensemble de noyaux « 1 »*

Ces noyaux ne sont placés sur aucun élément de symétrie, et il y a six noyaux appartenant à chaque ensemble. Les six noyaux ont dix-huit degrés de liberté, dont trois appartiennent à chacune des symétries a_1 et a_2. Dans un degré de liberté doublement dégénéré, le déplacement d'un noyau de l'ensemble correspond à deux déplacements différents de chacun des autres noyaux de l'ensemble. L'ensemble de noyaux « 1 » a donc douze degrés de liberté comprenant six degrés doublement dégénérés. S'il y a m ensembles de ce type, ils contribuent pour $6m$ degrés de liberté doublement dégénérés.

(ii) *Ensemble de noyaux « 2 »*

Ces noyaux sont placés dans les plans de symétrie σ_v, et il y a trois noyaux dans chaque ensemble. Les trois noyaux ont neuf degrés de liberté, dont deux appartiennent à la symétrie a_1 et un à a_2. Les noyaux ont six degrés de liberté dégénérés, puisqu'un déplacement d'un noyau correspond à deux déplacements différents des deux autres noyaux. Ces six degrés de liberté comprennent trois degrés de liberté doublement dégénérés. S'il y a m_v ensembles de ce type, ils contribuent pour $3m_v$ degrés de liberté doublement dégénérés.

(iii) *Ensemble de noyaux « 3 »*

Il y a seulement un noyau dans cet ensemble, car il doit être placé sur tous les éléments de symétrie. Parmi les trois degrés de liberté, l'un, selon l'axe C_3, appartient à la symétrie a_1 et les deux autres sont perpendiculaires entre eux et à l'axe C_3 : comme ils sont de toute évidence dégénérés, ces deux degrés de liberté correspondent à un degré de liberté doublement dégénéré. S'il y a m_0 ensembles de ce type, ils contribuent pour $3m_0$ degrés de liberté doublement dégénérés.

Le tableau 6.6 résume les résultats pour le groupe C_{3v} et les degrés de liberté de translation et de rotation sont soustraits, pour donner, dans la colonne finale, les nombres de vibrations de chaque symétrie.

Les vibrations dégénérées des autres groupes ponctuels peuvent être traitées de manière analogue. Le tableau B.2 de l'annexe B donne la liste des formules permettant de calculer le nombre de vibrations dégénérées et non dégénérées dans les molécules appartenant aux groupes ponctuels dégénérés.

Par exemple, pour le benzène (figure 4.3e), $m_2 = 2$ et tous les autres m sont nuls, ce qui donne le résultat suivant pour la distribution des trente vibrations normales : $2a_{1g}$, $0a_u$, $1a_{2g}$, $1a_{2u}$, $0b_{1g}$, $2b_{1u}$, $2b_{2g}$, $2b_{2u}$, $1e_{1g}$, $3e_{1u}$, $4e_{2g}$, $2e_{2u}$ (chaque vibration doublement dégénérée compte pour deux vibrations).

6.2.3 Règles de sélection vibrationnelles

6.2.3.1 Spectres dans l'infrarouge

Dans le processus d'absorption ou d'émission de rayonnement infrarouge concernant des transitions entre deux états vibrationnels, l'interaction a lieu en général entre la molécule et la composante électrique, plutôt que magnétique, de la radiation électromagnétique (voir section 2.1). C'est pour cette raison que les règles de sélection dans l'infrarouge sont parfois appelées règles de sélection dipolaires électriques ou, plus simplement, dipolaires.

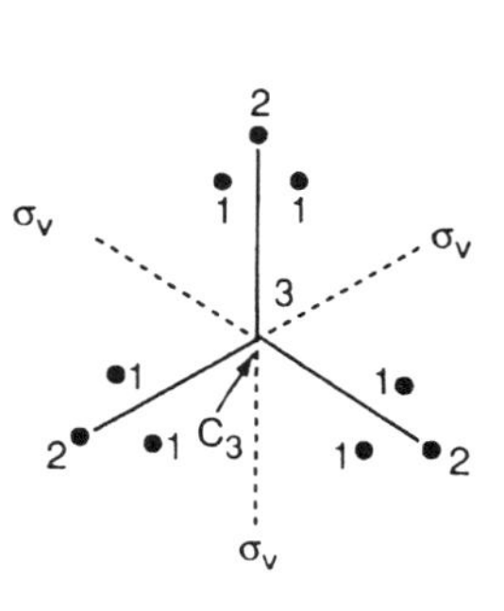

Fig. 6.19 — *Illustration des trois types d'ensembles de noyaux identiques qui sont possibles dans le groupe ponctuel C_{3v}.*

Tab. 6.6 — *Nombre de vibrations normales de chaque type de symétrie dans le groupe ponctuel C_{3v}.*

Symétrie	Degrés de liberté auxquels contribuent des ensembles de noyaux placés :			Degrés de liberté de translation	Degrés de liberté de rotation	Nombre de vibrations normales
	sur aucun élément de symétrie	sur σ_v	sur tous les éléments de symétrie			
a_1	$3m$	$2m_v$	$1m_0$	1	0	$3m + 2m_v + m_0 - 1$
a_2	$3m$	m_v	0	0	1	$3m + m_v - 1$
e	$6m$	$3m_v$	$1m_0$	1	1	$6m + 3m_v + m_0 - 2$

Dans le cas de H_2O, il est facile de voir, à partir de la forme des modes normaux présentés dans la figure 4.14, que toutes les vibrations, ν_1, ν_2 et ν_3, font intervenir une variation du moment dipolaire et sont actives en infrarouge, c'est-à-dire que la transition $v = 1$–0 de chaque vibration est autorisée. Les transitions peuvent être notées 1^1_0, 2^1_0 et 3^1_0 selon une convention commode mais pas universelle, pour les molécules polyatomiques, dans lesquelles $N^{v'}_{v''}$ correspond à une transition avec les nombres quantiques vibrationnels des états inférieur et supérieur respectivement égaux à v'' et v' dans la vibration N.

L'acétylène, HC≡CH, qui est une molécule linéaire à quatre atomes, possède sept modes normaux de vibration, illustrés dans la figure 6.20. Chacune des vibrations de déformation *trans* et *cis*, ν_4 et ν_5, est doublement dégénérée, comme ν_3 et ν_4 de l'ammoniac (figure 4.16), sauf que dans l'acétylène, la dégénérescence des deux composantes est plus évidente. Par exemple, dans le mode ν_4, la molécule peut se déformer selon deux plans mutuellement perpendiculaires, les vecteurs représentant le déplacement dans un des plans n'ayant pas de composante dans l'autre plan. Les deux mouvements ont évidemment des fonctions d'onde différentes, mais avec la même énergie.

L'examen des modes normaux montre que seuls ν_3 et ν_5 impliquent une variation de moment dipolaire et sont actives en infrarouge.

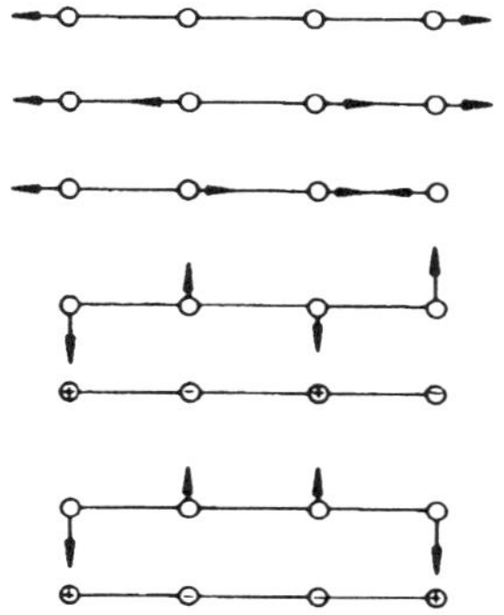

	label	$\tilde{\nu}$/cm^{-1}	symétrie	activité infrarouge	activité Raman
élongation CH symétrique	ν_1	3374	σ_g^+	non	oui
élongation CC	ν_2	1974	σ_g^+	non	oui
élongation CH antisymétrique	ν_3	3287	σ_u^+	oui	non
déformation *trans*	ν_4	612	π_g	non	oui
déformation *cis*	ν_5	729	π_u	oui	non

Fig. 6.20 — *Modes normaux de vibration de l'acétylène.*

Nous avons pu trouver directement les états vibrationnels fondamentaux de l'eau et de l'acétylène qui sont actifs en infrarouge, mais ce n'est pas possible dans le cas général. Ce n'est pas non plus possible pour les transitions vibrationnelles harmoniques et les combinaisons. Afin d'obtenir des règles de sélection pour toutes les transitions vibrationnelles en infrarouge de n'importe quelle molécule polyatomique, il est nécessaire de faire appel à des arguments de symétrie.

L'intensité de transition vibrationnelle est proportionnelle à $|\mathbf{R}_\upsilon|^2$, carré du moment de transition vibrationnel $\mathbf{R}_\upsilon$, tel que

$$\mathbf{R}_\upsilon = \int \Psi_\upsilon'^{*} \mu \Psi_\upsilon'' \, \mathrm{d}\tau_\upsilon \tag{6.44}$$

exactement comme pour une molécule diatomique (équation 6.4). L'intégration se fait sur les coordonnées vibrationnelles. De façon évidente,

$$\mathbf{R}_\upsilon = 0 \text{ pour une transition interdite} \tag{6.45}$$

$$\mathbf{R}_\upsilon \neq 0 \text{ pour une transition autorisée} \tag{6.46}$$

Pour que l'intégrale de l'équation (6.44) soit non nulle, donc pour que la transition soit autorisée, il existe des conditions de symétrie très simples. Si les deux états vibrationnels sont non dégénérés, la condition est que la quantité à intégrer soit de type totalement symétrique, ce qui peut s'écrire

$$\Gamma(\Psi_\upsilon') \times \Gamma(\mu) \times \Gamma(\Psi_\upsilon'') = A \tag{6.47}$$

où Γ veut dire « symétrie de », et A correspond à la symétrie de type totalement symétrique de tout groupe ponctuel non dégénéré. Si l'un ou les deux états vibrationnels sont dégénérés, l'équation (6.47) n'est pas tout à fait satisfaisante, car le produit de deux symétries dégénérées, par exemple $E \times E = A_1 + A_2 + E$ dans l'équation (4.29) et $\Pi \times \Pi = \Sigma^+ + \Sigma^- + \Delta$ dans l'équation (4.23), conduit à plusieurs types de symétrie. Ainsi l'équation (6.47) est modifiée, pour les états dégénérés, en

$$\Gamma(\Psi_\upsilon') \times \Gamma(\mu) \times \Gamma(\Psi_\upsilon'') \supset A \tag{6.48}$$

où le symbole booléen $\supset$ signifie « contient ». Par exemple, l'équation (4.29) montre que $E \times E$ contient A_1, c'est-à-dire

$$E \times E \supset A_1 \tag{6.49}$$

Le moment de transition de l'équation (6.44) est un vecteur dont les composantes selon les axes x, y, et z sont

$$R_{\upsilon,x} = \int \Psi_\upsilon'^{*} \mu_x \Psi_\upsilon'' \, \mathrm{d}\tau_\upsilon \, ; \quad R_{\upsilon,y} = \int \Psi_\upsilon'^{*} \mu_y \Psi_\upsilon'' \, \mathrm{d}\tau_\upsilon \, ; \quad R_{\upsilon,z} = \int \Psi_\upsilon'^{*} \mu_z \Psi_\upsilon'' \, \mathrm{d}\tau_\upsilon \tag{6.50}$$

et, comme

$$|\mathbf{R}_\upsilon|^2 = (R_{\upsilon,x})^2 + (R_{\upsilon,y})^2 + (R_{\upsilon,z})^2 \tag{6.51}$$

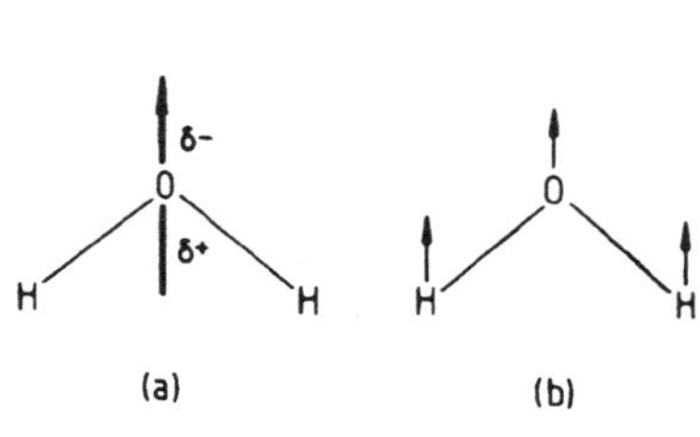

Fig. 6.21 — *(a) Vecteur moment dipolaire de H_2O et (b) translation dans la même direction.*

la transition $\upsilon'-\upsilon''$ est autorisée si l'une des composantes $R_{\upsilon,x}$, $R_{\upsilon,y}$ ou $R_{\upsilon,z}$ est non nulle.

Puisque le moment dipolaire est un vecteur ayant une direction particulière, il a la même symétrie qu'une translation de la molécule dans cette direction. Ceci est illustré pour H_2O dans la figure 6.21, où le moment dipolaire et la translation dans la même direction ont la même symétrie, de type A_1, totalement symétrique. D'une manière générale

$$\Gamma(\mu_x) = \Gamma(T_x) \;; \qquad \Gamma(\mu_y) = \Gamma(T_y) \;; \qquad \Gamma(\mu_z) = \Gamma(T_z) \tag{6.52}$$

L'équation (6.47) devient alors

$$\Gamma(\Psi'_\upsilon) \times \Gamma(T_x) \times \Gamma(\Psi''_\upsilon) = A$$

et/ou

$$\Gamma(\Psi'_\upsilon) \times \Gamma(T_y) \times \Gamma(\Psi''_\upsilon) = A \tag{6.53}$$

et/ou

$$\Gamma(\Psi'_\upsilon) \times \Gamma(T_z) \times \Gamma(\Psi''_\upsilon) = A$$

où les expressions « et/ou » impliquent que, pour une transition autorisée, une ou plusieurs des composantes de $\mathbf{R}_\upsilon$ peut être non nulle.

Si l'état inférieur de la transition est $\upsilon'' = 0$, comme c'est très souvent le cas, $\Gamma(\psi''_\upsilon) = A$, c'est-à-dire que la fonction d'onde est totalement symétrique, et les équations (6.53) deviennent

$$\Gamma(\Psi'_\upsilon) \times \Gamma(T_x) = A$$

et/ou

$$\Gamma(\Psi'_\upsilon) \times \Gamma(T_y) = A \tag{6.54}$$

et/ou

$$\Gamma(\Psi'_\upsilon) \times \Gamma(T_z) = A$$

puisque la multiplication d'un terme par l'espèce totalement symétrique le laisse inchangé. De plus, si deux espèces multipliées ensemble donnent l'espèce totalement symétrique, elles sont nécessairement égales. Par conséquent, à partir des équations (6.54), nous avons

$$\Gamma(\Psi'_\upsilon) = \Gamma(T_x) \text{ et/ou } \Gamma(T_y) \text{ et/ou } \Gamma(T_z) \tag{6.55}$$

qui est la règle de sélection vibrationnelle pour les transitions entre $\upsilon = 0$ et tout autre niveau non dégénéré fondamental, harmonique ou de combinaison. La règle de sélection analogue pour les transitions entre $\upsilon = 0$ et un niveau dégénéré est déduite de l'équation (6.48) et s'écrit

$$\Gamma(\Psi'_\upsilon) \supset \Gamma(T_x) \text{ et/ou } \Gamma(T_y) \text{ et/ou } \Gamma(T_z) \tag{6.56}$$

La procédure permettant de déterminer les règles de sélection pour une molécule particulière est la suivante :

1. Attribuer un groupe ponctuel à la molécule.
2. Rechercher les symétries des translations dans la table de caractères.
3. Les transitions autorisées, avec l'état inférieur $\upsilon'' = 0$, sont

$$\Gamma(T_x) - A \;; \qquad \Gamma(T_y) - A \;; \qquad \Gamma(T_z) - A \tag{6.57}$$

où une transition entre un état supérieur Y et un état inférieur X est indiquée par Y–X.

En utilisant la table de caractères de $C_{2\upsilon}$ (table A.11 de l'annexe), on peut immédiatement écrire que les transitions autorisées concernant le niveau de point zéro sont

$$A_1 - A_1 \;; \qquad B_1 - A_1 \;; \qquad B_2 - A_1 \tag{6.58}$$

Elles sont polarisées respectivement selon les axes z, x et y, puisqu'elles font intervenir μ_z, μ_x et μ_y. Cela signifie que lorsque, par exemple, une transition B_1–A_1 se produit, un dipôle électrique oscillant est établi le long de l'axe des x.

On déduit de l'équation (6.58) que les transitions 1^1_0, 2^1_0 et 3^1_0 de H_2O sont autorisées puisque ν_1, ν_2 et ν_3 sont, respectivement, des vibrations a_1, a_1 et b_2[1], comme le montre l'équation (4.11). Nous avions déjà obtenu ce résultat simplement en observant que ces trois vibrations entraînent une variation du moment dipolaire, mais les règles de l'équation (6.57) nous permettent également de déduire des règles de sélection pour des transitions harmoniques ou de combinaisons.

L'équation (4.14) nous dit que, si H_2O vibre avec deux quanta de ν_3, $\Gamma(\psi'_\upsilon)$ est de type A_1 et, d'une manière générale, si elle vibre avec n quanta d'une vibration de symétrie S, alors

$$\Gamma(\Psi'_\upsilon) = S^n \tag{6.59}$$

La figure 6.22 montre, par exemple, que les symétries des niveaux vibrationnels fondamental et harmoniques de ν_3 sont alternés, de type A_1 pour υ pair et B_2 pour υ impair. On en déduit que les transitions 3^1_0, 3^2_0, 3^3_0, ... sont autorisées et polarisées selon les axes y, z, y, ... (voir la figure 4.13 pour l'attribution des axes).

Si H_2O vibre avec un quantum de chacune des vibrations ν_1 et ν_3, alors l'équation (4.12) donne $\Gamma(\psi'_\upsilon) = B_2$. Le résultat est le même que si elle vibrait avec un quantum de chacune des vibrations ν_2 et ν_3, comme l'indique la figure 6.22. Nous en déduisons donc que les transitions de combinaisons $1^1_0 3^1_0$ et $2^1_0 3^1_0$ sont autorisées et polarisées selon l'axe des y.

La molécule H_2O n'a pas de vibration a_2 ou b_1, mais les règles de sélection pour, par exemple, CH_2F_2, qui possède des vibrations de tous les types de symétrie, peuvent être appliquées de façon analogue.

Dans NH_3, qui appartient au groupe ponctuel $C_{3\upsilon}$, il y a des vibrations dégénérées, ν_3 et ν_4, de type E, montrées dans la figure 4.16. Les transitions 1^1_0 et 2^1_0 sont autorisées et polarisées selon l'axe des z (C_3), car ν_1 et ν_2 sont des vibrations a_1, et la table A.12 de l'annexe montre que $\Gamma(T_z) = A_1$. De même, 3^1_0 et 4^1_0 sont autorisées et polarisées dans le plan xy, car $\Gamma(T_x, T_y) = E$.

Si l'état supérieur est un niveau harmonique ou de combinaison, $\Gamma(\psi'_\upsilon)$ peut ne pas avoir une symétrie unique, et il faut utiliser l'équation (6.56). Par exemple, pour la transition de combinaison $3^1_0 4^1_0$ dans NH_3, nous avons, selon l'équation (4.29),

$$\Gamma(\Psi'_\upsilon) = E \times E = A_1 + A_2 + E \tag{6.60}$$

Comme $\Gamma(T_x, T_y) = E$ et $\Gamma(T_z) = A_1$, il est évident que $\Gamma(\psi'_\upsilon) \supset \Gamma(T_x, T_y)$ et $\Gamma(T_z)$, et la transition est autorisée. Plus précisément, les transitions impliquant deux des trois composantes (A_1 et E) de l'état de combinaison sont autorisées, mais celle qui fait intervenir la composante A_2 est interdite.

Pour la transition harmonique 3^2_0 nous avons, d'après l'équation (4.30),

$$\Gamma(\Psi'_\upsilon) = (E)^2 = A_1 + E \tag{6.61}$$

et les transitions des deux composantes sont autorisées.

L'acétylène (HC≡CH) appartient au groupe ponctuel $D_{\infty h}$, dont la table de caractères est donnée par la table A.37 de l'annexe, et dont les vibrations sont illustrées dans la figure 6.20. Puisque ν_3 est une vibration σ_u^+, et que $\Gamma(T_z) = \Sigma_u^+$, la transition 3^1_0 est autorisée et le moment de transition est polarisé selon l'axe des z. De même, comme ν_5 est une vibration π_u, la transition 5^1_0 est autorisée avec le moment de transition dans le plan xy.

La symétrie de l'état de combinaison $4^1 5^1$ est donnée par

$$\Gamma(\Psi'_\upsilon) = \Pi_g \times \Pi_u = \Sigma_u^+ + \Sigma_u^- + \Delta_u \tag{6.62}$$

résultat qui peut être obtenu de façon similaire à celui de l'équation (4.33) pour le groupe ponctuel $C_{\infty\upsilon}$. Par conséquent, une des composantes de la transition $4^1_0 5^1_0$, à savoir celle qui fait intervenir le niveau Σ_u^+, est autorisée.

---

1. Ici, on utilise des lettres minuscules pour noter les vibrations et des lettres majuscules pour les fonctions d'onde correspondantes, bien que souvent des lettres majuscules soient utilisées pour les deux.

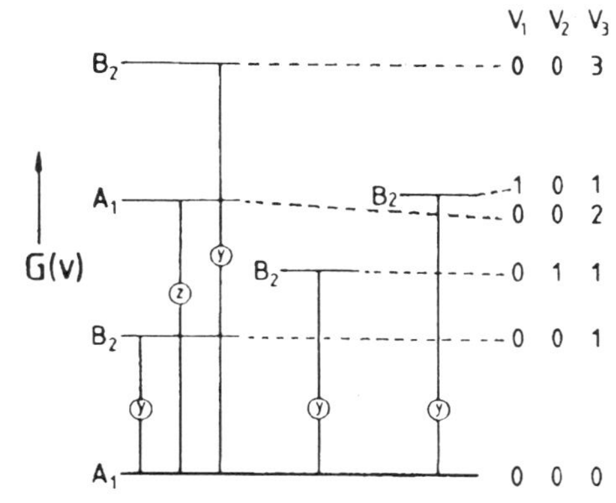

Fig. 6.22 — *Symétrie de quelques niveaux harmoniques et de combinaison de H_2O, la direction de polarisation des moments de transition étant précisée. Les nombres d'onde de vibration valent $\omega_1 = 3\,657{,}1\ cm^{-1}$, $\omega_2 = 1\,594{,}8\ cm^{-1}$, $\omega_3 = 3\,755{,}8\ cm^{-1}$.*

La symétrie de l'état 5^2 est donnée par

$$\Gamma(\Psi'_v) = (\Pi_u)^2 = \Sigma_g^+ + \Delta_g \tag{6.63}$$

résultat similaire à celui de l'équation (4.34). Par conséquent la transition 5_0^2 est interdite.

Il est important de rappeler que les règles de sélection nous indiquent en général seulement si les intensités des transitions sont nulles ou non. Il est possible qu'une transition, quoique non nulle, soit si faible qu'elle échappe à l'observation.

Il faut aussi rappeler que les règles de sélection obtenues ici sont pertinentes pour les molécules libres, et peuvent être mises en défaut dans l'état liquide ou solide. C'est le cas, par exemple, avec la transition dipolaire électrique interdite 4_0^1 dans l'éthylène, où ν_4 est la vibration de torsion a_u montrée dans la figure 6.23. Elle n'est pas observée dans le spectre infrarouge du gaz, mais elle apparaît, faiblement, dans les phases liquide et solide.

6.2.3.2 Spectres Raman

La condition

$$\Gamma(\Psi'_v) \times \Gamma(\alpha_{ij}) \times \Gamma(\Psi''_v) = A \tag{6.64}$$

pour qu'une transition Raman soit autorisée entre des états non dégénérés, est analogue à l'équation (6.47) pour une transition infrarouge autorisée. Ici, α_{ij} représente une des composantes du tenseur de polarisabilité α de l'équation (5.42). Il y a en général six composantes différentes, α_{xx}, α_{yy}, α_{zz}, α_{xy}, α_{xz} et α_{yz}, et leurs symétries sont toujours données dans la partie droite des tables de caractères, comme on peut le voir dans celles de l'annexe. Pour des transitions entre états vibrationnels dont au moins un est dégénéré, l'équation (6.64) est remplacée par

$$\Gamma(\Psi'_v) \times \Gamma(\alpha_{ij}) \times \Gamma(\Psi''_v) \supset A \tag{6.65}$$

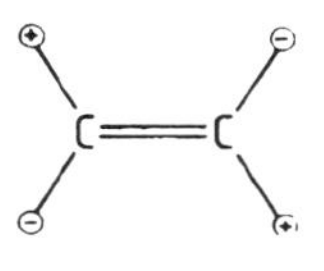

Fig. 6.23 — *La vibration ν_4 de l'éthylène.*

Dans les cas les plus courants, où le niveau inférieur est le niveau de point zéro, $\Gamma(\psi''_\upsilon) = A$ et la condition pour une transition vibrationnelle Raman devient

$$\Gamma(\Psi'_\upsilon) = \Gamma(\alpha_{ij}) \tag{6.66}$$

pour les vibrations dégénérées et non dégénérées.

L'examen des tables de caractères $C_{2\upsilon}$ et $C_{3\upsilon}$ (tables A.11 et A.12 de l'annexe) montre que toutes les transitions fondamentales de H_2O (figure 4.14) sont autorisées dans le spectre Raman puisque $\Gamma(\alpha_{xx}, \alpha_{yy}, \alpha_{zz}) = A_1$ et $\Gamma(\alpha_{yz}) = B_2$. De même, toutes celles de NH_3 (figure 4.16) sont autorisées puisque $\Gamma(\alpha_{xx}, \alpha_{yy}, \alpha_{zz}) = A_1$ et $\Gamma[(\alpha_{xx} - \alpha_{yy}, \alpha_{zz})(\alpha_{xz}, \alpha_{yz})] = E$.

La table de caractères de $D_{\infty h}$ (table A.37 de l'annexe) montre que parmi les bandes 1–0 de l'acétylène (figure 6.20), seules 1^1_0, 2^1_0 et 4^1_0 sont autorisées dans le spectre Raman.

Les vibrations de l'acétylène constituent un exemple de ce que l'on nomme la règle d'exclusion mutuelle. La règle dit que, pour une molécule avec un centre d'inversion, les transitions fondamentales qui sont actives dans le spectre Raman (vibrations g) sont inactives dans le spectre infrarouge, tandis que celles qui sont actives en infrarouge (vibrations u) sont inactives en Raman, c'est-à-dire que les deux spectres sont exclusifs l'un de l'autre. Néanmoins, il y a des vibrations qui sont interdites dans les deux spectres, comme la vibration de torsion a_u de l'éthylène, dans la figure 6.23 : dans le groupe ponctuel D_{2h} (table A.32 de l'annexe) a_u n'est ni la symétrie d'une translation, ni celle d'une composante de la polarisabilité.

6.2.4 Spectroscopie de vibration-rotation

La diffusion Raman est normalement d'une intensité si faible que la spectroscopie Raman en phase gazeuse est l'une des techniques les plus difficiles. C'est particulièrement vrai pour la spectroscopie Raman de vibration-rotation, car la diffusion mettant en jeu des transitions vibrationnelles est beaucoup plus faible que celle qui met en jeu des transitions rotationnelles, décrites dans les sections 5.3.3 et 5.3.5. Pour cette raison, nous ne considérerons ici que la spectroscopie de vibration-rotation par absorption dans l'infrarouge, la plus facile à étudier, et qui sera également examinée en phase gazeuse. Comme pour les molécules diatomiques, il y a des jeux de niveaux d'énergie rotationnels associés à chacun des niveaux vibrationnels d'une molécule polyatomique. Les valeurs des termes résultant sont données par la somme des valeurs des termes rotationnels et vibrationnels

$$S = F_{\upsilon_i} + G(\upsilon_i) \tag{6.67}$$

où i correspond à une vibration particulière. Si chaque vibration est traitée dans l'approximation de l'oscillateur harmonique, les valeurs des termes vibrationnels sont données par

$$G(\upsilon_i) = \omega_i \left(\upsilon_i + \frac{d_i}{2}\right) \tag{6.68}$$

où ω_i est le nombre d'onde de vibration classique, υ_i le nombre quantique et d_i le degré de dégénéréscence.

6.2.4.1 Spectres de molécules linéaires dans l'infrarouge

Les molécules linéaires appartiennent soit au groupe ponctuel $D_{\infty h}$ (avec un centre d'inversion), soit à $C_{\infty\upsilon}$ (sans centre d'inversion). En utilisant la règle de sélection vibrationnelle de l'équation (6.56) et les tables de caractères de $D_{\infty h}$ (table A.37 de l'annexe) ou de $C_{\infty\upsilon}$ (table A.16 de l'annexe), on peut constater que les règles de sélection vibrationnelles pour des transitions à partir du niveau de point zéro (Σ_g^+ dans $D_{\infty h}$, Σ^+ dans $C_{\infty v}$) autorisent les transitions du type

$$\Sigma_u^+ - \Sigma_g^+ \text{ et } \Pi_u - \Sigma_g^+ \tag{6.69}$$

dans $D_{\infty h}$ et

$$\Sigma^+ - \Sigma^+ \text{ et } \Pi - \Sigma^+ \tag{6.70}$$

dans $C_{\infty v}$.

Pour tous les types de niveaux vibrationnels Σ, le jeu de niveaux rotationnels qui leur est associé est donné par

$$F_v(J) = B_v J(J+1) - D_v J^2(J+1)^2 \tag{6.71}$$

exactement comme pour les molécules diatomiques (équation 5.23). Deux jeux de ce type sont présentés dans la figure 6.24 pour deux niveaux vibrationnels Σ_u^+ et Σ_g^+.

La règle de sélection rotationnelle est, comme pour une molécule diatomique,

$$\Delta J = \pm 1 \tag{6.72}$$

et le spectre qui en résulte présente une branche P ($\Delta J = -1$) et une branche R ($\Delta J = +1$) avec, dans chacune d'elles, des membres séparés d'environ $2B$, où B est une constante rotationnelle moyenne pour les deux états vibrationnels, et un espacement d'environ $4B$ entre $R(0)$ et $P(1)$. Le traitement des nombres d'onde des branches P et R pour obtenir les constantes rotationnelles B_1 et B_0 des états respectifs, inférieur et supérieur, suit exactement la même démarche, basée sur des relations de combinaisons, que celle qui a été suivie pour les molécules diatomiques dans les équations (6.27) à (6.33).

Les niveaux rotationnels d'une molécule polyatomique $D_{\infty h}$ sont, exactement comme dans le cas des diatomiques, symétriques (s) ou antisymétriques (a) vis-à-vis de l'échange nucléaire, ce qui peut conduire à une alternance d'intensité avec J lorsque l'on prend en compte les spins nucléaires. Ces indices sont indiqués dans la figure 6.24.

Dans la figure 6.24 sont également donnés, pour chaque niveau rotationnel, les indices de parité, + ou –, et les labels, e ou f, selon une autre notation. Les règles de sélection générales,

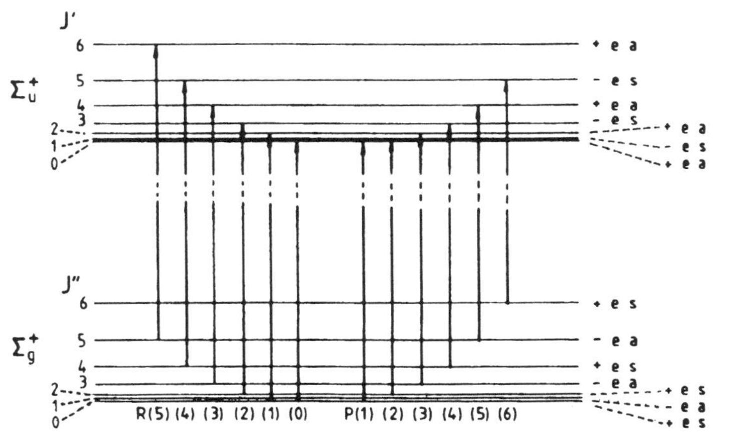

Fig. 6.24 — *Transitions rotationnelles accompagnant une transition vibrationnelle $\Sigma_u^+ - \Sigma_g^+$ dans une molécule polyatomique linéaire $D_{\infty h}$. Pour $C_{\infty v}$, les indices g et u et les labels s et a doivent être omis.*

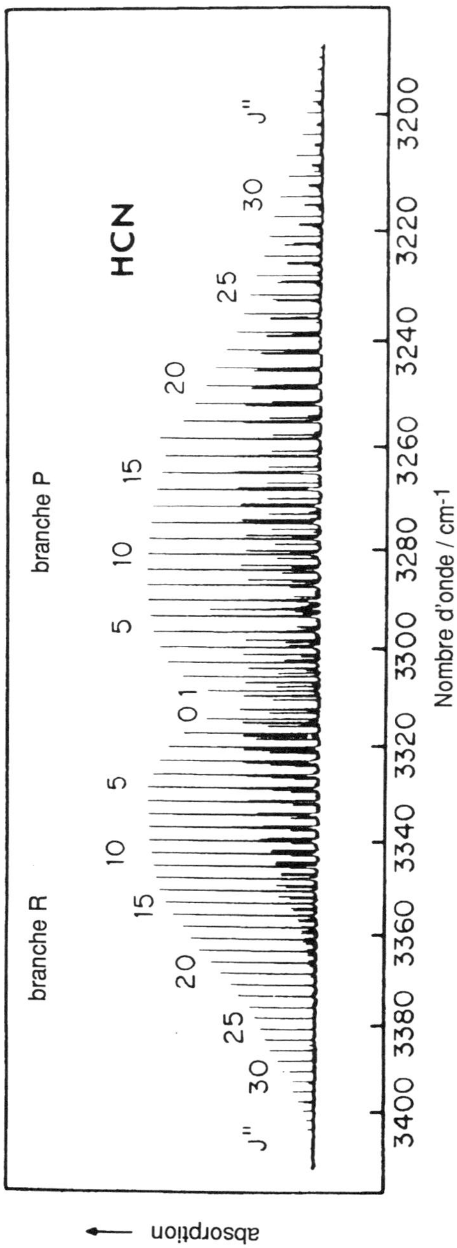

Fig. 6.25 — *Bande infrarouge 3_0^1, de type $\Sigma^+-\Sigma^+$, de HCN et deux bandes plus faibles qui se recouvrent avec la précédente. (Reproduit, avec autorisation, de Cole A.R.H.,* Tables of Wavenumbers for the Calibration of Infrared Spectrometers, *2e ed, p. 28. © 1977, Pergamon Press, Oxford).*

prenant en compte ces propriétés, sont[1]

$$+ \leftrightarrow -, \qquad + \not\leftrightarrow +, \qquad - \not\leftrightarrow - \tag{6.73}$$

ou, exprimées d'une autre manière,

$$e \leftrightarrow f, \quad e \not\leftrightarrow e, \quad f \not\leftrightarrow f \quad \text{pour } \Delta J = 0 \tag{6.74}$$

$$e \not\leftrightarrow f, \quad e \leftrightarrow e, \quad f \leftrightarrow f \quad \text{pour } \Delta J = \pm 1$$

mais celles-ci sont superflues et peuvent être ignorées pour une transition de type Σ–Σ.

La figure 6.25 montre la bande 3^1_0 de HCN, dans lequel ν_3 est la vibration d'élongation C–H. La transition est du type $\Sigma^+ - \Sigma^+$ et montre la structure détaillée des branches *P* et *R* comme pour une molécule diatomique. Néanmoins, contrairement à ce qui se passe pour une molécule diatomique, il y a deux bandes chaudes, faisant intervenir des états plus bas dans lesquels la vibration de déformation ν_2, de faible nombre d'onde, est excitée, provoquant un recouvrement avec 3^1_0. Une bande présente des branches *P*, *Q* et *R* avec le centre de bande à environ 3 292 cm^{-1}, et l'autre des branches *P* et *R* avec le centre de bande à environ 3 290 cm^{-1}.

La figure 6.26 montre les niveaux rotationnels associés à un niveau vibrationnel Π_u et un niveau Σ_g^+. Le jeu de niveaux Π_u diffère du jeu Σ_g^+ sur deux points : (a) il n'y a pas de niveau $J = 0$ et (b) chacun des niveaux est dédoublé, le dédoublement augmentant avec *J*. La raison pour laquelle il n'existe pas de niveau $J = 0$ est qu'un état vibrationnel Π contient un quantum de moment angulaire. Par conséquent *J*, qui correspond en réalité au moment angulaire *total*, ne peut pas être inférieur à 1. Ce moment angulaire associé à un état Π est également à l'origine du dédoublement des niveaux rotationnels, appelé dédoublement de type ℓ et dû aux forces de Coriolis, qui modifient l'expression du terme en

$$F_v(J) = B_v J(J+1) - B_v \pm \frac{q_i}{2} J(J+1) \tag{6.75}$$

pour le niveau $v_i = 1$ d'une vibration π, où q_i est un paramètre qui détermine l'amplitude du

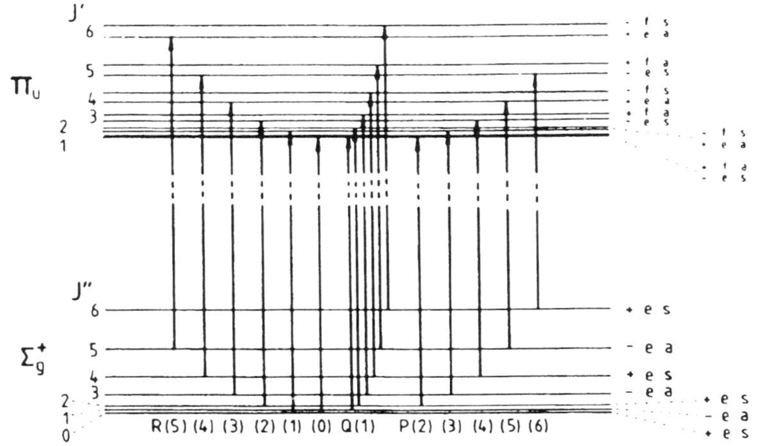

Fig. 6.26 — *Transitions rotationnelles accompagnant une transition vibrationnelle $\Pi_u - \Sigma_g^+$ dans une molécule polyatomique linéaire $D_{\infty h}$. Pour $C_{\infty v}$, les indices g et u et les labels s et a doivent être omis.*

1. $\leftrightarrow$ et $\not\leftrightarrow$ indiquent des transitions autorisées ou interdites, quel que soit l'ordre des niveaux.

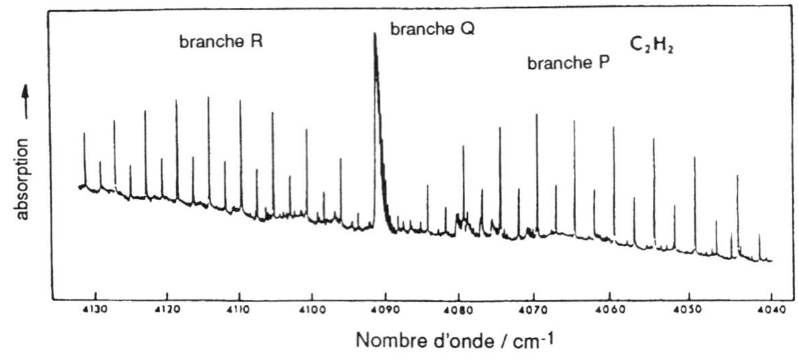

Fig. 6.27 — *Bande infrarouge* $1_0^1 5_0^1$, Π_u–Σ_g^+, *de l'acétylène. (Reproduit, avec autorisation, de Cole A.R.H.,* Tables of Wavenumbers for the Calibration of Infrared Spectrometers, *2*^{e} *éd., p. 12.* *© (1977) Pergamon Press, Oxford).*

dédoublement des niveaux, et où on a négligé la distorsion centrifuge. La règle de sélection rotationnelle est

$$\Delta J = 0, \pm 1 \qquad (6.76)$$

ce qui donne une branche centrale Q ($\Delta J = 0$), ainsi que des branches P et R comme le montre la figure 6.26. Ainsi, pour une transition de type Π–Σ, les règles de sélection complémentaires des équations (6.73) ou (6.74) sont nécessaires pour savoir si les branches P et R sont liées aux composantes des niveaux dédoublés dans l'état Π et la branche Q aux composantes supérieures, comme c'est le cas dans la figure 6.26, ou si c'est l'inverse.

La figure 6.27 montre, comme exemple de bande Π_u–Σ_g^+ d'une molécule linéaire, la bande de combinaison $1_0^1 5_0^1$ de l'acétylène, où ν_1 est la vibration d'élongation symétrique CH, et ν_5 la vibration de déformation *cis*. Notons que la branche P débute à $P(2)$, plutôt que $P(1)$ comme ce serait le cas dans une transition de type Σ–Σ, et qu'il y a une alternance d'intensités de 1 : 3, pour J'' pair : impair, car les deux protons équivalents, ayant chacun un nombre quantique de spin nucléaire $I = \frac{1}{2}$, sont échangés par une rotation de π radians de la molécule — exactement comme l'illustre la figure 5.18 pour $^1H_2$.

La séparation des raies individuelles au sein de la branche Q est faible, ce qui la fait paraître plus intense que le reste de la bande. Cet aspect est typique des branches Q dans les spectres en infrarouge, car les constantes rotationnelles des états inférieur et supérieur de la transition sont comparables.

La valeur effective de B_v peut être obtenue, pour les composantes inférieures des niveaux Π_u dédoublés, à partir des branches P et R par des différences de combinaisons identiques à celles utilisées pour les bandes de type Σ–Σ et, pour les composantes supérieures, à partir de la branche Q. B_v et q_i peuvent être calculés à partir de ces deux quantités. Néanmoins, sauf si q_i est exceptionnellement grand ou si le spectromètre a une résolution assez élevée, le dédoublement des niveaux est relativement petit et peut être négligé.

6.2.4.2 Spectres de rotateurs symétriques dans l'infrarouge

Pour un rotateur symétrique, comme le fluorure de méthyle, rotateur symétrique allongé appartenant au groupe ponctuel C_{3v}, dans le niveau de point zéro, la règle de sélection vibrationnelle donnée par l'équation (6.56) et la table de caractères (table A.12 de l'annexe) montrent que les seules transitions autorisées sont

$$A_1 - A_1 \text{ et } E - A_1 \tag{6.77}$$

Dans une transition A_1–A_1, le moment de transition est orienté selon l'axe principal (C_3) de la molécule et donne lieu à ce qu'on appelle une bande parallèle, tandis que dans une transition E–A_1, le moment de transition est perpendiculaire à l'axe principal et conduit à une bande perpendiculaire.

Une bande parallèle A_1–A_1 met en jeu des transitions rotationnelles entre des jeux de niveaux associés aux deux états A_1, comme ceux de la figure 5.6(a) et donnés par l'équation (5.32). Les règles de sélection sont

$$\begin{aligned} &\Delta K = 0 \text{ et } \Delta J = \pm 1, \text{ pour } K = 0 \\ &\Delta K = 0 \text{ et } \Delta J = 0, \pm 1, \text{ pour } K \neq 0 \end{aligned} \tag{6.78}$$

conduisant à des branches P, Q et R pour chaque valeur de K, sauf $K = 0$, qui n'a pas de branche Q. Comme pour toutes les molécules, les constantes rotationnelles A_υ et B_υ varient très peu avec υ, ce qui fait que les branches P, Q et R pour toutes les valeurs de K tombent plus ou moins les unes sur les autres. Il en résulte une bande qui ressemble beaucoup à une bande de type Π–Σ d'une molécule linéaire (voir figure 6.27). La bande infrarouge $1^1_0 A_1$–A_1 de C^2H_3F, présentée dans la figure 6.28, où ν_1 est la vibration d'élongation C–^{2}H de type a_1, en est un exemple. On voit que la séparation des branches centrales Q avec les différentes valeurs de K est petite, ce qui est dû au fait que les constantes rotationnelles des états vibrationnels inférieur et supérieur sont similaires.

Dans un état vibrationnel E, il y a une séparation des niveaux rotationnels, comparable à ceux de la figure 5.6(a), due aux forces de Coriolis, contrairement à ce que l'on trouve dans un état vibrationnel Π. La principale différence dans une bande E–A_1, par rapport à une bande A_1–A_1, est due aux règles de sélection

$$\Delta K = \pm 1 \text{ et } \Delta J = 0, \pm 1 \tag{6.79}$$

L'effet de la règle de sélection $\Delta K = \pm 1$, par rapport à $\Delta K = 0$ pour une transition A_1–A_1, est d'écarter les jeux de branches P, Q et R obtenues pour différentes valeurs de K. Chaque branche Q est constituée, comme toujours, de raies rapprochées, de sorte qu'elles apparaissent pratiquement comme une seule raie, et la séparation entre les branches Q adjacentes est approximativement $2(A' - B')$. La figure 6.29 montre un exemple de ce type, la bande $6^1_0 E$–A_1 du fluorure de silyle (SiH_3F), qui est un rotateur symétrique allongé, où ν_6 est la vibration e de rotation plane du groupe SiH_3. Les branches Q dominent, dans ce spectre à résolution assez basse, celles avec $\Delta K = +1$ et -1 étant placées respectivement du côté des grands et des faibles nombres d'onde.

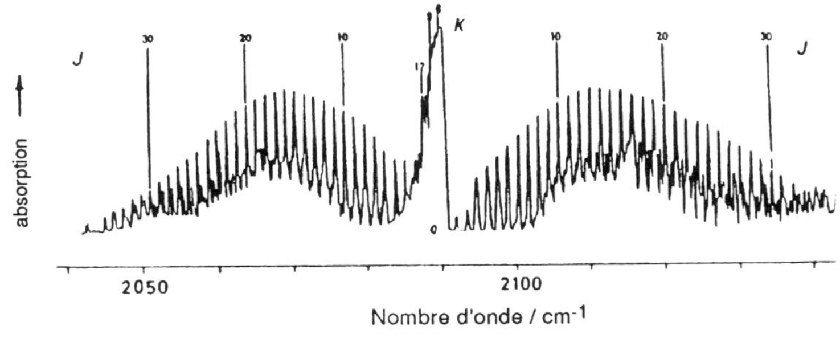

Fig. 6.28 — *Bande parallèle infrarouge $1^1_0 A_1$–A_1 de C^2H_3F. (Reproduit, avec autorisation, de Jones E.W., Popplewell R.J. et Thompson H.W.,* Proc. R. Soc., ***A290**, 490 (1966)).*

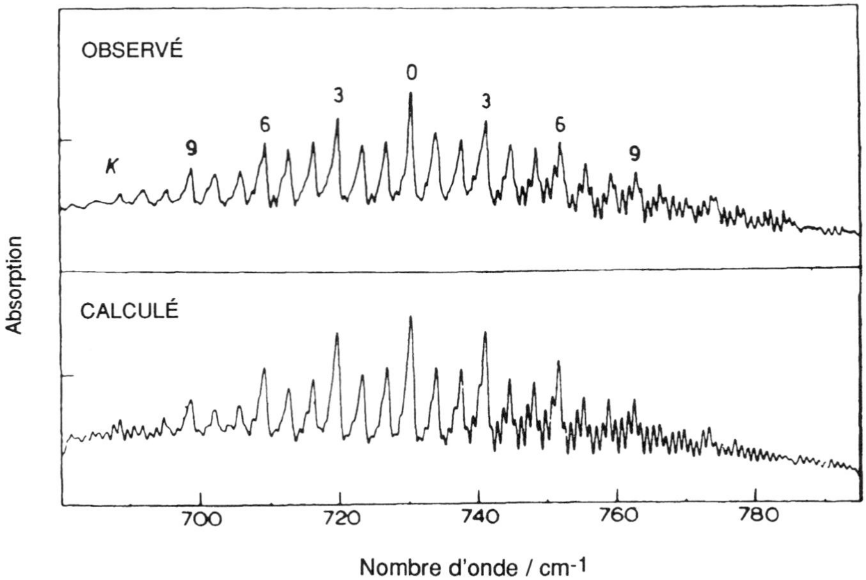

Fig. 6.29 — *Bande perpendiculaire infrarouge 6_0^1E–A_1 de SiH_3F. (Reproduit, avec autorisation, de Robiette A.G., Cartwright G.J., Hoy A.R. et Mills I.M.,* Mol. Phys., ***20**, 541 (1971)).*

Les règles de sélection sont les mêmes pour des rotateurs symétriques aplatis et les bandes parallèles ont une allure similaire à celle d'un rotateur symétrique allongé. Par contre, les bandes perpendiculaires d'un rotateur symétrique aplati possèdent des branches Q avec $\Delta K = +1$ et -1 placées respectivement du côté des faibles et des grands nombres d'onde, car l'espacement, $2(C' - B')$, est négatif.

6.2.4.3 Spectres de rotateurs sphériques dans l'infrarouge

Lorsqu'on passe à des molécules de plus haute symétrie, les règles de sélection vibrationnelles deviennent plus restrictives. Un examen de la table de caractères du groupe ponctuel T_d (table A.41 de l'annexe) montre que, pour des molécules tétraédriques régulières comme CH_4, le seul type de transition vibrationnelle infrarouge autorisée est

$$T_2 - A_1 \tag{6.80}$$

où T_2 est une symétrie triplement dégénérée.

Si on néglige la distorsion centrifuge, les valeurs des termes rotationnels d'un rotateur sphérique, dans un état vibrationnel A_1, sont

$$F_\upsilon(J) = B_\upsilon J(J+1) \tag{6.81}$$

Bien que dans un état dégénéré (T_2), comme dans les molécules linéaires et les rotateurs symétriques, les valeurs des termes soient légèrement modifiées par les forces de Coriolis, les règles de sélection

$$\Delta J = 0, \pm 1 \tag{6.82}$$

conduisent à une bande T_2–A_1 tout à fait similaire à une bande de type Π–Σ d'une molécule linéaire.

Pour un rotateur sphérique appartenant au groupe ponctuel octaédrique O_h, la table A.43 de l'annexe, en relation avec les règles de sélection vibrationnelles de l'équation (6.56), montre que les seules transitions autorisées sont

$$T_{1u} - A_{1g} \tag{6.83}$$

Les bandes de ce type obéissent aussi aux règles de sélection rotationnelles de l'équation (6.82) et ont une allure similaire à celle des bandes de type Π–Σ d'une molécule linéaire.

6.2.4.4 Spectres de rotateurs asymétriques dans l'infrarouge

Comme dans la section 5.2.4, consacrée aux spectres rotationnels des rotateurs asymétriques, nous ne traiterons pas, pour ce groupe important de molécules, leur mouvement rotationnel en détail, à cause de la grande complexité des niveaux d'énergie de rotation. Néanmoins, même si le jeu de niveaux rotationnels associé au niveau $v = 0$ est complexe, un jeu similaire est associé à chaque niveau vibrationnel excité. Les règles de sélection pour les transitions entre jeux rotationnels de niveaux vibrationnels sont également compliquées, mais elles incluent

$$\Delta J = 0, \pm 1 \tag{6.84}$$

ce qui donne des ensembles, distribués de façon assez aléatoire, de branches *P*, *Q*, et *R*.

Dans une molécule comme le formaldéhyde, qui est un rotateur asymétrique, présenté dans la figure 5.1(f), les axes d'inertie *a*, *b* et *c* associés respectivement aux moments d'inertie le plus faible, moyen et le plus élevé, sont définis à l'aide de la symétrie, l'axe *a* étant l'axe C_2, l'axe *b* étant dans le plan *yz* et l'axe *c* étant perpendiculaire au plan *yz*. Les moments de transition vibrationnelle sont limités aux axes *a*, *b* ou *c*, et les règles de sélection rotationnelles sont spécifiques. On les qualifie de règles de sélection de

$$\text{type } A, \text{ type } B, \text{ ou type } C \tag{6.85}$$

suivant qu'elles correspondent à un moment de transition orienté selon l'axe *a*, *b* ou *c*.

Qu'une molécule soit un rotateur asymétrique allongé ou aplati, les règles de sélection des types *A*, *B* ou *C* conduisent à des formes de bandes caractéristiques. Ces formes, ou contours,

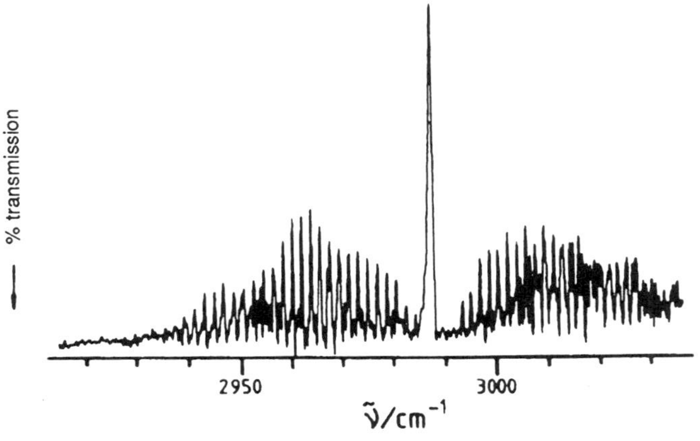

Fig. 6.30 — *Bande 11^1_0 de type A de l'éthylène.*

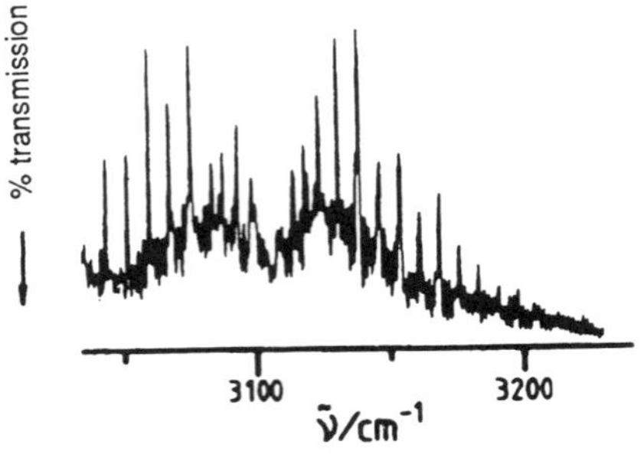

Fig. 6.31 — *Bande 9_0^1 de type B de l'éthylène.*

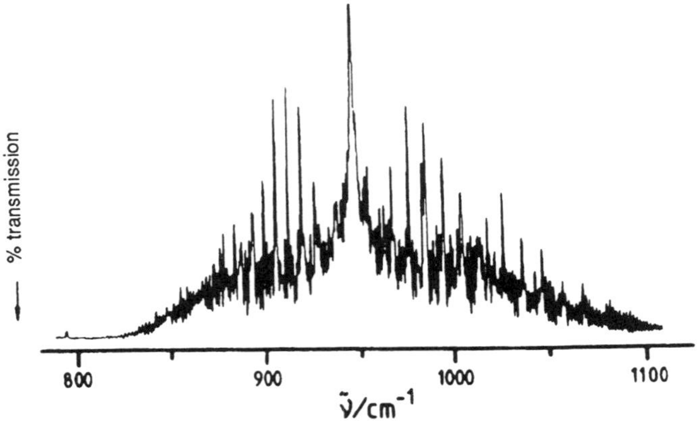

Fig. 6.32 — *Bande 7_0^1 de type C de l'éthylène.*

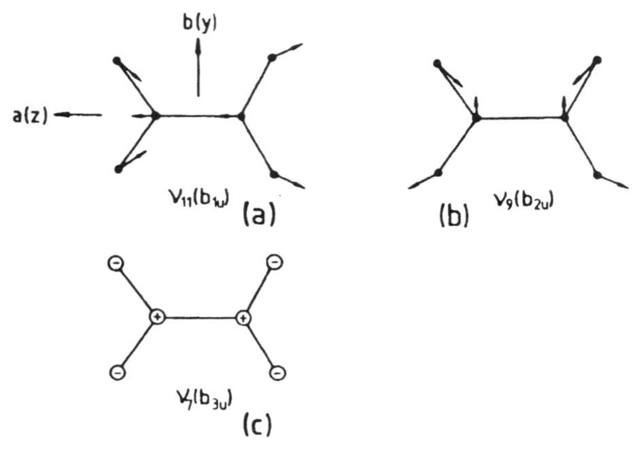

Fig. 6.33 — *Trois modes normaux de vibration de l'éthylène.*

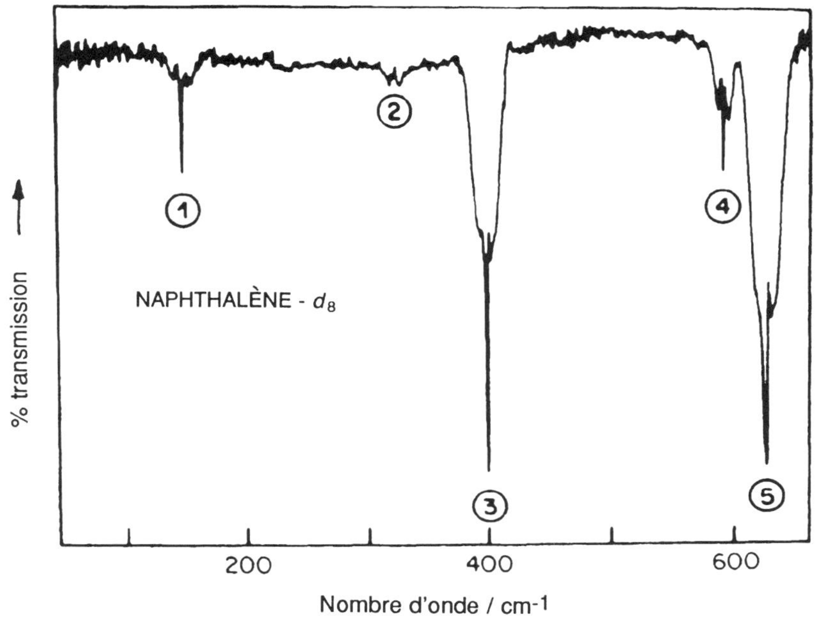

Fig. 6.34 — *Partie du spectre dans l'infrarouge lointain du perdeutéronaphtalène. La bande 4 est de type A, la bande 2 de type B, et les bandes 1, 3 et 5 de type C. (Reproduit, avec autorisation, de Duckett J.A., Smithson T.L. et Wieser H.,* J. Mol. Struct., ***44****, 97, (1978)).*

sont particulièrement importantes dans les spectres infrarouge, en phase gazeuse, des rotateurs asymétriques de grande taille, dont les raies rotationnelles ne peuvent être résolues, pour attribuer, aux transitions fondamentales, leur type de symétrie.

L'éthylène ($H_2C{=}CH_2$) est un rotateur asymétrique allongé qui est suffisamment petit pour que la structure rotationnelle soit résolue même en utilisant un spectromètre de résolution moyenne. Les figures 6.30, 6.31 et 6.32 présentent, respectivement, les bandes 11^1_0 (type *A*), 9^1_0 (type *B*) et 7^1_0 (type *C*) de l'éthylène, et la figure 6.33 montre la forme et la symétrie des vibrations mises en jeu. Sans examiner les détails, on peut voir que la bande de type *A* est dominée par un pic central intense et des ailes relativement faibles, la bande de type *B* par un minimum au centre et des ailes moyennement intenses, et la bande de type *C* par un pic central intense et des ailes moyennement intenses.

Ce comportement général est caractéristique des bandes de type *A*, *B* et *C*, et est à nouveau illustré par le spectre dans l'infrarouge lointain de la figure 6.34, montrant des bandes, nettement moins bien résolues, une de type *A*, une de type *B*, et trois de type *C*, du rotateur symétrique allongé qu'est le perdeutéronaphtalène ($C_{10}D_8$).

6.2.5 Anharmonicité

6.2.5.1 Surfaces d'énergie potentielle

Dans une molécule diatomique, un des effets principaux de l'anharmonicité mécanique (la seule que nous verrons en détail ici) est de provoquer un rapprochement régulier des niveaux d'énergie vibrationnelle avec v, comme le montre la figure 6.4. L'écart entre les niveaux s'annule à la limite de dissociation.

La courbe d'énergie potentielle de la figure 6.4 est à deux dimensions, une pour l'énergie potentielle V, et une pour la coordonnée r de vibration. Pour une molécule polyatomique, avec $3N - 6$ (non linéaire) ou $3N - 5$ (linéaire) vibrations normales, il faut une surface à $[(3N - 6) + 1]$ ou $[(3N - 5) + 1]$ dimensions pour illustrer la variation de V avec toutes les coordonnées normales. Une telle surface s'appelle une hypersurface et ne peut évidemment pas être illustrée sous forme d'un schéma. En faisant une section de la surface, à deux dimensions correspondant à V et à l'une des coordonnées normales, on peut tracer une courbe d'énergie potentielle pour chaque coordonnée normale.

Si on utilise une carte de contours pour représenter une surface à trois dimensions, chaque contour représentant une énergie potentielle constante, on peut représenter deux coordonnées normales. La figure 6.35 montre ce type de carte pour la molécule linéaire CO_2. Les coordonnées utilisées ici ne sont pas les coordonnées normales mais les deux longueurs r_1 et r_2 des liaisons CO, montrées dans la figure 6.36(a). On suppose que la molécule reste linéaire.

Dans la figure 6.35, la région notée B est un puits profond, dont le fond représente la molécule CO_2 à l'équilibre avec $r_1 = r_2 = r_e$. Les régions A_1 et A_2 sont des vallées, plus hautes en énergie que B, puisqu'elles correspondent à l'enlèvement de l'un des atomes d'oxygène, laissant une molécule CO. Dans la réaction atome-molécule

$$O + CO \rightarrow OCO \rightarrow OC + O \tag{6.86}$$

la coordonnée de réaction, qui n'est pas une coordonnée normale, représente le chemin d'énergie minimale pour que la réaction passe de A_1 à B et de B à A_2. La variation d'énergie le long de cette coordonnée est présentée dans la figure 6.37(a).

Dans une réaction comme

$$H + H_2 \rightarrow H\cdots H\cdots H \rightarrow H_2 + H \tag{6.87}$$

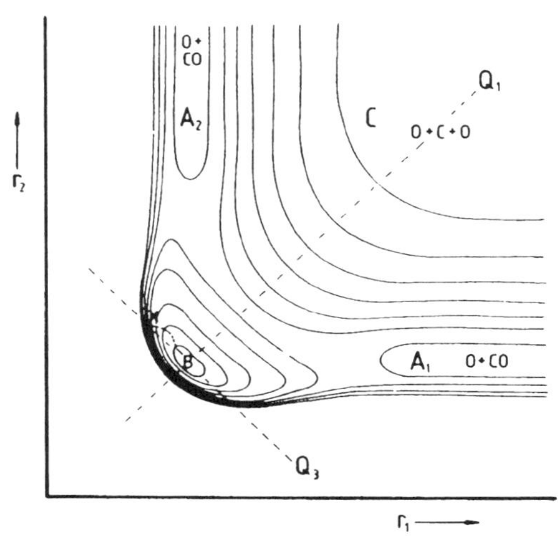

Fig. 6.35 — *Contour de l'énergie potentielle en fonction des deux longueurs r_1 et r_2 des liaisons C–O dans CO_2.*

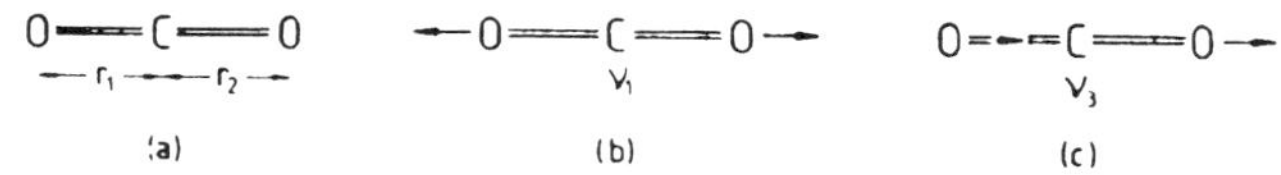

Fig. 6.36 — *(a) Coordonnées r_1 et r_2, (b) vibration d'élongation symétrique ν_1, et (c) vibration d'élongation antisymétrique ν_3 de CO_2.*

dans laquelle la molécule triatomique linéaire est instable, il y a un maximum d'énergie correspondant à la région B de la figure 6.35, et la variation d'énergie potentielle avec la coordonnée de réaction ressemble à celle de la figure 6.37(b).

Afin de voir comment varie V avec les deux coordonnées normales Q_1 et Q_3, correspondant aux vibrations d'élongation symétrique et antisymétrique ν_1 et ν_3 de CO_2, présentées dans les figures 6.36(b) et (c), on se déplace le long de la ligne de tirets, notée Q_1 dans la figure 6.35, correspondant à une variation identique de r_1 et de r_2, ou bien le long de celle qui est notée Q_3, et qui correspond à un accroissement de r_1 et une diminution de r_2 (et réciproquement) d'une même quantité. Les courbes d'énergie potentielle qui en résultent sont présentées dans la figure 6.38. Celle pour ν_1 paraît similaire à celle de la figure 6.4 pour une molécule diatomique. La partie horizontale de la courbe correspond à la région C de la figure 6.35 dans laquelle s'est produite la dissociation O + C + O. Ce processus est à très haute énergie car il implique la rupture de deux doubles liaisons.

Par contre, la courbe pour ν_3, dans la figure 6.38(b), est symétrique par rapport au centre. Elle est approximativement parabolique, mais montre des versants plus escarpés que ceux d'une parabole, ce qui correspond à la répulsion lors du rapprochement d'un noyau d'oxygène et du noyau de carbone, à chaque extremum du mouvement vibrationnel.

Les vibrations ν_1 et ν_3 de CO_2 illustrent la propriété générale importante selon laquelle, dans les molécules polyatomiques, des vibrations sont dissociatives, comme ν_1, et d'autres sont non dissociatives, comme ν_3. La vibration de déformation, ν_2, est également non dissociative et la courbe d'énergie potentielle correspondante possède une forme similaire à celle de la figure 6.38(b). Les deux types de courbes de la figure 6.38 sont le support de niveaux vibrationnels qui sont anharmoniques, mais de façon différente. Ceux de ν_1 convergent à la limite de dissociation alors que ceux de ν_2 et ν_3 sont plus régulièrement espacés bien qu'ils puissent présenter une certaine divergence.

La figure 6.35 montre comment l'anharmonicité mélange les deux vibrations ν_1 et ν_3 de CO_2. Si la molécule part du point X et va vers B, elle aura tendance à suivre la ligne de pente maximum qui est indiquée. En faisant cela, elle s'éloigne considérablement de la ligne de tirets représentant Q_3, et entraîne ainsi un mélange de Q_1 et de Q_3.

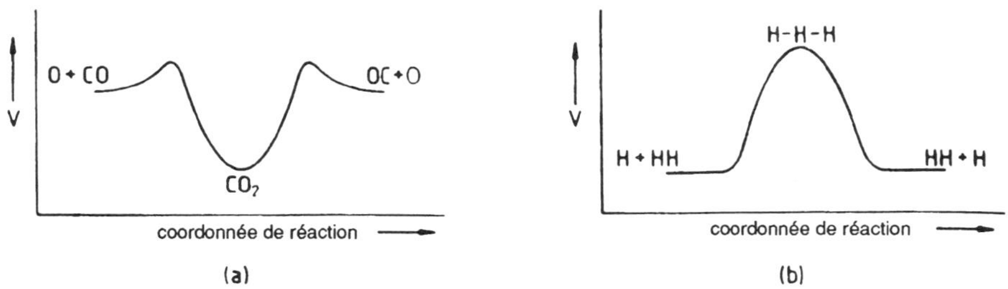

Fig. 6.37 — *Variations d'énergie potentielle le long de la coordonnée de réaction pour les réactions entre (a) O et CO, (b) H et H_2.*

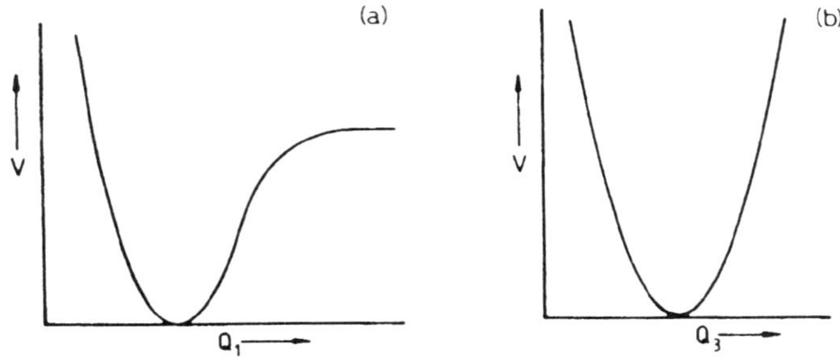

Fig. 6.38 — *Formes générales des courbes d'énergie potentielle pour les vibrations (a)* ν_1 *et (b)* ν_3 *de* CO_2.

6.2.5.2 Valeurs des termes vibrationnels

Les valeurs des termes vibrationnels d'un oscillateur anharmonique polyatomique, possédant seulement des vibrations non dégénérées, sont modifiées, par rapport aux valeurs de l'oscillateur harmonique données par l'équation (6.41), en

$$\sum_i G(\upsilon_i) = \sum_i \omega_i (\upsilon_i + \tfrac{1}{2}) + \sum_{i \leq j} x_{ij} (\upsilon_i + \tfrac{1}{2}) (\upsilon_j + \tfrac{1}{2}) + \ldots \qquad (6.88)$$

où les x_{ij} sont les constantes anharmoniques. Pour $i = j$, les x_{ij} sont analogues au terme $-\omega_e x_e$ des molécules diatomiques, mais lorsque $i \neq j$, les x_{ij} n'ont pas d'analogue de ce type. Ils montrent l'approximation effectuée lorsque l'on prend une section bidimensionnelle dans une hypersurface de potentiel, en supposant que les coordonnées normales peuvent être traitées indépendamment les unes des autres.

Pour un oscillateur anharmonique avec des vibrations dégénérées, les valeurs des termes sont modifiées, par rapport à celles de l'équation (6.88), en

$$\sum_i G(\upsilon_i) = \sum_i \omega_i (\upsilon_i + \tfrac{d_i}{2}) + \sum_{i \leq j} x_{ij} (\upsilon_i + \tfrac{d_i}{2}) (\upsilon_j + \tfrac{d_j}{2}) + \sum_{i \leq j} g_{ij} \ell_i \ell_j + \ldots \qquad (6.89)$$

où d_i est le degré de dégénérescence de la vibration i et $g_{ij}\ell_i\ell_j$ est un terme anharmonique supplémentaire.

6.2.5.3 Traitement des vibrations en modes locaux

Les modes normaux de vibration, ainsi que les coordonnées normales correspondantes, sont très satisfaisants pour décrire les niveaux vibrationnels les plus bas, habituellement ceux avec $\upsilon = 1$ ou 2, étudiés par les spectroscopies infrarouge ou Raman traditionnelles. Pour certains types de vibrations, tout particulièrement les vibrations d'élongation impliquant plusieurs atomes terminaux équivalents par symétrie, cette description devient moins satisfaisante lorsque υ augmente.

Considérons par exemple les vibrations d'élongation CH du benzène. Puisqu'il y a six liaisons C–H identiques, il existe six vibrations d'élongation CH. Elles appartiennent à différentes espèces de symétries, mais une seule, ν_2[1], illustrée par la figure 6.39, est totalement symétrique, de type a_{1g}.

1. En utilisant le système de numérotation de Wilson, qui est fréquemment employé dans le cas du benzène (voir la bibliographie).

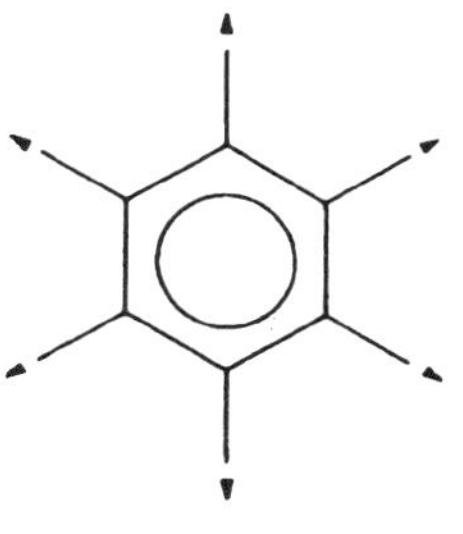

Fig. 6.39 — *Vibration d'élongation CH totalement symétrique du benzène.*

Comme la courbe d'énergie potentielle de ν_2 a une forme similaire à celle de la figure 6.38(a), on peut supposer que si on excite la molécule avec une énergie suffisamment élevée, elle finira par se dissocier, en perdant six atomes d'hydrogène :

$$C_6H_6 \rightarrow C_6 + 6H \quad (6.90)$$

Cela semble satisfaisant si l'on ne raisonne qu'en termes de vibrations normales, mais intuitivement, cette dissociation nécessiterait de l'ordre de six fois l'énergie de dissociation de la liaison C–H (environ 6×412 kJ mol^{-1}). Le processus

$$C_6H_6 \rightarrow C_6H_5 + H \quad (6.91)$$

a certainement plus de chances de se produire. On sait que c'est effectivement ce qui se produit, mais il n'existe pas de vibration normale du benzène associée à une élongation CH localisée sur une liaison seulement. On a imaginé, pour ces situations, un autre type de description du comportement vibrationnel, consistant à traiter les harmoniques élevées des élongations CH par un modèle en mode local, plutôt qu'en mode normal. Chaque élongation de liaison C–H est supposée se comporter comme le modèle de Morse (équation 6.23), qui décrit de façon relativement satisfaisante la vibration anharmonique d'une molécule diatomique. La technique, extrêmement sensible, de spectroscopie photoacoustique a permis d'observer des transitions des vibrations d'élongation CH jusqu'à $v = 6$, et l'on a montré que les nombres d'onde des transitions s'ajustent très bien à ceux d'un oscillateur de Morse.

Ce comportement en mode local s'applique aux vibrations de beaucoup d'autres molécules qui possèdent plusieurs atomes terminaux équivalents.

Il semble peu probable, sur le plan énergétique, de passer de la région B (figure 6.35), où CO_2 est dans sa configuration d'équilibre, à la région C, dans laquelle il a perdu les deux atomes d'oxygène, en excitant un nombre de plus en plus grand de quanta de ν_1 pour se déplacer le long de la ligne de tirets Q_1. La molécule va plutôt de B à A_1 (ou A_2), en perdant un seul atome d'oxygène, par un comportement en mode local. Elle passe ensuite de A_1 (ou A_2) à C par dissociation de CO. Ainsi, les harmoniques élevées des élongations des CO dans CO_2 sont mieux décrites par un modèle en mode local, mettant en jeu l'élongation asymétrique d'une liaison C=O, que par un modèle en mode normal.

Cependant, il faut bien comprendre que chacun des modèles peut être utilisé pour obtenir les niveaux de ce type de vibration d'élongation, pour *toutes* les valeurs de v. Le modèle en mode normal est plus commode à utiliser à faible v, le modèle en mode local étant plus utile pour les valeurs plus élevées de v.

Bien que toute vibration d'élongation impliquant des atomes équivalents par symétrie doive présenter, pour v grand, un comportement en mode local, les vibrations d'élongation X–H sont les plus faciles à étudier. En effet, la probabilité de transition décroît rapidement lorsque v augmente et comme leurs quanta vibrationnels sont grands, il suffit d'une valeur relativement faible de v pour être plus proche de l'énergie de dissociation que par exemple dans le cas des vibrations d'élongation CF.

6.2.5.4 Potentiels de vibration avec plus d'un minimum

Les seuls types de potentiels anharmoniques que nous avons rencontrés jusqu'ici sont illustrés dans la figure 6.38. Chacun d'eux présente un seul minimum. Il existe, cependant, des vibrations dont les potentiels ne ressemblent à aucun de ceux-ci, mais possèdent plus d'un minimum. Les valeurs des termes ne sont ni harmoniques, ni données par les équations (6.88) ou (6.89). Ces vibrations peuvent être divisées en différents types que nous allons discuter.

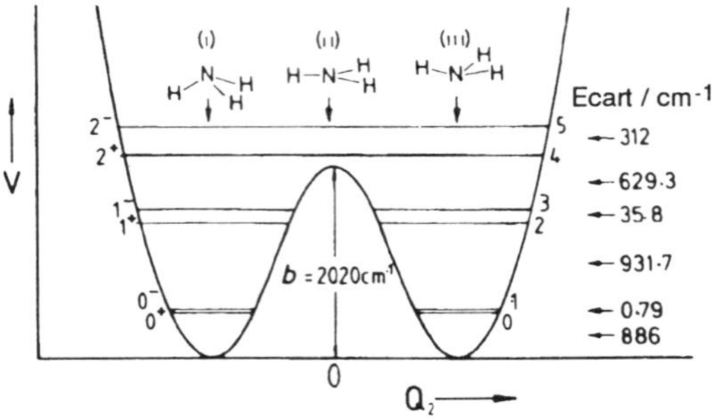

Fig. 6.40 — *Courbe d'énergie potentielle pour la vibration d'inversion ν_2 de NH_3.*

6.2.5.4(a) Vibrations d'inversion. La vibration ν_2 d'inversion, ou parapluie, de l'ammoniac, est présentée dans la figure 4.16. La configuration d'équilibre de NH_3 est pyramidale avec $\angle$HNH = 106,7°, mais pour de grandes amplitudes du mouvement de ν_2, la molécule traverse la configuration plane et atteint une configuration pyramidale identique, mais inversée. La configuration plane et les deux configurations pyramidales équivalentes sont présentées dans la figure 6.40. Les configurations pyramidales (i) et (iii) correspondent, de toute évidence, à deux minima identiques de l'énergie potentielle, et la configuration plane à un maximum. La courbe de potentiel qui en résulte est en forme de W, avec une barrière énergétique entre les deux minima. *b* est la hauteur de la barrière et représente l'énergie nécessaire, classiquement, pour passer de la configuration pyramidale à la configuration plane.

Dans un système quantique, il peut ne pas être nécessaire de franchir la barrière pour aller de (i) à (iii). Le phénomène quantique d'effet tunnel autorise en effet une certaine pénétration sous la barrière. Si la barrière est suffisamment basse ou étroite (ou les deux), la pénétration peut être si importante qu'une interaction se produit entre les jeux de niveaux vibrationnels identiques des deux puits de la courbe de potentiel. Cette interaction divise les niveaux en deux composantes, le dédoublement étant plus grand vers le haut de la barrière où l'effet tunnel est le plus efficace. Les dédoublements sont indiqués, dans le cas général, dans la figure 6.41(b) et pour NH_3 dans la figure 6.40 : les deux figures montrent que même au-dessus de la barrière, il y a un certain bouleversement des niveaux.

La figure 6.41(a) montre que, lorsque la barrière est très haute, les dédoublements disparaissent, et les niveaux deviennent régulièrement espacés. Lorsque la barrière est réduite à zéro, la configuration d'équilibre est plane, comme pour BF_3, et les niveaux redeviennent régulièrement espacés, comme l'indique la figure 6.41(c). Cette figure montre comment les niveaux d'énergie vibrationnelle sont corrélés au fur et à mesure que la barrière s'abaisse d'une hauteur très élevée à zéro.

Comme l'indique la figure 6.41, on peut choisir entre deux schémas de numérotation vibrationnelle : 0, 1, 2, 3, ... souligne la relation avec le cas de la barrière nulle et 0^+, 0^-, 1^+, 1^- est relié au cas de la barrière haute.

Le temps τ correspondant à la durée du passage à travers la barrière par effet tunnel, c'est-à-dire le temps pour que la molécule s'inverse d'une pyramide à l'autre, est donné par

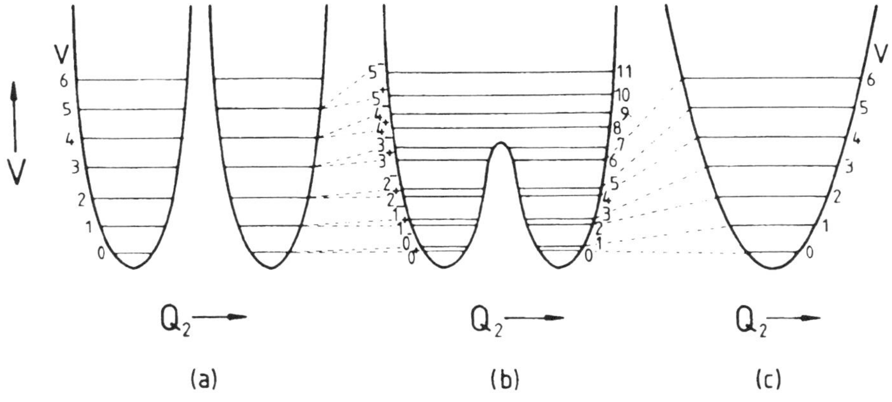

Fig. 6.41 — *Courbes d'énergie potentielle et niveaux d'énergie vibrationnelle pour une vibration d'inversion lorsque la barrière s'opposant à la planéité est (a) infinie, (b) modérément basse et (c) nulle.*

$$\tau = (2\Delta\nu)^{-1} \tag{6.92}$$

où $\Delta\nu$ est le dédoublement des niveaux. Pour $^{14}N^1H_3$, $\Delta\nu = 23{,}786$ GHz pour le dédoublement entre $\upsilon_2 = 1$ et $\upsilon_2 = 0$ (ou 0^+ et 0^-), ce qui donne $\tau = 2{,}1 \times 10^{-11}$ s.

Plusieurs expressions de fonctions, reproduisant la façon dont l'énergie potentielle $V(Q)$ dépend de la coordonnée vibrationnelle Q relative au mouvement d'inversion, ont été proposées. La fome de potentiel la plus utilisée est

$$V(Q) = \frac{1}{2}\, aQ^2 + b \exp(-cQ^2) \tag{6.93}$$

Le premier terme $\frac{1}{2}aQ^2$ est un potentiel d'oscillateur harmonique ordinaire, comme la courbe de tirets de la figure 6.4. Le deuxième terme introduit une barrière énergétique, de hauteur b, à $Q = 0$ et le potentiel $V(Q)$ qui en résulte a la forme en W de celui de la figure 6.41(b). Les paramètres a, b et c peuvent être modifiés jusqu'à ce que les niveaux d'énergie vibrationnelle qui en résultent reproduisent ceux qui sont observés. Dans le cas de NH_3, la hauteur b de la barrière est égale à 2 020 cm^{-1}.

Un autre potentiel en forme de W est donné par

$$V(Q) = AQ^2 + BQ^4 \tag{6.94}$$

Le terme BQ^4, avec B positif, donne un potentiel ressemblant au potentiel d'oscillateur harmonique de la figure 6.4 (courbe de tirets) mais avec des pentes plus abruptes. L'inclusion du terme AQ^2, avec A négatif, rajoute une parabole tournée vers le bas, dont le sommet est à $Q = 0$. Il en résulte un potentiel en forme de W. La hauteur b de la barrière est donnée par

$$b = A^2 / 4B \tag{6.95}$$

Dans le cas de NH_3, le potentiel de l'équation (6.93) est plutôt mieux adapté à un ajustement des données expérimentales, mais celui de l'équation (6.94) a été utilisé pour les vibrations d'inversion d'autres molécules.

Le formamide (NH_2CHO) et l'aniline ($C_6H_5NH_2$) sont des molécules avec une vibration d'inversion qualitativement similaire à celle de NH_3, leur vibration faisant intervenir principalement les atomes d'hydrogène du groupe NH_2. Les deux molécules sont non planes, avec une configuration pyramidale autour de l'atome d'azote et des barrières, par rapport à la planéité, respectivement de 370 cm^{-1} (4,43 kJ mol^{-1}) et de 547 cm^{-1} (6,55 kJ mol^{-1}).

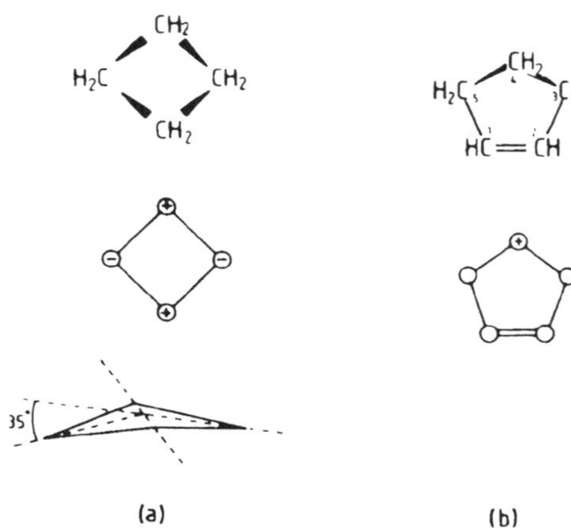

Fig. 6.42 — *(a) Cyclobutane, sa vibration de plissement de cycle et l'angle dièdre. (b) Cyclopentène et sa vibration de plissement de cycle.*

6.2.5.4(b) Vibrations de plissement de cycle. Les molécules cycliques qui sont saturées au moins partiellement et qui contiennent des groupes tels que –CH_2–, –O– ou –S–, ont des vibrations de faible nombre d'onde, mettant en jeu un mouvement de déformation de ce groupe hors du plan du cycle (ou de ce qui serait le plan s'il s'agissait d'une molécule plane). Ce type de vibration s'appelle vibration de plissement de cycle. On en trouve deux exemples dans le cyclobutane et dans le cyclopentène, présentés dans les figures 6.42(a) et (b).

Dans le cyclobutane, la vibration de plissement est une déformation hors du plan, conférant à la molécule un mouvement de papillon autour d'une ligne joignant deux atomes de carbone opposés, comme le montre la figure. La configuration d'équilibre des atomes de carbone est non plane, avec un angle dièdre de 35°, indiqué dans la figure 6.42(a). La courbe d'énergie potentielle de la vibration possède par conséquent deux minima identiques, correspondant au cycle plissé vers le « haut » ou vers le « bas ».

Le cyclopentène (figure 6.42b) a le même comportement que le cyclobutane vis-à-vis de la vibration de plissement de cycle, et porte le nom de pseudo-cycle à quatre. Ceci est dû au fait que la liaison C=C résiste à la torsion par rapport à une liaison C–C, de sorte que, en ce qui concerne le plissement, la partie HC=CH du cycle se comporte comme un seul groupe rigide. Là encore, les plissements de cycle vers le « haut » ou vers le « bas » correspondent à la même énergie et la courbe d'énergie potentielle présente deux minima identiques.

Les courbes d'énergie potentielle pour les vibrations de plissement de cycle du cyclobutane, du cyclopentène et de molécules cycliques similaires, avec au moins quatre liaisons simples dans le cycle, ont une forme en W, comme celles d'une vibration d'inversion (section 6.2.5.4a). Par conséquent, des expressions similaires du potentiel ont été utilisées, la forme de $V(Q)$ donnée par l'équation (6.94) étant la mieux adaptée au plissement de cycle.

Le potentiel de plissement de cycle du cyclopentène est montré dans la figure 6.43(a) où les transitions indiquées, en cm^{-1}, sont celles qui ont été observées dans le spectre dans l'infrarouge lointain, représenté dans la figure 6.43(b). Comme dans les vibrations d'inversion, il se produit un dédoublement des niveaux dû à l'effet tunnel à travers la barrière, dont la hauteur n'est que de 232 cm^{-1} (2,78 kJ mol^{-1}).

6.2.4(c) *Vibrations de torsion.* La figure 6.44 montre quelques molécules dans lesquelles il existe une vibration impliquant un déplacement autour d'une liaison autre qu'une liaison terminale, dans laquelle une partie de la molécule, prise comme sommet, vibre vers l'avant et

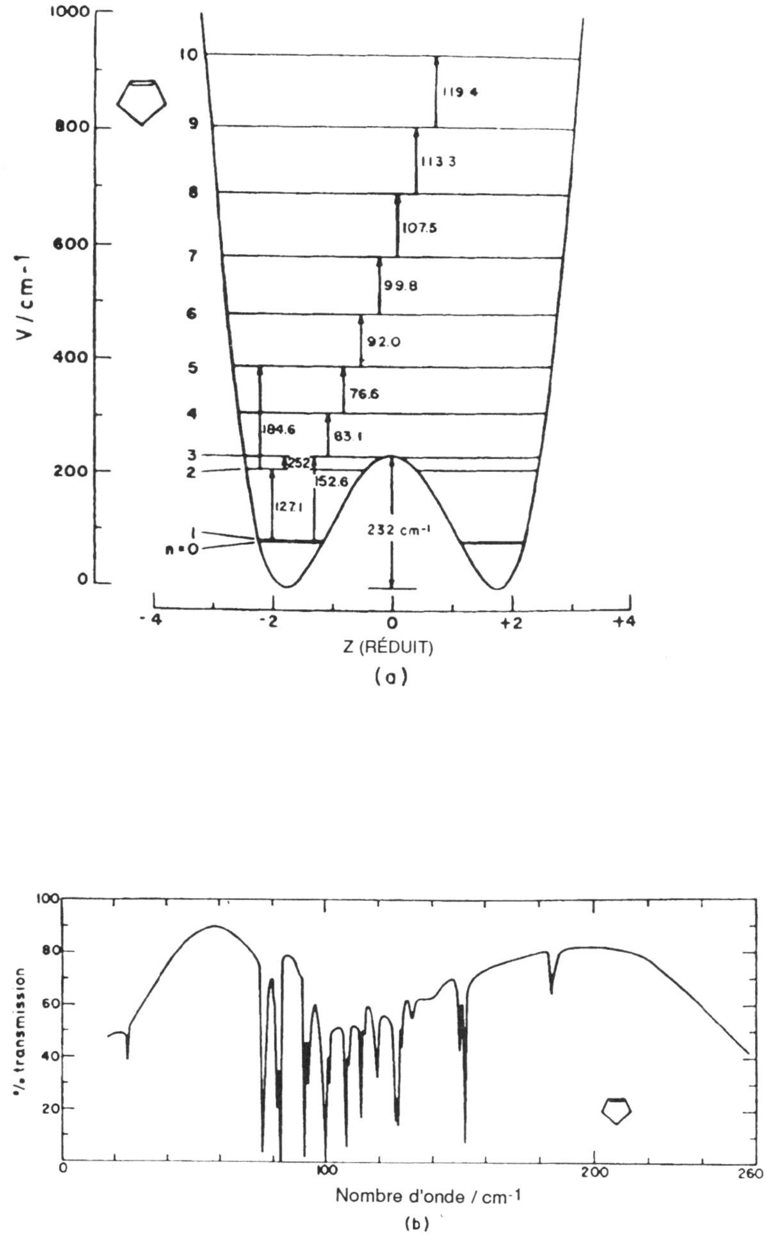

Fig. 6.43 — *(a) Potentiel du plissement de cycle pour le cyclopentène. La coordonnée réduite z est proportionnelle à la coordonnée normale. (b) Spectre d'absorption dans l'infrarouge lointain du cyclopentène en phase vapeur. (Reproduit, avec autorisation, de Laane J. et Lord R.C.,* J. Chem. Phys., ***47****, 4 941 (1967)).*

vers l'arrière, dans un mouvement de torsion par rapport au reste de la molécule, pris comme structure fixe.

Dans le phénol (figure 6.44b), la résistance à la torsion autour de la liaison C–O est fournie par un certain degré de conjugaison, donnant un caractère de liaison π entre l'orbitale $2p$ de C, perpendiculaire au cycle, et une paire libre sur O. L'énergie potentielle $V(\phi)$ tracée en fonction de l'angle de torsion ϕ ($\phi = 0$ pour la configuration plane) donne la courbe d'énergie potentielle de la figure 6.45. C'est une courbe périodique qui va de $\phi = 0$ à ∞ et qui se répète tous les π radians avec la même barrière d'énergie à $\phi = \pi/2$, $3\pi/2$, ... L'origine physique de cette barrière est due au fait que lorsque le plan O–H est perpendiculaire au cycle, la totalité de la stabilisation par conjugaison dans la liaison est perdue. Par contre, la gêne stérique déstabilisante entre l'atome d'hydrogène de OH et celui qui est sur un atome de carbone en position 2 du cycle, est minimisée. Par ailleurs, comme la configuration stable du phénol est plane, les effets de l'encombrement stérique sont petits par rapport à ceux de la conjugaison. La hauteur de la barrière de torsion est donnée dans le tableau 6.7.

Les barrières de torsion sont appelées barrières d'ordre n lorsque le potentiel de torsion se répète tous les $2\pi/n$ radians. Comme dans le cas des vibrations d'inversion, (section 6.2.5.4a), un effet tunnel quantique peut se produire à travers une barrière de torsion d'ordre n, séparant chaque niveau vibrationnel en n composantes. La séparation en deux composantes à proximité du sommet d'une barrière d'ordre 2 est présentée dans la figure 6.45. Lorsque la barrière est franchie, une rotation interne libre apparaît et les niveaux d'énergie ressemblent alors plus à ceux d'une rotation qu'à ceux d'une vibration.

Le tableau 6.7 donne quelques autres exemples de hauteurs de barrières de torsion. Celle de l'éthylène est élevée, typique d'une liaison double, mais sa valeur n'est pas connue avec certitude. Les barrières de l'alcool méthylique et de l'éthane sont d'ordre trois, ce qui est confirmé en utilisant des modèles moléculaires, tandis que celles du toluène et du nitrométhane sont d'ordre six. La décroissance de la hauteur de barrière lorsque l'ordre de la barrière augmente est une propriété caractéristique. La rotation autour de la liaison C–C dans le toluène et de la liaison C–N dans le nitrométhane est pratiquement libre.

Le buta-1,3-diène est l'un des nombreux exemples de molécules dans lesquelles le mouvement de torsion peut convertir un isomère stable en un autre isomère, moins stable. L'isomère le plus stable dans ce cas est la forme *s-trans*, présentée dans la figure 6.44(e), et le

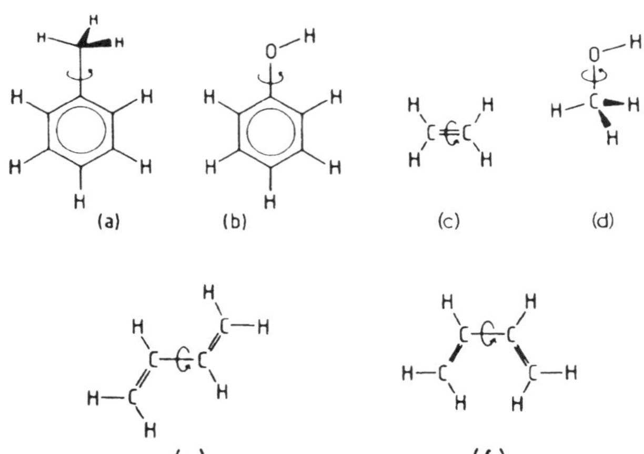

Fig. 6.44 — *Vibrations de torsion dans (a) le toluène, (b) le phénol, (c) l'éthylène, (d) le méthanol, (e) le s-trans-buta-1,3-diène et (f) le s-cis-buta-1,3-diène.*

Tab. 6.7 — *Hauteurs de barrière V pour quelques vibrations de torsion.*

Molécule	V / cm^{-1}	V / kJ mol^{-1}	Molécule	V / cm^{-1}	V / kJ mol^{-1}
C_6H_5OH	1 207	14,44	$C_6H_5CH_3$	4,9	0,059
$CH_2{=}CH_2$	22 750[a]	272,2[a]	CH_3NO_2	2,1	0,025
	ou 14 000[a]	ou 167,5[a]	$C_6H_5CH{=}CH_2$[b]	1 070	12,8
CH_3OH	375	4,49	$CH_2{=}CH{-}CH{=}CH_2$ (de *s-trans* à *s-cis*)	2 660	31,8
CH_3CH_3	960	11,5	$CH_2{=}CH{-}CH{=}CH_2$ (de *s-cis* à *s-trans*)	1 060	12,7

a. Estimations indépendantes.
b. Torsion autour de la liaison C(cycle)–C(substituant).

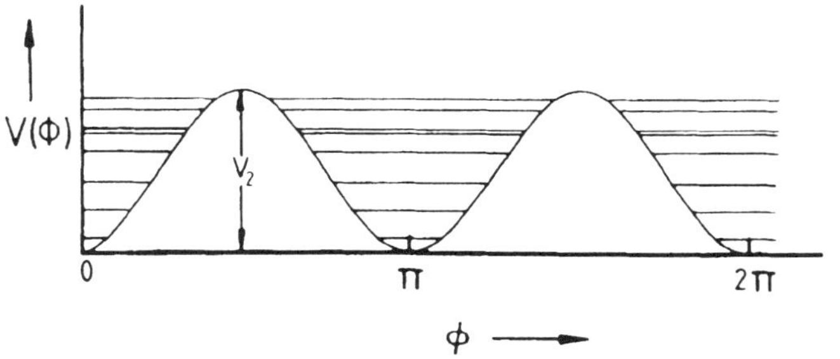

Fig. 6.45 — *Potentiel de torsion présentant une barrière d'ordre 2.*

moins stable est la forme *s-cis*[1], montrée dans la figure 6.44(f). Les deux isomères sont plans à cause de l'effet stabilisant de la conjugaison à travers la liaison C–C centrale. L'isomère *s-trans* a une stabilisation plus forte grâce à la minimisation de la gêne stérique entre les atomes d'hydrogène. La courbe d'énergie potentielle résultante est similaire à celle de la figure 6.45, sauf que, si $\phi = 0$ correspond à l'isomère *s-trans*, le minimum à $\phi = \pi$, associé à l'isomère *s-cis*, est plus haut en énergie que celui de la forme *s-trans*. Une des conséquences est que la barrière pour passer de *s-trans* à *s-cis* , donnée dans le tableau 6.7, est plus élevée que celle du processus inverse.

La forme la plus générale pour la fonction $V(\phi)$ est

$$V(\phi) = \frac{1}{2}\sum_n V_n\,(1 - \cos n\phi) \tag{6.96}$$

où n est un entier. Les termes de la somme qui sont dominants dépendent de la molécule concernée. C'est V_6 dans le cas du toluène (figure 6.44a), à cause de la barrière d'ordre 6. De même, pour le phénol (figure 6.44b), l'éthylène (figure 6.44c) et le méthanol (figure 6.44d), ce sont respectivement V_2, V_2 et V_3. Dans le buta-1,3-diène (figures 6.44e et f), V_1 et V_2 sont les deux termes les plus importants à cause des deux isomères possibles, l'un (*cis*) étant beaucoup moins stable que l'autre (*trans*).

1. Il a été montré que le second isomère peut être une forme non plane *gauche*.

EXERCICES

1. A partir des nombres d'onde des branches P et R de la bande vibrationnelle infrarouge 1–0 de $^{2}H^{35}Cl$, calculer les valeurs des constantes rotationnelles B_0, B_1 et B_e, le centre de la bande ω_0, la constante d'interaction vibration-rotation α et la distance internucléaire r_e. Le centre de la bande 2–0 étant à 4 128,6 cm^{-1}, déterminer ω_e et, en utilisant cette valeur, la constante de force k.

J	$\tilde{\nu}[R(J)]$/cm^{-1}	$\tilde{\nu}[P(J)]$/cm^{-1}	J	$\tilde{\nu}[R(J)]$/cm^{-1}	$\tilde{\nu}[P(J)]$/cm^{-1}
0	2 107,5	—	7	2 174,0	2 016,8
1	2 117,8	2 086,0	8	2 183,2	2 003,2
2	2 127,3	2 074,3	9	2 191,5	1 991,0
3	2 137,5	2 063,0	10	2 199,5	1 978,5
4	2 147,4	2 052,0	11	2 207,5	1 966,0
5	2 156,9	2 040,0	12	2 214,9	1 952,5
6	2 166,2	2 027,7	13	—	1 938,8

2. Quelles vibrations de groupe peut-on espérer identifier dans les spectres infrarouge et Raman de

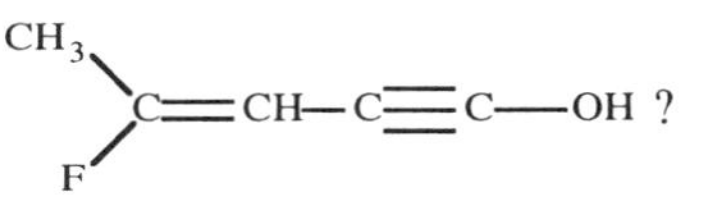

3. Après avoir attribué les symétries à chacune des six vibrations du formaldéhyde, présentées dans l'exercice corrigé 4.1 du chapitre 4, utiliser la table de caractères appropriée pour montrer quelles sont celles qui sont autorisées dans (a) le spectre infrarouge et (b) le spectre Raman. Dans chaque cas, spécifier la direction du moment de transition pour les vibrations actives en infrarouge, et quelle composante de la polarisabilité intervient pour les vibrations actives en Raman.

4. Pour une molécule appartenant au groupe ponctuel D_{2h}, déterminer si les transitions vibrationnelles suivantes, toutes à partir du niveau de point zéro, sont autorisées dans le spectre infrarouge et/ou Raman, en spécifiant la direction du moment de transition et/ou la composante de la polarisabilité mise en jeu :

   (a) transition vers le niveau $\upsilon = 2$ d'une vibration b_{1g} ;
   (b) transition vers le niveau $\upsilon = 1$ d'une vibration a_u ou b_{2u} ;
   (c) transition vers le niveau de combinaison faisant intervenir $\upsilon = 1$ d'une vibration b_{1u} et $\upsilon = 1$ de b_{3g} ;
   (d) transition vers le niveau de combinaison faisant intervenir $\upsilon = 2$ d'une vibration a_u et $\upsilon = 1$ d'une vibration b_{2g}.

5. On donne pour $^{12}C^{16}O_2$ les valeurs suivantes :

   $\omega_1 = 1\ 354{,}07$ cm^{-1}, $\omega_2 = 672{,}95$ cm^{-1}, $\omega_3 = 2\ 396{,}30$ cm^{-1},

   $x_{11} = -3{,}10$ cm^{-1}, $x_{22} = 1{,}59$ cm^{-1}, $x_{33} = -12{,}50$ cm^{-1},

$x_{12} = -5{,}37\ \text{cm}^{-1}$, $x_{13} = -19{,}27\ \text{cm}^{-1}$, $x_{23} = -12{,}51\ \text{cm}^{-1}$,
$g_{22} = -0{,}62\ \text{cm}^{-1}$,

Calculer les nombres d'onde des niveaux $v_1 = 1$ et $v_2 = 2$ ($\ell_2 = 0$). On trouve des niveaux très proches. Mais, comme les deux niveaux ont la même symétrie Σ_g^+, ils interagissent par un processus appelé résonance de Fermi. Il en résulte qu'ils se repoussent beaucoup (ω_1, ω_2 et ω_3 sont des valeurs *à l'équilibre* correspondant aux vibrations ν_1, ν_2 et ν_3).

6. Faire un schéma de l'énergie potentielle en fonction de l'angle de torsion ϕ, pour la vibration de torsion de (a) l'éthane, (b) CH_3NO_2, (c) le 2-fluorophénol, (d) CH_2FOH et (e) le 1,2-dichloroéthane.

BIBLIOGRAPHIE

ALLEN H. C., Jr et CROSS P. C. — *Molecular Vib-Rotors*. Wiley, New York, 1963.

BELLAMY L. J. — *The Infrared Spectra of Complex Molecules*, Vol. 2, *Advances in Infrared Group Frequencies*. Chapman et Hall, Londres, 1980.

GANS P. — *Vibrating Molecules*. Chapman et Hall, Londres, 1971.

HERZBERG G. — *Infrared and Raman Spectra*. Van Nostrand. New York, 1945.

HERZBERG G. — *Spectra of Diatomic Molecules*. Van Nostrand, New York, 1950.

LONG D. A. — *Raman Spectroscopy*. McGraw-Hill, Londres, 1977.

WILSON E. B. — *Phys. Rev.*, 45, 706 (1934).

WILSON E. B., DECIUS J. C. et CROSS P. C. — *Molecular Vibrations*. Mc Graw-Hill, New York, 1955.

WOODWARD L. A. — *Introduction to the Theory of Molecular Vibrations and Vibratonal Spectroscopy*. Oxford University Press, Oxford, 1972.

Chapitre 7

Spectroscopie électronique

7.1 SPECTROSCOPIE ATOMIQUE

La spectroscopie électronique est l'étude des transitions, en absorption ou en émission, entre les états électroniques d'un atome ou d'une molécule. De ce point de vue, les atomes sont particuliers dans la mesure où ils n'ont que des degrés de liberté électroniques, si l'on met à part la translation et le spin nucléaire, alors que les molécules ont, en plus, des degrés de liberté vibrationnels et rotationnels. En conséquence, les spectres électroniques des atomes sont beaucoup plus simples que ceux des molécules.

7.1.1 Le tableau périodique

Pour l'atome d'hydrogène, et pour les ions hydrogénoïdes comme He^+, Li^{2+}, ..., avec un seul électron dans le champ du noyau, de charge $+Ze$, l'hamiltonien (la forme que prend l'énergie en mécanique quantique) est donné par

$$H = -\frac{\hbar^2}{2\mu}\nabla^2 - \frac{e^2}{4\pi\varepsilon_0 r} \tag{7.1}$$

analogue, pour l'atome d'hydrogène, à l'équation (1.30) où les termes sont expliqués.

Pour un atome polyélectronique, l'hamiltonien devient

$$H = -\frac{\hbar^2}{2m_e}\sum_i \nabla_i^2 - \sum_i \frac{Ze^2}{4\pi\varepsilon_0 r_i} + \sum_{i<j} \frac{e^2}{4\pi\varepsilon_0 r_{ij}} \tag{7.2}$$

où la somme est effectuée sur tous les électrons i. Les deux premiers termes sont simplement des sommes de termes équivalents à ceux à un électron, dans l'équation (7.1). Le troisième terme est nouveau et est dû aux répulsions coulombiennes entre toutes les paires possibles d'électrons distants de r_{ij}. Il contraste avec le deuxième terme qui représente l'attraction coulombienne entre chaque électron et le noyau, à une distance r_i.

L'hamiltonien ne peut pas être réduit en une somme de contributions de chaque électron, à cause du terme de répulsion électron-électron de l'équation (7.2), et l'équation de Schrödinger (équation 1.28) ne peut plus être résolue exactement. Différentes méthodes de résolution approchées ont été imaginées. L'une des plus utiles est celle de Hartree, qui exprime l'hamiltonien sous la forme

$$H \approx -\frac{\hbar^2}{2m_e}\sum_i \nabla_i^2 - \sum_i \frac{Ze^2}{4\pi\varepsilon_0 r_i} + \sum_i V(r_i) \tag{7.3}$$

Il donne une approximation des contributions à l'énergie potentielle, dues aux répulsions électroniques, sous forme d'une somme de contributions des électrons individuels. L'équation de Schrödinger est alors soluble. La méthode est connue sous le nom de méthode du champ

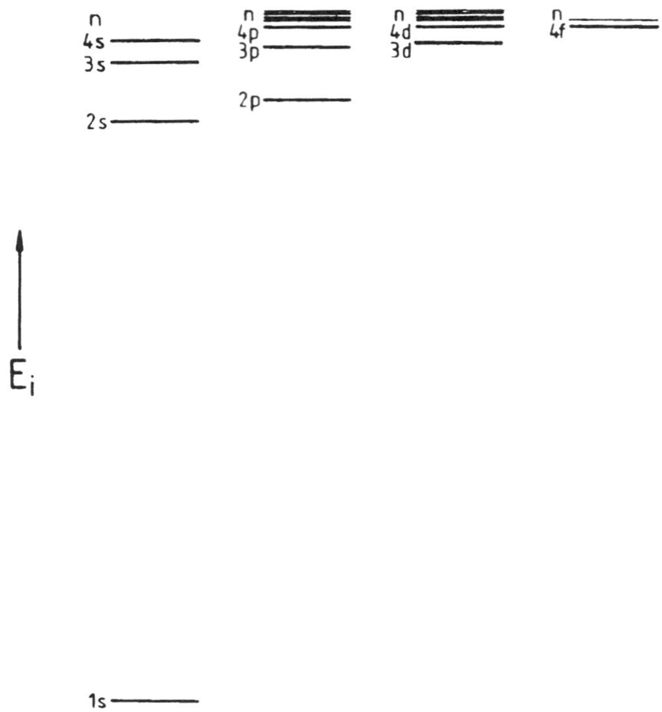

Fig. 7.1 — *Energies orbitalaires E_i, caractéristiques d'un atome polyélectronique.*

autocohérent, ou self-consistant (SCF, *Self-Consistent Field*).

Un effet important des répulsions électroniques est de lever la dégénérescence des orbitales, comme 2s, 2p, et 3s, 3p, 3d qui sont dégénérées dans l'atome d'hydrogène (voir figure 1.1), pour conduire à un jeu d'orbitales dont les énergies relatives sont similaires à celles de la figure 7.1. Les énergies orbitalaires E_i varient non seulement avec le nombre quantique principal n, comme dans l'atome d'hydrogène, mais aussi avec le nombre quantique de moment angulaire orbital ℓ (= 0, 1, 2, ... pour les orbitales $s, p, d, \ldots$). La valeur de E_i pour une orbitale donnée augmente avec la charge nucléaire de l'atome. Ceci est illustré par le fait que l'énergie nécessaire pour enlever un électron de l'orbitale 1*s*, c'est-à-dire l'énergie d'ionisation, est égale à 13,6 eV pour H et 870,4 eV pour Ne.

Dans un atome donné, les électrons peuvent être placés dans les orbitales de la figure 7.1 dans l'ordre d'énergie croissante, jusqu'à ce qu'ils soient tous utilisés, afin de donner ce qu'on appelle la configuration fondamentale de l'atome. Ce remplissage des électrons dans l'ordre des énergies orbitalaires croissantes suit le principe *aufbau*, ou de construction, mais doit aussi obéir au principe d'exclusion de Pauli. Celui-ci énonce que deux électrons ne peuvent posséder le même jeu de nombres quantiques n, ℓ, m_ℓ, m_s. Comme m_ℓ peut prendre $(2\ell + 1)$ valeurs (voir l'équation 1.45) et $m_s = \pm\frac{1}{2}$ (voir l'équation 1.47), chaque orbitale caractérisée par des valeurs particulières de n et de ℓ peut recevoir $2(2\ell + 1)$ électrons. Ainsi, une orbitale ns, avec $\ell = 0$, peut recevoir deux électrons, une orbitale np, avec $\ell = 1$, peut en accepter six, une orbitale nd, avec $\ell = 2$, peut en prendre dix, et ainsi de suite.

Alors qu'une orbitale correspond à un ensemble de valeurs particulière de n et de ℓ, une couche correspond à toutes les orbitales qui ont la même valeur de n. Pour n = 1, 2, 3, 4, ..., les couches sont notées K, L, M, N, ...

La distinction entre une configuration et un état est importante. Une configuration décrit la façon dont les électrons sont distribués sur les différentes orbitales, mais elle peut conduire à plus d'un état. Par exemple, comme nous le verrons à la section 7.1.2.3(b), la configuration fondamentale $1s^2 2s^2 2p^2$ de l'atome de carbone donne lieu à *trois* états électroniques d'énergies différentes.

Le tableau 7.1 donne les configurations fondamentales et d'autres données utiles pour tous les éléments. Ce tableau illustre des caractéristiques communes aux configurations électroniques des éléments qui sont connus pour être similaire sur le plan chimique. Les métaux alcalins, Li, Na, K, Rb et Cs, ont tous une configuration externe ns^1, cohérente avec leur caractère monovalent, et les métaux alcalino-terreux, Be, Mg, Ca, Sr et Ba, ont tous une configuration externe ns^2 et sont divalents. Les gaz rares (inertes ou nobles), Ne, Ar, Kr, Xe et Rn, ont tous une configuration externe np^6, l'orbitale pleine (parfois appelée sous-couche) leur conférant leur inertie chimique, la couche remplie, K, dans le Ne, ayant un effet similaire.

La première série de transition, Sc, Ti, V, Cr, Mn, Fe, Co, Ni, Cu et Zn, est caractérisée par le remplissage de l'orbitale $3d$. La figure 7.1 montre que les orbitales $3d$ et $4s$ sont très proches en énergie, mais leur séparation varie dans la série. Il en résulte que, bien que la plupart de ces éléments préfèrent avoir deux électrons dans $4s$, Cu possède une configuration fondamentale ... $3d^{10}4s^1$, à cause de la stabilité intrinsèque d'une orbitale $3d$ pleine. Il y a également une certaine stabilité associée aux orbitales à moitié remplies ($2p^3$, $3d^5$, etc.), ce qui conduit à la configuration fondamentale ... $3d^5 4s^1$ de Cr. La raison de la stabilité des orbitales à moitié remplies n'est pas simple, mais lorsque cela se produit, tous les électrons ont des spins parallèles, c'est-à-dire qu'ils ont tous $m_s = +\frac{1}{2}$ ou $m_s = -\frac{1}{2}$, et cette situation modifie les interactions électrons-noyaux, conduisant à un abaissement de l'énergie.

Le remplissage de l'orbitale $4f$ est une caractéristique des lanthanides. Les orbitales $4f$ et $5d$ ont des énergies voisines, de sorte qu'occasionnellement, comme dans La, Ce, et Gd, un électron se place dans $5d$ plutôt que dans $4f$. De même, dans les actinides, de Ac à No, la sous-couche $5f$ est remplie, en concurrence avec $6d$.

7.1.2 Représentation vectorielle des moments et approximations du couplage vectoriel

7.1.2.1 Moments angulaires et moments magnétiques

Nous avons vu à la section 1.3.2 et dans la figure 1.5 que le moment angulaire orbital d'un électron peut être représenté par un vecteur, dont la direction est déterminée par la règle du pas de vis à droite.

Dans un atome, chaque électron a deux sortes de moments angulaires possibles, l'un dû à son mouvement orbital, l'autre à son mouvement de spin. Le module du vecteur moment angulaire orbital est donné, comme dans l'équation (1.44), par

$$[\ell(\ell + 1)]^{1/2}\hbar = \ell^*\hbar \tag{7.4}$$

où $\ell = 0, 1, 2, \ldots, (n-1)$. (Comme nous allons rencontrer souvent la quantité $[Q(Q+1)]^{1/2}$, où Q est un nombre quantique, il est judicieux de l'abréger en Q^*.) De même, le module du vecteur moment angulaire de spin pour un seul électron est, comme dans l'équation (1.46),

$$[s(s + 1)]^{1/2}\hbar = s^*\hbar \tag{7.5}$$

où $s = \frac{1}{2}$.

Tab. 7.1 — *Configurations fondamentales et états fondamentaux des atomes.*

Atome	Numéro atomique (Z)	Configuration fondamentale	Energie de première ionisation/eV[a]	Etat fondamental
H	1	$1s^1$	13,598	$^2S_{1/2}$
He	2	$1s^2$	24,587	$^1S_0$
Li	3	$K2s^1$	5,392	$^2S_{1/2}$
Be	4	$K2s^2$	9,322	$^1S_0$
B	5	$K2s^2 2p^1$	8,298	$^2P^o_{1/2}$
C	6	$K2s^2 2p^2$	11,260	$^3P_0$
N	7	$K2s^2 2p^3$	14,534	$^4S^o_{3/2}$
O	8	$K2s^2 2p^4$	13,618	$^3P_2$
F	9	$K2s^2 2p^5$	17,422	$^2P^o_{3/2}$
Ne	10	$K2s^2 2p^6$	21,564	$^1S_0$
Na	11	$KL3s^1$	5,139	$^2S_{1/2}$
Mg	12	$KL3s^2$	7,646	$^1S_0$
Al	13	$KL3s^2 3p^1$	5,986	$^2P^o_{1/2}$
Si	14	$KL3s^2 3p^2$	8,151	$^3P_0$
P	15	$KL3s^2 3p^3$	10,486	$^4S^o_{3/2}$
S	16	$KL3s^2 3p^4$	10,360	$^3P_2$
Cl	17	$KL3s^2 3p^5$	12,967	$^2P^o_{3/2}$
Ar	18	$KL3s^2 3p^6$	15,759	$^1S_0$
K	19	$KL3s^2 3p^6 4s^1$	4,341	$^2S_{1/2}$
Ca	20	$KL3s^2 3p^6 4s^2$	6,113	$^1S_0$
Sc	21	$KL3s^2 3p^6 3d^1 4s^2$	6,54	$^2D_{1/2}$
Ti	22	$KL3s^2 3p^6 3d^2 4s^2$	6,82	$^2F_2$
V	23	$KL3s^2 3p^6 3d^3 4s^2$	6,74	$^4F_{3/2}$
Cr	24	$KL3s^2 3p^6 3d^5 4s^1$	6,766	$^7S_3$
Mn	25	$KL3s^2 3p^6 3d^5 4s^2$	7,435	$^6S_{5/2}$
Fe	26	$KL3s^2 3p^6 3d^6 4s^2$	7,870	$^5D_4$
Co	27	$KL3s^2 3p^6 3d^7 4s^2$	7,86	$^4F_{9/2}$
Ni	28	$KL3s^2 3p^6 3d^8 4s^2$	7,635	$^3F_4$
Cu	29	$KLM4s^1$	7,726	$^2S_{1/2}$
Zn	30	$KLM4s^2$	9,394	$^1S_0$
Ga	31	$KLM4s^2 4p^1$	5,999	$^2P^o_{1/2}$
Ge	32	$KLM4s^2 4p^2$	7,899	$^3P_0$
As	33	$KLM4s^2 4p^3$	9,81	$^4S^o_{3/2}$
Se	34	$KLM4s^2 4p^4$	9,752	$^3P_2$
Br	35	$KLM4s^2 4p^5$	11,814	$^2P^o_{3/2}$
Kr	36	$KLM4s^2 4p^6$	13,999	$^1S_0$
Rb	37	$KLM4s^2 4p^6 5s^1$	4,177	$^2S_{1/2}$
Sr	38	$KLM4s^2 4p^6 5s^2$	5,695	$^1S_0$
Y	39	$KLM4s^2 4p^6 4d^1 5s^2$	6,38	$^3D_{3/2}$
Zr	40	$KLM4s^2 4p^6 4d^2 5s^2$	6,84	$^3F_2$
Nb	41	$KLM4s^2 4p^6 4d^4 5s^1$	6,88	$^6D_{1/2}$
Mo	42	$KLM4s^2 4p^6 4d^5 5s^1$	7,099	$^7S_3$
Tc	43	$KLM4s^2 4p^6 4d^4 5s^2$	7,28	$^6S_{5/2}$
Ru	44	$KLM4s^2 4p^6 4d^7 5s^1$	7,37	$^5F_5$
Rh	45	$KLM4s^2 4p^6 4d^8 5s^1$	7,46	$^4F_{9/2}$
Pd	46	$KLM4s^2 4p^6 4d^{10}$	8,34	$^1S_0$
Ag	47	$KLM4s^2 4p^6 4d^{10} 5s^1$	7,576	$^2S_{1/2}$
Cd	48	$KLM4s^2 4p^6 4d^{10} 5s^2$	8,993	$^1S_0$
In	49	$KLM4s^2 4p^6 4d^{10} 5s^2 5p^1$	5,786	$^2P^o_{1/2}$
Sn	50	$KLM4s^2 4p^6 4d^{10} 5s^2 5p^2$	7,344	$^3P_0$
Sb	51	$KLM4s^2 4p^6 4d^{10} 5s^2 5p^3$	8,641	$^4S^o_{4/2}$
Te	52	$KLM4s^2 4p^6 4d^{10} 5s^2 5p^4$	9,009	$^3P_2$
I	53	$KLM4s^2 4p^6 4d^{10} 5s^2 5p^5$	10,451	$^2P^o_{3/2}$

Tab.7.1 (suite)

Atome	Numéro atomique (Z)	Configuration fondamentale	Energie de première ionisation/eV[a]	Etat fondamental
Xe	54	$KLM4s^2 4p^6 4d^{10} 5s^2 5p^6$	12,130	$^1S_0$
Cs	55	$KLM4s^2 4p^6 4d^{10} 5s^2 5p^6 6s^1$	3,894	$^2S_{1/2}$
Ba	56	$KLM4s^2 4p^6 4d^{10} 5s^2 5p^6 6s^2$	5,212	$^1S_0$
La	57	$KLM4s^2 4p^6 4d^{10} 5s^2 5p^6 5d^1 6s^2$	5,577	$^2D_{3/2}$
Ce	58	$KLM4s^2 4p^6 4d^{10} 4f^1 5s^2 5p^6 5d^1 6s^2$	5,47	$^1G^o_4$
Pr	59	$KLM4s^2 4p^6 4d^{10} 4f^3 5s^2 5p^6 6s^2$	5,42	$^4I^o_{9/2}$
Nd	60	$KLM4s^2 4p^6 4d^{10} 4f^4 5s^2 5p^6 6s^2$	5,49	$^5I_4$
Pm	61	$KLM4s^2 4p^6 4d^{10} 4f^5 5s^2 5p^6 6s^2$	5,55	$^6H^o_{5/2}$
Sm	62	$KLM4s^2 4p^6 4d^{10} 4f^6 5s^2 5p^6 6s^2$	5,63	$^7F_0$
Eu	63	$KLM4s^2 4p^6 4d^{10} 4f^7 5s^2 5p^6 6s^2$	5,67	$^8S^o_{7/2}$
Gd	64	$KLM4s^2 4p^6 4d^{10} 4f^7 5s^2 5p^6 5d^1 6s^2$	6,14	$^9D^o_2$
Tb	65	$KLM4s^2 4p^6 4d^{10} 4f^9 5s^2 5p^6 6s^2$	5,85	$^6H^o_{15/2}$
Dy	66	$KLM4s^2 4p^6 4d^{10} 4f^{10} 5s^2 5p^6 6s^2$	5,93	$^5I_8$
Ho	67	$KLM4s^2 4p^6 4d^{10} 4f^{11} 5s^2 5p^6 6s^2$	6,02	$^4I^o_{15/2}$
Er	68	$KLM4s^2 4p^6 4d^{10} 4f^{12} 5s^2 5p^6 6s^2$	6,10	$^3H_6$
Tm	69	$KLM4s^2 4p^6 4d^{10} 4f^{13} 5s^2 5p^6 6s^2$	6,18	$^2F^o_{7/2}$
Yb	70	$KLMN5s^2 5p^6 6s^2$	6,254	$^1S_0$
Lu	71	$KLMN5s^2 5p^6 5d^1 6s^2$	5,426	$^2D_{3/2}$
Hf	72	$KLMN5s^2 5p^6 5d^2 6s^2$	7,0	$^3F_2$
Ta	73	$KLMN5s^2 5p^6 5d^3 6s^2$	7,89	$^4F_{3/2}$
W	74	$KLMN5s^2 5p^6 5d^4 6s^2$	7,98	$^5D_0$
Re	75	$KLMN5s^2 5p^6 5d^5 6s^2$	7,88	$^6S_{5/2}$
Os	76	$KLMN5s^2 5p^6 5d^6 6s^2$	8,7	$^5D_4$
Ir	77	$KLMN5s^2 5p^6 5d^7 6s^2$	9,1	$^4F_{9/2}$
Pt	78	$KLMN5s^2 5p^6 5d^9 6s^1$	9,0	$^3D_3$
Au	79	$KLMN5s^2 5p^6 5d^{10} 6s^1$	9,225	$^2S_{1/2}$
Hg	80	$KLMN5s^2 5p^6 5d^{10} 6s^2$	10,437	$^1S_0$
Tl	81	$KLMN5s^2 5p^6 5d^{10} 6s^2 6p^1$	6,108	$^2P^o_{1/2}$
Pb	82	$KLMN5s^2 5p^6 5d^{10} 6s^2 6p^2$	7,416	$^3P_0$
Bi	83	$KLMN5s^2 5p^6 5d^{10} 6s^2 6p^3$	7,289	$^4S^o_{3/2}$
Po	84	$KLMN5s^2 5p^6 5d^{10} 6s^2 6p^4$	8,42	$^3P_2$
At	85	$KLMN5s^2 5p^6 5d^{10} 6s^2 6p^5$	—	$^2P^o_{3/2}$
Rn	86	$KLMN5s^2 5p^6 5d^{10} 6s^2 6p^6$	10,748	$^1S_0$
Fr	87	$KLMN5s^2 5p^6 5d^{10} 6s^2 6p^6 7s^1$	—	$^2S_{1/2}$
Ra	88	$KLMN5s^2 5p^6 5d^{10} 6s^2 6p^6 7s^2$	5,279	$^1S_0$
Ac	89	$KLMN5s^2 5p^6 5d^{10} 6s^2 6p^6 6d^1 7s^2$	6,9	$^2D_{3/2}$
Th	90	$KLMN5s^2 5p^6 5d^{10} 6s^2 6p^6 6d^2 7s^2$	—	$^3F_2$
Pa	91	$KLMN5s^2 5p^6 5d^{10} 5f^2 6s^2 6p^6 6d^1 7s^2$	—	$^4K_{11/2}$
U	92	$KLMN5s^2 5p^6 5d^{10} 5f^3 6s^2 6p^6 6d^1 7s^2$	—	$^5L^o_6$
Np	93	$KLMN5s^2 5p^6 5d^{10} 5f^4 6s^2 6p^6 6d^1 7s^2$	—	$^6L_{11/2}$
Pu	94	$KLMN5s^2 5p^6 5d^{10} 5f^6 6s^2 6p^6 7s^2$	5,8	$^7F_0$
Am	95	$KLMN5s^2 5p^6 5d^{10} 5f^7 6s^2 6p^6 7s^2$	6,0	$^8S^o_{7/2}$
Cm	96	$KLMN5s^2 5p^6 5d^{10} 5f^7 6s^2 6p^6 6d^1 7s^2$	—	$^9D^o_2$
Bk	97	$KLMN5s^2 5p^6 5d^{10} 5f^9 6s^2 6p^6 7s^2$	—	$^6H^o_{15/2}$
Cf	98	$KLMN5s^2 5p^6 5d^{10} 5f^{10} 6s^2 6p^6 7s^2$	—	$^5I_8$
Es	99	$KLMN5s^2 5p^6 5d^{10} 5f^{11} 6s^2 6p^6 7s^2$	—	$^4I^o_{15/2}$
Fm	100	$KLMN5s^2 5p^6 5d^{10} 5f^{12} 6s^2 6p^6 7s^2$	—	$^3H_6$
Md	101	$KLMN5s^2 5p^6 5d^{10} 5f^{13} 6s^2 6p^6 7s^2$	—	$^2F^o_{7/2}$
No	102	$KLMNO6s^2 6p^6 7s^2$	—	$^1S_0$
Lr	103	$KLMNO6s^2 6p^6 6d^1 7s^2$	—	$^2D_{3/2}$
—	104	$KLMNO6s^2 6p^6 6d^2 7s^2$	—	$^3F_2$

a. Pour le processus A → A^+ + e, où A^+ est dans son état fondamental.

Pour un électron qui possède des moments angulaires orbital et de spin, il existe un nombre quantique j associé au moment angulaire total (orbital + spin), qui est une quantité vectorielle dont le module est donnée par

$$[j(j+1)]^{1/2}\hbar = j^*\hbar \tag{7.6}$$

où j peut prendre les valeurs

$$j = \ell + s,\ \ell + s - 1,\ \ldots,\ |\ell - s| \tag{7.7}$$

Comme $s = \frac{1}{2}$ seulement, j n'est pas un nombre quantique très utile pour les atomes à un électron, à moins qu'on s'intéresse aux détails fins de leurs spectres. En revanche, le nombre quantique analogue J, dans les atomes polyélectroniques, est très important.

Une charge $-e$ qui se déplace sur une orbite est équivalente à un courant circulant dans un fil et, par conséquent, est à l'origine d'un moment magnétique. Celui qui est dû au moment orbital, $\boldsymbol{\mu}_\ell$, est un vecteur opposé au moment angulaire orbital correspondant **l**, comme le montre la figure 7.2(a). L'image classique de l'électron tournant autour de son axe indique qu'il y a également un moment magnétique $\boldsymbol{\mu}_s$ associé à ce moment angulaire. La figure 7.2(a) montre que ce vecteur est opposé à **s**. Les moment magnétiques $\boldsymbol{\mu}_\ell$ et $\boldsymbol{\mu}_s$ peuvent être considérés comme jouant le rôle de petits barreaux aimantés. Pour chaque électron, ils peuvent être parallèles, comme dans la figure 7.2(a), ou opposés, comme dans la figure 7.2(b).

Si le noyau a un nombre quantique de spin I (voir tableau 1.3), il y a un moment angulaire supplémentaire, de spin nucléaire, donné par l'équation (1.48), mais, à cause de la masse élevée du noyau par rapport à celle de l'électron, le moment magnétique associé est très petit. Nous négligerons ici ce moment angulaire, ainsi que les effets faibles, apparaissant sous la forme de ce que l'on nomme la structure hyperfine dans un spectre atomique expérimental.

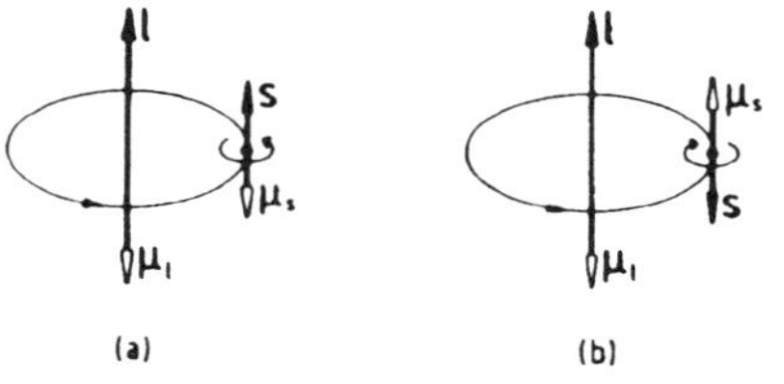

Fig. 7.2 — *Vecteurs **l** et **s** et moments magnétiques $\boldsymbol{\mu}_\ell$ et $\boldsymbol{\mu}_s$ associés aux moments angulaires orbital et de spin, ayant un mouvement (a) dans la même direction et (b) dans la direction opposée.*

7.1.2.2 Couplage des moments angulaires

Puisque les moments magnétiques dus aux moments angulaires, orbital et de spin, de chaque électron peuvent être considérés comme de très petits barreaux aimantés, il en résulte qu'ils interagissent les uns avec les autres, comme le feraient un ensemble d'aimants. On appelle cette interaction couplage de moments angulaires. Plus les moments magnétiques sont grands, plus le couplage est fort. Par contre, certains couplages sont si faibles qu'ils peuvent être négligés.

Le couplage entre les vecteurs **a** et **b** produit un vecteur résultant **c**, comme le montre la figure 7.3(a). Si les vecteurs représentent des moments angulaires, **a** et **b** ont un mouvement de précession autour de **c**, comme dans la figure 7.3(b), la vitesse de précession augmentant avec la force du couplage. En pratique, **c** a un mouvement de précession autour d'une direction arbitraire dans l'espace, et lorsqu'on introduit un champ électrique ou magnétique (effet Stark ou Zeeman), on peut observer les effets de la quantification spatiale (section 1.3.2).

La force du couplage entre le spin et les mouvements orbitaux des électrons, appelé couplage spin-orbite, dépend de l'atome considéré.

Le spin d'un électron peut interagir avec (i) les spins des autres électrons, (ii) son propre mouvement orbital, et (iii) les mouvement orbitaux des autres électrons. Ce dernier cas, appelé interaction spin-autre-orbite, est généralement trop faible pour être pris en compte. Pour tenir compte des interactions les plus importantes, (i) et (ii), deux méthodes d'approximation sont utilisées, correspondant à deux couplages extrêmes.

Une approximation suppose que le couplage entre les moments de spin est suffisamment faible pour être négligé, ainsi que le couplage entre moments orbitaux. Par contre, le couplage entre le spin d'un électron et son propre moment angulaire, donnant un moment angulaire résultant **j**, est supposé fort, et le couplage entre les **j** pour tous les électrons est supposé moins fort mais appréciable. Ce traitement du couplage est connu sous le nom d'approximation de couplage *jj*, mais son utilité est principalement limitée à quelques états d'atomes lourds.

La deuxième approximation néglige le couplage entre le spin d'un électron et son moment orbital, mais suppose que le couplage entre moments orbitaux est fort et que celui entre moments de spins est relativement faible, mais appréciable. Cette approximation représente la situation opposée à celle du couplage *jj*. Elle est connue sous le nom de couplage de Russell-Saunders et constitue une base utile pour la description de la plupart des états de presque tous les atomes. C'est la seule que nous considérerons en détail.

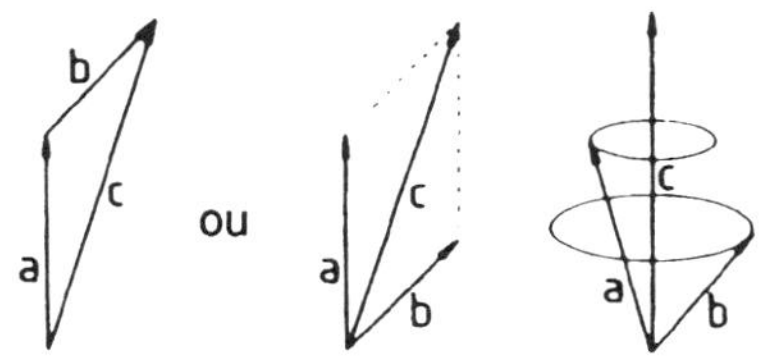

Fig. 7.3 — *(a) Additions de deux vecteurs* ***a*** *et* ***b*** *donnant* ***c****.*
(b) Précession de ***a*** *et de* ***b*** *autour de* ***c****.*

7.1.2.3 Approximation du couplage de Russell-Saunders

7.1.2.3(a) Electrons non équivalents. Les électrons non équivalents sont ceux qui ont différentes valeurs, soit de n soit de ℓ, de sorte que, par exemple, ceux d'une configuration $3p^1 3d^1$ ou $3p^1 4p^1$ sont non équivalents, alors que ceux d'une configuration $2p^2$ sont équivalents. Le couplage de moments angulaires d'électrons non équivalents est relativement plus simple que celui des électrons équivalents.

Tout d'abord, nous considérons, sur un exemple particulier, pour des électrons non équivalents, le couplage fort entre les moments angulaires orbitaux, appelé couplage $\ell\ell$.

Considérons simplement deux électrons non équivalents dans un atome, par exemple l'atome d'hélium dans la configuration hautement excitée $2p^1 3d^1$. Nous noterons les électrons $2p$ et $3d$ par les indices 1 et 2, de sorte que $\ell_1 = 1$ et $\ell_2 = 2$. Les vecteurs $\boldsymbol{\ell}_1$ et $\boldsymbol{\ell}_2$ représentant leurs moments angulaires orbitaux ont des modules égaux respectivement à $2^{1/2}\hbar$ et $6^{1/2}\hbar$ (voir l'équation 7.4). Ces vecteurs sont couplés, comme dans la figure 7.3(a), pour donner une résultante $\boldsymbol{L}$, de module

$$[L(L+1)]^{1/2}\hbar = L^*\hbar \tag{7.8}$$

Il y a un nombre limité de valeurs possibles pour le nombre quantique L associé au moment angulaire orbital total des deux électrons. Autrement dit, les orientations de $\boldsymbol{\ell}_1$ et $\boldsymbol{\ell}_2$

sont gouvernées par les valeurs que le nombre quantique L peut prendre. Le nombre quantique L est limité aux valeurs

$$L = \ell_1 + \ell_2, \ell_1 + \ell_2 - 1, \ldots, |\ell_1 - \ell_2| \tag{7.9}$$

Dans l'exemple présent, $L = 3$, 2 ou 1 et le module de $\mathbf{L}$ est $12^{1/2}\hbar$, $6^{1/2}\hbar$, ou $2^{1/2}\hbar$. Les trois cas sont illustrés par le diagramme vectoriel de la figure 7.4(a).

Les termes de l'atome correspondant à $L = 0, 1, 2, 3, 4, \ldots$ sont notés $S, P, D, F, G, \ldots$ de manière analogue à la notation des orbitales à un électron $s, p, d, f, g, \ldots$ suivant les valeurs de ℓ. Il en résulte que la configuration $2p^1 3d^1$ conduit aux termes P, D, et F.

De la même manière, le couplage d'un troisième vecteur à l'un des $\mathbf{L}$ de la figure 7.4(a) donnera les termes provenant de trois électrons non équivalents, et ainsi de suite.

Nous allons montrer que pour une sous-couche complète comme $2p^6$ ou $3d^{10}$, on a la seule valeur $L = 0$. La quantification spatiale du moment angulaire orbital total produit $2L + 1$ composantes avec $M_L = L, L - 1, \ldots, -L$, de manière analogue à la quantification de ℓ. Dans une sous-couche complète, on a $\sum_i (m_\ell)_i = 0$, la somme étant effectuée sur tous les électrons de la sous-couche. Comme $M_L = \sum_i (m_\ell)_i$, il en résulte que $L = 0$. Par conséquent, on obtient des termes P, D et F pour chacune des configurations excitées du carbone et du silicium

$$\begin{array}{ll} \mathrm{C} & 1s^2 2s^2 2p^1 3d^1 \\ \mathrm{Si} & 1s^2 2s^2 2p^6 3s^2 3p^1 3d^1 \end{array} \tag{7.10}$$

Le couplage entre les moments de spin est appelé couplage *ss*. Le résultat du couplage des vecteurs $\mathbf{s}$ peut être obtenu de façon similaire au couplage $\ell\ell$, avec la différence que, comme s est toujours égal à $\frac{1}{2}$, le vecteur spin de chaque électron a *toujours* pour module $3^{1/2}\hbar/2$, d'après l'équation (7.5). Les deux vecteurs $\mathbf{s}$ ne peuvent prendre que des orientations

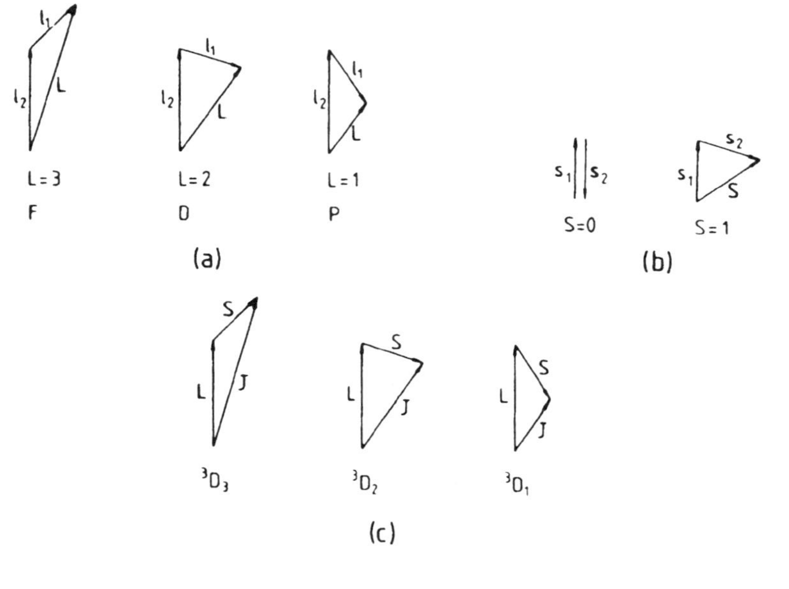

Fig. 7.4 — *Couplage de Russell-Saunders de (a) moments angulaires orbitaux* $\boldsymbol{\ell}_1$ *et* $\boldsymbol{\ell}_2$, *(b) moments angulaires de spin* s_1 *et* s_2, *et (c) moments angulaires totaux, orbital et de spin,* $\mathbf{L}$ *et* $\mathbf{S}$, *pour un électron p et un électron d.*

relatives, l'un par rapport à l'autre, telles que la résultante **S** ait pour module

$$[S(S+1)]^{1/2}\hbar = S^*\hbar \tag{7.11}$$

où S, le nombre quantique de spin total[1], est limité aux valeurs :

$$S = s_1 + s_2, s_1 + s_2 - 1, \ldots, |s_1 - s_2| \tag{7.12}$$

Dans le cas de deux électrons, cela signifie que l'on a les deux seules valeurs $S = 0$ ou 1. Les sommes vectorielles, donnant les vecteurs **S** résultants, de module 0 et $2^{1/2}\hbar$, sont illustrés par la figure 7.4(b).

La valeur de S est indiquée dans la notation des termes, où $2S + 1$ constitue un pré-exposant au label $S, P, D, \ldots$ La valeur de $2S + 1$ s'appelle la multiplicité et est égale au nombre de valeurs que peut prendre M_S :

$$M_S = S, S-1, \ldots, -S \tag{7.13}$$

Puisque pour 2 électrons, $S = 0$ ou 1, la valeur de $2S + 1$ est 1 ou 3, et les termes résultants sont appelés, respectivement, singulet ou triplet. De même que $L = 0$ pour une orbitale remplie, $S = 0$ également puisque $M_S = \sum_i (m_s)_i = 0$. Il en résulte que les configurations excitées de C et de Si dans l'équation (7.10) donnent des termes ${}^1P$, ${}^3P$, ${}^1D$, ${}^3D$, ${}^1F$, et ${}^3F$. Il en résulte également que les gaz rares, dont toutes les orbitales occupées sont pleines, ont seulement le terme ${}^1S$ associé à leur configuration fondamentale.

Le tableau 7.2 donne la liste des termes provenant de diverses combinaisons de deux électrons non équivalents.

Il existe un couplage appréciable entre les moments résultants, orbital et de spin. On l'appelle couplage LS et il est dû à l'interaction spin-orbite. Cette interaction est provoquée par la charge positive Ze du noyau et l'énergie correspondante est proportionnelle à Z^4. Le couplage entre **L** et **S** donne le moment angulaire total **J**.

L'expression « moment angulaire total » est souvent utilisée pour désigner différentes quantités. Ici, elle implique « orbital plus spin électronique », mais elle est aussi utilisée pour « orbital plus spin électronique plus spin nucléaire », avec le symbole **F**.

Le vecteur résultant **J** a pour module

$$[J(J+1)]^{1/2}\hbar = J^*\hbar \tag{7.14}$$

où J est limité aux valeurs

$$J = L + S, L + S - 1, \ldots, |L - S| \tag{7.15}$$

d'où il résulte que, si $L > S$, J peut prendre $2S + 1$ valeurs, mais si $L < S$, J peut prendre $2L + 1$ valeurs.

Considérons l'exemple du couplage LS dans un terme ${}^3D$. Puisque $S = 1$ et $L = 2$, alors $J = 3$, 2 ou 1 et la figure 7.4(c) illustre les trois façons de coupler $\boldsymbol{L}$ et $\boldsymbol{S}$. La valeur de J est indiquée avec le symbole du terme, sous forme d'un indice, de sorte que les trois composantes de ${}^3D$ sont ${}^3D_3$, ${}^3D_2$, et ${}^3D_1$. On voit ainsi que les configurations de C ou de Si, de l'équation (7.10), conduisent aux états

$${}^1P_1, {}^3P_0, {}^3P_1, {}^3P_2, {}^1D_2, {}^3D_1, {}^3D_2, {}^3D_3, {}^1F_3, {}^3F_2, {}^3F_3, {}^3F_4$$

Soulignons la différence importante entre « configurations », « termes » et « états ». Une configuration électronique, comme celles du tableau 7.1 et de l'équation (7.10), représente une approximation grossière, mais utile, dans laquelle les électrons remplissent les orbitales, dont les énergies ont été calculées en négligeant le dernier terme de l'équation (7.2). Presque toutes les configurations (toutes celles avec au moins une orbitale non pleine) conduisent à plusieurs termes ou états. Par exemple, il est faux de parler de l'état $1s^12s^1$ de l'hélium : le

1. Ne pas confondre cette utilisation de S avec son usage comme symbole du terme $L = 0$.

Tab. 7.2 — *Termes issus de quelques configurations d'électrons non équivalents et équivalents.*

Electrons non équivalents		Electrons équivalents	
Configuration	Termes	Configurations	Termes[a]
s^1s^1	$^{1,3}S$	p^2	^1S, ^3P, ^1D
s^1p^1	$^{1,3}S$	p^3	^4S, ^2P, ^2D
s^1d^1	$^{1,3}S$	d^2	^1S, ^3P, ^1D, ^3F, ^1G
s^1f^1	$^{1,3}S$	d^3	^2P, ^4P, $^2D(2)$, ^2F,
p^1p^1	$^{1,3}S$, $^{1,3}P$, $^{1,3}D$		^4F, ^2G, ^2H
p^1d^1	$^{1,3}P$, $^{1,3}D$, $^{1,3}F$	d^4	$^1S(2)$, $^3P(2)$, $^1D(2)$,
p^1f^1	$^{1,3}D$, $^{1,3}F$, $^{1,3}G$		^3D, ^5D, ^1F, $^3F(2)$,
d^1d^1	$^{1,3}S$, $^{1,3}P$, $^{1,3}D$, $^{1,3}F$, $^{1,3}G$		$^1G(2)$, ^3G, ^3H, ^1I
d^1f^1	$^{1,3}P$, $^{1,3}D$, $^{1,3}F$, $^{1,3}G$, $^{1,3}H$	d^5	^2S, ^6S, ^2P, ^4P, $^2D(3)$,
f^1f^1	$^{1,3}S$, $^{1,3}P$, $^{1,3}D$, $^{1,3}F$, $^{1,3}G$,		^4D, $^2F(2)$, ^4F, $^2G(2)$,
	$^{1,3}H$, $^{1,3}I$		^4G, ^2H, ^2I

a. Les nombres entre parenthèses indiquent qu'un terme particulier apparaît plusieurs fois.

nom correct est une configuration et elle conduit à deux états, $^1S_0$ et $^3S_1$.

L'utilisation des mots « terme » ou « état » n'est pas aussi tranchée. Le mot « terme » a été utilisé à l'origine du développement de la spectroscopie, au sens de l'équation (1.4), où la fréquence d'une raie d'un spectre atomique est exprimée comme la différence entre deux termes qui sont simplement les termes d'une équation.

Actuellement, on utilise le mot « terme » pour décrire ce qui résulte d'un traitement approché de la configuration électronique, alors que le mot « état » désigne quelque chose qui est observable expérimentalement. Par exemple, on peut dire que la configuration $1s^22s^22p^13d^1$ de C conduit à un terme ^3P qui se sépare en trois états $^3P_1$, $^3P_2$, et $^3P_3$, lorsque le couplage spin-orbite est pris en compte. Comme c'est seulement en théorie que le couplage spin-orbite peut être éliminé, et jamais dans la réalité, il ne peut y avoir d'observation expérimentale associée au terme ^3P[1].

Si le noyau possède un moment angulaire de spin, ces états sont à nouveau séparés et, donc, n'auraient peut-être pas dus être appelés états au départ ! Néanmoins, le dédoublement dû au spin nucléaire est petit, et il est normal de se réferer aux *composantes* de spin nucléaire des états.

7.1.2.3(b) Electrons équivalents. Le schéma du couplage de Russell-Saunders pour deux, ou plusieurs électrons équivalents, c'est-à-dire avec les mêmes n et ℓ, est un peu plus complexe. Nous utiliserons l'exemple de deux électrons p équivalents, comme dans la configuration fondamentale du carbone :

$$\text{C} \qquad 1s^22s^22p^2 \tag{7.16}$$

1. Cependant, il arrive que ^3P, par exemple, soit parfois appelé état.

Pour les orbitales pleines, $L = 0$ et $S = 0$, nous n'avons donc à considérer que les électrons $2p$. Puisque $n = 2$ et $\ell = 1$ pour les deux électrons, le principe d'exclusion de Pauli risque d'être violé, sauf s'ils diffèrent par des valeurs différentes de m_ℓ ou de m_s. Ce risque n'existe pas pour des électrons non équivalents pour lesquels n ou ℓ sont différents.

Pour l'un des électrons $2p$, noté 1, nous avons $\ell_1 = 1$ et $(m_\ell)_1 = +1$, 0 ou -1, et, de plus, $s_1 = \frac{1}{2}$, et $(m_s)_1 = +\frac{1}{2}$ ou $-\frac{1}{2}$; de même pour l'électron 2. Le principe d'exclusion de Pauli impose que la paire des nombres quantiques $(m_\ell)_1$ et $(m_s)_1$ ne peut avoir simultanément les mêmes valeurs que $(m_\ell)_2$ et $(m_s)_2$. Il en résulte les quinze combinaisons possibles données dans le tableau 7.3.

Dans ce tableau, l'indiscernabilité des électrons est prise en compte en excluant, par exemple, la combinaison $(m_\ell)_1 = (m_\ell)_2 = 1$, $(m_s)_1 = -\frac{1}{2}$, $(m_s)_2 = \frac{1}{2}$ qui est obtenue par échange d'électrons à partir de la première combinaison$(m_\ell)_1 = (m_\ell)_2 = 1$, $(m_s)_1 = \frac{1}{2}$, $(m_s)_2 = -\frac{1}{2}$.

Les valeurs de $M_L = \sum_i (m_\ell)_i$ et de $M_S = \sum_i (m_s)_i$ sont données dans le tableau 7.3. La valeur la plus élevée de M_L est 2, ce qui indique que c'est aussi la valeur la plus élevée de L et qu'il y a un terme D. Comme $M_L = 2$ est associé seulement à $M_S = 0$, ce doit être un terme ^1D. Le terme rend compte de cinq combinaisons, comme le montre la fin du tableau. Dans les combinaisons restantes, la valeur la plus élevée de L est 1, et, comme elle est associée à $M_S = 1$, 0, et -1, il y a un terme ^3P. Celui-ci représente neuf combinaisons de plus, ce qui ne laisse que $M_L = 0$, $M_S = 0$, qui entraîne un terme ^1S.

Notons que, pour deux électrons p équivalents, seuls les trois termes ^1S, ^3P et ^1D sont autorisés, par comparaison aux six termes ^1S, ^3S, ^1P, ^3P, ^1D et ^3D provenant de deux électrons p non équivalents, comme dans la configuration $1s^22s^22p^13p^1$ de l'atome de carbone : le principe d'exclusion de Pauli interdit les trois autres.

Les termes provenant de trois électrons p équivalents, ou de plusieurs électrons d équivalents, peuvent être obtenus par la même méthode, mais l'opération devient très longue. Les résultats sont donnés dans le tableau 7.2.

Il existe une règle très utile, pour obtenir les termes provenant d'électrons non équivalents ou équivalents : une lacune dans une sous-couche se comporte comme un électron. Par

Tab. 7.3 — *Dérivation de termes issus de deux électrons p équivalents*

Nombre quantique	Valeurs														
$(m_\ell)_1$	1	1	1	1	1	1	1	1	1	0	0	0	0	0	−1
$(m_\ell)_2$	1	0	0	0	0	−1	−1	−1	−1	0	−1	−1	−1	−1	−1
$(m_s)_1$	$\frac{1}{2}$	$\frac{1}{2}$	$\frac{1}{2}$	$-\frac{1}{2}$	$-\frac{1}{2}$	$\frac{1}{2}$	$\frac{1}{2}$	$-\frac{1}{2}$	$-\frac{1}{2}$	$\frac{1}{2}$	$\frac{1}{2}$	$\frac{1}{2}$	$-\frac{1}{2}$	$-\frac{1}{2}$	$\frac{1}{2}$
$(m_s)_2$	$-\frac{1}{2}$	$\frac{1}{2}$	$-\frac{1}{2}$	$\frac{1}{2}$	$-\frac{1}{2}$	$\frac{1}{2}$	$-\frac{1}{2}$	$\frac{1}{2}$	$-\frac{1}{2}$	$-\frac{1}{2}$	$\frac{1}{2}$	$-\frac{1}{2}$	$\frac{1}{2}$	$-\frac{1}{2}$	$-\frac{1}{2}$
$M_L = \sum_i (m_\ell)_i$	2	1	1	1	1	0	0	0	0	0	−1	−1	−1	−1	−2
$M_S = \sum_i (m_s)_i$	0	1	0	0	−1	1	0	0	−1	0	1	0	0	−1	0
	Les paires de valeurs de M_L et de M_S peuvent être organisées de la façon suivante :														
M_L	2	1	0	−1	−2	1	0	−1	1	0	−1	1	0	−1	0
M_S	0	0	0	0	0	1	1	1	0	0	0	−1	−1	−1	0
			^1D							^3P					^1S

exemple, on obtient les mêmes termes pour les configurations fondamentales de C et de O :

$$\left.\begin{array}{ll} \text{C} & 1s^2 2s^2 2p^2 \\ \text{O} & 1s^2 2s^2 2p^4 \end{array}\right\} {}^1S,\ {}^3P,\ {}^1D \tag{7.17}$$

De même pour les configurations excitées de C et de Ne :

$$\left.\begin{array}{ll} \text{C} & 1s^2 2s^2 2p^1 3d^1 \\ \text{Ne} & 1s^2 2s^2 2p^5 3d^1 \end{array}\right\} {}^{1,3}P,\ {}^{1,3}D,\ {}^{1,3}F \tag{7.18}$$

En 1927, Hund formula deux règles empiriques qui prédisent l'ordre énergétique des termes provenant d'électrons équivalents. En particulier, si une configuration fondamentale a seulement des électrons équivalents dans des orbitales partiellement remplies, on peut déterminer le terme d'énergie minimale, ou terme fondamental. Ces règles sont :

1. Parmi les termes provenant d'électrons équivalents, les plus bas en énergie sont ceux de multiplicité la plus élevée.
2. Parmi ceux-ci, le plus bas est celui qui a la valeur la plus élevée de L.

Il résulte de ces règles que, pour les configurations de C et de O de l'équation (7.17), le terme ${}^3P$ est le plus bas en énergie.

La configuration fondamentale de Ti est

$$\text{Ti} \qquad KL3s^2 3p^6 3d^2 4s^2 \tag{7.19}$$

Les règles prédisent que le terme ${}^3F$ est le plus bas en énergie parmi les termes issus de la configuration d^2 et donnés dans le tableau 7.2.

L'éclatement d'un terme par interactions spin-orbite est proportionnel à J :

$$E_J - E_{J-1} = AJ \tag{7.20}$$

où E_J est l'énergie correspondant au niveau J, et produit un multiplet. Si la constante A est positive, la composante de valeur de J la plus petite est la plus basse en énergie, et le multiplet est dit normal, alors que, si A est négatif, le multiplet est inversé.

Pour les termes fondamentaux, il existe deux règles supplémentaires qui prédisent si un multiplet provenant d'électrons équivalents est normal ou inversé.

3. Des électrons équivalents conduisent à un multiplet normal, si l'orbitale partiellement remplie est *moins* qu'à moitié pleine.
4. Des électrons équivalents conduisent à un multiplet inversé, si l'orbitale partiellement remplie est *plus* qu'à moitié pleine.

Il en résulte pour Ti que le terme ${}^3F$ d'énergie minimale est subdivisé par interaction spin-orbite en un multiplet normal et que l'état fondamental est ${}^3F_2$. De même, pour C, le terme ${}^3P$ d'énergie minimale donne un multiplet normal, avec l'état fondamental ${}^3P_0$, alors que celui de O, avec un multiplet inversé, est ${}^3P_2$.

Les atomes dont la configuration fondamentale contient une orbitale exactement à moitié remplie, comme N($2p^3$), Mn ($3d^5$) et Eu ($4f^7$) ont toujours un état fondamental S. Ces états n'ayant qu'une seule composante, la question du multiplet normal ou inversé ne se pose pas.

Le tableau 7.1 donne les états fondamentaux de tous les atomes de la classification périodique.

Pour les termes excités subdivisés par interaction spin-orbite, il n'y a plus de règle générale vis-à-vis des multiplets normaux ou inversés. Par exemple, les états excités de He forment surtout des multiplets inversés, alors que pour les métaux alcalino-terreux, Be, Mg, Ca, ..., la plupart sont normaux.

On ajoute au symbole de l'état un signe supplémentaire, que nous n'avons pas mentionné jusqu'ici. Il s'agit de l'exposant « o », comme dans l'état fondamental du bore, ${}^2P^{\text{o}}_{1/2}$. Ce symbole indique que la somme $\sum_i \ell_i$ sur tous les électrons i de l'atome est un nombre impair, 1 dans ce cas. L'absence de cet exposant implique que la somme est un nombre pair, par exemple 4 dans le cas de l'oxygène.

7.1.3 Spectres des atomes de métal alcalin

L'atome d'hydrogène et les ions à un seul électron sont les systèmes les plus simples puisqu'il n'y a pas de répulsion interélectronique. Néanmoins cette propriété unique conduit à des dégénérescences, ou des quasi-dégénérescences, absentes dans tous les autres atomes ou ions. Il en résulte que le spectre de l'atome d'hydrogène, quoique très simple dans sa structure brute (figure 1.1), possède une structure fine inhabituelle par rapport à celle des atomes polyélectroniques. C'est pourquoi nous reportons la description de son spectre à la section suivante.

Tous les atomes de métal alcalin ont un électron de valence dans une orbitale externe *ns*, où $n = 2, 3, 4, 5, 6$ pour Li, Na, K, Rb et Cs. Si on considère uniquement les changements d'orbitale de cet électron, on s'attend à un comportement analogue à celui de l'atome d'hydrogène. En effet, le cœur, comportant le noyau de charge $+Ze$ et les $(Z-1)$ électrons des orbitales remplies, possède une charge nette $+e$ et produit donc, sur l'électron de valence, un effet similaire à celui du noyau de l'atome d'hydrogène sur son électron.

Alors que le spectre d'émission de l'atome d'hydrogène ne présente qu'une série de raies spectrales dans le domaine visible, la série de Balmer (voir la figure 1.1), les métaux alcalins en ont au moins trois. Les spectres peuvent être excités dans une lampe à décharge contenant un échantillon du métal. Une des séries est appelée série principale, car elle peut aussi être observée par absorption à travers une colonne de la vapeur. Les deux autres ont été appelées fine et diffuse à cause de l'aspect général des raies. Une partie d'une quatrième série, appelée série fondamentale, peut parfois être observée.

La figure 7.5 représente schématiquement les séries de Li. Chaque série converge asymptotiquement vers les hautes énergies (petites longueurs d'onde) de façon semblable aux séries du spectre de l'hydrogène.

La figure 7.6 présente un diagramme de niveaux d'énergie, appelé diagramme de Grotrian, pour l'atome de Li. Le niveau de plus basse énergie correspond à la configuration fondamentale $1s^2 2s^1$. Les niveaux excités sont notés en fonction de l'orbitale vers laquelle l'électron de valence $2s^1$ a été promu : par exemple le niveau noté $4p$ correspond à la configuration $1s^2 4p^1$.

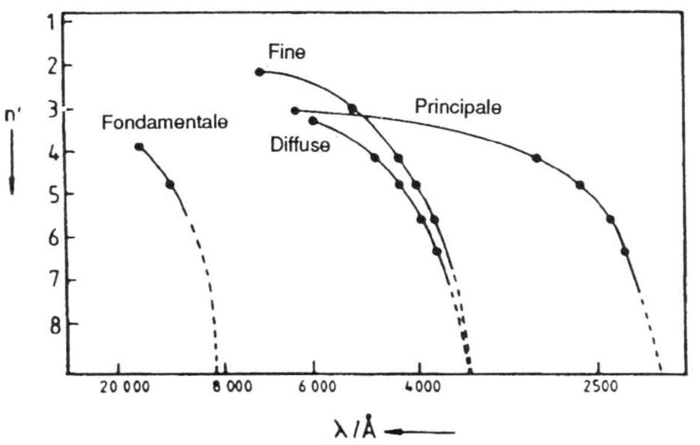

Fig. 7.5 — *Quatre séries du spectre d'émission du lithium.*

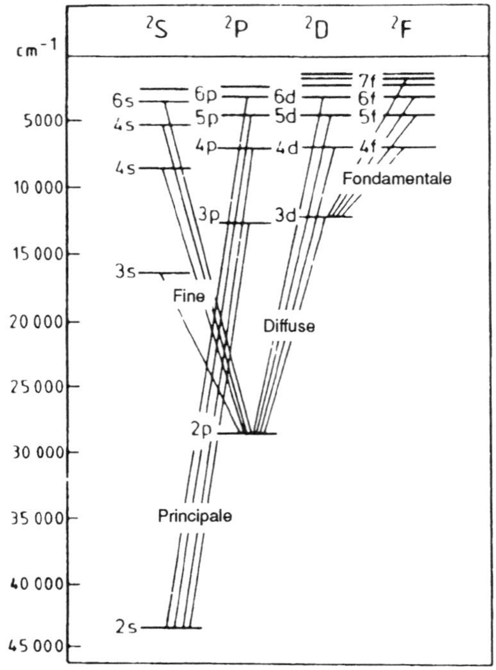

Fig. 7.6 — *Diagramme de Grotrian pour le lithium.*

Il y a une assez grande différence d'énergie entre des configurations dans lesquelles l'électron de valence ne diffère que par la valeur de ℓ, c'est-à-dire entre les configurations $1s^2 3s^1$, $1s^2 3p^1$, $1s^2 3d^1$. Ceci est caractéristique de tous les atomes, sauf l'hydrogène (et les ions à un électron).

Les règles de sélection gouvernant la promotion de l'électron vers une orbitale excitée, ainsi que sa désexcitation, sont

$$\begin{aligned} &\text{(a)} \qquad \text{pas de restriction sur } \Delta n \\ &\text{(b)} \qquad \Delta\ell = \pm 1 \end{aligned} \tag{7.21}$$

Ces règles de sélection conduisent aux séries fine, principale, diffuse et fondamentale, montrées dans les figures 7.5 et 7.6, dans lesquelles l'électron excité est respectivement dans une orbitale *s*, *p*, *d*, et *f*. Ces symboles plutôt curieux pour les orbitales viennent, en effet, de la première lettre[1] des séries correspondantes observées dans le spectre. Le tableau 7.4 donne quelques configurations excitées de l'atome de lithium, mettant en jeu la promotion de l'électron de valence $2s^1$, ainsi que la liste des états issus de ces configurations. On peut facilement obtenir les états similaires des autres métaux alcalins.

Dans les métaux alcalins, le couplage spin-orbite sépare les deux composantes des termes ^2P, ^2D, ^2F, ... Le dédoublement décroit avec L et n et augmente avec le numéro atomique. Pour l'atome de lithium, il n'est pas suffisamment grand pour être visible sur le diagramme de Grotrian de la figure 7.6. La structure fine des raies est difficile à résoudre dans le spectre du

1. Le symbole « *s* » est l'initiale du mot anglais *sharp*, traduit ici par *fin* (NdT).

lithium, mais elle est plus facile à observer dans les spectres des autres métaux alcalins. Dans l'atome de sodium, on obtient une paire d'états $^2P_{1/2}$, $^2P_{3/2}$ par excitation de l'électron de valence $3s$ vers chacune des orbitales np, avec $n > 2$. Il est commode de noter les états avec cette valeur de n, sous la forme $n^2P_{1/2}$ et $n^2P_{3/2}$. Le label n est utilisé pour les états qui apparaissent lorsqu'un seul électron est excité et que les autres électrons sont soit dans des orbitales pleines, soit dans une orbitale s. Le label n est couramment utilisé pour l'hydrogène, les métaux alcalins, l'hélium et les alcalino-terreux. Pour les autres atomes, il est d'usage de faire précéder les symbole d'états par la configuration des électrons dans les orbitales non pleines, comme dans l'état $2p3p\ ^1S_0$ du carbone.

Tab. 7.4 — *Configurations et états de l'atome de lithium.*

Configuration	Etats	Configuration	Etats
$1s^22s^1$	$^2S_{1/2}$	$1s^2nd^1$ ($n = 3, 4, \ldots$)	$^2D_{3/2}$, $^2D_{5/2}$
$1s^2ns^1$ ($n = 3, 4, \ldots$)	$^2S_{1/2}$	$1s^2nf^1$ ($n = 4, 5, \ldots$)	$^2F_{5/2}$, $^2F_{7/2}$
$1s^2np^1$ ($n = 2, 3, \ldots$)	$^2P_{1/2}$, $^2P_{3/2}$		

La séparation des états $3^2P_{1/2}$ et $3^2P_{3/2}$ du sodium est de 17,2 cm^{-1} et est réduite à 5,6, 2,5 et 1,3 cm^{-1} respectivement pour $n = 4$, 5 et 6. La séparation décroît rapidement avec L, le dédoublement des états $3^2D_{1/2}$ et $3^2D_{3/2}$ étant de 0,1 cm^{-1} seulement Tous ces multiplets ^2P et ^2D sont normaux, l'état de plus petit J ayant l'énergie la plus basse.

Le règle de sélection de la structure fine est

$$\Delta J = 0, \pm 1 \text{ sauf } J = 0 \nleftrightarrow J = 0 \tag{7.22}$$

Il en résulte que les séries principales consistent en doublets simples de transitions $^2P_{1/2}$–$^2S_{1/2}$, $^2P_{3/2}$–$^2S_{1/2}$ [1], comme l'illustre la figure 7.7(a). Les paires sont connues sous le nom de doublets simples. Le premier membre de cette série donne le doublet D du sodium, dans la région jaune du spectre, avec des composantes à 589,592 et 588,995 nm.

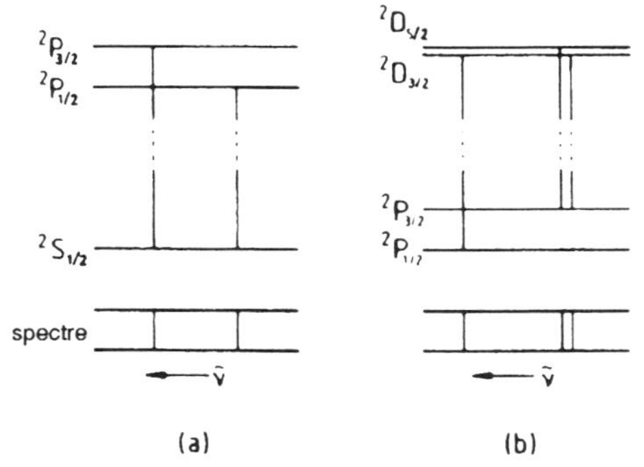

Fig. 7.7 — *(a) Doublet simple et (b) doublet composé, dans l'exemple du spectre du sodium.*

1. La convention consistant à indiquer une transition entre un état électronique *supérieur N* et un état électronique *inférieur M* par *N–M* est analogue à celle qui est utilisée en spectroscopie rotationnelle ou vibrationnelle.

Les états excités $3^2P_{1/2}$, $3^2P_{3/2}$ intervenant dans le doublet D du sodium sont les états excités de plus basse énergie du sodium. Par conséquent, dans une décharge dans la vapeur à une pression suffisamment élevée pour que la désexcitation par collision des états excités se produise rapidement, la majorité des atomes susceptibles d'émettre du rayonnement se trouvent dans ces états. Ainsi le doublet D est prédominant en émission, ce qui explique la couleur jaune dominante des lampes à décharge de sodium.

Les membres de la série fine sont tous des doublets simples, qui présentent tous la même séparation en énergie, c'est-à-dire celle des états $3^2P_{1/2}$ et $3^2P_{3/2}$.

Tous les membres d'une série diffuse sont constitués de doublets combinés, comme l'illustre la figure 7.7(b), mais le dédoublement des états $^2D_{3/2}$, $^2D_{5/2}$ est souvent trop petit pour que les deux raies proches soient résolues. C'est pourquoi l'ensemble des trois transitions est connu sous le nom de doublet combiné plutôt que de triplet.

7.1.4 Spectre de l'atome d'hydrogène

L'atome d'hydrogène a constitué une situation exceptionnelle pour le développement de la mécanique quantique. L'unique électron se déplace dans un champ purement coulombien, contrairement aux atomes à deux ou plusieurs électrons sujets à des répulsions interélectroniques. Ceci a deux conséquences :

1. L'équation de Schrödinger (équation 1.28) est soluble exactement avec l'hamiltonien de l'équation (1.30).
2. Les énergies des orbitales sont, en première approximation, indépendantes du nombre quantique ℓ, comme le montre la figure 1.1.

Lorsque l'on observe les transitions des séries de Balmer et de Paschen (figure 1.1) à haute résolution, elles montrent une structure fine des raies proches. Leur interprétation a constitué un test important des méthodes de la mécanique quantique.

La figure 7.8 montre les effets de la relativité introduits par Dirac dans le traitement quantique, expliquant la séparation du niveau $n = 2$ en deux composantes, distantes de 0,365 cm^{-1}. Pour $n = 2$, ℓ est égal à 0 ou 1. D'après l'équation (7.7) avec $s = \frac{1}{2}$, j est égal à $\frac{3}{2}$ ou $\frac{1}{2}$, pour $\ell = 1$, et à $\frac{1}{2}$ pour $\ell = 0$. L'une des composantes du niveau $n = 2$ a $j = \frac{3}{2}$, $\ell = 1$ et l'autre est doublement dégénérée avec $j = \frac{1}{2}$, $\ell = 0, 1$.

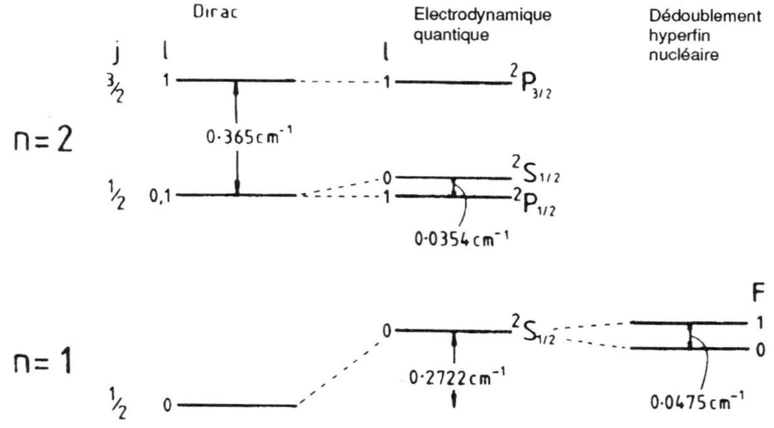

Fig. 7.8 — *Niveaux n = 1 et n = 2 de l'atome d'hydrogène.*

En 1947, Lamb et Retherford ont observé la transition $2^2P_{3/2}$–$2^2S_{1/2}$ en utilisant des techniques micro-onde et ont mesuré un nombre d'onde inférieur de 0,035 4 cm^{-1} à celui qu'avait prédit Dirac. Ce déplacement du niveau d'énergie, connu sous le nom de déplacement de Lamb, est montré dans la figure 7.8 : le niveau $2^2P_{1/2}$ n'est pas décalé. Par la suite, Lamb et Retherford ont observé directement la transition $2^2S_{1/2}$–$2^2P_{1/2}$ avec un nombre d'onde de 0,035 4 cm^{-1}. On appelle électrodynamique quantique la théorie de Dirac modifiée, qui rend compte du déplacement de Lamb.

La figure 7.8 montre que l'état $1^2S_{1/2}$ est déplacé, mais non dédoublé, lorsque l'électrodynamique quantique est appliquée. Par contre, il est séparé en deux composantes, éloignées de 0,045 7 cm^{-1}, par les effets du spin nucléaire ($I = \frac{1}{2}$ pour ^1H).

L'atome d'hydrogène et son spectre sont d'une importance capitale en astrophysique, à cause de la grande abondance de l'hydrogène à la fois dans les étoiles, en particulier dans le Soleil, et dans le milieu interstellaire.

L'hydrogène est le plus abondant des éléments constituant les étoiles et l'atome d'hydrogène peut être détecté par son spectre d'absorption. La température à l'intérieur d'une étoile est de l'ordre de 10^6 K, mais celle de l'extérieur, la photosphère, est seulement de l'ordre de 10^3 K. Le spectre d'absorption observé à partir d'une étoile fait intervenir l'intérieur comme source continue, la photosphère jouant le rôle de milieu absorbant. Alors que dans une expérience d'absorption terrestre, seule la série de Lyman est observée, car tous les atomes sont dans le niveau $n = 1$, le spectre d'absorption d'une étoile montre aussi la série de Balmer en absorption. Bien que le rapport de populations du niveau $n = 2$ au niveau $n = 1$ soit seulement de $2{,}9 \times 10^{-5}$ à une température de 10^3 K, d'après l'équation (2.11), la concentration élevée en atomes d'hydrogène, ainsi que la grande longueur d'absorption dans la photosphère, se combinent pour rendre l'observation possible.

La figure 1.1 ne montre que les cinq premières séries du spectre de l'hydrogène atomique, mais il existe une infinité de séries. Lorsque la valeur de n'' du niveau inférieur commun à une série augmente, les niveaux se rapprochent de telle sorte que les séries à valeur élevée de n'' apparaissent dans le domaine des radiofréquences (voir la figure 3.1). L'observation du milieu interstellaire avec des radiotélescopes (voir section 5.2.6), a permis d'observer, en émission, de nombreuses raies de ces séries, en particulier pour les atomes d'hydrogène, très abondants. On a, par exemple, observé le premier membre de chaque série avec $n'' = 90$, 104, 109, 126, 156, 158, 159 et 166.

Afin de mesurer la quantité d'atomes d'hydrogène dans le milieu interstellaire, on observe couramment la transition hyperfine nucléaire $F = 1$–0, présentée dans la figure 7.8. Elle produit, dans le domaine des radiofréquences, une raie de longueur d'onde 21 cm, et peut être observée en émission ou en absorption, la radiation de fond de l'Univers jouant le rôle de source continue. Les résultats pour le milieu interstellaire montrent que les plus grandes concentrations d'atomes d'hydrogène se trouvent dans des régions de grande densité d'étoiles, comme la Voie lactée dans notre propre galaxie.

Exercice corrigé 7.1

Énoncé. Calculer, avec trois chiffres significatifs, la longueur d'onde du premier membre de chacune des séries du spectre de l'atome d'hydrogène, ayant les nombres quantiques $n'' = 90$ et 166 (voir section 1.2). Dans quelle région du spectre électromagnétique apparaissent ces transitions ?

Solution. Avec les dimensions d'un nombre d'onde plutôt que d'une fréquence, l'équation (1.11) devient

$$\tilde{\nu} = \tilde{R}_H \left(\frac{1}{n''^2} - \frac{1}{n'^2}\right)$$

Le premier membre de la série avec $n'' = 90$ correspond à $n' = 91$

d'où $\tilde{\nu} = 1{,}097 \times 10^7 \left(\frac{1}{8\,100} - \frac{1}{8\,281}\right) \text{m}^{-1}$

$= 1{,}097 \times 10^7 \,(1{,}234\,6 \times 10^{-4} - 1{,}207\,6 \times 10^{-4})\ \text{m}^{-1}$

$= 29{,}6\ \text{m}^{-1}$

donc $\lambda = \frac{1}{\tilde{\nu}} = 0{,}033\,8\ \text{m}$

$= 33{,}8\ \text{mm}$

Le premier membre de la série avec $n'' = 166$ correspond à $n' = 167$

d'où $\tilde{\nu} = 1{,}097 \times 10^7 \left(\frac{1}{27\,556} - \frac{1}{27\,889}\right) \text{m}^{-1}$

$= 1{,}097 \times 10^7 \,(3{,}629\,0 \times 10^{-5} - 3{,}585\,6 \times 10^{-5})\ \text{m}^{-1}$

$= 4{,}76\ \text{m}^{-1}$

donc $\lambda = \frac{1}{\tilde{\nu}} = 0{,}210\ \text{m}$

$= 210\ \text{mm}$

Les deux longueurs d'onde calculées, 33,8 mm et 210 mm, se situent dans le domaine des micro-ondes (voir la figure 3.1).

Notons que cinq chiffres significatifs ont été gardés pour l'inverse des carrés des nombres quantiques, car on constate que deux de ces chiffres sont perdus lors de la soustraction de ces inverses.

7.1.5 Spectres des atomes d'hélium et des métaux alcalino-terreux

Le spectre d'émission d'une décharge dans l'hélium gazeux dans les domaines du visible et de l'ultraviolet proche ressemble un peu au spectre de deux métaux alcalins. Il présente une série de raies qui convergent lentement vers les faibles longueurs d'onde. Elles peuvent être divisées en deux groupes : l'un est formé de raies simples et l'autre de raies doubles apparaissant à basse résolution.

Le diagramme de niveaux d'énergie est constitué de deux ensembles, l'un correspondant aux raies simples et l'autre aux raies doubles, et l'on n'observe pas de transition entre ces deux ensembles. On a cru, pour cette raison, que l'hélium existait sous deux formes différentes, mais il est apparu en 1925 que, si l'on tient compte du spin électronique, les deux formes correspondent aux états de type singulet ou triplet.

Pour les atomes d'hydrogène et de métaux alcalins dans leur configuration fondamentale, ou les configurations excitées obtenues par promotion de l'électron de valence, il n'y a qu'un seul électron non apparié. Pour cet électron $m_s = +\frac{1}{2}$ ou $-\frac{1}{2}$ et les fonctions d'onde de spin électronique correspondantes sont notées α ou β. Tous les états qui en découlent sont des états doublets.

Pour l'hélium, regardons de plus près les effets du spin électronique, car c'est le prototype de tous les atomes et les molécules dans lesquels on peut observer facilement des états ayant deux multiplicités différentes. Si le couplage spin-orbite est faible, comme c'est le cas dans l'hélium, la fonction d'onde électronique totale ψ_e peut être factorisée en une partie orbitalaire, ψ_e^o, et une partie de spin, ψ_e^s :

$$\psi_e = \psi_e^o \psi_e^s \tag{7.23}$$

La partie de spin ψ_e^s peut s'écrire, en notant les électrons 1 et 2, ayant chacun une fonction d'onde de spin α ou β, selon quatre combinaisons possibles : $\alpha(1)\beta(2)$, $\beta(1)\alpha(2)$, $\alpha(1)\alpha(2)$, et $\beta(1)\beta(2)$. Comme les deux premières fonctions ne sont ni symétriques ni antisymétriques par rapport à l'échange des électrons, 1 et 2, il faut les remplacer par des combinaisons linéaires, ce qui donne

$$\psi_e^s = 2^{-1/2}[\alpha(1)\beta(2) - \beta(1)\alpha(2)] \tag{7.24}$$

et

$$\begin{aligned} \psi_e^s = \; & \alpha(1)\alpha(2) \\ \text{ou} \; & \beta(1)\beta(2) \\ \text{ou} \; & 2^{-1/2}[\alpha(1)\beta(2) + \beta(1)\alpha(2)] \end{aligned} \tag{7.25}$$

où le facteur $2^{-1/2}$ assure la normalisation. La fonction d'onde ψ_e^s de l'équation (7.24) est antisymétrique par rapport à l'échange électronique, et c'est celle d'un état singulet, tandis que les trois autres, dans l'équation (7.25), sont symétriques et sont celles d'un état triplet.

En ce qui concerne la partie orbitalaire de ψ_e, nous considérons les électrons dans deux orbitales atomiques différentes χ_a et χ_b. Par exemple, dans la configuration $1s^1 2p^1$ de l'hélium, ce sont les orbitales $1s$ et $2p$. Les deux façons de placer les électrons 1 et 2 dans ces orbitales donnent $\chi_a(1)\chi_b(2)$ et $\chi_a(2)\chi_b(1)$, mais là encore, nous devons les remplacer par les combinaisons linéaires

$$\psi_e^o = 2^{-1/2}[\chi_a(1)\chi_b(2) + \chi_a(2)\chi_b(1)] \tag{7.26}$$

$$\psi_e^o = 2^{-1/2}[\chi_a(1)\chi_b(2) - \chi_a(2)\chi_b(1)] \tag{7.27}$$

Les fonctions d'onde dans les équations (7.26) et (7.27) sont respectivement symétriques et antisymétriques par rapport à l'échange électronique.

L'énoncé le plus général du principe de Pauli pour les électrons et les autres fermions est que la fonction d'onde totale doit être antisymétrique par rapport à l'échange des électrons (ou des fermions). Pour des bosons, elle doit être symétrique vis-à-vis de l'échange.

Par conséquent, pour l'hélium, la fonction d'onde de spin singulet de l'équation (7.24) ne peut se combiner qu'avec la fonction d'onde orbitalaire de l'équation (7.26), ce qui donne, pour les états singulets,

$$\psi_e = 2^{-1}[\chi_a(1)\chi_b(2) + \chi_a(2)\chi_b(1)]\,[\alpha(1)\beta(2) - \beta(1)\alpha(2)] \tag{7.28}$$

De manière similaire, pour les états triplets,

$$\begin{aligned} \psi_e = \; & 2^{-1/2}[\chi_a(1)\chi_b(2) - \chi_a(2)\chi_b(1)]\,\alpha(1)\alpha(2) \\ \text{ou} \; & 2^{-1/2}[\chi_a(1)\chi_b(2) - \chi_a(2)\chi_b(1)]\,\beta(1)\beta(2) \\ \text{ou} \; & 2^{-1}[\chi_a(1)\chi_b(2) - \chi_a(2)\chi_b(1)]\,[\alpha(1)\beta(2) + \beta(1)\alpha(2)] \end{aligned} \tag{7.29}$$

Pour la configuration fondamentale, $1s^2$, la fonction d'onde orbitalaire est donnée par

$$\psi_e^o = \chi_a(1)\chi_a(2) \tag{7.30}$$

qui est symétrique par rapport à l'échange électronique. Cette configuration ne conduit donc qu'à un terme singulet, alors que chaque configuration excitée, issue de la promotion d'un électron, donne lieu à un singulet et un triplet. Chaque terme triplet est plus bas en énergie que le singulet correspondant.

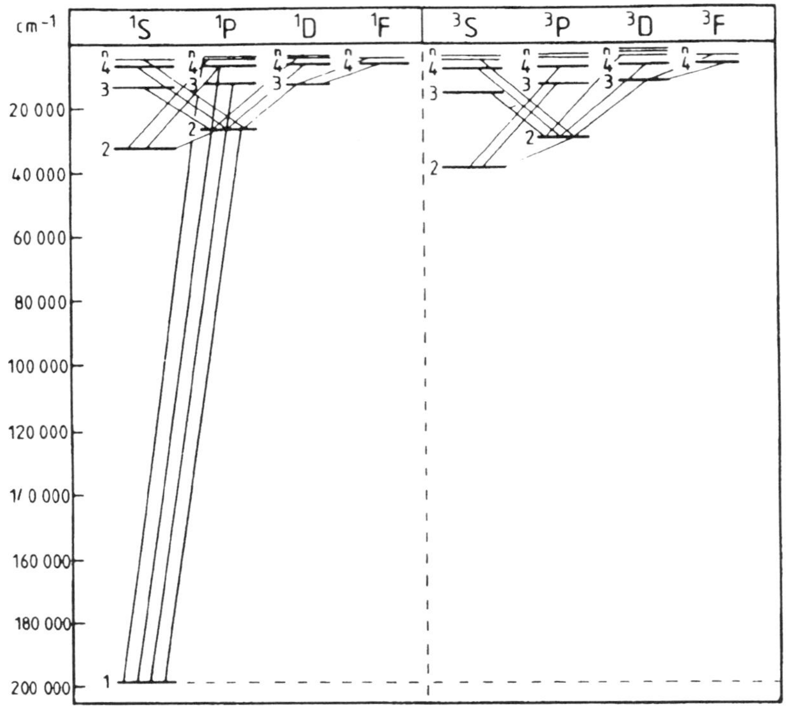

Fig. 7.9 — *Diagramme de Grotrian pour l'hélium. L'échelle est trop petite pour montrer les séparations dues au couplage spin-orbite.*

Le diagramme de Grotrian de la figure 7.9 donne les niveaux d'énergie pour tous les termes provenant de la promotion d'un électron de l'hélium vers une orbitale excitée.

Les règles de sélection sont

$$\Delta \ell = \pm 1, \text{ pour l'électron promu}$$

$$\Delta S = 0 \tag{7.31}$$

La dernière règle est strictement respectée dans le spectre expérimental de l'hélium. On sait exactement, à partir des niveaux d'énergie connus de façon précise, où chercher les transitions entre états singulets et triplets, mais aucune intercombinaison n'a jamais été observée. A cause de cette règle de sélection, les atomes qui atteignent l'état triplet le plus bas, 2^3S_1, ne retournent pas facilement à l'état fondamental 1^1S_0 : la transition est interdite par les deux règles de sélection, orbitalaire et de spin. Le triplet le plus bas est donc métastable. Dans une décharge typique, il possède une durée de vie de l'ordre de 1 ms.

Le premier état singulet excité, 2^1S_0, est également métastable, dans la mesure où une transition vers l'état fondamental est interdite par la règle de sélection sur $\Delta \ell$, mais comme la transition n'est pas interdite de spin, cet état n'a pas une durée de vie aussi longue que l'état métastable 2^3S_1.

Par suite des effets du couplage spin-orbite, tous les termes triplets, sauf ^3S, sont séparés en trois composantes. Par exemple, le terme ^3P, avec $L = 1$ et $S = 1$, donne les valeurs $J = 2$, 1, 0 (équation 7.15).

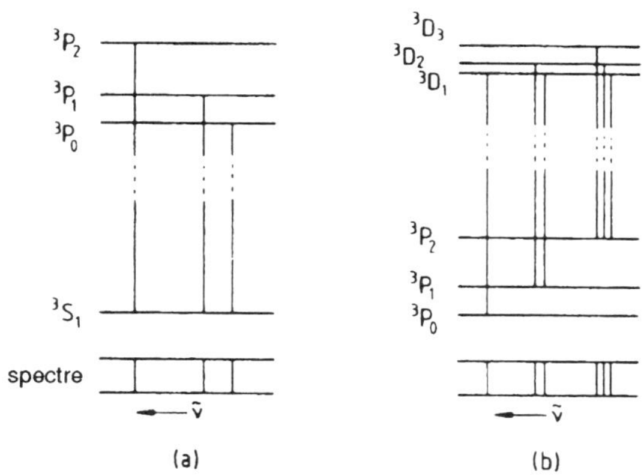

Fig. 7.10 — *(a) Triplet simple et (b) triplet composé, dans le spectre d'un atome de métal alcalino-terreux.*

La séparation des termes triplets de l'hélium est inhabituelle à deux égards. D'une part, certains multiplets sont inversés et, d'autre part, les écarts entre les composantes des multiplets n'obéissent pas à l'équation (7.20). C'est pour cette raison que nous discuterons plutôt la structure fine due au couplage spin-orbite dans le contexte des spectres des alcalino-terreux, où les multiplets sont généralement normaux et obéissent à l'équation (7.20). Les spectres des métaux alcalino-terreux ressemblent fortement à celui de l'hélium. Tous ont une configuration fondamentale ns^2, et l'excitation d'un de ces électrons donne une série de termes singulets et triplets.

La structure fine d'une transition ^3P–^3S d'un métal alcalino-terreux est illustrée par la figure 7.10(a). La règle de sélection sur ΔJ (équation 7.22) conduit à un triplet simple. (La très faible séparation entre 2^3P_1 et 2^3P_2 dans l'hélium justifie la première description du spectre de l'hélium triplet, l'observation à basse résolution donnant des « doublets ».)

La transition ^3D–^3P, représentée dans la figure 7.10(b), contient six composantes. Comme pour les états doublets, la séparation des multiplets décroît rapidement avec L, et les six raies qui en résultent dans le spectre apparaissent, à moyenne résolution, comme un triplet. Pour cette raison, la structure fine est souvent appelée triplet composé.

7.1.6 Spectres des autres atomes polyélectroniques

Jusqu'ici, nous n'avons considéré que l'hydrogène, l'hélium, les métaux alcalins et les métaux alcalino-terreux, mais les règles de sélection et les principes généraux énoncés peuvent être directement étendus à tous les autres atomes.

Les spectres d'émission de la plupart des atomes sont beaucoup plus complexes que ceux que nous avons considérés jusqu'ici. Ils présentent de très nombreuses raies qui ne forment pas de série évidente. Le spectre du fer est un exemple extrême, si riche en raies qu'on l'utilise couramment pour la calibration en longueur d'onde dans l'ensemble des domaines visible et ultraviolet.

Aussi complexe que soit l'atome, nous pouvons utiliser l'approximation du couplage de Russell-Saunders (ou le couplage jj, si nécessaire) pour obtenir les états issus de n'importe quelle configuration. Les règles générales de sélection qui s'appliquent aux transitions entre ces états sont :

1. $\Delta L = 0, \pm 1$ sauf $L = 0 \not\leftrightarrow L = 0$ (7.32)

Nous avions auparavant considéré la promotion d'un seul électron, pour lequel $\Delta\ell = \pm 1$ s'applique, mais, ici, la règle générale faire intervenir le nombre quantique de moment angulaire orbital total L et s'applique à l'excitation d'un nombre quelconque d'électrons.

2. Pair $\not\leftrightarrow$ pair, impair $\not\leftrightarrow$ impair, pair $\leftrightarrow$ impair (7.33)

Ici, « pair » et « impair » correspondent à la somme arithmétique $\sum_i \ell_i$ sur tous les électrons et cette règle de sélection s'appelle règle de Laporte. Une conséquence importante de celle-ci est que les transitions entre des états provenant de la même configuration sont interdites. Par exemple, parmi les termes, donnés par l'équation (7.18), issus de la configuration $1s^2 2s^2 2p^1 3d^1$ de l'atome de carbone, une transition ^1P–^1D serait autorisée en considérant seulement les règles de sélection ΔS (voir la règle 4 ci-dessous) et ΔL, mais la règle de Laporte l'interdit. De la même manière, toute transition entre des états provenant de la configuration $1s^2 2s^2 2p^1 3d^1$, avec $\sum_i \ell_i = 3$, et celles qui proviennent de la configuration $1s^2 2s^2 3d^1 4f^1$, avec $\sum_i \ell_i = 5$, sont également interdites[1]. La règle de Laporte est cohérente avec $\Delta\ell = \pm 1$ lorsqu'un seul électron est excité à partir de la configuration fondamentale.

3. $\Delta J = 0, \pm 1$ sauf $J = 0 \not\leftrightarrow J = 0$ (7.34)

Cette règle est la même pour tous les atomes.

4. $\Delta S = 0$ (7.35)

Cette règle s'applique seulement aux atomes avec une faible charge nucléaire. Dans les atomes lourds, elle est en défaut, parce que la factorisation de ψ_e dans l'équation (7.23) ne s'applique plus à cause de l'interaction spin-orbite. Les états ne peuvent plus être décrits correctement comme des singulets, doublets, etc. L'atome de mercure est un bon exemple de disparition de la règle de sélection $\Delta S = 0$. Comme il possède la configuration $KLMN\, 5s^2 5p^6 5d^{10} 6s^2$, il ressemble plutôt à un métal alcalino-terreux. La promotion d'un électron de l'orbitale $6s$ vers $6p$ produit des états 6^1P_3, 6^3P_0, 6^3P_1 et 6^3P_2, les trois composantes de 6^3P étant largement séparées par interaction spin-orbite. Cette interaction met en défaut la règle de sélection de spin, à tel point que la transition 6^3P_1–6^1S_0 à 253,652 nm est l'une des plus intenses du spectre d'émission du mercure.

Exercice corrigé 7.2

Énoncé. Déduire, de la configuration électronique fondamentale du zirconium, l'état fondamental (c'est-à-dire les valeurs de L, S et J), en expliquant les règles utilisées. En déduire ensuite les états provenant de la configuration excitée

$$KLM 4s^2 4p^6 4d^1 5s^2 5f^1$$

On supposera que l'approximation du couplage de Russell-Saunders s'applique aux deux configurations.

Solution. La configuration électronique fondamentale du zirconium est (voir tableau 7.1)

$$KLM 4s^2 4p^6 4d^2 5s^2$$

Toutes les orbitales pleines contribuent pour zéro aux moments totaux, orbital et de spin. Par conséquent,

---

1. Les transitions $2^2P_{3/2}$–$2^2S_{1/2}$ et $2^2S_{1/2}$–$2^2P_{1/2}$ observées dans l'atome d'hydrogène violent la règle de Laporte, car ce sont des transitions dipolaires magnétiques, la règle ne s'appliquant qu'à des transitions dipolaires électriques.

pour déduire les états provenant de la configuration, on a besoin de ne considérer que les deux électrons équivalents $4d$. D'après le tableau 7.2, les termes qui en sont issus sont

$$^1S,\ ^3P,\ ^1D,\ ^3F, \text{ et } ^1G$$

Les règles de Hund nous disent que, parmi ceux-ci, le terme de plus basse énergie est ^3F, puisqu'il a la plus grande multiplicité de spin ($2S + 1 = 3$) et la plus grande valeur de L (= 3 pour un terme F).

Pour le terme ^3F

$$J = L + S, L + S - 1, \ldots, |L - S| = 4, 3, 2$$

ce qui donne trois états

$$^3F_4,\ ^3F_3, \text{ et } ^3F_2$$

Comme l'orbitale non complète est moins qu'à moitié remplie, le multiplet ^3F est normal et la composante avec la valeur de J la plus faible, soit $^3F_2$, est la plus basse en énergie. L'état fondamental est donc $^3F_2$.

Dans la configuration électronique excitée proposée, il y a deux électrons dans des orbitales partiellement remplies, un électron $4d$ (électron 1) et un électron $5f$ (électron 2). Ce sont deux électrons non équivalents (section 7.1.2.3(a)), et il ne faut considérer que le couplage des moments angulaires orbitaux, ℓ_1 et ℓ_2, et des moments angulaires de spin, s_1 et s_2.

Pour le couplage des moments angulaires orbitaux, $\ell_1 = 2$, $\ell_2 = 3$ et

$$L = \ell_1 + \ell_2, \ell_1 + \ell_2 - 1, \ldots, |\ell_1 - \ell_2| = 5, 4, 3, 2, 1$$

ce qui donne des termes H, G, F, D, P.

Pour le couplage des moments angulaires de spin, $s_1 = \frac{1}{2}$, $s_2 = \frac{1}{2}$ et

$$S = s_1 + s_2, s_1 + s_2 - 1, \ldots, |s_1 - s_2| = 1, 0$$

ce qui donne des multiplicités ($2S + 1$) de 3 et 1.

Le nombre total de termes est alors

$$^1H,\ ^1G,\ ^1F,\ ^1D,\ ^1P,\ ^3H,\ ^3G,\ ^3F,\ ^3D,\ ^3P$$

Pour chaque terme triplet, il y a trois états. Par exemple, pour le terme ^3H, $L = 5$, $S = 1$ et

$$J = L + S, L + S - 1, \ldots, |L - S| = 6, 5, 4$$

ce qui donne des états $^3H_6$, $^3H_5$, et $^3H_4$.

De la même manière, on peut montrer que le nombre total d'états est

$$^1H_5,\ ^1G_4,\ ^1F_3,\ ^1D_2,\ ^1P_1,\ ^3H_6,\ ^3H_5,\ ^3H_4,\ ^3G_5,\ ^3G_4,\ ^3G_3,$$
$$^3F_4,\ ^3F_3,\ ^3F_2,\ ^3D_3,\ ^3D_2,\ ^3D_1,\ ^3P_2,\ ^3P_1,\ ^3P_0$$

Il y a vingt états (!) issus de cette configuration d^1f^1, paraissant simple, par rapport à seulement neuf états

$$^1G_4,\ ^1D_2,\ ^1S_0,\ ^3F_4,\ ^3F_3,\ ^3F_2,\ ^3P_2,\ ^3P_1,\ ^3P_0$$

issus de la configuration fondamentale.

Si l'on considère les règles de sélection, qui ne sont pas particulièrement restrictives (voir section 7.1.6), gouvernant les transitions entre les états issus de chaque configuration, il n'est pas surprenant de constater que le spectre électronique d'un atome comme le zirconium est constitué d'un très grand nombre de raies. (Rappelons que la règle de Laporte de l'équation (7.33) interdit les transitions entre états issus de la même configuration.)

7.2 SPECTROSCOPIE ÉLECTRONIQUE DES MOLÉCULES DIATOMIQUES

7.2.1 Orbitales moléculaires

7.2.1.1 Molécules diatomiques homonucléaires

L'utilisation des orbitales moléculaires (OM) pour décrire la structure électronique des molécules diatomiques, ainsi que des molécules polyatomiques, n'est pas la seule approche possible, mais elle se prête bien à la description qualitative dont nous avons besoin ici.

La méthode des OM consiste à considérer les deux noyaux, sans leurs électrons, éloignés d'une distance égale à la distance internucléaire d'équilibre, et de construire les OM autour d'eux — un peu comme on construit les orbitales atomiques (OA) autour d'un noyau nu et isolé. Les électrons sont alors placés dans les OM, par paires (avec des nombres quantiques de spin électronique $m_s = \pm\frac{1}{2}$), par ordre d'énergie croissante, en utilisant le principe *aufbau*, exactement comme pour les atomes (section 7.1.1), ce qui donne la configuration fondamentale de la molécule.

La construction des OM se fait par combinaisons linéaires d'orbitales atomiques (CLOA). Dans les régions proches du noyau, la fonction d'onde d'une OM ressemble à la fonction d'onde d'une OA de l'atome dont fait partie le noyau. Il est alors raisonnable d'exprimer la fonction d'onde ψ d'une OM, par une combinaison linéaire des fonctions d'onde χ_i des OA autour des deux noyaux :

$$\psi = \sum_i c_i \chi_i \tag{7.36}$$

où c_i est le coefficient de la fonction d'onde χ_i. Néanmoins, certaines combinaisons linéaires sont inutiles, car elles ne produisent pas une OM notablement différente des OA à partir desquelles elle est formée. Pour obtenir des combinaisons linéaires effectives :

1. Les énergies des OA doivent être comparables.
2. Les OA doivent se recouvrir sur un domaine le plus grand possible.
3. Les OA doivent admettre les mêmes propriétés de symétrie par rapport à certains éléments de symétrie de la molécule.

Pour une molécule diatomique homonucléaire avec des noyaux notés 1 et 2, la méthode CLOA donne la fonction d'onde des OM

$$\psi = c_1\chi_1 + c_2\chi_2 \tag{7.37}$$

Dans le cas de la molécule N_2, par exemple, les OA 1*s* des atomes d'azote vérifient la condition (1), puisque leur énergie est égale, mais pas la condition (2), car la charge nucléaire élevée fait que les OA 1*s* sont à proximité des noyaux, ce qui conduit à un recouvrement faible. Au contraire, les OA 2*s* satisfont ces deux conditions ainsi que la condition (3) puisqu'elles sont de symétrie sphérique. Les orbitales 2*s* et $2p_x$, schématisées dans la figure 7.11, vérifient les conditions (1) et (2), mais pas la condition (3). L'OA 2*s* est symétrique dans la réflexion par rapport à un plan contenant l'axe internucléaire *z* et perpendiculaire à la figure, alors que l'OA $2p_x$ est antisymétrique par rapport à cette réflexion. On peut d'ailleurs facilement constater que le recouvrement entre 2*s* et le lobe négatif de $2p_x$ est exactement opposé à celui qui fait intervenir le lobe positif.

Les propriétés importantes des OM sont l'énergie *E* qui leur est associée, et les coefficients c_1 et c_2 de l'équation (7.37). On les obtient à partir de l'équation de Schrödinger

$$H\psi = E\psi \tag{7.38}$$

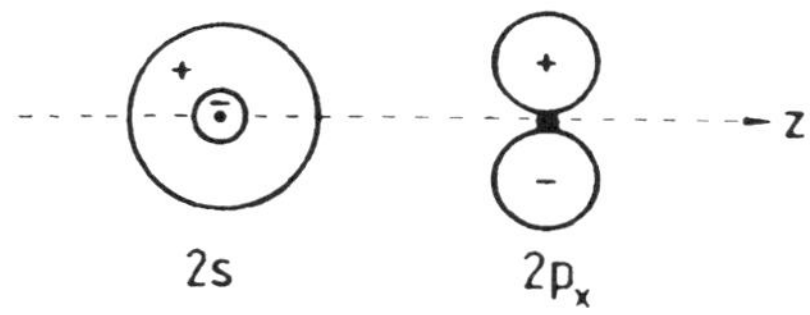

Fig. 7.11 — *Représentation du recouvrement nul entre des OA 2s et $2p_x$ (ou $2p_y$).*

En multipliant les deux membres par ψ^*, le complexe conjugué de ψ (obtenu en remplaçant i ($= \sqrt{-1}$) par $-i$), et en intégrant sur tout l'espace, on obtient

$$E = \frac{\int \psi^* H \psi \, \mathrm{d}\tau}{\int \psi^* \psi \, \mathrm{d}\tau} \tag{7.39}$$

L'énergie E peut être calculée si la fonction d'onde ψ de l'OM est connue. On fait donc une estimation réaliste, par exemple de ψ_n, et on calcule la valeur correspondante de l'énergie $\overline{E}_n$ à partir de l'équation (7.39). Une deuxième estimation de ψ, par exemple ψ_m, donne l'énergie correspondante $\overline{E}_m$. Le principe variationnel stipule que, si $\overline{E}_m < \overline{E}_n$, ψ_m est alors plus proche de la vraie fonction d'onde de l'OM que ψ_n. Ceci ne s'applique qu'à l'état fondamental. Ainsi, on converge vers la vraie fonction d'onde de l'état fondamental en faisant varier des paramètres de la fonction d'onde choisie, jusqu'à leur valeur optimale.

En combinant les équation (7.37) et (7.39), et en supposant que les fonctions χ_1 et χ_2 sont réelles, on obtient

$$\overline{E} = \frac{\int (c_1^2 \chi_1 H \chi_1 + c_1 c_2 \chi_1 H \chi_2 + c_1 c_2 \chi_2 H \chi_1 + c_2^2 \chi_2 H \chi_2) \mathrm{d}\tau}{\int (c_1^2 \chi_1^2 + 2 c_1 c_2 \chi_1 \chi_2 + c_2^2 \chi_2^2) \mathrm{d}\tau} \tag{7.40}$$

Si les fonctions d'onde des OA sont normalisées

$$\int \chi_1^2 \, \mathrm{d}\tau = \int \chi_2^2 \, \mathrm{d}\tau = 1 \tag{7.41}$$

et, comme H est un opérateur hermitique,

$$\int \chi_1 H \chi_2 \, \mathrm{d}\tau = \int \chi_2 H \chi_1 \, \mathrm{d}\tau = H_{12} = H_{21} \tag{7.42}$$

L'intégrale de recouvrement

$$\int \chi_1 \chi_2 \, \mathrm{d}\tau = S \tag{7.43}$$

mesure le degré de recouvrement entre χ_1 et χ_2. Les intégrales telles que $\int \chi_1 H \chi_1 \, \mathrm{d}\tau$ sont abrégées en H_{11}. Avec ces notations, l'équation (7.40) devient

$$\overline{E} = \frac{c_1^2 H_{11} + 2 c_1 c_2 H_{12} + c_2^2 H_{22}}{c_1^2 + 2 c_1 c_2 S + c_2^2} \tag{7.44}$$

En appliquant le principe varitionnel pour optimiser c_1 et c_2, à partir de l'équation (7.44), on annule les dérivées $\partial \overline{E} / \partial c_1$ et $\partial \overline{E} / \partial c_2$, ce qui donne

$$c_1(H_{11} - E) + c_2(H_{12} - ES) = 0$$

$$c_1(H_{12} - ES) + c_2(H_{22} - ES) = 0 \tag{7.45}$$

On a remplacé $\overline{E}$ par E, puisque, bien que ce ne soit probablement pas la bonne énergie, c'est la meilleure approche avec la fonction d'onde de l'équation (7.37). Les équations (7.45) sont les équations séculaires, et on obtient les deux solutions pour E en résolvant simultanément les équations, ou, plus simplement, en annulant le déterminant séculaire

$$\begin{vmatrix} H_{11} - E & H_{12} - ES \\ H_{12} - ES & H_{22} - E \end{vmatrix} = 0 \tag{7.46}$$

H_{12} est l'intégrale de résonance, habituellement notée β. Dans une molécule diatomique homonucléaire, $H_{11} = H_{22}$ est posé égal à α, connu sous le nom d'intégrale de Coulomb, et le déterminant séculaire devient

$$\begin{vmatrix} \alpha - E & \beta - ES \\ \beta - ES & \alpha - E \end{vmatrix} = 0 \tag{7.47}$$

ce qui donne

$$(\alpha - E)^2 - (\beta - ES)^2 = 0 \tag{7.48}$$

Le calcul donne les deux valeurs E_+ et E_-

$$E_{\pm} = (\alpha \pm \beta)/(1 \pm S) \tag{7.49}$$

Si l'on ne s'intéresse qu'à des fonctions d'onde d'OM et des énergies approximatives, on suppose que $S = 0$ (une valeur typique est de 0,2) et que l'hamiltonien H est le même que celui de l'atome, ce qui donne $\alpha = E_A$, énergie de l'OA. Ces hypothèses conduisent à

$$E_{\pm} \approx E_A \pm \beta \tag{7.50}$$

A ce niveau d'approximation, les deux OM ont des énergies placées symétriquement par rapport à E_A, avec une séparation de 2β. Puisque β est une grandeur négative, l'orbitale d'énergie ($E_A + \beta$) est la plus basse, comme le montre la figure 7.12.

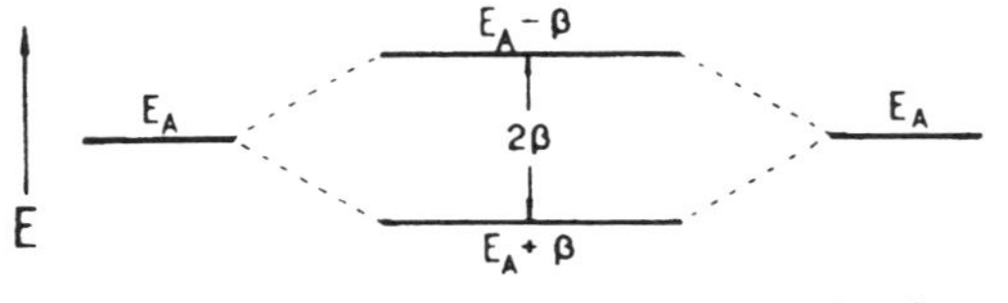

Fig. 7.12 — *Formation de deux OM à partir de deux OA identiques.*

Avec l'approximation $S = 0$, les équations séculaires (7.45) deviennent

$$c_1(\alpha - E) + c_2\beta = 0$$

$$c_1\beta + c_2(\alpha - E) = 0 \tag{7.51}$$

En posant $E = E_+$ ou E_-, on obtient, respectivement, $c_1/c_2 = 1$ ou -1 et les fonctions d'onde correspondantes ψ_+ et ψ_- sont

$$\psi_+ = N_+(\chi_1 + \chi_2)$$

$$\psi_- = N_-(\chi_1 - \chi_2) \tag{7.52}$$

N_+ et N_- sont des constantes de normalisation satisfaisant

$$\int \psi_+^2 \, d\tau = \int \psi_-^2 \, d\tau = 1 \tag{7.53}$$

Si on néglige l'intégrale de recouvrement $S = \int \chi_1\chi_2 \, d\tau$, on a $N_+ = N_- = 2^{-1/2}$ et

$$\psi_{\pm} = 2^{-1/2}(\chi_1 \pm \chi_2) \tag{7.54}$$

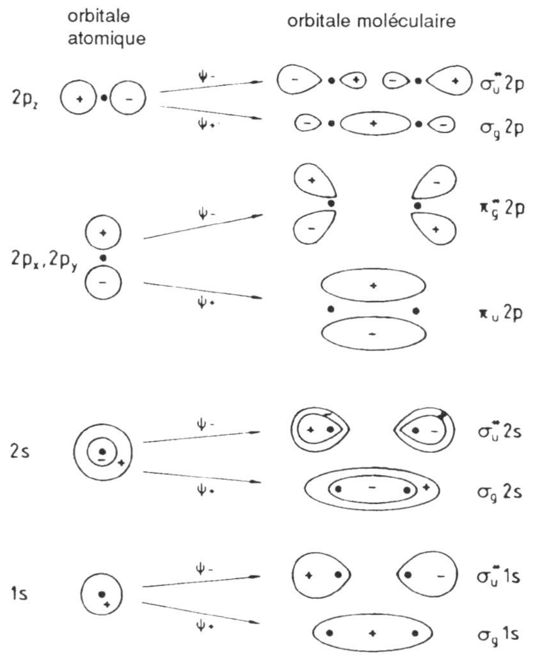

Fig. 7.13 — *Formation d'OM à partir d'OA 1s, 2s, et 2p.*

Ainsi, chaque combinaison linéaire de deux OA identiques donne deux OM, l'une plus haute et l'autre plus basse en énergie que les OA. La figure 7.13 montre la forme approximative des fonctions d'onde des OM, obtenues à partir des OA $1s$, $2s$, et $2p$.

La notation $\sigma_g 1s$, $\sigma_u^* 1s$, etc., donne les OA dont les OM sont dérivées, $1s$ dans ces exemples, ainsi que le label de symétrie des OM, ici, σ_g ou σ_u, dans le groupe ponctuel $D_{\infty h}$. Cependant, on omet souvent le label de symétrie, car les principales OM rencontrées sont de type σ ou π, qui se distinguent facilement par leurs propriétés de symétrie : on vérifie sur la figure 7.13 que les orbitales σ ont une symétrie cylindrique autour de l'axe internucléaire, contrairement aux orbitales π. Les indices g ou u désignent respectivement la symétrie ou l'antisymétrie vis-à-vis de l'inversion par rapport au centre de la molécule (section 4.1.3), mais ils sont souvents remplacés par un astérisque, comme par exemple dans σ^*2s ou π^*2p. L'astérisque indique le caractère antiliant de ces orbitales, dû au plan nodal perpendiculaire à l'axe internucléaire : celles qui n'ont pas d'astérisque sont des orbitales liantes.

La figure 7.14 représente par énergie croissante les OM provenant des OA $1s$, $2s$, et $2p$ et s'applique à toutes les molécules diatomiques de la deuxième ligne du tableau périodique sauf O_2 et F_2. A cause de la position symétrique, illustrée par la figure 7.12, des deux OM par rapport aux OA dont elles sont issues, et comme l'intégrale de résonance pour les OM formées à partir des OA $2p_z$ est plus grande que pour celles qui sont formées à partir des OA $2p_x$ et $2p_y$, l'ordre attendu pour les énergies des OM est

$$\sigma_g 1s < \sigma_u^* 1s < \sigma_g 2s < \sigma_u^* 2s < \sigma_g 2p < \pi_u 2p < \pi_g^* 2p < \sigma_u^* 2p \qquad (7.55)$$

En fait, cet ordre n'est vérifié que pour O_2 et F_2. Pour toutes les autres molécules diatomiques de la deuxième ligne, les orbitales $\sigma_g 2s$ et $\sigma_g 2p$ interagissent (car elles sont de même symétrie) et se repoussent de telle sorte que $\sigma_g 2p$ passe au-dessus de $\pi_u 2p$, donnant l'ordre

$$\sigma_g 1s < \sigma_u^* 1s < \sigma_g 2s < \sigma_u^* 2s < \pi_u 2p < \sigma_g 2p < \pi_g^* 2p < \sigma_u^* 2p \qquad (7.56)$$

C'est le classement indiqué dans la figure 7.14.

La structure électronique de chaque molécule diatomique de la deuxième ligne peut être obtenue en remplissant les OM avec les électrons disponibles, dans l'ordre d'énergie croissante, et en tenant compte du fait que les orbitales π sont doublement dégénérées et peuvent accueillir chacune quatre électrons. Par exemple, la configuration fondamentale de l'azote, à quatorze électrons, est

$$(\sigma_g 1s)^2(\sigma_u^* 1s)^2(\sigma_g 2s)^2(\sigma_u^* 2s)^2(\pi_u 2p)^4(\sigma_g 2p)^2 \qquad (7.57)$$

En règle générale, le caractère liant d'un électron dans une orbitale liante est à peu près compensé par le caractère antiliant d'un électron dans une orbitale antiliante. Ainsi, dans l'azote, le caractère liant des deux électrons de $\sigma_g 1s$ est compensé par le caractère antiliant des deux électrons $\sigma_u^* 1s$, de même avec $\sigma_g 2s$ et $\sigma_u^* 2s$. Il reste donc six électrons dans les orbitales liantes $\pi_u 2p$ et $\sigma_g 2p$, et puisque

$$\text{Ordre de liaison} = \frac{1}{2} \times \text{nombre d'électrons liants} \qquad (7.58)$$

l'ordre de liaison est trois, ce qui est cohérent avec la triple liaison qui est associée à l'azote.

La configuration fondamentale de l'oxygène

$$(\sigma_g 1s)^2(\sigma_u^* 1s)^2(\sigma_g 2s)^2(\sigma_u^* 2s)^2(\sigma_g 2p)^2(\pi_u 2p)^4(\pi_g^* 2p)^2 \qquad (7.59)$$

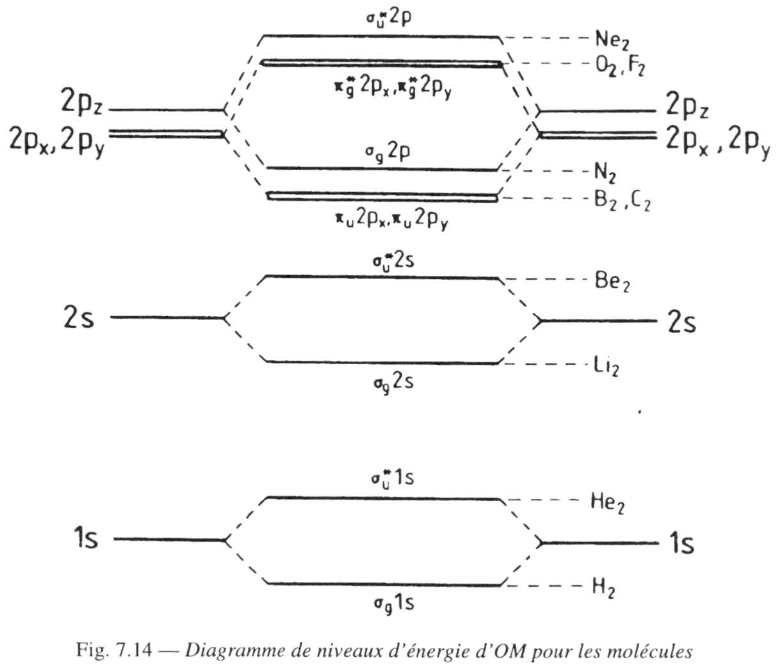

Fig. 7.14 — *Diagramme de niveaux d'énergie d'OM pour les molécules diatomiques hétéronucléaires de la deuxième ligne. Les OA $2p_x$, $2p_y$, $2p_z$ sont dégénérées dans l'atome et ont été séparées par commodité. (Dans O_2 et dans F_2, l'ordre de $\sigma_g 2p$ et de $\pi_u 2p$ est inversé.)*

est cohérente avec une liaison double. La première règle de Hund (page 186) s'applique exactement comme pour un atome : si des états de multiplicité supérieure à un sont issus d'une configuration fondamentale, l'état fondamental a la multiplicité la plus élevée. Dans l'oxygène, les deux électrons de l'orbitale non remplie $\pi_g^* 2p$ peuvent avoir leurs spins parallèles, ce qui donne $S = 1$ et une multiplicité de trois (équation 4.13), ou antiparallèles, donnant $S = 0$ et une multiplicité de un. On en déduit que l'état fondamental de l'oxygène est un état triplet. Le paramagnétisme qui en résulte peut être observé par la déviation d'un filet d'oxygène liquide qui s'écoule entre les pôles d'un aimant.

Les états singulets ayant la configuration de l'équation (7.59), avec les spins des électrons de l'orbitale $\pi_g^* 2p$ antiparallèles, sont énergétiquement plus haut et constituent les premiers états excités.

Le fluor a la configuration

$$(\sigma_g 1s)^2(\sigma_u^* 1s)^2(\sigma_g 2s)^2(\sigma_u^* 2s)^2(\sigma_g 2p)^2(\pi_u 2p)^4(\pi_g^* 2p)^4 \quad (7.60)$$

cohérente avec une liaison simple.

Les configurations excitées des molécules sont susceptibles de conduire à plus d'un état, comme pour les atomes. Par exemple, la molécule C_2, à courte durée de vie, a une configuration excitée

$$(\sigma_g 1s)^2(\sigma_u^* 1s)^2(\sigma_g 2s)^2(\sigma_u^* 2s)^2(\pi_u 2p)^3(\sigma_g 2p)^1 \quad (7.61)$$

qui conduit à un état triplet et à un état singulet car les deux électrons des orbitales partiellement remplies peuvent avoir leurs spins parallèles ou antiparallèles.

7.2.1.2 Molécules diatomiques hétéronucléaires

Certaines molécules diatomiques hétéronucléaires, comme l'oxyde nitrique NO, le monoxyde de carbone CO et la molécule à courte durée de vie CN, contiennent des atomes suffisamment semblables pour que les OM ressemblent fortement à celles des molécules diatomiques homonucléaires. Dans l'oxyde nitrique, les quinze électrons se placent dans des OM selon le même ordre que pour O_2 et F_2, pour donner la configuration fondamentale

$$(\sigma 1s)^2(\sigma^* 1s)^2(\sigma 2s)^2(\sigma^* 2s)^2(\sigma 2p)^2(\pi 2p)^4(\pi^* 2p)^1 \quad (7.62)$$

(Notons que, pour les diatomiques hétéronucléaires, les indices g et u de la figure 7.14 doivent être supprimés, puisqu'il n'y a pas de centre d'inversion, mais l'astérisque garde sa signification.) Le nombre d'électrons liants est cinq, ce qui donne un ordre de liaison de deux et demi (équation 7.58). La configuration conduit à un état doublet, à cause de l'électron non apparié dans l'orbitale $\pi^* 2p$, et à des propriétés paramagnétiques.

A ce degré d'approximation, des molécules comme les molécules SO et PO, à courte durée de vie, peuvent aussi être traitées comme des diatomiques homonucléaires. En effet, les OM de la couche externe peuvent être construites à partir des OA $2s$ et $2p$ de l'atome d'oxygène et des OA $3s$ et $3p$ du soufre ou du phosphore, et elles sont similaires à celles de la figure 7.13. Ces combinaisons linéaires, comme celle avec $2p$ sur l'oxygène et $3p$ sur le soufre, obéissent aux conditions données page 198 — en particulier la première, qui stipule que les énergies des OA doivent être comparables.

Il est possible, en principe, de faire des combinaisons linéaires entre des OA ayant la même symétrie, mais des énergies très différentes, comme l'orbitale $1s$ de l'atome d'oxygène et l'orbitale $1s$ de l'atome de phospore. L'intégrale de résonance β (voir la figure 7.12) est alors extrêmement faible de sorte que les OM sont, de fait, inchangées par rapport aux OA et que la combinaison linéaire est sans effet.

Dans une molécule comme le chlorure d'hydrogène HCl, les OM sont différentes de celles de la figure 7.13, mais les règles de formation de combinaisons linéaires effectives sont encore valables.

La configuration électronique de l'atome de chlore est $KL3s^23p^5$, et seuls les électrons $3p$ (énergie d'ionisation de 12,967 eV) ont une énergie comparable à celle de l'électron $1s$ de l'hydrogène (énergie d'ionisation de 13,598 eV). Parmi les orbitales $3p$, seule $3p_z$ a la symétrie correcte pour former une combinaison linéaire avec l'orbitale $1s$ de l'hydrogène, comme le montre la figure 7.15(a). La fonction d'onde de l'OM a la forme de l'équation (7.37), mais c_1/c_2 n'est plus ± 1. A cause de l'électronégativité de Cl plus forte que celle de H, il y a une concentration importante, à proximité de Cl, des électrons placés dans l'orbitale liante σ qui en résulte. Les deux électrons de cette orbitale forment une liaison simple.

Les OA $3p_x$ et $3p_y$ de Cl ne peuvent se recouvrir avec l'OA $1s$ de H, et les électrons qu'elles contiennent restent, en tant que paires libres, dans ces orbitales, qui sont très peu modifiées dans la molécule, comme le montre la figure 7.15(b).

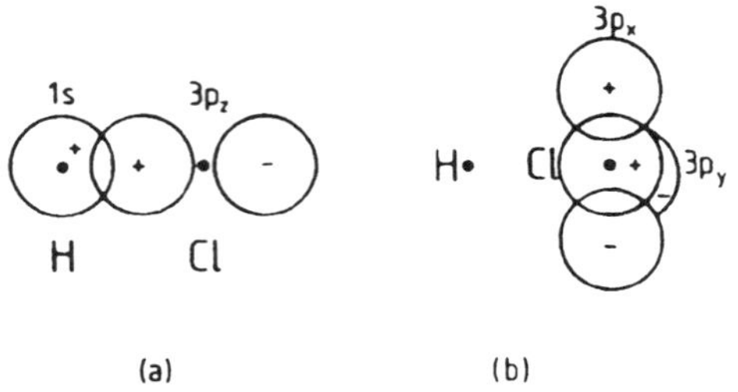

Fig. 7.15 — *Dans HCl : (a) l'OM de la liaison simple est formée par combinaison linéaire de 1s de H et de $3p_z$ de Cl ; (b) les électrons dans les OA $3p_x$ et $3p_y$ de Cl restent en tant que paires libres.*

7.2.2 Classification des états électroniques

Nous avons vu, aux chapitres 1 et 5, qu'il existe un moment angulaire associé à la rotation sur elle-même d'une molécule diatomique. Dans cette section, nous ne considérons que des molécules sans rotation, de sorte que les seuls moments angulaires à envisager sont dus aux mouvements orbitaux et au spin des électrons. Comme dans un atome polyélectronique, le mouvement orbital et le spin de chaque électron créent des moments magnétiques qui se comportent comme de petits barreaux aimantés. La façon dont les aimants interagissent les uns avec les autres représente le couplage entre les électrons.

Pour toutes les molécules diatomiques, l'approximation du couplage qui décrit le mieux les états électroniques est l'analogue de l'approximation de Russell-Saunders dans les atomes, discutée à la section 7.1.2.3. Les moments angulaires orbitaux de tous les électrons de la molécule sont couplés pour doner une résultante **L**, et tous les moments angulaires de spin électronique sont couplés pour donner une résultante **S**. S'il n'y a pas de noyau très chargé dans la molécule, le couplage spin-orbite entre **L** et **S** est suffisamment petit pour que, au lieu d'être couplés l'un à l'autre, ils soient couplés au champ électrostatique produit par les deux charges nucléaires. Cette situation, présentée dans la figure 7.16(a), s'appelle le cas (a) de Hund.

Le vecteur **L** est si fortement couplé au champ électrostatique, et la fréquence de précession, autour de l'axe internucléaire, qui en découle est si grande que le module de **L** n'est pas défini : en d'autres termes, L n'est pas un bon nombre quantique. Seule est définie la composante $\Lambda\hbar$ du moment angulaire orbital le long de l'axe internucléaire, le nombre quantique Λ pouvant prendre les valeurs

$$\Lambda = 0, 1, 2, 3, \ldots \tag{7.63}$$

Tous les états électroniques avec $\Lambda > 0$ sont doublement dégénérés. Classiquement, cette dégénérescence peut être vue comme étant due à la rotation des électrons autour de l'axe internucléaire, dans le sens des aiguilles d'une montre ou dans le sens inverse, l'énergie étant la même dans les deux cas. Si $\Lambda = 0$, il n'y a pas de mouvement orbital et pas de dégénérescence.

La valeur de Λ, comme celle de L dans un atome, est indiquée par la partie principale du symbole de l'état électronique, désignée par Σ, Π, Δ, Φ, Γ, ..., correspondant à $\Lambda = 0, 1, 2, 3, 4$, ... Les lettres Σ, Π, Δ, Φ, Γ, ... sont les équivalents, en grec, de S, P, D, F, G, ..., utilisés pour les atomes.

Le champ électrostatique n'ayant pas d'effet sur **S**, le spin **S** est couplé avec la composante, selon l'axe internucléaire, du champ magnétique dû au mouvement orbital des électrons. La figure 7.16(a) montre que la composantes de S sur l'axe internucléaire est $\Sigma\hbar$. Le nombre quantique Σ est analogue à M_S dans un atome et peut prendre les valeurs

$$\Sigma = S, S - 1, \ldots, -S \tag{7.64}$$

S reste un bon nombre quantique et, pour les états avec $\Lambda > 0$, il y a $2S + 1$ composantes correspondant au nombre de valeurs que Σ peut prendre. La multiplicité de l'état est la valeur de $2S + 1$ et est indiquée, comme pour les atomes, par un préexposant comme, par exemple, dans $^3\Pi$.

La composante du moment angulaire total (orbital et spin électronique) selon l'axe internucléaire est $\Omega\hbar$, représenté dans la figure 7.16(a), où le nombre quantique Ω est donné par

$$\Omega = |\Lambda + \Sigma| \tag{7.65}$$

Puisque $\Lambda = 1$ et $\Sigma = 1, 0, -1$, les trois composantes de $^3\Pi$ ont $\Omega = 2, 1, 0$ et sont symbolisées par $^3\Pi_2$, $^3\Pi_1$, et $^3\Pi_0$[1].

L'interaction spin-orbite sépare les composantes en niveaux d'énergie déplacés de

$$\Delta E = A\Lambda\Sigma \tag{7.66}$$

où A est la constante de couplage spin-orbite. Le séparation produit ce qu'on appelle un multiplet normal si la composante de Ω le plus faible a l'énergie la plus faible (A est positif)

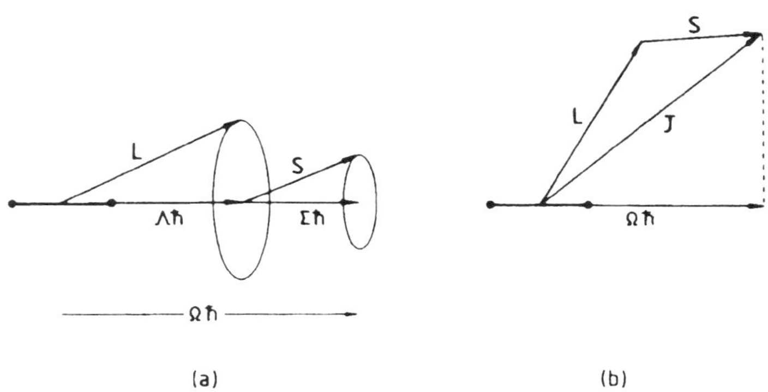

Fig. 7.16 — *Couplages des moments angulaires orbital et du spin électronique d'une molécule diatomique, (a) dans le cas (a) de Hund, et (b) dans le cas (c) de Hund.*

1. Cela n'a pas d'importance dans cet exemple, mais en général, la valeur de l'indice est $\Lambda + \Sigma$, et *non* $|\Lambda + \Sigma|$.

et un multiplet inversé si la composante de Ω le plus faible a l'énergie la plus élevée (A est négatif).

Pour les états Σ, il n'y a pas de moment angulaire orbital et, par conséquent, pas de champ magnétique résultant couplé à **S** selon l'axe internucléaire. Il en résulte qu'un état Σ possède une seule composante, quelle que soit la multiplicité.

Le cas (a) de Hund, dans la figure 7.16(a), est le cas le plus courant, mais, comme tous les couplages des moments angulaires, c'est une approximation. Cependant, lorsqu'il y a au moins un noyau très chargé dans la molécule, le couplage spin-orbite peut être suffisamment fort pour que **L** et **S** ne soient pas découplés par le champ électrostatique des noyaux. Alors, **L** et **S** se couplent pour donner **J**, comme dans un atome, et **J** est projeté sur l'axe internucléaire, selon la composante $\Omega\hbar$, comme le montre la figure 7.16(b). Cette approximation du couplage s'appelle le cas (c) de Hund, dans lequel Λ n'est plus un bon nombre quantique. Le label principal pour un état doit alors être la valeur de Ω. Cette approximation est moins utile que le cas (a) de Hund et on garde souvent le label Λ même si il n'est plus un bon nombre quantique.

Pour les atomes, les états électroniques peuvent être classés et des règles de sélection entièrement spécifiées par l'utilisation des nombres quantiques L, S et J. Dans les molécules diatomiques, les nombres quantiques Λ, S, et Ω ne sont pas tout à fait suffisants. On doit aussi faire intervenir une (cas des hétéronucléaires) ou deux (cas des homonucléaires) propriétés de symétrie de la fonction d'onde électronique ψ_e.

La première est la propriété de symétrie « g » ou « u », qui indique que ψ_e est symétrique ou antisymétrique vis-à-vis de l'inversion par rapport au centre de la molécule (voir section 4.1.3). Ceci intervient si la molécule a un centre d'inversion, donc pour les molécules diatomiques homonucléaires seulement. Cette symétrie est indiquée par un indice « g » ou « u », comme dans $^3\Pi_g$.

La deuxième propriété de symétrie s'applique à toutes les molécules diatomiques et concerne la symétrie de ψ_e vis-à-vis de la réflexion par rapport à tout plan (σ_v) contenant l'axe internucléaire. Si ψ_e est symétrique, l'état est noté « + » et si elle est antisymétrique dans cette réflexion, l'état est noté « – », comme dans $^3\Sigma_g^+$ ou $^2\Sigma_u^-$. Ce symbolisme n'est généralement utilisé que pour les états Σ. Pour les états Π, Δ, Φ, ..., une des composantes de ces états doublement dégénérés est +, et l'autre est – ; et le symbolisme $\Pi^{\pm}$, $\Delta^{\pm}$,... est rarement utilisé.

7.2.3 Règles de sélection électroniques

Comme dans le cas des transitions vibrationnelles, les transitions électroniques sont principalement du type dipolaire électrique, pour lequel les règles de sélection sont :

1. $\Delta\Lambda = 0, \pm 1$ (7.67)

Par exemple, les transitions[1] Σ–Σ, Π–Σ, Δ–Π sont autorisées, mais pas Δ–Σ ou Φ–Π.

2. $\Delta S = 0$ (7.68)

Comme pour les atomes, cette règle de sélection est en défaut lorsque la charge nucléaire s'accroît. Par exemple, les transitions triplet–singulet sont strictement interdites dans H_2, mais la transition[2] $a^3\Pi$–$X^1\Sigma^+$ de CO est de faible intensité.

---

1. Comme pour tous les autres types de transitions dans les molécules, l'état supérieur est donné en premier et l'état inférieur en second.

2. Il y a une convention, courante mais pas toujours utilisée, pour la notation des états électroniques. L'état fondamental est noté X, et les états supérieurs de même multiplicité sont notés A, B, C, ... dans l'ordre d'énergie croissante. Les états avec une multiplicité différente de celle de l'état fondamental sont notés a, b, c, ... dans l'ordre d'énergie croissante.

3. $\Delta\Sigma = 0$; $\Delta\Omega = 0, \pm 1$ (7.69)

pour les transitions entre des composantes de multiplets.

4. $+ \leftrightarrow +$; $- \leftrightarrow -$; $+ \not\leftrightarrow -$ (7.70)

Ceci n'a de sens que pour les transitions Σ–Σ de sorte que seules les transitions Σ^+–Σ^+ et Σ^-–Σ^- sont autorisées. (Notons que cette règle de sélection est l'opposée de la règle de sélection de vibration-rotation de l'équation (6.73).)

5. $g \leftrightarrow u$; $g \not\leftrightarrow g$; $u \not\leftrightarrow u$ (7.71)

Par exemple, les transitions Σ_g^+–Σ_g^+ et Π_u–Σ_u^- sont interdites mais les transitions Σ_u^+–Σ_g^+ et Π_u–Σ_g^+ sont autorisées.

Pour le cas (c) de Hund (figure 7.16b), les règles de sélection sont légèrement différentes. Celles des équations (7.68) et (7.71) s'appliquent encore, mais comme Λ et Σ ne sont pas des bons nombres quantiques, celle de l'équation (7.67) ne s'applique pas et il ne reste que $\Delta\Sigma = 0$ dans la règle (7.69). Concernant la règle (7.70), les labels « + » ou « – » se réfèrent dans ce cas à la symétrie de ψ_e par rapport à un plan contenant l'axe internucléaire, seulement si $\Omega = 0$ (au lieu de $\Lambda = 0$ comme dans le cas (a) de Hund) et la règle de sélection est alors

$$0^+ \leftrightarrow 0^+ ; \qquad 0^- \leftrightarrow 0^- ; \qquad 0^+ \not\leftrightarrow 0^- \qquad (7.72)$$

où « 0 » correspond à la valeur de Ω.

L'état $^3\Pi_u$ le plus bas dans I_2 est plus près du cas (c) de Hund que du cas (a). Puisque, dans le cas (a), on aurait $\Lambda = S = 1$ et $\Sigma = 1$, 0 ou –1, la valeur de Ω peut être 2, 1, ou 0. Les composantes $\Omega = 0$ et 1 sont séparées de 3 881 cm^{-1}, valeur élevée, indiquant une interaction spin-orbite notable, et une approximation de cas (c). La transition[1] $B^3\Pi_{0_u}^+$–$X^1\Sigma_g^+$ met en jeu la composante $\Omega = 0$ de l'état électronique B, pour lequel ψ_e est symétrique dans la réflexion par rapport à tout plan contenant l'axe internucléaire, c'est-à-dire la composante 0^+. La transition est autorisée par la règle de sélection $0^+ \leftrightarrow 0^+$. Notons également que la règle de sélection $\Delta S = 0$ disparaît dans une molécule avec des noyaux de charge aussi élevée. La transition, d'ailleurs très intense et dans le domaine visible, est responsable de la couleur violette de l'iode gazeux.

7.2.4 Obtention des états à partir des configurations

Dans le cas des atomes, l'obtention des états à partir des configurations, dans l'approximation de Russell-Saunders (section 7.1.2.3), nécessite simplement de jongler avec les nombres quantiques dont on dispose. Dans les molécules diatomiques, nous avons vu qu'il faut inclure certaines propriétés de symétrie, en plus des nombres quantiques, pour définir les règles de sélection. Pour obtenir les états à partir des configurations, les arguments de symétrie sont encore plus essentiels. Cependant, le lecteur qui n'a pas à savoir le faire, peut passer directement à la section 7.2.5.

Nous avons vu comment la configuration $\ldots(\pi_u 2p)^4(\pi_g^* 2p)^2$ de O_2 (équation 7.59) conduit à un état fondamental triplet, $^3\Sigma_g^-$, et à deux singulets, $^1\Delta_g$ et $^1\Sigma_g^+$, qui sont des états excités de basse énergie, respectivement à 7 918 et 13 195 cm^{-1} au-dessus du fondamental. Comment peut-on déterminer ces états à partir de cette configuration, ainsi que, d'une manière générale, les états électroniques à partir des configurations d'OM ?

La symétrie $\Gamma(\psi_e^0)$ de la partie orbitalaire de la fonction d'onde électronique correspondant à une configuration particulière est donnée par

1. La notation de l'état $B^3\Pi_{0u}^+$ respecte l'usage courant plutôt que la convention, qui le noterait $b^3\Pi_{0u}^+$.

$$\Gamma(\psi_e^0) = \prod_i \Gamma(\psi_i) \tag{7.73}$$

où le deuxième membre correspond au produit, sur tous les électrons *i,* des symétries de toutes les OM occupées ψ_i. Le produit des orbitales pleines est totalement symétrique et donne $S = 0$ puisque tous les spins électroniques sont appariés dans ces orbitales. La configuration fondamentale de l'azote est donnée par l'équation (7.57). Comme toutes les orbitales occupées sont remplies, l'état fondamental est $^1\Sigma_g^+$ puisque Σ_g^+ est l'espèce[1] totalement symétrique du groupe ponctuel $D_{\infty h}$ (table A.37 de l'annexe). Pour la configuration excitée

$$\ldots (\pi_u 2p)^4 (\sigma_g 2p)^1 (\pi_g^* 2p)^1 \tag{7.74}$$

la symétrie orbitalaire est donnée par[2]

$$\Gamma(\psi_e^0) = \sigma_g^+ \times \pi_g = \Pi_g \tag{7.75}$$

puisque il est inutile de considérer les orbitales remplies qui ont pour effet de multiplier le résultat par l'espèce totalement symétrique. La multiplication est effectuée comme dans la section 4.3.3. Les deux électrons des orbitales partiellement remplies peuvent avoir des spins parallèles ou antiparallèles de sorte que deux états sont issus de cette configuration, $^3\Pi_g$ et $^1\Pi_g$.

Pour la configuration excitée de l'azote

$$\ldots (\pi_u 2p)^3 (\sigma_g 2p)^2 (\pi_g^* 2p)^1 \tag{7.76}$$

nous nous rappelons que, comme dans les atomes, une lacune dans une orbitale peut être traitée comme un électron isolé, et nous avons une multiplication similaire à celle de l'équation (4.33) :

$$\Gamma(\psi_e^0) = \pi_u \times \pi_g = \Sigma_u^+ + \Sigma_u^- + \Delta_u \tag{7.77}$$

Comme les deux électrons (ou un électron et une lacune) peuvent avoir des spins parallèles ou antiparallèles, la configuration de l'équation (7.76) donne les six états $^{1,3}\Sigma_u^+$, $^{1,3}\Sigma_u^-$ et $^{1,3}\Delta_u$.

La configuration fondamentale de l'oxygène est

$$\ldots (\sigma_g 2p)^2 (\pi_u 2p)^4 (\pi_g^* 2p)^2 \tag{7.78}$$

et pour déterminer les états qui en sont issus, il ne faut considérer que les électrons $(\pi_g^* 2p)^2$. Pour deux ou plus de deux électrons dans une orbitale dégénérée, on commence de la façon habituelle pour obtenir

$$\Gamma(\psi_e^0) = \pi_g \times \pi_g = \Sigma_g^+ + \Sigma_g^- + \Delta_g \tag{7.79}$$

ce qui est le même résultat que si les électrons étaient dans deux orbitales π_g différentes. La différence réside dans le traitement des deux spins électroniques. Lorsque les électrons sont dans la même orbitale dégénérée, le principe de Pauli interdit certaines combinaisons d'orbitales et de spin. C'est un problème analogue à celui rencontré dans l'équation (4.30) pour déterminer $\Gamma(\psi_v)$ lorsque la molécule vibre avec deux quantas de la même vibration dégénérée : le principe de Pauli interdit la partie antisymétrique du produit direct.

L'analogie est encore plus pertinente si l'on compare la situation dans l'oxygène à celle de configurations excitées de l'atome d'hélium, résumées dans les équations (7.28) et (7.29). Selon le principe de Pauli, la fonction d'onde totale doit être antisymétrique par rapport à l'échange électronique.

Nous avons expliqué, dans la section 4.3.2, que le produit direct de deux symétries

---

1. Les lettres grecques majuscules sont utilisées pour les états, les lettres minuscules pour les orbitales.
2. Notons qu'une OM σ n'est généralement pas notée σ^+, comme elle devrait vraiment l'être, car il n'existe pas d'OM σ^-.

identiques dégénérées contient une partie symétrique et une partie antisymétrique. La partie antisymétrique est de type A (ou Σ) mais n'est *pas* l'espèce totalement symétrique, lorsque cela est possible. Par conséquent, dans l'équation (7.79), Σ_g^- est la partie antisymétrique, et $\Sigma_g^+ + \Delta_g$ est la partie symétrique.

L'équation (7.23) exprime la fonction d'onde électronique totale comme le produit d'une partie orbitalaire et d'une partie de spin. Comme ψ_e doit être antisymétrique par rapport à l'échange électronique, les fonctions d'onde orbitalaires Σ_g^+ et Δ_g de l'oxygène se combinent seulement avec la fonction d'onde de spin antisymétrique (singulet), qui est la même que celle de l'équation (7.24) pour l'hélium. De même, la fonction d'onde orbitalaire Σ_g^- ne se combine qu'avec les trois fonctions d'onde de spin symétriques (triplet) qui sont les mêmes que celles de l'équation (7.25) de l'hélium.

Ainsi les états issus de la configuration fondamentale de l'oxygène sont $^3\Sigma_g^-$, $^1\Sigma_g^+$ et $^1\Delta_g$. Une des règles de Hund (la règle 1, page 186) nous dit que $X^3\Sigma_g^-$ est l'état fondamental. Le principe de Pauli interdit les états $^1\Sigma_g^-$, $^3\Sigma_g^+$ et $^3\Delta_g$.

Le tableau 7.5 donne la liste des états issus de quelques configurations électroniques dans des molécules diatomiques $D_{\infty h}$ et $C_{\infty v}$, dans lesquelles il y a deux électrons dans la même orbitale dégénérée.

Tab. 7.5 — *Etats issus de configurations fondamentales de molécules diatomiques.*

Groupe ponctuel	Configuration	Etats	Groupe ponctuel	Configuration	Etats
$C_{\infty v}$	$(\pi)^2$	$^3\Sigma + {}^1\Sigma^+ + {}^1\Delta$	$D_{\infty h}$	$(\pi_g)^2$ et $(\pi_u)^2$	$^1\Sigma_g^- + {}^3\Sigma_g^+ + {}^3\Delta_g$

7.2.5 Structure vibrationnelle brute

7.2.5.1 Courbes d'énergie potentielle d'états électroniques excités

Dans la section 6.1.3.2, nous avons discuté la forme de la courbe d'énergie potentielle de l'état électronique fondamental d'une molécule diatomique. La figure 6.4 montre une courbe typique, avec un minimum d'énergie potentielle à r_e, distance internucléaire d'équilibre. La dissociation se produit à une énergie plus élevée, et l'énergie de dissociation est D_e, par rapport au minimum de la courbe, ou D_0, par rapport au niveau de point zéro. Les valeurs des termes vibrationnels, $G(v)$, sont données par l'équation (6.3) pour un oscillateur harmonique et par l'équation (6.16) pour un oscillateur anharmonique.

Pour chaque niveau électronique excité d'une molécule diatomique, il y a une courbe d'énergie potentielle, et, dans la plupart des cas, la courbe ressemble qualitativement à celle de la figure 6.4. La figure 7.17 donne des exemples de courbes d'énergie potentielles pour différents états, fondamental et excités, de la molécule C_2 à courte durée de vie. La configuration électronique fondamentale est

$$(\sigma_g 1s)^2(\sigma_u^* 1s)^2(\sigma_g 2s)^2(\sigma_u^* 2s)^2(\pi_u 2p)^4 \tag{7.80}$$

ce qui donne l'état fondamental $X^1\Sigma_g^+$. Les premiers états électroniques excités sont issus de configurations dans lesquelles un électron est promu de l'orbitale $\pi_u 2p$ ou $\sigma_u^* 2s$ vers l'orbitale $\sigma_g 2p$. L'information contenue dans la figure 7.17 a été obtenue en utilisant diverses techniques expérimentales pour observer des spectres en absorption ou en émission. Le

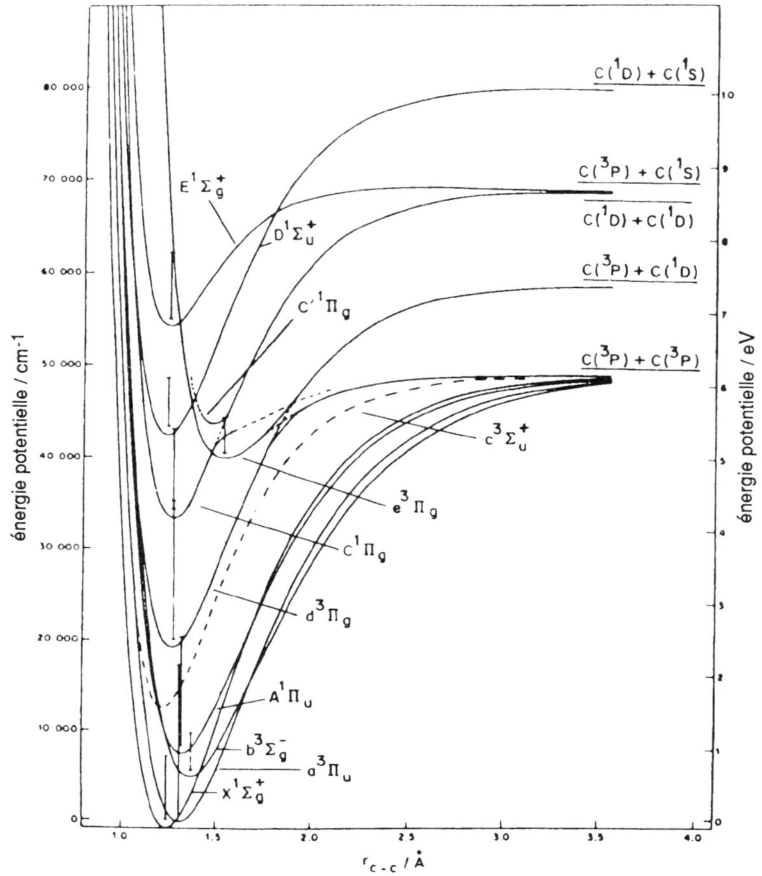

Fig. 7.17 — *Courbes d'énergie potentielle pour l'état fondamental et divers états excités de C_2. (Reproduit, avec autorisation, de Ballik E.A. et Ramsay D.A.,* Astrophys. J., ***137****, 84, 1963, publié par University of Chicago Press ; © 1963 The American Astronomical Society.)*

tableau 7.6 donne la liste des transitions de C_2, les auteurs associés à leur découverte, la région du spectre où elles sont observées et la nature de la source. On trouve une variété typique de techniques : un four à haute température, des flammes, des arcs, des décharges et, pour une molécule à courte durée de vie, la photolyse éclair. Le tableau monte que plusieurs systèmes électroniques de C_2 sont observés en absorption avec $a^3\Pi_u$ comme état inférieur. Il est inhabituel que l'état inférieur d'un système en absorption soit autre que l'état fondamental. Néanmoins, dans C_2, l'état $a^3\Pi_u$ n'est qu'à 716 cm^{-1} au-dessus de l'état fondamental,et il est peuplé de façon notable même à des températures modérées. Toutes les transitions du tableau 7.6 sont autorisées par les règles de sélection de la section 7.2.3 pour le cas (a) de Hund.

Notons que, en plus de ces expériences de laboratoire, les bandes de Swan de C_2 sont observées en astrophysique dans les spectres d'émission de comètes, ainsi que dans les spectres d'absorption des atmosphères stellaires, y compris celle du Soleil, pour lesquelles l'intérieur de l'étoile joue le rôle de source continue.

Tab. 7.6 — *Transitions électroniques observées dans* C_2.

Transition	Noms associés	Région spectrale / nm	Source du spectre
$b^1\Sigma_g^- \rightarrow a^3\Pi_u$	Ballik-Ramsay	2 700–1 100	Four de King
$A^1\Pi_g \rightleftarrows X^1\Sigma_g^+$	Phillips	1 549–672	Décharges
$d^3\Pi_g \rightleftarrows a^3\Pi_u$	Swan	785–340	Variées, incluant un arc à carbone
$C^1\Pi_g \rightarrow A^1\Pi_u$	Deslandres-d'Azambuja	411–339	Décharges, flammes
$e^3\Pi_g \rightarrow a^3\Pi_u$	Fox-Herzberg	329–237	Décharges
$D^1\Sigma_u^+ \rightleftarrows X^1\Sigma_g^+$	Mulliken	242–231	Décharges, flammes
$E^1\Sigma_g^+ \rightarrow A^1\Pi_u$	Freymark	222–207	Décharges dans l'acétylène
$f^1\Sigma_g^- \rightarrow a^3\Pi_u$	—	143 - 137	Photolyse éclair d'un mélange d'hydrocarbure et d'un gaz inerte
$g^3\Delta_g \rightarrow a^3\Pi_u$	—	140 - 137	
$F^1\Pi_u \rightarrow X^1\Sigma_g^+$	—	135 - 131	

Lorsque C_2 se dissocie, il donne deux atomes de carbone, chacun étant soit dans l'état fondamental, soit dans un état excité. On a vu, par exemple dans l'équation (7.17), que la configuration fondamentale $1s^22s^22p^2$ de l'atome de carbone conduit à trois termes : le terme fondamental, ^3P, et les termes excités successifs, ^1D et ^1S. La figure 7.17 montre que six états de C_2, y compris l'état fondamental, se dissocient en donnant deux atomes de carbone ^3P. D'autres états se dissocient en donnant des termes ^1D ou ^1S pour l'un ou les deux atomes de carbone. Dans les états électroniques excités, les molécules peuvent vibrer et tourner, comme dans l'état électronique fondamental. Pour une molécule ayant un terme électronique T correspondant à la différence d'énergie des configurations à l'équilibre, et avec des termes vibrationnel et rotationnel $G(v)$ et $F(J)$, la valeur totale du terme, S, est donnée par

$$S = T + G(v) + F(J) \tag{7.81}$$

Pour tout état électronique, fondamental ou excité, les valeurs des termes vibrationnels peuvent être exprimées, comme dans l'équation (6.16), par

$$G(v) = \omega_e(v + \tfrac{1}{2}) - \omega_e x_e(v + \tfrac{1}{2})^2 + \omega_e y_e(v + \tfrac{1}{2})^3 + \ldots \tag{7.82}$$

où le nombre d'onde de vibration ω_e et les constantes anharmoniques $\omega_e x_e$, $\omega_e y_e$, ... dépendent de l'état électronique. La figure 7.17 montre que la distance internucléaire d'équilibre r_e est également spécifique de chaque état électronique.

7.2.5.2 Progressions et séquences

La figure 7.18 montre des ensembles de niveaux d'énergie vibrationnelle associés à deux états électroniques entre lesquels nous supposons qu'une transition électronique est autorisée. Les niveaux vibrationnels des états supérieur et inférieur sont indiqués par les nombres quantiques v' et v''. Nous allons décrire aussi bien les processus d'absorption que d'émission, en supposant, sauf mention contraire, que l'état inférieur est l'état fondamental.

Dans les spectres électroniques, il n'y a pas de restriction sur les valeurs que Δv peut prendre, mais nous verrons à la section 7.2.5.3 que le principe de Franck-Condon impose des limitations sur l'intensité des transitions.

Les transitions vibrationnelles qui accompagnent une transition électronique s'appellent des transitions vibroniques. Les transitions vibroniques, avec leurs transitions rotationnelles, ou plus précisément rovibroniques, conduisent à des bandes spectrales. L'ensemble des bandes associées à une transition électronique unique est appelé système de bandes électroniques. Cette terminologie est couramment adoptée en spectroscopie à haute résolution, mais, en travailllant à basse résolution, surtout en phase liquide, la structure vibrationnelle peut ne pas être résolue, le système de bandes tout entier est souvent appelé une bande électronique.

Il est commode de diviser les transitions vibroniques en progressions et en séquences. Une progression, comme le montre la figure 7.18, fait intervenir une série de transitions vibroniques, avec un niveau inférieur ou supérieur commun. Par exemple, les membres de la progression $\upsilon'' = 0$ ont tous en commun le niveau inférieur $\upsilon'' = 0$.

Outre la nécessité d'avoir des intensités Franck-Condon appréciables pour les transitions vibroniques, il est essentiel que l'état initial d'une transition soit suffisamment peuplé pour que la transition soit observée. Dans les conditions d'équilibre, la population $N_{\upsilon''}$ d'un niveau υ'' est reliée à celle du niveau $\upsilon'' = 0$ par l'équation de Boltzmann (équation 2.11)

$$\frac{N_{\upsilon''}}{N_0} = \exp\left\{-\left[G(\upsilon'') - G(0)\right]\frac{hc}{kT}\right\} \tag{7.83}$$

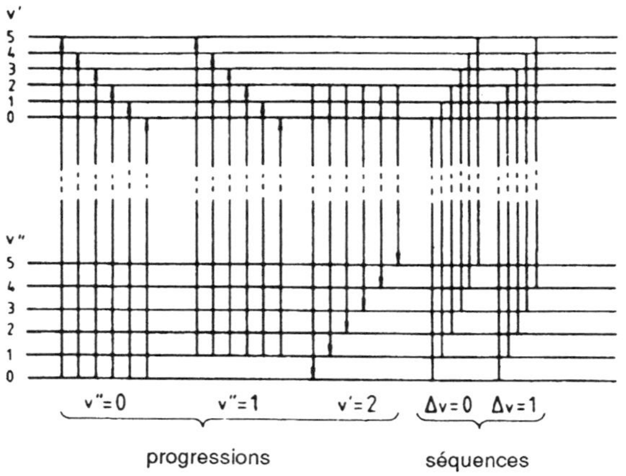

Fig. 7.18 — *Progressions et séquences vibrationnelles dans le spectre électronique d'une molécule diatomique.*

Exercice corrigé 7.3

Énoncé. Calculer la fraction de molécules dans le niveau vibrationnel $\upsilon = 1$ par rapport à $\upsilon = 0$, à 293 K, dans l'état électronique fondamental de H_2 ($\omega_0 = 4\ 161$ cm^{-1}), de F_2 ($\omega_0 = 895$ cm^{-1}) et de I_2 ($\omega_0 = 213$ cm^{-1}). Pour chaque molécule, à quelle température cette fraction serait-elle égale à 0,500 0 ?

Solution. L'équation (7.83), déduite de l'équation de Boltzmann, donne la fraction de la population N_1 du niveau $\upsilon = 1$ par rapport à la population N_0 du niveau $\upsilon = 0$, selon

$$\frac{N_1}{N_0} = \exp\left(-\frac{hc\omega_0}{kT}\right)$$

où ω_0 est la séparation entre les niveaux $\upsilon = 1$ et $\upsilon = 0$. Pour H_2

$$\frac{N_1}{N_0} = \exp\left(-\frac{6{,}626\,1 \times 10^{-34}\ \text{J s} \times 2{,}997\,9 \times 10^{10}\ \text{cm s}^{-1} \times 4\,161\ \text{cm}^{-1}}{1{,}380\,7 \times 10^{-23}\ \text{J K}^{-1} \times 293\ \text{K}}\right)$$

$$= \exp(-20{,}432)$$

$$= 1{,}338 \times 10^{-9}$$

Pour F_2

$$\frac{N_1}{N_0} = \exp(-4{,}395)$$

$$= 0{,}012\,3$$

Pour I_2

$$\frac{N_1}{N_0} = \exp(-1{,}046)$$

$$= 0{,}351$$

Pour H_2, si $\frac{N_1}{N_0} = 0{,}500\,0$, alors

$$0{,}500\,0 = \exp\left(-\frac{hc\omega_0}{kT}\right)$$

$$\ln 0{,}500\,0 = -0.693\,1 = -\frac{hc\omega_0}{kT}$$

D'où $T = \dfrac{hc\omega_0}{0{,}693\,1\,k}$

$$= 2{,}075\,8\ \text{cm K} \times 4\,161\ \text{cm}^{-1}$$

$$= 8\,637\ \text{K}$$

Pour F_2

$$T = 2{,}075\,8\ \text{cm K} \times 895\ \text{cm}^{-1}$$

$$= 1\,860\ \text{K}$$

Pour I_2

$$T = 2{,}075\,8\ \text{cm K} \times 213\ \text{cm}^{-1}$$

$$= 442\ \text{K}$$

Notons que les valeurs données pour ω_0 limitent le nombre de chiffres significatifs à quatre pour H_2 et à trois pour F_2 et I_2.

A cause de la population relativement élevée du niveau $v'' = 0$, la progression $v'' = 0$ est en général prédominante dans le spectre d'absorption. En émission, les populations relatives des niveaux initiaux v' dépendent de la méthode d'excitation. Dans une décharge à basse pression, dans laquelle il n'y a pas assez de collisions pour offrir une voie de désexcitation vibrationnelle, les populations sont plutôt imprévisibles. Au contraire, à pression plus élevée, les collisions ramènent la plupart des molécules à $v' = 0$, et la progression $v' = 0$ devient prédominante.

La progression avec $v'' = 1$ peut également être observée en absorption, mais seulement dans une molécule ayant un nombre d'onde ω_0 assez faible pour que le niveau $v'' = 1$ soit suffisamment peuplé. C'est le cas, par exemple dans l'iode, pour lequel $\omega_0 = 213\ \text{cm}^{-1}$. Pour le système visible $B^3\Pi_{0_u^+} - X^1\Sigma_g^+$, en absorption à la température ordinaire, il en résulte non seulement une progression $\upsilon'' = 0$, mais aussi des progressions $\upsilon'' = 1$ et $\upsilon'' = 2$ comme le montre la figure 7.19.

Une progression $\upsilon' = 2$, illustrée par la figure 7.18, ne peut être observée qu'en émission. Son observation peut résulter d'une population aléatoire des niveaux υ' ou peut être favorisée sous des conditions particulières d'excitation monochromatique de $\upsilon'' = 0$ vers $\upsilon' = 2$, sans collision avant l'émission. Ce type d'excitation est possible avec un laser accordable.

Si l'émission se produit entre états de même multiplicité, on l'appelle fluorescence, et si elle provient d'un seul niveau vibrationnel du niveau électronique supérieur, c'est une fluorescence de niveau vibronique unique. L'émission entre états de multiplicité différente s'appelle la phosphorescence.

On appelle séquence un groupe de transitions avec la même valeur de $\Delta\upsilon$. A cause du facteur de population, les séquences les plus longues sont observées en émission. On observe, par exemple, des séquences de cinq ou six membres dans le système de bandes $C^3\Pi_u$–$B^3\Pi_g$ de N_2 en émission, dans le visible et l'ultraviolet proche, à partir d'une décharge à basse pression dans l'azote gazeux. Le nombre d'onde de vibration, ω_e, est élevé (2 047,18 cm^{-1}) dans l'état C, et la population d'équilibre n'est pas atteinte avant l'émission.

On voit sur la figure 7.18, que les progressions et les séquences coexistent. Chaque membre d'une séquence est également membre de deux progressions. Cependant, la distinction sert à caractériser des profils typiques dans un système de bandes. Les membres des progressions sont en général très espacés, avec des séparations de l'ordre ω_e' en absorption et ω_e'' en émission. Par contre, les membres des séquences sont plus rapprochés, avec des séparations de l'ordre de $\omega_e' - \omega_e''$.

On note $\upsilon' - \upsilon''$ une transition vibronique entre un niveau supérieur et un niveau inférieur de nombres quantiques respectifs υ' et υ'' conformément à la convention générale en spectroscopie. Ainsi, la transition électronique est notée 0 – 0.

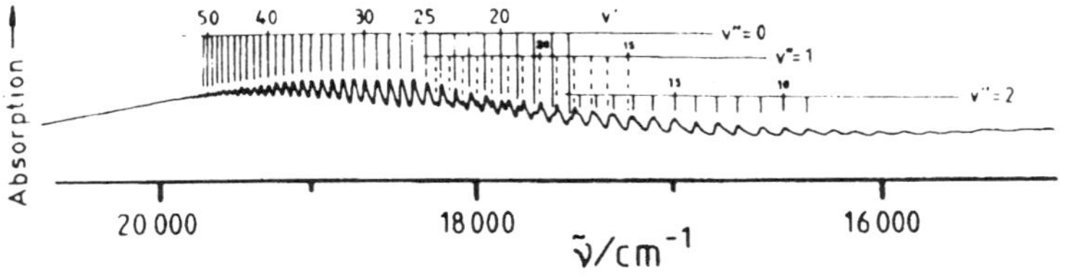

Fig. 7.19 — *Progressions $\upsilon'' = 0, 1$, et 2 dans le système $B^3\Pi_{0_u^+} - X^1\Sigma_g^+$ de I_2.*

7.2.5.3 Le principe de Franck-Condon

En 1925, avant le développement associé à l'équation de Schrödinger, Franck expliqua qualitativement les différentes distributions d'intensités observées dans les transitions vibroniques. Son hypothèse de base était que, dans une molécule, une transition électronique s'effectue beaucoup plus rapidement qu'une transition vibrationnelle, de sorte que, dans une transition vibronique, les noyaux ont à peu près la même position et la même vitesse avant et après la transition.

Les conséquences sont illustrées dans la figure 7.20(a), où sont présentées des courbes de potentiel de l'état inférieur, qui est l'état fondamental si on considère un processus d'absorption, et l'état supérieur. Les courbes sont telles que $r_e' > r_e''$. C'est très souvent le cas lorsque l'état inférieur est l'état fondamental, car l'excitation électronique mise en jeu se fait souvent d'une orbitale liante vers une orbitale moins liante, ou même antiliante. Par exemple dans l'azote, la promotion d'un électron de l'orbitale $\sigma_g 2p$ vers $\pi_g^* 2p$ (figure 7.14) donne deux états[1], $a^1\Pi_g$ et $B^3\Pi_g$, dans lesquels r_e vaut respectivement 1,220 3 et 1,212 6 Å, valeurs beaucoup plus grandes que 1,097 7 Å dans l'état fondamental $X^1\Sigma_g^+$.

En absorption, à partir du point A de l'état fondamental de la figure 7.20(a) (on peut négliger l'énergie de point zéro lorsque l'on considère les arguments semi-classiques de Franck), la transition se fait vers le point B de l'état supérieur. Pour que les noyaux gardent la même position avant et après la transition, il faut suivre sur la figure une droite verticale, ce qui signifie que r reste constant : une telle transition est qualifiée de verticale. La deuxième condition, selon laquelle les noyaux doivent avoir la même vitesse avant et après la transition, signifie qu'une transition à partir de A, lorsque les noyaux sont stationnaires, doit conduire à B, puisque c'est le point de retournement classique, où les noyaux sont également stationnaires. Une transition de A à C est fortement improbable, bien que les noyaux restent stationnaires, à cause de la grande variation de r. La transition de A à D est également improbable, bien que r soit constant, car les noyaux sont en mouvement au point D.

La figure 7.20(b) illustre le cas où $r_e' \approx r_e''$. Le système de bandes de Mulliken, $D^1\Sigma_u^+ - X^1\Sigma_g^+$, de C_2 (voir le tableau 7.6 et la figure 7.17) est un exemple de ce type de transition. La distance r_e vaut 1,238 0 Å dans l'état D et 1,242 5 Å dans l'état X. Ici, la transition la plus probable est de A vers B, sans énergie vibrationnelle dans l'état supérieur. La transition de A vers C maintient la distance de r entre les noyaux mais leur vitesses s'accroît, car leur énergie cinétique est augmentée de la longueur BC.

En 1928, Condon calcula les intensités de transitions vibroniques par la mécanique quantique. L'intensité d'une transition vibronique est proportionnelle au carré du moment de transition $\mathbf{R}_{ev}$, donné par (voir l'équation 2.13)

$$\mathbf{R}_{ev} = \int \psi_{ev}'^{*} \mu \psi_{ev}'' \, \mathrm{d}\tau_{ev} \tag{7.84}$$

où μ est l'opérateur moment dipolaire électrique et ψ_{ev}' et ψ_{ev}'' sont les fonctions d'onde

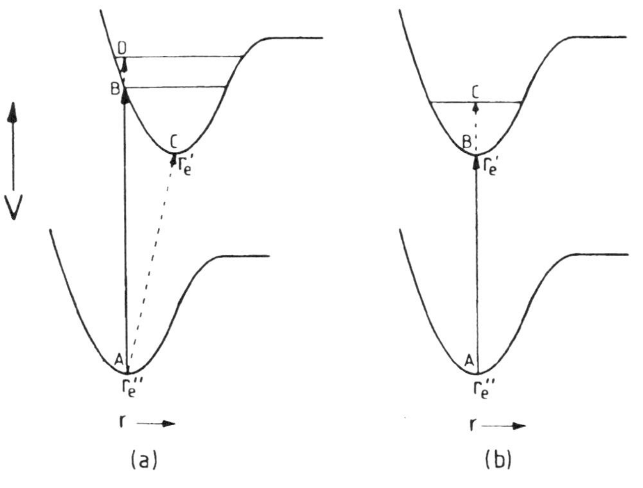

Fig. 7.20 — *Illustration du principe de Franck pour (a) $r_e' > r_e''$ et (b) $r_e' \approx r_e''$. La transition vibronique la plus probable est B–A dans les deux cas.*

1. Malencontreusement, la notation usuelle des états de N_2, ainsi que de I_2, ne respecte pas les conventions indiquées dans la note de la page 206.

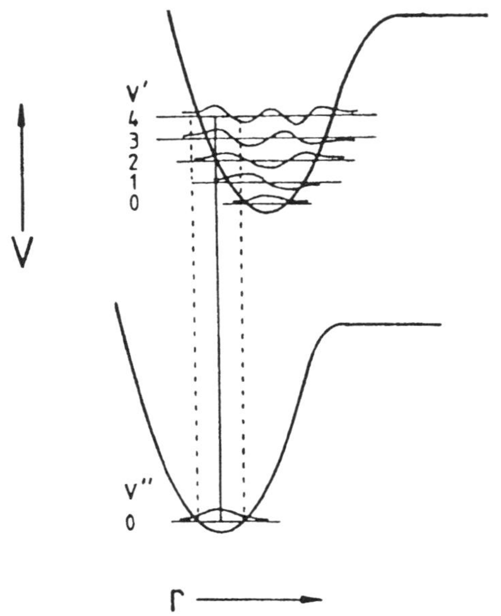

Fig. 7.21 — *Principe de Franck-Condon appliqué au cas $r'_e > r''_e$ où la transition 4–0 est la plus probable.*

vibroniques des états supérieur et inférieur. L'intégration porte sur les coordonnées électroniques et vibrationnelles. En supposant valable l'approximation de Born-Oppenheimer (voir section 1.3.4), ψ_{ev} peut être factorisé en $\psi_e\psi_v$ et l'équation (7.84) devient

$$\mathbf{R}_{ev} = \iint \psi_e'^* \psi_v'^* \mu \psi_e'' \psi_v'' \mathrm{d}\tau_e \, \mathrm{d}r \tag{7.85}$$

Nous intégrons d'abord sur les coordonnées électroniques τ_e, ce qui donne

$$\mathbf{R}_{ev} = \int \psi_v'^* \mathbf{R}_e \psi_v'' \, \mathrm{d}r \tag{7.86}$$

où r est la distance internucléaire et $\boldsymbol{R_e}$ le moment de transition électronique donné par

$$\mathbf{R}_e = \int \psi_e'^* \mu \psi_e'' \mathrm{d}\tau_e \tag{7.87}$$

L'intégration donnant l'équation (7.86) est possible grâce à l'approximation de Born-Oppenheimer qui suppose que les noyaux sont stationnaires par rapport aux électrons, beaucoup plus rapides. Cette approximation permet aussi de sortir $\mathbf{R}_e$ de l'intégrale dans l'équation (7.86), en le considérant indépendant de r, ce qui est suffisant dans cette approximation. Nous obtenons ainsi

$$\mathbf{R}_{ev} = \mathbf{R}_e \int \psi_v'^* \psi_v'' \, \mathrm{d}r \tag{7.88}$$

La quantité $\int \psi_v'^* \, \psi_v'' \, \mathrm{d}r$ est l'intégrale de recouvrement vibrationnel. Elle mesure le degré de recouvrement entre les deux fonctions d'onde vibrationnelles : son carré est connu sous le nom de facteur de Franck-Condon. En effectuant l'intégration, on prend nécessairement en compte la condition selon laquelle r reste constant pendant la transition.

Le point de retournement classique, où les vitesses des noyaux sont nulles, est remplacé en mécanique quantique, par la proximité d'un maximum ou d'un minimum, dans ψ_v. Comme l'illustre la figure 1.13, le maximum ou le minimum de ψ_v est d'autant plus proche du point de retournement que v est grand. La figure 7.21 montre un cas où le maximum, proche du point de retournement classique, pour la fonction d'onde $v' = 4$, est placé sur la même verticale que celui de la fonction d'onde $v'' = 0$. La contribution dominante à l'intégrale de recouvrement vibrationnel est centrée sur la ligne pleine et s'étend aux valeurs de r contenues à l'intérieur des lignes pointillées. De façon évidente, pour v' proche de quatre, les intégrales de recouvrement sont également appréciables et donnent une progression $v'' = 0$ dont la distribution d'intensité est schématisée sur la figure 7.22(b).

Si $r'_e >> r''_e$, il peut y avoir une intensité notable dans le continuum des niveaux vibrationnels dépassant la limite de dissociation. Ceci conduit à une progression $v'' = 0$ comme celle de la figure 7.22(c) où le maximum d'intensité est à une valeur élevée de v' ou même dans le continuum. La transition $B^3\Pi_{0_u^+} - X^1\Sigma_g^+$ de l'iode en est un exemple. La distance r_e vaut 3,025 et 2,666 Å dans les états B et X, ce qui conduit à un maximum d'intensité large, proche du continuum, comme on l'observe dans la figure 7.19.

La figure 7.22(a) montre le maximum d'intensité à $v' = 0$ dans le cas où $r'_e \approx r''_e$. L'intensité décroît alors rapidement avec v'.

On rencontre parfois des cas où $r'_e < r''_e$. C'est inhabituel lorsque l'état inférieur est l'état fondamental, mais cela peut se produire lorsque l'électron est promu d'une orbitale antiliante vers une orbitale non liante ou liante. Cette situation se produit plutôt dans une transition entre deux états excités. Qualitativement, la situation est similaire à celle de la figure 7.21, sauf que la courbe de potentiel supérieure est décalée vers les faibles valeurs de r, de sorte que le maximum à droite, par exemple, de $v' = 4$ est au-dessus du maximum $v'' = 0$. Il en résulte la même distribution d'intensité que celle de la figure 7.22(b), de sorte que si l'on observe une longue progression $v'' = 0$ avec un maximum d'intensité à $v' > 0$, on prévoit une grande variation de r_e entre les états inférieur et supérieur, sans connaître le sens de cette variation. Ceci n'est vrai que si la molécule se comporte comme un oscillateur harmonique, car, à cause de l'anharmonicité, la distribution d'intensités donne une progression légèrement différente pour $r'_e > r''_e$ et pour $r'_e < r''_e$.

Dans le cas $r'_e > r''_e$, lorsque l'anharmonicité est prise en compte, il y a une zone plus pentue de la courbe de potentiel de l'état excité au-dessus de $v'' = 0$, ce qui élargit le maximum d'intensité de la progression. Au contraire, pour $r'_e < r''_e$, la courbe de potentiel de l'état excité a une pente plus douce au-dessus de $v'' = 0$, et il en résulte un maximum d'intensité plus étroit.

On a souvent effectué des mesures d'intensité précises ainsi que des calculs de $r'_e - r''_e$, en incluant les effets de l'anharmonicité et en autorisant même une mise en défaut de l'approximation de Born-Oppenheimer.

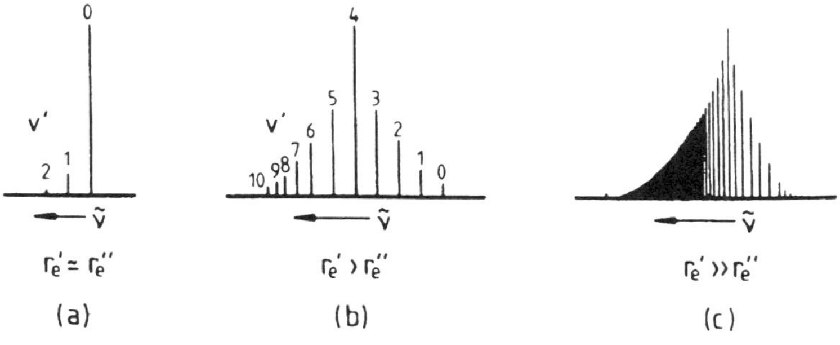

Fig. 7.22 — *Distributions typiques d'intensité de progressions vibrationnelles.*

Tab. 7.7 — *Table de Deslandres pour le système* $A^1\Pi - X^1\Sigma^+$ *du monoxyde de carbone*[1].

υ'' / υ'	0		1		2		3		4		5		6
0	64 758	(2 145)	62 613	(2 117)	60 496	(2 092)	58 404	(2 063)	56 341	(2 037)	54 304		—
	(1476)		(1 485)				(1 487)		(1 486)		(1 487)		
1	66 234	(2 136)	64 098		—		59 891	(2 064)	57 827	(2 036)	55 791	(2 010)	53 781
	(1 448)		(1 441)				(1 444)				(1 443)		(1 443)
2	67 682	(2 143)	65 539	(2 115)	63 424	(2 089)	61 335		—		57 234	(2 010)	55 224
	(1 407)		(1 413)		(1 414)						(1 410)		
3	69 089	(2 137)	66 952	(2 114)	64 838		—		60 683	(2 039)	58 644		—
	(1 378)		(1 382)		(1 370)				(1 379)				
4	70 467	(2 133)	68 334	(2 126)	66 208	(2 085)	64 123	(2 061)	62 062		—		58 011
	(1 341)		(1 338)		(1 350)		(1 343)						(1 340)
5	71 808	(2 136)	69 672	(2 114)	67 558	(2 092)	65 466		—		61 365	(2 014)	59 351
	(1 307)		(1 305)		(1 303)		(1 299)				(1 307)		—
6	73 115	(2 138)	70 977	(2 116)	68 861	(2 096)	66 765	(2 053)	64 712	(2 040)	62 672		—

1. Dans tout le tableau, l'unité est le cm^{-1}. Les mesures correspondent aux têtes de bande, formées par la structure rotationnelle, et non à l'origine des bandes.

7.2.5.4 Tables de Deslandres

L'illustration des différents types de transitions vibroniques de la figure 7.18 suggère d'utiliser la méthode des différences de combinaison pour obtenir les écarts des niveaux vibrationnels, à partir des nombres d'onde des transitions observées. Cette méthode a été appliquée, à la section 6.2.3.1, à la détermination des constantes rotationnelles de deux états vibrationnels. La méthode repose sur le principe simple, selon lequel, pour deux transitions de même niveau supérieur, la différence des nombres d'onde ne dépend que des paramètres de l'état inférieur, et réciproquement si elles ont le même niveau inférieur.

La méthode des différences de combinaison conduit aux paramètres vibrationnels, ω_e, $\omega_e x_e$, etc., des deux états électroniques entre lesquels on observe des transitions vibroniques. La première étape est de classer tous les nombres d'onde de transition vibronique dans une table de Deslandres. Le tableau 7.7 donne un exemple pour le système $A^1\Pi - X^1\Sigma^+$ du monoxyde de carbone. Grâce à la similitude entre les deux noyaux, l'excitation électronique peut être approximativement décrite au moyen du diagramme des OM de la figure 7.14, relatif aux molécules diatomiques homonucléaires. Le monoxyde de carbone est isoélectronique à la molécule d'azote, ce qui fait que la promotion électronique d'énergie la plus faible est de $\sigma 2p$ à $\pi^* 2p$ (les indices « g » et « u » ne s'appliquent pas aux molécules diatomiques hétéronucléaires) et donne deux états, $A^1\Pi$ et $a^3\Pi$. Le système de bandes $A^1\Pi - X^1\Sigma^+$ est situé dans la région de l'ultraviolet lointain, avec la bande 0–0 à la longueur d'onde de 154,5 nm.

Dans le tableau 7.7, tous les nombres d'onde sont organisés en lignes et en colonnes, de telle sorte que les différences entre colonnes adjacentes correspondent aux séparations des niveaux vibrationnels dans l'état électronique inférieur (fondamental), et les différences entre lignes adjacentes, aux séparations dans l'état électronique supérieur. Ces différences sont indiquées entre parenthèses. Les variations des différences, par exemple entre les deux premières colonnes, résultent des incertitudes sur les mesures expérimentales.

A partir du tableau, on peut obtenir une série de valeurs moyennes des différences entre les valeurs des termes vibrationnels, $G(\upsilon + 1) - G(\upsilon)$, pour les deux états électroniques, et, à partir de l'équation (6.18), les valeurs de ω_e, $\omega_e x_e$, etc., pour les deux états. Par exemple, pour les états $A^1\Pi$ et $X^1\Sigma^+$ de CO, les valeurs de ω_e sont respectivement 1 518,2 et 2 169,8 cm^{-1}. La valeur de ω_e est très inférieure dans l'état excité A car, l'électron étant promu d'une orbitale liante vers une orbitale antiliante, la constante de force est fortement réduite.

7.2.5.5 Energies de dissociation

Si l'on connaît un nombre suffisant de termes vibrationnels d'un état électronique, on peut déterminer l'énergie de dissociation D_0 par l'extrapolation de Birge-Sponer, déjà indiquée à la section 6.1.3.2 et illustrée dans la figure 6.5. Les incertitudes de la méthode ont été mises en évidence, et l'on a souligné qu'elles sont réduites si l'on a mesuré des termes proches de la limite de dissociation. Cette possibilité dépend beaucoup de la position relative des diverses courbes de potentiel et des transitions électroniques permises. Le nombre de termes vibrationnels de l'état fondamental que peut fournir un spectre d'émission est déterminé par le principe de Franck-Condon.

Si $r'_e \approx r''_e$, les progressions en émission sont très courtes et donnent peu de termes, mais si r'_e est très différent de r''_e, comme dans le système $A^1\Pi - X^1\Sigma^+$ du monoxyde de carbone, discuté à la section 7.2.5.4, on observe en émission des progressions étendues et l'on obtient une valeur précise de D''_0.

Par spectroscopie vibrationnelle d'absorption, il est impossible d'obtenir une valeur précise de D''_0 pour l'état électronique fondamental car la population des niveaux décroît rapidement avec υ''. La plupart des déterminations sont effectuées à partir de spectres d'émission électronique d'un ou plusieurs états électroniques excités vers l'état fondamental.

Pour un état électronique excité, on obtient D_0' en observant des progressions, soit en absorption, généralement à partir de l'état fondamental, soit en émission à partir d'états fortement excités. Là encore, la précision dépend de l'étendue de la progression observée.

Si les valeurs de r_e dans les états qui se combinent sont très différentes, la limite de dissociation d'une progression peut être observée directement comme un seuil de continuum. Cependant le seuil est souvent mal défini : c'est le cas pour le système d'absorption $B^3\Pi_{0_u^+} - X^1\Sigma_g^+$ de l'iode, présenté dans la figure 7.19. Le nombre d'onde $\tilde{\nu}_{\text{limite}}$, illustré par la figure 7.23, est alors obtenu avec une meilleure précision par extrapolation que par observation directe.

La figure 7.23 montre que

$$\tilde{\nu}_{\text{limite}} = D_0' + \tilde{\nu}_0 = D_0'' + \Delta\tilde{\nu}_{\text{atomique}} \tag{7.89}$$

Donc l'énergie D_0' peut être obtenue à partir de $\tilde{\nu}_{\text{limite}}$ si $\tilde{\nu}_0$, nombre d'onde de la bande 0–0, est connu. On voit sur la figure 7.19 l'extrapolation nécessaire pour obtenir $\tilde{\nu}_0$, ce qui limite la précision sur D_0'.

L'équation (7.89) montre également qu'on peut obtenir D_0'' à partir de $\tilde{\nu}_{\text{limite}}$ puisque $\Delta\tilde{\nu}_{\text{atomique}}$ est la différence des nombres d'onde entre deux états atomiques, l'état fondamental $^2P_{3/2}$ et le premier état excité $^2P_{1/2}$ de l'atome d'iode, connu avec précision grâce au spectre atomique. Ainsi la précision sur D_0'' n'est limitée que par celle sur $\tilde{\nu}_{\text{limite}}$.

Les énergies de dissociation relatives aux minima des courbes de potentiel, D_e' et D_e'', sont obtenues à partir de D_0' et D_0'' par

$$D_e = D_0 + G(0) \tag{7.90}$$

où $G(0)$ est la valeur du terme de point zéro, donnée par l'équation (6.21).

7.2.5.6 Etats répulsifs et spectres continus

La configuration fondamentale de la molécule He_2 est, d'après la figure 7.14, $(\sigma_g 1s)^2(\sigma_u^* 1s)^2$ et l'on s'attend à ce qu'elle soit instable, car le caractère liant de l'orbitale $\sigma_g 1s$ est compensé par le caractère antiliant de l'orbitale $\sigma_u^* 1s$. La courbe d'énergie potentielle de l'état $X^1\Sigma_g^+$ qui en résulte, ne présente pas de minimum, l'énergie potentielle diminuant

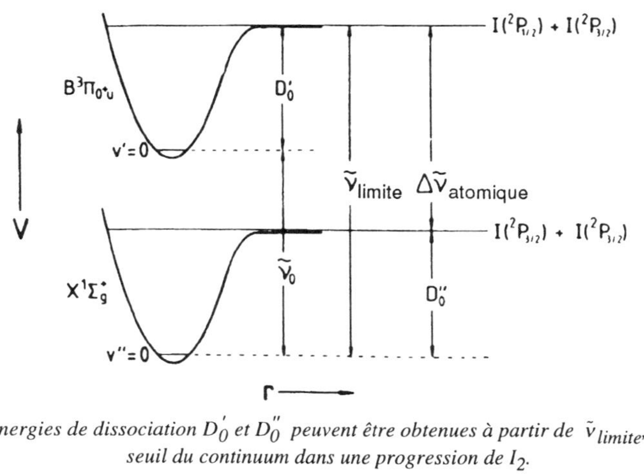

Fig. 7.23 — *Les énergies de dissociation D_0' et D_0'' peuvent être obtenues à partir de $\tilde{\nu}_{limite}$, nombre d'onde du seuil du continuum dans une progression de I_2.*

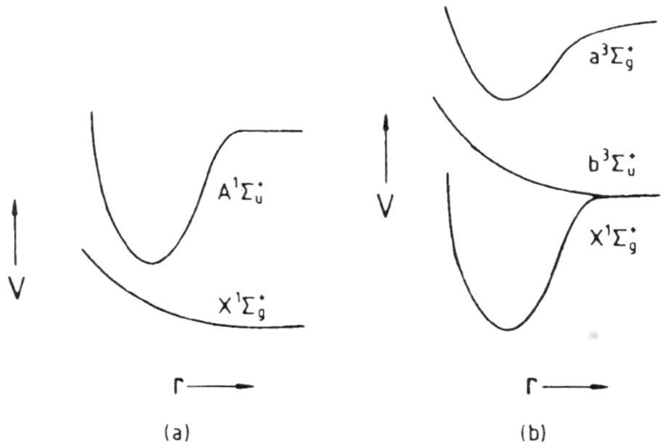

Fig. 7.24 — *(a) L'état fondamental répulsif et un état excité lié de He_2.*
(b) Deux états liés et un état répulsif de H_2.

lentement lorsque r augmente, comme le montre la figure 7.24(a). Un tel état est dit répulsif puisque les atomes se repoussent. Dans ce cas, soit il n'y a pas d'état vibrationnel discret, soit il y en a quelques-uns dans un creux très peu profond (voir section 9.2.8). Les états vibrationnels forment tous, ou presque, un continuum de niveaux.

La promotion d'un électron de He_2 de σ_u^* 1s vers une orbitale liante produit des états liés de la molécule, dont plusieurs ont été caractérisés en spectroscopie d'émission. Par exemple, la configuration $(\sigma_g 1s)^2(\sigma_u^* 1s)^1(\sigma_g 2s)^1$ conduit aux états liés $A\,^1\Sigma_u^+$ et $a\,^3\Sigma_u^+$. La figure 7.24(a) montre la forme de la courbe de potentiel de l'état $A^1\Sigma_u^+$. La transition A–X est autorisée et entraîne une émission continue intense entre les longueurs d'onde 60 et 100 nm. Elle est utilisée comme source continue dans l'ultraviolet lointain (voir section 3.4.5) comme le sont les continuums correspondants des autres molécules diatomiques de gaz rares.

Un autre exemple de spectre d'émission continue est celui d'une décharge électrique dans l'hydrogène moléculaire. Il couvre le domaine de longueurs d'onde de 160 à 500 nm, et on l'utilise comme source continue dans le visible et l'ultraviolet proche (voir section 3.4.4). Il met en jeu une transition de l'état lié $a^3\Sigma_g^+$ vers l'état répulsif $b^3\Sigma_u^+$, représentée dans la figure 7.24(b).

L'état $b^3\Sigma_u^+$ provient de la configuration excitée $(\sigma_g 1s)^1(\sigma_u^* 1s)^1$ et c'est un état répulsif. Les produits de dissociation sont deux atomes d'hydrogène dans l'état fondamental $(1^2S_{1/2})$, les mêmes que pour l'état fondamental $X^1\Sigma_g^+$. L'état $a^3\Sigma_g^+$ provient de la configuration $(\sigma_g 1s)^1(\sigma_g 2s)^1$.

7.2.6 Structure fine rotationnelle

Les transitions électroniques et vibroniques s'accompagnent d'un ensemble de transitions rotationnelles entre les empilements de niveaux rotationnels associés aux états électroniques ou vibroniques supérieur et inférieur, de façon similaire aux transitions vibrationnelles dans l'infrarouge (section 6.2.3.1). La différence principale est qu'il existe une gamme plus large de transitions électroniques ou vibroniques possibles : elles ne sont pas limitées aux types Σ–Σ, ni aux états singulets, et les états supérieur et inférieur peuvent avoir une multiplicité différente. Ces possibilités conduisent à une grande variété de types de structure fine rotationnelle. Nous allons nous limiter aux transitions $^1\Sigma$–$^1\Sigma$ et $^1\Pi$–$^1\Sigma$.

7.2.6.1 Transitions électroniques et vibroniques $^1\Sigma - {}^1\Sigma$

La figure 7.25 présente des empilements de niveaux rotationnels associés à deux états électroniques $^1\Sigma^+$ entre lesquels la transition est autorisée par les règles de sélection des équations (7.70) et (7.71), $+ \leftrightarrow +$, et $g \leftrightarrow u$ s'il s'agit d'une diatomique homonucléaire. Les ensembles de niveaux seraient similaires si les deux états étaient Σ^-, ou si l'état supérieur était « g » et l'état inférieur « u ». Les valeurs des termes rotationnels pour tout état $^1\Sigma$ sont données par l'équation (5.23), soit,

$$F_\upsilon(J) = B_\upsilon J(J+1) - D_\upsilon J^2 (J+1)^2 \tag{7.91}$$

où B_υ est la constante rotationnelle (équations 5.11 et 5.12), D_υ est une constante de distorsion centrifuge, l'indice « υ » indiquant qu'elles dépendent de l'état de vibration. Seule la dépendance de B_υ en fonction de υ est importante ici, et elle est donnée par

$$B_\upsilon = B_e - \alpha(\upsilon + \tfrac{1}{2}) \tag{7.92}$$

comme pour l'état électronique fondamental (équation 5.25). Les constantes B_e, α, et D_υ sont caractéristiques d'un état électronique donné, que ce soit l'état fondamental ou un état excité. Le nombre quantique $J = 0, 1, 2, \ldots$ correspond, comme toujours, au moment angulaire total, à l'exclusion du spin nucléaire : dans les états $^1\Sigma$, il est associé à la rotation puisque c'est le seul type de moment angulaire que possède la molécule lorsque $\Lambda = 0$ et $S = 0$.

Les labels +, –, e, et f, relatifs aux niveaux de la figure 7.25, ont la même signification que ceux de la figure 6.24, qui montre les niveaux rotationnels associés aux niveaux *vibrationnels* $^1\Sigma_u^+$ et $^1\Sigma_g^+$ d'une molécule polyatomique linéaire. De même, ils peuvent être ignorés pour une transition électronique de type $^1\Sigma - {}^1\Sigma$.

La règle de sélection rotationnelle est

$$\Delta J = \pm 1 \tag{7.93}$$

comme pour une transition vibrationnelle dans une molécule diatomique ou polyatomique linéaire. Il en résulte que la structure fine rotationnelle forme une branche P ($\Delta J = -1$) et une branche R ($\Delta J = +1$). Chaque membre de la branche est noté $P(J'')$ ou $R(J'')$ comme dans la figure 7.25. La figure 7.26 montre un exemple de ce type de bande, dans la transition électronique $A^1\Sigma^+ - X^1\Sigma^+$ de la molécule à courte durée de vie CuH. La molécule est produite par chaufffage de cuivre métallique dans l'hydrogène gazeux, dans un four à haute température. L'absorption se produit aux longueurs d'onde voisines de 428 nm.

En principe, cette bande est tout à fait similaire à la bande infrarouge $\upsilon = 1$–0 de HCl (figure 6.8), et à la bande vibrationnelle dans l'infrarouge 3^1_0 de HCN (figure 6.25), mais on constate que la bande électronique de CuH est très asymétrique autour du centre de bande, entre $R(0)$ et $P(1)$, où serait située la transition interdite $J' = 0 - J'' = 0$. La raison de cette asymétrie est que les constantes rotationnelles B' et B'' sont généralement très différentes dans des états électroniques différents, contrairement au cas des états vibrationnels d'un même état électronique où elles sont similaires. Pour des raisons discutées à la section 7.2.5.3, il est probable que, si l'état inférieur est l'état électronique fondamental, $r' > r''$, et, par conséquent, $B' < B''$. Ceci traduit le fait que les niveaux rotationnels divergent plus lentement dans l'état supérieur que dans l'état inférieur. La figure 7.25 a été tracée dans un cas qui s'applique aussi à la bande de CuH de la figure 7.26. On voit qu'il en résulte une asymétrie considérable. On observe la forte convergence, formant une tête de bande, due au retournement de la branche R, et la divergence correspondante de la branche P. On dit que la bande est dégradée vers les faibles nombres d'onde ou vers le rouge ; si $B' > B''$, la branche P forme la tête, et la bande est dégradée vers le bleu. Dans le cas de la bande de CuH, r_e passe de 1,463 Å dans l'état $X^1\Sigma^+$ à 1.572 Å dans l'état $A^1\Sigma^+$, ce qui conduit à une forte dégradation vers le rouge, visible sur la figure 7.26.

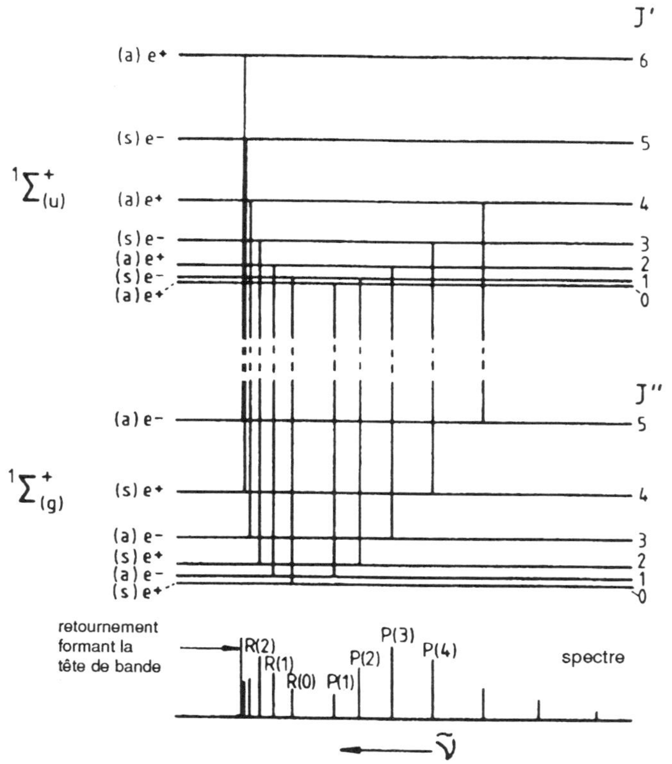

Fig. 7.25 — *Structure fine rotationnelle d'une transition électronique ou vibronique $^1\Sigma^+ - {}^1\Sigma^+$ dans une molécule diatomique telle que $r_e' > r_e''$. Les indices g et u et les labels s et a ne s'appliquent que pour une molécule homonucléaire : les labels +, –, e et f peuvent être ignorés.*

La distribution d'intensité dans les transitions rotationnelles est gouvernée par la distribution de population des niveaux rotationnels de l'état électronique ou vibronique *initial*. Pour l'absorption, les populations relatives sont données par la loi de distribution de Boltzmann à une température T (équation 5.15) et les intensités montrent une croissance caractéristique, puis diminuent le long de chaque branche lorsque J augmente.

Si le spectre est observé en émission, ce sont les populations rotationnelles de l'état supérieur qui déterminent les intensités relatives. Elles peuvent être, ou non, des populations d'équilibre de Boltzmann, suivant les conditions d'excitation de la molécule.

Pour obtenir les constantes rotationnelles B''et B', ou plus précisément, B'', D'' et B', D', pour une transition $^1\Sigma - {}^1\Sigma$, on procède exactement comme pour une bande de vibration-rotation infrarouge d'une molécule diatomique, comme il est indiqué à la section 6.2.3.1 et résumé par les équations (6.29 à 6.33). Si on n'a besoin que de B'' et B', on trace $\Delta_2''F(J)$ ou $\Delta_2'\, F(J)$ en fonction de $(J + \frac{1}{2})$ et la pente de droite est égale à $4B''$ ou $4B'$ (voir les équations 6.29 et 6.30). Pour obtenir B et D de l'un des états, la quantité $\Delta_2\, F(J)/(J + \frac{1}{2})$ correspondante, tracée en fonction de $(J + \frac{1}{2})^2$, donne une droite de pente $8D$ et d'ordonnée à l'origine $(4B - 6D)$, selon les équations (6.32) et (6.33).

Dans les molécules diatomiques homonucléaires, il peut y avoir une alternance d'intensité

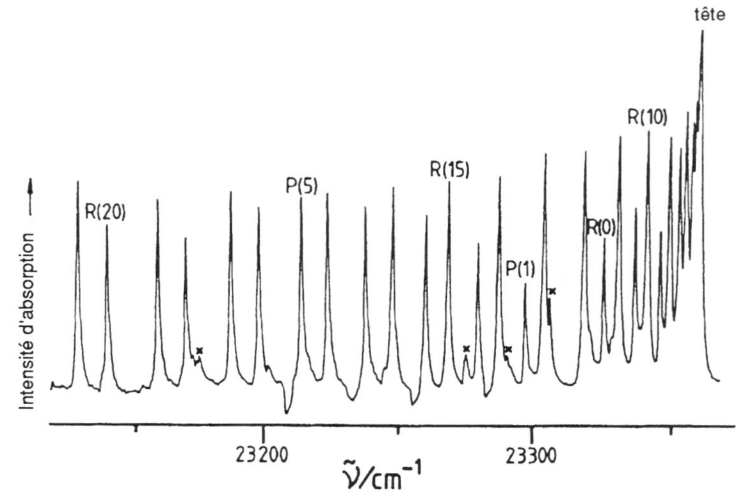

Fig. 7.26 — *Transition électronique* $A^1\Sigma^+ - X^1\Sigma^+$ *de CuH, en absorption. Les raies marquées d'une croix ne sont pas dues à CuH.*

en fonction de J, pour les mêmes raisons que celles qui ont été discutées à la section 5.3.4, et illustrées dans la figure 5.18.

A partir des valeurs de B_υ obtenues dans divers états vibrationnels de l'état électronique fondamental (en général à partir d'un spectre d'émission) ou dans un état électronique excité (en général à partir d'un spectre d'absorption), la constante d'interaction vibration-rotation α et surtout B_e peuvent être calculées, pour cet état électronique, à partir de l'équation (7.92). A partir de B_e, on peut facilement tirer la valeur de r_e.

Il est important de noter que la spectroscopie électronique constitue une cinquième méthode pour déterminer la distance internucléaire de l'état électronique fondamental des molécules diatomiques hétéronucléaires. Les quatre autres proviennent des techniques de spectroscopie rotationnelle (micro-onde, ondes millimétriques et infrarouge lointain, et Raman) et de spectroscopie de vibration-rotation (infrarouge et Raman). Pour les molécules diatomiques homonucléaires, seules les techniques Raman conviennent. Néanmoins, si la molécule a une courte durée de vie, comme c'est le cas pour CuH et C_2, la spectroscopie électronique, grâce à sa grande sensibilité, est souvent le *seul* moyen de déterminer la distance internucléaire de l'état fondamental.

7.2.6.2 Transitions électroniques et vibroniques $^1\Pi - {}^1\Sigma$

Dans un état $^1\Pi$, les niveaux rotationnels sont différents de ceux d'un état $^1\Sigma$, car il y a alors deux moments angulaires. Il y a un moment angulaire **R** dû à la rotation de la molécule sur elle-même, le vecteur étant dirigé selon l'axe de rotation comme le montre la figure 7.27. Il y a, de plus, la composante $\Lambda\hbar$ du moment angulaire orbital le long de l'axe internucléaire, avec $\Lambda = 1$ pour un état Π. La figure 7.27 montre également J, le moment angulaire résultant, dont le module $B_\upsilon J(J + 1)$ dépend de la valeur du nombre quantique J. Puisque $J \geq \Lambda$, il ne peut pas être inférieur à 1, de sorte que, pour un état Π, J est égal à 1, 2, 3, et il n'y a pas de niveau $J = 0$. La partie supérieure de la figure 7.28 montre un tel empilement de niveaux rotationnels. On a expliqué, à la section 7.2.2, que tous les états avec $\Lambda > 0$ sont doublement dégénérés. L'explication classique est que des mouvements autour de l'axe internucléaire, dans le sens des aiguilles d'une montre ou dans le sens inverse, ont la même énergie. La dégénérescence peut être levée, comme dans la figure 7.28, par l'interaction du mouvement orbital et de la rotation globale. Sur la figure 7.28, on a exagéré le dédoublement, $\Delta F(J)$, des valeurs des termes $F(J)$, dû à cette interaction. Il augmente avec la vitesse de la rotation globale, c'est-à-dire avec J, et est donné par

$$\Delta F(J) = qJ\,(J+1) \tag{7.94}$$

Cet effet est connu sous le nom de dédoublement Λ[1]. La quantité q est constante pour un état électronique donné.

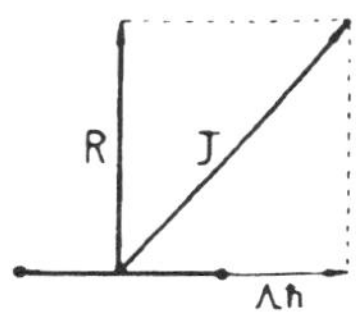

Fig. 7.27 — *Résultante* ***J*** *du moment angulaire rotationnel* ***R*** *et de la composante, $\Lambda\hbar$, du moment angulaire orbital.*

La règle de sélection rotationnelle pour une transition ${}^1\Pi - {}^1\Sigma$ est

$$\Delta J = 0, \pm 1 \tag{7.95}$$

ce qui donne des branches P, Q, et R comme sur la figure 7.28. Cette figure concerne le cas le plus courant, en particulier si l'état ${}^1\Sigma$ est l'état fondamental, dans lequel $r_e' > r_e''$, conduisant à $B_e' < B_e''$, et avec une divergence plus rapide, avec J croissant, des niveaux rotationnels de l'état ${}^1\Sigma$ par rapport à ceux de l'état ${}^1\Pi$. Il en résulte une convergence dans la branche R, et une divergence dans la branche P, comme dans l'exemple ${}^1\Sigma - {}^1\Sigma$ de la figure 7.25. Il y a aussi une légère divergence de la branche Q vers les faibles nombres d'onde. On dit que la bande est dégradée vers les faibles nombres d'onde ou vers le rouge. La figure 7.29 présente l'exemple de la transition électronique $A^1\Pi - X^1\Sigma^+$, en émission à la longueur d'onde de 424 nm, de la molécule à courte durée de vie AlH. La bande est plus fortement dégradée vers le rouge que celle de la figure 7.28, ce qui donne une tête pour la branche R et un recouvrement considérable entre les branches P et Q.

Alors que les labels + et – ou e et f relatifs aux niveaux rotationnels d'une transition ${}^1\Sigma - {}^1\Sigma$ (figure 7.25) étaient superflus en ce qui concerne les règles de sélection rotationnelles, ils sont essentiels pour une transition ${}^1\Pi - {}^1\Sigma$ afin de préciser quelle est la composante dédoublée de l'état ${}^1\Pi$ qui est mise en jeu dans une transition donnée.

Les labels + ou – indiquent si la fonction d'onde est symétrique ou antisymétrique dans la réflexion par rapport à un plan contenant l'axe internucléaire. La position de la composante +, au-dessus ou au-dessous de la composante –, par exemple pour $J = 1$, dépend du signe de q dans l'équation (7.94). Les règles de sélection[2]

$$+ \leftrightarrow -,\ + \not\leftrightarrow +,\ - \not\leftrightarrow - \tag{7.96}$$

conduisent à des branches P et R impliquant les composantes supérieures, et à une branche Q avec les composantes inférieures, pour le cas de la figure 7.28. Les règles de sélection

$$f \leftrightarrow f,\ e \not\leftrightarrow e, f \not\leftrightarrow f \text{ pour } \Delta J = 0\ ;\ e \not\leftrightarrow f,\ e \leftrightarrow e, f \leftrightarrow f \text{ pour } \Delta J = \pm 1 \tag{7.97}$$

---

1. Le comportement est très similaire à celui d'une transition vibrationnelle $\Pi - \Sigma$ dans une molécule polyatomique linéaire (section 6.2.3.1) dans laquelle le dédoublement s'appelle dédoublement de type ℓ. Cependant, quantitativement, l'effet du dédoublement Λ est souvent plus grand.

2. Notons que celles-ci sont opposées aux règles de sélection électroniques de l'équation (7.70).

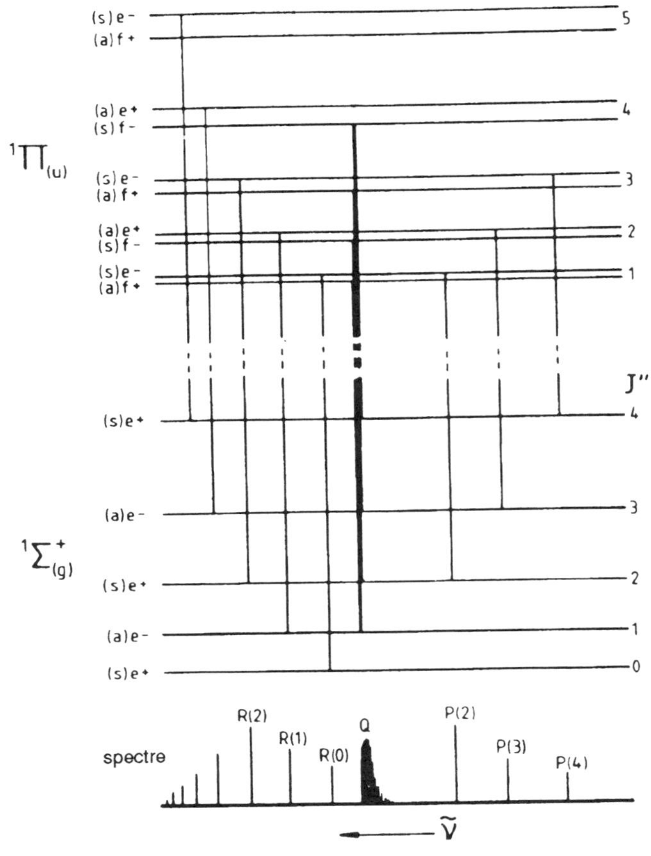

Fig. 7.28 — *Structure fine rotationnelle d'une transition électronique ou vibronique $^1\Pi - {}^1\Sigma^+$ dans une molécule diatomique telle que $r_e' > r_e''$. Les indices g et u, et les labels s et a ne s'appliquent que pour une molécule homonucléaire.*

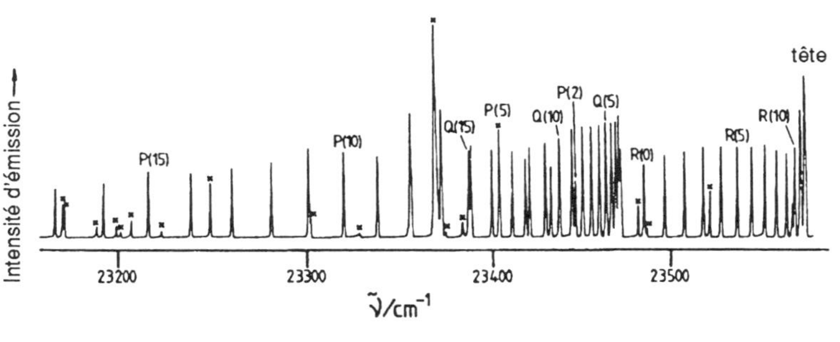

Fig. 7.29 — *Transition électronique $A^1\Pi - X^1\Sigma^+$ de AlH, en émission. Les raies marquées d'une croix ne sont pas dues à AlH.*

pour les labels *e* ou *f* conduisent exactement au même résultat.

La méthode des différences de combinaison appliquée aux branches *P* et *R* donnent les constantes rotationnelles de l'état inférieur, B'', ou B'' et D'', exactement comme dans une transition ${}^1\Sigma - {}^1\Sigma$, à partir de l'équation (6.29) ou de l'équation (6.32). Ces branches donnent aussi les constantes rotationnelles B'_s, ou B'_s et D'_s, relatives aux composantes *supérieures* de l'état ${}^1\Pi$, à partir des équations (6.30) ou (6.33). Les constantes B'_i, ou B'_i et D'_i relatives aux composantes *inférieures* de l'état ${}^1\Pi$, peuvent être obtenues à partir de la branche *Q*. La valeur de *q* peut être extraite de B'_s et de B'_i.

Dans la transition électronique $A^1\Pi - X^1\Sigma^+$ de AlH, présentée dans la figure 7.29, la forte dégradation de la bande vers le rouge n'est pas due à un changement appréciable de géométrie puisque r_e vaut 1,647 8 Å dans l'état $X^1\Sigma^+$ et 1,648 Å dans l'état $A^1\Pi$, mais à la valeur relativement élevée de *q*, égale à 0,008 0 cm^{-1} dans l'état $A^1\Pi$.

Les indices « *g* » et « *u* » de la figure 7.28 ne concernent que les molécules diatomiques homonucléaires. C'est aussi le cas pour les labels « *s* » et « *a* » qui peuvent conduire à des alternances d'intensité pour *J* pair ou impair dans l'état initial de la transition. La figure 7.28 s'appliquerait de la même façon à une transition de type ${}^1\Pi - {}^1\Sigma^-$.

7.3 SPECTROSCOPIE ÉLECTRONIQUE DES MOLÉCULES POLYATOMIQUES

7.3.1 Orbitales moléculaires et états électroniques

Les molécules polyatomiques sont d'une très grande variété. Nous allons seulement discuter ici les OM et les configurations électroniques pour quelques-unes d'entre elles. Les molécules choisies sont du type AH_2, où A est un élément de la deuxième ligne du tableau périodique, le formaldéhyde (H_2CO), le benzène et quelques complexes de métaux de transition octaédriques réguliers.

Pour les molécules polyatomiques non linéaires, les arguments de symétrie deviennent essentiels pour décrire les orbitales et les états électroniques, alors qu'on pouvait les ignorer pour les atomes et les molécules diatomiques. Pour les molécules polyatomiques linéaires, la classification des orbitales et des états et la description des règles de sélection électroniques et rotationnelles qui leur sont associées, sont très similaires à celles des molécules diatomiques, et les arguments de symétrie, là encore, peuvent être largement ignorés. Cependant, il est possible qu'une molécule polyatomique linéaire dans son état fondamental soit non linéaire dans certains états excités. Par exemple, l'acétylène (HC≡CH) a un état fondamental linéaire (${}^1\Sigma_g^+$) mais un premier état excité singulet coudé *trans*, nécessitant l'utilisation de la symétrie pour décrire les états, les transitions, etc.

La densité électronique totale dans une molécule est une propriété qui peut être visualisée et on peut imaginer une expérience pour l'observer. Les difficultés apparaissent lorsqu'on essaie de décomposer cette densité électronique en contributions de chaque électron. Les méthodes qui utilisent des orbitales hybrides ou des orbitales équivalentes sont pratiques dans certaines circonstances, comme pour rationnaliser les propriétés locales de la molécule. Toutefois, la promotion d'un électron d'une orbitale à une autre, dans une transition électronique, ou son éjection dans un processus d'ionisation obéissent toutes deux à des règles de sélection de symétrie. Pour cette raison, les orbitales utilisées pour décrire la différence entre deux états électroniques de la molécule, ou entre un état électronique de la molécule et un état électronique de l'ion positif, sont nécessairement des OM appartenant à une espèce de symétrie du groupe ponctuel auquel appartient la molécule. Ces orbitales sont appelées

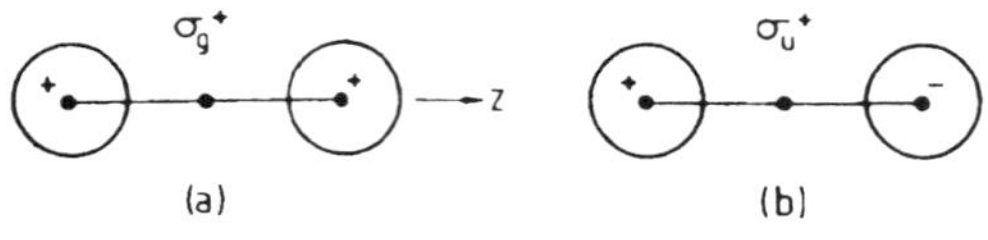

Fig. 7.30 — *OA 1s des atomes d'hydrogène de AH_2 linéaire, (a) en phase et (b) en opposition de phase.*

orbitales de symétrie et ce sont les seules que nous considérons ici.

7.3.1.1 Molécules AH_2

Les orbitales atomiques de valence (OA) de A et de H sont les plus importantes en ce qui concerne les OM de valence de AH_2, et ce sont les OA $2s$ et $2p$ de l'élément A de la deuxième ligne (Li à Ne) et $1s$ sur H. Les molécules AH_2 peuvent adopter deux géométries extrêmes : linéaire, appartenant au groupe ponctuel $D_{\infty h}$, ou coudée avec un angle de 90°, et appartenant au groupe ponctuel C_{2v}. Nous allons construire les OM pour ces deux extrêmes et voir comment elles sont corrélées lorsque l'angle varie doucement de 90 à 180°.

7.3.1.1(a) ∠HAH = 180°. Il faut attribuer, dans le groupe ponctuel $D_{\infty h}$, les symétries des orbitales $2s$ et $2p$ sur A et $1s$ sur H (voir la table de caractères A.37 dans l'annexe). L'orbitale

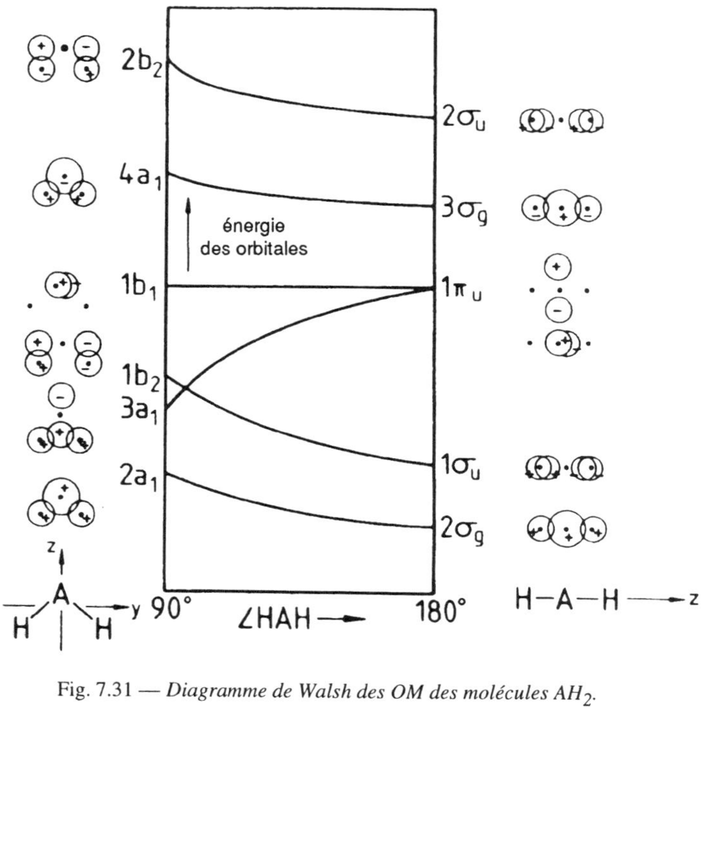

Fig. 7.31 — *Diagramme de Walsh des OM des molécules AH_2.*

de symétrie sphérique $2s$ est de type σ_g^+, l'OA $2p_z$, où z est l'axe internucléaire, est de type σ_u^+, et les OA $2p_x$ et $2p_y$, qui restent dégénérées, sont de type π_u. On ne peut pas attribuer un type de symétrie à une orbitale $1s$ sur H, prise seule. On résout ce problème en prenant des combinaisons, en phase et en opposition de phase, des deux OA $1s$, comme le montre la figure 7.30. Les orbitales qui en résultent sont respectivement de symétrie σ_g^+ et σ_u^+.

La façon dont les OM sont formées est indiquée dans la partie droite de la figure 7.31. Les conditions de formation des OM sont les mêmes que pour les molécules diatomiques, c'est-à-dire que les orbitales à partir desquelles elles sont formées doivent avoir une énergie du même ordre de grandeur et posséder la symétrie correcte. Cela permet à l'orbitale $1s + 1s$ de la figure 7.30(a) de se combiner seulement avec $2s$ sur A. Il en résulte une OM σ_g^+, mais l'exposant « + » est en général omis car il n'existe pas de σ^-. L'OM est notée $2\sigma_g$, d'après la convention de numérotation des OM de même symétrie dans l'ordre des énergies croissantes. Si l'OA $2s$ sur A est en opposition de phase avec l'orbitale $1s + 1s$, l'OM résultante, $3\sigma_g$, est antiliante, avec des plans nodaux entre A et H. L'orbitale $1\sigma_g$ n'est pas indiquée dans la figure 7.31 : il s'agit de l'OA $1s$ sur A, qui reste pratiquement inchangée dans AH_2.

L'orbitale $1s - 1s$, montrée dans la figure 7.30(b), se combine avec l'OA $2p_z$ sur A, pour former les OM $1\sigma_u$ et $2\sigma_u$ qui sont respectivement liante et antiliante.

Les OA $2p_x$ et $2p_y$ sur A ne peuvent se combiner ni avec $1s + 1s$, ni avec $1s - 1s$ sur les atomes d'hydrogène, car leur symétrie ne le permet pas. Elles restent comme OA doublement dégénérées sur A, classées $1\pi_u$ dans $D_{\infty h}$.

On classe les OM dans l'ordre d'énergie croissante en utilisant le principe selon lequel une diminution du caractère s ou un accroissement du nombre de nœuds dans une OM augmente l'énergie. Les OM $2\sigma_g$ et $1\sigma_u$ sont toutes les deux liantes entre A et H, mais le plan nodal à travers A fait que $1\sigma_u$ est plus haute en énergie. Un argument similaire place $2\sigma_u$ au-dessus de $3\sigma_g$.

7.3.1.1(b) $\angle HAH = 90°$. Dans AH_2 coudé, on peut attribuer aux OA de A $2s$, $2p_x$, $2p_y$, et $2p_z$, respectivement les symétries a_1, b_1, b_2, et a_1, dans le groupe ponctuel C_{2v}, en utilisant la notation des axes de la figure 7.31 et la table de caractère A.11 de l'annexe. Comme pour AH_2 linéaire, les OA $1s$ des atomes d'hydrogène doivent être délocalisées pour donner des combinaisons en phase et en opposition de phase, ayant respectivement les symétries a_1, et b_2, comme on le voit dans la figure 7.32.

L'orbitale a_1, $1s + 1s$, ne peut se combiner qu'avec les OA $2s$ ou $2p_z$ sur A, pour donner les OM $2a_1$, $3a_1$, et $4a_1$, présentées dans la partie droite de la figure 7.31. L'OM $1a_1$ est pratiquement identique à l'OA $1s$ de A et n'est pas indiquée sur la figure. L'OA $2p_y$ sur A ne peut se combiner qu'avec l'orbitale $1s - 1s$ sur les atomes d'hydrogène, tandis que $2p_x$ ne peut se combiner avec aucune autre orbitale : elle devient l'orbitale de paire libre $1b_1$.

Dans la figure 7.31, l'ordre énergétique des OM suit les règles selon lesquelles une diminution du caractère s et une augmentation du nombre de plans nodaux accroissent l'énergie. La position précise des niveaux d'énergie repose sur des données expérimentales.

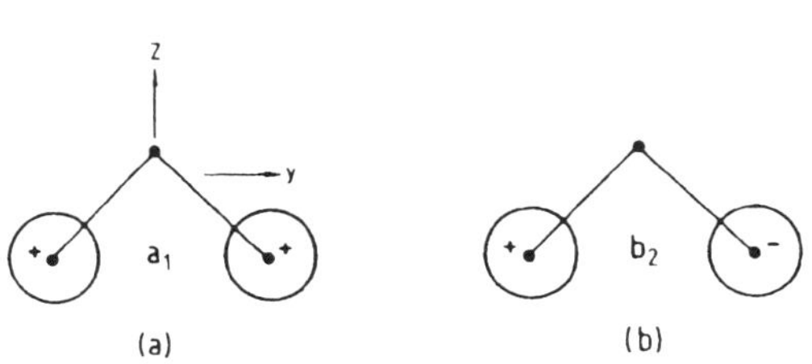

Fig. 7.32 — *OA 1s des atomes d'hydrogène de AH_2 coudé, (a) en phase et (b) en opposition de phase.*

La corrélation des OM lorsque l'angle HAH varie de 90 à 180° est présentée dans la figure 7.31, qu'on appelle diagramme de Walsh, d'après A. D. Walsh, qui imagina des diagrammes similaires pour de nombreuses autres molécules (voir la bibliographie). Les corrélations apparaissent d'après la forme des orbitales, indiquée à gauche et à droite de la figure. Il faut noter que l'axe des z de la molécule linéaire devient l'axe des y de la molécule coudée.

La corrélation entre $3a_1$ et π_u est particulièrement importante. A cause de la relaxation des réductions de symétrie dans le groupe ponctuel C_{2v} par rapport à $D_{\infty h}$, le repliement de la molécule conduit à un mélange entre les OM devenues $3a_1$ et $2a_1$. Comme $2a_1$ est fortement liante, avec un caractère $2s$ notable, le mélange a pour effet d'introduire du caractère $2s$ dans $3a_1$. Ceci provoque un accroissement prononcé de l'énergie de $3a_1$ lorsque l'angle augmente de 90 à 180°. Il en résulte que certaines molécules AH_2 subissent non seulement une variation d'angle, mais aussi un changement de groupe ponctuel en passant de l'état fondamental à un état électronique excité ou lorsqu'elles sont ionisées en AH_2^+. Un changement de groupe ponctuel ne peut se produire que dans les molécules polyatomiques et ceci n'en est qu'un des nombreux exemples.

En utilisant les principes de remplissage, on peut placer les électrons de n'importe quelle molécule AH_2 dans les OM de la figure 7.31, par paires, sauf pour les orbitales π qui peuvent recevoir quatre électrons, afin d'obtenir la configuration fondamentale ou une configuration excitée. La configuration fondamentale et la première configuration excitée sont données dans le tableau 7.8 pour quelques molécules AH_2 de la deuxième ligne. Les états électroniques qui découlent de ces configurations sont donnés dans la table et sont obtenus, comme pour les diatomiques, en utilisant l'équation (7.73) et en tenant compte du spin. Le système de notation des états, $\tilde{X}$, $\tilde{A}$, $\tilde{B}$, ... et $\tilde{a}$, $\tilde{b}$, ..., est le même que pour les diatomiques ($\tilde{A}$, $\tilde{B}$, ... pour les états excités de même multiplicité que l'état fondamental $\tilde{X}$, et $\tilde{a}$, $\tilde{b}$, ... pour les états excités de multiplicité différente), sauf l'addition du tilde sur le label, pour éviter tout confusion avec le type de symétrie. Les angles de liaison dans le tableau 7.8, ont été déterminés à partir des spectres électroniques, sauf pour LiH_2, BeH_2 qui sont des espèces inconnues.

L'orbitale $1a_1$ ou $1\sigma_g$ est non liante et ne favorise ni une forme coudée ni une forme linéaire, alors que l'occupation de $2\sigma_g$ et $1\sigma_u$ favorise la linéarité, puisque leur énergie est la plus faible pour un angle de 180°, comme le montre la figure 7.31. Par conséquent LiH_2 et BeH_2 devraient avoir un état fondamental linéaire. L'excitation d'un électron aux orbitales plus hautes suivantes, $3a_1$ — $1\pi_u$, a un effet radical, car cette orbitale favorise fortement la molécule coudée. On prévoit que, à partir des molécules comme BH_2 et CH_2 dont la forme est connue, un électron placé dans l'orbitale $3a_1$ — $1\pi_u$ fait plus que contrebalancer les quatre électrons des orbitales $2a_1$ — $1\sigma_g$ et $1b_2$ — $1\sigma_u$, qui favorisent la linéarité, et que les molécules sont coudées dans ces états excités.

On sait que l'angle de BH_2 vaut 131° dans l'état fondamental $\tilde{X}\,^2A_1$. Le caractère coudé est dû à l'électron célibataire dans l'orbitale $3a_1$. L'excitation de cet électron produit une molécule linéaire, car l'orbitale $1b_1$ — $1\pi_u$ ne favorise aucun angle particulier.

CH_2 a deux électrons dans l'orbitale $3a_1$, ce qui conduit à un angle petit, de 102,4°. La promotion d'un électron de $3a_1$ à $1b_1$ produit un état singulet et un état triplet, avec, comme prévu, un angle plus grand, mais la molécule est encore coudée. En fait, l'état triplet, $\tilde{X}\,^3B_1$, est légèrement en dessous (3 156 cm^{-1} ou 37,75 kJ mol^{-1}) de $\tilde{a}\,^1A_1$, le premier étant l'état fondamental et le second un état excité de basse énergie. NH_2 offre des variations de géométrie analogues, puisqu'il ne diffère de CH_2 que par un électron supplémentaire dans l'orbitale $1b_1$ qui ne favorise aucune géométrie particulière. H_2O^+, ayant le même nombre d'électrons que NH_2, est également tout à fait similaire.

Dans la configuration fondamentale de H_2O, il y a deux électrons dans l'orbitale $3a_1$, qui favorise fortement la molécule coudée. Les seuls états excités connus de H_2O sont ceux dans lesquels un électron a été promu de $1b_1$ dans une orbitale dite de Rydberg. Les orbitales de ce type sont étendues par rapport à la taille de la molécule, et ressemblent à une orbitale

Tab. 7.8 — *Configurations fondamentale et excitées de quelques molécules AH_2.*

Molécule	Configuration	Etat	∠HAH
LiH_2	$(1\sigma_g)^2(2\sigma_g)^2(1\sigma_u)^1$	$\tilde{X}^2\Sigma_u^+$	180° (?)
	$(1a_1)^2(2a_1)^2(3a_1)^1$	$\tilde{A}^2A_1$	< 180° (?)
BeH_2	$(1\sigma_g)^2(2\sigma_g)^2(1\sigma_u)^2$	$\tilde{X}^1\Sigma_g^+$	180° (?)
	$(1a_1)^2(2a_1)^2(1b_2)^1(3a_1)^1$	$\tilde{a}^3B_2$	< 180° (?)
		$\tilde{A}^1B_2$	< 180° (?)
BH_2	$(1a_1)^2(2a_1)^2(1b_2)^2(3a_1)^1$	$\tilde{X}^2A_1$	131°
	$(1\sigma_g)^2(2\sigma_g)^2(1\sigma_u)^2(1\pi_u)^1$	$\tilde{A}^2\Pi_u$	180°
CH_2	$(1a_1)^2(2a_1)^2(1b_2)^2(3a_1)^2$	$\tilde{a}^1A_1$	102,4°
	$(1a_1)^2(2a_1)^2(1b_2)^2(3a_1)^1(1b_1)^1$	$\tilde{X}^3B_1$	134°
		$\tilde{b}^1B_1$	140°
NH_2 (H_2O^+)	$(1a_1)^2(2a_1)^2(1b_2)^2(3a_1)^2(1b_1)^1$	$\tilde{X}^2B_1$	103,4° (110,5°)
	$(1a_1)^2(2a_1)^2(1b_2)^2(3a_1)^1(1b_1)^2$	$\tilde{A}^2A_1$	144° (180°)
H_2O	$(1a_1)^2(2a_1)^2(1b_2)^2(3a_1)^2(1b_1)^2$	$\tilde{X}^1A_1$	104,5°

atomique. A cause de leur grande taille, elles sont analogues à l'orbitale $1b_1$, dans le sens où elles n'influencent pas la géométrie. Ainsi, dans un état de Rydberg, H_2O a le même angle que dans l'état fondamental.

Le diagramme d'OM de la figure 7.31 est obtenu en utilisant un certain nombre d'approximations, la principale étant l'hypothèse selon laquelle il ne dépend pas de l'atome A. Malgré cela, le diagramme prédit des angles en accord remarquable avec l'observation. Le tableau 7.8 montre que l'occupation double de l'orbitale $3a_1$ donne des angles entre 102,4 et 110,5°, l'occupation simple des angles entre 131 et 144° (l'état $\tilde{A}^2A_1$ consituant une exception surprenante) et l'occupation nulle conduit à une molécule linéaire.

Les molécules H_3 et H_3^+ sont des cas spéciaux de molécules AH_2, dans la mesure où aucune d'elles n'a une forme linéaire ou coudée comme précédemment. Ce sont des molécules cycliques, bien que H_3 ne soit connue que dans des états électroniques excités, puisque, dans son état fondamental, elle est instable par rapport à $H + H_2$.

7.3.1.2 Formaldéhyde (H_2CO)

Dans cette molécule, qui a seize électrons, douze d'entre eux ne sont pas à considérer, six sont dans des orbitales σ liantes des liaisons C–O et C–H, deux dans chacune des orbitales $1s$ de C et de O, et deux dans l'orbitale $2s$ de O. Les quatre autres électrons de valence occupent les OM de plus haute énergie, comme le montre la figure 7.33. Les orbitales représentées sont une orbitale π liante, une orbitale π^* antiliante, toutes deux entre C et O, une orbitale $2p_y$ non liante, n, sur O (l'axe des z est dans la direction C–O et l'axe des x est perpendiculaire au plan de la molécule). Chacune d'elles est classée selon le groupe ponctuel C_{2v} (table A.11 dans l'annexe). L'ordre des énergies est $\pi^* > n > \pi$ et la configuration fondamentale est

$$\ldots (1b_1)^2 (2b_2)^2 \tag{7.98}$$

conduisant à un état fondamental $\tilde{X}\,^1A_1$.

La promotion électronique de plus basse énergie a lieu de l'orbitale n non liante, $2b_2$, vers l'orbitale π^* antiliante $2b_1$, donnant la configuration

$$\ldots (1b_1)^2 (2b_2)^1 (2b_1)^1 \tag{7.99}$$

qui conduit à des états $\tilde{a}\,^3A_2$ et $\tilde{A}\,^1A_2$.

Les promotions orbitalaires de ce type donnent des états, comme les états $\tilde{a}$ et $\tilde{A}$ du formaldéhyde, qu'on appelle couramment des états $n\pi^*$. De plus, les transitions vers ces états, par exemple les transitions $\tilde{a} - \tilde{X}$ et $\tilde{A} - \tilde{X}$ du formaldéhyde, sont communément nommées transitions $\pi^* - $ n ou « n vers π^* ».

Il existe une façon pratique de distinguer une transition de type $\pi^* - n$ d'une transition de type $\pi^* - \pi$ par exemple. La première est décalée vers le bleu, c'est-à-dire vers les longueurs d'onde plus courtes, dans un solvant formant des liaisons hydrogène. La raison en est qu'un solvant de ce type, comme l'éthanol, établit une liaison hydrogène par formation d'une OM faible entre l'orbitale n et l'orbitale $1s$ de l'atome d'hydrogène du groupe OH du solvant. Ceci accroît l'énergie de liaison de l'orbitale n et par conséquent augmente l'énergie de la transition $\pi^* - n$, la décalant vers le bleu.

Cependant, un électron dans l'orbitale π^* $2b_1$ favorise une forme pyramidale pour le formaldéhyde, comme le montre la figure 7.34. En effet, l'orbitale π^* peut alors se recouvrir avec l'orbitale $1s + 1s$ sur les hydrogènes, gagnant ainsi un certain caractère liant C–H, et peut également se mélanger avec l'orbitale $2s$ de C. Il en résulte une augmentation du caractère s et un abaissement significatif de l'énergie par rapport à la molécule plane. L'angle ϕ (figure 7.34) vaut 38° dans l'état $\tilde{A}\,^1A_2$ et 43° dans l'état $\tilde{a}\,^3A_2$.

A cause de la forme pyramidale des états excités, les orbitales et les états peuvent être reclassés selon le groupe ponctuel C_s (table A.1 dans l'annexe).

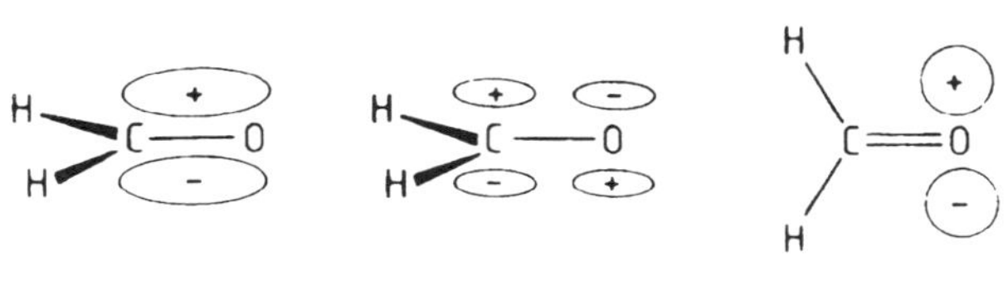

Fig. 7.33 — *OM $1b_1(\pi)$, $2b_1(\pi^*)$ et $2b_2(n)$ du formaldéhyde.*

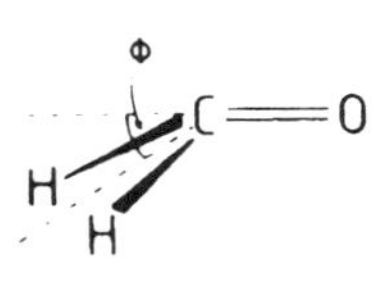

Fig. 7.34 — *Formaldéhyde non plan dans ses états excités $\tilde{a}$ et $\tilde{A}$.*

7.3.1.3 Benzène

Pour une molécule possédant des électrons dans des orbitales π, comme le formaldéhyde, l'éthylène, le buta-1,3-diène et le benzène, si l'on ne s'intéresse qu'à l'état fondamental, ou à des états excités obtenus par promotion électronique entre des OM de type π, on peut utiliser la méthode approchée des OM de Hückel. Celle-ci est basée sur la méthode CLOA des molécules diatomiques, discutée dans la section 7.2.1. L'extension de la méthode CLOA aux molécules polyatomiques donne un déterminant séculaire du type général

$$\begin{vmatrix} H_{11} - E & H_{12} - ES_{12} & \dots & H_{1n} - ES_{1n} \\ H_{12} - ES_{12} & H_{22} - E & \dots & H_{2n} - ES_{2n} \\ \vdots & \vdots & & \vdots \\ H_{1n} - ES_{1n} & H_{2n} - ES_{2n} & \dots & H_{nn} - E \end{vmatrix} = 0 \qquad (7.100)$$

analogue à l'équation (7.46) pour les molécules diatomiques, où H_{nn} sont les intégrales de Coulomb, H_{mn} (pour $m \neq n$) les intégrales de résonance, S_{mn} (pour $m \neq n$) les intégrales de recouvrement, et E est l'énergie des orbitales comme dans l'équation (7.46). On note ce déterminant en abrégé

$$|H_{mn} - ES_{mn}| = 0 \qquad (7.101)$$

où $S_{mn} = 1$ pour $m = n$.

Pour les systèmes d'électrons π, Hückel a fait les approximations suivantes :

1. On considère seulement les électrons des orbitales π et on néglige ceux des orbitales σ. Dans une molécule comme l'éthylène, avec une symétrie suffisamment élevée, la séparation $\sigma - \pi$ est rigoureuse, puisque les OM σ et π ont des symétries différentes et ne se mélangent donc pas. Dans une molécule de basse symétrie, comme le but-1-ène ($CH_3CH_2CH{=}CH_2$), les OM σ et π ont les *mêmes* types de symétrie ; pourtant, le traitement de Hückel néglige toujours les OM σ, car elles sont supposées beaucoup plus basses en énergie que les OM π.
2. On suppose que, pour $m \neq n$,

$$S_{mn} = 0 \qquad (7.102)$$

ce qui implique un recouvrement nul entre les orbitales atomiques, même pour des atomes adjacents.

3. Lorsque $m = n$, l'intégrale de Coulomb H_{nn} est supposée la même pour chaque atome, et on lui donne le symbole α :

$$H_{nn} = \alpha \qquad (7.103)$$

4. Lorsque $m \neq n$, on adopte la même intégrale de résonnance H_{nn} pour toute paire d'atomes directement liés, et on lui donne le symbole β :

$$H_{mn} = \beta \qquad (7.104)$$

5. Lorsque m et n ne sont pas directement liés

$$H_{mn} = 0 \qquad (7.105)$$

Les fonctions d'onde des électrons π sont donnés, dans la méthode de Hückel, par

$$\psi = \sum_i c_i \chi_i \qquad (7.106)$$

comme dans l'équation (7.46) pour les OM de type CLAO des molécules diatomiques, mais ici, les χ_i sont uniquement les OA qui sont impliquées dans les OM π, très souvent $2p$ sur C, N, ou O.

Dans le cas du benzène, le traitement de Hückel des six orbitales $2p$ des atomes de carbone, perpendiculaires au plan du cycle, conduit au déterminant séculaire

$$\begin{vmatrix} x & 1 & 0 & 0 & 0 & 1 \\ 1 & x & 1 & 0 & 0 & 0 \\ 0 & 1 & x & 1 & 0 & 0 \\ 0 & 0 & 1 & x & 1 & 0 \\ 0 & 0 & 0 & 1 & x & 1 \\ 1 & 0 & 0 & 0 & 1 & x \end{vmatrix} = 0 \tag{7.107}$$

déduit de l'équation (7.100), en faisant les substitutions données par les équations (7.102) à (7.105), et en posant

$$\frac{\alpha - E}{\beta} = x \tag{7.108}$$

En résolvant l'équation (7.107), on obtient les solutions

$$x = \pm 1, \pm 1 \text{ ou } \pm 2 \tag{7.109}$$

à partir desquelles l'équation (7.108) donne

$$E = \alpha \pm \beta, \alpha \pm \beta \text{ ou } \alpha \pm 2\beta, \tag{7.110}$$

Le fait que $E = \alpha \pm \beta$ apparaisse deux fois entraîne que les OM avec $E = \alpha + \beta$ sont doublement dégénérées, ainsi que celles avec $E = \alpha - \beta$. La figure 7.35 l'illustre par un diagramme de niveaux d'énergie. L'intégrale de résonance β est, comme d'habitude, négative. Les six fonctions d'onde des OM correspondantes sont obtenues à partir de l'équation (7.106) comme on l'a vu pour les molécules diatomiques dans la section 7.2.1.1.

La figure 7.36 donne un schéma des fonctions d'onde des OM. Leur symétrie, dans le groupe ponctuel D_{6h}, peut être vérifiée au moyen de la table A.36 de l'annexe. Dans cette figure, seules sont représentées les parties des fonctions d'onde situées au-dessus du cycle carboné. Les parties situées au-dessous ont la même forme mais un signe opposé, ce qui signifie que, comme les orbitales π dans les molécules planes, elles sont antisymétriques dans la réflexion par rapport au plan de la molécule. L'énergie augmente avec le nombre de plans nodaux perpendiculaires au cycle.

La configuration fondamentale du benzène s'obtient en remplissant les OM de plus basse énergie avec six électrons qui étaient à l'origine dans les OA $2p_z$ des atomes de carbone, ce qui donne

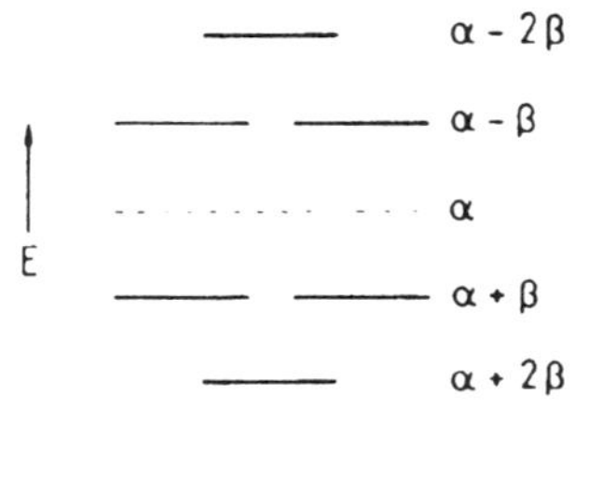

Fig. 7.35 — *Energies des OM de Hückel pour le benzène.*

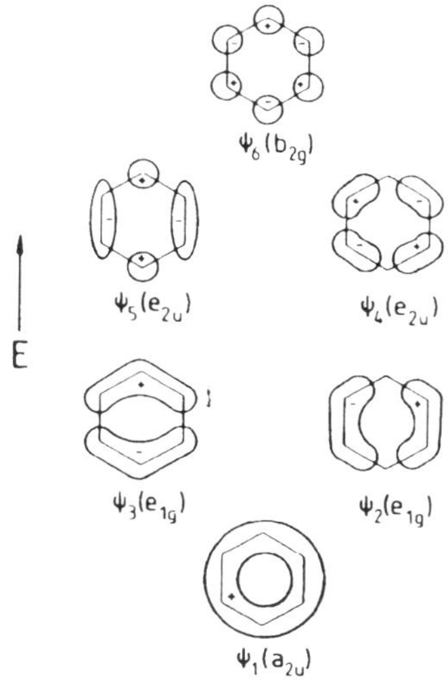

Fig. 7.36 — *OM de Hückel du benzène.*

$$\ldots (1a_{2u})^2(1e_{1g})^4 \tag{7.111}$$

en tenant compte du fait que l'orbitale e est doublement dégénérée et peut recevoir quatre électrons. Comme pour les molécules avec des orbitales pleines, l'état fondamental est un état singulet totalement symétrique, $\tilde{X}\,^1A_{1g}$.

La première configuraion excitée est obtenue par promotion d'un électron d'une orbitale e_{1g} vers e_{2u}, ce qui donne

$$\ldots (1a_{2u})^2(1e_{1g})^3(1e_{2u})^1 \tag{7.112}$$

Les états issus de cette configuration sont les mêmes que ceux de … $(1a_{2u})^2(1e_{1g})^1(1e_{2u})^1$, puisqu'une lacune unique dans e_{1g} peut être traitée comme un électron. Les états sont obtenus de façon similaire à ceux de la configuration excitée de N_2, dans l'équation (7.76). La symétrie orbitalaire, $\Gamma(\psi_e^o)$, de la fonction d'onde électronique est tirée de

$$\Gamma(\psi_e^o) = e_{1g} \times e_{2u} = B_{1u} + B_{2u} + E_{1u} \tag{7.113}$$

Ce résultat est le même que pour $e \times e$ (équation 4.29), dans le groupe ponctuel C_{3v}, et peut être vérifié en utilisant la table de caractères A.36 de l'annexe. Comme les deux électrons (ou un électron et une lacune), dans les orbitales partiellement occupées, ont leurs spins parallèles ($S = 1$) ou antiparallèles ($S = 0$), il existe six états issus de la configuration (7.112), soit $^{1,3}B_{1u}$, $^{1,3}B_{2u}$, $^{1,3}E_{1u}$. Les états singulets sont, dans l'ordre d'énergie croissante, $\tilde{A}\,^1B_{2u}$, $\tilde{B}\,^1B_{1u}$ et $\tilde{C}\,^1E_{1u}$, bien qu'il y ait un doute quant à l'identification de l'état $\tilde{B}$. Les états triplets sont $\tilde{a}\,^3B_{1u}$, $\tilde{b}\,^3E_{1u}$ et $\tilde{c}\,^3B_{2u}$, dans l'ordre d'énergie croissante.

7.3.1.4 Orbitales moléculaires dans le champ cristallin et dans le champ de ligands

Les atomes des métaux de transition se distinguent des autres atomes par le fait qu'ils possèdent des orbitales $3d$, $4d$ ou $5d$, partiellement remplies. Nous ne considérons ici que les métaux de la première série de transition, Sc, Ti, V, Cr, Mn, Fe, Co, Ni, Cu et Zn, pour lesquels l'orbitale concernée est $3d$.

Les métaux de transition forment facilement des complexes, comme $[Fe(CN)_6]^{4-}$, l'ion ferrocyanate, $Ni(CO)_4$, le nickel tétracarbonyle, et $[CuCl_4]^{2-}$, l'ion tétrachlorocuprate. La théorie des OM appliquée à ces espèces a été développée parallèlement : les dénominations « théorie du champ cristallin » et « théorie du champ de ligands » qui ont émergé, masquent le fait qu'elles constituent deux aspects de la même théorie des OM.

Le mot « ligand », utilisé pour décrire un atome, ou un groupe d'atomes, liés à un atome métallique central, peut aussi prêter à confusion. Ce type de liaison entre ligands et atome métallique dans les complexes est en général différent de celui des liaisons dans H_2O, par exemple. Néanmoins, la différence est plus quantitative que qualitative et on pourrait considérer les atomes d'hydrogène de H_2O comme des ligands, mais on le fait rarement.

Les ligands, dans un complexe de métal de transition, sont fréquemment disposés d'une façon hautement symétrique. Par exemple, six ligands adoptent souvent une configuration octaédrique, comme dans $[Fe(CN)_6]^{4-}$, et quatre ligands, une configuration tétraédrique, comme dans $Ni(CO)_4$, ou plan-carré, comme dans $[CuCl_4]^{2-}$. La figure 7.37 présente $[Fe(CN)_6]^{4-}$ et $Ni(CO)_4$, mais nous ne considérerons en détail que le cas de l'octaèdre régulier.

Dans un complexe de métal de transition, les OM occupées de plus haute énergie peuvent être considérées comme des orbitales *d*, perturbées, de l'atome métallique. Dans un complexe octaédrique, si la perturbation est faible, les ligands peuvent être traités comme des charges ponctuelles situées aux sommets d'un octaèdre régulier. Ceci rappelle la perturbation des orbitales de Na^+ par ses plus proches voisins, six ions Cl^- disposés octaédriquement, dans un cristal de chlorure de sodium, et c'est pourquoi cet aspect de la théorie des OM est connu sous le nom de théorie du champ cristallin. Lorsque les ligands interagissent plus fortement, leurs OM doivent être prises en compte, ce qui conduit à la théorie du champ de ligands.

7.3.1.4(a) Théorie du champ cristallin. En présence de six charges ponctuelles disposées octaédriquement sur les axes cartésiens, les cinq orbitales *d* de la figure 1.8 sont perturbées et se classent selon le groupe ponctuel O_h (voir section 4.2.9, ainsi que la table A.43 de l'annexe). Le tableau 7.9 donne les symétries des orbitales *d* pour l'octaèdre (O_h), ainsi que pour le tétraèdre (T_d) et pour d'autres symétries de champs cristallins.

Les résultats du tableau 7.9 ne sont pas démontrés ici, mais ils montrent qu'un jeu de cinq orbitales *d* éclate en une orbitale e_g doublement dégénérée, et une orbitale t_{2g} triplement dégénérée dans un champ cristallin octaédrique régulier. Comme les orbitales d_{z^2} et $d_{x^2-y^2}$ ont leur plus grande densité électronique le long des liaisons métal-ligand, les électrons qu'elles contiennent subissent plus de répulsion de la part des ligands que ceux des orbitales

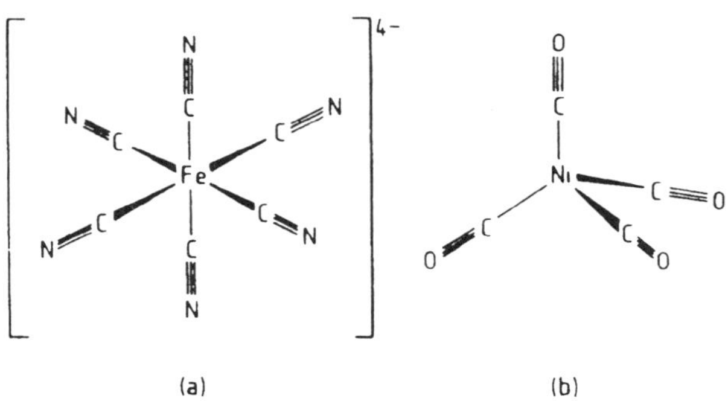

Fig. 7.37 — *(a)* $[Fe(CN)_6]^{4-}$ *octaédrique et (b)* $Ni(CO)_4$ *tétraédrique.*

Tab. 7.9 — *Symétrie des orbitales résultant de l'éclatement des orbitales d par divers arrangements des ligands.*

Groupe ponctuel	Orbitales *d* d_{z^2}	$d_{x^2-y^2}$	d_{xy}	d_{yz}	d_{xz}
O_h	← e_g →		← t_{2g} →		
T_d	← e →		← t_2 →		
D_{3h}	a_1'	← e' →		← e'' →	
D_{4h}	a_{1g}	b_{1g}	b_{2g}	← e_g →	
$D_{\infty h}$	σ_g^+	← δ_g →		← π_g →	
C_{2v}	a_1	a_1	a_2	b_2	b_1
C_{3v}	a_1	a_1	a_2	← e →	
C_{4v}	a_1	b_1	b_2	← e →	
D_{2d}	a_1	b_1	b_2	← e →	
D_{4d}	a_1	← e_2 →		← e_3 →	

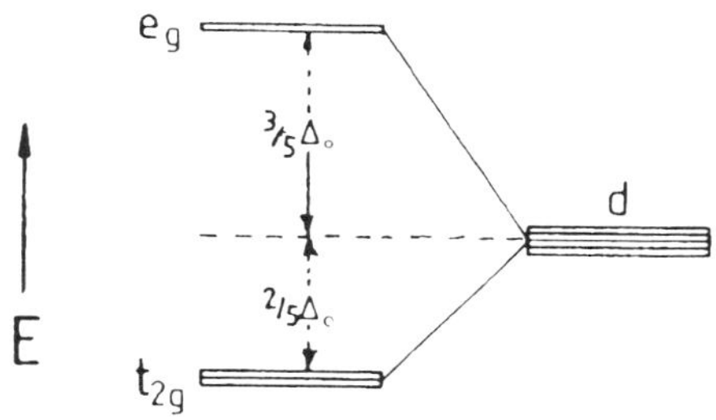

Fig. 7.38 — *Dédoublement des orbitales d dans un champ octaédrique régulier.*

d_{xy}, d_{xz}, ou d_{yz}. Il en résulte que les orbitales e_g, tirées de d_{z^2} et $d_{x^2-y^2}$, augmentent en énergie de $\frac{3}{5}\Delta_0$, et que les orbitales t_{2g} sont abaissées de $\frac{2}{5}\Delta_0$, où Δ_0 est l'écart $e_g - t_{2g}$, comme le montre la figure 7.38. Typiquement, la valeur de Δ_0 est telle que la promotion d'un électron de l'orbitale t_{2g} vers e_g conduit à une absorption dans le domaine visible du spectre. Ceci explique une caractéristique fréquente des complexes, celle d'être colorés.

La figure 7.39 indique le remplissage des orbitales t_{2g} et e_g par les électrons *d*, dans un complexe octaédrique, lorsque l'atome ou l'ion métallique a une configuration d^1, d^2, d^3, d^8, d^9, ou d^{10}. Comme dans la configuration fondamentale de O_2, dans l'équation (7.59), les électrons des orbitales dégénérées tendent à avoir des spins parallèles pour minimiser l'énergie. Par exemple, dans $[Cr(H_2O)_6]^{3+}$, Cr^{3+} a une configuration d^3 (il a perdu un électron 3*d* et deux électrons 4*s*) et chacun se place dans une orbitale t_{2g} différente, avec des spins parallèles, ce qui donne un état fondamental quartet. (Il s'agit de $\tilde{X}\,^4A_{2g}$, mais nous ne déterminerons pas ici les états issus d'une configuration $(t_{2g})^3$.)

En prenant en compte la préférence pour des spins parallèles, les configurations illustrées par la figure 7.39 sont obtenues sans ambiguïté. Par contre, ce n'est pas le cas pour les

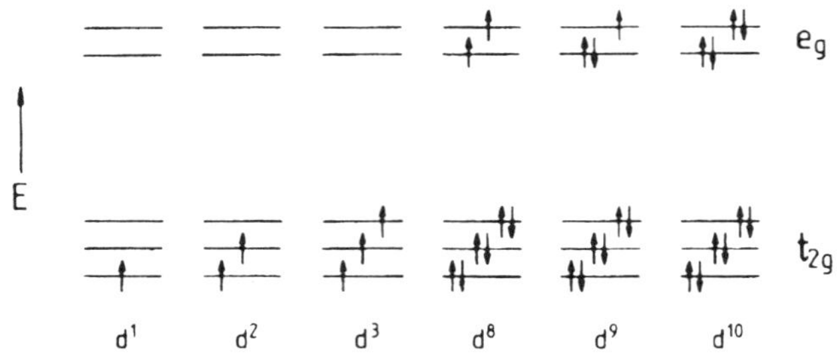

Fig. 7.39 — *Configurations électroniques dans des complexes octaédriques d^1, d^2, d^3, d^8, d^9 et d^{10}.*

configurations d^4, d^5, d^6 et d^7. La figure 7.40 montre que la façon dont les orbitales sont remplies pour donner l'énergie minimale dépend de l'amplitude du dédoublement du champ cristallin Δ_O. S'il est faible, comme dans la figure 7.40(a), les électrons se placent d'abord dans les orbitales e_g avec des spins parallèles avant de remplir les orbitales avec des spins antiparallèles. La figure 7.40(b) montre qu'une plus grande valeur de Δ_O conduit à des électrons placés dans les orbitales t_{2g} avec des spins antiparallèles au lieu d'être promus dans les orbitales e_g. Selon que leur comportement est celui des figures 7.40(a) ou 7.40(b), on les appelle complexes à champ faible ou haut spin, ou complexes à champ fort ou bas spin.

Par exemple, $[Cr(H_2O)_6]^{2+}$ est un complexe à champ faible ou haut spin, de type d^4, avec un état fondamental quintet (il s'agit de $\tilde{X}\,^5E_g$). Dans $[Fe(CN)_6]^{4-}$, Fe^{2+} a une configuration d^6 et le complexe est à champ fort ou bas spin, avec une configuration $(t_{2g})^6$. L'état fondamental est donc un singulet (il s'agit de $\tilde{X}\,^1A_{1g}$ puisque toutes les orbitales occupées sont pleines).

7.3.1.4(b) Théorie du champ de ligands. Lorsque les ligands interagissent si fortement avec l'atome métallique central qu'ils ne peuvent plus être traités comme des charges négatives ponctuelles, l'approximation du champ cristallin n'est plus valable et on doit considérer les OM des ligands L.

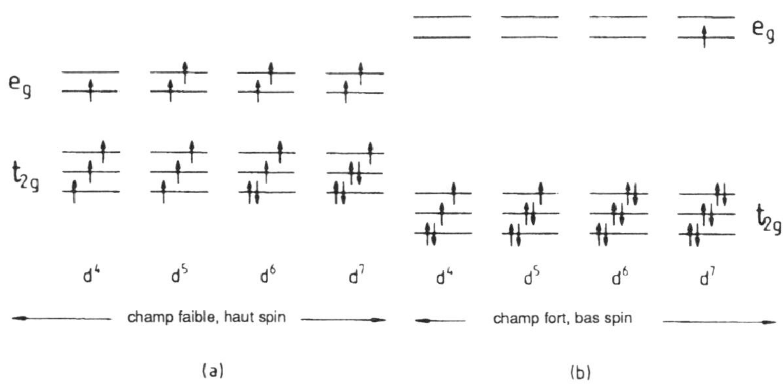

Fig. 7.40 — *Configurations (a) en champ faible, haut spin, et (b) en champ fort, bas spin, dans des complexes octaédriques d^4, d^5, d^6 et d^7.*

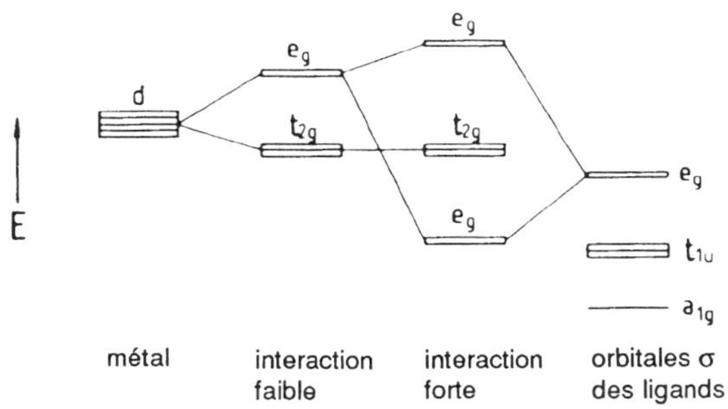

Fig. 7.41 — *Perturbation des OM du champ cristallin par les OM des ligands.*

Tab. 7.10 — *Classification des orbitales σ des ligands dans divers groupes ponctuels.*

Groupe ponctuel	Symétries des orbitales σ
O_h	$a_{1g} + e_g + t_{1u}$ (dans ML_6 octaédrique)
T_d	$a_1 + t_2$ (dans ML_4 tétraédrique)
D_{3h}	$2a_1' + a_2'' + e'$ (dans ML_5 bipyramide trigonale)
D_{4h}	$a_{1g} + b_{1g} + e_u$ (dans ML_4 plan-carré)
	$2a_{1g} + a_{2u} + b_{1g} + e_u$ (dans ML_4L_2' *trans*-octaédrique)
$D_{\infty h}$	$\sigma_g + \sigma_u$ (dans ML_2 linéaire)
C_{2v}	$a_1 + b_2$ (dans ML_2 non linéaire)
	$2a_1 + b_1 + b_2$ (dans ML_2L_2' tétraédrique)
	$3a_1 + a_2 + b_1 + b_2$ (dans ML_4L_2' *cis*-octaédrique)
C_{3v}	$2a_1 + e$ (dans ML_3L' tétraédrique)
	$2a_1 + 2e$ (dans ML_3L_3' tout-*cis*-octaédrique)
C_{4v}	$2a_1 + b_1 + e$ (dans ML_4L' pyramide à base carrée)
	$3a_1 + b_1 + e$ (dans ML_5L' octaédrique)
D_{2d}	$2a_1 + 2b_2 + 2e$ (dans ML_8 dodécaédrique)
D_{4d}	$a_1 + b_2 + e_1 + e_2 + e_3$ (dans ML_8 antiprisme à bas carrée)

Les OM des ligands sont de deux types : les OM σ, qui sont de symétrie cylindrique autour de la liaison métal-ligand, et les OM π qui ne le sont pas. Les liaisons métal-ligand de type σ, comme celle qui provient de l'orbitale de la paire libre de CO dans les métaux carbonyles, sont en général les plus fortes. Nous négligerons les liaisons de type π et nous ne considérerons en détail que les cas octaédriques.

Le tableau 7.10 présente la classification, dans divers groupes ponctuels, des orbitales σ des ligands avec différents arrangements des ligands. Il montre que, dans ML_6 octaédrique, les six orbitales σ des ligands sont séparées en orbitales a_{1g}, e_g et t_{1u}. Elles sont dessinées sur la partie droite de la figure 7.41. Leur effet sur les orbitales e_g et t_{2g} issues de l'approximation du champ de ligands est une interaction entre orbitales e_g, l'orbitale du champ cristallin étant repoussée plus haut et l'orbitale des ligands étant abaissée en énergie. Il en résulte un accroissement de Δ_o par rapport l'approximation du champ cristallin, comme le montre la figure 7.41. Cette augmentation de Δ_o conduit, en retour, à une tendance vers les complexes de bas spin, plutôt que de haut spin, comme dans $[Fe(CN)_6]^{4-}$.

7.3.1.4(c) Transitions électroniques. Les configurations électroniques, aussi bien fondamentale et qu'excitées, des complexes métalliques donnent souvent lieu à une collection d'états très compliquée, que nous ne décrirons pas ici. Cependant, il existe un facteur de simplification qui est extrêmenent utile lorqu'on considère les spectres des complexes des métaux de transition. Qu'on utilise l'approche du champ cristallin ou du champ de ligands, on trouve que les orbitales de plus haute énergie qui peuvent être occupées, dans des complexes octaédriques réguliers, sont t_{2g} ou e_g. Comme l'indice g signifie « symétrique dans l'inversion par rapport au centre de la molécule », et puisque g multiplié par lui-même, autant de fois que le nombre d'orbitales g qui sont occupées, donne toujours g, tous les états fondamentaux et excités issus de l'occupation de t_{2g} et de e_g sont des états g. Or, comme dans le cas des molécules diatomiques homonucléaires (voir l'équation 7.71), les transitions g–g sont interdites. Pourtant, les complexes des métaux de transition absorbent *réellement* dans le domaine visible, ce qui leur donne leur couleur caractéristique. Comment cela peut-il se produire si les transitions sont interdites ? La réponse est qu'une interaction se produit entre les mouvement des électrons et les mouvements vibrationnels, de sorte que des transitions vibroniques deviennent permises (voir section 7.3.4.2b).

7.3.2 Règles de sélection électroniques et vibroniques

Dans le cas des atomes (section 7.1), les nombres quantiques sont suffisants pour exprimer les règles de sélection électroniques. Pour les molécules diatomiques (section 7.2.3), l'expression des règles de sélection nécessite, en plus des nombres quantiques, une ou, pour les diatomiques homonucléaires, deux propriétés de symétrie (+, – et g, u) de la fonction d'onde électronique.

Dans les molécules polyatomiques non linéaires, le processus de détérioration des nombres quantiques continue, à tel point que seul reste le nombre quantique de spin électronique total S. La règle de sélection

$$\Delta S = 0 \qquad (7.114)$$

s'applique toujours, sauf s'il y a un atome de charge nucléaire élevée dans la molécule. Par exemple, les transitions triplet–singulet sont extrêmement faibles dans le benzène, mais beaucoup plus intenses dans l'iodobenzène.

Pour les parties orbitalaires ψ_e^o des fonctions d'onde électroniques des deux états électroniques, les règles de sélection dépendent entièrement des propriétés de symétrie. (En fait, dans le cas des molécules diatomiques et des atomes, on peut aussi obtenir les règles de sélection électroniques à partir des seuls arguments de symétrie, en utilisant respectivement les groupes ponctuels $D_{\infty h}$ (ou $C_{\infty v}$) et K_h ; mais il est plus simple d'utiliser les nombres quantiques, lorsqu'ils existent.)

Les transitions électroniques font principalement intervenir l'interaction entre la molécule et la composante électrique de la radiation électromagnétique (section 2.1). Les règles de sélection sont donc des règles de sélection dipolaires électriques, analogues à celles de la section 6.2.2.1 obtenues pour les transitions vibrationnelles dans l'infrarouge des molécules polyatomiques.

L'intensité de la transition électronique est proportionnelle à $|\mathbf{R}_e|^2$, carré du module du moment de transition électronique $\mathbf{R}_e$, avec

$$\mathbf{R}_e = \int \psi_e'^* \mu \psi_e'' \mathrm{d}\tau_e \tag{7.115}$$

qui est similaire à l'équation (6.44) pour une transition vibrationnelle dans l'infrarouge. Pour une transition électronique autorisée, $|\mathbf{R}_e| \neq 0$ et la condition de symétrie correspondante est

$$\Gamma(\psi_e') \times \Gamma(\mu) \times \Gamma(\psi_e'') = A \tag{7.116}$$

pour une transition entre des états non dégénérés, ou

$$\Gamma(\psi_e') \times \Gamma(\mu) \times \Gamma(\psi_e'') \supset A \tag{7.117}$$

où $\supset$ signifie « contient », pour des transitions entre des états dont l'un au moins est dégénéré. Le symbole A indique l'espèce totalement symérique du groupe ponctuel concerné.

Les composantes de $\mathbf{R}_e$ sur les axes cartésiens sont données par

$$\begin{aligned} R_{e,x} &= \int \psi_e'^* \mu_x \psi_e'' \mathrm{d}\tau_e \\ R_{e,y} &= \int \psi_e'^* \mu_y \psi_e'' \mathrm{d}\tau_e \\ R_{e,z} &= \int \psi_e'^* \mu_z \psi_e'' \mathrm{d}\tau_e \end{aligned} \tag{7.118}$$

et comme

$$|\mathbf{R}_e|^2 = (R_{e,x})^2 + (R_{e,y})^2 + (R_{e,z})^2 \tag{7.119}$$

la transition électronique est autorisée si l'un des moments $R_{e,x}$, $R_{e,y}$ ou $R_{e,z}$ est non nul. Par analogie avec l'équation (6.53), les conditions pour qu'une transition soit autorisée sont donc

$$\begin{aligned} &\Gamma(\psi_e') \times \Gamma(T_x) \times \Gamma(\psi_e'') = A \\ \text{et/ou} \quad &\Gamma(\psi_e') \times \Gamma(T_y) \times \Gamma(\psi_e'') = A \\ \text{et/ou} \quad &\Gamma(\psi_e') \times \Gamma(T_z) \times \Gamma(\psi_e'') = A \end{aligned} \tag{7.120}$$

pour des transitions entre états non dégénérés (remplacer = par $\supset$ si un état dégénéré intervient), où T_x, etc., sont les translations le long des axes correspondants.

Si le produit de deux espèces de symétrie est identique à l'espèce totalement symétrique, elles doivent être les mêmes. On peut donc récrire l'équation (7.120) sous la forme

$$\Gamma(\psi_e') \times \Gamma(\psi_e'') = \Gamma(T_x) \text{ et/ou } \Gamma(T_y) \text{ et/ou } \Gamma(T_z) \tag{7.121}$$

ou, si un état dégénéré intervient, = est remplacé par $\supset$. Ceci constitue la règle de sélection générale pour une transition entre deux états électroniques. Si l'état inférieur est l'état fondamental d'une molécule dont toutes les orbitales sont pleines, appelée molécule à couches fermées, ψ_e'' est totalement symétrique et l'équation (7.121) se simplifie en

$$\Gamma(\psi_e') = \Gamma(T_x) \text{ et/ou } \Gamma(T_y) \text{ et/ou } \Gamma(T_z) \tag{7.122}$$

Ce résultat est le même que la règle de sélection vibrationnelle dans l'infrarouge de l'équation (6.55).

Si des vibrations sont excitées dans l'un ou l'autre des états électroniques inférieur ou supérieur, ou dans les deux, le moment de transition vibronique $\mathbf{R}_{ev}$, correspondant au moment de transition $\mathbf{R}_e$ de l'équation (7.115), est donné par

$$\mathbf{R}_{ev} = \int \psi_{ev}^{\prime *} \mu \psi_{ev}^{\prime\prime} \, d\tau_{ev} \tag{7.123}$$

où ψ_{ev} est une fonction d'onde vibronique. En suivant les mêmes arguments que pour les transitions électroniques, la règle de sélection analogue à l'équation (7.121) est

$$\Gamma(\psi_{ev}^{\prime}) \times \Gamma(\psi_{ev}^{\prime\prime}) = \Gamma(T_x) \text{ et/ou } \Gamma(T_y) \text{ et/ou } \Gamma(T_z) \tag{7.124}$$

ou, puisque

$$\Gamma(\psi_{ev}) = \Gamma(\psi_e) \times \Gamma(\psi_v) \tag{7.125}$$

on obtient

$$\Gamma(\psi_e^{\prime}) \times \Gamma(\psi_v^{\prime}) \times \Gamma(\psi_e^{\prime\prime}) \times \Gamma(\psi_v^{\prime\prime}) = \Gamma(T_x) \text{ et/ou } \Gamma(T_y) \text{ et/ou } \Gamma(T_z) \tag{7.126}$$

Si un état dégénéré intervient, = est remplacé par $\supset$. Deux cas sont fréquents : soit c'est la même vibration qui est excitée dans les deux états, auquel cas $\Gamma(\psi_v^{\prime}) = \Gamma(\psi_v^{\prime\prime})$ et la règle de sélection est la même que la règle de sélection électronique, soit il n'y a pas de vibration excitée dans l'état inférieur ou dans l'état supérieur, ce qui entraîne que $\Gamma(\psi_v^{\prime})$ ou $\Gamma(\psi_v^{\prime\prime})$ est totalement symétrique.

7.3.3 Chromophores

Le concept de chromophore est analogue à celui de vibration de groupe discutée à la section 6.2.1. Comme pour une vibration de groupe, le nombre d'onde, ou la longueur d'onde, auquel se produit la transition électronique dans un groupe particulier, est transférable d'une molécule à une autre. Ce type de groupement s'appelle un chromophore, car il conduit à une couleur caractéristique du composé, due à l'absorption de rayonnement visible, ou ultraviolet, si l'on étend l'usage du terme « couleur ».

Le groupe éthylénique, $\gt C{=}C \lt$, en est un exemple. Toute molécule contenant le groupe, comme $H_2C{=}CH_2$, $XHC{=}CH_2$, $X_2C{=}CH_2$, ou le cyclohexène, présente un système d'absorption intense, avec une intensité maximum à une longueur d'onde d'environ 180 nm. Cependant, le groupe ne peut jouer le rôle de chromophore que s'il n'est pas conjugué avec un autre système d'électrons π : par exemple, le buta-1.3-diène et le benzène absorbent à des longueurs d'onde beaucoup plus grandes. D'autre part, le cycle benzénique lui-même peut être traité comme un chromophore présentant une absorption caractéristique relativement faible autour de 260 nm, comme le benzène lui-même (section 7.3.1.3) et, par exemple, le phénylcyclohexane.

De même, le groupe acétylénique, $-C{\equiv}C-$, offre un système d'absorption intense vers 190 nm, et le groupe allylique, $\gt C{=}C{=}C \lt$, absorbe fortement autour de 225 nm.

On identifie facilement un chromophore par une transition faisant intervenir une promotion π^*-n, car elle donne un système d'absorption faible caractéristique, habituellement situé aux grandes longueurs d'onde par rapport aux systèmes dus aux promotions $\pi^*-\pi$, et elle peut interférer avec ces derniers. Le groupe aldéhyde, –CHO, est un chromophore utile, présentant un système d'absorption π^*-n faible, à une longueur d'onde d'environ 280 nm, comme le formaldéhyde lui-même (section 7.3.1.2). Dans une molécule comme le benzaldéhyde (C_6H_5CHO), le groupe aldéhyde fait partie d'un système d'électrons π

conjugués et ne peut plus être traité comme un chromophore. La longueur d'onde à laquelle absorbe un chromophore peut être utilisée comme outil analytique, comme pour les vibrations de groupe, mais il est un peu moins pratique.

7.3.4 Structure vibrationnelle brute

Comme pour les molécules diatomiques (section 7.2.5.2), les transitions vibrationnelles (vibroniques) qui accompagnent une transition électronique peuvent être classées en progressions et en séquences, comme l'illustre la figure 7.18. Les principales différences, dans le cas des molécules polyatomiques, sont l'existence de $3N-6$ vibrations (ou $3N-5$ pour une molécule linéaire) — au lieu d'une seule — et le fait que certaines vibrations abaissent la symétrie de la molécule lorsqu'elles ne sont pas totalement symétriques.

7.3.4.1 Séquences

La séquence la plus courante, celle qui est associée à $\Delta v = 0$ dans la figure 7.18, est toujours autorisée par symétrie, car, quelle que soit la symétrie de la vibration correspondante, $\Gamma(\psi'_v) = \Gamma(\psi''_v)$ dans l'équation (7.126) et le produit $\Gamma(\psi'_v) \times \Gamma(\psi''_v)$ est totalement symétrique. Il peut y avoir plusieurs séquences avec $\Delta v_i = 0$ pour les différentes vibrations i, mais les séquences ne sont observées que si le nombre d'onde vibrationnel est suffisamment faible pour que les niveaux soient peuplés (voir l'équation 7.83). Dans les molécules planes, les vibrations hors du plan ont en général les nombres d'onde les plus faibles.

7.3.4.2 Progressions

7.3.4.2(a) Vibrations totalement symétriques. Lorsque les vibrations mises en jeu sont totalement symétriques, des progressions se forment pour les mêmes raisons que dans le cas des diatomiques. Le principe de Franck-Condon, décrit à la section 7.2.5.3, s'applique à chaque vibration prise séparément. S'il y a un changement de géométrie entre les états électroniques inférieur et supérieur, dans la direction de l'une des coordonnées normales, alors la vibration totalement symétrique correspondante est excitée et forme une progression. La longueur de la progression dépend de l'amplitude du changement de géométrie, comme l'illustre la figure 7.22 pour les diatomiques. Les intensités dans chaque progression sont données par l'équation (7.88), où l'intégrale de recouvrement vibrationnel s'applique à la vibration concernée.

La vibration d'élongation de CO dans le système $\tilde{A}\,^1A_2$–$\tilde{X}\,^1A_1$ du formaldéhyde (voir section 7.3.1.2) constitue un exemple de progression très étendue. Comme la promotion électronique π^*–n nécessite le passage d'un électron d'une orbitale non liante vers une orbitale antiliante entre les atomes C et O, il y a, dans l'état excité, un accroissement de la longueur de la liaison C=O (passant de 1,21 à 1,32 Å) et il en résulte une grande extension pour la progression de la vibration d'élongation de C=O.

Dans le système $\tilde{A}\,^1B_{2u}$–$\tilde{X}\,^1A_{1g}$ du benzène (voir section 7.3.1.3), un électron est promu d'une orbitale e_{1g} vers une orbitale plus antiliante e_{2u}, représentée dans la figure 7.36. Il en résulte un accroissement, dans l'état excité, de la longueur de toutes les liaisons C–C (passant de 1,397 à 1,434 Å). Cela conduit à la progression étendue observée dans le spectre d'absorption à basse résolution de la figure 7.42, impliquant ν_1[1], vibration symétrique de

1. En utilisant la numérotation de Wilson (voir la bibliographie du chapitre 6).

respiration de cycle, montrée dans la figure 6.13(f).

Dans la spectroscopie électronique des molécules polyatomiques, la notation des transitions vibroniques utilise $N_{\upsilon''}^{\upsilon'}$ pour indiquer que la vibration N est excitée avec υ'' quanta dans l'état inférieur et υ' quanta dans l'état supérieur. La transition électronique pure est notée 0_0^0. Cette notation est semblable à celle des transitions purement vibrationnelles, décrite à la section 6.2.3.1, mais elle est utilisée moins couramment.

Dans la figure 7.42, on voit que la progression est construite non sur la bande 0_0^0, mais sur 6_0^1. La raison sera explicitée à la prochaine section lorsque nous verrons comment des vibrations non totalement symétriques peuvent être actives dans un système de bandes électroniques.

7.3.4.2(b) Vibrations non totalement symétriques. D'après la règle de sélection vibronique générale (7.126), de nombreuses transitions vibroniques, faisant intervenir un quantum d'une vibration non totalement symétrique, sont autorisées. Considérons par exemple la molécule de chlorobenzène, dans le groupe $C_{2\upsilon}$, pour laquelle l'état fondamental est $^1A_1$ et un état électronique excité est $^1B_2$. Si un nombre quantique d'une vibration X, de symétrie b_2, est excité dans l'état électronique supérieur, et qu'aucune vibration n'est excitée dans l'état électronique inférieur, l'équation (7.126) devient

$$\Gamma(\psi'_e) \times \Gamma(\psi'_\upsilon) \times \Gamma(\psi''_e) \times \Gamma(\psi''_\upsilon) = B_2 \times B_2 \times A_1 \times A_1 = A_1 = \Gamma(T_z) \qquad (7.127)$$

Les transitions vibroniques X_0^1, ainsi que X_1^0 dans laquelle la même vibration b_2 est excitée dans l'état inférieur seulement, sont illustrées dans la figure 7.43. Les deux transitions vibroniques sont autorisées et sont polarisées selon l'axe des z, puisque le résultat de l'équation (7.127) est A_1 pour les deux transitions. La transition électronique est également autorisée, mais elle est polarisée selon l'axe des y. Comment les transitions vibroniques acquièrent-elles leur intensité ?

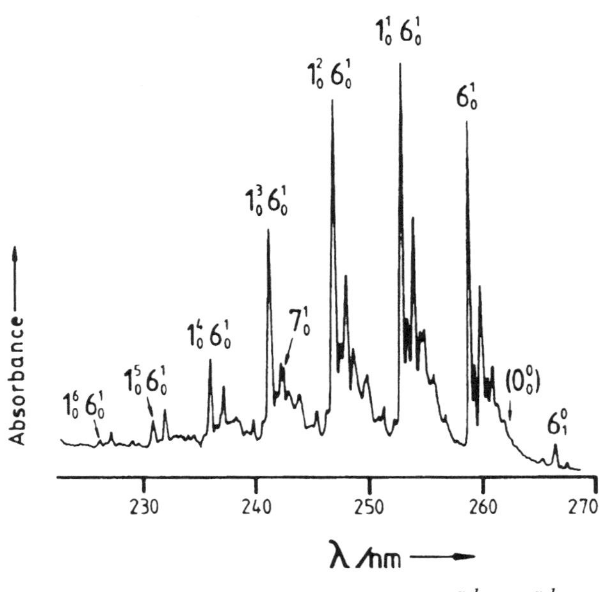

Fig. 7.42 — *Spectre d'absorption, à basse résolution,* $\tilde{A}\,^1B_{2u}-\tilde{X}\,^1A_{1g}$ *du benzène.*

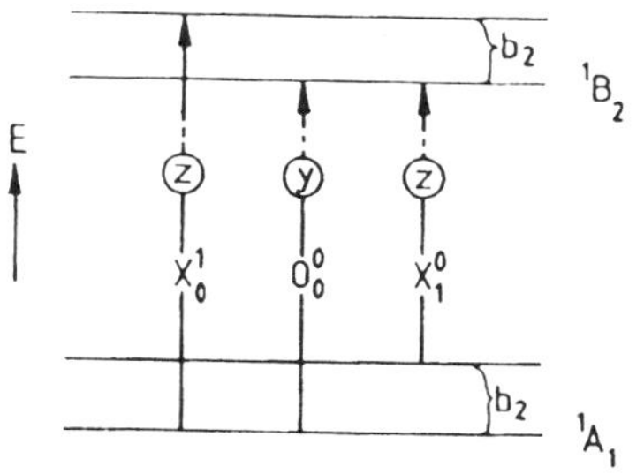

Fig. 7.43 — *Quelques transitions électroniques et vibroniques autorisées dans une molécule C_{2v}.*

En réalité, leur intensité est souvent très faible. De nombreuses transitions vibroniques, faisant intervenir des vibrations non totalement symétriques, mais autorisées par symétrie, peuvent être imaginées dans beaucoup de systèmes de bandes électroniques. Cependant, en pratique, peu d'entre elles ont une intensité suffisante pour qu'on puisse les observer. Pour celles qui ont une intensité suffisante, la première explication donnée pour justifier leur apparition est due à Herzberg et Teller.

L'approximation de Franck-Condon (voir section 7.2.5.3) suppose que les transitions électroniques sont très rapides par rapport au mouvement des noyaux. Cela conduit au résultat important selon lequel le moment de transition $\mathbf{R}_{ev}$ d'une transition vibronique est donné par

$$\mathbf{R}_{ev} = \mathbf{R}_e \int \psi_v'^* \psi_v'' \, \mathrm{d}Q \tag{7.128}$$

c'est-à-dire le moment de transition électronique multiplié par l'intégrale de recouvrement vibrationnel, comme pour une molécule diatomique (équation 7.88), mais en remplaçant r par la coordonnée vibrationnelle générale Q. Herzberg et Teller ont stipulé que, si une vibration non totalement symétrique est excitée, l'approximation de Franck-Condon n'est plus valable. La mise en défaut peut être représentée par un développement, en série de Taylor, du moment de transition électronique. En incluant les deux premiers termes de la série, cela donne

$$\mathbf{R}_e \approx (\mathbf{R}_e)_{\text{éq}} + \sum_i \left(\frac{\partial \mathbf{R}_e}{\partial Q_i}\right)_{\text{éq}} Q_i \tag{7.129}$$

où l'indice « éq » se rapporte à la configuration de la molécule à l'équilibre. Jusqu'à maintenant, nous avons négligé le deuxième terme à droite, et c'est ce terme qui change $\mathbf{R}_e$ lorsqu'une vibration i, de coordonnée Q_i, est excitée. En insérant cette expression de $\mathbf{R}_e$ dans l'équation (7.128), on obtient

$$\mathbf{R}_{ev} = \int \psi_v'^* \left[(\mathbf{R}_e)_{\text{éq}} + \sum_i \left(\frac{\partial \mathbf{R}_e}{\partial Q_i}\right)_{\text{éq}} Q_i \right] \psi_v'' \, \mathrm{d}Q_i \tag{7.130}$$

et, en intégrant les deux termes séparément,

$$\mathbf{R}_{ev} = (\mathbf{R}_e)_{\text{éq}} \int \psi_v'^* \psi_v'' \, \mathrm{d}Q_i + \sum_i \left(\frac{\partial \mathbf{R}_e}{\partial Q_i}\right)_{\text{éq}} \int \psi_v'^* Q_i \psi_v'' \, \mathrm{d}Q_i \tag{7.131}$$

Le premier terme à droite est le même que dans l'équation (7.128). Herzberg et Teller ont suggéré que le second terme, en particulier $(\partial \mathbf{R}_e/\partial Q_i)_{\text{éq}}$, puisse être non nul pour certaines vibrations non totalement symétriques. Comme l'intensité est proportionnelle à $|\mathbf{R}_e|^2$, ce terme est à l'origine de l'intensité des transitions vibroniques.

Le système $\tilde{A}\,^1B_2 - \tilde{X}\,^1A_1$ du chlorobenzène, molécule C_{2v}, est un exemple de transition vibronique faisant intervenir une vibration non totalement symétrique. Une vibration b_2, ν_{29}, avec un nombre d'onde de 615 cm^{-1} dans l'état $\tilde{X}$ et de 523 cm^{-1} dans l'état $\tilde{A}$, est active dans les bandes 29^1_0 et 29^0_1, de façon analogue au cas présenté dans la figure 7.43. Il y a dix vibrations b_2 dans le chlorobenzène, mais les autres sont beaucoup moins actives car, pour les autres vibrations b_2, le terme $(\partial \mathbf{R}_e/\partial Q_{29})_{éq}$ est beaucoup plus petit.

Le système $\tilde{A}\,^1B_2-\tilde{X}\,^1A_1$ du chlorobenzène est autorisé électroniquement, puisque $B_2 = \Gamma(T_z)$, ce qui vérifie l'équation (7.122). La bande 0^0_0 et les progressions dans les vibrations totalement symétriques qui sont construites par-dessus acquièrent leur intensité de la façon habituelle, grâce au permier terme de la partie droite de l'équation (7.131).

Le système $\tilde{A}\,^1B_{2u}-\tilde{X}\,^1A_{1g}$ du benzène (voir section 7.3.1.3), représenté dans la figure 7.42, est particulièrement intéressant. Il est interdit électroniquement, puisque B_{2u} n'est pas une symétrie de translation (voir table A.36 de l'annexe). Donc $(\mathbf{R}_e)_{éq}$ est nul et la bande 0^0_0 n'est pas observée. Toute l'intensité provient du deuxième terme de la partie droite de l'équation (7.131) et la plus grande partie grâce à la vibration e_{2g}, ν_6. Puisque

$$B_{2u} \times e_{2g} = E_{1u} = \Gamma(T_x, T_y) \tag{7.132}$$

la transition vibronique 6^1_0 est autorisée. Elle est représentée dans la figure 7.42. La grande valeur de $(\partial \mathbf{R}_e/\partial Q_6)_{éq}$ est responsable de l'intensité notable de cette bande, alors que les trois autres vibrations e_{2g}, ν_7, ν_8, et ν_9, sont beaucoup moins actives. La bande très faible 7^1_0 est représentée dans la figure 7.42, où apparaît aussi la bande 6^0_1, affaiblie par le facteur de population de Boltzmann, ainsi que la position prédite de la bande 0^0_0.

Le système $\tilde{A}\,^1A_2-\tilde{X}\,^1A_1$, π^*-n du formaldéhyde (voir section 7.3.1.2) est également interdit électroniquement, puisqu'A_2 n'est pas la symétrie d'une translation (voir table 4.11 dans l'annexe). La principale vibration non totalement symétrique qui est active est ν_4, la vibration de déformation hors du plan (voir l'exercice d'application 4.1 dans le chapitre 4), avec les transitions 4^1_0 et 4^0_1.

Ce système du formaldéhyde offre deux autres aspects intéressants. Tout d'abord, comme on l'a mentionné dans la section 7.3.1.2, la molécule est pyramidale dans l'état $\tilde{A}$, de sorte que, dans cet état, le potentiel de ν_4 est une fonction anharmonique. Il a une forme en W, ressemblant à celui de ν_2 dans l'état fondamental de l'ammoniac (figure 6.38), et une variation de géométrie entre les états $\tilde{X}$ et $\tilde{A}$ conduit à une progression en ν_4, en accord avec le principe de Franck-Condon. Le deuxième point intéressant est qu'on observe la bande 0^0_0, très faible. La raison en est que, bien que la transition soit interdite par les règles de sélection dipolaires électriques, elle est autorisée par les règles de sélection dipolaire magnétiques. Une transition dipolaire magnétique est autorisée si la symétrie de l'état excité est celle d'une *rotation* de la molécule : dans ce cas, $A_2 = \Gamma(R_z)$, comme le montre la table A.11 de l'annexe.

Toutes les transitions électroniques interdites des complexes octaédriques réguliers des métaux de transition, mentionnés à la section 7.3.1.4, sont induites par des vibrations non totalement symétriques.

Nous avons considéré des cas où $(\partial \mathbf{R}_e/\partial Q_i)_{éq}$, dans l'équation (7.131), peut être très grand pour une vibration non totalement symétrique, mais on connaît quelques cas où $(\partial \boldsymbol{R}_e/\partial Q_i)_{éq}$ est notable pour des vibrations totalement symétriques. Dans ce cas, le second terme de la partie droite de l'équation (7.131) fournit une source supplémentaire d'intensité pour les transitions vibroniques X^1_0 ou X^0_1, lorsque ν_X est totalement symétrique.

7.3.5 Structure fine rotationnelle

Comme dans le cas des molécules diatomiques, la structure fine rotationnelle des spectres électroniques des molécules polyatomiques est très similaire, en principe, à celle de leurs spectres vibrationnels dans l'infrarouge. Pour les molécules linéaires, les rotateurs symétriques, sphériques et asymétriques, les règles de sélection sont les mêmes que celles qui ont été discutées aux sections 6.2.3.1 à 6.2.3.4. En pratique, la différence majeure est que, comme pour les diatomiques, la variation de géométrie, donc des constantes rotationnelles, risque d'être plus grande d'un état électronique à un autre, que d'un état vibrationnel à un autre.

De l'état électronique fondamental à un état excité, l'excitation électronique se fait généralement vers une orbitale moins fortement liante, ce qui conduit à un accroissement de la taille de la molécule et à une diminution des constantes rotationnelles. L'effet est de dégrader la structure fine rotationnelle vers les faibles nombres d'onde, pour donner une structure fortement asymétrique, contrairement à la structure symétrique typique des transitions vibrationnelles.

Les figures 7.44 et 7.45 montrent des exemples de cette dégradation des bandes. La figure 7.44(a) présente la structure fine rotationnelle de la bande 0^0_0 du système $\tilde{A}\,^1B_{2u}-\tilde{X}\,^1A_g$ du 1,4-difluorobenzène, qui appartient au groupe ponctuel D_{2h}. La structure fine a la forme d'un contour de dizaines de milliers de transitions rotationnelles non résolues, qui offrent néanmoins des formes bien définies (il y a recouvrement avec une bande B^1_1, plus faible, de type similaire). Puisque $B_{2u} = \Gamma(T_y)$, comme l'indique la table A.32 de l'annexe, la transition électronique est autorisée avec polarisation selon l'axe des y (dans le plan, perpendiculaire à la droite F–C– – –C–F). Le 1,4-difluorobezène est un rotateur asymétrique allongé et, comme l'axe des y est l'axe d'inertie b, les règles de sélection rotationnelles de type B s'appliquent. La figure 7.44(b) est une simulation par ordinateur des bandes observées, avec le meilleur jeu possible de constantes rotationnelles pour l'état $\tilde{A}$. Les bandes de type A et de type C n'ont pas été observées dans le spectre. Les contours rotationnels, calculés avec les mêmes constantes rotationnelles que pour la figure 7.44(b), mais avec les règles de sélection de type A ou de type C, sont présentés dans la figure 7.45.

Les bandes typiques de type A, B et C des figures 7.44 et 7.45 apparaissent fortement dégradées vers les faibles nombres d'onde, et se distinguent facilement les unes des autres. Une caractéristique des spectres électroniques est de présenter, pour des molécules différentes, des bandes de type A, B et C d'allure très différente car leurs contours sont sensibles aux grandes différences de la variation des constantes rotationnelles lorsqu'on passe de l'état inférieur à l'état supérieur. Ainsi, bien que le concept de bandes vibrationnelles de type A, B, ou C avec un contour rotationnel typique, comme dans l'éhylène (figures 6.30 à 6.32) ou le perdeutéronaphtalène (figure 6.34), puisse être utilisé, on ne peut pas l'étendre aux bandes électroniques ou vibroniques.

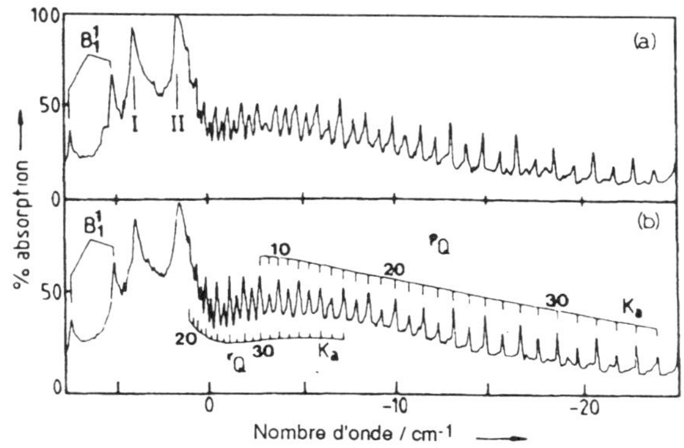

Fig. 7.44 — *(a) Contour rotationnel expérimental et (b) meilleur contour calculé, de la bande* 0^0_0, *de type B du système* $\tilde{A}\,^1B_{2u}-\tilde{X}\,^1A_g$ *du 1,4-difluorobenzène, présentant un recouvrement avec une bande de séquence notée* B^1_1. *(Reproduit, avec autorisation, de Cvitaš T. et Hollas J.M.,* Mol. Phys., ***18****, 793, 1970.)*

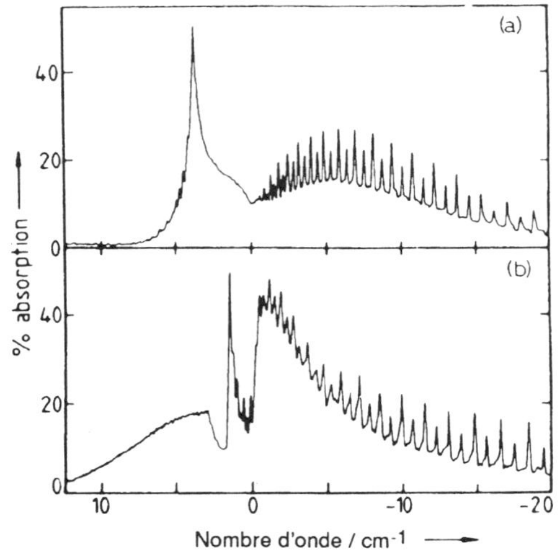

Fig. 7.45 — *Contours rotationnels calculés (a) de type A et (b) de type C, pour le 1,4-difluorobenzène, en utilisant les mêmes constantes rotationnelles que pour la figure 7.44(b). (Reproduit, avec autorisation, de Cvitaš T. et Hollas J.M.,* Mol. Phys., ***18****, 793, 1970.)*

De même, les bandes électroniques ou vibroniques parallèles ou perpendiculaires d'un rotateur symétrique (voir section 6.2.3.2) présentent de vastes variations de forme, contrairement aux bandes vibrationnelles parallèles ou perpendiculaires illustrées respectivement par les figures 6.28 et 6.29.

7.3.6 Spectres diffus

Par comparaison avec les diatomiques, les molécules polyatomiques ont une probabilité plus grande de présenter, dans les transitions électroniques, des structures rotationnelles, et même vibrationnelles, diffuses. L'aspect diffus a tendance à s'accroître lorsque l'énergie vibrationnelle augmente dans un état électronique excité. Ces observations indiquent qu'il faut chercher une explication différente pour les molécules polyatomiques, dans lesquelles, par exemple les états répulsifs, comme ceux qui ont été décrits pour les molécules diatomiques à la section 7.2.5.6, sont très peu probables.

L'encombrement spectral — trop de transitions rassemblées dans un domaine étroit de nombre d'onde — est l'une des raisons les plus simples expliquant cette tendance à l'aspect diffus des spectres électroniques des grosses molécules. Dans l'anthracène, C_4H_{10}, on a estimé qu'à température ordinaire, il y a en moyenne environ une centaine de transitions rotationnelles accompagnant la transition électronique $\tilde{A}\,^1B_{1u}-\tilde{X}\,^1A_g$, à l'intérieur de la largeur de raie rotationnelle (due à l'effet Doppler). De plus, il y a un encombrement des transitions vibroniques, en particulier dans les bandes de séquences, dû au grand nombre de vibrations — l'anthracène, par exemple, en a soixante-six. Il en résulte un spectre d'absorption $\tilde{A}-\tilde{X}$ ressemblant à un quasi-continuum, même en phase gazeuse à basse pression.

La largeur de raie $\Delta\tilde{\nu}$ d'une transition rotationnelle accompagnant une transition électronique ou vibronique est reliée à la durée de vie τ de l'état excité et à la constante de vitesse du premier ordre k, pour la désexcitation, par

$$\Delta \tilde{\nu} = \frac{1}{2\pi c\tau} = \frac{k}{2\pi c} \tag{7.133}$$

tirée des équations (2.25) et (2.23). Nous considérons un processus d'absorption à partir d'un état (singulet) S_0 d'une molécule vers l'état excité singulet de plus basse énergie S_1, comme le montre la figure 7.46. Lorsque la molécule arrive en S_1, elle peut se désexciter par fluorescence vers l'état fondamental par transition radiative, ou bien elle peut se désexciter par différents processus non radiatifs. La constante de vitesse du premier ordre contient alors une contribution radiative (k_r) et une contribution non radiative (k_{nr}) de sorte que

$$\Delta \tilde{\nu} = \frac{1}{2\pi c\tau}\left(\frac{1}{\tau_r} + \frac{1}{\tau_{nr}}\right) = \frac{k_r + k_{nr}}{2\pi c} \tag{7.134}$$

Dans une grosse molécule, les niveaux vibrationnels et rotationnels associés à n'importe quel état électronique deviennent tellement concentrés aux énergies vibrationnelles élevées qu'ils forment un pseudo-continuum. Ceci est illustré dans la figure 7.46, pour S_0, S_1 et pour l'état triplet excité le plus bas, T_1, situé au-dessous de S_1. Il apparaît que même le niveau de point zéro de S_1 peut être dégénéré avec les pseudo-continua associés à S_0 et T_1, augmentant ainsi l'efficacité de passage de S_1 à S_0, appelé conversion interne, et de S_1 à T_1, connu sous le nom de croisement inter-système. Chacun de ces processus non radiatifs diminue le rendement quantique de fluorescence à partir de S_1, Φ_F, où

$$\Phi_F = \frac{\text{nombre de molécules fluorescentes}}{\text{nombre de quanta absorbés}} \tag{7.135}$$

Pour certaines transitions $S_1 - S_0$, Φ_F est si faible que la fluorescence n'a pu être détectée.

La durée de vie τ_F de la fluorescence peut être mesurée directement et elle constitue la durée de vie de l'état S_1, en prenant en compte tous les processus de désexcitation. Elle est reliée à k_r et k_{nr} par

$$\tau_F = \frac{1}{k_r + k_{nr}} \tag{7.136}$$

Comme Φ_F est relié à k_r et k_{nr} par

$$\Phi_F = \frac{k_r}{k_r + k_{nr}} \tag{7.137}$$

la mesure de τ_F et de Φ_F peut fournir les valeurs de k_r et k_{nr}. Le tableau 7.11 donne quelques valeurs obtenues pour la fluorescence à partir du niveau de point zéro (0^0) et des niveaux vibroniques 6^1 et $1^1 6^1$ de l'état S_1 ($\tilde{A}\,^1B_{2u}$) du benzène, par observation, à basse pression pour

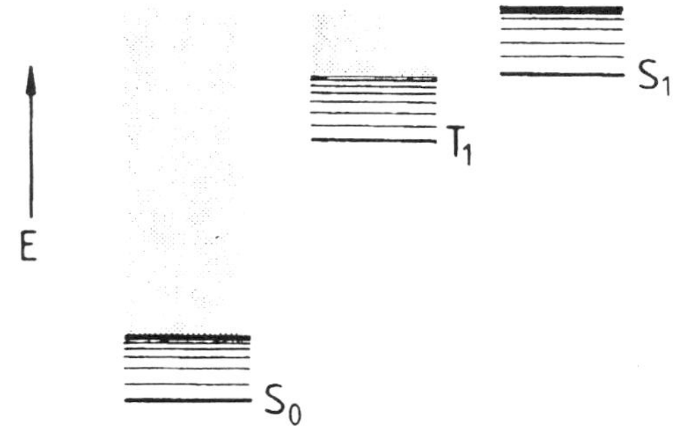

Fig. 7.46 — *Etats S_0, S_1, et T_1 d'une molécule polyatomique présentant des régions de faible densité d'états vibrationnels et, à plus haute énergie, des pseudo-continuums.*

Tab. 7.11 — *Rendement quantique de fluorescence Φ_F, durée de vie de fluorescence τ_F, constantes de vitesses radiative, k_r, et non radiative, k_{nr}, pour l'état S_1 du benzène.*

Niveau vibronique	Φ_F	τ_F / ns	k_r / s^{-1}	k_{nr} / s^{-1}
0^0	0,22	90	$2{,}4 \times 10^{-6}$	$8{,}7 \times 10^{-6}$
6^1	0,27	80	$3{,}4 \times 10^{-6}$	$9{,}1 \times 10^{-6}$
$1^1 6^1$	0,25	68	$3{,}7 \times 10^{-6}$	$11{,}0 \times 10^{-6}$

éviter les collisions, de la fluorescence consécutive à une occupation sélective de ces niveaux : la technique est nommée fluorescence de niveau vibronique unique (voir section 9.3.7). Les résultats montrent que la vitesse de relaxation non radiative de S_1 est supérieure à celle de la relaxation radiative pour les trois niveaux, et qu'il y a une certaine dépendance vis-à-vis de la vibration. Cette dépendance se retrouve également dans les valeurs de τ_F qui décroissent lorsque l'énergie vibrationnelle augmente, à cause de l'augmentation de la densité du pseudo-continuum dégénéré. On a montré que la relaxation de S_1 vers T_1 est le mécanisme dominant.

Dans le système $S_1 - S_0$ du benzène, il y a une chute brutale de Φ_F, qui devient presque nul lorsque les niveaux vibroniques peuplés préalablement à l'émission ont une énergie entre 2 800 et 3 300 cm^{-1} (33,5 et 39,5 kJ mol^{-1}) au-dessus du niveau de point zéro de S_1. Ceci est dû à l'ouverture d'un troisième canal de désexcitation (les deux autres étant S_0 et T_1), mais la nature de cette désexcitation est encore sujette à discussion.

EXERCICES

1. Indiquer quelles transitions électroniques, parmi les suivantes, sont interdites dans une molécule diatomique, en précisant quelles règles de sélection sont à l'origine de l'interdiction :

$$^1\Pi_g - {}^1\Pi_u, \qquad {}^1\Delta_u - {}^1\Sigma_g^+, \qquad {}^3\Phi_g - {}^1\Pi_g, \qquad {}^4\Sigma_g^+ - {}^2\Sigma_u^+$$

2. Comment seraient décrites les composantes d'un état électronqiue $^3\Delta_g$, dans l'approximation de couplage du cas (c) de Hund ?
3. Déterminer les états issus des configurations électroniques suivantes :

C_2 ... $(\sigma_u^*2s)^2 (\pi_u 2p)^3 (\sigma_g 2p)^1$

NO ... $(\sigma 2p)^1 (\pi 2p)^4 (\pi^* 2p)^2$

CO ... $(\sigma^* 2s)^1 (\pi 2p)^4 (\sigma 2p)^2 (\pi^* 2p)^1$

B_2 ... $(\sigma_u^*2s)^2 (\pi_u 2p)^1 (\pi_g^* 2p)^1$

Quel est l'état fondamental de B_2 ?

4. A partir des écarts suivants entre les niveaux vibrationnels de l'état électronique excité

$A^1\Pi$ de CO, déterminer les valeurs de ω_e et de $\omega_e x_e$, ainsi que celle de l'énergie de dissociation D_e :

$(\upsilon + 1) - \upsilon$	1–0	2–1	3–2	4–3	5–4	6–5
$[G(\upsilon + 1) - G(\upsilon)]/\text{cm}^{-1}$	1 484	1 444	1 411	1 377	1 342	1 304

5. Dessiner les courbes d'énergie potentielle des états suivants de CdH, Br_2, et CH, étant données leurs distances internucléaires r_e, et proposer des distributions qualitatives de l'intensité pour les progressions $\upsilon'' = 0$ des transitions, observées en absorption, entre ces états :

Molécule	État	r_e / Å
CdH	$X^2\Sigma^+$	1,781
	$A^2\Pi$	1,669
Br_2	$X^1\Sigma_g^+$	2,281
	$B^3\Pi_{0_u^+}$	2,678
CH	$X^2\Pi$	1,120
	$C^2\Sigma^+$	1,114

6. Mesurer approximativement les nombres d'onde des transitions rotationnelles des branches P et R dans la bande 0–0 de la transition électronique $A^1\Sigma^+ - X^1\Sigma^+$ de CuH (figure 7.26), et en déduire les valeurs de r_0 dans les états A et X, en négligeant la distorsion centrifuge.
7. Discuter brièvement les orbitales de AlH_2 et la forme de la molécule dans l'état fondamental et dans le premier état excité.
8. Pour le formaldéhyde, donner la configuration d'OM la plus basse résultant d'une promotion $\pi^*-\pi$ et en déduire les états qui en sont issus.
9. Montrer que le déterminant de l'équation (7.107) donne les résultats de l'équation (7.109).
10. Ecrire les configurations orbitalaires dans le champ cristallin pour les complexes des métaux de transition suivants : $[Cu(H_2O)_6]^{2+}$, $[V(H_2O)_6]^{3+}$, $[Mn(H_2O)_6]^{2+}$-haut spin, $[Co(NH_3)_6]^{3+}$-bas spin. Expliquer pourquoi $[Mn(H_2O)_6]^{2+}$ n'est pas coloré.
11. La transition électronique ${}^1B_{3g} - {}^1A_g$ dans une molécule appartenant au groupe ponctuel D_{2h} est interdite. Quelles sont les symétries des vibrations X qui permettraient les transitions X_0^1 et X_1^0 ?
12. Montrer que les transitions suivantes :

    (a) ${}^1E - {}^1A_1$ dans le fluorure de méthyle ;
    (b) ${}^1A_2'' - {}^1A_1'$ dans le 1,3,5-trichlorobenzène ;
    (c) ${}^1B_2 - {}^1A_1$ dans l'allène ($CH_2{=}C{=}CH_2$) ;

    sont autorisées, déterminer la direction du moment de transition et indiquer les règles de sélection rotationnelles qui s'appliquent.

BIBLIOGRAPHIE

CANDLER C. — *Atomic Spectra.* Hilger and Watts, Londres, 1964.

CONDON E.V. et SHORTLEY G.H. — *The Theory of Atomic Spectra.* Cambridge University Press, Londres, 1953.

COULSON C.A. — *Valence.* Oxford University Press, Oxford, 1961.

COULSON C.A. et MCWEENEY R. — *Coulson's Valence.* Oxford University Press, Oxford, 1979.

HERZBERG G. — *Atomic Spectra and Atomic Structure.* Dover. New York, 1944.

HERZBERG G. — *Spectra of Diatomic Molecules.* Van Nostrand, New York, 1950.

HERZBERG G. — *Electronic Spectra of Polyatomic Molecules.* Van Nostrand. New York, 1966.

HUBER K. P. et HERZBERG G. — *Constants of Diatomic Molecules.* Van Nostrand Reinhold, New York, 1979.

KETTLE S.F.A. — *Symmetry and Structure.* Wiley, Londres, 1985.

KING G.W. — *Spectroscopy and Molecular Structure.* Holt, Rinehart and Winston, New York, 1964.

KUHN H.G. — *Atomic Spectra.* Longman, Londres, 1969.

MURREL J.N., KETTLE S.F.A. et TEDDER J.M. — *Valence Theory.* Wiley, Londres, 1965.

MURREL J.N., KETTLE S.F.A. et TEDDER J.M. — *The Chemical Bond.* Wiley, Londres, 1978.

ROSEN B. Ed. — *Spectroscopic Data Relative to Diatomic Molecules.* Pergamon, Oxford, 1970.

SOFTLEY T.P. — *Atomic Spectra.* Oxford University Press, Oxford, 1994.

STEINFELD J.I. — *Molecules and Radiation.* Harper and Row, New York, 1974.

WALSH A.D. — *J. Chem. Soc.* **1953**, 2260–2317 (1953).

Spectroscopie de photoélectrons et spectroscopies apparentées

8.1 SPECTROSCOPIE DE PHOTOÉLECTRONS

La spectroscopie de photoélectrons concerne les électrons éjectés par des atomes ou des molécules à la suite d'un bombardement par des photons monochromatiques. Les électrons éjectés s'appellent des photoélectrons et ont été mentionnés à la section 1.2, à propos de l'effet photoélectrique. A l'origine, cet effet a été observé sur des surfaces de métaux facilement ionisables, comme les métaux alcalins. Le bombardement de la surface à l'aide de photons de fréquence accordable ne produit pas de photoélectrons tant que le seuil en fréquence n'est pas atteint (voir figure 1.2). A cette fréquence ν_S, l'énergie du photon est juste suffisante pour vaincre le travail d'extraction du métal, Φ, de sorte que

$$h\nu_S = \Phi \tag{8.1}$$

A des fréquences plus élevées, l'excès d'énergie des photons est converti en énergie cinétique des photoélectrons

$$h\nu = \Phi + \frac{1}{2} m_e v^2 \tag{8.2}$$

où m_e et v sont leur masse et leur vitesse.

Pour les surfaces des métaux alcalins, le travail d'extraction n'est que de quelques électron-volts[1] de sorte que l'énergie d'une radiation dans l'ultraviolet proche est suffisante pour produire l'ionisation.

La spectroscopie de photoélectrons est simplement une extension de l'effet photoélectrique, utilisant des photons incidents de plus haute énergie, et appliquée non seulement à l'étude des surfaces de solides, mais aussi à celle d'échantillons en phase gazeuse. Les équations (8.1) et (8.2) s'appliquent toujours, mais, pour des mesures en phase gazeuse en particulier, le travail d'extraction est habituellement remplacé par l'énergie d'ionisation I[2], de sorte que l'équation (8.2) devient

$$h\nu = I + \frac{1}{2} m_e v^2 \tag{8.3}$$

Même si la théorie de l'effet photoélectrique a été développée dès 1906 par Einstein, ce n'est que dans les années 1960 qu'est apparue la spectroscopie photoélectronique telle que nous la connaissons aujourd'hui, en particulier grâce à Siegbahn, Turner et Price.

Pour un atome ou une molécule en phase gazeuse, la figure 8.1 partage les orbitales (OA ou OM) en orbitales de cœur et orbitales de valence. Chaque orbitale est supposée non dégénérée et peut recevoir deux électrons ayant des spins antiparallèles. L'énergie orbitalaire, toujours négative, est mesurée par rapport à une origine des énergies correspondant à l'arrachement d'un électron de cette orbitale, emporté à l'infini. Les électrons de valence, ou de couche externe, ont des énergies orbitalaires plus élevées que les électrons de cœur, ou de

1. 1 eV = 96,485 kJ mol^{-1} = 8 065,54 cm^{-1}.

2. On l'appelle souvent « potentiel d'ionisation », mais comme le montre l'équation (8.3), I a la dimension d'une énergie et il est préférable d'utiliser le terme « énergie d'ionisation ».

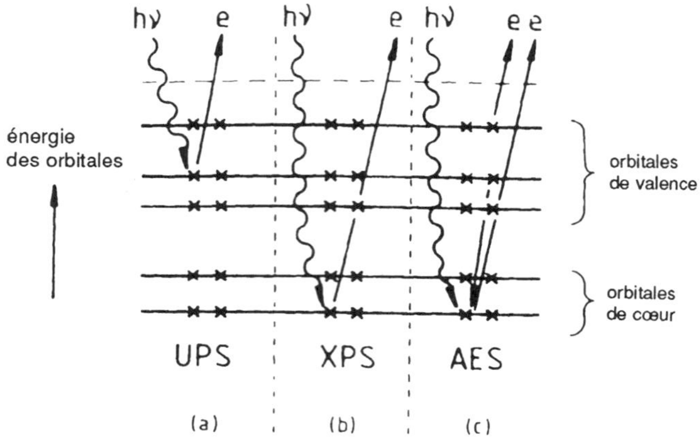

Fig. 8.1 — *Processus se produisant dans (a) la spectroscopie de photoélectrons induite par rayonnement ultraviolet (UPS), (b) la spectroscopie de photoélectrons induite par rayons X (XPS) et (c) la spectroscopie d'électrons Auger (AES).*

couche interne. Si l'on utilise une source monochromatique de rayons X mous (énergie faible), la technique s'appelle souvent spectroscopie de photoélectrons induite par rayons X, abrégée parfois, comme nous le ferons ici, en XPS (*X-ray Photoelectron Spectroscopy*). D'autre part, une radiation dans l'ultraviolet lointain a une énergie suffisante pour n'arracher que les électrons de valence, et ce type de source est utilisée dans la spectroscopie de photoélectrons induite par rayonnement ultraviolet, ou UPS (*Ultraviolet Photoelectron Spectroscopy*).

Bien que, conceptuellement, la distinction entre XPS et UPS soit artificielle, elle est souvent commode, à cause de l'utilisation de techniques expérimentales différentes.

Dans la spectroscopie de photoélectrons et les spectroscopies apparentées, les sigles sont nombreux, mais nous n'utiliserons que XPS et UPS (ainsi que AES, XRF, et EXAFS, aux sections 8.2 et 8.3). En outre, le sigle ESCA (*Electronic Spectroscopy for Chemical Analysis*) mérite d'être commenté rapidement. Il signifie « spectroscopie électronique pour l'analyse chimique », dans laquelle la spectroscopie électronique correspond aux diverses branches de la spectroscopie concernées par l'éjection d'un électron d'un atome ou d'une molécule. Cependant, comme le sigle ESCA a été introduit dans le cadre de travaux effectués dans le domaine de la XPS, il est d'usage de parler de XPS plutôt que de spectroscopie électronique en général.

Les figures 8.1(a) et (b) illustrent le processus mis en jeu dans l'UPS et la XPS. Dans les deux cas, un photoélectron est éjecté à la suite d'une interaction de l'atome ou de la molécule M, qui est ionisée pour conduire à l'espèce chargée une fois, M^+.

$$M + h\nu \rightarrow M^+ + e \tag{8.4}$$

8.1.1 Méthodes expérimentales

La figure 8.2 illustre, de façon schématique, l'arrangement général des éléments constituant un spectromètre de photoélectrons induits par rayonnement ultraviolet ou par rayons X (voir aussi la figure 8.5 pour des schémas détaillés). Lorsque l'échantillon dans la chambre cible est bombardé par des photons, des photoélectrons sont éjectés dans toutes les directions. Quelques-uns sortent par la fente et pénètrent dans l'analyseur d'énergie électronique qui sépare les électrons en fonction de leur énergie cinétique, un peu comme les ions sont séparés dans un spectromètre de masse. Les électrons traversent la fente de sortie de l'analyseur en direction d'un détecteur d'électrons, et le spectre enregistré correspond au nombre d'électrons par unité de temps (souvent en coups s^{-1}), en fonction *soit* de l'énergie d'ionisation, *soit* de l'énergie cinétique des photoélectrons (il faut parfois faire attention à l'échelle d'énergie : sur un spectre donné, elles augmentent dans des directions opposées). Une pression faible doit être maintenue dans l'analyseur (de l'ordre de 10^{-5} torr) et dans la chambre cible (de l'ordre de 10^{-2} torr).

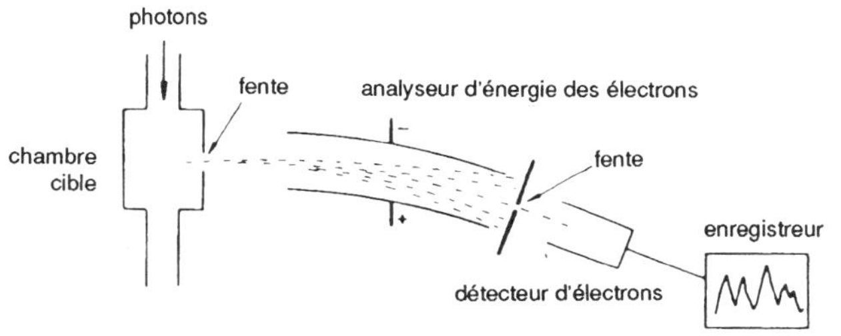

Fig. 8.2 — *Principales composantes d'un spectromètre de photoélectrons.*

8.1.1.1 Sources de radiations monochromatiques ionisantes

Pour l'UPS, il est nécessaire d'avoir une source fournissant une énergie d'au moins 20 eV, et de préférence 50 eV, car l'énergie d'ionisation la plus basse pour un atome ou une molécule est typiquement de 10 eV et il faut également pouvoir détecter des processus d'ionisation à plus haute énergie. Ce type de source est principalement obtenu par une décharge dans les gaz He ou Ne, conduisant à une émission de radiation dans l'ultraviolet lointain par l'atome ou l'ion positif. La décharge dans l'hélium est la plus souvent utilisée et elle produit de façon prédominante une radiation de 21,22 eV, due à la transition 2^1P_1 $(1s^12p^1) - 1^1S_0$ $(1s^2)$ de l'atome à 58,4 nm (voir figure 7.9) : on la nomme radiation He Iα, ou plus simplement He I.

On peut changer les conditions de la lampe à décharge d'hélium de sorte que l'hélium soit ionisé de façon prédominante en He^+ (He II). La radiation est due principalement à la transition $n = 2 - n = 1$ de He II (analogue au premier membre de la série de Lyman de l'atome d'hydrogène, dans la figure 1.1) à 30,4 nm, avec une énergie de 40,81 eV. Un filtre constitué d'une mince feuille d'aluminium peut être utilisé pour enlever la radiation He I.

Lorsque l'on utilise une lampe à décharge dans le néon, la radiation prédominante se produit avec *deux* longueurs d'onde rapprochées, à 74,4 et 73,6 nm, correspondant à des énergies de 16,67 et 16,85 eV, ce qui rend cette source moins pratique que la source He I, qui est plus monochromatique et plus énergétique.

Les sources de rayonnement X couramment utilisées sont Mg$K\alpha$ et Al$K\alpha$, où $K\alpha$ indique qu'un électron a été arraché de la couche K (n = 1) par des électrons frappant une surface de Mg ou d'Al, la radiation étant due à l'énergie émise lorsqu'un électron retombe de la couche d'énergie immédiatement supérieure, ici la couche L (n = 2), pour remplir la lacune. La radiation Mg$K\alpha$ consiste principalement en un doublet de 1 253,7 et 1 253,4 eV, la radiation Al$K\alpha$ étant également constituée principalement d'un doublet, avec des énergies de 1 486,7 et

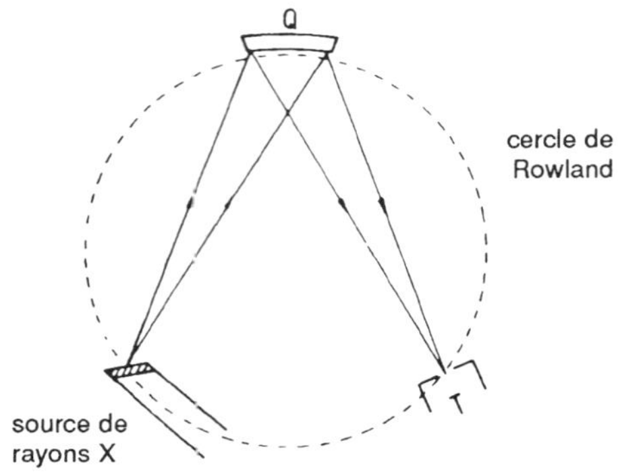

Fig. 8.3 — *Monochromateur à rayons X utilisant un cristal de quartz courbe, Q.*

1 486,3 eV. De plus, un faible fond continu, appelé *bremsstrahlung*, ainsi que plusieurs raies satellites accompagnent les deux doublets. Le *bremsstrahlung* et les satellites peuvent être éliminés à l'aide d'un monochromateur, illustré par la figure 8.3. Un cristal de quartz Q courbe forme un réseau concave de diffraction des rayons X. La source de rayons X et la chambre cible T du spectromètre de photoélectrons sont placées à leurs positions sur le cercle de Rowland. Ce cercle a un diamètre égal au rayon de courbure du réseau et a pour propriété qu'une radiation provenant d'une source sur le cercle est diffractée par le réseau et focalisée à un autre point du cercle.

Le monochromateur est utile non seulement pour éliminer les raies non souhaitées de la source de rayons X, mais aussi pour affiner des raies qui auraient été larges. Par exemple, chacun des doublets Mg$K\alpha$ et Al$K\alpha$ a une largeur d'environ 1 eV à mi-hauteur et n'est pas résolu. Un monochromateur peut réduire la largeur de raie à environ 0,2 eV. Cette réduction est très importante, car dans un spectre XPS, contrairement à un spectre UPS, la résolution est limitée par la largeur de raie de la radiation ionisante. Malheureusement, même après un rétrécissement de la raie à 0,2 eV (1 600 cm^{-1}), la largeur de raie est trop grande par rapport à celle d'une source à l'hélium ou au néon, dans l'ultraviolet. A cause de cela, bien que les électrons de valence, comme les électrons de cœur, soient arrachés par les rayons X, une résolution bien meilleure est obtenue lorsque les couches de valence sont étudiées par UPS.

Un anneau de stockage d'une source de rayonnement synchrotron constitue une source importante aussi bien de radiation ultraviolette que de rayons X. Celle qui est illustrée dans la figure 8.4 est située à Daresbury (Angleterre)[1]. Un faisceau d'électrons est engendré dans un petit accélérateur linéaire. Des impulsions de ces électrons sont injectées tangentiellement dans un synchrotron amplificateur, appelé aussi *booster* ou élanceur, où ils sont accélérés par une radiation de 500 MHz qui provoque la formation de paquets séparés par un intervalle de temps de 2,0 ns. Les électrons sont contraints à suivre une orbite circulaire au moyen d'aimants de courbure dipolaires. Lorsque les électrons ont atteint une énergie de 600 MeV, ils sont extraits tangentiellement dans l'anneau de stockage, où ils sont à nouveau accélérés jusqu'à 2 GeV. Ensuite, il suffit d'une faible puissance pour garder les électrons en orbite.

Les électrons stockés en orbite perdent continuellement de l'énergie sous forme de rayonnement électromagnétique, polarisé rectilignement de façon prédominante, et sortant tangentiellement sous forme d'impulsions de durée 0,17 ns et espacées de 2,0 ns. Plusieurs

1. En France, il existe actuellement deux sources de rayonnement synchroton : LURE (Orsay) et ESRF (Grenoble)(NdT).

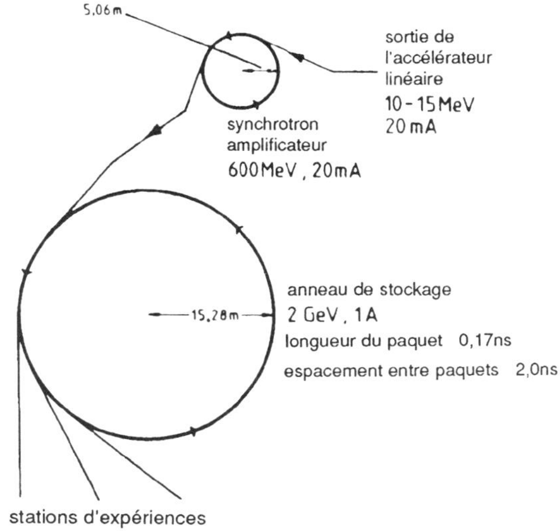

Fig. 8.4 — *L'anneau de stockage de Daresbury (Angleterre).*

lignes de lumière sont disposées autour de l'anneau, desservant différents postes d'expériences. La radiation est continue de l'infrarouge lointain au domaine des rayons X, mais le gain en intensité, comparé aux sources conventionnelles, est le plus marqué dans l'ultraviolet lointain, et, particulièrement dans le domaine des rayons X, où le gain atteint un facteur 10^5 à 10^6. Il faut utiliser un monochromateur pour sélectionner une bande étroite de longueurs d'onde.

8.1.1.2 Analyseurs d'énergie cinétique des électrons

La mesure de l'énergie cinétique des photoélectrons (équation 8.3) est obtenue en mesurant leur vitesse. Celle-ci peut être effectuée par diverses méthodes, et la figure 8.5 présente quatre d'entre elles.

Dans l'analyseur à grille retardatrice, dans la figure 8.5(a), les photoélectrons sont produits le long de l'axe d'un collecteur cylindrique d'électrons. On fait varier doucement le potentiel de retardement, appliqué à la grille retardatrice cylindrique, et lorsqu'il correspond à l'énergie de certains photoélectrons émis, il y a une diminution du courant électronique I détecté. Ce courant présente, lorsqu'on le trace en fonction du potentiel retardateur V, une série de sauts, chacun d'eux correspondant à une énergie d'ionisation de l'échantillon. Un simple circuit dérivateur convertit les sauts en pics dans le spectre de photoélectrons, qui donne le tracé de $\mathrm{d}I/\mathrm{d}V$ en fonction de V. Le rôle de la grille à fentes est de limiter les photoélectrons qui vont en direction de la grille retardatrice à ceux qui sont émis perpendiculairement à l'axe du cylindre.

L'analyseur à grille sphérique, dans la figure 8.5(b), présente l'avantage de collecter tous les photoélectrons engendrés au centre, quelle que soit la direction de leur déplacement. Dans ce schéma, il y a deux grilles retardatrices sphériques.

Les analyseurs des figures 8.5(a) et (b) sont pratiques pour des échantillons gazeux. Ceux des figures 8.5(c) et (d) peuvent être aussi utilisés pour des échantillons solides. Dans

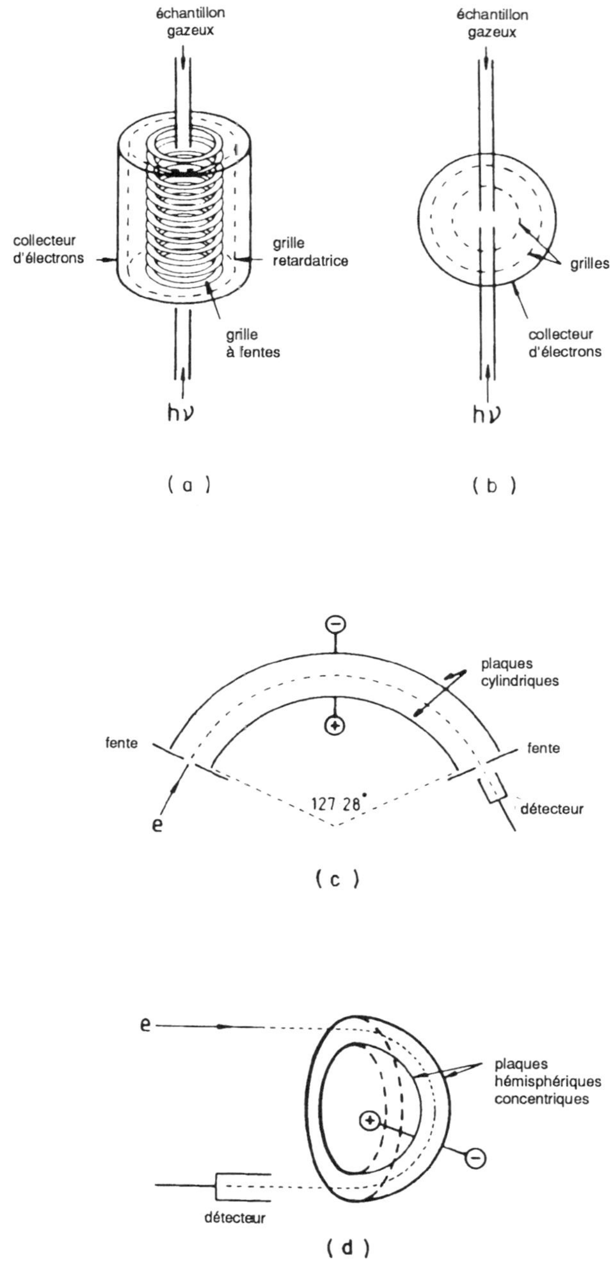

Fig. 8.5 — *(a) Grille retardatrice, (b) grille sphérique, et analyseurs (c) cylindrique à 127° et (d) hémisphérique.*

l'analyseur cylindrique à 127° de la figure 8.5(c), quelques photoélectrons produits pénètrent dans la fente et ont une trajectoire entre les deux plaques qui sont des sections de cylindres concentriques de 127,28°. Un champ électrostatique variable est appliqué entre les plaques et les électrons émergent de la fente de sortie seulement si le champ est tel qu'ils suivent la trajectoire circulaire indiquée. On varie lentement le champ et on compte les électrons émis.

L'analyseur hémisphérique de la figure 8.5(d) fonctionne sur un principe similaire, mais présente l'avantage de collecter un plus grand nombre de photoélectrons. On utilise souvent un analyseur constitué de deux plaques concentriques, qui sont des parties d'hémisphères, appelées plaques de secteur sphérique, dans les spectromètres qui fonctionnent à la fois en UPS et en XPS.

8.1.1.3 Détecteurs d'électrons

Le détecteur peut être un simple électromètre lorsqu'on utilise un analyseur à grille cylindrique ou sphérique. Avec les autres types de détecteur, les électrons collectés sont moins nombreux, et un multiplicateur d'électrons, qui possède une sensibilité beaucoup plus grande, est nécessaire. Il est constitué d'un certain nombre de dynodes, chacune d'elles produisant plus d'électrons qu'elle n'en reçoit. Pour avoir un courant mesurable, il faut environ dix à vingt dynodes. Une alternative est l'utilisation d'un multiplicateur d'électrons multicanaux placé dans le plan focal de l'analyseur, et permettant de collecter simultanément les électrons dans toute une gamme d'énergies.

8.1.1.4 Résolution

Comme on l'a déjà mentionné, la résolution en XPS est généralement limitée par la largeur de raie de la radiation ionisante. En UPS, la résolution que l'on peut obtenir dépend de certains facteurs comme l'efficacité de l'écrantage du spectromètre envers les champs magnétiques résiduels (incluant celui de la Terre) et de la propreté des surfaces de l'analyseur. La résolution diminue lorsque l'énergie cinétique des photoélectrons est inférieure à environ 5 eV. La meilleure résolution obtenue en UPS est de l'ordre de 4 meV (32 cm^{-1}), ce qui veut dire que cette technique est fondamentalement de basse résolution, comparée aux méthodes spectroscopiques discutées précédemment. C'est pour cette raison que la structure fine rotationnelle accompagnant le processus d'ionisation des gaz en UPS est très difficile à observer. Cela n'a pu être réalisé que pour quelques molécules possédant un moment d'inertie faible, comme H_2 et H_2O, mais nous n'en parlerons pas ici.

La résolution de 0,2 eV (1 600 cm^{-1}) possible en XPS est même trop faible, dans la plupart des cas, pour observer la structure vibrationnelle brute accompagnant le processus d'ionisation.

8.1.2 Processus d'ionisation et théorème de Koopmans

Le processus de photoionisation que nous allons considérer à la fois en UPS et en XPS est celui de l'équation (8.4) dans laquelle un ion M^+, chargé une fois, est produit. La règle de sélection pour ce type de processus est triviale — *toutes* les ionisations sont autorisées.

Si M est un atome, la variation totale de moment angulaire pour le processus $M + h\nu \rightarrow M^+ + e$ doit obéir à la règle de sélection dipolaire électrique $\Delta\ell = \pm 1$ (voir l'équation 7.21), mais le photoélectron est capable d'emporter *toutes* les valeurs possibles du moment. Si, par exemple, l'électron arraché provient d'une orbitale d ($\ell = 2$) de M, suivant que $\Delta\ell = -1$ ou $+1$, il emporte respectivement un ou trois quanta de moment angulaire. La fonction d'onde d'un électron libre peut être décrite, en général, comme un mélange de fonctions d'onde *s*, *p*, *d*, *f*, ..., mais, dans ce cas, l'électron éjecté a simplement un caractère *p* et *f*.

Dans les molécules également, il n'y a pas de restriction à l'arrachement d'un électron. La principale différence par rapport aux atomes est que, comme la symétrie est plus basse, les OM elles-mêmes sont des mélanges d'OA *s*, *p*, *d*, *f*, ..., et l'électron éjecté est décrit par un mélange plus complexe de caractères *s*, *p*, *d*, *f*, ...

Il apparaît dans les figure 8.1(a) et (b) que l'énergie requise pour arracher un électron d'une orbitale (atomique ou moléculaire) est une mesure directe de l'énergie orbitalaire. C'est vrai en première approximation, et cela a été proposé la première fois par Koopmans, dont le théorème peut être énoncé de la façon suivante : « Pour une molécule à couche fermée, l'énergie d'ionisation d'un électron dans une orbitale donnée est approximativement égale à l'opposé de l'énergie de l'orbitale, calculée par une méthode SCF (voir section 7.1.1) », soit, pour une orbitale i,

$$I_{\mathrm{i}} \approx -\varepsilon_{\mathrm{i}}^{\mathrm{SCF}} \tag{8.5}$$

Le signe moins est lié à la convention selon laquelle les énergies orbitalaires ε_{i} sont négatives.

Au niveau de la simple théorie de la valence, le théorème de Koopmans semble si évident que son énoncé n'a pas d'intérêt. Cependant, ce n'est plus le cas avec une théorie plus précise, et il est très intéressant de s'attacher à comprendre dans quelle mesure l'équation (8.5) est seulement approchée.

L'énergie d'ionisation mesurée I_{i} est bien la différence d'énergie entre M et M^+, mais l'approximation provient de l'identification de celle-ci avec l'énergie de l'orbitale. La notion d'orbitale est un concept entièrement théorique et on ne peut obtenir exactement son énergie que par calcul, avec, en outre, beaucoup de difficulté pour les systèmes à plusieurs électrons. Les énergies d'ionisation expérimentales sont des quantités mesurables qui correspondent très fortement aux énergies orbitalaires.

Les trois facteurs les plus importants qui contribuent à l'approximation de l'équation (8.5) sont relatifs aux principaux défauts des calculs SCF, et sont :

1. La réorganisation électronique. Les orbitales de M^+ ne sont pas exactement les mêmes que celles de M, puisqu'il y a un électron en moins. Les électrons de M^+ sont donc placés dans des orbitales légèrement réorganisées par rapport à celles qui ont été calculées pour M, c'est-à-dire
$$\varepsilon_{\mathrm{i}}^{\mathrm{SCF}}(\mathrm{M}^+) \neq \varepsilon_{\mathrm{i}}^{\mathrm{SCF}}(\mathrm{M}) \tag{8.6}$$
2. La corrélation électronique. Les électrons dans un atome ou une molécule ne se déplacent pas de façon entièrement indépendante, mais leurs mouvements sont corrélés. L'énergie de corrélation correspondante est souvent négligée dans les calculs SCF.
3. Les effets relativistes. Le fait de négliger les effets de la relativité sur les énergies orbitalaires est un autre défaut courant des calculs SCF et il est particulièrement important pour les énergies des orbitales de cœur, où il peut être très grand.

Dans la plupart des cas de molécules à couches fermées, le théorème de Koopmans est une approximation raisonnable, mais N_2 (voir section 8.1.3.2b) est une exception notable. Pour les molécules à couche ouverte, comme O_2 et NO, le théorème ne s'applique pas.

8.1.3 Spectres de photoélectrons et interprétation

L'information la plus simple, et peut-être la plus importante, tirée des spectres de photoélectrons est l'énergie d'ionisation pour les électrons de valence et de cœur. Très peu étaient connues avant le développement de la spectroscopie de photoélectrons, en particulier

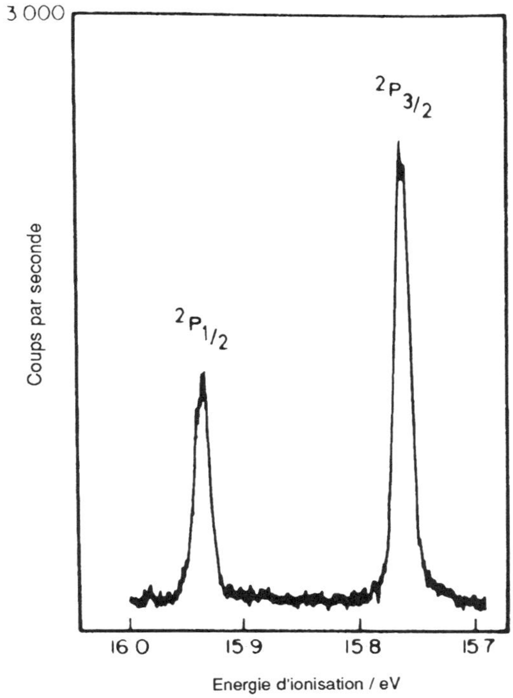

Fig. 8.6 — *Spectre UPS He I de l'argon. (Reproduit, avec autorisation, de Turner D.W., Baker C., Baker A.D. et Brundle C.R.,* Molecular Photoelectron Spectroscopy, *p. 41, Wiley, Londres, 1970).*

pour les molécules polyatomiques. Il était impossible auparavant d'obtenir les énergies d'ionisation des électrons de cœur, et d'illustrer à quel point les orbitales de cœur diffèrent des orbitales atomiques pures décrites dans une simple théorie de la valence.

A cause de la validité générale du théorème de Koopmans pour les molécules à couche fermée, les énergies d'ionisation et, comme nous le verrons, la structure vibrationnelle associée représentent une illustration éclatante de la validité d'une théorie tout à fait simplifiée des OM des électrons de valence.

8.1.3.1 Spectres de photoélectrons des atomes dans l'ultraviolet

Dans le cas des atomes, il est peu probable que l'UPS fournisse des informations qu'on ne peut pas obtenir par ailleurs. En outre, de nombreux matériaux ont des tensions de vapeur tellement faibles que leur spectre UPS ne peut être enregistré qu'à haute température. Les gaz rares, le mercure et, dans une certaine mesure, la métaux alcalins sont des exceptions, mais nous ne considérerons ici que le spectre de l'argon.

Le spectre He I (21,22 eV) de l'argon est présenté dans la figure 8.6. Chacun des deux pics résulte de l'éjection d'un électron de l'orbitale 3p dans le processus

$$\text{Ar}\ (KL3s^2 3p^6) \rightarrow \text{Ar}^+\ (KL3s^2 3p^5) \qquad (8.7)$$

Tab. 8.1 — *Énergies d'ionisation les plus basses de quelques gaz rares.*

	I / eV	
	$^2P_{3/2}$	$^2P_{1/2}$
Ar	15,759	15,937
Kr	14,000	14,665
Xe	12,130	13,436

Nous pouvons déduire de la discussion à la section 7.1.2.3 que l'état issu de la configuration fondamentale de Ar est $^1S_0$. D'autre part, la configuration fondamentale de Ar^+ conduit à deux états, $^2P_{1/2}$ et $^2P_{3/2}$, puisque $L = 1$ et $S = \frac{1}{2}$ donnent un terme ^2P, et $J = \frac{1}{2}$ ou $\frac{3}{2}$. Ces deux états de Ar^+ sont dédoublés par couplage spin-orbite. Puisque l'orbitale non pleine $3p$ est plus qu'à moitié remplie, le multiplet est inversé, l'état $^2P_{3/2}$ étant en dessous de $^2P_{1/2}$ (règle 4 page 186). La séparation en énergie, de 0,178 eV, des deux pics de la figure 8.6 est un reflet du couplage spin-orbite. Le processus d'ionisation $Ar^+(^2P_{3/2}) - Ar(^1S_0)$ est environ deux fois plus intense que $Ar^+(^2P_{1/2}) - Ar(^1S_0)$. Ceci est dû à la dégénérescence d'ordre quatre de l'état $^2P_{3/2}$ résultant de $M_J = \frac{3}{2}, \frac{1}{2}, -\frac{1}{2}, -\frac{3}{2}$, comparée à la dégénérescence d'ordre deux de l'état $^2P_{1/2}$ pour lequel $M_J = \frac{1}{2}, -\frac{1}{2}$.

Les spectres UPS He I de Kr et de Xe sont similaires à celui de Ar, mais l'énergie d'ionisation décroît et le couplage spin-orbite augmente avec le nombre atomique, comme l'illustrent les données du tableau 8.1.

8.1.3.2 Spectres de photoélectrons de molécules dans l'ultraviolet

8.1.3.2(a) Hydrogène. La configuration des OM de H_2 est $(\sigma_g 1s)^2$, comme l'indique la figure 7.14. Le spectre UPS He I de la figure 8.7 est obtenu par l'éjection d'un électron de cette OM pour donner l'état fondamental $X^2\Sigma_g^+$ de H_2^+.

Une caractéristique évidente de ce spectre est qu'il n'est pas constitué d'un seul pic correspondant à l'ionisation, mais d'un système de bandes vibroniques, très similaires à ce que nous pourrions observer pour une transition électronique dans une molécule diatomique (voir section 7.2.5.2). Le principe de Franck-Condon (section 7.2.5.3) s'applique aussi à un processus d'ionisation, de sorte que l'ionisation la plus probable se fait vers un état vibronique de l'ion dans lequel les positions et vitesses des noyaux sont les mêmes que dans la molécule. Ceci est illustré pour le processus $H_2^+ \ X^2\Sigma_g^+ - H_2 X^1\Sigma_g^+$, dans la figure 8.8, qui ressemble à la figure 7.21 pour une transition électronique. L'éjection d'un électron de l'OM liante $\sigma_g 1s$ conduit à un accroissement de la distance internucléaire d'équilibre r_e dans l'ion, et la transition la plus probable se situe vers $v' = 2$. La figure 8.7 montre qu'il y a une longue progression vibrationnelle $v'' = 0$ qui atteint la limite de dissociation de H_2^+ à $v' \approx 18$.

On peut obtenir les constantes vibrationnelles $\omega_e, \omega_e x_e, \omega_e y_e, \ldots$ (équation 6.16) pour H_2^+ à partir des séparations des membres de la progression. La comparaison de $\omega_e = 2\ 322\ cm^{-1}$ pour l'état $X^2\Sigma_g^+$ de H_2^+ avec $\omega_e = 3\ 115\ cm^{-1}$ pour l'état $X^1\Sigma_g^+$ de H_2 montre que la constante de force vibrationnelle (voir équation 6.2) est beaucoup plus petite dans l'état fondamental de H_2^+ que dans H_2. Ceci indique, en retour, une liaison plus faible dans H_2^+, cohérente avec l'éjection d'un électron liant.

Les figures 8.7 et 8.8 illustrent les deux façons de définir l'énergie d'ionisation. L'une est l'énergie d'ionisation adiabatique, définie comme l'énergie d'ionisation $v' = 0 - v'' = 0$. Cette

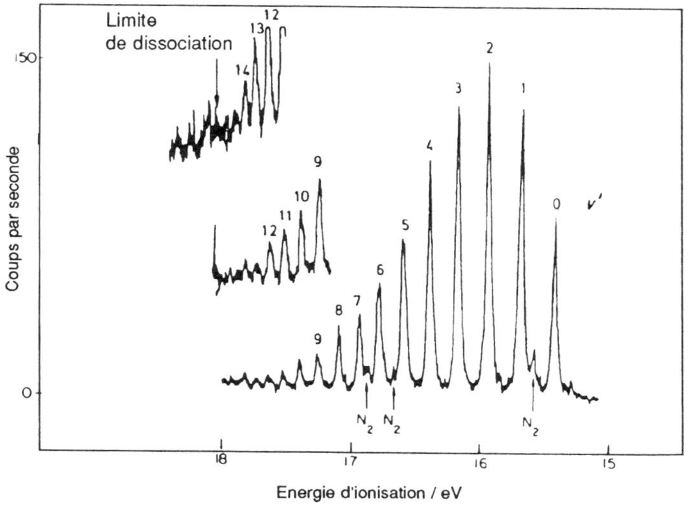

Fig. 8.7 — *Spectre UPS He I de H_2. (Reproduit, avec autorisation, de Turner D.W., Baker C., Baker A.D. et Brundle C.R.,* Molecular Photoelectron Spectroscopy, *p. 44, Wiley, Londres, 1970).*

quantité peut être sujette à une incertitude notable si la progression est si longue que les premiers membres ne sont observés qu'avec une intensité faible, ou pas du tout. La deuxième est l'énergie d'ionisation verticale, qui est l'énergie correspondant à l'intensité maximum dans la progression $v'' = 0$ (elle peut être située *entre* deux bandes). Comme alternative, l'énergie d'ionisation verticale a été définie comme étant celle qui correspond à la transition au centre de gravité du système de bandes, qui peut être difficile à déterminer lorsque des systèmes de bandes se recouvrent.

Le théorème de Koopmans fait référence à l'énergie d'ionisation verticale (équation 8.5).

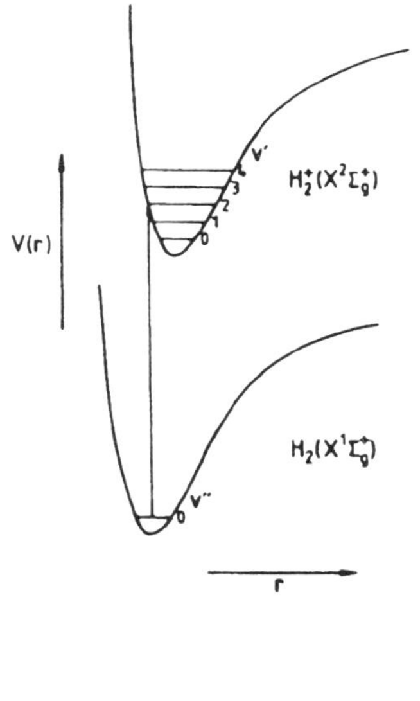

Fig. 8.8 — *Le principe de Franck-Condon appliqué à l'ionisation de H_2.*

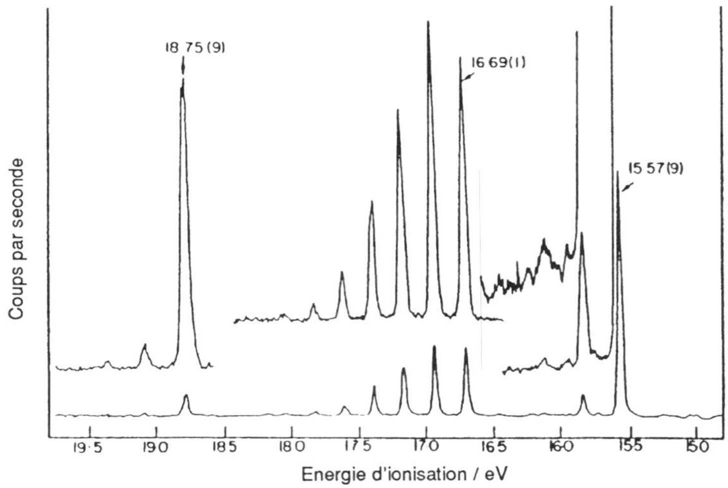

Fig. 8.9 — *Spectre UPS He I de N_2. (Reproduit, avec autorisation, de Turner D.W., Baker C., Baker A.D. et Brundle C.R.,* Molecular Photoelectron Spectroscopy, *p. 46, Wiley, Londres, 1970).*

8.1.3.2(b) Azote. La configuration fondamentale des OM de N_2 est donnée dans l'équation (7.57) et le spectre UPS He I est présenté dans la figure 8.9. D'après l'ordre des OM occupées dans l'équation (7.57), l'énergie d'ionisation la plus basse (valeur adiabatique 15,58 eV) correspond à l'éjection d'un électron de l'OM la plus externe, $\sigma_g 2p$. La seconde (16,69 eV) et la troisième (18,76 eV) correspondent respectivement à l'éjection de $\pi_u 2p$ et de $\sigma_u^* 2s$.

Dans la spectroscopie UPS de H_2, nous avons vu que l'extension de la progression vibrationnelle qui accompagne l'ionisation est cohérente, dans le cadre du principe de Franck-Condon, avec l'éjection d'un électron d'une OM fortement liante. De manière analogue, l'éjection d'un électron d'une OM fortement antiliante conduirait à un raccourcissement de la liaison dans l'ion, et à une progression vibrationnelle longue. Par contre, l'éjection d'un électron d'une OM faiblement liante ou non liante conduirait à une très faible variation de la longueur de liaison et à une progression très courte (voir figure 7.22a).

En utilisant le principe de Franck-Condon de cette manière, on peut voir que le système de bandes associé à la seconde énergie d'ionisation, qui présente une progression longue, est cohérent avec l'éjection d'un électron d'une OM liante $\pi_u 2p$. Les progressions associées à la première et à la troisième énergie d'ionisation sont courtes, ce qui indique que les caractères liant et antiliant respectifs des OM $\sigma_g 2p$ et $\sigma_u^* 2s$ sont peu prononcés, ce qui est inattendu. Ces observations sont également cohérentes avec la longueur de liaison de N_2^+ dans divers états excités tirés du spectre d'émission électronique à haute résolution. Ces longueurs de liaison sont comparées à celle de l'état fondamental de N_2 dans le tableau 8.2. Dans les états X, A, et B de N_2^+, il y a respectivement un très faible accroissement, un accroissement important, et une très faible diminution par rapport à l'état X de N_2.

Comme la dégénérescence d'une orbitale π est de deux, par comparaison avec la non-dégénérescence d'une orbitale σ, on pourrait s'attendre à ce que l'intensité intégrée du second système de bandes vaille deux fois celle de chacune des deux autres systèmes. Cependant, bien que le deuxième système de bandes soit le plus intense, d'autres facteurs affectent les intensités relatives, de sorte qu'elles ne sont qu'une indication approchée de la dégénérescence orbitalaire.

Des calculs d'OM de type SCF pour N_2^+ placent l'état $A^2\Pi_u$ au-dessous de l'état $X^2\Sigma_g^+$.

Tab. 8.2 — *Longueurs de liaison de N_2^+ et de N_2 dans divers états électroniques.*

Molécule	Configuration des OM	État	r_e / Å
N_2	$...(\sigma_u^*2s)^2(\pi_u 2p)^4(\sigma_g 2p)^2$	$X^1\Sigma_g^+$	1,097 69
N_2^+	$...(\sigma_u^*2s)^2(\pi_u 2p)^4(\sigma_g 2p)^1$	$X^2\Sigma_g^+$	1,116 42
N_2^+	$...(\sigma_u^*2s)^2(\pi_u 2p)^3(\sigma_g 2p)^2$	$A^2\Pi_u$	1,174 9
N_2^+	$...(\sigma_u^*2s)^1(\pi_u 2p)^4(\sigma_g 2p)^2$	$B^2\Sigma_u^+$	1,074

Ce désaccord est un exemple de mise en défaut du théorème de Koopmans, due aux imperfections des calculs.

8.1.3.2(c) Bromure d'hydrogène. Conceptuellement, les OM des halogénures d'hydrogène sont très simples. Par exemple dans HCl, les orbitales de valence occupées sont constituées de paires libres $3p_x$ et $3p_y$ sur l'atome de chlore, d'une OM liante de type σ, formée par combinaison linéaire de l'OA $2p_z$ sur le chlore et de l'OA $1s$ de l'hydrogène (voir section 7.2.1.2 et figure 7.15). Les spectres UPS de HCl, et des autres halogénures d'hydrogène, confirment cette vision simple.

La figure 8.10 montre le spectre He I de HBr dans lequel il y a deux systèmes de bandes. Le système à faible énergie d'ionisation offre une progression très courte, cohérente avec l'éjection d'un électron de la paire libre doublement dégénérée π_u ($4p_x$, $4p_y$) sur le brome. L'image d'une paire libre et la prévision d'une progression courte sont confirmées par le fait que la longueur de liaison r_e, tirée de la spectroscopie électronique à haute résolution, vaut

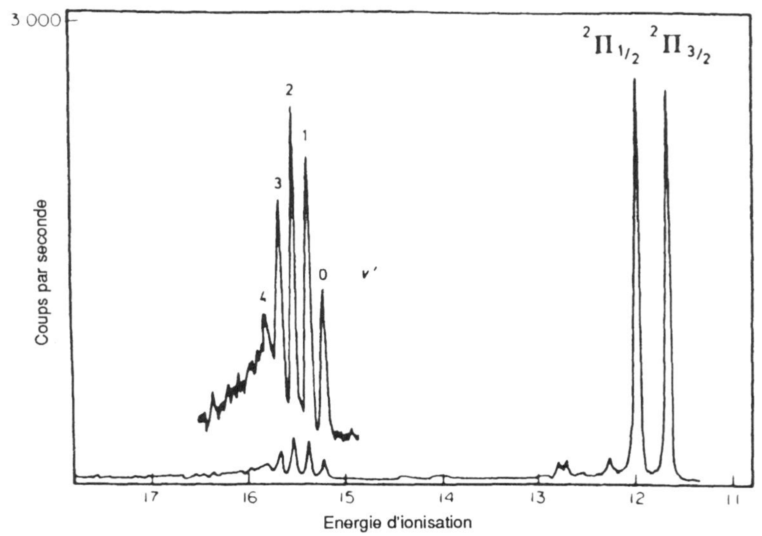

Fig. 8.10 — *Spectre UPS He I de HBr. (Reproduit, avec autorisation, de Turner D.W., Baker C., Baker A.D. et Brundle C.R.,* Molecular Photoelectron Spectroscopy, *p. 57, Wiley, Londres, 1970).*

1,414 4 Å dans l'état fondamental $X^1\Sigma^+$ de HBr et possède une valeur assez similaire, de 1,448 4 Å dans l'état fondamental $X^2\Pi$ de HBr^+.

La séparation de 0,33 eV de l'état $X^2\Pi$ en un doublet inversé, la composante $X^2\Pi_{3/2}$ étant en dessous de $X^2\Pi_{1/2}$, est relativement grande à cause du couplage spin-orbite provoqué par la charge nucléaire élevée de l'atome de brome, et aussi par le fait que l'orbitale d'où est extrait l'électron est proche de cet atome. Les dédoublements correspondants dans les états $X^2\Pi$ de HCl et de HI valent respectivement 0,08 eV et 0,66 eV, ce qui est cohérent avec la valeur des charges nucléaires de Cl et de I.

La figure 8.10 montre que le système de bandes suivant, dans HBr, est constitué d'une progression relativement longue, avec une intensité maximum à $v' = 2$. Une progression longue est attendue à la suite de l'éjection d'un électron de l'OM σ fortement liante pour former l'état $A^2\Sigma^+$ de HBr^+, dans lequel r_e vaut 1,684 2 Å, soit 0,27 Å de plus que dans HBr. Il n'y a pas d'interaction spin-orbite dans les états $^2\Sigma^+$ car il n'ont pas de moment angulaire orbital (voir section 7.2.2). Par conséquent, dans ce système, il n'y a pas de dédoublement des bandes du spectre UPS.

Exercice d'application 8.1

Énoncé. Quels sont les états de basse énergie que l'on peut espérer voir dans le spectre UPS He I de NO ? (Considérer seulement l'éjection d'un électron des trois orbitales les plus externes de NO.) Indiquer si l'on peut prévoir, dans chacun des cas, une progression longue ou courte.

Solution. La configuration électronique fondamentale des orbitales moléculaires de NO est (voir aussi section 7.2.1.2)

$$(\sigma 1s)^2(\sigma^* 1s)^2(\sigma 2s)^2(\sigma^* 2s)^2(\sigma 2p)^2(\pi 2p)^4(\pi^* 2p)^1$$

Pour obtenir les états issus d'une configuration d'orbitales moléculaires dans une molécule diatomique, voir les sections 7.2.2 et 7.2.4. Il y a deux états, $^2\Pi_{1/2}$ et $^2\Pi_{3/2}$, issus de cette configuration et $^2\Pi_{1/2}$ est le plus bas en énergie, donc l'état fondamental.

L'éjection d'un électron de l'orbitale la plus externe $\pi^* 2p$ conduit à la configuration

$$NO^+ \ldots (\sigma 2p)^2(\pi 2p)^4(\pi^* 2p)^0$$

qui donne naissance à un seul état, $^1\Sigma^+$, état fondamental de NO^+. Comme l'orbitale d'où l'électron a été arraché est antiliante, on prévoit un raccourcissement de la liaison et une progression raisonnablement longue. Le spectre de photoélectrons He I ci-dessous montre que c'est le cas. L'énergie d'ionisation vaut 9.26 eV.

L'éjection d'un électron de l'orbitale $\pi 2p$ donne la configuration

$$NO^+ \ldots (\sigma 2p)^2(\pi 2p)^3(\pi^* 2p)^1$$

Les états sont les mêmes que ceux de $(\pi 2p)^1(\pi^* 2p)^1$ puisque la lacune dans l'orbitale $\pi 2p$ se comporte, de ce point de vue, comme un seul électron, et que l'on peut ignorer les électrons dans des orbitales pleines. L'équation (7.77), en enlevant les indices « g » et « u » pour une molécule diatomique hétéronucléaire, donne

$$\pi \times \pi = \Sigma^+ + \Sigma^- + \Delta$$

Comme il y a deux électrons à considérer (en réalité un électron et une lacune), cela entraîne trois états singulets et trois états triplets

$$^1\Sigma^+,\ ^3\Sigma^+,\ ^1\Sigma^-,\ ^3\Sigma^-,\ ^1\Delta,\ ^3\Delta$$

Tous les processus d'ionisation sont autorisés, on peut donc en attendre six à partir de l'état fondamental de NO. Tous devraient présenter des progressions relativement longues car l'électron est éjecté d'une orbitale liante $\pi 2p$, ce qui conduit à un raccourcissement de la liaison. Si l'on ignore les deux pics très intenses, le spectre de photoélectrons dans la région de 15–20 eV est très complexe,

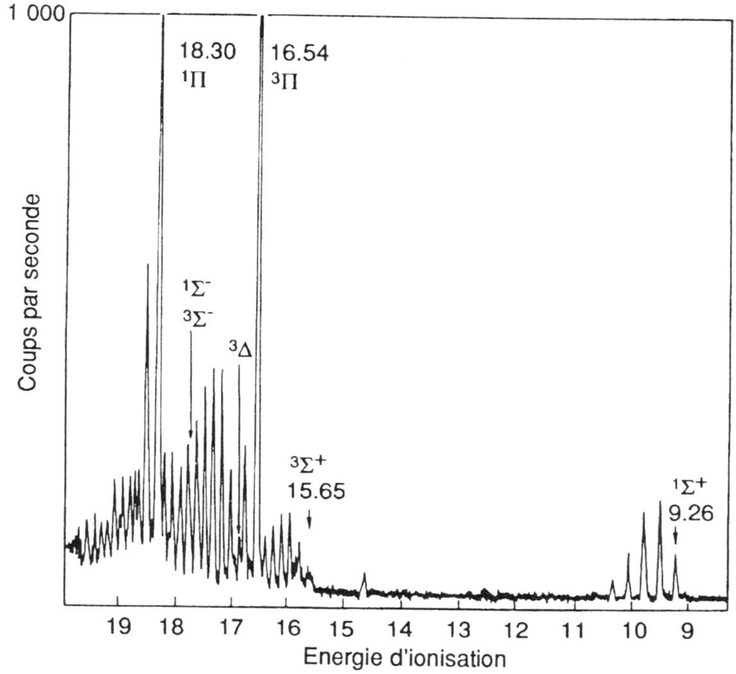

(Reproduit, avec autorisation, de Turner D.W., Baker C., Baker A.D. et Brundle C.R., Molecular Photoelectron Spectroscopy, *p. 53, Wiley, Londres, 1970).*

montrant plusieurs progressions qui se recouvrent. Elles ont été attribuées aux états $^3\Sigma^+$, $^3\Delta$, $^1\Sigma^-$ et $^3\Sigma^-$, comme c'est indiqué sur le spectre (les deux derniers états sont presque dégénérés). Les deux autres systèmes de bandes sont trop faibles pour être observés.

Enfin, l'éjection d'un électron de l'orbitale $\sigma 2p$ donne la configuration

$$NO^+ \ldots (\sigma 2p)^1(\pi 2p)^4(\pi^* 2p)^1$$

d'où sont issus deux états (voir équation 7.75), $^1\Pi$ et $^3\Pi$. On prévoit des progressions longues, associées à ces deux états, à cause du caractère liant apparent dans l'orbitale $\sigma 2p$. Néanmoins, le spectre de photoélectrons de l'azote dans la figure 8.9 montre que l'orbitale correspondante a presque un caractère non liant, contrairement à la prévision dans un schéma d'orbitales moléculaires simple. Les progressions très courtes associées aux états $^1\Pi$ et $^3\Pi$ de NO^+, montrées dans le spectre ci-dessus, indiquent un caractère non liant similaire pour cette orbitale dans NO.

8.1.3.2(d) Eau. La configuration fondamentale des OM de H_2O est (voir section 7.3.1.1 et figure 7.31)

$$\ldots (2a_1)^2(1b_2)^2(3a_1)^2(1b_1)^2 \tag{8.8}$$

et l'angle HOH vaut 104,5° dans l'état fondamental $\tilde{X}\,^1A_1$. Le spectre UPS He I est donné dans la figure 8.11.

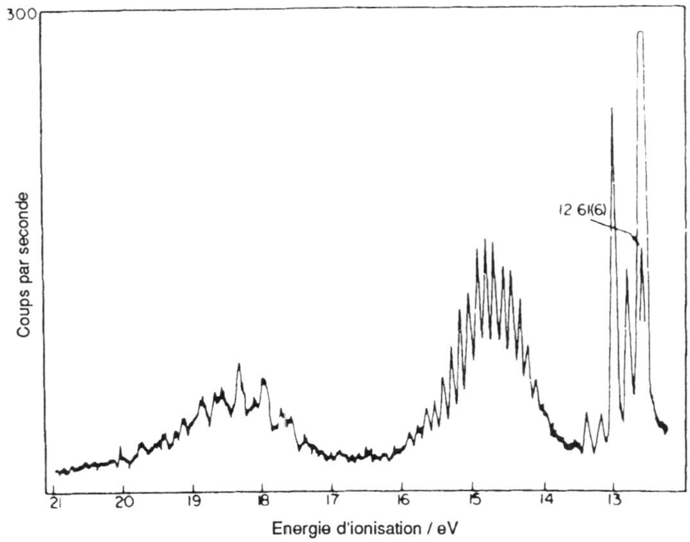

Fig. 8.11 — *Spectre UPS He I de H_2O. (Reproduit, avec autorisation, de Turner D.W., Baker C., Baker A.D. et Brundle C.R.,* Molecular Photoelectron Spectroscopy, *p. 113, Wiley, Londres, 1970).*

L'éjection d'un électron de l'orbitale $1b_1$, pour donner l'état fondamental $\tilde{X}\,^2B_1$ de H_2O^+, ne devrait pas beaucoup affecter l'angle, car cette orbitale ne favorise aucun angle particulier, comme le montre la figure 7.31. Les deux vibrations d'élongation symétrique, ν_1, et de déformation ν_2, n'offrent que des progressions courtes. Le spectre d'émission à haute résolution de H_2O^+ a montré que l'angle vaut 110,5° dans l'état $\tilde{X}\,^2B_1$, ce qui constitue une variation un peu plus grande que celle que l'on aurait pu attendre.

L'éjection d'un électron de l'OM $3a_1$ de H_2O devrait conduire à une grande augmentation de l'angle dans l'état $\tilde{A}\,^2A_1$ de H_2O^+, puisque, comme le montre la figure 7.31, cette orbitale favorise la linéarité de la molécule. L'observation d'une longue progression de la vibration de déformation ν_2, montrée dans la figure 8.11, est cohérente avec l'accroissement de l'angle vers 180° (voir tableau 7.8).

Le troisième système de bandes, impliquant l'éjection d'un électron de l'orbitale $1b_2$ est complexe sur le plan vibrationnel, ce qui est cohérent avec le fait que l'orbitale est fortement liante et favorise la linéarité. On peut supposer que ν_1 et ν_2 sont toutes les deux excitées, mais les bandes de ce système sont considérablement élargies, ce qui rend l'analyse peu fiable.

8.1.3.2(e) Benzène. La figure 8.12 présente le spectre UPS He I du benzène. Ce spectre pose des problèmes d'interprétation typiques des grosses molécules. Ces problèmes concernent la difficulté d'identification du seuil d'un système de bandes où il y a un recouvrement avec les systèmes voisins et, d'une manière générale, l'absence de structure vibrationnelle résolue. Des calculs fiables d'OM peuvent fortement aider à la reconnaissance du seuil d'un système de bandes, de sorte que l'analyse du spectre d'une grosse molécule est souvent le résultat d'un mélange de théorie et d'expérience. En outre, l'étude de la dépendance de l'angle d'éjection avec l'énergie cinétique des photoélectrons, sujet qui ne sera pas discuté ici, peut aider à l'identification des systèmes qui se recouvrent.

Dans la section 7.3.1.3, les OM des électrons π du benzène ont été obtenues par la méthode de Hückel, en utilisant seulement les OA $2p_z$ des six atomes de carbone.

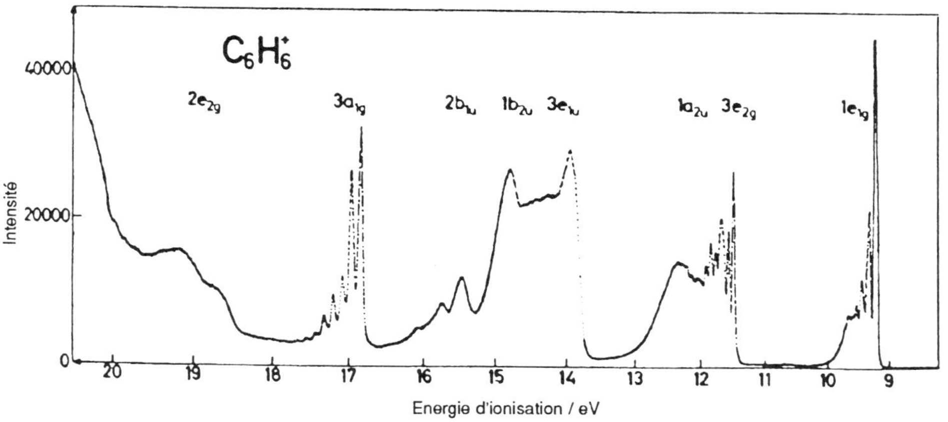

Fig. 8.12 — *Spectre UPS He I du benzène. (Reproduit, avec autorisation, de Karlsson L., Mattsson L., Jardny R., Bergmark T., et Siegbahn K.,* Physica Scripta, ***14**, 230, 1976).*

La configuration fondamentale est

$$\ldots (1a_{2u})^2(1e_{1g})^4 \tag{8.9}$$

Le spectre de la figure 8.12, combiné avec un calcul correct des OM, montre que le système de bande ayant l'énergie d'ionisation la plus basse, est dû à l'éjection d'un électron de l'orbitale π $1e_{1g}$. Par contre, l'éjection d'un électron de l'orbitale π $1a_{2u}$ conduit au troisième système de bandes, et non au deuxième. Les deuxième, quatrième, cinquième, ... systèmes de bandes sont tous dus à l'éjection d'électrons des orbitales σ. Cet exemple illustre le danger qu'il y a à considérer seulement les électrons π occupant les OM les plus hautes en énergie.

La structure vibrationnelle n'est, au mieux, que partiellement résolue. La structure des premier et deuxième systèmes est complexe et pourrait être due, en partie, à l'existence d'un effet Jahn-Teller dans chacune d'elles. Ce type d'effet peut se produire lorsque la molécule est dans un état dégénéré sur le plan orbitalaire, de type *E* (ou *T*). L'effet Jahn-Teller met en jeu une distorsion de la molécule afin de détruire la dégénérescence. La seule structure relativement simple est observée dans le septième système, dans lequel un électron est enlevé de l'orbitale $3a_{1g}$. Il y une longue progression en ν_1, vibration a_{1g} de respiration de cycle (voir figure 6.13f), cohérente avec l'éjection d'un électron venant d'une orbitale σ liante CC.

8.1.3.3 Spectre de photoélectrons par rayons X dans les gaz

Nous avons vu dans la section 8.1 que les photons de rayons X peuvent éjecter un électron des orbitales de cœur d'un atome, qu'il soit libre ou qu'il fasse partie d'une molécule. Jusque-là, dans tous les aspects de la théorie de la valence des molécules que nous avons considérés, nous avons supposé que les électrons de cœur étaient dans des orbitales inchangées par rapport aux OA des atomes correspondants. La spectroscopie XPS démontre que cela est presque vrai, mais pas tout à fait.

La figure 8.13, qui montre le spectre XPS d'un mélange 2 : 1 de CO et CO_2 gazeux, obtenu avec la radiation d'une source Mg$K\alpha$ (1 253,7 eV), illustre ce point. L'énergie d'ionisation pour arracher un électron de l'orbitale 1*s* d'un atome de carbone, appelée énergie d'ionisation C 1*s*, est de 295,8 eV dans CO et de 297,8 eV dans CO_2, ces deux valeurs étant largement résolues. Les énergies d'ionisation O1*s* valent 541,1 eV dans CO et 539,8 eV dans CO_2, et sont donc aussi résolues.

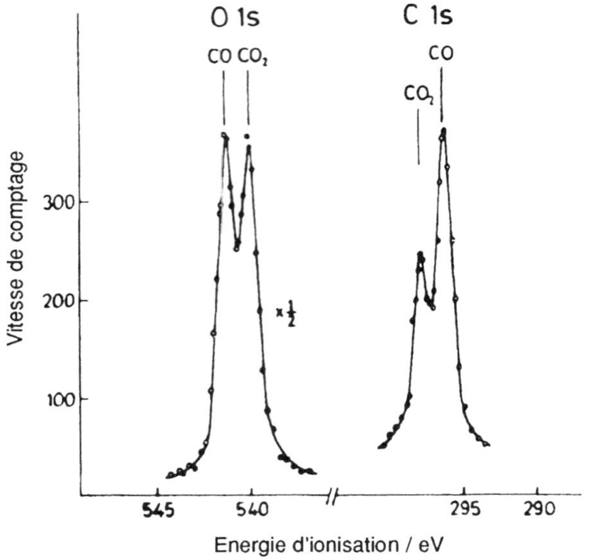

Fig. 8.13 — *Spectres XPS Mg Kα O1s de l'oxygène et C1s du carbone, dans un mélange 2 : 1 de gaz CO et CO_2. (Reproduit, avec autorisation, de Allan C.J., et Siegbahn K. (Novembre 1971),* Publication N° UUIP–754, *p. 48, Uppsala University Institute of Physics).*

Deux caractéristiques ressortent de ces données. Premièrement, l'énergie d'ionisation est beaucoup plus élevée pour O1*s* que pour C1*s*, à cause de l'effet de la charge nucléaire, plus grande sur l'oxygène. Deuxièmement, l'énergie d'ionisation pour une orbitale de cœur donnée dans un atome donné dépend de l'environnement immédiat de la molécule. Ce deuxième effet s'appelle le déplacement chimique. Il ne faut pas le confondre avec le déplacement chimique en spectroscopie RMN, où il s'agit du déplacement du signal du spin nucléaire, par exemple d'un proton, dû aux groupes voisins qui peuvent écranter plus ou moins le champ magnétique vu par le proton.

Exercice corrigé 8.2

Énoncé. Pour les spectres XPS d'un mélange gazeux d'acétone et de dioxyde de carbone, expliquer quelles observations on peut prévoir pour les énergies d'ionisation relatives (énergies de liaison) et les intensités dans les spectres C1*s* et O1*s*.

Solution. Les énergies de liaison relatives, pour les électrons C1*s* dans l'acétone ($(CH_3)_2C{=}O$) et dans le dioxyde de carbone, sont en grande partie déterminées par l'effet de l'atome d'oxygène électronégatif. Dans CO_2, les deux atomes d'oxygène voisins conduisent à une énergie de liaison plus élevée pour l'atome de carbone. Dans l'acétone, l'atome de carbone du groupe carbonyle est adjacent à un atome d'oxygène, et possède une énergie de liaison C1*s* immédiatement inférieure. Les atomes de carbone des groupes méthyle ont un atome d'oxygène comme deuxième voisin, et ont l'énergie de liaison la plus basse. Ces prédictions sont confirmées par les spectre XPS ci-dessous.

Les intensités reflètent le nombre d'atomes de carbone dans chaque position. En comparant les signaux C1*s* provenant de CO_2 et de C=O, on voit que le mélange de gaz est pratiquement équimolaire. Le signal C1*s* provenant des groupes méthyle de l'acétone devrait alors être deux fois plus intense que celui des deux autres, car les atomes de carbone sont équivalents par symétrie.

Tandis que l'énergie de liaison du niveau C1*s* est de l'ordre de 295 eV, les énergies de liaison des niveaux O1*s* sont beaucoup plus élevées, autour de 540 eV. Ceci est dû au fait que la charge nucléaire plus élevée sur l'oxygène permet de retenir plus fortement l'électron 1*s*.

Le spectre ci-dessous montre que l'énergie de liaison O1*s* est plus grande pour CO_2 que pour l'acétone, mais il n'y a pas d'explication simple. Le spectre montre que le mélange contient, dans ce cas, beaucoup plus (au moins deux fois plus) d'acétone que de CO_2, puisque le signal O1*s* serait deux fois plus intense que celui de l'acétone dans un mélange équimolaire.

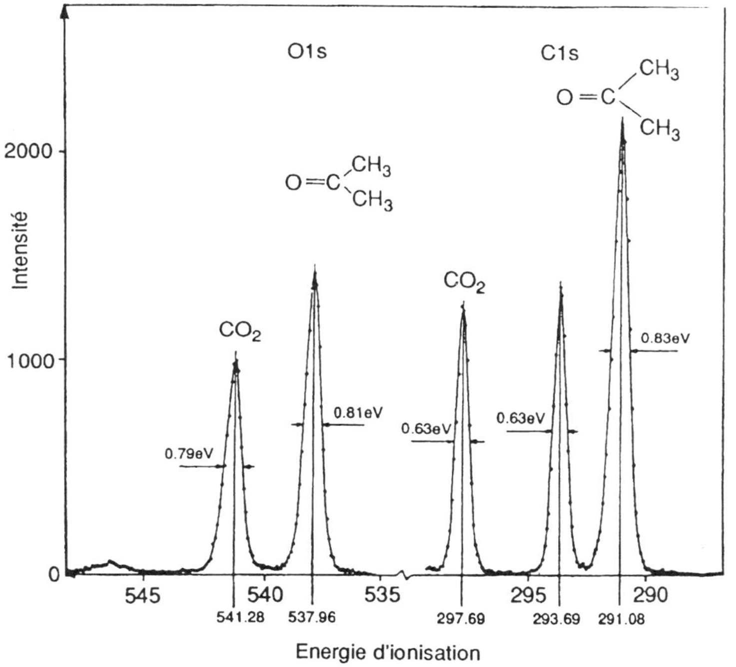

(Reproduit avec autorisation, de Siegbahn, K. (Septembre 1975), Publication N° UUIP-909, p. 20, Uppsala University Institute of Physics.)

Le déplacement chimique en XPS, $\Delta E_{n\ell}$, pour une orbitale atomique de cœur ayant des nombres quantiques principal et de moment angulaire orbital égaux respectivement à n et ℓ est donné, dans une molécule M, par

$$\Delta E_{n\ell} = [E_{n\ell}(\mathrm{M}^+) - E_{n\ell}(\mathrm{M})] - [E_{n\ell}(\mathrm{A}^+) - E_{n\ell}(\mathrm{A})] \qquad (8.10)$$

Le déplacement est mesuré par rapport à l'énergie d'ionisation, $[E_{n\ell}(\mathrm{A}^+) - E_{n\ell}(\mathrm{A})]$, de l'orbitale correspondante dans l'atome libre A. Dans l'approximation du théorème de Koopmans (équation 8.5),

$$\Delta E_{n\ell} \approx -\varepsilon_{n\ell}(\mathrm{M}) + \varepsilon_{n\ell}(\mathrm{A}) \qquad (8.11)$$

où $\varepsilon_{n\ell}$ est l'énergie orbitalaire calculée.

Le déplacement chimique est relié à la partie de la densité électronique à laquelle contribuent les électrons de valence. Un prolongement naturel est d'essayer de relier les variations de déplacement chimique dus aux atomes voisins à l'électronégativité de ces atomes. On en trouve une bonne illustration dans le pic C1*s* du spectre XPS de

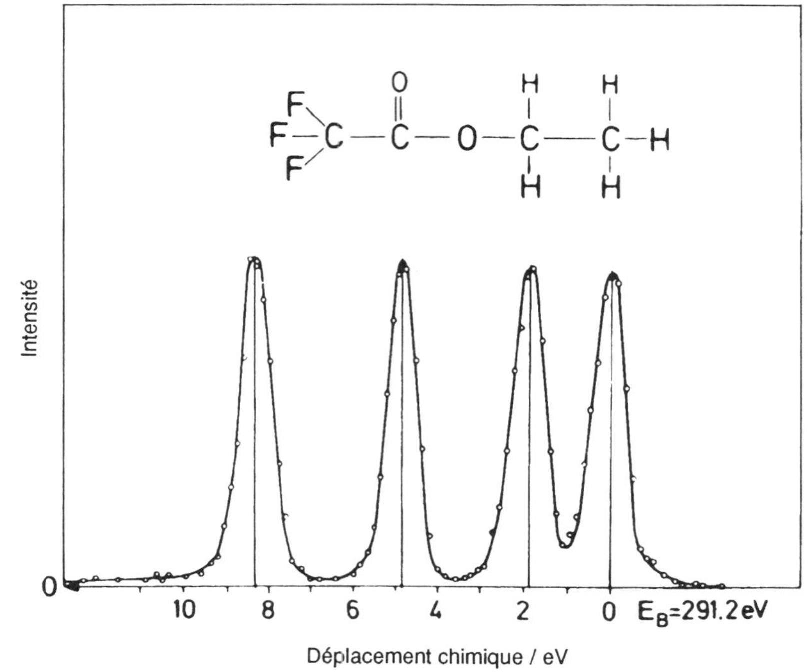

Fig. 8.14 — *Spectre XPS C1s, réalisé avec la raie Al Kα rendue monochromatique, dans l'éthyltrifluoroacétate, montrant les déplacements chimiques relatifs à une énergie d'ionisation de 291,2 eV. (Reproduit, avec autorisation, de Gelius U., Basilier E., Svensson S., Bergmark T., et Siegbahn K.,* J. Electron. Spectrosc., *2, 405, 1974).*

l'éthyltrifluoroacétate, $CF_3COOCH_2CH_3$, dans la figure 8.14, obtenu avec la raie d'excitation Al$K\alpha$, affinée grâce à un monochromateur.

Ce spectre montre que, au moins dans cette molécule, un argument très simple basé sur l'électronégativité fournit les attributions correctes des signaux C1*s*. L'atome de carbone de CF_3 est adjacent aux trois atomes de fluor fortement électronégatifs, ce qui conduit à une diminution de la densité électronique sur l'atome de carbone ; par conséquent, l'électron 1*s* est retenu plus fortement, ce qui conduit au plus grand déplacement chimique. L'atome de carbone du groupe C=0 a, comme voisins, deux atomes d'oxygène relativement électronégatifs, qui ont un effet similaire mais plus faible, ce qui donne le deuxième déplacement chimique. L'atome de carbone du groupe CH_2 possède un atome d'oxygène voisin, et a le troisième déplacement chimique en partant du plus grand, et celui de CH_3 n'en a pas, ce qui conduit au déplacement chimique le plus petit (énergie d'ionisation la plus faible).

La figure 8.15 montre les spectres C1*s* du furanne, du pyrrole et du thiophène. A cause de la diminution d'électronégativité dans l'ordre O > N > S, la raie C1*s* est déplacée vers les faibles énergies d'ionisation du furanne au pyrrole puis au thiophène. En outre, la raie C1*s* est séparée en deux composantes dues aux deux types d'environnement des atomes de carbone. L'atome de carbone en position 2 est responsable de la composante C1*s* d'énergie d'ionisation la plus élevée, car il est plus proche de l'hétéroatome qu'en position 3. Le dédoublement

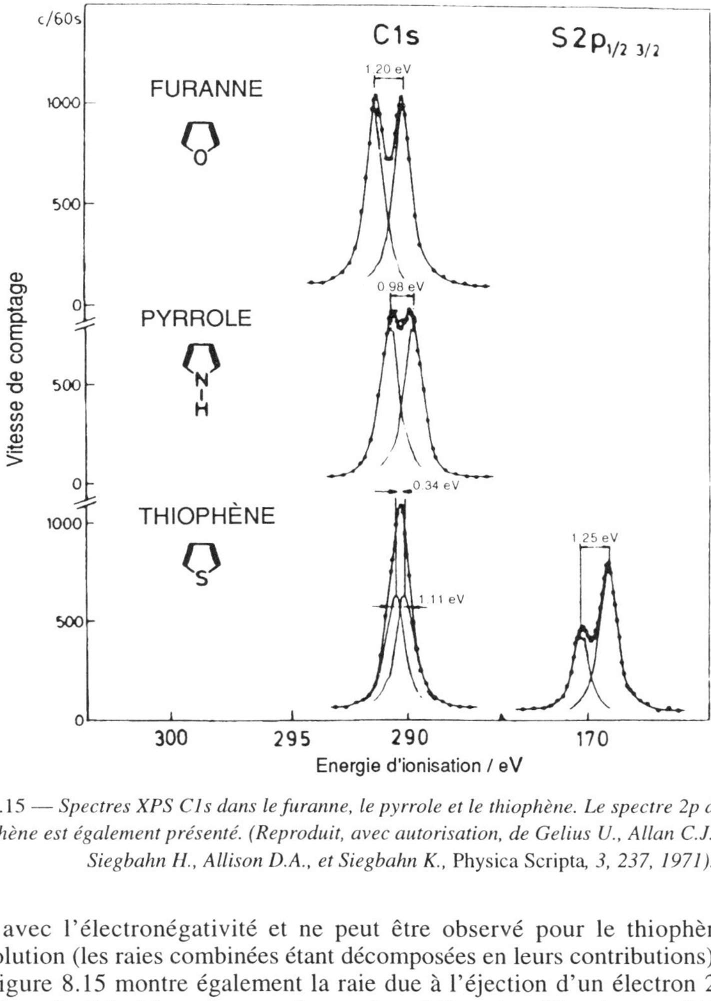

Fig. 8.15 — *Spectres XPS C1s dans le furanne, le pyrrole et le thiophène. Le spectre 2p du soufre dans le thiophène est également présenté. (Reproduit, avec autorisation, de Gelius U., Allan C.J., Johansson G., Siegbahn H., Allison D.A., et Siegbahn K.,* Physica Scripta, *3, 237, 1971).*

décroît avec l'électronégativité et ne peut être observé pour le thiophène qu'après une déconvolution (les raies combinées étant décomposées en leurs contributions).

La figure 8.15 montre également la raie due à l'éjection d'un électron 2*p* de l'atome de soufre dans le thiophène. Le couplage spin-orbite est suffisant pour dédoubler le terme résultant, appelé terme de cœur, en états $^2P_{3/2}$ et $^2P_{1/2}$, le multiplet étant inversé.

La figure 8.16 présente le spectre B1*s* de la molécule B_5H_9. Les atomes de bore sont situés aux sommets d'une pyramide à base carrée. Il y a quatre atomes d'hydrogène pontants, de type B–H–B, et il y a également un atome d'hydrogène terminal, lié à chaque atome de bore. Les quatre atomes de bore équivalents, à la base de la pyramide, conduisent à la composante intense d'énergie d'ionisation plus élevée que la composante due à l'atome du sommet.

L'exemple de B_5H_9 sert à montrer que le déplacement chimique peut être utilisé comme aide à la détermination de la structure d'une molécule, et en particulier pour faire un choix entre plusieurs structures. Il y a de nombreux exemples dans la littérature de ce type d'applications, qui rappellent la façon dont le déplacement chimique est utilisé en spectroscopie RMN. Néanmoins, il y a une différence importante quant à l'utilisation de ces deux sortes de déplacement chimique. En XPS, il n'y a pas d'interaction qui affecte des raies

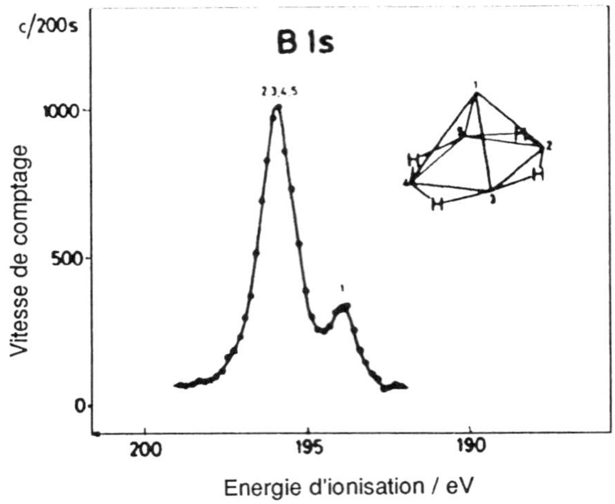

Fig. 8.16 — *Spectre XPS Mg Kα B1s dans B_5H_9. (Reproduit, avec autorisation, de Allison D.A., Johansson G., Allan C.J., Gelius U., Siegbahn H., Allison J., et Siegbahn K.,* J. Electron. Spectrosc., *1, 269, 1972-73).*

rapprochées dans le spectre, aussi proches soient-elles. La figure 8.15 illustre cela pour les raies C1*s* dans le thiophène. En spectroscopie RMN, le spectre devient plus complexe, à cause des interactions spin-spin, lorsque les déplacements chimiques sont similaires.

Nous avons vu, à la section 8.1.1.4, que la meilleure résolution, d'environ 0,2 eV ou 1 600 cm^{-1}, dont la XPS est capable en employant une source monochromatisée est beaucoup moins bonne qu'en UPS. Cependant, il est possible, dans des circonstances favorables, d'observer certaines structures vibrationnelles en XPS. La figure 8.17 montre ce type de structure dans le spectre C1*s* du méthane. L'éjection d'un électron C1*s* entraîne une liaison plus forte des autres électrons, ce qui conduit à une réduction des longueurs de liaison C–H, et à un rétrécissement général de la molécule. Le raccourcissement de la molécule s'effectue dans la direction de la vibration d'élongation symétrique des C–H, ν_1. La progression en ν_1 qui en résulte, à peine résolue dans la figure 8.17, peut être comprise dans le cadre du principe de Franck-Condon (section 7.2.5.3). Le nombre d'onde de la vibration augmente de 2 917 cm^{-1} dans CH_4 à environ 3 500 cm^{-1} dans cet état de CH_4^+, ce qui est cohérent avec le raccourcissement des liaisons C–H.

8.1.3.4 Spectres de photoélectrons par rayons X dans les solides

L'UPS et la XPS des solides sont deux techniques utiles. En ce qui concerne les études d'adsorption par des surfaces, nous nous attendons à ce que l'UPS, qui n'implique que les orbitales de valence, soit plus sensible. Par exemple, si l'on veut savoir si des molécules d'azote sont adsorbées sur une surface de fer avec l'axe de la molécule perpendiculaire ou parallèle à la surface, il semble que ce soient les orbitales de valence qui sont les plus affectées. C'est en général le cas, mais comme les spectres UPS des solides sont considérablement élargis, ce sont les spectres XPS qui donnent habituellement le plus d'informations. La figure 8.18 présente un spectre XPS d'une feuille d'or avec du mercure adsorbé sur la surface. Les doublets de l'or et du mercure résultent tous les deux de l'éjection d'un électron 4*f* à partir des états de cœur $^2F_{5/2}$ et $^2F_{7/2}$, pour lesquels $L = 3$, $S = \frac{1}{2}$ et $J = \frac{5}{2}$ ou $\frac{7}{2}$.

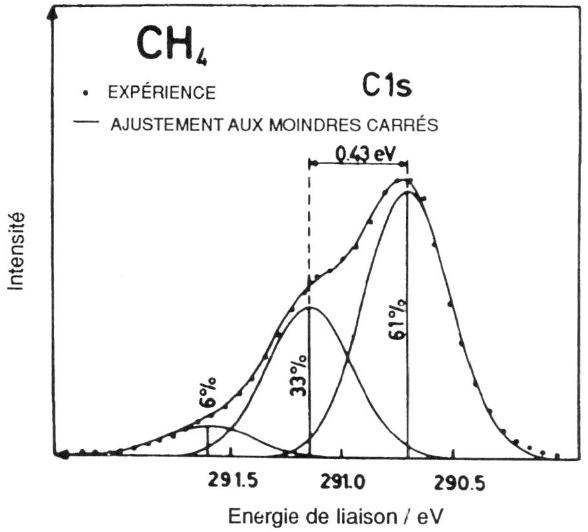

Fig. 8.17 — *Progression vibrationnelle courte, faiblement résolue, de la vibration* ν_1 *de* CH_4^+, *dans le spectre XPS C1s, obtenu avec une source de rayons X monochromatisée, dans le méthane. (Reproduit, avec autorisation, de Gelius U., Svensson S., Siegbahn H., Basilier E., Faxålv Å., et Siegbahn K.,* Chem. Phys. Lett., *28, 1, 1974).*

On peut détecter, par cette méthode moins de 0,1 pour cent d'une monocouche de mercure sur une surface d'or.

La figure 8.19 montre les spectres XPS de Cu, de Pd, et d'un alliage à 60 pour cent de Cu et 40 pour cent de Pd (ayant un réseau cubique à faces centrées). Dans le spectre de Cu est montré l'un des pics dû à l'éjection d'un électron $2p$ de cœur, celui qui résulte de la formation d'un état de cœur $^2P_{3/2}$ (celui qui vient de l'état $^2P_{1/2}$ est en dehors de l'échelle de la figure).

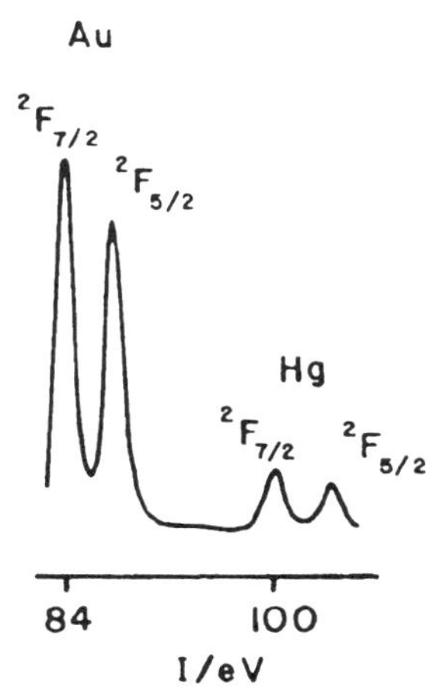

Fig. 8.18 — *Spectre XPS d'une feuille d'or, avec du mercure adsorbé. (Reproduit, avec autorisation, de Brundle C.R., Roberts M.W., Latham D., et Yates K.,* J Electron. Spectrosc., *3, 241, 1974).*

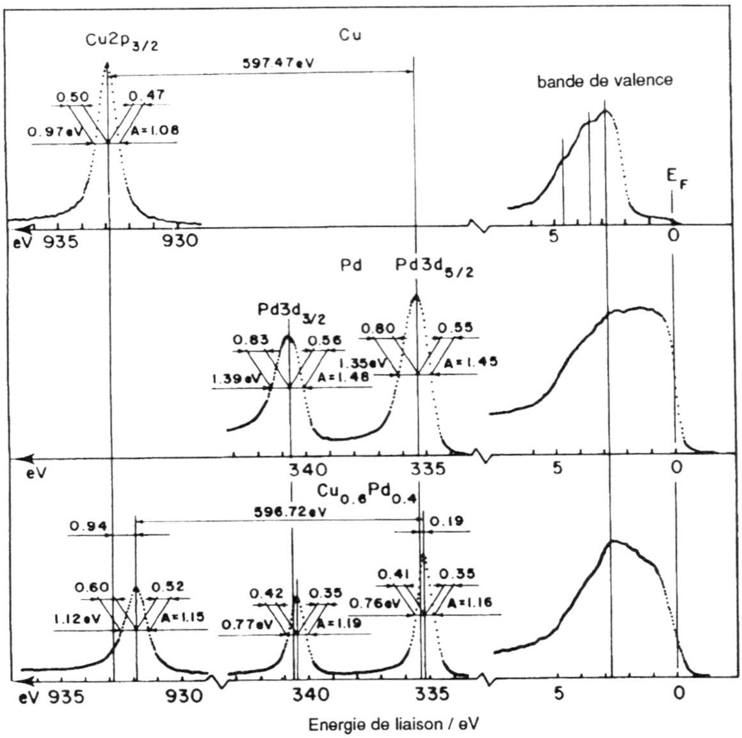

Fig. 8.19 — *Spectre XPS, montrant les énergies d'ionisation des électrons de cœur et de valence, de Cu, Pd, et d'un alliage 60% Cu et 40% Pd (réseau cubique à faces centrées). L'« énergie de liaison » est l'énergie d'ionisation par rapport à l'énergie de Fermi de Cu. (Reproduit, avec autorisation, de Siegbahn K.,* J. Electron. Spectrosc., ***5**, 3, 1974).*

Le fait qu'un métal soit conducteur de l'électricité est dû au fait que les électrons de valence de tous les atomes de métal peuvent se déplacer librement. On peut les considérer comme étant dans des orbitales délocalisées dans tout l'échantillon. Les électrons disponibles remplissent ces orbitales, dans l'ordre d'énergie croissante, jusqu'à ce qu'ils soient tous utilisés. L'énergie de l'orbitale occupée la plus externe s'appelle l'énergie de Fermi E_F. Le spectre de Cu de la figure 8.19 montre le signal, typiquement élargi, de la bande de valence et la limite du niveau de Fermi, à l'énergie E_F, est indiquée. Le spectre de Pd présente des caractéristiques générales similaires, mais avec l'indication de la formation des deux états de cœur $^2D_{3/2}$ et $^2D_{5/2}$, provenant de l'éjection d'un électron 3*d*. La bande de valence est un peu différente de celle de Cu, avec la limite du niveau de Fermi plus prononcée.

Le spectre de l'alliage, dans la figure 8.19, présente des différences marquées. La forme du niveau de Fermi est différente de celles de Cu ou de Pd, et est une preuve de la sensibilité à la composition de l'alliage. Le pic dû à la formation de l'état de cœur de Cu est déplacé de 0,94 eV dans l'alliage et légèrement élargi. Les deux pics du Pd sont également déplacés, mais seulement légèrement, et sont affinés à presque 50 pour cent de la largeur qu'ils ont dans le Pd lui-même.

La figure 8.20 montre un exemple de l'utilisation de la XPS pour suivre la formation

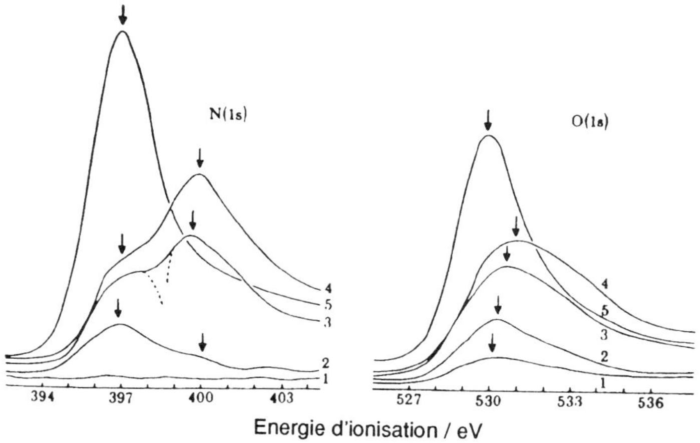

Fig. 8.20 — *Spectres XPS N1s et O1s dans l'oxyde nitrique (NO) adsorbé sur une surface de fer. 1. Surface de Fe à 85 K. 2. Exposée à 85 K, à NO sous 2,65 × 10^{-5} Pa pendant 80 s. 3. Comme 2, mais exposée pendant 200 s. 4. Comme 2, mais exposée pendant 480 s. 5. Après chauffage à 280 K. (Reproduit, avec autorisation, de Kishi K. et Roberts M.W.,* Proc. R. Soc. Lond., ***A352****, 289, 1976).*

d'une couche adsorbée et son comportement à température plus élevée. Le système est celui de l'oxyde nitrique (NO) adsorbé sur une surface de fer. Dans la région de l'ionisation 1*s* de l'azote, les courbes 2, 3 et 4 montrent l'effet de l'accroissement du recouvrement de la surface à une température de 85 K. A faibles recouvrements (courbe 2), la plupart des NO sont dissociés en atomes d'oxygène et d'azote, le pic aux environs de 397 eV étant dû à l'éjection d'un électron 1*s* d'un atome d'azote adsorbé. Le pic beaucoup plus faible à environ 400 eV est le pic N1*s* de NO non dissocié. Lorsque le recouvrement augmente (courbes 3 et 4) la proportion de NO non dissocié s'accroît. La courbe 5 montre que le fait de chauffer l'échantillon jusqu'à 280 K conduit à une dissociation presque complète.

Les courbes 1*s* de l'oxygène correspondantes, dans la figure 8.20, corroborent ces conclusions. Le pic à environ 529 eV est dû l'atome d'oxygène, mais le pic autour de 530,5 eV, dû au NO non dissocié, n'est pas aussi bien résolu que les pics N1*s*.

8.2 SPECTROSCOPIE DES ÉLECTRONS AUGER ET DE FLUORESCENCE DE RAYONS X

La figure 8.1(c) illustre schématiquement le type de processus qui se produit dans la spectroscopie d'électrons Auger (AES, *Auger Electron Spectroscopy*). Le processus a lieu en deux étapes. Dans la première, un photon de haute énergie arrache un électron d'une orbitale de cœur d'un atome A :

$$A + h\nu \rightarrow A^+ + e \quad (8.12)$$

et, dans la seconde, un électron retombe d'une orbitale d'énergie plus élevée pour combler la lacune créée, libérant ainsi une énergie suffisante pour éjecter un deuxième photoélectron, appelé électron Auger, de l'une des orbitales plus hautes en énergie :

$$A^+ \rightarrow A^{2+} + e \quad (8.13)$$

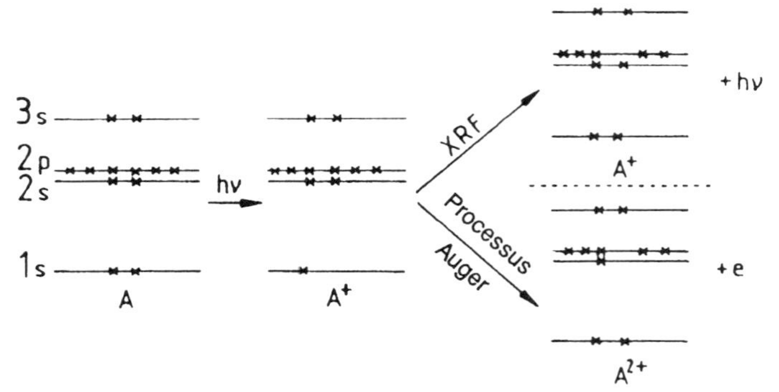

Fig. 8.21 — *Processus compétitifs de fluorescence de rayons X et d'émission d'électrons Auger.*

Bien qu'il soit commode, sur le plan conceptuel, de considérer deux processus successifs après l'ionisation initiale en A^+, le transfert électronique et la production de l'électron Auger ont lieu simultanément.

Dans la figure 8.1(c), les orbitales de plus haute énergie sont des orbitales de valence, mais, dans la plupart des applications de l'AES, ce sont des orbitales de cœur. Pour cette raison, cette technique ne concerne pas les atomes de la deuxième ligne de la classification périodique.

Le figure 8.21 montre schématiquement un ensemble d'orbitales de cœur 1*s*, 2*s*, 2*p*, et 3*s* d'un atome en bas du tableau périodique. L'absorption d'un photon X produit une lacune, par exemple dans l'orbitale 1*s* pour donner A^+, et un photoélectron résultant qui n'a pas d'intérêt pour la suite. La figure montre alors que la relaxation de A^+ qui en résulte peut s'effectuer selon deux processus. La fluorescence de rayons X (XRF, *X-Ray Fluorescence*) met en jeu la descente d'un électron, par exemple de l'orbitale 2*p* pour remplir la lacune 1*s* avec émission d'un photon X. La spectroscopie XRF constitue, en soi, une technique analytique importante (voir section 8.2.2).

L'autre processus de relaxation, en compétition avec la XRF, est celui de la figure 8.21, dans lequel l'énergie libérée lorsqu'un électron retombe dans l'orbitale 1*s* est utilisée pour arracher un électron Auger, par exemple de l'orbitale 2*s*, avec un excès d'énergie disponible sous forme d'énergie cinétique de l'électron Auger. Le rendement quantique du processus XRF, par rapport à la production d'un électron Auger, est en général faible pour les éléments légers lorsque la lacune initiale est créée dans l'orbitale 1*s*. Il y a une différence importante entre les deux techniques dans le sens où les photons produits par XRF peuvent traverser une épaisseur de l'échantillon solide relativement grande, typiquement de 40 000 Å, alors que les électrons ne peuvent pénétrer qu'à environ 20 Å. Ceci montre que l'AES est plus utile dans l'étude des surfaces solides, alors que la technique XRF donne plutôt des informations relatives à la masse du solide ou du liquide.

8.2.1 Spectroscopie d'électrons Auger

8.2.1.1 Méthode expérimentale

Si l'on utilise des rayons X monochromatiques comme radiation ionisante, la technique expérimentale est très similaire à celle de la XPS (section 8.1.1), sauf que c'est l'énergie cinétique des électrons Auger qui est mesurée. Une alternative est d'utiliser un faisceau d'électrons monochromatiques pour arracher un électron. L'énergie E d'un électron dans ce type de faisceau est donnée par

$$E = (2eVm_e c^2)^{1/2} \tag{8.14}$$

lorsqu'un électron de charge e et de masse m_e est accéléré par un potentiel V. Comme la profondeur d'échantillonnage de la surface solide ne dépend que de la profondeur d'extraction de l'électron Auger (environ 20 Å), il n'y a pas de différence entre des électrons engendrés à la plus grande profondeur possible avec une source de rayons X ou à une profondeur plus petite avec un faisceau d'électrons. Divers types d'analyseurs ont été utilisés pour les électrons Auger, mais celui qui a rencontré le plus de succès est présenté dans la figure 8.22. Il est constitué de deux plaques cylindriques coaxiales, la plaque intérieure étant mise à la terre, et l'extérieure étant soumise à un potentiel négatif variable. Des électrons Auger issus de la cible (échantillon) traversent les espaces ménagés dans la plaque intérieure et lorsqu'une tension V est appliquée à la plaque externe, seuls les électrons ayant une énergie cinétique correspondant à cette valeur de V vont passer à travers le deuxième jeu d'espaces et seront focalisés sur le détecteur. Le spectre d'électrons Auger correspond alors au nombre d'électrons qui atteignent le détecteur en fonction de V. Avec ce type d'analyseur, les électrons Auger sont collectés sur un angle de 360°.

8.2.1.2 Processus d'éjection des électrons Auger

L'éjection d'un photoélectron de la couche K, c'est-à-dire un électron $1s$, avec une énergie E_P, qui ne sera pas considérée par la suite, est un exemple classique de processus Auger. A la suite de l'éjection de l'électron K, il est courant qu'un électron de la couche L, en particulier de l'orbitale L_I (ou $2s$), remplisse la lacune, libérant une quantité d'énergie $E_K - E_{L_I}$. Cette énergie est utilisée pour éjecter un électron Auger de l'orbitale L_{II}, l'excès d'énergie étant converti en énergie cinétique E_A de l'électron.

La distinction entre L_{II} et L_{III}, M_{II} et M_{III}, etc., est importante. Ces labels sont utilisés couramment dans l'étude des processus électroniques de couche interne. Si un électron est arraché, par exemple, d'une orbitale $2p$, l'ion est laissé dans un état de cœur $^2P_{1/2}$ ou $^2P_{3/2}$, en ignorant les électrons de couche de valence. Ces états résultent de la configuration de cœur $2p^5$ de l'ion (voir section 7.1.2.3) et ont une énergie différente, de sorte que l'on peut visualiser l'électron comme provenant d'orbitales d'énergie différente, soit des orbitales $2p_{1/2}$ et $2p_{3/2}$, où, d'après l'équation (7.7), $j = \ell + s, \ell + s - 1, \ldots, |\ell - s| = \frac{3}{2}, \frac{1}{2}$. Puisque $m_j = j, j-1, \ldots, -j$, l'orbitale $2p_{1/2}$ est deux fois dégénérée et l'orbitale $2p_{3/2}$ est quatre fois dégénérée, de sorte qu'elles peuvent accepter respectivement deux ou quatre électrons, comme dans la figure 8.23. La distinction entre les labels M_I, M_{II}, et M_{III} est analogue.

L'énergie cinétique E_A de l'électron Auger est tirée de

$$E_K - E_{L_I} = E'_{L_{II}} + E_A \tag{8.15}$$

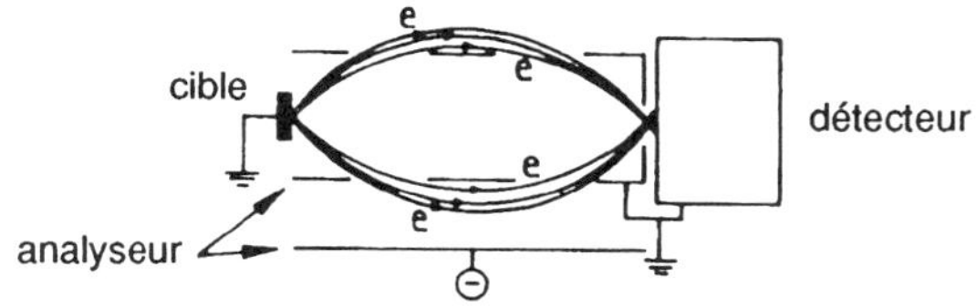

Fig. 8.22 — *Analyseur cylindrique utilisé dans un spectromètre Auger.*

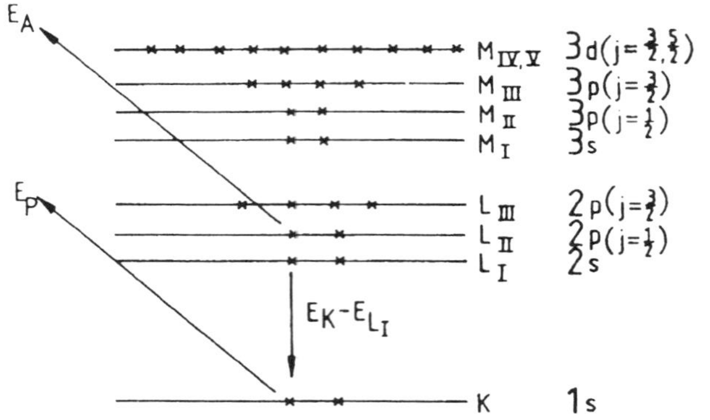

Fig. 8.23 — *Illustration d'un processus Auger* KL_IL_{II}.

où E_K et E_{L_I} sont les énergies de liaison[1] de l'atome neutre et $E_{L'_{II}}$ est l'énergie de liaison d'un électron dans l'orbitale L_{II} de l'ion possédant une charge positive unique due à la lacune dans L_I. Le processus Auger décrit dans cet exemple est désigné par $K\text{–}L_IL_{II}$, ou, d'une autre façon, KL_IL_{II} ou simplement *KLL*. La façon standard d'indiquer le type de processus Auger est malheureusement peu développée.

La partie gauche de l'équation (8.15) fait intervenir la différence entre deux énergies de liaison, $E_K - E_{L_I}$. Chacune de ces énergies varie avec l'environnement chimique (ou physique) de l'atome concerné, mais les variations de E_K et de E_{L_I} sont très similaires de sorte que l'effet de l'environnement sur $E_K - E_{L_I}$ est faible. Il en résulte que l'effet de l'environnement sur $E'_{L_{II}} + E_A$, la partie droite de l'équation (8.15), est également faible. Ainsi, l'effet sur E_A est notable, puisqu'il doit être similaire à celui sur $E'_{L_{II}}$. Il y a donc, en EAS, un peu comme en XPS, un effet de déplacement chimique.

8.2.1.3 Exemples de spectres d'électrons Auger

Le déplacement chimique en AES est illustré, dans la figure 8.24, pour l'ion thiosulfate $S_2O_3^{2-}$, dans le solide $Na_2S_2O_3$. L'ion possède une forme tétraédrique, et par conséquent, deux types d'atomes de soufre, l'un dans l'état d'oxydation +6, l'autre dans l'état –2, ce qui conduit à deux pics dans le spectre. Le processus Auger mis en jeu est $KL_{II,III}L_{II,III}$, la différence de déplacement chimique entre L_{II} et L_{III} n'étant pas résolue. L'état de cœur produit par le processus des équations (8.12) et (8.13) est tiré de la configuration de cœur $1s^22s^22p^43s^2\ldots$ Nous avons vu dans la section 7.1.2.3(b) que trois termes, ^1S, ^3P, et ^1D, résultent de deux électrons ou de deux lacunes *p* équivalents, mais seul le terme ^1D, donnant un état $^1D_2$, est invoqué ici.

La figure 8.25 montre le spectre Auger $KL_{II,III}L_{II,III}$ d'un mélange gazeux de SF_6, SO_2 et OCS, tous nettement résolus. Les trois pics intenses sont dus au soufre dans un état de cœur $^1D_2$, mais il y a aussi trois pics faibles dus à un état de cœur $^1S_0$. Le spectre de photoélectrons par rayons X S2*p*, pour un mélange des mêmes gaz, est présenté pour comparaison, chacun des trois doublets étant dû au soufre dans l'état de cœur $^2P_{1/2}$ ou $^2P_{3/2}$.

La figure 8.26 montre le spectre Auger $KL_{II,III}L_{II,III}$ du sodium dans un cristal de NaCl. Là encore, on peut observer la formation des états de cœur $^1D_2$ et, plus faiblement, $^1S_0$. Sont

1. L'énergie de liaison est l'opposée de l'énergie de l'orbitale.

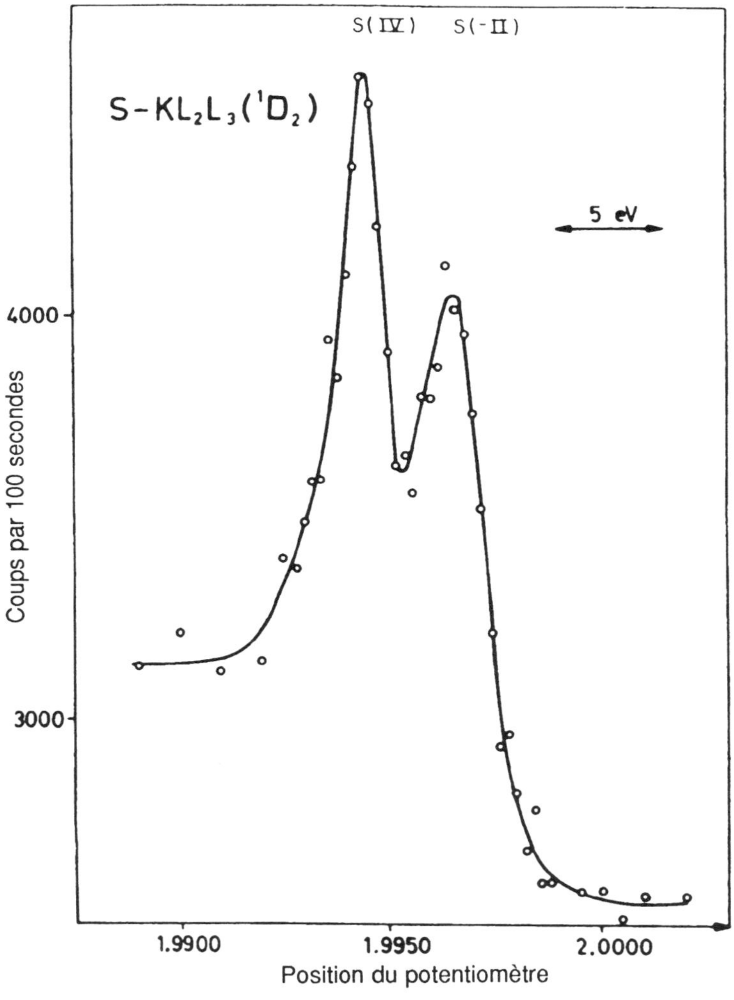

Fig. 8.24 — *Spectre Auger* $KL_{II,III}L_{II,III}(^1D_2)$ *du soufre dans* $Na_2S_2O_3$. *(Reproduit, avec autorisation, de Fahlmann A., Hamrin K., Nordberg R., Nording C. et Siegbahn K.,* Physics Letters, ***20****, 156, 1966).*

également montrés les pics résultant de processus complémentaires dans lesquels le photoélectron initial d'énergie E_P fournit l'énergie d'éjection d'un deuxième photoélectron — provenant dans ce cas de l'orbitale 2*s*, ce qui donne la configuration $1s^12s^12p^6$.... Ceci s'appelle un processus de *shakeoff* électronique. Ensuite, un électron peut retomber de 2*p* pour remplir la lacune 1*s*, conduisant à des états de cœur $^1P_1$ et $^3P_2$, $^3P_1$, $^3P_0$ (les trois derniers ne sont pas résolus), ou bien un électron peut retomber de 2*s* vers 1*s*, conduisant à un état de cœur $^1S_0$.

Le spectre Auger $KL_{II,III}L_{II,III}$ du magnésium, ainsi que sa modification lors de la conversion de la surface en oxyde de magnésium, est présenté dans la figure 8.27. Deux pics

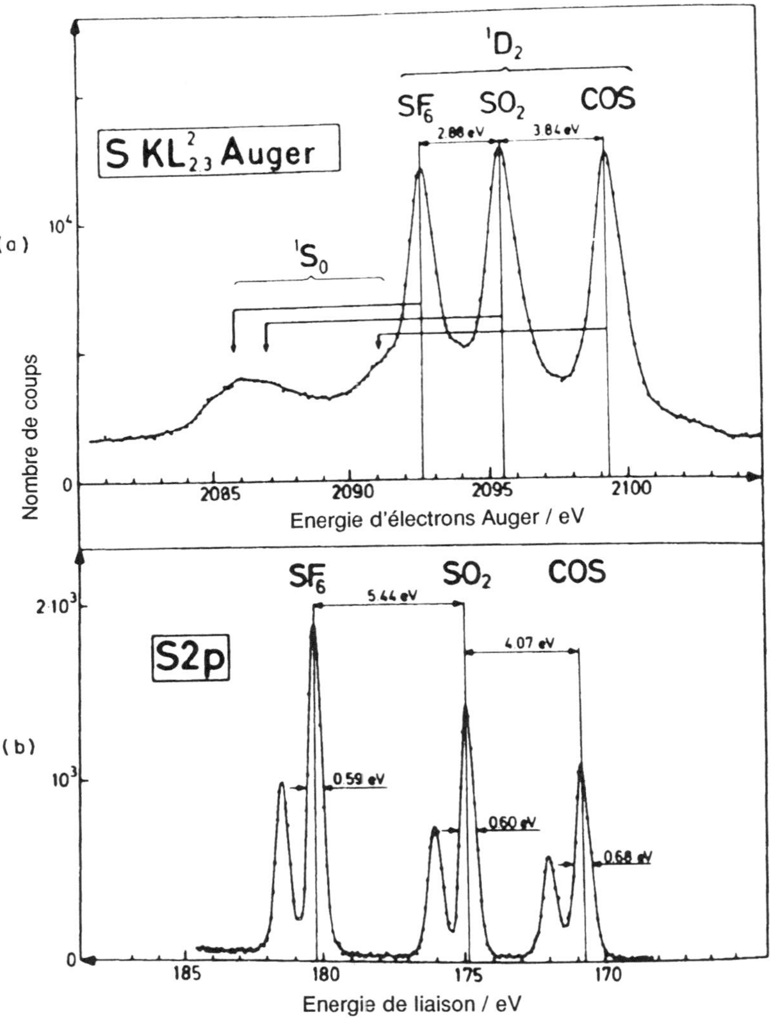

Fig. 8.25 — *(a) Spectre Auger* $KL_{II,III}L_{II,III}(^1D_2)$ *du soufre dans un mélange gazeux de* SF_6, SO_2, *et OCS, comparé (b) au spectre de photoélectrons d'un mélange des mêmes gaz. (Reproduit, avec autorisation, de Aslund L., Kelfve P., Siegbahn H., Goscinski O., Fellner-Feldegg H., Hamrin K., Blomster B. et Siegbahn K.,* Chem. Phys. Letters, ***40****, 353, 1976).*

dus à des états de cœur $^1D_2$ et $^1S_0$ issus de la configuration $1s^22s^22p^4\ldots$, peuvent être observés dans Mg et dans MgO avec un déplacement chimique d'environ 5 eV. Dans la figure 8.27, l'encart montre que dans le spectre XPS, le déplacement chimique est bien moindre. Il y a également plusieurs satellites dans le spectre Auger, incluant ceux qui sont dus aux processus de *shakeoff* conduisant aux configurations $1s^22s^12p^5\ldots$ et $1s^22s^02p^6\ldots$, très similaires à ceux du sodium dans la figure 8.26.

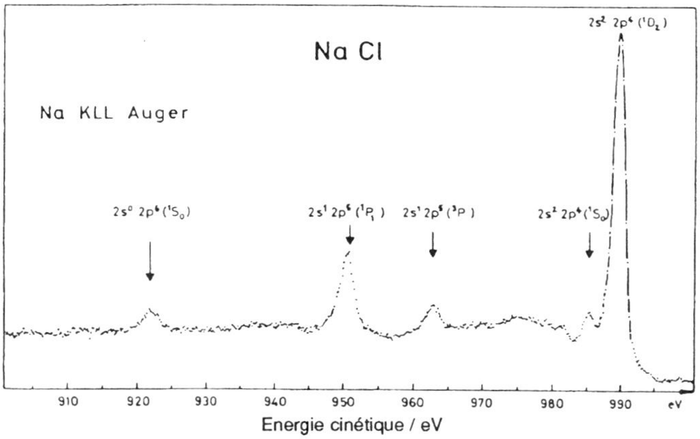

Fig. 8.26 — *Spectre Auger $KL_{II,III}L_{II,III}$($^1D_2$ et $^1S_0$) du sodium dans NaCl solide. (Reproduit, avec autorisation, de Siegbahn K. (Juin 1976),* Publication N° UUIP-940, *p. 81, Uppsala University Institute of Physics).*

8.2.2 Spectroscopie de fluorescence des rayons X

8.2.2.1 Méthode expérimentale

En spectroscopie XRF, comme en AES, l'éjection d'un électron de cœur de l'atome A, pour produire A^+, comme l'illustre la figure 8.21, peut être réalisée au moyen d'un faisceau d'électrons d'énergie appropriée, ou par des rayons X. De nombreux travaux en XRF ont employé, à l'origine, un faisceau d'électrons, mais aujourd'hui, on utilise presque exclusivement des sources de rayons X. La source de rayons X habituelle est le tube de Coolidge. Des électrons sont engendrés par un filament de tungstène chauffé (la cathode) et accélérés en direction de l'anode, constituée d'une cible de métaux tels que W, Mo, Cr, Cu, Ag, Ni, Co ou Fe, suivant la gamme de longueurs d'onde demandée. Le tube de Coolidge peut couvrir des longueurs d'onde montant jusqu'à 10 Å, valeur au-delà de laquelle l'intensité devient trop faible. Ceci restreint les études en XRF aux atomes ayant un numéro atomique Z supérieur à 12 (magnésium), mais comme les spectres XRF des atomes légers sont souvent élargis et ne sont pas très utiles pour l'analyse, ceci ne constitue pas une limitation sévère.

La figure 8.28 montre les rayons X tombant sur l'échantillon solide ou liquide, qui émet ensuite une fluorescence de rayons X dans la région 0,2–20 Å. La fluorescence est dispersée par un cristal plat, généralement en fluorure de lithium, qui joue le rôle de réseau de diffraction (un peu comme un cristal de quartz dans le monochromateur de rayons X montré dans la figure 8.3). La fluorescence peut être détectée au moyen d'un compteur à scintillations, d'un détecteur semi-conducteur ou d'un compteur proportionnel à flux gazeux, dans lequel les rayons X ionisent un gaz comme l'argon, et où l'on compte les ions ainsi produits. Pour balayer le domaine de longueurs d'onde de la fluorescence, le cristal doit être tourné doucement pour varier l'angle θ, et le détecteur doit également subir une rotation, avec une vitesse angulaire deux fois plus grande, puisqu'il est à un angle 2θ de la direction du faisceau de fluorescence de rayons X.

Le spectromètre dispersif en énergie, qui évite l'utilisation d'un élément de dispersion cristallin, est un autre type de spectromètre. Le type de détecteur utilisé à la place reçoit les rayons X de fluorescence non dispersés et donne en sortie une série d'impulsions de différentes tensions correspondant aux différentes longueurs d'onde (ou énergies) qu'il reçoit.

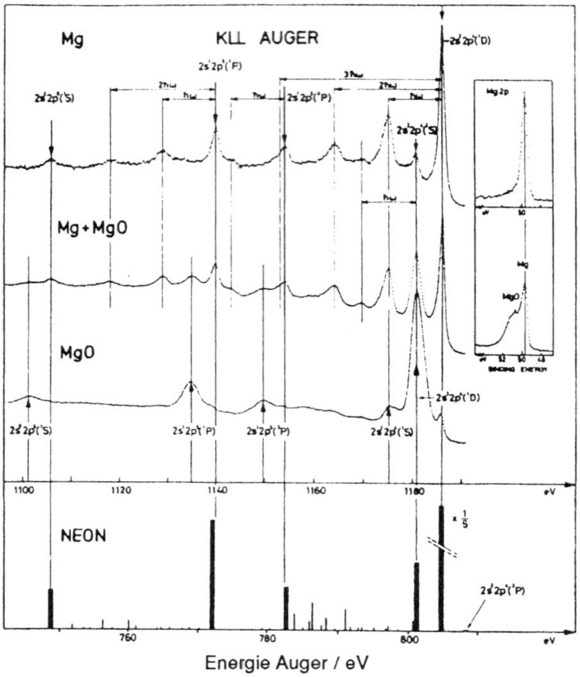

Fig. 8.27 — *Spectre Auger $KL_{II,III}L_{II,III}$ du magnésium montrant des modifications lorsque la surface est oxydée, et la comparaison avec celui du néon. (Reproduit, avec autorisation, de Siegbahn K.,* J. Electron. Spectrosc., *5, 3, 1974).*

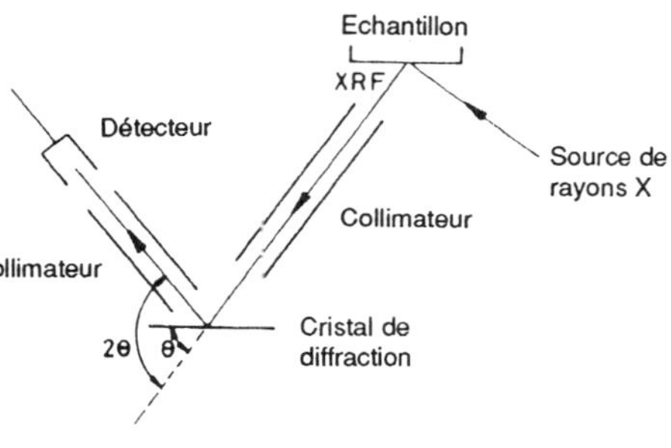

Fig. 8.28 — *Spectromètre de rayons X dispersif en longueurs d'onde.*

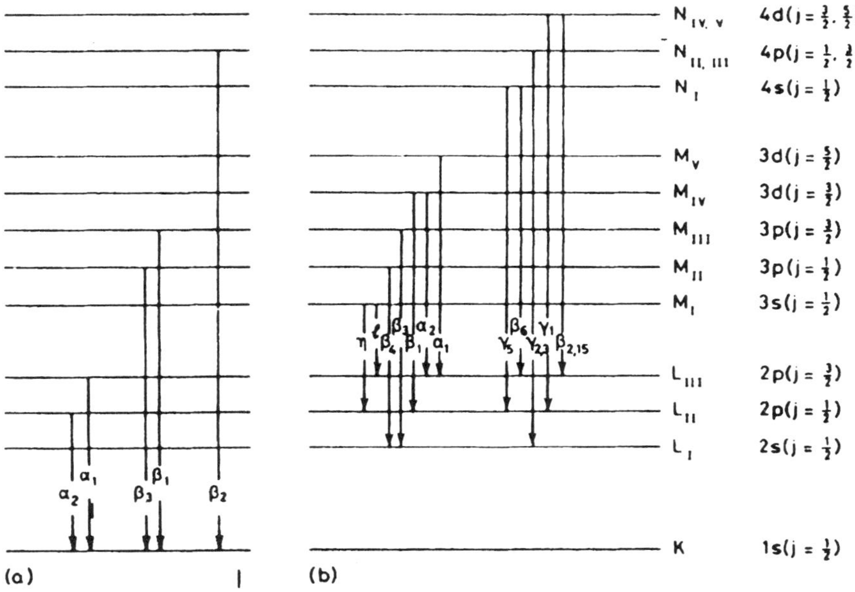

Fig. 8.29 — *Transitions de fluorescence de rayons X formant (a) un spectre d'émission K, et (b) un spectre d'émission L. Les niveaux d'énergie ne sont pas dessinés à l'échelle.*

Ces énergies sont alors séparées par un analyseur multicanaux. Le spectromètre à dispersion en énergie est moins coûteux et plus rapide qu'un appareil analytique multiéléments, mais offre une limite de détection et une résolution moins bonnes.

8.2.2.2 Processus de fluorescence de rayons X

La figure 8.29 montre deux des processus les plus courants en XRF. La comparaison avec la figure 8.23, qui illustre les processus d'électrons Auger, montre que le même système de notation des niveaux d'énergie est utilisé en AES et en XRF.

Dans la figure 8.29(a), un électron 1*s* (couche *K*) a été éjecté de l'atome et la fluorescence, formant ce que l'on appelle le spectre d'émission *K*, est provoquée par un électron tombant d'une autre couche et remplissant la lacune dans la couche *K*. De la même manière, la figure 8.29(b) montre des transitions formant le spectre d'émission *L*, qui résulte du remplissage d'une lacune créée dans la couche *L*.

Le rendement quantique pour la XRF décroît lorsque la charge nucléaire augmente, et il en est de même entre les émissions *K* et *L*.

Les règles de sélection qui s'appliquent aux transitions XRF sont

$$\Delta n \geq 1 \ ; \qquad \Delta \ell = \pm 1 \ ; \qquad \Delta j = 0, \pm 1 \qquad (8.16)$$

où les nombres quantiques correspondent à l'électron qui remplit la lacune. Il y a des différences importantes par rapport aux règles de sélection qui s'appliquent à l'AES. Par exemple, la transition 2*s*–1*s* (L_I–K) dans le processus Auger KL_IL_{II} illustré dans la figure 8.23 est une transition XRF interdite puisque $\Delta \ell = 0$. Cette contradiction apparente existe car les règles de sélection pour un processus Auger ne concernent que l'état initial de l'atome et l'état final de l'ion doublement chargé, indépendamment des processus intermédiaires. Les règles de sélection pour le processus Auger dans son ensemble sont

$$\Delta L = 0 \; ; \qquad \Delta S = 0 \; ; \qquad \Delta J = 0 \tag{8.17}$$

où les nombres quantiques se réfèrent à l'atome ou l'ion, de façon globale.

Nous avons vu dans la section 8.2.1.2 qu'il existe en AES un effet de déplacement chimique important pour distinguer les atomes dans différents environnements. En XRF, il n'y a qu'un très petit effet de déplacement chimique, trop faible pour être utile d'une manière générale. La raison de la faiblesse de cet effet est que l'énergie XRF est la différence entre deux niveaux d'énergie, comme ceux d'énergie E_K et $E_{L_{II}}$, et les déplacements énergétiques dus aux effets d'environnement sur chacun d'eux sont très similaires en grandeur et en signe. Il en résulte que la technique XRF est beaucoup plus utile pour une détection quantitative très précise des éléments que pour des études structurales.

8.2.2.3 Exemples de spectres de fluorescence de rayons X

L'exemple du spectre XRF d'émission K d'un échantillon d'étain solide, présenté dans la figure 8.30, montre quatre transitions dominantes. La méthode de notation de transitions n'est malheureusement pas systématique mais celles du groupe d'énergie inférieure sont appelées α et celles du groupe d'énergie supérieure, β. Les indices 1, 2, ... sont utilisés généralement, mais pas toujours, pour indiquer l'ordre d'intensité décroissante, de sorte que α_1 et β_1 sont les transitions les plus fortes dans leur groupe.

Le dédoublement entre les transitions α_1 et α_2 est dû au couplage spin-orbite (couplage du spin électronique et du moment angulaire orbital ; voir section 7.1.2.3) qui provoque la séparation entre les niveaux L_{II} et L_{III}. Ce couplage augmente avec la charge nucléaire Z et, avec $Z = 50$ pour l'étain, le dédoublement qui en résulte pour α_1 et α_2 est appréciable. Les longueurs d'onde de α_1 et α_2 sont respectivement égales à 0,491 et 0,495 Å, ce qui est facilement résolu. Elles correspondent à une séparation énergétique L_{II}–L_{III} de 206 eV. La transition α_1 est deux fois plus intense que α_2 à cause du facteur de dégénérescence $2j + 1$ associé aux niveaux supérieurs des transitions (voir section 8.1.3.1). Le couplage spin-orbite décroît lorsque le nombre quantique de moment angulaire orbital ℓ augmente. Ceci est illustré

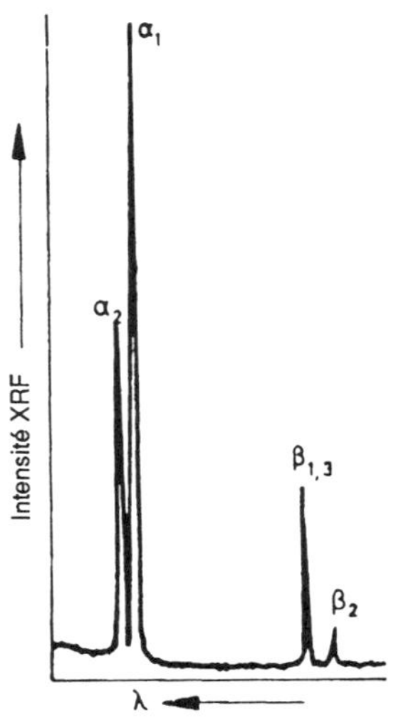

Fig. 8.30 — *Spectre d'émission K de l'étain. Les raies α_1 et β_2 sont situées respectivement à 0,491 et 0.426 Å. (Reproduit, avec autorisation, de Jenkins R.,* An Introduction to X-ray Spectrometry, *p. 22, Heyden, Londres, 1976).*

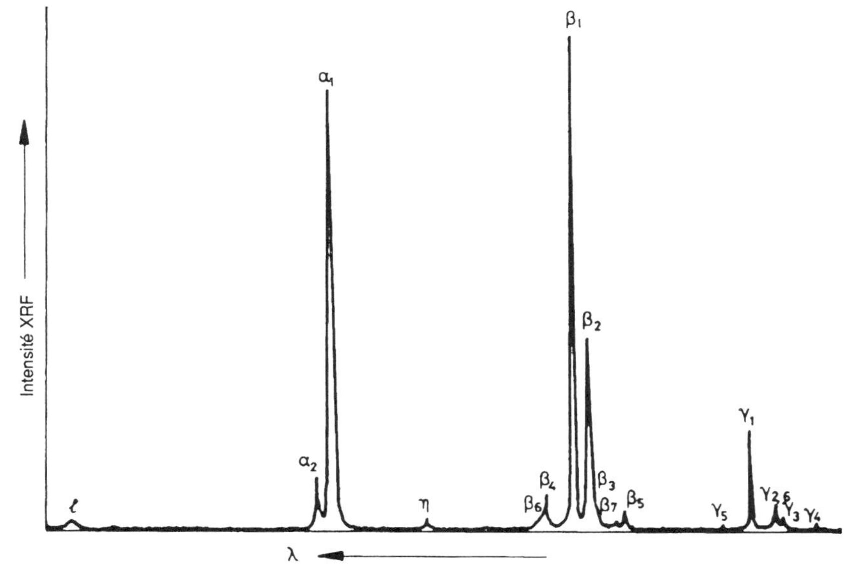

Fig. 8.31 — *Spectre d'émission L de l'or. Les raies α_1 et γ_1 sont situées respectivement à 1,277 et 0,927 Å. (Reproduit, avec autorisation, de Jenkins R.,* An Introduction to X-ray Spectrometry, *p. 28, Heyden, Londres, 1976).*

par le fait que les transitions β_1 et β_3 , séparées de 70 eV seulement, ne sont pas résolues. Pour des éléments ayant une charge nucléaire plus faible que l'étain, le dédoublement α_1–α_2 est plus petit à cause de la réduction du couplage spin-orbite. Par exemple, pour le calcium, avec $Z = 20$, le dédoublement ne vaut que 3 eV environ, et n'est généralement pas résolu.

Deux autres effets sur l'émission K de XRF deviennent importants lorsque la charge nucléaire décroît. L'un est l'apparition de transitions satellites faibles, aux longueurs d'onde inférieures à celles des transitions principales, se produisant dans le faible pourcentage d'atomes doublement ionisés, qui peuvent être produits par le bombardement initial de rayons X. L'autre est la tendance de certaines transitions à l'élargissement en bandes, au lieu des raies fines habituelles, à cause des effets de la participation des orbitales atomiques concernées à des orbitales moléculaires. C'est ce qui est observé par exemple dans l'émission K ($2s$–$1s$ et $2p$–$1s$) de l'oxygène.

Dans le spectre XRF de l'étain, comme dans celui d'autres éléments, des transitions $3d$–$1s$ et $4d$–$1s$, qui sont interdites par les règles de sélection, peuvent être observées très faiblement à cause de perturbations dues aux atomes voisins.

La figure 8.29(b) montre qu'un spectre XRF d'émission L est beaucoup plus complexe qu'un spectre d'émission K. Ceci est illustré par le spectre L de l'or dans la figure 8.31. Exceptées celles qui sont notées ℓ et η, les transitions font partie de trois groupes notés α, β, et γ, le plus intense dans chaque groupe étant α_1, β_1, et γ_1.

L'absence de transition β_2, qui est intense dans les atomes ayant des numéros atomiques élevés comme l'or, est une caractéristique des spectres L des atomes ayant $Z < 40$.

Dans les atomes dont les électrons des couches M et N interviennent à un certain degré dans la formation des orbitales moléculaires, certains transitions de spectre L peuvent être élargies. De même, dans un spectre d'émission M, dans lequel la lacune initiale a été créée dans la couche M, il y a une grande tendance à l'élargissement, à cause de l'intervention des orbitales moléculaires.

8.3 STRUCTURE FINE ÉTENDUE D'ABSORPTION DE RAYONS X

Dès les années 1930, des expériences d'absorption de rayons X ont été menées à bien en utilisant une source continue de rayons X (le *bremsstrahlung* mentionné dans la section 8.1.1.1), un spectromètre à dispersion et un détecteur à film. Lorsqu'un échantillon absorbe des rayons X, le coefficient d'absorption a peut être obtenu à partir de la loi de Beer-Lambert

$$a\ell = \log_{10}\left(\frac{I_0}{I}\right) \tag{8.18}$$

Cette équation est similaire à l'équation (2.16), où I_0 et I sont les intensités de la radiation incidente et de la radiation transmise, et ℓ est la longueur de l'échantillon absorbant.

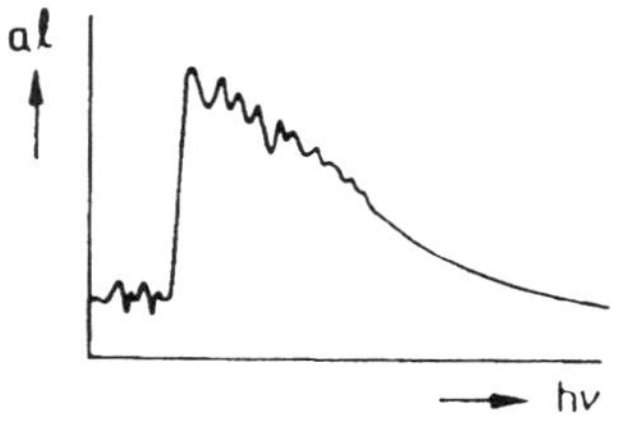

Fig. 8.32 — *Seuil d'absorption de rayons X.*

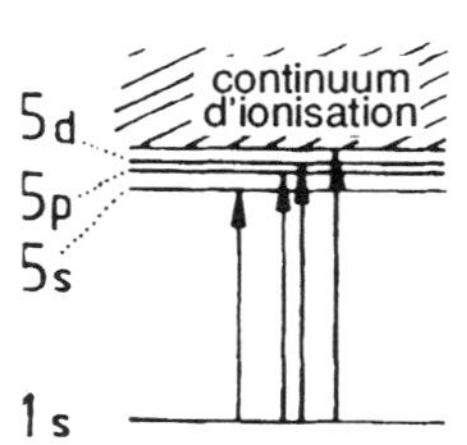

Fig. 8.33 — *Formation d'un seuil d'absorption et d'une structure avant le seuil dans l'absorption de rayons X.*

Ces expériences avaient montré que chaque raie d'absorption est asymétrique, avec une longue queue s'étendant aux hautes énergies des photons, et également avec une structure fine au seuil vertical d'absorption, à basse énergie, comme le montre la figure 8.32. La structure avant le seuil, par exemple d'un seuil K, correspondant à l'éjection d'un électron de la couche K ($1s$), est due à la promotion de l'électron vers des orbitales vacantes, comme $5p$ ou $5d$, au lieu d'être totalement éjecté. Le seuil, par lui-même, représente le seuil du continuum d'ionisation, comme l'illustre la figure 8.33 pour l'éjection d'un électron $1s$. Il est clair que l'absorption de rayons X est fortement reliée aux processus impliqués en XPS (section 8.1), sauf que, dans ce dernier cas, les rayons X utilisés sont monochromatiques.

On a observé, dans le cas de l'absorption de rayons X par des molécules diatomiques, qu'il existait une certaine structure fine sous forme de variations d'intensité superposées à l'intensité faiblement décroissante de la queue d'absorption, comme le montre la figure 8.32.

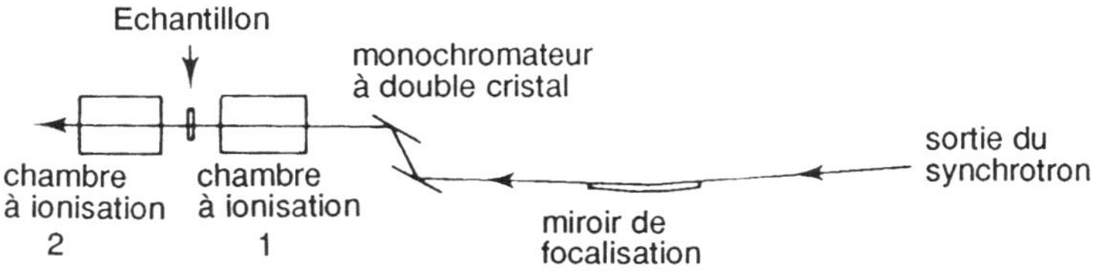

Fig. 8.34 — *Méthode expérimentale en EXAFS.*

Cette structure s'appelle structure fine étendue d'absorption de rayons X (EXAFS, *Extended X-ray Absorption Fine Structure*).

Les travaux en EXAFS ont ensuite peu progressé, jusqu'à l'avènement des sources de rayonnement synchrotron (anneaux de stockage) décrites dans la section 8.1.1.1. Ce type de source produit un rayonnement X de l'ordre de 10^5 à 10^6 fois plus intense que celui d'une source conventionnelle et accordable de façon continue. Ces propriétés ont conduit à ce que l'EXAFS devienne un outil structural important pour les matériaux à l'état solide.

La figure 8.34 illustre les principales caractéristiques de la méthode expérimentale. Le continuum de radiation de l'anneau de stockage du synchrotron est focalisé par un miroir toroïdal concave, à faible angle d'incidence, et tombe sur un monochromateur à double cristal (voir aussi la section 8.1.1.1), le cristal jouant un rôle de réseau de diffraction. Le monochromateur peut être accordé de façon continue dans la gamme d'énergie de photons requise. L'intensité I_0 du faisceau incident sur l'échantillon est mesurée par la chambre à ionisation 1, dans laquelle les ions produits sont comptés, tandis que l'intensité I émergeant de l'échantillon est mesurée par la chambre à ionisation 2.

Si l'échantillon est un gaz monoatomique, comme le krypton, il n'y a pas d'EXAFS superposé sur la partie à haute énergie du pic d'absorption, mais pour un gaz diatomique comme Br_2, l'EXAFS est observé. L'EXAFS est causé par une interférence entre les ondes de de Broglie représentant le photoélectron (voir section 1.1) sortant d'un atome de brome et la même onde diffusée par l'autre atome de brome, comme l'illustre la figure 8.35(a). Il est clair que la figure d'interférences formant l'EXAFS dépend de la distance internucléaire, ainsi que d'autres paramètres, et rappelle la diffraction des électrons dans les solides, mentionnée dans la section 1.1, et dans les gaz.

La technique EXAFS est principalement utilisée pour des études de matériaux désordonnés et de solides amorphes. La figure 8.35(b) montre l'interférence qui se produit entre l'onde associée à un photoélectron produit sur l'atome A et les ondes diffusées par les atomes B, les plus proches voisins, dans un matériau cristallin.

Fig. 8.35 — *Interférences entre les photoélectrons diffusés (a) dans une molécule diatomique à l'état gazeux et (b) dans un matériau cristallin.*

Dans la théorie de l'EXAFS, on considère généralement le vecteur d'onde k de l'onde associée au photoélectron, plutôt que la longueur d'onde λ. Il sont reliés par

$$k = \frac{2\pi}{\lambda} \tag{8.19}$$

et k est relié à l'énergie du photoélectron ($h\nu - I$) de l'équation (8.3) par

$$k = \left[\frac{2m_e(h\nu - I)}{\hbar^2}\right]^{1/2} \tag{8.20}$$

où m_e est la masse de l'électron.

Dans une expérience d'EXAFS, la quantité mesurable est le coefficient d'absorption a de l'équation (8.18). Si a_0 est le coefficient d'absorption en l'absence d'EXAFS, déduit du fond continu décroissant, apparaissant dans la figure 8.32, la variation relative de a, $\chi(k)$, due à l'EXAFS, est alors donnée par

$$\chi(k) = \frac{a_0 - a}{a_0} \tag{8.21}$$

Celle-ci est reliée aux distances interatomiques R_j entre les atomes diffuseurs et à d'autres paramètres, par

$$\chi(k) = \sum_j -\frac{N_j\left|f_j(k,\pi)\right|}{kR_j^2} e^{-2\sigma_j^2k^2} e^{-2R_j/\lambda} \sin\left[2kR_j + \delta_j(k)\right] \tag{8.22}$$

où N_j est le nombre d'atomes qui diffusent à une distance R_j de celui où le photoélectron est produit, $|f_j(k,\pi)|$ est l'amplitude de la rétrodiffusion par l'atome j, $\exp(-2\,\sigma_j^2\,k^2)$, connue sous le nom de fonction de Debye-Waller, est associée au mouvement vibrationnel dans une molécule, ou au désordre dans un solide, avec une amplitude moyenne σ_j, $\exp(-2R_j/\lambda)$ tient compte de la perte de photoélectrons due à la diffusion inélastique, et le terme sin [...] représente la nature ondulatoire du photoélectron. Lorsque l'onde d'un électron est diffusée, un changement de phase est probable. La figure 8.36(a) illustre la diffusion sans changement de phase alors que la figure 8.36(b) montre un changement de phase de 180°, c'est-à-dire que par diffusion $\sin x \to \sin(x + \pi)$ où π est l'angle de déphasage. Dans l'équation (8.22), l'angle de déphasage est $\delta_j(k)$ pour l'atome j.

$\chi(k)$, dans l'équation (8.22), correspond à l'absorption observée expérimentalement, comme celle de la figure 8.32, après soustraction du fond continu. Ce qui reste est une somme d'ondes sinusoïdales dont on cherche à extraire les longueurs d'onde, que l'on peut relier à R_j, à condition que le facteur de phase $\delta_j(k)$ soit connu. L'obtention des longueurs d'onde à partir

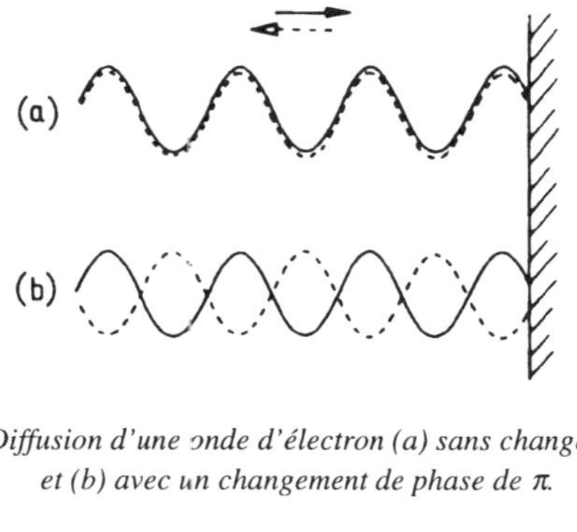

Fig. 8.36 — *Diffusion d'une onde d'électron (a) sans changement de phase et (b) avec un changement de phase de π.*

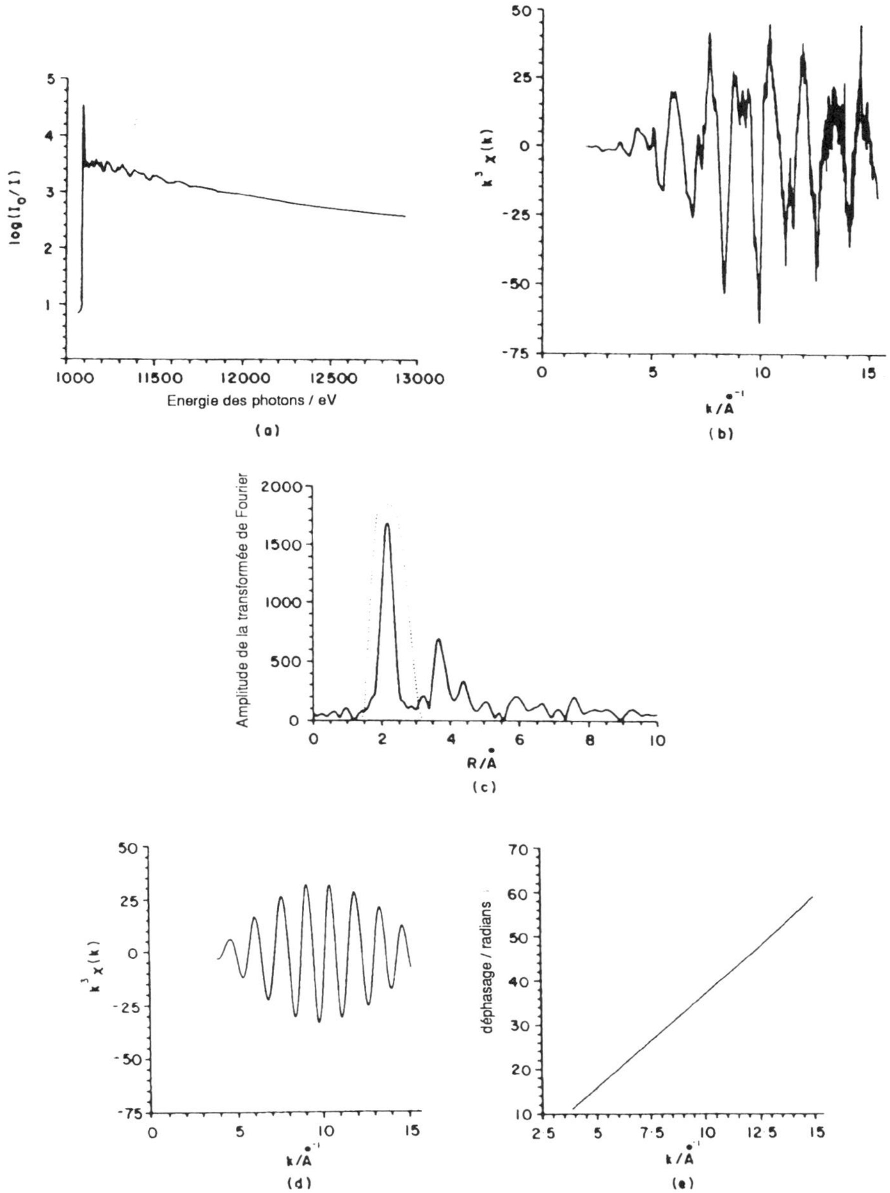

Fig. 8.37 — *(a) Absorption de rayons X par le germanium en poudre. (b) Le fond a été soustrait et le signal restant a été multiplié par k^3. (c) Transformée de Fourier de (b). (d) Transformée de Fourier inverse de (b) dans l'espace des k, après application d'une fenêtre de filtrage à (c). (e) Variation du changement de phase en fonction de k. (Reproduit, avec autorisation, de Eisenberger P., et Kincaid B.M.,* Science, ***200****, 1 441, 1978. ©1978 par The AAAS).*

d'une superposition d'ondes est un processus de transformation de Fourier, que nous avons rencontré lors de la discussion sur les interféromètres, dans la section 3.3.3.

La figure 8.37 montre l'exemple du germanium qui a la même structure cristalline que le diamant. La figure 8.37(a) présente le seuil d'absorption avec la superposition de l'EXAFS. Dans la figure 8.37(b), le fond continu a été soustrait pour donner $\chi(k)$, qui a été multiplié par k à cause du facteur k^{-1} de l'équation (8.22), puis par k^2, car l'amplitude de rétrodiffusion $|f_j(k,\pi)|$ est proportionnelle à k^{-2}, le tracé étant en fonction de k. La courbe obtenue est constituée d'une somme d'ondes sinusoïdales qui, après transformation de Fourier, donne le résultat de la figure 8.37(c). Celle-ci montre un pic principal à environ 2,2Å, correspondant aux quatre plus proches voisins dans la structure de type diamant (tétraédrique) et d'autres pics correspondant à des voisins plus éloignés. Un « filtre » est alors appliqué à la courbe de la figure 8.37(c) de telle sorte que seule soit gardée la partie comprise entre les lignes pointillées — on appelle ceci un filtrage de Fourier. Cette partie subit alors une transformation de Fourier inverse, donnant le résultat dans l'espace des k, présenté dans la figure 8.37(d). Le déphasage $\delta(k)$ est obtenu en même temps et la figure 8.37(e) montre sa variation avec k.

L'ensemble du traitement des données est rendu possible par une digitalisation des données brutes, telles que celles de la figure 8.37(a), suivie d'un traitement informatique.

La figure 8.38 montre un exemple de détermination par EXAFS des distances Mo–S et Mo–N dans un cristal de tris(2-aminobenzènethiolate) Mo(VI), qui est un complexe octaédrique avec trois ligands bidentates. La figure 8.38(a) montre que la courbe EXAFS expérimentale de Mo, $k^3\chi(k)$ en fonction de k, après filtrage, ne peut être reproduite si l'on suppose que l'atome de molybdène est coordiné aux atomes de soufre à une seule distance R_j (courbe pointillée). Il y a de toute évidence deux ondes superposées, de longueur d'onde différente indiquant soit des atomes de soufre dans deux positions différentes avec des R_j caractéristiques, soit, et c'est plus probable, deux types d'atomes adjacents. La courbe pointillée de la figure 8.38(b) a été calculée en supposant des contributions des atomes S et N, avec une distance Mo–S égale à 2,42 Å et une distance Mo–N égale à 2,00Å, avec une incertitude typique de 0,01Å. Il y a alors un bon accord avec la courbe observée.

La figure 8.39 montre des résultats d'EXAFS résultant de l'absorption par les atomes de fer contenus dans des protéines, avec trois sites actifs prototypes fer-soufre. Dans l'exemple de la figure 8.39(a), l'application d'une fenêtre de filtrage de 0,9 à 3,5 Å avant la

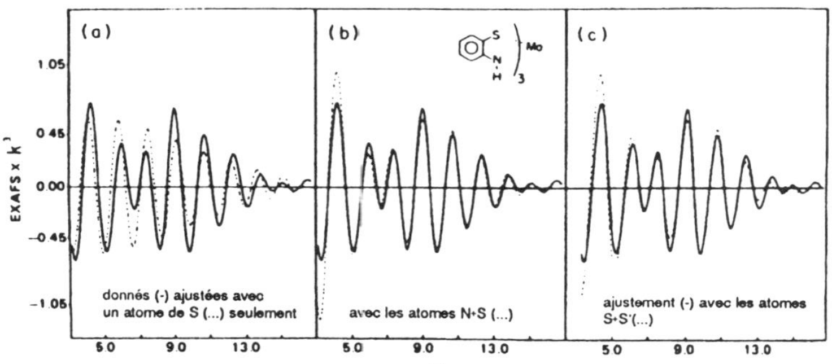

Fig. 8.38 — *Ajustement de courbes d'EXAFS de Mo dans $Mo(SC_6H_4NH)_3$, prenant en compte, comme proches voisins, (a) les atomes de soufre, et (b) les atomes de soufre et d'azote. (Reproduit, avec autorisation, de Winnick H., et Doniach S. (Ed.),* Synchrotron Radiation Research, *p. 436, Plenum, New York, 1980).*

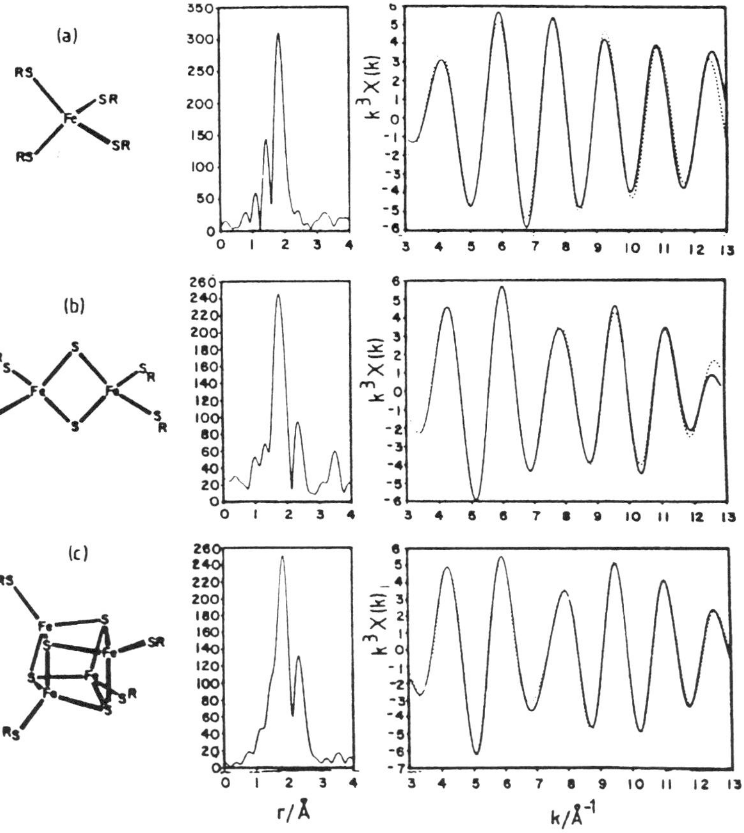

Fig. 8.39 — *Transformation de Fourier de l'EXAFS du Fe, et transformation inverse, après application d'une fenêtre de filtrage de 0,9–3,5 Å, dans (a) la rubrédoxine, (b) une ferrédoxine de plante, et (c) une ferrédoxine bactérienne. Les structures sont également présentées. (Reproduit, avec autorisation, de Teo B.K., et Joy D.C. (ED.), EXAFS Spectroscopy, p.15, Plenum, New York, 1981).*

transformation de Fourier inverse, montre une seule onde, provenant des quatre distances Fe–S identiques dans une rubrédoxine. Dans les exemples de ferrédoxines de plantes et de bactéries des figures 8.39(b) et (c), il y a deux types d'ondes indiquant deux types d'association Fe–S, ce qui est cohérent avec les structures présentées.

L'exemple de la figure 8.40 illustre l'utilisation de l'EXAFS pour indiquer le degré d'ordre dans un échantillon d'un catalyseur. On montre dans cette figure le signal EXAFS, $k^3\chi(k)$, des atomes d'osmium dans le métal pur par comparaison à un catalyseur à 1% d'osmium dans de petits agrégats dispersés sur une surface de silice. Le pic principal dans le spectre issu de la transformée de Fourier est dû à des plus proches voisins Os–Os, et est beaucoup plus intense (environ 3,2) dans le métal pur que dans le catalyseur (environ 0,8), ce qui indique la présence de beaucoup plus de liaisons Os–Os. Lorsque la fenêtre de filtrage est appliquée, suivie d'une transformation inverse, la principale différence dans le catalyseur est que l'onde unique est amortie beaucoup plus rapidement que dans le métal pur. L'amortissement est dû au facteur $\exp(-2\,\sigma_j^2\,k^2)$ dans l'équation (8.22). La quantité σ_j qui est

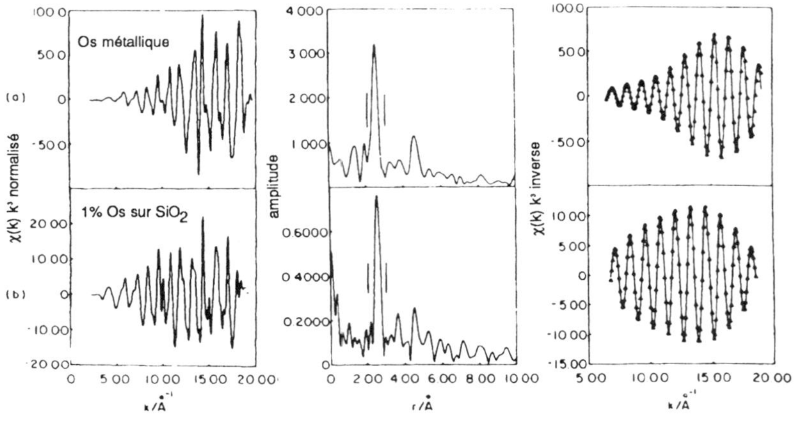

Fig. 8.40 — *Signal EXAFS* $k^3\chi(k)$*, Transformée de Fourier, puis transformée inverse après application de la fenêtre de filtrage indiquée, dans (a) l'osmium métallique et (b) un catalyseur à 1% d'osmium supporté sur silice. (Reproduit, avec autorisation, de Winnick H., et Doniach S. (Ed.),* Synchrotron Radiation Research, *p. 413, Plenum, New York, 1980).*

une mesure du désordre du matériau, est nettement plus grande dans le catalyseur, conduisant à un amortissement plus rapide. L'analyse des données a montré que (a) $N_1 = 8{,}3 \pm 2{,}0$ pour le catalyseur par rapport à 12 pour l'osmium pur, qui possède une structure cubique faces-centrées, et (b) $\Delta\sigma_1^2 = \sigma_1^2(\text{catalyseur}) - \sigma_1^2(\text{métal}) = 0{,}002\ 2 \pm 0{,}000\ 2$, montrant le désordre important dans le catalyseur.

La méthode EXAFS peut être utilisée pour différents éléments dans le même matériau ou pour différents seuils d'absorption, tels que 1*s*, 2*s*, ou 2*p*, du même élément.

Les électrons Auger, dont le mode de production est décrit dans la section 8.2.1, peuvent également produire des interférences de diffusion de la même façon que les photoélectrons ordinaires. La technique est utile pour étudier les surfaces, et est connue sous le nom d'EXAFS de surface ou SEXAFS. Un exemple de son utilisation est donné par l'étude de Br_2 adsorbé sur le carbone sous forme de 50% de cristallites de carbone et 50% de graphite. Le fait que les rayons X issus d'un anneau de stockage soient polarisés rectilignement a été utilisé pour montrer que, pour un recouvrement de 20% d'une monocouche de Br_2, la liaison Br–Br est orientée de façon aléatoire par rapport à la surface alors que, pour un recouvrement de 60 à 90 pour cent, l'alignement est parallèle à la surface.

EXERCICES

1. Quelles devraient être les caractéristiques les plus importantes du spectre UPS He I de la vapeur de mercure ?
2. Mesurer les positions des bandes dans le spectre UPS de la figure 8.7 aussi précisément que possible et utiliser les valeurs pour déterminer ω_e et $\omega_e x_e$ (équations 7.82 et 6.18) pour l'état électronique fondamental de H_2^+.
3. Écrire les configurations et en déduire les états de cœur issus des processus Auger de type

KLM dans le krypton.

4. Des spectres EXAFS du platine métallique, ayant une structure cubique faces-centrées, ont été obtenus à 300 et 673 K. Expliquer les différences qualitatives que l'on peut attendre. Combien y a-t-il d'atomes plus proches voisins dans cette structure ? Illustrer la réponse avec un diagramme.

BIBLIOGRAPHIE

BURHOP E.H.S. — *The Auger Effect and Other Radiationless Transitions.* Cambridge University Press, Londres, 1952.

CARLSON T.A. — *Photoelectron and Auger Spectroscopy.* Plenum, New York, 1975.

ELAND J.H.D. — *Photoelectron Spectroscopy.* Butterworths, Londres, 1974.

RABALAIS J.W. — *Principles of Ultraviolet Photoelectron Spectroscopy.* Wiley, New York, 1977.

ROBERTS M.W. et MCKEE C.S. — *Chemistry of the Metal-Gas Interface.* Oxford University Press, Oxford, 1978.

SIEGBAHN K., NORDLING C., FAHLMAN A., NORDBERG R., HAMERIN K., HEDMAN J., JOHANSSON G., BERGMARK T., KARLSSON S.-E., LINDGREN I. et LINDBERG B. — *Electron Spectroscopy for Chemical Analysis—Atomic, Molecular, and Solid State Structure Studies by Means of Electron Spectroscopy.* Almqvist et Wiqsells, Uppsala, 1967.

TEO B.K. et JOY D.C. Ed. — *EXAFS Spectroscopy.* Plenum, New York, 1981.

WINNICK H. et DONIACH S. Ed. — *Synchrotron Radiation Research.* Plenum, New York, 1980.

Chapitre 9

Lasers et spectroscopie laser

9.1 DISCUSSION GÉNÉRALE DES LASERS

9.1.1 Caractéristiques générales et propriétés

Le mot *laser* est un acronyme qui signifie « amplification de lumière par émission stimulée de rayonnement » (*Light Amplification by the Stimulated Emission of Radiation*). Si la lumière concernée se trouve dans le domaine des micro-ondes, l'autre acronyme souvent utilisé est *maser*. Bien que le premier de ces dispositifs, construit en 1954, ait été le maser à ammoniac, ce sont les lasers fabriqués ensuite, et qui fonctionnaient dans les domaines infrarouge, visible ou ultraviolet du spectre, qui ont eu l'impact le plus important.

Dans la section 2.2, nous avons vu que l'émission de radiation par une source peut se produire par un processus spontané (équation 2.4) ou par un processus induit, ou stimulé,

$$\mathrm{M}^* + hc\,\tilde{\nu} \rightarrow \mathrm{M} + 2hc\,\tilde{\nu} \tag{9.1}$$

comme dans l'équation (2.5).

Le rayonnement laser est entièrement émis par le processus d'émission stimulée, contrairement aux sources de rayonnement plus conventionnelles discutées au chapitre 3, qui émettent par un processus spontané.

Pour que l'émission induite à partir du niveau d'énergie supérieur n du système à deux niveaux de la figure 2.2(a) soit dominante sur l'absorption (équation 2.3), il faut qu'il y ait une inversion de population entre les deux niveaux, c'est-à-dire que $N_n > N_m$, où N_i désigne la population de l'état i. Pour perturber la distribution de Boltzmann normale (équation 2.11), dans laquelle $N_n < N_m$, il faut fournir de l'énergie. Le processus par lequel ce type d'inversion de population est réalisée s'appelle le pompage. Un système, qui peut être gazeux, solide ou liquide, et dans lequel une inversion de population a été créée est appelé milieu actif. D'après l'équation (9.1), le milieu actif joue le rôle d'amplificateur de la radiation qu'il reçoit. L'équation montre que, pour chaque photon pénétrant dans le milieu actif, deux photons sont émis.

Pour faire un oscillateur à partir d'un amplificateur, il faut, dans le langage de l'électronique, une réaction positive. Dans les lasers, elle est obtenue en plaçant le milieu actif entre deux miroirs, tous deux étant fortement réfléchissants, mais l'un des deux un peu moins que l'autre afin de permettre à une partie du rayonnement stimulé de s'échapper pour former le faisceau laser. La région délimitée par les miroirs est appelée la cavité laser. Divers systèmes de miroirs sont utilisés, mais celui qui est présenté dans la figure 9.1, constitué de deux miroirs plans à une distance d l'un de l'autre, est l'un des plus simples. La séparation des miroirs doit être un nombre entier de demi-longueurs d'onde, $n\lambda/2$, ce qui nécessite un alignement extrêmement précis. La fréquence de résonance ν de la cavité est alors donnée par

$$\nu = \frac{nc}{2d} \tag{9.2}$$

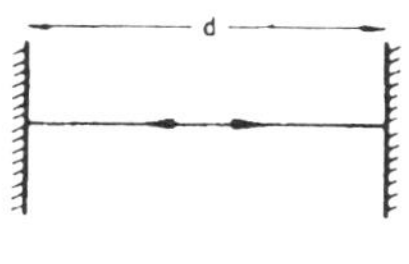

Fig. 9.1 — *Cavité laser avec deux miroirs plans.*

Exercice corrigé 9.1

Énoncé. Une cavité laser a 10,339 96 cm de long et fonctionne à une longueur d'onde de 533,647 8 nm. Combien de demi-longueurs d'onde sont contenues dans la cavité ? De combien faudrait-il augmenter la longueur pour accroître ce nombre de un ? Quelles sont les conséquences de ce résultat quant à l'accord de la cavité ? Combien de temps faut-il à la radiation pour faire un aller et retour dans la cavité ?

Solution. Puisque la longueur d'onde λ et la fréquence ν sont reliées par

$$c = \nu\lambda$$

l'équation (9.2) donne

$$\lambda = \frac{c}{\nu} = \frac{2d}{n}$$

$$\text{d'où } n = \frac{2d}{\lambda} = \frac{2 \times 10{,}339\,96 \times 10^7 \text{ nm}}{533{,}647\,8 \text{ nm}}$$

$$= 3{,}875\,200 \times 10^5$$

En augmentant n de un, on obtient

$$n = 3{,}875\,210 \times 10^5$$

$$\text{d'où } d = \frac{n\lambda}{2} = \frac{3{,}875\,210 \times 10^5 \times 533{,}647\,8 \times 10^{-7} \text{ cm}}{2}$$

$$= 10{,}339\,99 \text{ cm}$$

Par conséquent, la longueur de la cavité a été augmentée de 0,000 03 cm = 0,3 μm. Ceci signifie que pour accorder la cavité à une demi-longueur d'onde de la radiation, il faut un déplacement extrêmement précis d'un des miroirs formant la cavité.

Un aller et retour dans la cavité correspond à une distance de 20,680 cm. D'où le temps mis

$$t = \frac{20{,}680 \text{ cm}}{2{,}997\,9 \times 10^{10} \text{ cm s}^{-1}}$$

$$= 6{,}898 \times 10^{-10} \text{ s}$$

Les surfaces réfléchissantes des miroirs sont recouvertes de façon particulière, avec des couches de matériaux, alternativement fortement et faiblement diélectriques, comme TiO_2 et SiO, pour permettre une réflexion presque totale à la longueur d'onde spécifique du laser. Les recouvrements traditionnels, d'aluminium, d'argent ou d'or, n'ont pas un pouvoir réflecteur suffisamment élevé. Un des miroirs est recouvert pour permettre à 1 à 10 % de la radiation de sortir pour former le faisceau laser.

Des photons d'énergie $hc\tilde{\nu}$ sont produits initialement dans la cavité par émission spontanée. Ceux qui frappent les miroirs de la cavité à 90° sont retenus dans la cavité, ce qui permet d'atteindre un flux de photons d'un niveau suffisamment élevé pour provoquer l'émission stimulée : on dit parfois que le milieu actif « lase ».

Le rayonnement laser a quatre propriétés remarquables :

1. *La directionnalité*. Le faisceau laser qui émerge du miroir de sortie de la cavité est fortement parallèle, ce qui est une conséquence des conditions strictes d'alignement des miroirs de la cavité. La divergence du faisceau est typiquement de l'ordre de quelques milliradians.
2. *Le monochromatisme*. Si les niveaux d'énergie n et m de la figure 2.2(a) sont fins, comme c'est le cas dans un milieu actif gazeux, la relation de Planck de l'équation (2.2)

limite la gamme de longueurs d'ondes de la radiation. Cependant, quel que soit la nature du milieu actif, le fait que la cavité laser ne soit résonnante que pour les fréquences données par l'équation (9.2) limite la gamme de longueurs d'onde.

3. *La brillance (ou luminance)*. Celle-ci est définie comme la puissance émise par unité de surface du miroir de sortie et par unité d'angle solide ; elle est extrêmement élevée par rapport aux sources conventionnelles. La raisons en est que, bien que la puissance puisse rester modeste, comme par exemple dans le laser de faible puissance, 0,5 mW, à gaz hélium-néon, l'angle solide dans lequel elle est émise est très petit.

4. *La cohérence*. Les sources conventionnelles de rayonnement sont incohérentes, ce qui signifie que les ondes électromagnétiques associées à deux photons de même longueur d'onde ne sont en général pas en phase. La cohérence de la radiation laser est à la fois spatiale et temporelle. Elle persiste pendant un temps relativement long et s'étend sur une distance relativement grande. L'utilisation du laser comme source de chauffage intense local, comme dans la découpe et la soudure de métaux, ainsi que pour l'holographie, est permise grâce à la cohérence de la radiation.

9.1.2 Méthodes d'obtention de l'inversion de population

L'équation (9.1) peut laisser l'impression que, dans le processus d'émission stimulée, un photon est créé à partir de rien, puisqu'on introduit un quantum d'énergie pour en obtenir deux. Le processus met en jeu une amplification de la radiation (d'où le terme « amplification de lumière » qui apparaît dans l'acronyme), mais il a fallu fournir de l'énergie au système pour exciter M en M*. Ainsi, il n'y a pas de gain énergétique dans l'ensemble du processus où M est excité puis subit une émission stimulée. De plus, l'efficacité du processus global est très faible. Par exemple, un laser à azote gazeux a un rendement de moins de 0,1 %, et un laser à semi-conducteur (diode), l'un des meilleurs de ce point de vue, a un rendement d'environ 30 %.

Avant d'examiner les différentes méthodes de pompage, nous allons considérer les différents types de diagrammes de niveaux d'énergie rencontrés dans les matériaux émettant un faisceau laser.

Jusqu'ici, nous avons imaginé que le matériau dans lequel se produit l'émission stimulée est un simple système à deux niveaux comme celui de la figure 9.2(a). En fait, il est très peu courant d'avoir un laser fonctionnant grâce à ce type de système à deux niveaux — le laser à excimère, discuté à la section 9.2.8, en est un exemple. En effet, dans les conditions d'équilibre, le niveau 2 a une population beaucoup plus faible que le niveau 1 (voir équation 2.11). Si le niveau 2 est un niveau d'énergie vibrationnelle élevé, ou un niveau électronique, sa population sera négligeable. Un pompage avec l'énergie $E_2 - E_1$ conduit au départ à une absorption nette qui se poursuit jusqu'à ce que les populations soient égales, correspondant à une situation de saturation comme celle qui a été rencontrée à la section 2.3.4.2. A ce stade, un pompage ultérieur conduit à une absorption et une émission induite de même vitesse, de sorte que, normalement, l'inversion de population ne peut pas être obtenue.

En général, il est nécessaire d'avoir un système à trois ou quatre niveaux pour obtenir une inversion de population entre deux niveaux, comme l'illustrent les figures 9.2(b) et (c). Dans le système à trois niveaux de la figure 9.2(b), l'inversion de population entre les niveaux 2 et 1 est obtenue en pompant la transition 3–1. Le processus 3–2 doit avoir un bon rendement et être rapide afin de peupler le niveau 2 pendant que le niveau 1 se dépeuple. L'effet laser se produit dans la transition 2–1. Le système à quatre niveaux de la figure 9.2(c) est encore plus efficace pour la création d'une inversion de population, entre les niveaux 3 et 2 dans ce cas. La raison du rendement important est due au fait que non seulement le niveau 3 est peuplé au

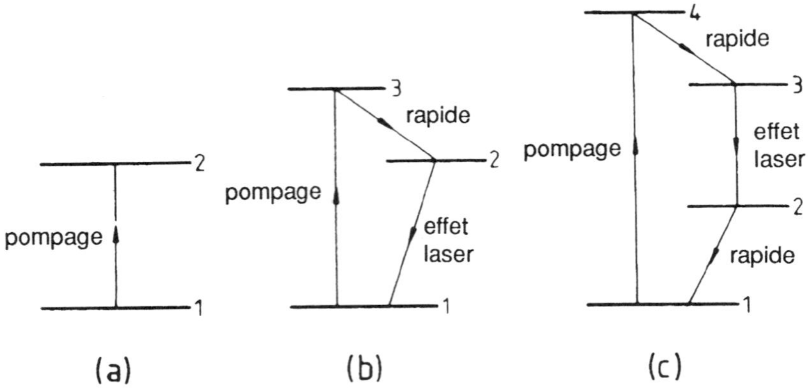

Fig. 9.2 — *Systèmes laser à (a) deux, (b) trois et (c) quatre niveaux.*

moyen du processus rapide 4–3, mais également le niveau 2 se dépeuple à grande vitesse grâce au processus rapide 2–1. Dans des systèmes plus complexes, il peut y avoir un plus grand nombre de niveaux entre 4 et 3 et entre 2 et 1, tous impliqués dans des processus rapides vers des états inférieurs, mais on continue à les qualifier de systèmes à quatre niveaux.

L'inversion de population n'est pas seulement difficile à obtenir, mais aussi à maintenir. En fait, pour de nombreux systèmes laser, il n'y a pas de méthode de pompage qui maintienne de façon continue l'inversion de population. Pour ces systèmes, l'inversion ne peut être provoquée que par une source de pompage qui délivre des impulsions de courte durée et de haute énergie. Cela conduit à un laser pulsé, par opposition à un laser à onde continue (CW, *Continuous Wave*), qui fonctionne de manière continue.

Il y a deux catégories de méthodes de pompage, le pompage optique et le pompage électrique, quel que soit le type de système de niveaux et que le laser soit pulsé ou continu.

Le pompage optique met en jeu le transfert, au système, de l'énergie d'une source lumineuse de haute intensité. Il est surtout utilisé pour les lasers solides et liquides. Un flux très élevé de photons peut être obtenu sur une courte durée à partir de lampes flash à gaz inerte du type de celles qui sont utilisées en photolyse éclair, décrites à la section 3.5.4. Il en résulte un laser pulsé, la fréquence de répétition étant celle de la source de pompage. Le pompage optique à onde continue peut être obtenu dans certains lasers au moyen d'une lampe à fonctionnement continu, à l'iode-tungstène, au krypton ou à arc de mercure sous haute pression.

Le pompage électrique est utilisé pour les lasers à gaz et à semi-conducteur. Dans un laser à gaz, il nécessite une décharge électrique dans le gaz, qui peut être induite par une radiation micro-onde extérieure à la cellule ou par une haute tension entre des électrodes à l'intérieur de la cellule. Le pompage est obtenu au moyen de collisions entre les atomes ou les molécules gazeuses et des électrons produits dans la décharge avec une énergie de translation élevée.

Dans certains lasers à gaz, il est préférable d'utiliser un mélange du gaz à effet laser M, et d'un second gaz N, où N est excité en N* par des collisions avec les électrons, ce qui permet de transférer cette énergie à M par d'autres collisions :

$$M + N^* \rightarrow M^* + N \qquad (9.3)$$

Dans l'idéal, N* est un état métastable, de longue durée de vie avec une énergie similaire à celle du niveau de M* qui doit être pompé.

9.1.3 Modes des cavités laser

La cavité d'un laser peut résonner de diverses façons pendant le processus qui engendre la radiation. La cavité, qui peut être considérée comme une boîte rectangulaire à section carrée, possède des modes d'oscillations, appelés modes de cavité, qui sont de deux types, transversal et axial (longitudinal). Ce sont, respectivement, des modes normaux à la direction de propagation de la radiation laser et le long de celle-ci.

Le modes transversaux sont notés $TEM_{m\ell}$, où TEM signifie (champ) transversal électrique et magnétique : m et ℓ sont des entiers qui correspondent aux nombres de plans nodaux de l'oscillation, respectivement verticaux et horizontaux. En général, il est préférable d'utiliser seulement le mode TEM_{00}, qui produit un faisceau laser avec une distribution d'intensité gaussienne (voir figure 2.5) normale à la direction de propagation.

La variété de modes axiaux possibles a en général des conséquences importantes. Les diverses fréquences possibles sont données par l'équation (9.2), de sorte que la séparation $\Delta\nu$ des modes axiaux est donnée par

$$\Delta\nu = \frac{c}{2d} \tag{9.4}$$

Par exemple pour une longueur de cavité de 50 cm, la séparation des modes axiaux est de 300 MHz (0,01 cm^{-1}).

En pratique, le laser ne peut fonctionner que quand n, dans l'équation (9.2), prend des valeurs telles que la fréquence de résonance correspondante, ν, se situe à l'intérieur de la largeur de raie de la transition entre les deux niveaux d'énergie concernés. Si le milieu actif est un gaz, cette largeur de raie peut être la largeur Doppler (voir section 2.3.2). La figure 9.3 montre une situation dans laquelle il y a douze modes axiaux à l'intérieur du profil Doppler. Le nombre de modes dans le faisceau laser réel dépend de la quantité de radiation autorisée à sortir de la cavité. Dans l'exemple de la figure 9.3, le niveau de sortie a été ajusté de sorte que la condition dite de seuil autorise six modes axiaux dans le faisceau. Le gain, ou degré d'amplification, obtenu dans le laser mesure l'intensité.

Il est évident d'après la figure 9.3 que la largeur de raie laser d'un mode axial seul est beaucoup plus faible que la largeur Doppler. Normalement, un laser fonctionne de façon multimode, mais pour de nombreuses utilisations, par exemple dans la spectroscopie à haute résolution utilisant une source laser, il est souhaitable d'avoir un laser en mode unique. D'après l'équation (9.4), il y a une façon évidente d'obtenir cela, en diminuant suffisamment la longueur d de la cavité pour qu'un seul mode axial se trouve dans le profil Doppler. On obtient un fonctionnement monomode. Cette méthode s'applique principalement aux lasers dans l'infrarouge où la largeur de raie Doppler, de l'ordre de 100 MHz, est relativement faible. Quelle que soit la méthode utilisée pour le fonctionnement monomode, il y a, par rapport au fonctionnement multimode, une perte considérable de puissance laser.

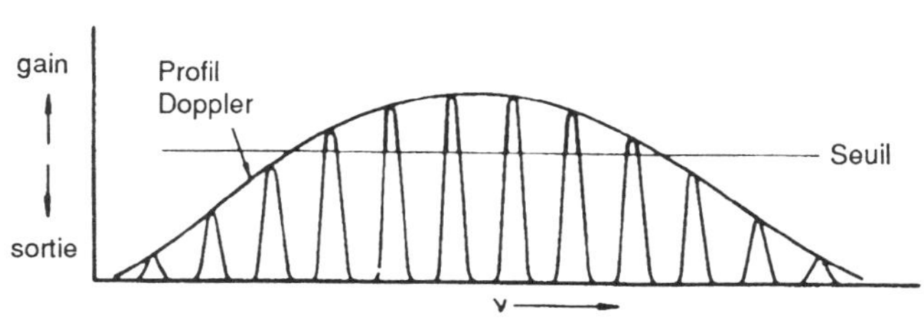

Fig. 9.3 — *Raie laser limitée par effet Doppler présentant douze modes axiaux dans la largeur de raies.*

9.1.4 Déclenchement

Le facteur de qualité Q d'une cavité laser est défini par

$$Q = \frac{\nu}{\Delta \nu} \tag{9.5}$$

où $\Delta \nu$ est la largeur de raie laser. Q peut être considéré comme la « puissance de résolution » de la cavité, telle qu'elle est définie par l'équation (3.3) pour l'élément de dispersion d'un spectromètre. Le fonctionnement monomode entraîne un $\Delta \nu$ plus petit, d'où un Q plus grand que dans le fonctionnement multimode. Q est relié à l'énergie E_c emmagasinée dans la cavité et à l'énergie E_t autorisée à sortir pendant un temps t, par

$$Q = \frac{2\pi \nu E_c t}{E_t} \tag{9.6}$$

Le déclenchement (ou *Q-switching*) est une opération dans laquelle le facteur Q d'une cavité laser est réduit pendant une courte durée, en empêchant la radiation d'être réfléchie dans les deux sens entre les miroirs de la cavité. Pendant ce temps, la population du niveau le plus haut augmente jusqu'à une valeur beaucoup plus élevée que si Q était resté grand. Q est ensuite autorisé à croître rapidement et le cycle est répété, ce qui conduit à des impulsions laser de très courte durée. Comme la durée Δt est reliée à la puissance P_p de l'impulsion et à son énergie E_p par

$$P_p = \frac{E_p}{\Delta t} \tag{9.7}$$

la puissance est d'autant plus grande que l'impulsion est courte.

Diverses méthodes de déclenchement sont utilisées. Un miroir tournant dans la cavité laser est un système dont le principe est simple, mais on utilise plus souvent une cellule de Pockels.

La cellule de Pockels est faite d'un matériau électro-optique qui devient biréfringent (à double indice de réfraction) lorsqu'on lui applique une tension. Il en résulte que si une radiation polarisée rectilignement traverse le matériau, elle ressort en général polarisée elliptiquement. Ces matériaux sont constitués de cristal pur de dihydrogénophosphate d'ammonium ($(NH_4)H_2PO_4$), ou ADP, de dihydrogénophosphate de potassium (KH_2PO_4), ou KDP, et de dideutériophosphate de potassium (KD_2PO_4) ou KD*P. Tous peuvent être utilisés pour un laser fonctionnant dans le domaine visible.

La figure 9.4 montre comment une cellule de Pockels peut être utilisée dans une cavité laser. La radiation dans la cavité est polarisée rectilignement par le polariseur P, et arrive à la cellule de Pockels où elle devient polarisée circulairement lorsque la tension est appliquée. Par réflexion sur le miroir M_1, la direction de polarisation circulaire est inversée. En traversant pour la deuxième fois la cellule de Pockels, elle est polarisée rectilignement, mais à 90° du plan initial, ce qui fait qu'elle n'est pas transmise par le polariseur. Ce n'est que lorsque la tension est coupée qu'une impulsion déclenchée géante émerge du miroir de sortie M_2. L'échelle de temps des créneaux de tension détermine la puissance et la longueur des impulsions de sortie.

9.1.5 Blocage de mode

Bien que le déclenchement provoque des impulsions courtes, typiquement de 10 à 200 ns, il faut utiliser la technique du blocage de mode si on a besoin d'impulsions dans la gamme de la picoseconde (10^{-12} s). Cette technique n'est applicable qu'au fonctionnement multimode d'un laser, et met en jeu de nombreux modes axiaux de la cavité, mais avec une condition

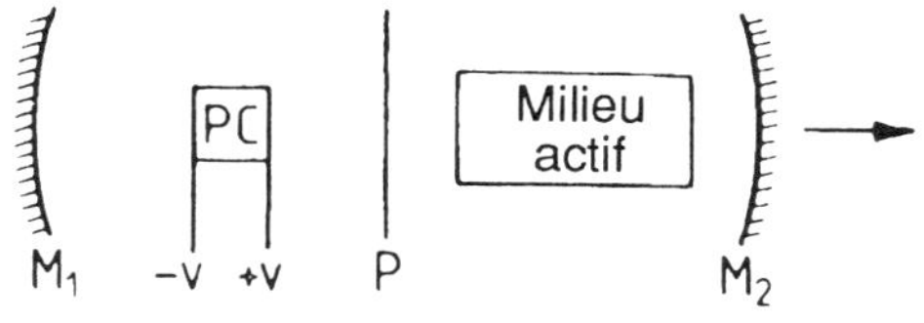

Fig. 9.4 — *Utilisation d'une cellule de Pockels (PC) dans une cavité laser, afin de produire un déclenchement.*

particulière sur l'amplitude et la phase, alors que, normalement, les amplitudes et les phases des différents modes sont tout à fait aléatoires.

Chaque mode axial a son propre jeu de plans nodaux et la séparation en fréquence $\Delta\nu$ entre les modes est donnée par l'équation (9.4). Si la radiation dans la cavité peut être modulée à une fréquence $c/2d$, les modes de la cavité sont alors bloqués à la fois en amplitude et en phase, puisque le temps t_r pour que la radiation fasse un aller et retour dans la cavité (distance $2d$) est donné par

$$t_r = \frac{2d}{c} \tag{9.8}$$

Il en résulte que, dans le cas où la cavité fonctionne avec, par exemple, sept modes, la sortie ressemble à celle qui est présentée dans la figure 9.5, lorsque la cavité est en mode bloqué. Seuls les modes qui ont un nœud à une extrémité de la cavité sortent du laser, tous les autres étant éliminés.

La largeur à mi-hauteur de l'impulsion, Δt, est donnée par

$$\Delta t = \frac{2\pi}{(2N+1)\Delta\nu} \tag{9.9}$$

où $(2N + 1)$ est le nombre de modes axiaux excités et $\Delta\nu$ est leur séparation en fréquence.

Pour obtenir le blocage de mode d'un laser visible, une méthode consiste à placer dans la cavité un modulateur acoustique fonctionnant à une fréquence $c/2d$.

Une conséquence importante du raccourcissement de l'impulsion laser est que la largeur de raie est accrue à cause du principe d'incertitude introduit dans l'équation (1.16). Lorsque la longueur de l'impulsion est très petite, il est difficile de mesurer l'énergie de façon précise à cause du faible nombre de longueurs d'onde dans l'impulsion. Par exemple pour une longueur d'impulsion de 40 ps, il y a un étalement en fréquence du laser, donné approximativement par $(2\pi\Delta t)^{-1}$, d'environ 4,0 GHz (0,13 cm^{-1}). Des longueurs d'impulsion inférieures à 100 fs (1 fs = 1 femtoseconde = 10^{-15} s) ont été obtenues de cette façon.

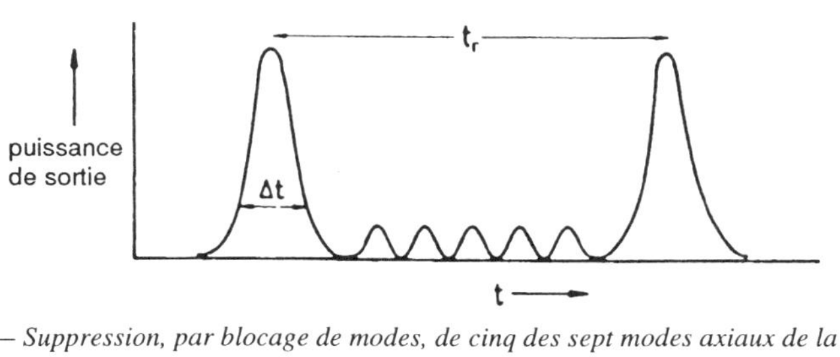

Fig. 9.5 — *Suppression, par blocage de modes, de cinq des sept modes axiaux de la cavité.*

9.1.6 Génération d'harmoniques

Dans le contexte de la discussion de l'effet Raman, l'équation (5.43) relie le champ électrique oscillant $\mathbf{E}$ de la radiation incidente, le dipôle électrique induit μ, et la polarisabilité α par

$$\mu = \alpha \mathbf{E} \tag{9.10}$$

En fait, cette équation est seulement approchée, et μ doit en réalité être exprimé comme une série en puissances de $\mathbf{E}$

$$\begin{aligned}\mu &= \mu^{(1)} + \mu^{(2)} + \mu^{(3)} + \ldots \\ &= \alpha\mathbf{E} + \tfrac{1}{2}\beta\mathbf{EE} + \tfrac{1}{6}\gamma\mathbf{EEE} + \ldots\end{aligned} \tag{9.11}$$

où β s'appelle l'hyperpolarisabilité, et γ la seconde hyperpolarisabilité. Tous les effets dus aux seconds termes (ou aux termes plus élevés) de la série s'appellent des effets non linéaires car ils proviennent de termes non linéaires en $\mathbf{E}$. Ces effets sont en général petits, mais la très forte puissance, caractéristique de la radiation laser, les rend importants car $\mathbf{E}$ est très élevé.

La valeur du champ électrique oscillant est donnée par

$$E = A \sin 2\pi\nu t \tag{9.12}$$

où A est l'amplitude et ν la fréquence. Puisque

$$E^2 = A^2 (\sin 2\pi\nu t)^2 = \tfrac{1}{2}A^2(1 - \cos 2\pi 2\nu t) \tag{9.13}$$

la radiation diffusée par l'échantillon contient, à cause du terme $\mu^{(2)}$, du rayonnement de fréquence double (longueur d'onde moitié) de la radiation incidente. Ce phénomène s'appelle doublement de fréquence ou génération de second harmonique. En général, les termes d'ordre plus élevé dans l'équation (9.11) peuvent entraîner des générations de troisième, quatrième, etc., harmoniques.

Exercice corrigé 9.2

Énoncé. Montrer que le troisième terme de l'équation (9.11) conduit à la génération de radiation de fréquence 3ν lorsqu'un rayonnement de fréquence ν tombe sur un cristal permettant une génération de troisième harmonique.

Solution. Le troisième terme de l'équation (9.11) fait intervenir le cube du champ électrique oscillant, qui est donné par (cf. équation 9.13)

$$E^3 = A^3 (\sin 2\pi\nu t)^3$$

Mais comme $\sin^3\theta = \frac{3}{4}\sin\theta - \frac{1}{4}\sin 3\theta$,

$$E^3 = A^3 \left(\frac{3}{4}\sin 2\pi\nu t - \frac{1}{4}\sin 2\pi\, 3\nu t\right)$$

Puisque le deuxième terme entre parenthèses contient 3ν dans la fonction sinus, un rayonnement de fréquence triple de celle de la radiation incidente est engendré. Ceci s'appelle une génération de troisième harmonique. Le premier terme dans les parenthèses indique la présence d'un rayonnement de fréquence inchangée.

Il existe plusieurs matériaux cristallins qui peuvent être utilisés pour le doublage de fréquence : par exemple l'ADP, le KDP et le KD*P mentionnés dans la section 9.1.4, le pentaborate de potassium (KB_5O_8) ou KPB, le borate de β-baryum (BaB_2O_4) ou BBO et le niobiate de lithium (Li_3NbO_4), qui sont tous des matériaux supportant des radiations incidentes dont la gamme de longueurs d'onde dans le domaine visible est limitée. L'importance de ces matériaux est liée au fait qu'un laser travaillant dans le domaine visible peut alors fonctionner dans l'ultraviolet proche, domaine où il existe relativement peu de lasers. Le rendement du doublage de fréquence est tout à fait faible, souvent de quelques % seulement. Il peut parfois atteindre 20 à 30 %.

9.2 EXEMPLES DE LASERS

9.2.1 Lasers à rubis et à alexandrite

Après le maser à ammoniac, construit par Townes *et al.* en 1954 et fonctionnant dans le domaine des micro-ondes, l'étape majeure suivante a été le laser à rubis, découvert en 1960 par Maiman et fonctionnant dans la région rouge du spectre. Il s'agit d'un laser à l'état solide utilisant un cristal de rubis constitué d'oxyde d'aluminium Al_2O_3, contenant 0,5 % en masse de Cr_2O_3, ce qui lui donne une couleur rose pâle.

Le constituant permettant l'effet laser est l'ion Cr^{3+} qui est en concentration si faible qu'il peut être considéré comme un ion libre. La configuration fondamentale de Cr^{3+} (voir tableau 7.1) est $KL3s^2 3p^6 3d^3$, ce qui conduit à huit termes (voir tableau 7.2) parmi lesquels ^4F est le terme le plus bas (fondamental), d'après les règles de Hund (voir section 7.1.2.3b). Parmi les autres, ^2G est le premier terme excité. Chaque ion Cr^{3+} est dans un champ cristallin (voir section 7.3.1.4a) de symétrie approximativement octaédrique. Dans le groupe ponctuel octaédrique O_h, le terme fondamental ^4F donne des états $^4A_2$, $^4T_1$ et $^4T_2$, alors que le terme excité ^2G donne des états $^2A_1$, ^2E, $^2T_1$, et $^2T_2$. Parmi ceux-ci, $^4A_2$ est l'état fondamental et $^4T_1$, $^4T_2$, ^2E, et $^2T_2$ sont des états excités relativement bas : ils sont tous présentés dans la figure 9.6(a).

Les états $^4T_1$ et $^4T_2$ sont élargis à cause de faibles variations du champ cristallin. Les états $^2T_2$ et ^2E sont plus fins mais l'état ^2E est dédoublé à cause de la légère distorsion du champ octaédrique, les deux composantes étant séparées de 29 cm^{-1}. L'inversion de population et l'effet laser qui en découlent se produisent entre les états ^2E et $^4A_2$. Le pompage optique dans l'état $^4T_2$ ou $^4T_1$ est réalisé avec une radiation respectivement de 510 à 600 ou de 360 à 450 nm. Le laser à rubis est considéré comme un laser à trois niveaux, illustré par la figure 9.2(b). La largeur des états $^4T_2$ et $^4T_1$ contribue à l'efficacité du pompage qui est obtenu grâce à une lampe flash du type de celle qui est décrite dans la section 3.5.4. Celle-ci peut être en forme d'hélice entourant le cristal de rubis comme le montre la figure 9.6(b), l'ensemble étant placé dans un réflecteur. Le matériau réfléchissant est déposé directement aux extrémités du cristal qui peut avoir jusqu'à 2 cm de diamètre et 20 cm de long.

Les transitions notées R_1 et R_2 dans la figure 9.6(b) se produisent respectivement à 694,3 et 693,4 nm, mais l'effet laser concerne principalement R_1.

Le laser fonctionne normalement en mode pulsé car il est nécessaire de dissiper une grande quantité de chaleur entre les impulsions. Le rendement d'un laser à rubis est inférieur à 0,1 %, valeur typiquement faible pour un laser à trois niveaux.

L'alexandrite, comme le rubis, contient des ions Cr^{3+}, mais ils sont substitués dans un réseau de chrysobéryl, $BeAl_2O_4$. Les ions chrome occupent deux positions symétriques non équivalentes, qui devraient être occupées par des ions aluminium. Dans cet environnement, l'état fondamental $^4A_2$ de Cr^{3+} est élargi, par comparaison avec celui du rubis, par couplage avec les vibrations du réseau cristallin.

L'effet laser se produit à 680,4 nm dans l'alexandrite, la transition concernée étant analogue à R_1 dans le rubis (voir figure 9.6a), et ne fait intervenir aucune excitation

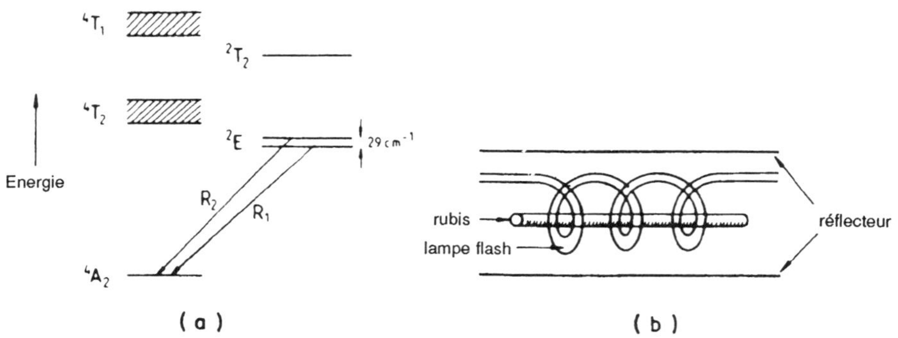

Fig. 9.6 – *(a) Niveaux de basse énergie de Cr^{3+} dans le rubis. (b) Schéma d'un laser à rubis.*

vibrationnelle dans l'état $^4A_2$. Néanmoins l'effet laser entre les états $^4T_2$ et $^4A_2$ est d'une importance beaucoup plus grande dans l'alexandrite que dans le rubis. Comme les deux états $^4T_2$ et $^4A_2$ sont élargis par couplage vibrationnel, le laser à alexandrite est parfois qualifié de laser vibronique. Cet élargissement des états électroniques impliqués dans la transition $^4T_2$–$^4A_2$ rend le laser accordable sur un large domaine de longueurs d'onde, de 720 à 800 nm. Cette possibilité d'accorder le laser à alexandrite lui confère un grand avantage sur le laser à rubis, limité à deux longueurs d'onde seulement.

Le rendement plus important du laser à alexandrite, dû au fait que c'est un laser à quatre niveaux, est un autre avantage. Dans l'illustration de la figure 9.2(c), le niveau 4 est un niveau vibronique, et 3 est le niveau de point zéro de l'état $^4T_2$. Le niveau 2 est un niveau vibronique de l'état $^4A_2$ et 1 est son niveau de point zéro. Comme le niveau 2 est excité, il est presque dépeuplé à température ordinaire de sorte qu'une inversion de population entre les niveaux 3 et 2 est relativement facile à obtenir. En fait, le niveau 2 est une bande continue de niveaux vibroniques couvrant une large gamme d'énergie, conduisant à un large domaine de longueurs d'onde dans lequel le laser est accordable.

Le pompage est effectué à l'aide d'une lampe flash, comme dans le cas du laser à rubis, et on peut obtenir une énergie d'impulsion de l'ordre de 1 J. Le doublage de fréquence (génération de second harmonique) peut fournir un rayonnement accordable dans la gamme de 360 à 400 nm.

9.2.2 Laser à titane-saphir

Le premier laser qui a été fabriqué (le laser à rubis, section 9.2.1) avait toute sa puissance concentrée dans une ou deux longueurs d'onde, propriété remarquable que possèdent la plupart des lasers. Néanmoins, on a très vite réalisé que l'impossibilité de changer ces longueurs d'onde de manière appréciable, c'est-à-dire d'accorder le laser, était un inconvénient sérieux qui limite la gamme des applications possibles.

Historiquement, le laser à colorants, qui sera décrit dans la section 9.2.10, a été le premier type de laser accordable sur un domaine appréciable de longueurs d'onde. On a inventé, en 1978, le laser à alexandrite (section 9.2.1), laser accordable à l'état solide, et ensuite, en 1982, le laser à titane-saphir. Ce dernier est également un laser à l'état solide, mais il est accordable sur un domaine plus vaste de longueurs d'onde, de 670 à 1 100 nm, que le laser à alexandrite qui offre une gamme de 720 à 800 nm.

Le milieu actif dans le laser à titane-saphir est le saphir cristallin (Al_2O_3) contenant environ 0,1 % en masse de Ti_2O_3. Le titane est présent en tant que Ti^{3+} et l'effet laser se produit entre les niveaux d'énergie de cet ion.

La configuration fondamentale de Ti^{3+} (voir tableau 7.1) est $KL3s^2 3p^6 3d^1$. Le champ cristallin auquel les ions sont soumis sépare l'orbitale $3d$ en une orbitale triplement dégénérée t_2 d'énergie plus basse et une orbitale doublement dégénérée e d'énergie plus élevée (voir figure 7.38). Si l'électron est dans l'orbitale la plus basse, il en résulte un état fondamental $^2T_2$, et s'il est placé dans l'orbitale supérieure, cela conduit à un état excité ^2E. Ces états sont à environ 19 000 cm^{-1} l'un de l'autre, mais chacun d'eux est éclaté en plusieurs composantes et est également couplé aux vibrations du réseau cristallin. Comme dans l'alexandrite (section 9.2.1), une inversion de population peut être créée entre ces deux ensembles de niveaux, conduisant à un laser vibronique à quatre niveaux avec une gamme accordable entre 670 et 1 100 nm.

En plus de la gamme d'accord plus large, ce laser présente un autre avantage, par rapport au laser à alexandrite, puisqu'il peut fonctionner aussi bien en mode continu (CW) qu'en mode pulsé. Dans le mode CW, le laser à Ti^{3+}-saphir peut être pompé par un laser CW à argon ionisé (voir section 9.2.6) et peut fournir une puissance de 5 W. Dans le mode pulsé, le pompage est en général obtenu à l'aide d'un laser pulsé Nd^{3+}–YAG (voir section 9.2.3) et on peut obtenir une énergie d'impulsion de 100 mJ.

9.2.3 Laser à néodyme-YAG

Un effet laser peut être induit dans des ions Nd^{3+} enchâssés dans une matrice solide appropriée. Plusieurs matrices, y compris certains verres spéciaux, sont adaptés, mais celle qui est utilisée la plus fréquemment est le grenat d'yttrium et d'aluminium ($Y_3Al_5O_{12}$), noté YAG.

L'atome de néodyme a la configuration fondamentale $\ldots 4d^{10}4f^4 5s^2 5p^6 6s^2$ et un état fondamental $^5I_4$ (voir tableau 7.1). La configuration fondamentale de Nd^{3+} est $\ldots 4d^{10}4f^3 5s^2 5p^6$ et, parmi les termes qui en sont issus, ^4I et ^4F sont ceux qui sont importants dans le laser. Pour le terme ^4I, $L = 6$ et $S = \frac{3}{2}$ ce qui donne $J = \frac{15}{2}, \frac{13}{2}, \frac{11}{2}, \frac{9}{2}$ dans l'approximation de Russell-Saunders (voir section 7.1.2.3). Le multiplet est normal, c'est-à-dire que la valeur la plus basse de J a l'énergie la plus basse, comme dans la figure 9.7(a). Celle-ci montre également le multiplet normal issu du terme ^4F.

L'effet laser concerne principalement la transition $^4F_{3/2}$–$^4I_{11/2}$ à environ 1,06 μm. Puisque $^4I_{11/2}$ n'est pas l'état fondamental, le laser fonctionne selon un système à quatre niveaux (voir figure 9.2c) et est par conséquent beaucoup plus efficace que le laser à rubis.

Dans Nd^{3+} libre, la transition $^4F_{3/2}$–$^4I_{11/2}$ est doublement interdite, violant les règles de sélection $\Delta L = 0, \pm 1$ et $\Delta J = 0, \pm 1$ (voir section 7.1.6). Dans le cristal de YAG, l'état $^4I_{11/2}$ de Nd^{3+} est éclaté par des interactions de champ cristallin en six composantes, et l'état $^4F_{3/2}$ en deux composantes, comme le montre la figure 9.7(b). Il y a huit transitions, groupées autour de 1,06 μm, mais seules les deux transitions marquées sur la figure sont importantes. A la température ordinaire la transition 1 à 1,064 8 μm est dominante, mais à 77 K, c'est la transition 2, à 1,061 2 μm qui est dominante.

On peut utiliser une lampe à arc de krypton pour le pompage CW, ou bien une lampe flash pour un fonctionnement pulsé de puissance beaucoup plus élevée.

Le barreau de Nd^{3+} : YAG a quelques centimètres de long et contient 0,5 à 2,0 % en masse de Nd^{3+}. Dans le fonctionnement pulsé, la puissance de crête de chaque impulsion est suffisamment élevée pour engendrer des second, troisième ou quatrième harmoniques, respectivement à 533, 355, et 266 nm, en utilisant des cristaux appropriés.

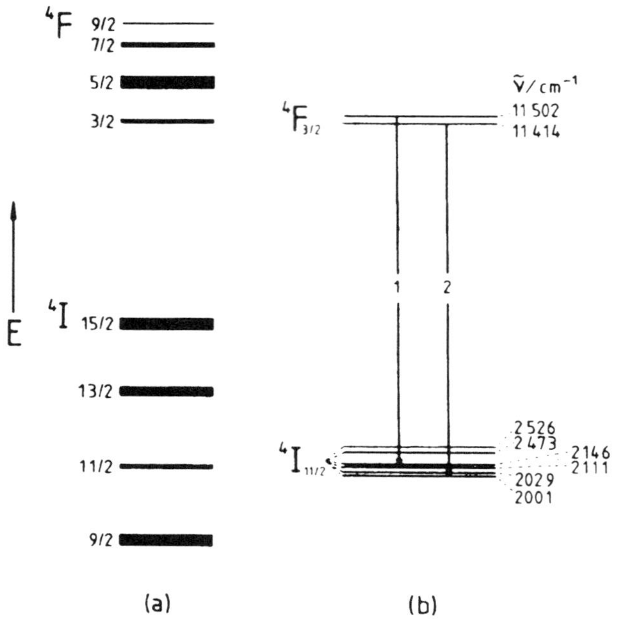

Fig. 9.7 — *Niveaux d'énergie de (a) Nd^{3+} libre et (b) éclatement des niveaux de Nd^{3+} par interaction de champ cristallin.*

9.2.4 Laser à diode ou à semi-conducteur

Le laser à diode, ou à semi-conducteur, fonctionne dans le domaine infrarouge proche et visible du spectre. Comme les lasers à rubis et à Nd^{3+} : YAG, c'est un laser à l'état solide, mais son mécanisme est tout à fait différent.

La figure 9.8(a) montre que la bande de conduction[1] C et la bande de valence V ne sont pas séparées dans un conducteur, alors que la figure 9.8(c) montre qu'elles sont nettement séparées dans un isolant. La situation dans un semi-conducteur, présentée dans la figure 9.8(b), est telle que le *gap* (séparation énergétique) entre les bandes de conduction et de valence, est suffisamment petit pour que la promotion d'électrons dans la bande de conduction soit possible par chauffage de l'échantillon. Pour un semi-conducteur, l'énergie du niveau de Fermi, E_F, tel qu'à $T = 0$ K tous les niveaux avec $E < E_F$ soient remplis, se situe entre les bandes comme l'indique la figure.

On peut aussi fabriquer des semi-conducteurs en utilisant un matériau qui est normalement un isolant, dans lequel on introduit une impureté. Ce procédé est connu sous le nom de dopage. La figure 9.9 montre les deux façons dont une impureté peut promouvoir des propriétés semi-conductrices. Dans la figure 9.9(a), le dopant a un électron de valence de plus que son hôte, et contribue à une bande I de niveaux pleins, associés à l'impureté, proches de la bande de conduction de l'hôte. Ceci caractérise un semi-conducteur de type n. Le silicium

1. Les bandes dans l'état solide peuvent être considérées comme des orbitales délocalisées s'étendant sur la totalité de l'échantillon.

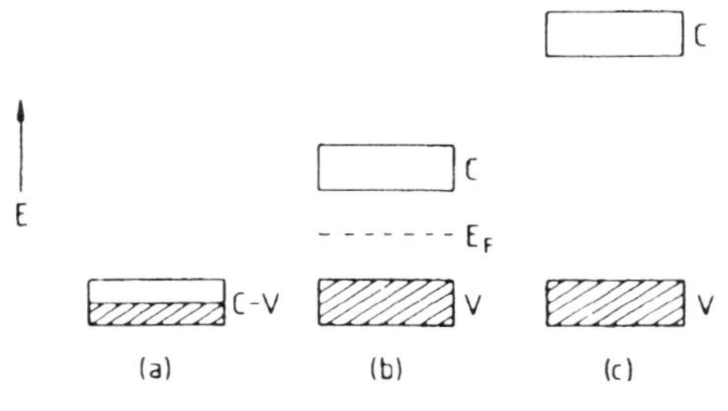

Fig. 9.8 — *Bande de conduction, C, et bande de valence, V, dans (a) un conducteur, (b) un semi-conducteur et (c) un isolant.*

($KL3s^2 3p^2$), dopé avec du phosphore ($KL3s^2 3p^3$) qui réduit le *gap* des bandes à environ 0,05 eV en est un exemple. Comme kT vaut environ 0,02 5 eV à la température ordinaire, le phosphore fait passer le silicium de semi-conducteur à haute température à semi-conducteur à température ordinaire.

Dans la figure 9.9(b), le dopant possède un électron de valence de moins que son hôte, et contribue à une bande I, associée à l'impureté, vide mais accessible aux électrons venant de la bande de valence. Le silicium ($KL3s^2 3p^2$), dopé avec de l'aluminium ($KL3s^2 3p^1$), possède un *gap* d'environ 0,08 eV et constitue un exemple de cette famille de semi-conducteurs, de type p.

Le laser à semi-conducteur tire profit des propriétés d'une jonction entre deux semi-conducteurs, de type p et de type n, faits d'un même matériau. Ce type de combinaison n–p est appelé diode à semi-conducteur. Les concentrations de dopage sont tout à fait élevées et, il en résulte que les énergies des bandes de valence et de conduction de l'hôte sont déplacées dans les deux semi-conducteurs, comme le montre la figure 9.10(a). Les bandes sont remplies jusqu'au niveau de Fermi, d'énergie E_F.

Si une tension est appliquée à la jonction avec les bornes négative et positive reliées respectivement aux régions n et p, les électrons circulent de la région n vers la région p et des trous positifs dans la direction opposée. Les niveaux sont également déplacés, comme le montre la figure 9.10(b), et les énergies des niveaux de Fermi $E'_F(\mathrm{n})$ et $E''_F(\mathrm{p})$ sont alors inégales, ce qui conduit à une inversion de population dans la région de la jonction, provoquant l'effet laser. Le laser à semi-conducteur est un exemple inhabituel de système à deux niveaux, mais l'inversion de population n'est pas obtenue par pompage : nous avons vu dans la section 9.1.2 que cela ne pouvait pas être le cas.

Le laser à semi-conducteur typique, présenté dans la figure 9.11, est petit, de quelques millimètres de long seulement, avec une épaisseur effective d'environ 2 μm.

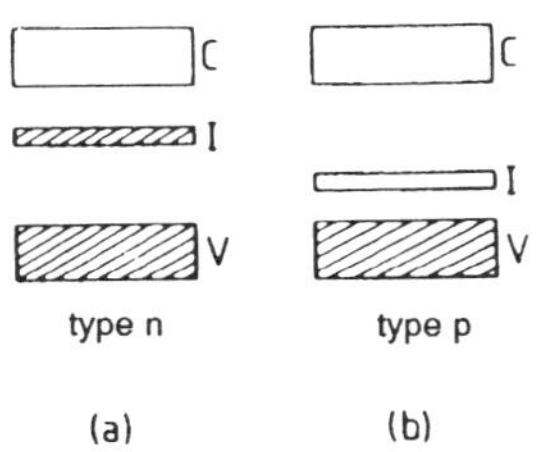

Fig. 9.9 — *Niveaux d'énergie d'impuretés, I, dans un semi-conducteur (a) de type n et (b) de type p.*

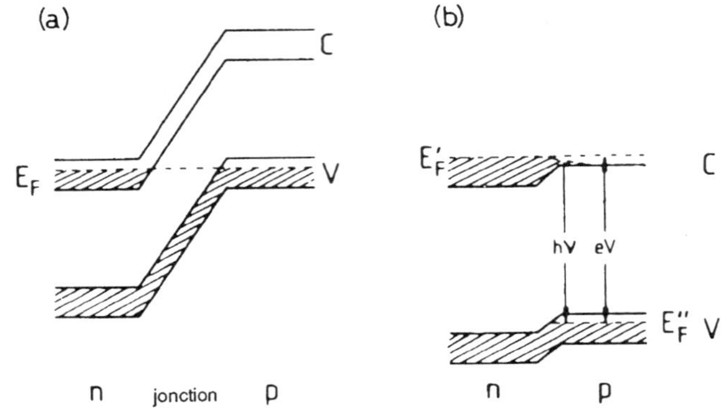

Fig. 9.10 — *(a) Niveau de Fermi dans la zone d'une jonction p–n. (b) Résultat de l'application d'une tension de part et d'autre de la jonction.*

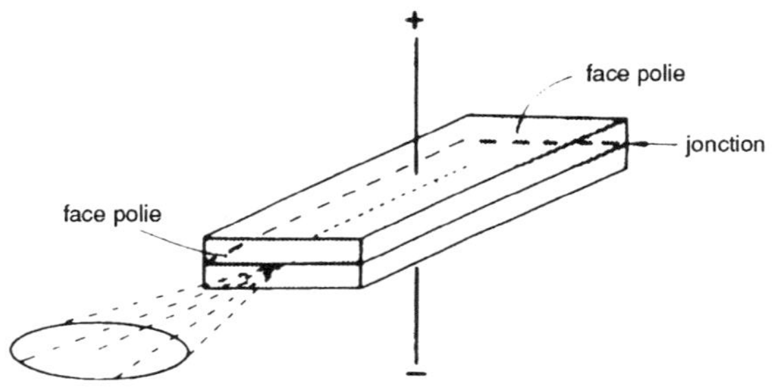

Fig. 9.11 — *Laser à semi-conducteur ou à diode.*

De nombreux matériaux peuvent être utilisés, en fonction de la région dans laquelle le laser doit fonctionner. Par exemple, une série de semi-conducteurs en alliages de plomb, comme $Pb_{1-x}Sn_xSe$ et $PbS_{1-x}Se_x$, couvre la gamme de 2,8 à 30 μm. Les lasers à semi-conducteurs peuvent être accordés, mais la gamme accordable d'un laser donné est faible, de sorte qu'il en faut toute une série pour couvrir une gamme appréciable de longueurs d'onde. L'accord brut de la longueur d'onde est obtenu en entourant le laser avec une unité de réfrigération pour contrôler et varier la température.

Les deux extrémités du laser à diode dans la figure 9.11 sont polies afin d'accroître la réflexion interne. A cause de la géométrie de la cavité, le faisceau laser est, contrairement à la plupart des lasers, fortement divergent.

Les lasers à semi-conducteurs sont parmi les plus efficaces de tous les lasers, avec un rendement d'environ 30 %.

9.2.5 Laser à hélium-néon

Le laser à hélium-néon est un laser CW à gaz, simple, de fonctionnement fiable, et très peu cher, même si sa puissance est relativement basse. L'effet laser se produit entre des

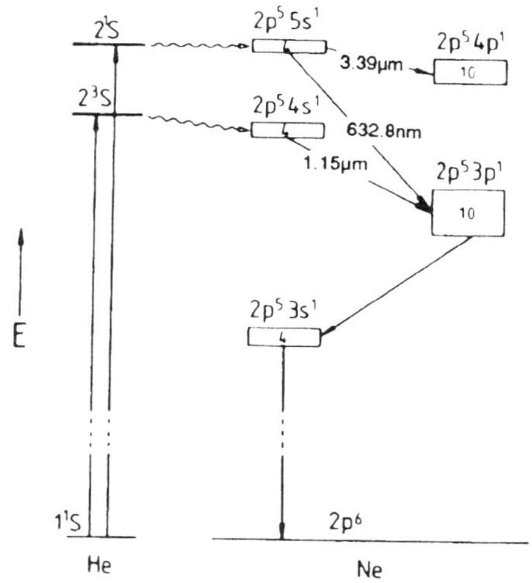

Fig. 9.12 — *Niveaux d'énergie des atomes He et Ne relatifs au laser à hélium-néon.*

niveaux excités des atomes de néon, selon un schéma à quatre niveaux, l'hélium ne servant qu'à absorber l'énergie de la source de pompage et à la transférer aux atomes de néon par collision. Le schéma des niveaux d'énergie est présenté dans la figure 9.12.

Le pompage est électrique, par formation d'une décharge dans un mélange de gaz hélium-néon en appliquant soit une tension élevée entre des électrodes internes, soit une radiation micro-onde de l'extérieur. Par collision avec les électrons présents dans la décharge, les atomes d'hélium sont excités vers divers états. Parmi ceux-ci, les états 2^3S_1 et 2^1S_0 sont métastables, et ont par conséquent une longue durée de vie, car les transitions vers l'état fondamental 1^1S_0 sont interdites (voir section 7.1.5).

La configuration fondamentale du néon est $1s^22s^22p^6$, ce qui donne un état $^1S_0$. Les configurations excitées donnent lieu à des états pour lesquels l'approximation de Russell-Saunders ne s'applique pas. Néanmoins, toute configuration $\ldots 2p^5ns^1$, ou $\ldots 2p^5np^1$, avec $n > 2$, conduit à quatre, ou dix états, comme cela serait le cas dans l'approximation de Russell-Saunders (voir section 7.1.2.3), ce qui est indiqué dans les cadres de la figure 9.12. Nous ne nous intéresserons pas ici à l'approximation appropriée à la description de ces états.

Les états issus de la configuration $\ldots 2p^55s^1$ de Ne ont pratiquement la même énergie que celle de l'état 2^1S_0 de He, de sorte qu'un transfert d'énergie par collision conduit à un peuplement efficace de ces états du néon. De même, les états issus de la configuration $\ldots 2p^54s^1$ du néon sont placés juste en-dessous de l'état 2^3S_1 de He et sont également peuplés par collision. Tous les états $\ldots 2p^5ns^1$ ont des durées de vie de l'ordre de 100 ns, à comparer à 10 ns pour les états $\ldots 2p^5np^1$. Ces conditions sont idéales pour un effet laser à quatre niveaux dans le néon, avec une inversion de population entre les états $\ldots 2p^5ns^1$ et $\ldots 2p^5np^1$.

Les premières raies laser découvertes dans le système He-Ne ont été un groupe de cinq raies dans l'infrarouge, proches de 1,15 μm, et impliquant des transitions $\ldots 2p^54s^1$ – $\ldots 2p^53p^1$, la plus forte étant à 1,152 3 μm. De même, les transitions $\ldots 2p^55s^1$ – $\ldots 2p^53p^1$ donnent des raies laser dans la région du rouge, celle à 632,8 nm étant la plus forte.

Les raies laser impliquant les transitions $\ldots 2p^55s^1$ – $\ldots 2p^54p^1$ dans la région à 3,39 μm ne sont pas particulièrement utiles. Cependant, elles posent quelques problèmes dans le laser à

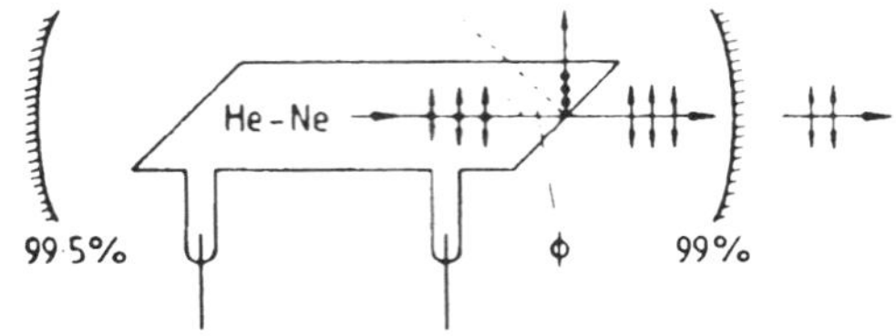

Fig. 9.13 — *Laser à hélium-néon.*

632,8 nm, car elles dépeuplent les états $\ldots 2p^5 5s^1$ et diminuent l'intensité. Les transitions à 3,39 µm sont supprimées en utilisant des miroirs à cavité multicouches, conçus spécifiquement pour la longueur d'onde à 632,8 nm, ou en plaçant un prisme dans la cavité, orienté de telle sorte que la radiation infrarouge soit déviée à l'extérieur.

La désexcitation des états $\ldots 2p^5 3p^1$ vers les états $\ldots 2p^5 3s^1$ est rapide, mais les états $\ldots 2p^5 3s^1$ ont une durée de vie relativement longue. Leur population tend à s'accroître et ceci augmente la probabilité que la radiation $\ldots 2p^5 3p^1 \rightarrow \ldots 2p^5 3s^1$ soit réabsorbée, processus qu'on appelle capture de radiation, augmentant ainsi la population de $\ldots 2p^5 3s^1$ et diminuant l'efficacité du laser à 632,8 nm (et 1,15 µm). Le dépeuplement des états $\ldots 2p^5 3s^1$ se produit par collisions avec les parois du tube à décharge. C'est pour cette raison qu'on utilise des capillaires, de quelques millimètres de diamètre seulement. La figure 9.13 illustre le montage d'un laser à hélium-néon. Dans cet exemple, la décharge dans le mélange de gaz (typiquement dix volumes de He pour un volume de Ne, à une pression totale d'environ 1 torr) est produite par des électrodes internes. Il y a, aux extrémités du tube à décharge, des fenêtres à angle de Brewster pour éviter une perte excessive de lumière lors des transmissions multiples. Si une fenêtre est à 90° par rapport à l'axe optique du laser, un certain pourcentage est perdu chaque fois que la radiation la traverse. Par contre, si la fenêtre est orientée à l'angle de Brewster ϕ, comme le montre la figure, une partie est perdue par réflexion à la première transmission, mais les transmissions suivantes se font sans perte. Comme le montre également la figure, pour une radiation incidente non polarisée provenant de l'intérieur de la cavité, les radiations transmise et réfléchie sont polarisées dans des plans à 90° l'un de l'autre. Le faisceau laser est donc polarisé rectilignement.

L'angle de Brewster est donné par

$$\tan \phi = n \tag{9.14}$$

où n est l'indice de réfraction du matériau constituant la fenêtre. Comme n varie avec la longueur d'onde, ϕ aussi. Pour le verre dans le domaine visible, $\phi \approx 57°$ mais sa variation avec la longueur d'onde est faible.

9.2.6 Lasers à ion argon et à ion krypton

L'effet laser se produit dans les ions des gaz rares Ne^+, Ar^+, Kr^+ et Xe^+, mais c'est dans Ar^+ et Kr^+ que sont produits les lasers les plus utiles.

Ces lasers ioniques sont très peu efficaces, en partie parce qu'il faut de l'énergie d'abord pour ioniser l'atome, et ensuite pour produire l'inversion de population. Cette inefficacité conduit à un sérieux problème de dissipation de chaleur, en partie résolu en utilisant un tube à plasma, fabriqué en oxyde de béryllium, BeO, qui est un bon conducteur de la chaleur et dans lequel une décharge à faible tension et d'intensité élevée est créée dans le gaz Ar ou Kr. Il est également nécessaire de refroidir le tube à l'aide un refroidissement à eau.

La plupart des lasers à Ar^+ et Kr^+ sont de type CW. Une pression gazeuse d'environ 0,5 torr est utilisée dans le tube à plasma de 2 à 3 mm de calibre. On obtient des puissances allant jusqu'à 40 W, distribuées parmi les diverses longueurs d'onde laser.

La spectroscopie des lasers ioniques est en général moins bien comprise que celle des lasers à atomes neutres, à cause du manque de connaissance détaillée du schéma des niveaux d'énergie de l'ion. En fait, les lasers ioniques ont été produits d'abord accidentellement, et les tentatives d'attribution des transitions sont venues ensuite.

La configuration fondamentale de Ar^+ est $KL3s^23p^5$, ce qui donne un multiplet inversé $^2P_{3/2}$, $^2P_{1/2}$. Les états excités impliqués dans l'effet laser mettent en jeu la promotion d'un électron de l'orbitale $3p$ dans les orbitales excitées $4s$, $5s$, $4p$, $5p$, $3d$, $4d$, ... De même, les états excités de Kr^+ qui interviennent, sont issus de la promotion d'un électron de l'orbitale $4p$. Dans Ar^+, la configuration $KL3s^23p^5$ donne des termes ^1S, ^3P, ^1D (voir section 7.1.2.3). La plupart des transitions laser mettent en jeu le cœur dans un des états ^3P et l'électron promu dans l'orbitale $4p$.

Le laser à Ar^+ produit une dizaine de raies dans la région de 454 à 529 nm, les plus intenses étant à 488,0 et 514,5 nm. Le laser à Kr^+ produit environ neuf raies dans la région de 476 à 800 nm, la raie à 647,1 nm étant la plus intense. Ces lasers contiennent couramment un mélange des gaz argon et krypton, et peut fournir une gamme relativement large de longueurs d'onde.

9.2.7 Laser à azote (N_2)

La configuration d'orbitales moléculaires de N_2 a été décrite dans la section 7.2.1.1. La configuration fondamentale de l'équation (7.57) peut être abrégée en $...(\sigma_u^*2s)^2(\pi_u2p)^4(\sigma_g2p)^2$, et conduit à l'état fondamental $X^1\Sigma_g^+$. Lorsqu'un électron est promu vers une orbitale d'énergie supérieure, il en résulte un état singulet et un triplet. Nous ne nous intéresserons ici qu'aux états triplets, et, en particulier, aux états $A^3\Sigma_u^+$, $B^3\Pi_g$ et $C^3\Pi_u$[1]. Le tableau 9.1 donne les configurations orbitalaires, et les valeurs de r_e distance internucléaire d'équilibre, pour ces états.

Tab. 9.1 — *Configurations et longueurs de liaison de* N_2.

État	Configuration des OM	r_e / Å
$X^1\Sigma_g^+$	$...(\sigma_u^*2s)^2(\pi_u2p)^4(\sigma_g2p)^2$	1,097 7
$A^3\Sigma_u^+$	$...(\sigma_u^*2s)^2(\pi_u2p)^3(\sigma_g2p)^2(\pi_g^*2p)^1$	1,286 6
$B^3\Pi_g$	$...(\sigma_u^*2s)^2(\pi_u2p)^4(\sigma_g2p)^1(\pi_g^*2p)^1$	1,212 6
$C^3\Pi_u$	$...(\sigma_u^*2s)^1(\pi_u2p)^4(\sigma_g2p)^2(\pi_g^*2p)^1$	1,148 7

Dans une décharge à haute tension dans l'azote gazeux, il y a une lueur rose foncé, due principalement à deux systèmes de bandes électroniques en émission. Le système B–A, appelé premier système positif car il a d'abord été attribué à N_2^+, s'étend du rouge au vert, alors que le système C–B, ou second système positif, s'étend du bleu à l'ultraviolet proche.

L'effet laser a été obtenu dans quelques transitions dans ces systèmes, mais l'effet laser

1. On rappelle que les labels A, B, C, à la place de a, b, c, pour les triplets de N_2 ne respectent pas la convention habituelle.

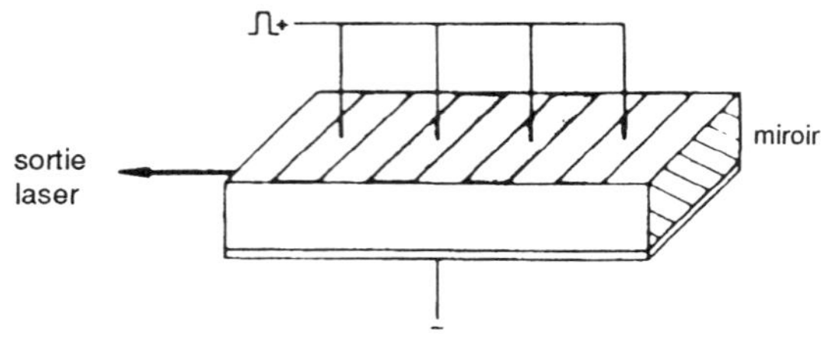

Fig. 9.14 — *Cavité d'un laser à azote.*

C–B s'est avéré le plus important, car il a constitué le premier laser dans l'ultraviolet. Nous ne considérerons ici que ce système.

Dans le tableau 9.1, les valeurs de la distance internucléaire d'équilibre r_e pour les divers états indiquent que le minimum de potentiel pour l'état *C* est placé pratiquement à la verticale de celui de l'état *X*, comme dans la figure 7.20(b), alors que ceux des états *B* et *A* sont déplacés vers les *r* plus élevés. Cela entraîne que la section efficace de collision électron-molécule pour la transition $v'' = 0$ dans l'état *X* vers $v' = 0$ dans l'état *C* est plus grande que celle pour la transition analogue dans les systèmes *A–X* et *B–X*. Une inversion de population est créée entre le niveau $v = 0$ de l'état *C* et le niveau $v = 0$ de l'état *B*. L'effet laser a été observé aussi bien dans la transition 0–0 que dans la transition 0–1 du système *C–B*. Néanmoins, l'effet laser s'arrête de lui-même car la durée de vie de l'état inférieur *B* (10 µs) est plus longue que celle de l'état supérieur *C* (40 ns). Ceci ne rend pas l'effet laser impossible mais nécessite de pulser l'énergie introduite, avec une longueur d'impulsion plus courte que la durée de vie de l'état *C*.

Le laser à azote est schématisé dans la figure 9.14. Une haute tension pulsée d'environ 20 kV, déclenchée par un éclateur ou un thyratron est appliquée transversalement à travers la cavité. Un seul miroir est utilisé, permettant de doubler la sortie. Typiquement les impulsions laser ont une durée d'environ 10 ns. La puissance des pics peut atteindre 1 MW. La fréquence maximum de répétition est d'environ 100 Hz avec un gaz s'écoulant longitudinalement. Des fréquences de répétition beaucoup plus élevées sont possibles avec un écoulement transversal.

La longueur d'onde de fonctionnement d'un laser à azote est de 337 nm pour la transition 0–0 du système *C–B*.

9.2.8 Lasers à excimères et à exciplex

Un excimère est un dimère qui n'est stable que dans un état électronique excité mais qui se dissocie facilement dans l'état fondamental. Les dimères de gaz rares comme He_2, discuté à la section 7.2.5.6, en sont des exemples. Cette molécule a un état fondamental $X^1\Sigma_g^+$ répulsif et un état excité $A^1\Sigma_u^+$ liant, comme l'illustre la figure 7.24(a). Ce type de situation suggère la possibilité de produire une inversion de population et un effet laser entre les deux états, puisque toutes les molécules dans l'état fondamental répulsif ont une durée de vie extrêmement courte, typiquement de quelques picosecondes. Un laser fonctionnant selon ce mécanisme est un laser à deux niveaux, mais la population du niveau supérieur n'est pas, bien sûr, provoquée par pompage de molécules dans l'état fondamental. Les molécules dans l'état supérieur sont créées, dans une décharge, par collision entre deux atomes, l'un ou les deux pouvant être dans un état excité. Le rendement de ces lasers est relativement élevé, d'environ 20 %.

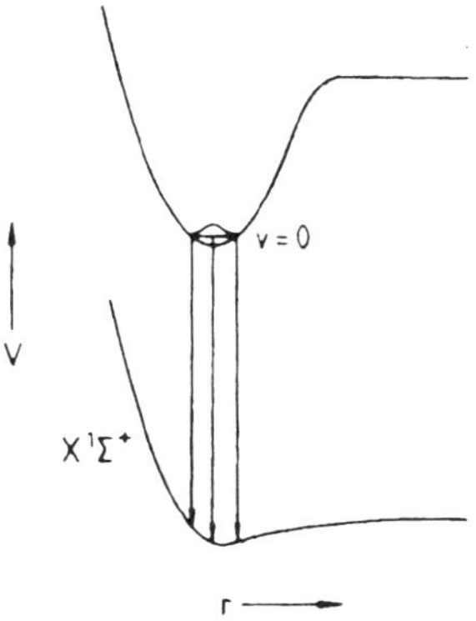

Fig. 9.15 — *Courbes de potentiel d'un halogénure de gaz rare avec un état fondamental faiblement lié et un état excité fortement associatif.*

Un laser à excimère Xe_2 a été fabriqué pour fonctionner de cette façon, mais les lasers à halogénures de gaz rares sont beaucoup plus importants. Ces halogénures ont aussi un état fondamental répulsif et des états excités liants, et constituent des exemples d'exciplex. Un exciplex est un complexe entre deux atomes *différents*, formant une molécule diatomique stable dans un état électronique excité mais se dissociant rapidement dans l'état fondamental. Malgré cette distinction nette entre un excimère et un exciplex, il est maintenant d'usage pour tous les lasers de ce type de parler de lasers à excimères. On a fabriqué des lasers à excimères utilisant comme milieu actif NeF, ArF, KrF, XeF, ArCl, KrCl, XeCl, ArBr, KrBr, XeBr, KrI, et XeI.

A l'origine, la méthode d'excitation consistait en un faisceau d'électrons, mais aujourd'hui, on utilise une décharge électrique transversale, comme celle du laser à azote dans la figure 9.14. D'ailleurs, on peut convertir un tel laser à excimère en laser à azote en changeant le gaz. Dans un laser à excimère, le mélange de gaz rares, d'halogène gazeux et d'hélium, utilisé comme tampon, est pompé au sein d'un système fermé, constitué d'un réservoir et d'une cavité.

Les exemples de ArF (193 nm), KrF (248 nm), XeF (351 nm), KrCl (222 nm), XeCl (308 nm) et XeBr (282 nm) indiquent la gamme de longueurs d'onde obtenues avec les lasers à excimères. Comme les états fondamentaux de ces molécules ne sont pas totalement répulsifs, mais très légèrement liants, il y un minimum très peu profond dans la courbe de potentiel, comme l'illustre la figure 9.15. Dans le cas de XeF, le minimum d'énergie potentielle est relativement profond, d'environ 1 150 cm^{-1}, et contient quelques niveaux vibrationnels. Il en résulte que le laser peut être accordé sur plusieurs transitions.

La radiation du laser à excimère est pulsée, avec une fréquence maximum typiquement d'environ 200 Hz. La puissance de crête, allant jusqu'à 5 MW, est élevée par rapport à celle d'un laser à azote.

9.2.9 Laser au dioxyde de carbone

Le laser à CO_2 est un laser à gaz, dans l'infrarouge proche, permettant de très fortes puissances, avec un rendement d'environ 20 %.

Le CO_2 possède trois modes de vibration, l'élongation symétrique, ν_1, la vibration de déformation, ν_2, et l'élongation antisymétrique, ν_3, avec, respectivement, les symétries σ_g^+, π_u et σ_u^+, et les nombres d'onde de vibration fondamentale de 1 354, 673 et 2 396 cm^{-1}. La figure 9.16 montre quelques-uns des niveaux vibrationnels impliqués dans l'effet laser (la

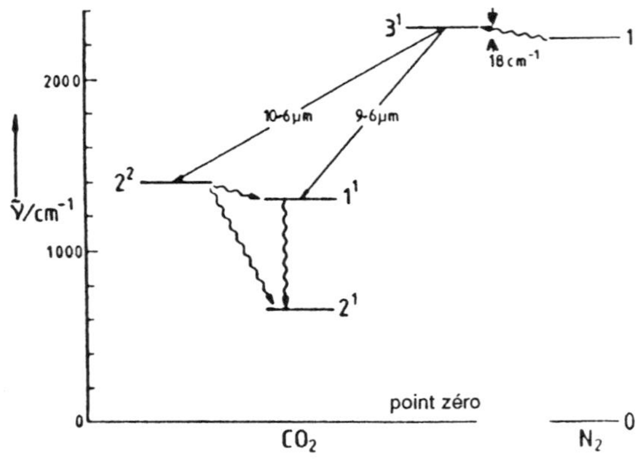

Fig. 9.16 — *Niveaux vibrationnels de N_2 et CO_2 utilisés dans le laser à CO_2.*

nomenclature est expliquée page 147). Celui-ci se produit principalement dans la transition $3^1_0 2^0_2$, à environ 10,6 µm, mais peut aussi être induit dans la transition $3^1_0 1^0_1$ à environ 9,6 µm.

Le niveau 3^1 est peuplé en partie grâce à des collisions électrons-molécules et en partie par un transfert d'énergie provenant de molécules d'azote dans le niveau $v = 1$, celui-ci étant métastable parce que la transition vers $v = 0$ est interdite (voir section 6.1.1). Le transfert d'énergie à partir de l'azote est particulièrement efficace car le niveau $v = 1$ n'est qu'à 18 cm^{-1} au dessous du niveau 3^1 de CO_2 (figure 9.16). A cause de la quasi-dégénérescence des niveaux vibrationnels supérieurs de l'azote et de l'empilement de niveaux ν_3 de CO_2, il se produit également un transfert vers des niveaux tels que 3^2, 3^3, ... Les transitions de désexcitation dans la pile de niveaux ν_3 sont rapides, jusqu'à ce que le niveau 3^1 soit atteint.

La désexcitation des niveaux inférieurs[1] 1^1 et 2^2 des transitions laser vers le niveau 2^1 sont rapides ; celui-ci est principalement dépeuplé par des collisions avec les atomes d'hélium dans le mélange de gaz CO_2 : N_2 : He qui est utilisé.

Les durées de vie des états supérieur et inférieur sont gouvernées par les collisions et celle de l'état supérieur est toujours plus longue que celle de l'état inférieur dans les mélanges de gaz utilisés.

L'introduction d'énergie dans un laser à CO_2 se fait grâce à une décharge électrique dans le mélange gazeux. La cavité peut être scellée et, dans ce cas, un peu de vapeur d'eau doit être ajoutée afin de reconvertir le CO qui s'est formé en CO_2. De façon plus courante, on utilise un flux gazeux longitudinal ou, de préférence, transversal, dans la cavité. Le laser à CO_2 peut fonctionner en mode CW ou en mode pulsé, avec une puissance pouvant aller jusqu'à 1 kW dans le mode CW.

Chacune des transitions vibrationnelles donnant un effet laser possède une structure fine rotationnelle, discutée pour les molécules linéaires à la section 6.2.3.1. La transition $3^1_0 1^0_1$ est de type $\Sigma_u^+ - \Sigma_g^+$, avec des branches P et R, pour lesquelles $\Delta J = -1$ et $\Delta J = +1$. Elle est similaire à la bande 3^1_0 de HCN dans la figure 6.23. La bande $3^1_0 2^0_2$ est, là encore, de type $\Sigma_u^+ - \Sigma_g^+$ avec des branches P et R.

La transition de vibration-rotation ayant le gain le plus grand est la transition de la branche P qui met en jeu le niveau rotationnel le plus peuplé dans l'état 3^1, sauf si la cavité est accordée

1. L'attribution de ces niveaux a été récemment inversée. Les nouvelles attributions sont utilisées ici.

à une longueur d'onde particulière. Il s'agit de $P(22)$, avec $J'' = 22$ et $J' = 21$, aux températures normales du laser. La raison pour laquelle cette raie de la branche P est si dominante est que la redistribution thermique de la population des niveaux rotationnels est plus rapide que la diminution de population due à l'émission.

La cavité doit être accordée à une transition particulière par un prisme ou, de préférence, en remplaçant un des miroirs (mais pas le miroir de sortie) à l'une des extrémités de la cavité par un réseau de diffraction.

9.2.10 Lasers à colorants

L'effet laser dans certaines solutions de colorants a été découverte par Lankard et Sorokin en 1966. Ceci a conduit au premier laser accordable de façon continue sur une gamme de longueurs d'onde appréciable. Les lasers à colorants sont également particuliers dans la mesure où le milieu actif est un liquide.

Une propriété caractéristique des colorants est leur couleur, due à l'absorption dans la région visible de l'état électronique fondamental S_0 vers le premier état excité singulet S_1. La puissance d'absorption élevée caractérisée par une valeur de la force d'oscillateur f (voir équation 2.18) proche de 1, ainsi que la valeur du rendement quantique de fluorescence Φ_F (voir équation 7.135) proche de 1, sont également typiques des colorants.

La figure 9.17 illustre ces caractéristiques dans le cas du colorant rhodamine B. Le maximum de l'absorption S_1–S_0, typiquement large, se produit à environ 548 nm avec une valeur très élevée de ε_{max}, valeur maximum du coefficient d'absorption molaire (équation 2.16), de 80 000 L mol^{-1} cm^{-1}. Comme d'habitude, la courbe de fluorescence est approximativement l'image de la courbe d'absorption dans un miroir. En outre, ses maxima d'absorption et de fluorescence ne coïncident pas : cette propriété est importante pour tous les lasers à colorants, car, si c'était le cas, une grande proportion de la fluorescence serait réabsorbée.

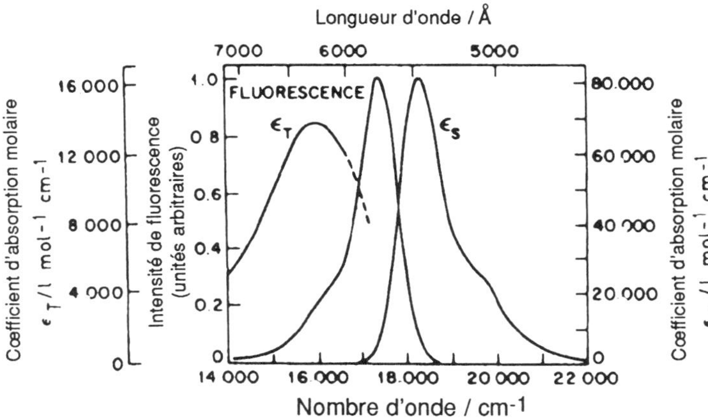

Fig. 9.17 — *Spectres d'absorption et de fluorescence de la rhodamine B dans le méthanol (5 × 10^{-5} mol L^{-1}). La courbe notée ε_T correspond au processus d'absorption $T_2 - T_1$ (processus 8 dans la figure 9.18) et celle notée ε_S correspond au processus 1. (Reproduit, avec autorisation, de Dienes A., et Shank C.V., Chapitre 4, in* Creation and Detection of the Excited State *(Ware W.R. éd.), Vol. 2, P. 154, Marcel Dekker, New York, 1972).*

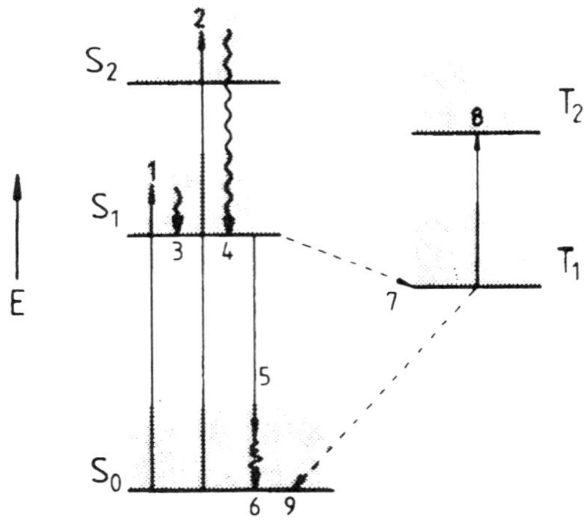

Fig. 9.18 — *Schéma de niveaux d'énergie d'une molécule de colorant, montrant les processus importants dans l'effet laser.*

La figure 9.18 montre un diagramme typique de niveaux d'énergie d'une molécule de colorant, incluant les états électroniques singulets S_0, S_1 et S_2 et triplets T_1 et T_2. A chacun de ces états sont associés des sous-niveaux vibrationnels et rotationnels, élargis par des collisions dans le liquide, à tel point qu'ils forment un continuum. Il en résulte que le spectre d'absorption, comme celui de la figure 9.17, est typique d'un spectre en phase liquide, ne montrant pratiquement pas de structure dans le système de bandes.

Suivant la méthode de pompage, le peuplement de S_1 peut être obtenu par l'un des processus d'absorption S_1–S_0 ou S_2–S_0, notés 1 et 2 dans la figure 9.18, ou par les deux. A la suite de l'un ou l'autre de ces processus, la relaxation collisionnelle vers le niveau vibrationnel inférieur de S_1 est rapide par les processus 3 ou 4 : par exemple, la relaxation vibrationnelle-rotationnelle du processus 3 dure de l'ordre de 10 ps. A la suite de la relaxation, la population des niveaux de S_1 correspond à l'équilibre thermique, c'est-à-dire qu'il y a une distribution de Boltzmann (équation 2.11).

L'état S_1 peut se désexciter par des processus radiatifs (r) ou non radiatifs (nr), notés respectivement 5 et 7 dans la figure 9.18. Le processus 5 est la fluorescence qui forme la radiation laser et dans la figure elle aboutit à un niveau vibrationnel excité de S_0. Ceci est vital pour que le colorant soit utilisable comme milieu actif et est une conséquence du principe de Franck-Condon (voir section 7.2.5.3).

La forme de la courbe d'absorption élargie de la figure 9.17 est typique de celle de tout colorant utilisable en tant que laser. Elle offre un maximum d'absorption aux faibles longueurs d'onde par rapport à la position de la bande 0_0^0, qui est proche du point de croisement de l'absorption et de la fluorescence. La forme de la courbe d'absorption résulte d'un changement de la forme de la molécule, de S_0 à S_1, selon une ou plusieurs coordonnées normales, de sorte que la transition la plus probable en absorption se fait vers un niveau vibrationnellement excité de S_1. De façon similaire, dans l'émission à partir du point zéro de S_1, la transition la plus probable se fait vers un état vibrationnellement excité de S_0. La durée de vie de la fluorescence τ_r pour l'émission spontanée à partir de S_1 est typiquement de l'ordre de 1 ns, alors que le processus de relaxation 6, comme le processus 3, prend seulement environ 10 ps. Il en résulte, à la suite des processus 1 et 3, une inversion de population entre le niveau de point zéro de S_1 et les niveaux vibrationnellement excités de S_0 vers lesquels l'émission peut se produire, à condition que ces niveaux soient d'énergie suffisante pour avoir une population thermique négligeable.

La population de S_1 peut aussi être réduite par absorption de la fluorescence, portant la molécule de S_1 à S_2, si les longueurs d'onde des deux processus sont les mêmes, ainsi que par des transitions non radiatives soit vers S_0 (conversion interne) soit vers T_1 (croisement intersystème), comme on l'a discuté à la section 7.3.6. Dans les molécules de colorant, c'est le processus S_1–T_1, noté 7 dans la figure 9.18, qui est le plus important. Ce processus, interdit de spin, a une durée de vie τ_{nr} de l'ordre de 100 ns. La durée de vie τ de l'état S_1 est reliée à τ_{nr} et à la durée de vie radiative τ_r par

$$\frac{1}{\tau} = \frac{1}{\tau_r} + \frac{1}{\tau_{nr}} \tag{9.15}$$

Comme τ_r est de l'ordre de 1 ns, la fluorescence est le processus de désexcitation dominant pour S_1.

La durée de vie τ_T de l'état T_1 est grande car la transition T_1–S_0, processus 9 dans la figure 9.18, est interdite de spin. Suivant les molécules et les conditions, en particulier la quantité d'oxygène dissous, elle peut avoir une valeur entre 100 ns et 1 ms. Si $\tau_T > \tau_{nr}$, la concentration de molécules dans l'état T_1 peut croître jusqu'à un niveau élevé. Dans beaucoup de molécules de colorant, il arrive que l'absorption intense, autorisée de spin, T_2–T_1 (processus 8 dans la figure 9.18), se recouvre avec l'émission S_1–S_0, et peut donc être excitée par celle-ci, diminuant ainsi de façon considérable le rendement du laser. La figure 9.17 montre l'importance de ce processus dans la rhodamine B.

Afin d'éviter que cela ne se produise, une méthode de pompage par impulsion est utilisée avec une fréquence de répartition suffisamment faible pour laisser à la relaxation T_1–S_0 le temps de se faire. Pour un fonctionnement CW, soit τ_r est suffisamment court, soit il faut utiliser un autre colorant dont l'absorption T_2–T_1 ne se recouvre pas avec la fluorescence.

Différents colorants sont disponibles, chacun d'eux pouvant être utilisé sur une gamme de 10 à 30 nm. Tous ensemble, ils couvrent une gamme de longueurs d'onde allant d'environ 365 nm, dans l'ultraviolet, à 930 nm, dans l'infrarouge proche. Les concentrations de colorant sont faibles, typiquement de l'ordre de 10^{-2} à 10^{-4} mol L^{-1}. Si l'on tient compte de la possibilité de doublage de fréquence (section 9.1.6), les lasers à colorants peuvent fournir une radiation accordable sur la totalité de la gamme allant de 220 à 930 nm, mais avec diverses intensités et différents niveaux de difficulté. Le caractère accordable et l'étendue de la gamme de longueurs d'onde font certainement des lasers à colorants les lasers plus utiles dans les domaines du visible et de l'ultraviolet.

Un laser pulsé à colorants peut être pompé par une lampe flash entourant la cellule à travers laquelle s'écoule le colorant. Avec cette méthode d'excitation, on peut obtenir des impulsions du laser à colorants de 1 µs, avec une énergie de l'ordre de 100 mJ. Les fréquences de répétition sont typiquement de l'ordre de 30 Hz.

De façon plus courante, les lasers pulsés à colorants sont pompés à l'aide d'un laser à azote, à excimère ou à Nd^{3+} : YAG. Le laser à azote, fonctionnant à 337 nm, ainsi que le laser à excimère de fluorure de xénon, qui fonctionne à 351 nm, excitent d'abord le colorant dans un état excité plus haut en énergie que S_1. Le laser à Nd^{3+} : YAG est soit doublé en fréquence pour fonctionner à 532 nm, soit triplé en fréquence pour fonctionner à 355 nm, suivant le colorant qui doit être pompé. Néanmoins à cause du faible rendement du triplement de fréquence, il est plus fréquent de mélanger la radiation du colorant doublée en fréquence, de longueur d'onde λ_D, avec le fondamental du laser Nd^{3+} : YAG, de longueur d'onde λ_F (= 1,064 8 µm), dans un cristal non linéaire comme le KDP (section 9.1.6), pour obtenir la longueur d'onde λ telle que

$$\frac{1}{\lambda} = \frac{1}{\lambda_0} + \frac{1}{\lambda_F} \tag{9.16}$$

Couramment des fréquences d'impulsion de 50 Hz sont utilisées.

Les lasers à colorants CW sont habituellement pompés par un laser à argon, jusqu'à ce qu'une puissance du laser continu à colorants d'environ 1 W soit produite. Par comparaison, un laser pulsé à colorants peut fournir une puissance de crête de 1 MW.

Dans les lasers CW comme dans les lasers pulsés, la solution de colorant doit circuler afin d'éviter le surchauffage et la décomposition. Dans un laser pulsé, le colorant s'écoule de manière continue à travers la cellule. On peut aussi utiliser une agitation magnétique, dans le cas de fréquences de répétition basses et de puissances relativement faibles. Dans un laser CW, la solution de colorant se présente en général sous forme d'un jet qui s'écoule rapidement à travers la cavité laser.

9.2.11 Généralités sur les matériaux laser

Le choix des lasers discutés aux sections 9.2.1 à 9.2.10 a laissé de côté de nombreux autres exemples. Ceux-ci comprennent les lasers à CO, H_2O, HCN, à centre coloré, les lasers chimiques, qui fonctionnent tous dans le domaine infrarouge, et le laser vert à vapeur de cuivre. Les exemples que nous avons examinés en détail suffisent à montrer combien les matériaux semblent être disparates et arbitraires. Par exemple, le fait que les atomes de Ne donnent un effet laser dans le laser hélium-néon ne signifie pas que c'est aussi le cas pour Ar, Kr, et Xe — et ce n'est effectivement pas le cas. Ce n'est pas non plus parce qu'il y a un effet laser dans CO_2, qu'il y en a également un dans CS_2, qui est similaire sur le plan chimique.

Il faut considérer comme accidentel le fait que, parmi les ensembles extrêmement complexes de niveaux d'énergies associés à quelques atomes ou molécules, il se trouve une ou plusieurs paires entre lesquelles il est possible de produire une inversion de population et donc de créer un laser. On ne peut donc pas s'attendre à une activité laser pour chaque atome ou molécule.

9.3 UTILISATION DES LASERS EN SPECTROSCOPIE

Depuis 1960, l'augmentation du nombre de sources laser intenses et monochromatiques a donné un formidable essor à une grande variété d'études spectroscopiques.

Les premiers lasers, essentiellement non accordables, ont trouvé leur application la plus immédiate dans les spectroscopies Raman de tous types, en phase gazeuse, liquide ou solide. Les techniques expérimentales utilisant les lasers ont été décrites dans la section 5.3.1. On peut trouver des exemples de la qualité des spectres obtenus en phase gazeuse, dans la figure 5.17, qui montre le spectre Raman de rotation pure de $^{15}N_2$, et dans la figure 6.9, qui présente le spectre Raman de vibration-rotation de la transition $\upsilon = 1–0$ dans CO. Ces deux spectres ont été obtenus avec un laser à ion argon.

La radiation des lasers est beaucoup plus intense que celle d'un arc de mercure, par exemple, couramment utilisé comme source Raman avant 1960. Grâce à l'intensité plus forte de la source, on peut observer une diffusion Raman beaucoup plus faible. En outre, la largeur de raie beaucoup plus étroite de la radiation laser augmente la résolution que l'on peut obtenir.

En plus de la réalisation d'expériences Raman conventionnelles avec des sources laser, de nouveaux types d'expériences Raman ont été rendues possibles en utilisant des lasers à déclenchement, à impulsion géante, pour étudier des effets provenant de la relation non linéaire entre le dipôle électrique induit et le champ électrique oscillant (équation 9.11). Ceux-ci sont regroupés sous la dénomination générale d'effets Raman non linéaires.

Pour des branches de la spectroscopie autres que la spectroscopie Raman, la plupart des sources laser peuvent sembler avoir l'inconvénient d'être non accordable. Dans les régions du spectre, particulièrement dans l'infrarouge, où il n'est pas facile de disposer de lasers accordables, on a imaginé des façons d'accorder, c'est-à-dire de décaler, les niveaux d'énergie atomiques ou moléculaires concernés de telle sorte que la transition étudiée se déplace pour être en coïncidence avec la radiation laser. Ceci peut être obtenu en appliquant un champ électrique à l'échantillon. Cette technique est appelée spectroscopie Stark laser. La technique correspondante avec un champ magnétique est celle de la spectroscopie de résonance magnétique laser (ou Zeeman laser).

Une façon pratique de changer la longueur d'onde de certains lasers, par exemple le laser à CO_2 dans l'infrarouge, est d'utiliser un matériau substitué isotopiquement, dans lequel les longueurs d'onde des transitions laser sont notablement modifiées.

Pour obtenir un spectre d'absorption dans les régions du spectre où on dispose d'un laser accordable, il est possible, en principe, de l'utiliser de la même façon qu'un klystron accordable ou qu'un carcinotron en spectroscopie micro-onde ou d'ondes millimétriques (voir section 3.4.1). L'absorbance (équation 2.16) est mesurée en fonction de la fréquence ou du nombre d'onde. Cette technique peut être utilisée avec un laser à diode pour obtenir un spectre d'absorption infrarouge. Pour des transitions électroniques, une sensibilité plus grande est généralement obtenue en enregistrant les processus secondaires qui découlent de l'absorption en lui étant directement reliée. Ces processus incluent la fluorescence, la dissociation ou la prédissociation, et l'ionisation consécutive à l'absorption d'un ou de plusieurs photons successifs. Le spectre résultant de l'enregistrement de ces processus ressemble en général très fortement au spectre d'absorption.

À ce niveau, il est clair qu'on ne peut plus raisonner en termes de méthodes expérimentales générales lorsqu'on utilise des lasers comme sources spectroscopiques. Une grande variété de techniques ingénieuses ont été imaginées quant à l'utilisation des sources laser, et on en décrira ici seulement quelques-unes.

9.3.1 Spectroscopie hyper-Raman

Nous avons vu dans l'équation (9.11) que le moment dipolaire induit dans un matériau par une radiation incidente contient une petite contribution proportionnelle au carré du champ électrique oscillant, **E**, associé à la radiation. Ce champ peut être suffisamment grand, lorsqu'on utilise un laser à déclenchement focalisé sur l'échantillon, pour que la diffusion hyper-Raman, mettant en jeu l'hyperpolarisabilité $\boldsymbol{\beta}$ introduite dans l'équation (9.11), soit suffisamment intense pour être détectée.

La diffusion hyper-Raman se produit à un nombre d'onde $2\tilde{\nu}_0 \pm \tilde{\nu}_{HR}$, où $\tilde{\nu}_0$ est le nombre d'onde de la radiation incidente, et $-\tilde{\nu}_{HR}$ et $+\tilde{\nu}_{HR}$ sont les déplacements hyper-Raman de types Stokes et anti-Stokes. La diffusion hyper-Raman est bien séparée de la diffusion Raman qui est centrée sur $\tilde{\nu}_0$, mais est extrêmement faible, même en utilisant un laser déclenché.

La diffusion de nombre d'onde $2\tilde{\nu}_0$ est appelée diffusion hyper-Rayleigh, par analogie avec la diffusion Rayleigh de nombre d'onde $\tilde{\nu}_0$ (voir section 5.3.2). Néanmoins, alors que la diffusion Rayleigh se produit *toujours*, la diffusion hyper-Rayleigh n'a lieu que si le matériau diffusant n'a pas de centre d'inversion (voir section 4.1.3). La radiation de fréquence doublée, discutée à la section 9.1.6, est une diffusion hyper-Rayleigh dans un cristal pur. Par conséquent, le fait que la cellule élémentaire n'ait pas de centre d'inversion est une des propriétés nécessaires des cristaux utilisés, comme l'ADP ou le KDP.

Les règles de sélection pour les vibrations moléculaires mises en jeu dans la diffusion hyper-Raman sont résumées par

$$\Gamma(\psi'_v) \times \Gamma(\beta_{ijk}) \times \Gamma(\psi''_v) = A \text{ (ou} \supset A) \qquad (9.17)$$

analogue aux équations (6.64) et (6.65) pour la diffusion Raman, où ψ'_v et ψ''_v sont respectivement les fonctions d'onde vibrationnelles de l'état supérieur et de l'état inférieur, i, j, et k peuvent être x, y, ou z, et A est l'espèce totalement symétrique du groupe ponctuel auquel appartient la molécule. Si, comme c'est généralement le cas, l'état vibrationnel inférieur est le niveau de point zéro, $\Gamma(\psi''_v) = A$ et l'équation (9.17) devient

$$\Gamma(\psi'_v) = \Gamma(\beta_{ijk}) \qquad (9.18)$$

L'hyperpolarisabilité est un tenseur ayant dix-huit éléments β_{ijk}. Nous n'allons pas examiner plus en détails leurs propriétés de symétrie, mais les résultats importants déduits de l'équation (9.18) sont les suivants :

1. Les vibrations autorisées en infrarouge sont également autorisées dans l'effet hyper-Raman.
2. Dans une molécule avec un centre d'inversion, toutes les vibrations hyper-Raman actives sont de type u, antisymétriques vis-à-vis de l'inversion.
3. Certaines vibrations qui sont inactives à la fois en Raman et en infrarouge, peuvent être autorisées par effet hyper-Raman. D'ailleurs, l'apparition occasionnelle de telles vibrations dans les spectres Raman en phase condensée ont parfois été attribuées à un effet impliquant l'hyperpolarisabilité.

La figure 9.19 montre le spectre hyper-Raman de l'éthane gazeux, C_2H_6, qui appartient au groupe ponctuel D_{3d} (voir la figure 4.11(i) et la table A.28 de l'annexe). L'éthane a un centre d'inversion et, par conséquent, il n'y a pas de diffusion hyper-Rayleigh à $2\,\tilde{\nu}_0$. Dans le spectre hyper-Raman, les vibrations a_{1u}, a_{2u} et e_u sont autorisées. Aucune de celles-ci n'est autorisée dans le spectre Raman, et seules les vibrations a_{2u} et e_u sont autorisées en infrarouge. La diffusion intense à environ 3 000 cm^{-1} de $2\,\tilde{\nu}_0$ est une combinaison de deux bandes : l'une est $2^1_0(\nu_2)$ et l'autre est la bande $7^1_0(\nu_7)$ où ν_2 et ν_7 sont respectivement les vibrations a_{2u} et e_u d'élongation CH. La diffusion à $\Delta\tilde{\nu} \approx 1\,400$ cm^{-1} est également due à deux bandes en coïncidence, 6^1_0 et 8^1_0, où ν_6 et ν_8 sont les vibrations a_{2u} et e_u de déformation de CH_3. La bande 9^1_0 est à $\Delta\tilde{\nu} = 900$ cm^{-1} et ν_9 est une vibration e_u de déformation de l'ensemble de la molécule. La bande 4^1_0, à $\Delta\tilde{\nu} = 300$ cm^{-1}, est la plus intéressante car ν_4 est la vibration a_{1u} de torsion autour de la liaison C–C (voir section 6.2.5.4c), interdite dans les spectres infrarouge et Raman.

9.3.2 Spectroscopie Raman stimulée

Sur le plan expérimental, la spectroscopie Raman stimulée est différente de la spectroscopie Raman normale, dans le sens où la diffusion est observée dans la direction *avant* par rapport à l'échantillon, c'est-à-dire dans la même direction que celle où émerge la radiation incidente, ou à un angle très faible par rapport à celle-ci.

La figure 9.20(a) montre comment on peut observer la diffusion Raman stimulée en focalisant, à l'aide d'une lentille L, la radiation issue d'un laser à rubis déclenché dans une cellule C contenant, par exemple, du benzène liquide. La diffusion vers l'avant, avec un angle d'environ 10°, est reçue par le détecteur D. Si le détecteur est un film photographique en couleur, on observe des anneaux concentriques larges, allant du rouge foncé au centre au vert à l'extérieur, comme l'indique la figure 9.20(b).

Les nombres d'onde correspondant à ces anneaux vont de $\tilde{\nu}_0$ (et $\tilde{\nu}_0 - n\,\tilde{\nu}_1$) au centre à $\tilde{\nu}_0 + 4\,\tilde{\nu}_1$ à l'extérieur. $\tilde{\nu}_1$ est la vibration de respiration de cycle du benzène (voir figure 6.13f) et la série d'anneaux $\tilde{\nu}_0 + n\,\tilde{\nu}_1$, avec $n = 0$–4, présente une séparation *constante* de $\tilde{\nu}_1$, qui correspond à l'intervalle de 992 cm^{-1} pour $v_1 = 1$–0.

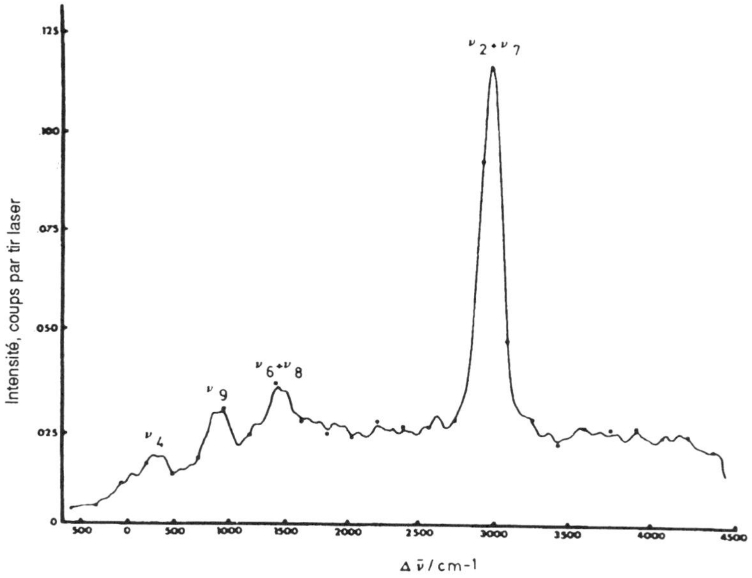

Fig. 9.19 — *Spectre hyper-Raman de l'éthane. (Reproduit, avec autorisation, de Verdick J.F., Peterson S.H., Savage C.M., et Maker P.D.,* Chem. Phys. Letters, *7, 219, 1970).*

La raison pour laquelle les espacements sont égaux et ne correspondent pas aux intervalles anharmoniques 1–0, 2–1, 3–2, ... est expliquée dans la figure 9.21. La radiation laser de nombre d'onde $\tilde{\nu}_0$ fait passer les molécules de benzène dans l'état virtuel V_1 d'où elle peuvent tomber dans le niveau $\upsilon_1 = 1$. La diffusion Stokes qui en résulte est, comme il a été indiqué plus haut, extrêmement intense dans la direction avant, avec 50 % de la radiation incidente diffusée à un nombre d'onde $\tilde{\nu}_0 - \tilde{\nu}_1$. Cette radiation est suffisamment intense pour faire passer d'autres molécules dans l'état virtuel V_2, conduisant à une diffusion intense à $\tilde{\nu}_0 - 2\,\tilde{\nu}_1$, et ainsi de suite. Dans l'effet Raman stimulé, seule est impliquée la vibration qui donne la diffusion Raman la plus intense : c'est le cas pour $\tilde{\nu}_1$ dans le benzène.

Le rendement élevé de conversion de la radiation laser $\tilde{\nu}_0$ en radiation Stokes permet à cet effet d'être utilisé pour décaler, vers des nombres d'onde plus grands, la radiation d'un laser pulsé qui sans cela ne serait pas accordable. L'hydrogène gazeux à haute pression, ayant un intervalle de 4 160 cm^{-1} pour $\upsilon = 1–0$, est souvent utilisé dans un tel dispositif à décalage Raman.

9.3.3 Spectroscopie de diffusion Raman anti-Stokes cohérente

La spectroscopie de diffusion Raman anti-Stokes cohérente, connue habituellement sous le nom de CARS (*Coherent Anti-Stokes Raman Spectroscopy*), repose sur le principe général de mélange d'ondes, comme celui qui se produit par exemple, dans un cristal à doublement de fréquence (voir section 9.1.6). Dans ce cas, un mélange de trois ondes se produit, mettant en jeu deux ondes incidentes de nombre d'onde $\tilde{\nu}$ et l'onde sortante de nombre d'onde $2\,\tilde{\nu}$.

Dans la spectroscopie CARS, les radiations de deux lasers de nombres d'onde $\tilde{\nu}_1$ et $\tilde{\nu}_2$, où $\tilde{\nu}_1 > \tilde{\nu}_2$, tombent sur l'échantillon. Il en résulte un mélange à *quatre* ondes, produisant

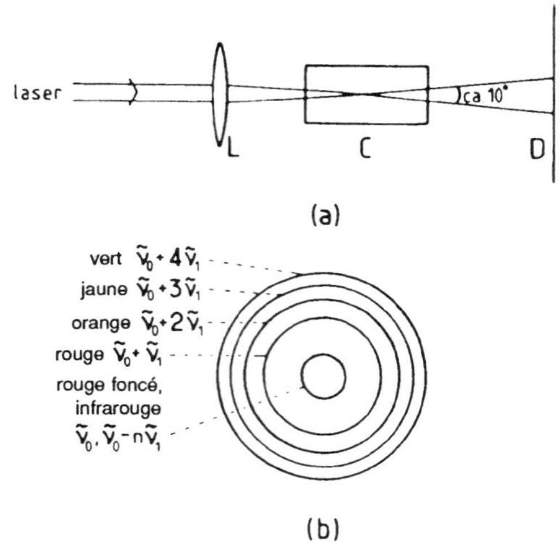

Fig. 9.20 — *(a) Expérience de diffusion par effet Raman stimulé. (b) Anneaux concentriques observés dans la direction avant, à partir du benzène liquide.*

une radiation de nombre d'onde $\tilde{\nu}_3$ où

$$\tilde{\nu}_3 = 2\,\tilde{\nu}_1 - \tilde{\nu}_2 = \tilde{\nu}_1 + (\tilde{\nu}_1 - \tilde{\nu}_2) \tag{9.19}$$

Le mélange d'ondes est beaucoup plus efficace lorsque ($\tilde{\nu}_1 - \tilde{\nu}_2$) = $\tilde{\nu}_i$, où $\tilde{\nu}_i$ est le nombre d'onde d'une transition vibrationnelle ou rotationnelle de l'échantillon, active en Raman.

La radiation diffusée $\tilde{\nu}_3$ est située aux nombres d'onde plus grands que $\tilde{\nu}_1$, c'est-à-dire du côté anti-Stokes, et est cohérente, ce qui n'est pas le cas de la diffusion Raman spontanée : d'où le nom de CARS. La conséquence de la cohérence de la diffusion et de la très grande

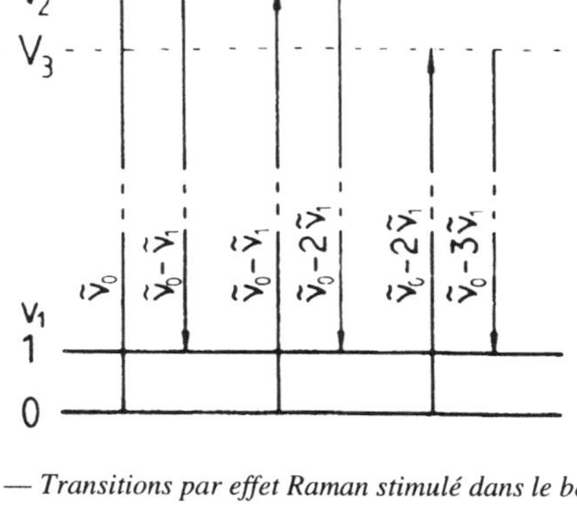

Fig. 9.21 — *Transitions par effet Raman stimulé dans le benzène.*

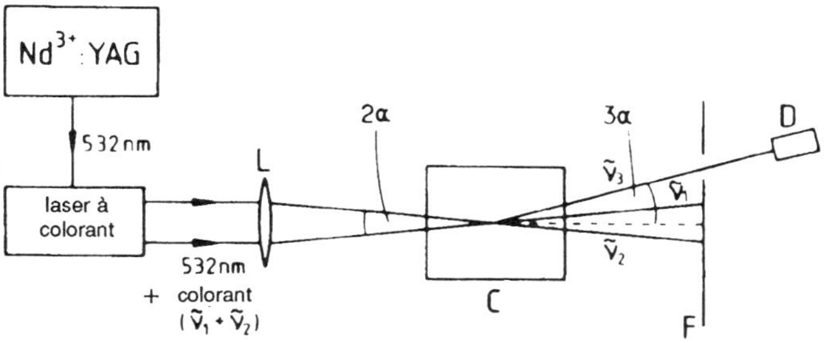

Fig. 9.22 — *Dispositif pour une expérience de spectroscopie CARS.*

efficacité de conversion en $\tilde{\nu}_3$ est que la radiation CARS forme un faisceau collimaté, de type laser.

Les règles de sélection pour la spectroscopie CARS sont exactement les mêmes que pour la diffusion Raman spontanée, mais la spectroscopie CARS présente l'avantage d'accroître considérablement l'intensité.

La figure 9.22 illustre comment doit être conduite une expérience CARS. Afin de faire varier $(\tilde{\nu}_1 - \tilde{\nu}_2)$ dans l'équation (9.19), le nombre d'onde, $\tilde{\nu}_1$, d'un laser est fixé, et $\tilde{\nu}_2$ varie. Ici, $\tilde{\nu}_1$ est une radiation du laser à Nd^{3+} : YAG, doublée en fréquence, à 532 nm, alors que la radiation $\tilde{\nu}_2$ est celle d'un laser à colorants pompé par le même laser à Nd^{3+} : YAG. Les deux faisceaux laser sont focalisés avec une lentille L dans la cellule d'échantillon C et forment entre eux un petit angle 2α. La radiation CARS collimatée émerge à un angle 3α de l'axe optique, est séparée de $\tilde{\nu}_1$ et $\tilde{\nu}_2$ par un filtre F troué et atteint un détecteur D. L'échantillon peut être solide, liquide ou gazeux.

Dans l'équation (9.19), nous avons traité $\tilde{\nu}_1$ et $\tilde{\nu}_2$ de manière différente en invoquant deux photons de $\tilde{\nu}_1$ et seulement un de $\tilde{\nu}_2$. Cependant, un mélange à quatre photons mettant en jeu un photon de $\tilde{\nu}_1$ et deux de $\tilde{\nu}_2$ pour produire $\tilde{\nu}_4$, représentée par

$$\tilde{\nu}_4 = 2\,\tilde{\nu}_2 - \tilde{\nu}_1 = \tilde{\nu}_2 - (\tilde{\nu}_1 - \tilde{\nu}_2) \qquad (9.20)$$

est aussi probable. Dans ce cas la radiation $\tilde{\nu}_4$ est située à des nombres d'onde inférieurs à $\tilde{\nu}_2$, c'est-à-dire du côté Stokes. Cette radiation s'appelle la diffusion Raman Stokes cohérente, ou CSRS. Vu la symétrie des équations (9.19) et (9.20), il semble ne pas y avoir de raison de favoriser la CARS ou la CSRS, mais, comme $(2\,\tilde{\nu}_2 - \tilde{\nu}_1)$ est située aux nombres d'onde inférieurs à la fois à $\tilde{\nu}_1$ et à $\tilde{\nu}_2$, la région de la CSRS tend à se recouvrir avec la fluorescence de l'échantillon. Pour cette raison, la technique CARS est utilisée plus fréquemment.

9.3.4 Spectroscopie Stark laser (ou de résonance électrique laser)

Nous avons vu dans la section 5.2.3 qu'un champ électrique permet de séparer les niveaux rotationnels des molécules diatomiques, linéaires ou des rotateurs symétriques — c'est l'effet Stark. Une telle séparation se produit pour les niveaux rotationnels associés à tous les niveaux vibrationnels, de sorte qu'un spectre vibrationnel en phase gazeuse montre l'éclatement correspondant de la structure fine rotationnelle. En utilisant un laser à infrarouge de nombre d'onde fixe, une variation lente du champ électrique appliqué à l'échantillon va mettre en coïncidence diverses transitions avec le nombre d'onde du laser. Ce type de spectroscopie est habituellement appelé spectroscopie Stark laser, ou parfois résonance électrique laser, nom à

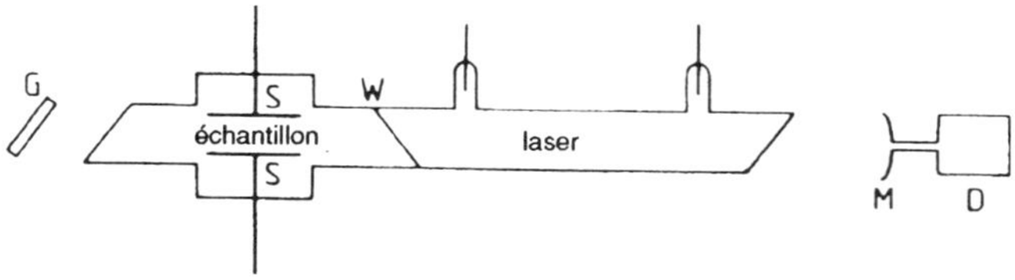

Fig. 9.23 — *Spectroscopie laser Stark, avec l'échantillon à l'intérieur de la cavité.*

mettre en parallèle avec celui de la résonance magnétique laser, correspondant à la même expérience réalisée avec un champ magnétique.

Les premiers spectres Stark laser ont été obtenus avec une cellule d'absorption extérieure à la cavité laser, mais il est avantageux de la placer à l'intérieur de la cavité, selon le schéma de la figure 9.23. La cavité est délimitée par le miroir M et le réseau G, utilisé pour sélectionner des longueurs d'onde dans les lasers à raies multiples, comme ceux à CO_2 ou à CO. Le compartiment de l'échantillon est séparé de celui du laser par une fenêtre W (toutes les fenêtres sont à l'angle de Brewster — voir l'équation 9.14). Les électrodes de Stark S sont séparées de quelques millimètres seulement, afin d'obtenir un champ intense, de l'ordre de 10 kV cm^{-1}. Une partie de la radiation laser sort en direction d'un détecteur D.

La figure 9.24 montre une partie du spectre laser Stark de la molécule triatomique coudée FNO, obtenu à l'aide d'un laser infrarouge à CO fonctionnant à 1 837,430 cm^{-1}. Toutes les transitions présentées sont des composantes Stark de la raie rotationnelle ${}^{q}P_7(8)$ de la transition vibrationnelle 1^1_0, où v_1 est la vibration d'élongation N–F. Le symbole pour la rotation est celui d'un rotateur symétrique (ce qui est presque le cas pour FNO), pour lequel q implique que $\Delta K = 0$, P que $\Delta J = -1$, les nombres indiquant que $K'' = 7$ et $J'' = 8$ (voir section 6.2.3.2). Dans un champ électrique, chaque niveau J est scindé en $(J + 1)$ composantes (voir section 5.2.3), chacune étant spécifiée par sa valeur de $|M_J|$. La règle de sélection, lorsque la radiation est polarisée perpendiculairement au champ (comme ici), est $\Delta M_J = \pm 1$. Huit des composantes Stark résultantes sont présentées ici.

On tire de ce type de spectre aussi bien les constantes rotationnelles pour les deux états

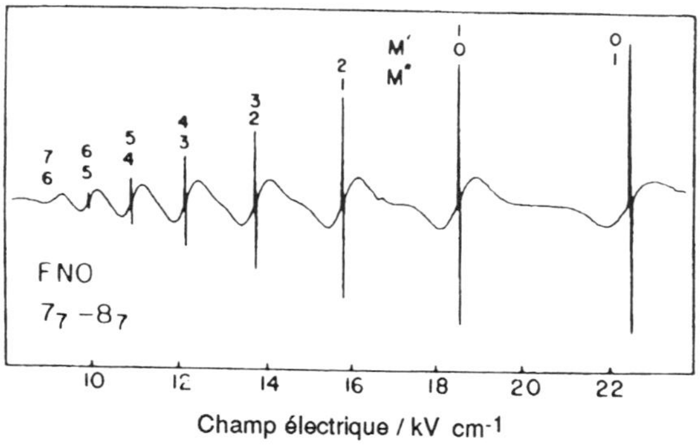

Fig. 9.24 — *Spectre laser Stark de FNO montrant des Lamb dip dans les composantes de la raie* ${}^{q}P_7(8)$ *de la transition vibrationnelle* 1^1_0. *(Reproduit avec autorisation, de Allegrini M., Johns J.W.C., et McKellar A.R.W.,* J. Molec. Spectrosc., *73, 168, 1978).*

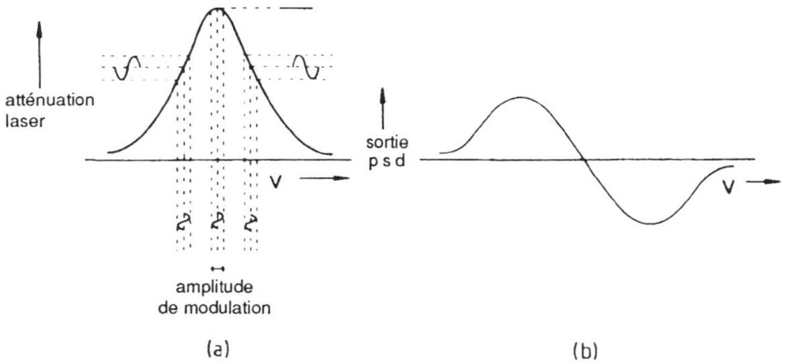

Fig. 9.25 — *(a) Raie limitée par effet Doppler. (b) Effet de la modulation et détection sensible à la phase (psd).*

vibrationnels concernés, que les moments dipolaires de chaque état.

L'allure inhabituelle des raies est une caractéristique importante du spectre de la figure 9.24. La forme de chacune d'elles, grossièrement en ∿, est due à la modulation du champ électrique, suivie d'un détection sensible à la phase. La figure 9.25 montre l'effet d'une raie limitée à la largeur Doppler, et observée en balayant en potentiel entre les plaques, tout en maintenant fixe le nombre d'onde du laser. La modulation de V est sinusoïdale et de faible amplitude. Sur la pente croissante de la raie, dans la figure 9.25(a), une faible diminution du potentiel V modulé produit une petite diminution du signal, et une faible augmentation de V produit une petite augmentation du signal : en d'autres termes, la modulation et le signal sont en phase. De même, sur la pente décroissante de la raie, ils sont en opposition de phase.

La figure 9.25(b) montre l'effet de l'utilisation d'un détecteur sensible à la phase. On obtient au détecteur un signal positif lorsque la modulation et le signal normal sont en phase, un signal négatif lorsqu'ils sont en opposition de phase. Un signal nul est associé au maximum d'intensité de la raie. Le résultat correspond à la dérivée première du signal de la figure 9.25(a). La fine pointe au centre de chacune des transitions en forme de ∿ est une autre caractéristique du spectre de la figure 9.24. Son origine est liée à la saturation de la transition, discutée dans la section 2.3.4.2, dans le contexte du *Lamb dip*, en spectroscopie

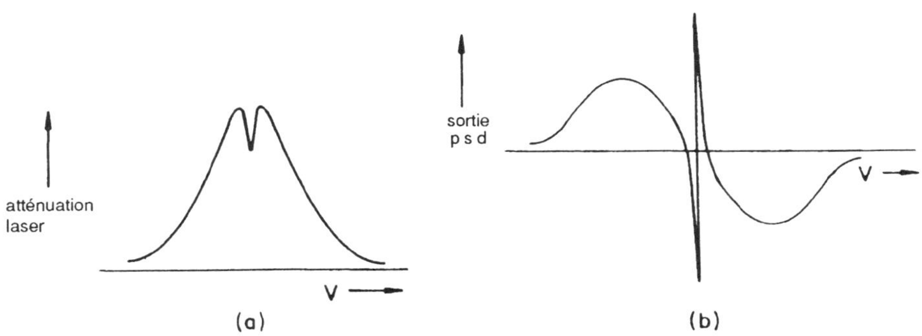

Fig. 9.26 — *(a) Forme d'une raie Doppler avec un Lamb dip. (b) Comme (a), mais avec une modulation et une détection sensible à la phase.*

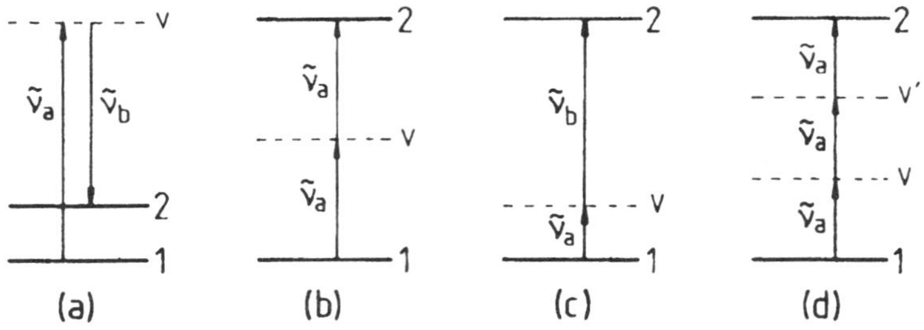

Fig. 9.27 — *Processus multiphotoniques : (a) diffusion Raman, (b) absorption de deux photons identiques, (c) absorption de deux photons différents et (d) absorption de trois photons identiques.*

micro-onde ou en ondes millimétriques. Elle correspond à la situation dans laquelle les deux niveaux d'énergie mis en jeu, m(inférieur) et n(supérieur), sont proches l'un de l'autre. Dans ces conditions, la saturation se produit lorsque les populations N_m et N_n sont pratiquement égales. Si on place un miroir réfléchissant à une extrémité de la cellule d'absorption, on peut observer un *Lamb dip* dans le profil de la raie d'absorption, comme le montre la figure 2.5.

Dans d'autres régions du spectre, comme dans l'infrarouge, le visible et l'ultraviolet, les niveaux m et n sont davantage séparés, mais il se trouve que les effets de la saturation peuvent être observés lorsque N_n est grand, même beaucoup moins que N_m.

Pour l'échantillon à l'intérieur de la cavité, comme dans la figure 9.23, la saturation peut très bien se produire, offrant une forme de raie comme celle de la figure 9.26(a), avec un *Lamb dip*. La modulation et la détection sensible à la phase donnent un signal sous forme de dérivée première, présenté dans la figure 9.26(b). Ce sont ces dérivées premières des *Lamb dips* que l'on voit sur la figure 9.24. De toute évidence, la précision de la mesure du centre de raie est considérablement accrue lorsque ces *Lamb dips* sont observés.

9.3.5 Absorptions à deux photons et multiphotonique

Dans la discussion de la section 9.1.6 sur la génération harmonique de la radiation laser, nous avons vu que la grande densité de photons produite en focalisant un faisceau laser dans certains matériaux cristallins peut conduire au doublement, triplement, etc., de la fréquence du laser. De même, si un faisceau laser, de nombre d'onde $\tilde{\nu}_L$, est focalisé dans une cellule contenant un matériau connu pour absorber à un nombre d'onde $2\,\tilde{\nu}_L$ dans un processus normal à un photon, la radiation laser peut être absorbée dans un processus à deux photons, à condition qu'elle soit autorisée par les règles de sélection appropriées.

La similitude entre une absorption à deux photons et un processus de diffusion Raman est encore plus grande. La figure 9.27(a) montre qu'une transition Raman entre des états 1 et 2 est en fait un processus à deux photons. Le premier photon est absorbé avec un nombre d'onde $\tilde{\nu}_a$, faisant passer la molécule de l'état 1 à l'état virtuel V, et le second est émis avec un nombre d'onde $\tilde{\nu}_b$.

Dans un processus d'absorption à deux photons, le premier fait passer la molécule de l'état initial 1 à un état virtuel V, et le second la fait passer de V à 2. Comme dans la spectroscopie Raman, l'état V n'est pas un état propre de la molécule. Les deux photons peuvent avoir des énergies égales ou non, comme le montrent les figures 9.27 (b) et (c). Il est possible que plus de deux photons soient absorbés lors du passage de l'état 1 à 2. La figure 9.27(d) illustre une absorption à trois photons.

L'absorption à deux photons a été observée dans le domaine des micro-ondes avec une source intense à klystron, mais dans les domaines infrarouge, visible, et ultraviolet, il est nécessaire d'avoir une source laser.

Comme la diffusion Raman est aussi un processus à deux photons, les règles de sélection pour l'absorption à deux photons sont les mêmes que pour les transitions Raman vibrationnelles. Par exemple, pour qu'une transition électronique à deux photons soit autorisée entre un état inférieur ψ_v'' et un état supérieur ψ_v', il faut que

$$\Gamma(\psi_v') \times \Gamma(S_{ij}) \times \Gamma(\psi_v'') = A \text{ (ou} \supset A) \tag{9.21}$$

où les S_{ij} sont les éléments du tenseur $\boldsymbol{S}$ à deux photons, similaire au tenseur de polarisabilité de l'équation (5.42), dans la mesure où

$$\Gamma(S_{ij}) = \Gamma(\alpha_{ij}) \tag{9.22}$$

On voit alors que l'équation (9.21) est analogue aux équations (6.64) et (6.65) pour les transitions Raman vibrationnelles.

Comme les règles de sélection à deux photons sont différentes des règles de sélection à un photon (dipôle électrique), les transitions à deux photons peuvent permettre d'accéder à des états qui ne pourraient pas être atteints autrement. Nous n'allons considérer qu'un exemple en détail — un spectre d'absorption électronique à deux photons.

Un processus d'absorption électronique à deux photons, ou multiphotonique, peut être enregistré de différentes façons et la figure 9.28 en illustre deux. Si un laser, typiquement un laser à colorants accordable, balaye un système en absorption, alors, si deux photons sont en correspondance avec une transition vers un état électronique ou vibronique excité, on peut détecter la fluorescence de cet état, comme dans la figure 9.28(a). L'intensité de la fluorescence totale, non dispersée, en fonction du nombre d'onde du laser, donne le spectre d'excitation de fluorescence à deux photons. La figure 9.28(b) illustre une deuxième méthode d'enregistrement de l'absorption. Dans le cas présenté, deux photons font passer la molécule dans un état propre 2 et un troisième l'ionise. Ce processus est connu sous le nom de processus d'ionisation multiphotonique 2 + 1, mais on peut observer d'autres processus, comme 1 + 1, 2 + 2 ou 3 + 1. Le nombre d'ions collectés par des plaques portées à un potentiel négatif est compté en fonction du nombre d'onde du laser produisant le spectre d'ionisation multiphotonique. L'ionisation multiphotonique est intéressante dans des cas où le rendement quantique de fluorescence est trop faible pour que la méthode d'excitation multiphotonique de la fluorescence puisse être utilisée.

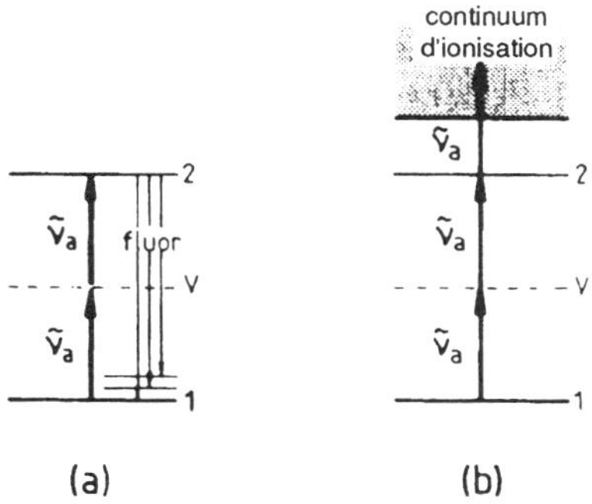

Fig. 9.28 — *Un processus d'absorption à deux photons (ou plus) peut être suivi (a) en mesurant la fluorescence totale, non dispersée, ou (b) en comptant le nombre d'ions produits par un ou plusieurs photons supplémentaires.*

Considérons l'exemple du spectre d'excitation de fluorescence à deux photons pour le 1,4-difluorobenzène, présenté dans la figure 9.29, et appartenant au groupe ponctuel D_{2h}. La transition entre l'état fondamental et le premier état excité singulet est $\tilde{A}\,^1B_{2u} - \tilde{X}\,^1A_g$. La table A.32 de l'annexe indique que $B_{2u} = \Gamma(T_y)$ et par conséquent, selon l'équation (7.122), la transition électronique est autorisée comme processus à un photon polarisé selon l'axe des y, lequel est dans le plan de la molécule et perpendiculaire à la ligne F–C– – –C–F : la bande 0_0^0 est montrée dans la figure 7.44(a). Néanmoins, comme la table A.32 de l'annexe montre que $B_{2u} \neq \Gamma(\alpha_{ij})$, la transition est interdite pour un processus à deux photons. Comme en spectroscopie Raman, les transitions $u \leftrightarrow g$ sont interdites alors que les transitions $g \leftrightarrow g$ et $u \leftrightarrow u$ sont autorisées pour une molécule ayant un centre d'inversion.

Néanmoins, le spectre d'excitation de fluorescence à deux photons du 1,4-difluorobenzène, montré dans la figure 9.29 est riche. La position de la bande interdite 0_0^0 (notée 0–0) est indiquée. Toutes les transitions vibroniques observées dans le système de bandes sont induites par des vibrations non totalement symétriques, un peu comme dans le cas du benzène, à un photon, discuté dans la section 7.3.4.2(b). Le moment de transition à deux photons peut devenir non nul lorsque certaines vibrations sont excitées.

La règle de sélection vibronique générale remplaçant celle de l'équation (9.21) est

$$\Gamma(\psi'_{ev}) \times \Gamma(S_{ij}) \times \Gamma(\psi''_{ev}) = A \text{ (ou} \supset A) \tag{9.23}$$

Si l'état inférieur est le niveau de point zéro de l'état électronique fondamental, $\Gamma(\psi''_{ev}) = A$ et les équations (9.23) et (9.22) se réduisent à

$$\Gamma(\psi'_{ev}) = \Gamma(S_{ij}) = \Gamma(\alpha_{ij})) \tag{9.24}$$

ou

$$\Gamma(\psi'_e) \times \Gamma(\psi'_v) = \Gamma(\alpha_{ij}) \tag{9.25}$$

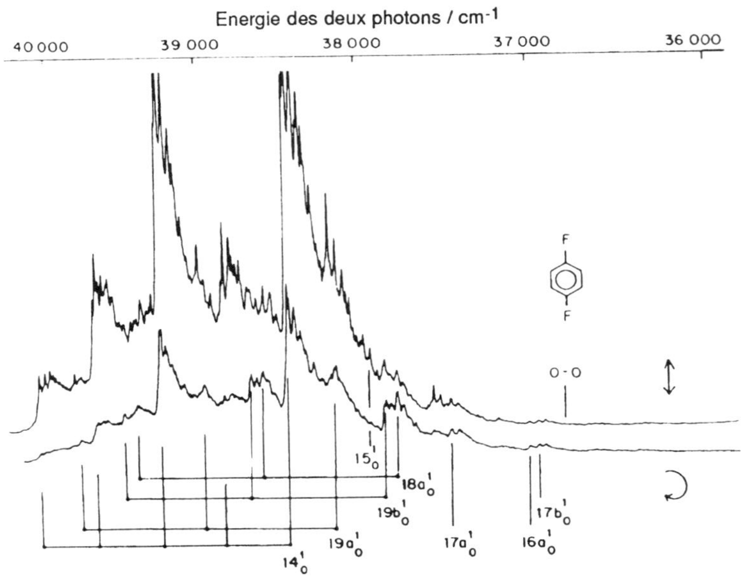

Fig. 9.29 — *Spectre d'excitation de fluorescence à deux photons du 1,4-difluorobenzène. Les courbes supérieure et inférieure sont obtenues respectivement avec des radiations de polarisation rectiligne et circulaire, mais leurs différences ne sont pas considérées ici. (Reproduit, avec autorisation, de Robey M.J., et Schlag E.W.,* Chem. Phys., ***30****, 9, 1978).*

La figure 9.29 montre que, pour induire la transition, la vibration la plus importante est ν_{14}[1], de type b_{2u}, faisant intervenir alternativement une élongation et une contraction des liaisons C–C sur le cycle. En utilisant la table A.32 de l'annexe pour la transition ν_{14}, l'équation (9.25) devient

$$\Gamma(\psi_e') \times \Gamma(\psi_v') = B_{2u} \times b_{2u} = A_g = \Gamma(\alpha_{xx}, \alpha_{yy}, \alpha_{zz}) \qquad (9.26)$$

et la transition est autorisée. Dans la figure 9.29, on peut voir que d'autres vibrations non totalement symétriques sont plus faiblement actives dans le couplage vibronique.

9.3.6 Dissociation multiphotonique et séparation des isotopes par laser

On a découvert en 1971 que la luminescence (fluorescence ou phosphorescence) se produit dans diverses molécules gazeuses lorsqu'un laser pulsé à CO_2 est focalisé au sein du gaz. Pour observer cet effet, il faut un laser pulsé afin d'obtenir la forte puissance nécessaire (une puissance de crête d'environ 0,5 MW avait été utilisée) et aussi de pouvoir observer la luminescence entre chaque impulsion. Les gaz utilisés comprennent CCl_2F_2, SiF_4 et NH_3, ayant tous une bande d'absorption de vibration-rotation infrarouge dans une région du spectre où sont situées les raies du laser à CO_2. Dans CCl_2F_2, SiF_4 et NH_3, les espèces responsables de la luminescence ont été identifiées comme étant respectivement C_2, SiF et NH_2.

Le processus de dissociation par l'absorption de photons infrarouges met clairement en jeu l'absorption simultanée de nombreux photons — de l'ordre de 30, suivant l'énergie de dissociation et l'énergie des photons — et est appelé dissociation multiphotonique.

La théorie du processus n'est pas simple. La figure 9.30 illustre le mécanisme, dans lequel un photon laser de nombre d'onde $\tilde{\nu}_L$ est en résonance avec une transition $v = 1–0$ de la molécule, les photons suivants étant absorbés pour faire passer la molécule successivement à des niveaux vibrationnels plus élevés — comme pour monter les barreaux d'une échelle. La figure montre qu'un effet de l'anharmonicité vibrationnelle est que la radiation laser est en résonance *seulement* avec la transition $v = 1–0$ et que plus le niveau d'énergie vibrationnelle est élevé, plus le laser est en dehors de la résonance — les barreaux de l'échelle ne sont pas régulièrement espacés. Cette difficulté peut être vaincue dans une certaine mesure, en prenant

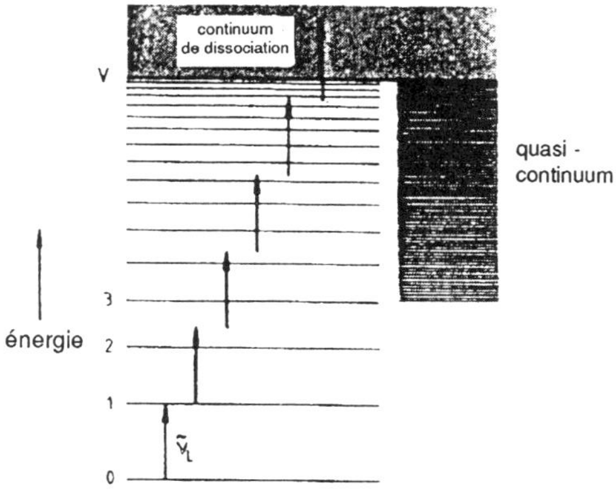

Fig. 9.30 — *Schéma de niveaux d'énergie vibrationnelle pour la dissociation multiphotonique.*

1. ν_{14} est basé sur la numérotation de Wilson pour le benzène (voir la bibliographie du chapitre 6).

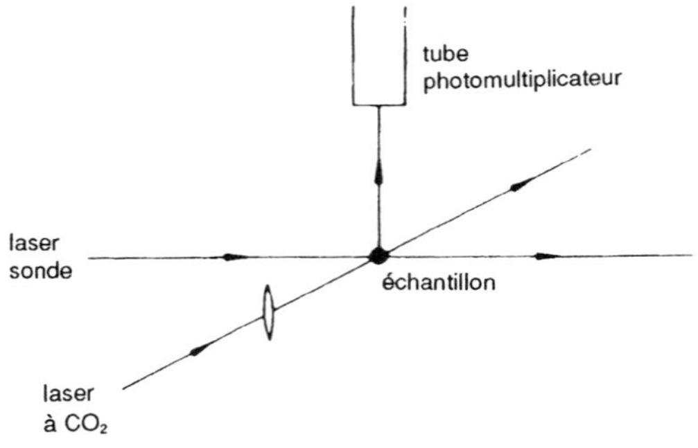

Fig. 9.31 — *Détection des produits de la dissociation multiphotonique par fluorescence induite par laser.*

en compte le fait que chaque niveau vibrationnel possède des niveaux rotationnels associés, et cette « compensation rotationnelle » de l'anharmonicité vibrationnelle signifie que la résonance de la radiation laser peut se produire avec certains niveaux de vibration-rotation de la molécule jusqu'à par exemple $\upsilon = 3$. A une énergie vibrationnelle plus élevée que celle du niveau $\upsilon = 3$, une molécule polyatomique a une forte densité d'états de vibration-rotation, la densité augmentant avec le nombre de modes vibrationnels et, par conséquent, avec le nombre d'atomes. Cette forte densité conduit à un quasi-continuum d'états, similaire à celui qui a été discuté dans la section 7.3.6 comme origine possible de l'aspect diffus des spectres électroniques des molécules polyatomiques. Le quasi-continuum, auquel contribuent tous les modes vibrationnels sauf ceux pour lesquels des niveaux discrets ont été tracés, est montré dans la figure 9.30. C'est ce quasi-continuum, combiné avec un effet qui conduit à un élargissement des transitions par la forte puissance du laser, qui fournit les barreaux supérieurs de l'échelle de dissociation multiphotonique.

Le rendement des produits de dissociation peut être faible, mais on peut utiliser des méthodes de détection sensibles. L'une d'entre elles est la fluorescence induite par laser, montrée schématiquement dans la figure 9.31, dans laquelle un second laser, servant de sonde, est utilisé pour exciter la fluorescence dans l'un des produits de dissociation. Les faisceaux du laser à CO_2 et de la sonde sont à 90° l'un de l'autre, et la fluorescence est détectée par un photomultiplicateur placé à 90° des deux faisceaux. Cette technique a été utilisée par exemple pour contrôler la production de NH_2 par dissociation de l'hydrazine (N_2H_4) ou de la méthylamine (CH_3NH_2). Le laser sonde était un laser à colorants accordé à une longueur d'onde de 598 nm, correspondant à l'absorption dans la bande 2^9_0, du système électronique $\tilde{A}\,^2A_1 - \tilde{X}\,^2B$ de NH_2, où ν_2 est la vibration de déformation, et la fluorescence provenant du niveau 2^9 a été enregistrée.

Le phénomène de dissociation multiphotonique trouve une application très importante dans la séparation des isotopes. Pour cet usage, ce n'est pas seulement la puissance élevée du laser qui est importante, mais le fait qu'il est fortement monochromatique. Cette dernière propriété rend possible, dans des circonstances favorables, l'absorption sélective de la radiation laser, par un seul isotope. Cette espèce est alors dissociée de manière sélective, ce qui conduit à un enrichissement isotopique à la fois dans les produits de dissociation et dans le matériau non dissocié.

Une des premières applications de cette technique a été l'enrichissement des isotopes ^{10}B et ^{11}B, d'abondances naturelles respectivement égales à 18,7 et 81,3 %. Le trichlorure de bore, BCl_3, se dissocie lorsqu'il est irradié avec un laser pulsé à CO_2, dans la bande vibrationnelle 3^1_0 à 958 cm^{-1} (ν_3 est une vibration e' de la molécule plane, D_{3h}). Un des produits de la dissociation a été détecté par réaction avec O_2, formant BO qui produit alors de

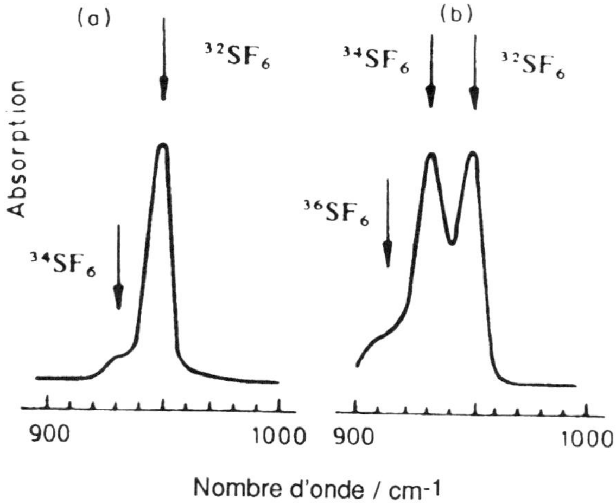

Fig. 9.32 — *Enrichissement isotopique de SF_6 par dissociation multiphotonique à la suite d'une irradiation dans la bande vibrationnelle 3^1_0 de $^{32}SF_6$. Le spectre d'absorption est présenté (a) avant et (b) après irradiation. (Reproduit, avec autorisation, de Letokhov V.S.,* Nature, *Lond., 277, 605, 1979. ©1979 Macmillan Journals Limited).*

la chimiluminescence (émission de rayonnement résultant de l'énergie gagnée par réaction chimique) dans le domaine visible, due à la fluorescence $A^2\Pi - X^2\Sigma^+$. L'irradiation dans la bande 3^1_0 de $^{10}BCl_3$ ou de $^{11}BCl_3$ conduit à la chimiluminescence de ^{10}BO ou de ^{11}BO. La fluorescence de ^{10}BO est facilement séparée de celle de ^{11}BO.

La figure 9.32 illustre l'enrichissement isotopique de SF_6, consécutif à l'irradiation à l'aide d'un laser pulsé à CO_2, dans la bande vibrationnelle 3^1_0 de $^{32}SF_6$, à 945 cm^{-1}, ν_3 étant une vibration de déformation t_{1u} fortement active en infrarouge. Les isotopes du soufre ont les abondances naturelles suivantes : ^{32}S : 95,0 % ; ^{34}S : 4,24 % ; ^{33}S : 0,74 % ; ^{36}S : 0,017 %. La figure montre que la diminution de la quantité de $^{32}SF_6$ a été d'une telle ampleur qu'il reste autant de $^{34}SF_6$ que de $^{32}SF_6$.

9.3.7 Fluorescence de niveau vibronique unique

On a mentionné dans la section 7.2.5.2, dans une discussion sur les progressions dans les spectres électroniques des molécules diatomiques, qu'une progression, par exemple avec $v' = 2$ (figure 7.18), ne pouvait être observée en tant que telle dans un spectre d'émission en phase gazeuse que dans des conditions un peu particulières. Il est nécessaire que la méthode d'excitation fasse passer la molécule de $v'' = 0$ à $v' = 2$ uniquement, et qu'aucune collision ne se produise entre les molécules ou avec les parois du récipient pendant la durée de l'émission. L'émission, en général de fluorescence, vient alors d'un seul niveau vibronique avec $v' = 2$, et la technique est connue sous le nom de spectroscopie de fluorescence de niveau vibronique unique (SVLF, *Single Vibronic Level Fluorescence*) ou bien spectroscopie de fluorescence dispersée (DF, *Dispersed Fluorescence*). La dispersion de cette fluorescence par un spectromètre produit un spectre donnant des informations sur les niveaux vibrationnels de l'état fondamental. C'est une technique particulièrement puissante pour l'étude des spectres électroniques de grosses molécules, où l'encombrement des bandes pose des problèmes dans les conditions normales, en absorption comme en émission.

Depuis environ 1970, Parmenter et d'autres auteurs avaient obtenu des spectres SVLF, en particulier dans le benzène, en utilisant, avant l'existence de lasers adaptés, un rayonnement venant d'une source intense à arc de xénon à haute pression (voir section 3.4.4) et en le faisant passer sur un monochromateur pour sélectionner une bande étroite de radiation (environ 20 cm^{-1} de large), pour exciter l'échantillon dans une bande d'absorption particulière. Les lasers à colorants, doublés en fréquence si nécessaire, fournissent des sources idéales pour ce type d'expérience. La radiation est très intense, la largeur de raie est faible (1 cm^{-1}) et le nombre d'onde peut être accordé sur n'importe quelle bande d'absorption dans le domaine visible ou ultraviolet proche.

La figure 9.33 montre des exemples de spectres SVLF obtenus en accordant un laser à colorants doublé en fréquence sur la bande d'absorption 0_0^0 du système $\tilde{A}\,^1B_{3u} - \tilde{X}\,^1A_g$ de la pyrazine (1,4-diazabenzène) et de la perdeutéropyrazine. À une pression d'environ 3 torr, la fluorescence dispersée, sans collision, provient uniquement du niveau de point zéro de l'état $\tilde{A}\,^1B_{3u}$.

La pyrazine appartient au groupe ponctuel D_{2h} et la table A.32 de l'annexe montre que, comme $B_{3u} = \Gamma(T_x)$, la bande 0_0^0 est polarisée selon l'axe des x, qui est perpendiculaire au plan de la molécule.

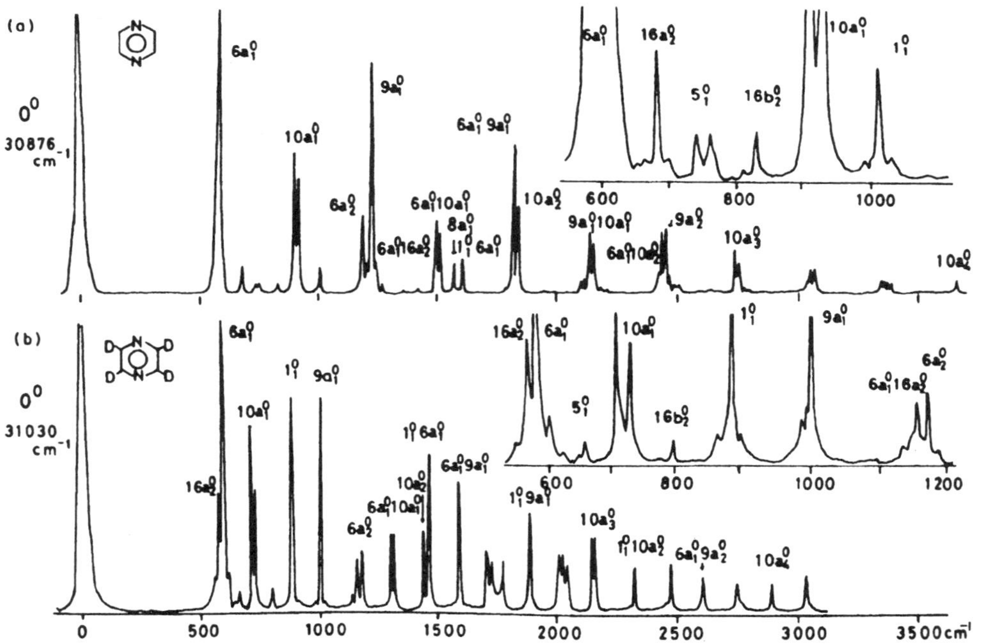

Fig. 9.33 — *Spectres de fluorescence de niveau vibronique unique obtenus par émission en l'absence de collision, à partir du niveau de point zéro de l'état* $\tilde{A}\,^1B_{3u}$ *de (a) la pyrazine et (b) la perdeutéropyrazine. (Reproduit, avec autorisation, de Udagawa Y., Ito M., et Suzuka I.,* Chem. Phys., ***46****, 237, 1980).*

Le spectre de la figure 9.33 montre des progressions dans ν_{6a}, ν_{9a} et ν_{10a}[1]. Deux d'entre elles, ν_{6a} et ν_{9a}, sont des vibrations totalement symétriques de type a_g. Ainsi, chaque bande dans chacune de ces progressions est polarisée selon l'axe des x. Par contre, ν_{10a} est une vibration de type b_{1g}, de sorte que, pour la bande $10a_1^0$, l'équation (7.127) donne

$$\Gamma(\psi_e') \times \Gamma(\psi_e'') \times \Gamma(\psi_v'') = B_{3u} \times A_g \times b_{1g} = B_{2u} = \Gamma(T_y) \qquad (9.27)$$

et la bande est polarisée selon l'axe des y, qui est dans le plan de la molécule et perpendiculaire à l'axe passant par les deux atomes d'azote. La perdeutéropyrazine est un rotateur asymétrique aplati et comme l'axe des x est l'axe d'inertie c et que l'axe des y est l'axe d'inertie a, la bande 0_0^0 offre un contour rotationnel de type C et la bande $10a_1^0$ de type A, à cause de la règle de sélection rotationnelle correspondante (voir section 7.3.5).

Lorsque la raie laser est accordée sur la bande d'absorption 0_0^0, elle ne recouvre pas la totalité du contour rotationnel, mais seulement une partie. Il en résulte que seul un nombre limité de niveaux rotationnels de l'état électronique excité sont peuplés. Dans des conditions de basse pression dans l'échantillon, non seulement il n'y a pas de relaxation vibrationnelle (retour vers une distribution de population de Boltzmann), mais il n'y a pas non plus de relaxation rotationnelle. Ainsi on observe dans la figure 9.33, en ce qui concerne la structure rotationnelle des bandes, des fragments des contours rotationnels complets. Il est clair, en comparant par exemple les bandes $6a_1^0$ et $10a_1^0$ dans le spectre de la perdeutéropyrazine, que le contour fragmenté de type C est caractérisé par un pic fin unique, alors que le contour fragmenté de type A présente deux pics fins. On observe des contours fragmentés similaires dans le spectre de la pyrazine, dans la figure 9.33, malgré une légère complication due au fait que l'axe des y est l'axe d'inertie a dans l'état $\tilde{A}$ mais l'axe d'inertie b dans l'état $\tilde{X}$ à cause des géométries différentes dans les deux états. L'attribution de ces contours fragmentés caractéristiques est indiquée.

L'intensité de la bande $10a_1^0$, ainsi que de nombreuses bandes construites par-dessus, et également de la bande $10a_3^0$, proviennent du mécanisme de couplage de Herzberg-Teller discuté dans la section 7.3.4.2(b).

Nous avons vu à la section 6.1.3.2 que pour les molécules diatomiques les niveaux d'énergie vibrationnelle autres que ceux avec $v = 1$, dans l'état électronique fondamental, sont très souvent obtenus non pas par spectroscopie vibrationnelle, mais par spectroscopie d'émission électronique. Dans le processus d'émission, on se base sur le principe de Franck-Condon pour autoriser l'accès aux niveaux vibrationnels élevés de l'état électronique fondamental. A partir de ces niveaux, on peut construire la courbe d'énergie potentielle.

Si on a besoin d'informations similaires concernant la surface d'énergie potentielle de l'état fondamental dans une molécule polyatomique, le spectre d'émission électronique peut là aussi fournir des informations utiles et la spectroscopie SVLF constitue une technique particulièrement puissante pour les obtenir.

9.3.8 Spectroscopie de molécules dans des jets supersoniques

9.3.8.1 Propriétés d'un jet supersonique

Dans la section 2.3.4.1, nous avons vu qu'en pompant des atomes ou des molécules à travers une fente étroite, ou un petit trou, d'une largeur (ou d'un diamètre) de l'ordre de 20 μm, à une pression de quelques torr du côté à haute pression de l'ouverture, on produit un faisceau effusif. L'élimination de l'élargissement dû à la pression et la réduction considérable de l'élargissement Doppler des raies spectrales constituent des propriétés intéressantes de ce

1. La numérotation est basée sur la numérotation de Wilson pour les vibrations analogues du benzène.

type de faisceau. Cependant, comme la largeur de fente, ou le diamètre du trou, d, sont beaucoup plus petits que le libre parcours moyen λ_0 pour les collisions entre les atomes ou les molécules qui passent à travers, c'est-à-dire

$$d << \lambda_0 \tag{9.28}$$

il n'y a pas de collision à l'intérieur ou au-delà du trou. Il en résulte que la distribution maxwellienne des vitesses des particules reste identique à ce qu'elle était dans le réservoir de gaz formant le faisceau.

En 1951, Kantrowitz et Grey ont suggéré que si les conditions sont changées en

$$d >> \lambda_0 \tag{9.29}$$

où d peut typiquement être égal à 100 µm et la pression à plusieurs atmosphères, les nombreuses collisions qui se produisent dans et immédiatement au-delà du trou (ou de l'injecteur) vont alors convertir le mouvement désordonné des particules dans le gaz en un flux de masse dans la direction du faisceau résultant. Non seulement le flux est hautement directionnel, mais la gamme de vitesses est très fortement réduite. Une des conséquences est que la température translationnelle T_{tr} du faisceau produit peut être extrêmement faible, même inférieure à 1 K, car toute particule qui se déplaçe dans le faisceau a une vitesse très faible par rapport aux particules voisines et ne subit que peu de collisions. Ce type de refroidissement se poursuit dans la région au-delà de l'injecteur où se produisent encore des collisions. Dans cette région, le flux de gaz est de type hydrodynamique alors que plus loin, où ne se produisent plus de collisions, le flux est dit « moléculaire ». Dans la région de flux moléculaire, il n'y a pas de diminution ultérieure de T_{tr} et les élargissements de raies, dus à l'effet Doppler et à la pression, décroissent comme dans un faisceau effusif, dans lequel le flux est toujours moléculaire.

Pourquoi distingue-t-on ces faisceaux, ou jets, des faisceaux effusifs, en les décrivant comme des jets supersoniques ? Par certains côtés, cette description est un peu trompeuse, d'abord parce que les particules d'un faisceau effusif peuvent aussi se déplacer à des vitesses supersoniques, et ensuite parce que ce nom suppose que quelque chose de particulier se produit lorsque la vitesse de la particule devient supersonique, ce qui n'est pas le cas. Ce que « supersonique » est censé indiquer, c'est que les particules peuvent avoir des nombres de Mach *très* élevés (de l'ordre de 100). Le nombre de Mach M est défini par

$$M = \frac{u}{a} \tag{9.30}$$

où u est la vitesse du flux de masse, et a la vitesse locale du son, donnée par

$$a = \left(\frac{\gamma k T_{tr}}{m}\right)^{1/2} \tag{9.31}$$

où $\gamma = C_p / C_V = 5/3$ pour un gaz monoatomique, comme l'hélium ou l'argon, qui sont couramment utilisés dans les jets supersoniques, et où m est la masse des particules gazeuses. Des nombres de Mach très élevés n'apparaissent pas seulement parce que u est grand (bien qu'il soit égal à deux fois la vitesse du son dans l'air), mais surtout parce que a est très faible en raison de la faible valeur de T_{tr}.

Si l'on a besoin d'un faisceau particulièrement parallèle dans la chambre qu'il traverse, il peut être « écorcé » dans la région du flux hydrodynamique. Un écorceur est un collimateur spécialement construit pour éviter le retour des ondes de choc dans le gaz, ce qui conduirait à une augmentation de T_{tr}. Le gaz qui a été écorcé peut être pompé dans une chambre à vide séparée. Une collimation ultérieure peut être effectuée dans le domaine du flux moléculaire, et il en résulte ce qu'on nomme un *faisceau* supersonique. Si on n'utilise pas d'écorceur, on obtient un *jet* supersonique qui peut être collimaté ou non. Des jets non écorcés sont couramment employés pour des usages spectroscopiques. Sur la partie à haute pression de l'injecteur, des molécules peuvent être introduites dans le jet d'hélium ou d'argon, et sont également refroidies par les nombreuses collisions qui se produisent. Néanmoins, en ce qui concerne la température des molécules, il faut distinguer les températures translationnelles, rotationnelles et vibrationnelles. La température translationnelle est la même que celle du gaz porteur, hélium ou argon, et peut être inférieure à 1 K. La température rotationnelle est définie comme la température qui donne la distribution de population de Boltzmann des niveaux rotationnels. Par exemple pour une molécule diatomique, c'est la température intervenant dans l'équation (5.15). Comme les collisions ne sont pas aussi efficaces pour produire un refroidissement rotationnel qu'un refroidissement translationnel, les températures de rotation sont un peu plus élevées, et peuvent typiquement être de l'ordre de 10 K. La température vibrationnelle, définie pour un oscillateur harmonique diatomique par la température intervenant dans l'équation (5.22), est considérablement plus élevée, à cause de la faible efficacité du refroidissement vibrationnel. Une valeur typique de la température est de 100 K, bien que, dans une molécule polyatomique, cela dépende beaucoup de la nature de la vibration.

Ce refroidissement vibrationnel est suffisant pour stabiliser des complexes faiblement liés par des forces de van der Waals ou des liaisons hydrogène. Les spectres purement rotationnels et la structure d'espèces telles que

Ar···H–Cl,  et 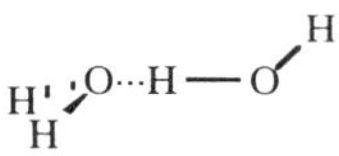,

produites dans des jets supersoniques, ont été étudiés par Klemperer et d'autres auteurs, qui furent les premiers à utiliser des jets supersoniques en spectroscopie. Ils ont observé des transitions entre des niveaux rotationnels moléculaires perturbés par un champ électrique (effet Stark).

9.3.8.2 Spectroscopie d'excitation de fluorescence

Les transitions électroniques dans des molécules dans des jets supersoniques peuvent être étudiées en croisant le jet avec un laser accordable à colorants dans la zone de flux moléculaire et en observant l'intensité totale de fluorescence. Comme le laser est accordé dans le système de bande d'absorption, il en résulte un spectre d'excitation de fluorescence qui ressemble fortement au spectre d'absorption. Le spectre peut être celui de molécules individuelles, de complexes de van der Waals, avec l'hélium ou l'argon comme gaz porteurs, de dimères liés par liaison hydrogène ou de van der Waals, ou de gros agrégats.

La figure 9.34 montre l'exemple d'un spectre d'excitation de fluorescence de dimères de *s*-tétrazine (1,2,4,5-tétrazabenzène), liés par liaison hydrogène. La pression de *s*-tétrazine, mélangée dans le gaz porteur hélium à 4 atm, est d'environ 0,001 atm. L'expansion a été effectuée à travers un injecteur de 100 µm de diamètre. Un laser à colorants à haute résolution (0,005 cm^{-1}) croise le jet supersonique à 5 mm en aval de l'injecteur.

Les trois bandes de la figure 9.34 montrent la structure rotationnelle résolue et une température rotationnelle de 1 K. Une simulation par ordinateur a montré que ce sont toutes des bandes 0_0^0 de dimères. Le spectre du bas est la bande 0_0^0 du dimère illustré, qui est plan avec deux liaisons hydrogène. Le moment de transition électronique est polarisé perpendiculairement au cycle dans la transition $\tilde{A}\,^1B_{3u} - \tilde{X}\,^1A_g$, de type π^*–n, du monomère et la structure rotationnelle du spectre du bas est cohérente seulement avec une polarisation perpendiculaire au plan moléculaire dans le dimère également, comme on pouvait le prévoir.

Les deux bandes du haut de la figure 9.34 montrent une structure rotationnelle cohérente avec le fait que ce sont des bandes 0_0^0 d'un dimère approximativement en forme de T, dans

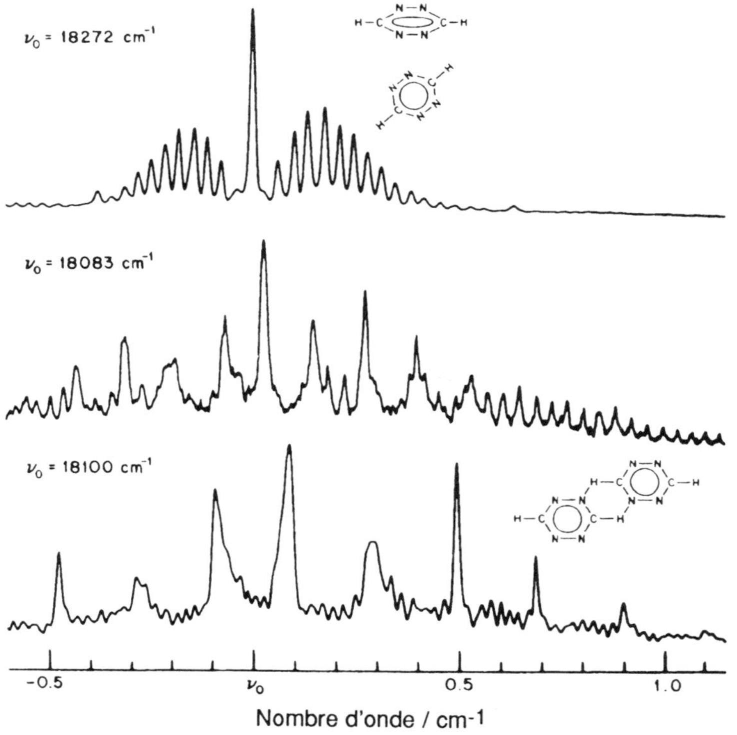

Fig. 9.34 — *Structure rotationnelle des bandes 0^0_0 dans les spectres d'excitation de fluorescence de dimères de s-tétrazine, à environ 522 nm. En bas : bande 0^0_0 du dimère plan. Au centre : bande 0^0_0 du dimère en forme de T avec la transition dans le monomère constituant le pied du T. En haut : bande 0^0_0 du dimère en forme de T avec la transition dans le monomère constituant le sommet du T. (Reproduit, avec autorisation, de Haynam C.A., Brumbaugh D.V, et Levy D.H., J. Chem. Phys.,* ***79****, 1 581, 1983).*

lequel un des atomes d'hydrogène de l'unité monomère du pied vertical du T est attirée vers la densité d'électrons π du cycle au sommet du T. Les plans des deux cycles sont perpendiculaires l'un à l'autre, mais le T n'est pas symétrique. Au lieu de 90°, les angles pied-sommet valent environ 50° et 130°. La transition électronique est localisée dans l'un des cycles. La bande 0^0_0 du haut de la figure 9.34 est le résultat de la transition dans le cycle du sommet du T, alors que la bande 0^0_0 du milieu vient de la transition dans le cycle formant le pied du T.

On pourrait croire que le faible nombre de molécules présentes dans un jet supersonique typique limite sérieusement la sensibilité de l'observation du spectre. Cependant, le refroidissement rotationnel sévère qui peut être effectué conduit à un effondrement de l'intensité globale de la bande, au profit de transitions rotationnelles beaucoup moins nombreuses. Le refroidissement vibrationnel, qui augmente fortement la population du niveau de point zéro, concentre l'intensité dans quelques transitions vibrationnelles, et ces deux effets ont tendance à compenser le petit nombre de molécules.

Les spectres de fluorescence de molécules relativement grosses dans un jet supersonique peuvent être simplifiés sur le plan vibrationnel, grâce au dépeuplement des niveaux vibrationnels de basse énergie de l'état électronique fondamental, révélant la structure vibrationnelle qui, dans le spectre correspondant en phase gazeuse, peut être noyée dans un spectre vibrationnel encombré. Cette structure vibrationnelle peut être extrêmement utile pour obtenir des informations sur la structure de la molécule dans l'état électronique fondamental ou excité.

La figure 9.35 montre une partie du spectre d'excitation de fluorescence $\tilde{A}\,^1B_{2u} - \tilde{X}\,^1A_g$ ($S_1 - S_0$) du 1,2,4,5-tétrafluorobenzène dans un jet supersonique. Ce spectre est dominé par une longue progression dans ν_{11}, qui est une vibration b_{3u} dans laquelle les atomes de fluor se déplacent tous au-dessus, ou tous au-dessous du plan du cycle benzénique dans un mouvement de type « papillon ». Les règles de sélection vibroniques restreignent les transitions à celles qui ont Δv_{11} pair. Des transitions sont observées jusqu'à $v'_{11} = 10$, avec une intensité maximale pour $v'_{11} = 2$. Le principe de Franck-Condon indique qu'il y a un changement de géométrie entre l'état fondamental et l'état excité. L'état fondamental est plan et la structure à l'équilibre dans l'état excité est non plane, en forme de papillon. Les liaisons C–F sont hors du plan d'environ 11°.

Puisque, dans l'état excité, les atomes de fluor peuvent être au-dessus ou au-dessous du plan du cycle benzénique, le potentiel pour ν_{11} a une forme en W, comme celui de la figure 6.38. En ajustant les niveaux d'énergie vibrationnelle observés au potentiel de l'équation (6.93), on obtient la hauteur de la barrière à la planéité, égale à 78 cm^{-1}.

9.3.8.3 Spectroscopie de fluorescence de niveau vibronique unique

En fixant la longueur d'onde du laser de sorte qu'elle corresponde à celle d'une transition vibronique particulière, on peut peupler un seul niveau vibronique. A cause de l'absence de collision dans la région du jet où se produit le flux moléculaire, la fluorescence des molécules dans cette zone viendra du niveau vibronique unique qui a été peuplé par absorption de la radiation laser. Les spectres de fluorescence de niveau vibronique unique (SVLF) ou de fluorescence dispersée (DF) qui en résultent à faibles températures rotationnelle et vibrationnelle sont analogues aux spectres en phase gazeuse et à température ordinaire décrits dans la section 9.3.7, mais sans être accompagnés de l'encombrement qui peut induire un recouvrement de la bande dans laquelle se produit l'absorption avec des bandes voisines.

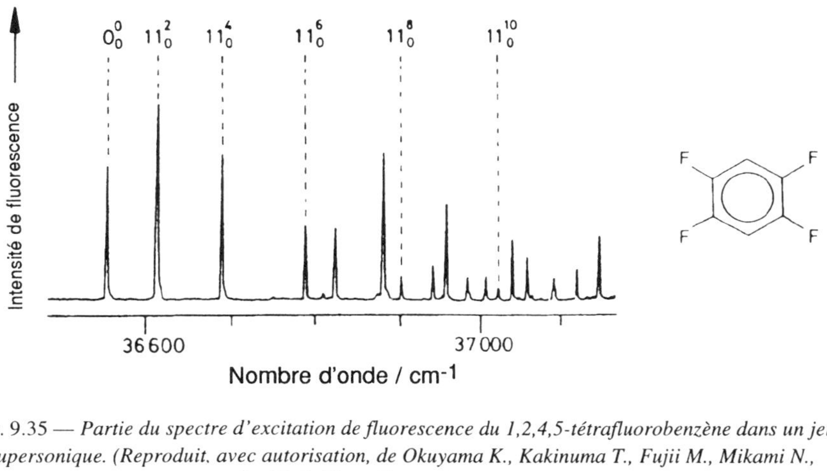

Fig. 9.35 — *Partie du spectre d'excitation de fluorescence du 1,2,4,5-tétrafluorobenzène dans un jet supersonique. (Reproduit, avec autorisation, de Okuyama K., Kakinuma T., Fujii M., Mikami N., et Ito M.,* J. Phys. Chem., ***90**, 3 948, 1986).*

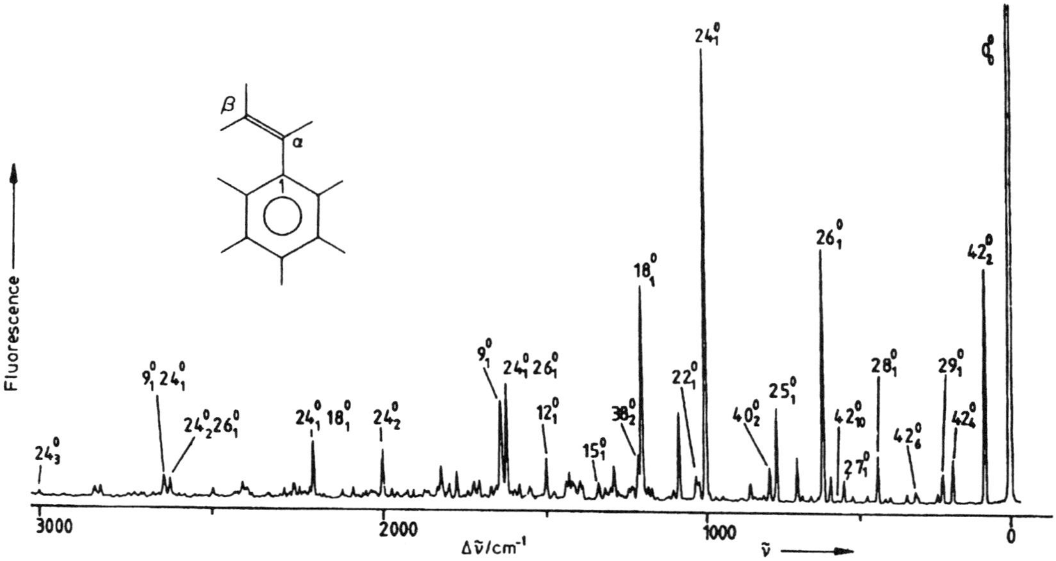

Fig. 9.36 — *Spectre de fluorescence de niveau vibronique unique du styrène, dans un jet supersonique, avec excitation dans la bande 0_0^0.*

La figure 9.36 montre le spectre SVLF du styrène ($C_6H_5CH{=}CH_2$) avec excitation dans la bande 0_0^0 du système de bandes $\tilde{A}\,^1A' - \tilde{X}\,^1A'$ ($S_1 - S_0$). Il y a une progression prédominante dans la vibration ν_{42}, qui est un mouvement de torsion du groupe vinyle autour de la liaison C(1)–C(α). Les règles de sélection vibroniques n'autorisent que les transitions avec Δv_{42} pair. Celles avec $v''_{42} = 0$, 2, 4, 6 et 10 sont observées. Un plus grand nombre de niveaux vibrationnels, avec v''_{42} pairs et impairs, ont été identifiés et ajustés à un potentiel de torsion du type de celui de l'équation (6.96), pour donner

$$V(\phi)\ /\ \text{cm}^{-1} = [1\,070(1 - \cos 2\phi) - 275(1 - \cos 4\phi) + 7(1 - \cos 6\phi)] \qquad (9.32)$$

où $V_2 = 1\,070$ cm^{-1}, $V_4 = -275$ cm^{-1} et $V_6 = 7$ cm^{-1} ; $\phi = 0°$ correspond à la configuration plane.

Dans le styrène, il y a deux effets compétitifs en ce qui concerne la planéité de la molécule. La conjugaison entre la double liaison du groupe vinyle et le cycle benzénique est favorisée par la planéité, mais les interactions à travers l'espace entre la double liaison du groupe vinyle et la liaison C–C la plus proche du cycle benzénique, ainsi que, peut-être, une gêne stérique entre les atomes d'hydrogène du groupe vinyle et du cycle benzénique, sont réduites en tordant le groupe vinyle hors du plan. La conjugaison s'avère être l'effet dominant et la molécule est plane dans l'état électronique fondamental.

Le potentiel dans l'équation (9.32) se répète tous les π radians et $V_2 = 1\,070$ cm^{-1} est la hauteur de la barrière correspondant à l'énergie requise pour tordre le groupe vinyle de sorte qu'il soit perpendiculaire au cycle benzénique. Cependant, le terme V_4, grand et négatif, donne au potentiel un fond très plat. Les niveaux d'énergie vibrationnelle sont très rapprochés : par exemple, l'intervalle $v''_{42} = 1$–0 est de 28 cm^{-1} seulement, et il faut très peu d'énergie pour tordre le groupe vinyle de façon appréciable hors du plan. La molécule est plane, mais seulement en première approximation.

9.3.8.4 Spectroscopie de photoélectrons d'énergie cinétique nulle

La spectroscopie de photoélectrons dans l'ultraviolet (UPS) a été discutée dans la section 8.1. Les résultats les plus importants que l'on peut tirer de cette technique sont les énergies d'ionisation des atomes et des molécules, correspondant à l'éjection d'un électron. Dans le cas des molécules, une information supplémentaire résulte de l'observation de progressions vibrationnelles accompagnant l'ionisation. La figure 8.9, par exemple, montre le spectre UPS de N_2 et la longueur des progressions est une indication du caractère liant de l'orbitale moléculaire d'où l'électron a été arraché. Cependant, la discussion de la section 8.1.1.4 a montré que la résolution de la technique est très faible par rapport à la plupart des autres spectroscopies : elle est d'environ 32 cm^{-1} au mieux. Ceci signifie qu'on ne peut pas résoudre la structure fine rotationnelle, sauf pour une molécule extrêmement légère comme H_2, et même la structure vibrationnelle n'est pas suffisamment résolue pour de nombreuses utilisations.

Le facteur limitant la résolution dans les spectres UPS est l'impossibilité de mesurer l'énergie cinétique des photoélectrons avec une précision suffisante. La source du problème oriente vers une solution possible. Si les photoélectrons peuvent être produits avec une énergie cinétique nulle, cette cause de perte de résolution serait en grande partie éliminée. Ceci est la base de la spectroscopie de photoélectron d'énergie cinétique nulle (ZEKE-PE, *Zero Kinetic Energy PhotoElectron*).

La figure 9.37(a) illustre le processus d'ionisation dans une expérience d'UPS. Dans ce type d'expérience, la radiation incidente possède toujours plus d'énergie qu'il n'en faut pour ioniser la molécule M en M^+, soit dans le niveau vibrationnel de point zéro, soit dans un niveau vibrationnel excité. L'excès d'énergie est alors emporté sous forme d'énergie cinétique du photoélectron.

La figure 9.37(b) montre un processus dans lequel une source monochromatique de rayonnement de haute énergie (ultraviolet lointain) est accordée dans le système de bandes de M à M^+, durant la détection des photoélectrons d'énergie cinétique nulle. Le spectre ZEKE-PE qui en résulte présente des progressions mettant en jeu les niveaux vibrationnels de l'ion de la même façon qu'un spectre UPS. Les principales différences par rapport à une expérience

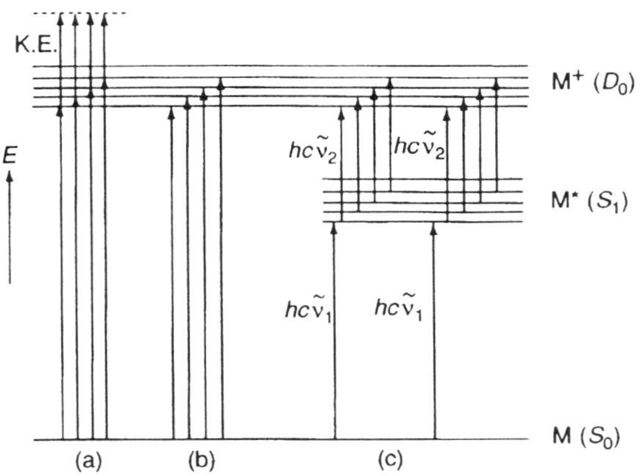

Fig. 9.37 — *Transitions mises en jeu dans l'obtention (a) d'un spectre UPS, (b) d'un spectre ZEKE-PE par un processus à un photon, et (c) d'un spectre ZEKE-PE par un processus à deux photons, dans lequel le premier photon est résonnant avec un état électronique excité de la molécule.*

UPS sont que les électrons ont une énergie cinétique nulle et que la radiation ionisante est normalement un laser donnant une résolution bien meilleure, typiquement de 1 cm^{-1} ou moins. En outre, un spectre ZEKE-PE est habituellement obtenu avec des molécules M dans un jet supersonique, ce qui réduit considérablement les états initiaux peuplés dans M, simplifiant ainsi le spectre.

Au lieu d'utiliser un laser fonctionnant dans le domaine de l'ultraviolet lointain, on peut utiliser un laser fonctionnant à la moitié de l'énergie. Le processus d'ionisation de la figure 9.37(b) nécessite alors deux photons pour passer de M à M^+, ce qui est similaire au processus présenté dans la figure 9.27(b).

De façon plus courante, on utilise le processus résonnant à deux photons de la figure 9.37(c). Celui-ci nécessite l'utilisation de deux lasers, un à nombre d'onde fixe $\tilde{\nu}_1$ et l'autre à un nombre d'onde $\tilde{\nu}_2$ accordable. Le premier photon fait passer la molécule qui, là encore, est dans un jet supersonique, vers le niveau vibrationnel de point zéro d'un état électronique excité M*. Le nombre d'onde du deuxième photon est accordé dans le système de bandes de M* à M^+, alors que, en principe, des photoélectrons d'énergie cinétique nulle sont détectés. En pratique, cependant, cette technique ne peut facilement distinguer les électrons qui ont une énergie cinétique nulle (vitesse nulle) de ceux qui ont une énergie cinétique presque nulle, par exemple d'environ 0,1 meV.

La technique a été modifiée avec succès en utilisant une extraction retardée à champ pulsé, ce qui permet la discrimination entre les électrons d'énergie cinétique nulle et quasi nulle. Environ 1 µs après que l'impulsion laser a produit des photoélectrons, une petite impulsion de tension est appliquée. Celle-ci produit une amplification de la différence de vitesses des photoélectrons et permet de les discriminer facilement, grâce à leur arrivée au détecteur à différents instants. De cette façon, il suffit de compter les électrons qui avaient à l'origine une énergie cinétique nulle après l'ionisation, pour obtenir le spectre ZEKE-PE.

La figure 9.38 montre un spectre ZEKE-PE du 1,4-difluorobenzène dans lequel le premier laser, d'énergie $hc\tilde{\nu}_1$, a été accordé sur la bande 0_0^0 du système S_1–S_0. Le deuxième laser, d'énergie $hc\,\tilde{\nu}_2$, a été accordé sur le système de bande d'ionisation de M* à M^+.

Ce spectre est dominé par les fondamentales, les combinaisons et les harmoniques des

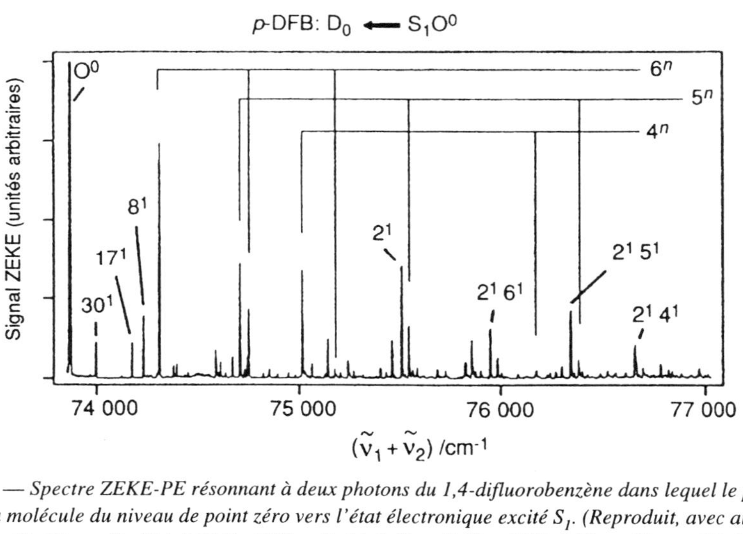

Fig. 9.38 — *Spectre ZEKE-PE résonnant à deux photons du 1,4-difluorobenzène dans lequel le premier photon excite la molécule du niveau de point zéro vers l'état électronique excité S_1. (Reproduit, avec autorisation, de Reiser G., Rieger D., Wright T.G., Müller-Dethlefs K., et Schlag E.W.,* J. Phys. Chem., ***97****, 4 335, 1993).*

vibrations totalement symétriques. Les distributions d'intensité parmi ces bandes sont déterminées par les facteurs de Franck-Condon (intégrales de recouvrement vibrationnel) entre l'état S_1 de la molécule et l'état fondamental D_0 de l'ion. (L'état fondamental de l'ion a le spin d'un électron non apparié et est donc un état doublet, D, le doublet le plus bas étant noté D_0). Le fait que l'intensité de la bande 0_0^0 soit très dominante indique qu'il n'y a pas de changement substantiel de géométrie en passant de l'état S_1 de la molécule à l'état D_0 du cation.

La résolution du spectre ZEKE-PE du 1,4-difluorobenzène peut être comparée, par exemple, à celle du spectre UPS du benzène dans la figure 8.12. La résolution beaucoup plus forte dans le spectre ZEKE-PE est principalement due au fait que seuls les photoélectrons d'énergie cinétique nulle sont détectés. Elle est aussi due en partie au fait que les molécules sont dans un jet supersonique ; celui-ci a pour effet d'affiner les bandes grâce aux populations rotationnelles restreintes, dans l'état fondamental de la molécule.

Le processus ZEKE-PE montré dans la figure 9.37(c) peut être modifié en changeant le nombre d'onde $\tilde{\nu}_1$ du premier laser afin de faire passer la molécule dans un état vibrationnel excité de M*. Les facteurs de Franck-Condon du système de bandes D_0–S_1 sont alors modifiés. Ceci peut permettre l'accès à un plus grand nombre de niveaux vibrationnels du cation qu'avec une excitation initiale dans la bande 0_0^0 du système S_1–S_0.

EXERCICES

1. Montrer que les radiations à 10,6 et 9,6 μm d'un laser à CO_2 sont dues à des transitions autorisées par les règles de sélection dipolaires électriques.
2. Dessiner un diagramme similaire à celui de la figure 9.21, pour illustrer l'effet Raman stimulé dans H_2. H_2 à haute pression est utilisé pour le décalage Raman d'une radiation d'un laser à KrF. Calculer les deux longueurs d'onde des radiations décalées proches de celle du laser à KrF.
3. Écrire les symétries des vibrations qui sont autorisées dans le spectre CARS de CH_4.
4. Dans le spectre à deux photons de la figure 9.29, les vibrations ν_{18a}, ν_{17b}, ν_{16a} et ν_{15} ont des symétries respectives de type b_{1u}, b_{3u}, a_u et b_{2u}. Montrer que les transitions $18a_0^1$, $17b_0^1$, $16a_0^1$ et 15_0^1 sont autorisées par symétrie.

BIBLIOGRAPHIE

ANDREWS D.L. — *Lasers in Chemistry*. Springer-Verlag, Berlin, 1985.

BEESLEY M.J. — *Lasers and their Applications*. Taylor et Francis, Londres, 1976.

DEMTRÖDER W. — *Laser Spectroscopy*. Springer-Verlag, Berlin, 1981.

LENGYEL B.A. — *Lasers*. Wiley-Interscience, New York, 1971.

SIEGMAN A.E. — *An Introduction to Lasers and Masers*. McGraw-Hill, New York, 1971.

SVELTO O. — *Principles of Lasers* (traduction Hanna D.C.). Heyden, Londres, 1976

Annexe A

Tables de caractères

Index des tables

TABLE A.1

C_s	I	σ		
A'	1	1	T_x, T_y, R_z	$\alpha_{xx}, \alpha_{yy}, \alpha_{zz}, \alpha_{xy}$
A''	1	−1	T_z, R_x, R_y	α_{yz}, α_{xz}

TABLE A.2

C_i	I	i		
A_g	1	1	R_x, R_y, R_z	$\alpha_{xx}, \alpha_{yy}, \alpha_{zz}, \alpha_{xy}, \alpha_{yz}, \alpha_{xz}$
A_u	1	–1	T_x, T_y, T_z	

TABLE A.3

C_1	I	
A	1	Tous les T, R et α

TABLE A.4

C_2	I	C_2		
A	1	1	T_z, R_z	$\alpha_{xx}, \alpha_{yy}, \alpha_{zz}, \alpha_{xy}$
B	1	–1	T_x, T_y, R_x, R_y	α_{yz}, α_{xz}

TABLE A.5

C_3	I	C_3	C_3^2		
A	1	1	1	T_z, R_z	$\alpha_{xx} + \alpha_{yy}, \alpha_{zz}$
E	$\begin{cases} 1 \\ 1 \end{cases}$	ε ε^*	ε^* ε	$(T_x, T_y), (R_x, R_y)$	$(\alpha_{xx} - \alpha_{yy}, \alpha_{xy}), (\alpha_{yz}, \alpha_{xz})$

$\varepsilon = \exp(2\pi i/3)$, $\varepsilon^* = \exp(-2\pi i/3)$

TABLE A.6

C_4	I	C_4	C_2	C_4^3		
A	1	1	1	1	T_z, R_z	$\alpha_{xx} + \alpha_{yy}, \alpha_{zz}$
B	1	–1	1	–1		$\alpha_{xx} - \alpha_{yy}, \alpha_{xy}$
E	$\begin{cases} 1 \\ 1 \end{cases}$	i –i	–1 –1	–i i	$(T_x, T_y), (R_x, R_y)$	$(\alpha_{yz}, \alpha_{xz})$

TABLE A.7

C_5	I	C_5	C_5^2	C_5^3	C_5^4		
A	1	1	1	1	1	T_z, R_z	$\alpha_{xx}+\alpha_{yy}, \alpha_{zz}$
E_1	1	ε	ε^2	ε^{2*}	ε^*	$(T_x, T_y), (R_x, R_y)$	$(\alpha_{yz}, \alpha_{xz})$
	1	ε^*	ε^{2*}	ε^2	ε		
E_2	1	ε^2	ε^*	ε	ε^{2*}		$(\alpha_{xx}-\alpha_{yy}, \alpha_{xy})$
	1	ε^{2*}	ε	ε^*	ε^2		

$\varepsilon = \exp(2\pi i/5)$, $\varepsilon^* = \exp(-2\pi i/5)$

TABLE A.8

C_6	I	C_6	C_3	C_2	C_3^2	C_6^5		
A	1	1	1	1	1	1	T_z, R_z	$\alpha_{xx}+\alpha_{yy}, \alpha_{zz}$
B	1	–1	1	–1	1	–1		
E_1	1	ε	$-\varepsilon^*$	–1	$-\varepsilon$	ε^*	$(T_x, T_y), (R_x, R_y)$	$(\alpha_{xz}, \alpha_{yz})$
	1	ε^*	$-\varepsilon$	–1	$-\varepsilon^*$	ε		
E_2	1	$-\varepsilon^*$	$-\varepsilon$	1	$-\varepsilon^*$	$-\varepsilon$		$(\alpha_{xx}-\alpha_{yy}, \alpha_{xy})$
	1	$-\varepsilon$	$-\varepsilon^*$	1	$-\varepsilon$	$-\varepsilon^*$		

$\varepsilon = \exp(2\pi i/6)$, $\varepsilon^* = \exp(-2\pi i/6)$

TABLE A.9

C_7	I	C_7	C_7^2	C_7^3	C_7^4	C_7^5	C_7^6		
A	1	1	1	1	1	1	1	T_z, R_z	$\alpha_{xx}+\alpha_{yy}, \alpha_{zz}$
E_1	1	ε	ε^2	ε^3	ε^{3*}	ε^{2*}	ε^*	$(T_x, T_y), (R_x, R_y)$	$(\alpha_{xz}, \alpha_{yz})$
	1	ε^*	ε^{2*}	ε^{3*}	ε^3	ε^2	ε		
E_2	1	ε^2	ε^{3*}	ε^*	ε	ε^3	ε^{2*}		$(\alpha_{xx}-\alpha_{yy}, \alpha_{xy})$
	1	ε^{2*}	ε^3	ε	ε^*	ε^{3*}	ε^2		
E_3	1	ε^3	ε^*	ε^2	ε^{2*}	ε	ε^{3*}		
	1	ε^{3*}	ε	ε^{2*}	ε^2	ε^*	ε^3		

$\varepsilon = \exp(2\pi i/7)$, $\varepsilon^* = \exp(-2\pi i/7)$

TABLE A.10

C_8	I	C_8	C_4	C_8^3	C_2	C_8^5	C_4^3	C_8^7		
A	1	1	1	1	1	1	1	1	T_z, R_z	$\alpha_{xx}+\alpha_{yy}, \alpha_{zz}$
B	1	–1	1	–1	1	–1	1	–1		
E_1	1	ε	i	$-\varepsilon^*$	–1	$-\varepsilon$	–i	ε^*	$(T_x, T_y), (R_x, R_y)$	$(\alpha_{xz}, \alpha_{yz})$
	1	ε^*	–i	$-\varepsilon$	–1	$-\varepsilon^*$	i	ε		
E_2	1	i	–1	–i	1	i	–1	–i		$(\alpha_{xx}-\alpha_{yy}, \alpha_{xy})$
	1	–i	–1	i	1	–i	–1	i		
E_3	1	$-\varepsilon^*$	–i	ε	–1	ε^*	i	$-\varepsilon$		
	1	$-\varepsilon$	i	ε^*	–1	ε	–i	$-\varepsilon^*$		

$\varepsilon = \exp(2\pi i/8)$, $\varepsilon^* = \exp(-2\pi i/8)$

TABLE A.11

C_{2v}	I	C_2	$\sigma_v(xz)$	$\sigma_v'(yz)$		
A_1	1	1	1	1	T_z	$\alpha_{xx}, \alpha_{yy}, \alpha_{zz}$
A_2	1	1	–1	–1	R_z	α_{xy}
B_1	1	–1	1	–1	T_x, R_y	α_{xz}
B_2	1	–1	–1	1	T_y, R_x	α_{yz}

TABLE A.12

C_{3v}	I	$2C_3$	$3\sigma_v$		
A_1	1	1	1	T_z	$\alpha_{xx}+\alpha_{yy}, \alpha_{zz}$
A_2	1	1	–1	R_z	
E	2	–1	0	$(T_x, T_y), (R_x, R_y)$	$(\alpha_{xx}-\alpha_{yy}, \alpha_{xy}), (\alpha_{xz}, \alpha_{yz})$

TABLE A.13

C_{4v}	I	$2C_4$	C_2	$2\sigma_v$	$2\sigma_d$		
A_1	1	1	1	1	1	T_z	$\alpha_{xx}+\alpha_{yy}, \alpha_{zz}$
A_2	1	1	1	–1	–1	R_z	
B_1	1	–1	1	1	–1		$\alpha_{xx}-\alpha_{yy}$
B_2	1	–1	1	–1	1		α_{xy}
E	2	0	–2	0	0	$(T_x, T_y), (R_x, R_y)$	$(\alpha_{xz}, \alpha_{yz})$

TABLE A.14

C_{5v}	I	$2C_5$	$2C_5^2$	$5\sigma_v$		
A_1	1	1	1	1	T_z	$\alpha_{xx}+\alpha_{yy}, \alpha_{zz}$
A_2	1	1	1	−1	R_z	
E_1	2	2 cos72°	2 cos144°	0	$(T_x, T_y), (R_x, R_y)$	$(\alpha_{xz}, \alpha_{yz})$
E_2	2	2 cos144°	2 cos72°	0		$(\alpha_{xx}-\alpha_{yy}, \alpha_{xy})$

TABLE A.15

C_{6v}	I	$2C_6$	$2C_3$	C_2	$3\sigma_v$	$3\sigma_d$		
A_1	1	1	1	1	1	1	T_z	$\alpha_{xx}+\alpha_{yy}, \alpha_{zz}$
A_2	1	1	1	1	−1	−1	R_z	
B_1	1	−1	1	−1	1	−1		
B_2	1	−1	1	−1	−1	1		
E_1	2	1	−1	−2	0	0	$(T_x, T_y), (R_x, R_y)$	$(\alpha_{xz}, \alpha_{yz})$
E_2	2	−1	−1	2	0	0		$(\alpha_{xx}-\alpha_{yy}, \alpha_{xy})$

TABLE A.16

$C_{\infty v}$	I	$2C_\infty^\phi$	…	$\infty\sigma_v$		
$A_1 \equiv \Sigma^+$	1	1	…	1	T_z	$\alpha_{xx}+\alpha_{yy}, \alpha_{zz}$
$A_2 \equiv \Sigma^-$	1	1	…	−1	R_z	
$E_1 \equiv \Pi$	2	$2\cos\phi$	…	0	$(T_x, T_y), (R_x, R_y)$	$(\alpha_{xz}\alpha_{yz})$
$E_2 \equiv \Delta$	2	$2\cos 2\phi$	…	0		$(\alpha_{xx}-\alpha_{yy}, \alpha_{xy})$
$E_3 \equiv \Phi$	2	$2\cos 3\phi$	…	0		
⋮	⋮	⋮	…	⋮		

TABLE A.17

D_2	I	$C_2(z)$	$C_2(y)$	$C_2(x)$		
A	1	1	1	1		$\alpha_{xx}, \alpha_{yy}, \alpha_{zz}$
B_1	1	1	−1	−1	T_z, R_z	α_{xy}
B_2	1	−1	1	−1	T_y, R_y	α_{xz}
B_3	1	−1	−1	1	T_x, R_x	α_{yz}

TABLE A.18

D_3	I	$2C_3$	$3C_2$		
A_1	1	1	1		$\alpha_{xx} + \alpha_{yy}, \alpha_{zz}$
A_2	1	1	–1	T_z, R_z	
E	2	–1	0	$(T_x, T_y), (R_x, R_y)$	$(\alpha_{xx} - \alpha_{yy}, \alpha_{xy}), (\alpha_{xz}, \alpha_{yz})$

TABLE A.19

D_4	I	$2C_3$	$C_2 (= C_4^2)$	$2C_2'$	$2C_2''$		
A_1	1	1	1	1	1		$\alpha_{xx} + \alpha_{yy}, \alpha_{zz}$
A_2	1	1	1	–1	–1	T_z, R_z	
B_1	1	–1	1	1	–1		$\alpha_{xx} - \alpha_{yy}$
B_2	1	–1	1	–1	1		α_{xy}
E	2	0	–2	0	0	$(T_x, T_y), (R_x, R_y)$	$(\alpha_{xz}, \alpha_{yz})$

TABLE A.20

D_5	I	$2C_5$	$2\,C_5^2$	$5\,C_2$		
A_1	1	1	1	1		$\alpha_{xx} + \alpha_{yy}, \alpha_{zz}$
A_2	1	1	1	–1	T_z, R_z	
E_1	2	2 cos72°	2 cos144°	0	$(T_x, T_y), (R_x, R_y)$	$(\alpha_{xz}\alpha_{yz})$
E_2	2	2 cos144°	2 cos72°	0		$(\alpha_{xx} - \alpha_{yy}, \alpha_{xy})$

TABLE A.21

D_6	I	$2C_6$	$2C_3$	C_2	$3C_2'$	$3C_2''$		
A_1	1	1	1	1	1	1		$\alpha_{xx}+\alpha_{yy}, \alpha_{zz}$
A_2	1	1	1	1	−1	−1	T_z, R_z	
B_1	1	−1	1	−1	1	−1		
B_2	1	−1	1	−1	−1	1		
E_1	2	1	−1	−2	0	0	$(T_x, T_y), (R_x, R_y)$	$(\alpha_{xz}, \alpha_{yz})$
E_2	2	−1	−1	2	0	0		$(\alpha_{xx}-\alpha_{yy}, \alpha_{xy})$

TABLE A.22

C_{2h}	I	C_2	i	σ_h		
A_g	1	1	1	1	R_z	$\alpha_{xx}, \alpha_{yy}, \alpha_{zz}, \alpha_{xy}$
B_g	1	−1	1	−1	R_x, R_y	α_{xz}, α_{yz}
A_u	1	1	−1	−1	T_z	
B_u	1	−1	−1	1	T_x, T_y	

TABLE A.23

C_{3h}	I	C_3	C_3^2	σ_h	S_3	S_3^5		
A'	1	1	1	1	1	1	R_z	$\alpha_{xx}+\alpha_{yy}, \alpha_{zz}$
A''	1	1	1	−1	−1	−1	T_z	
E'	$\begin{cases}1\\1\end{cases}$	$\begin{matrix}\varepsilon\\\varepsilon^*\end{matrix}$	$\begin{matrix}\varepsilon^*\\\varepsilon\end{matrix}$	$\begin{matrix}1\\-1\end{matrix}$	$\begin{matrix}\varepsilon\\\varepsilon^*\end{matrix}$	$\left.\begin{matrix}\varepsilon^*\\\varepsilon\end{matrix}\right\}$	(T_x, T_y)	$(\alpha_{xx}-\alpha_{yy}, \alpha_{xy})$
E''	$\begin{cases}1\\1\end{cases}$	$\begin{matrix}\varepsilon\\\varepsilon^*\end{matrix}$	$\begin{matrix}\varepsilon^*\\\varepsilon\end{matrix}$	$\begin{matrix}-1\\-1\end{matrix}$	$\begin{matrix}-\varepsilon\\-\varepsilon^*\end{matrix}$	$\left.\begin{matrix}-\varepsilon^*\\-\varepsilon\end{matrix}\right\}$	(R_x, R_y)	$(\alpha_{xz}, \alpha_{yz})$

$\varepsilon = \exp(2\pi i/3)$, $\varepsilon^* = \exp(-2\pi i/3)$

TABLE A.24

C_{4h}	I	C_4	C_2	C_4^3	ι	S_4^3	σ_h	S_4		
A_g	1	1	1	1	1	1	1	1	R_z	$\alpha_{xx}+\alpha_{yy}, \alpha_{zz}$
B_g	1	−1	1	−1	1	−1	1	−1		$\alpha_{xx}-\alpha_{yy}, \alpha_{xy}$
E_g	1	i	−1	−i	1	i	−1	−i	(R_x, R_y)	$(\alpha_{xz}, \alpha_{yz})$
	1	−i	−1	i	1	−i	−1	i		
A_u	1	1	1	1	−1	−1	−1	−1	T_z	
B_u	1	−1	1	−1	−1	1	−1	1		
E_u	1	i	−1	−i	−1	−i	1	i	(T_x, T_y)	
	1	−i	−1	i	−1	i	1	−i		

TABLE A.25

C_{5h}	I	C_5	C_5^2	C_5^3	C_5^4	σ_h	S_5	S_5^7	S_5^3	S_5^9		
A'	1	1	1	1	1	1	1	1	1	1	R_z	$\alpha_{xx}+\alpha_{yy}, \alpha_{zz}$
E_1'	1	ε	ε^2	ε^{2*}	ε^*	1	ε	ε^2	ε^{2*}	ε^*	(T_x, T_y)	
	1	ε^*	ε^{2*}	ε^2	ε	1	ε^*	ε^{2*}	ε^2	ε		
E_2'	1	ε^2	ε^*	ε	ε^{2*}	1	ε^2	ε^*	ε	ε^{2*}		$(\alpha_{xx}-\alpha_{yy}, \alpha_{xy})$
	1	ε^{2*}	ε	ε^*	ε^2	1	ε^{2*}	ε	ε^*	ε^2		
A''	1	1	1	1	1	−1	−1	−1	−1	−1	T_z	
E_1''	1	ε	ε^2	ε^{2*}	ε^*	−1	$-\varepsilon$	$-\varepsilon^2$	$-\varepsilon^{2*}$	$-\varepsilon^*$	(R_x, R_y)	$(\alpha_{xz}, \alpha_{yz})$
	1	ε^*	ε^{2*}	ε^2	ε	−1	$-\varepsilon^*$	$-\varepsilon^{2*}$	$-\varepsilon^2$	$-\varepsilon$		
E_2''	1	ε^2	ε^*	ε	ε^{2*}	−1	$-\varepsilon^2$	$-\varepsilon^*$	$-\varepsilon$	$-\varepsilon^{2*}$		
	1	ε^{2*}	ε	ε^*	ε^2	−1	$-\varepsilon^{2*}$	$-\varepsilon$	$-\varepsilon^*$	$-\varepsilon^2$		

$\varepsilon = \exp(2\pi i/5)$, $\varepsilon^* = \exp(-2\pi i/5)$

TABLE A.26

C_{6h}	I	C_6	C_3	C_2	C_3^2	C_6^5	i	S_3^5	S_6^5	σ_h	S_6	S_3		
A_g	1	1	1	1	1	1	1	1	1	1	1	1	R_z	$\alpha_{xx}+\alpha_{yy}, \alpha_{zz}$
B_g	1	−1	1	−1	1	−1	1	−1	1	−1	1	−1		
E_{1g}	1	ε	$-\varepsilon^*$	−1	$-\varepsilon$	ε^*	1	ε	$-\varepsilon^*$	−1	$-\varepsilon$	ε^*	(R_x, R_y)	$(\alpha_{xz}, \alpha_{yz})$
	1	ε^*	$-\varepsilon$	−1	$-\varepsilon^*$	ε	1	ε^*	$-\varepsilon$	−1	$-\varepsilon^*$	ε		
E_{2g}	1	$-\varepsilon^*$	$-\varepsilon$	1	$-\varepsilon^*$	$-\varepsilon$	1	$-\varepsilon^*$	$-\varepsilon$	1	$-\varepsilon^*$	$-\varepsilon$		$(\alpha_{xx}-\alpha_{yy}, \alpha_{xy})$
	1	$-\varepsilon$	$-\varepsilon^*$	1	$-\varepsilon$	$-\varepsilon^*$	1	$-\varepsilon$	$-\varepsilon^*$	1	$-\varepsilon$	$-\varepsilon^*$		
A_u	1	1	1	1	1	1	−1	−1	−1	−1	−1	−1	T_z	
B_u	1	−1	1	−1	1	−1	−1	1	−1	1	−1	1		
E_{1u}	1	ε	$-\varepsilon^*$	−1	$-\varepsilon$	ε^*	−1	$-\varepsilon$	ε^*	1	ε	$-\varepsilon^*$	(T_x, T_y)	
	1	ε^*	$-\varepsilon$	−1	$-\varepsilon^*$	ε	−1	$-\varepsilon^*$	ε	1	ε^*	$-\varepsilon$		
E_{2u}	1	$-\varepsilon^*$	$-\varepsilon$	1	$-\varepsilon^*$	$-\varepsilon$	−1	ε^*	ε	−1	ε^*	ε		
	1	$-\varepsilon$	$-\varepsilon^*$	1	$-\varepsilon$	$-\varepsilon^*$	−1	ε	ε^*	−1	ε	ε^*		

$\varepsilon = \exp(2\pi i/6)$, $\varepsilon^* = \exp(-2\pi i/6)$

TABLE A.27

D_{2d}	I	$2S_4$	C_2	$2C_2'$	$2\sigma_d$		
A_1	1	1	1	1	1		$\alpha_{xx}+\alpha_{yy}, \alpha_{zz}$
A_2	1	1	1	−1	−1	R_z	
B_1	1	−1	1	1	−1		$\alpha_{xx}-\alpha_{yy}$
B_2	1	−1	1	−1	1	T_z	α_{xy}
E	2	0	−2	0	0	$(T_x, T_y), (R_x, R_y)$	$(\alpha_{xz}, \alpha_{yz})$

TABLE A.28

D_{3d}	I	$2C_3$	$3C_2$	i	$2S_6$	$3\sigma_d$		
A_{1g}	1	1	1	1	1	1		$\alpha_{xx}+\alpha_{yy}, \alpha_{zz}$
A_{2g}	1	1	−1	1	1	−1	R_z	
E_g	2	−1	0	2	−1	0	(R_x, R_y)	$(\alpha_{xx}-\alpha_{yy}, \alpha_{xy}), (\alpha_{xz}\alpha_{yz})$
A_{1u}	1	1	1	−1	−1	−1		
A_{2u}	1	1	−1	−1	−1	1	T_z	
E_u	2	−1	0	−2	1	0	(T_x, T_y)	

TABLE A.29

D_{4d}	I	$2S_8$	$2C_4$	$2S_8^3$	C_2	$4C_2'$	$4\sigma_d$		
A_1	1	1	1	1	1	1	1		$\alpha_{xx}+\alpha_{yy}, \alpha_{zz}$
A_2	1	1	1	1	1	−1	−1	R_z	
B_1	1	−1	1	−1	1	1	−1		
B_2	1	−1	1	−1	1	−1	1	T_z	
E_1	2	$\sqrt{2}$	0	$-\sqrt{2}$	−2	0	0	(T_x, T_y)	
E_2	2	0	−2	0	2	0	0		$(\alpha_{xx}-\alpha_{yy}, \alpha_{xy})$
E_3	2	$-\sqrt{2}$	0	$\sqrt{2}$	−2	0	0	(R_x, R_y)	$(\alpha_{xz}, \alpha_{yz})$

TABLE A.30

D_{5d}	I	$2C_5$	$2C_5^2$	$5C_2$	i	$2S_{10}^3$	$2S_{10}$	$5\sigma_d$		
A_{1g}	1	1	1	1	1	1	1	1		$\alpha_{xx}+\alpha_{yy}, \alpha_{zz}$
A_{2g}	1	1	1	–1	1	1	1	–1	R_z	
E_{1g}	2	2 cos72°	2 cos144°	0	2	2 cos72°	2 cos144°	0	(R_x, R_y)	$(\alpha_{xz}, \alpha_{yz})$
E_{2g}	2	2 cos144°	2 cos72°	0	2	2 cos144°	2 cos72°	0		$(\alpha_{xx}-\alpha_{yy}, \alpha_{xy})$
A_{1u}	1	1	1	1	–1	–1	–1	–1		
A_{2u}	1	1	1	–1	–1	–1	–1	1	T_z	
E_{1u}	2	2 cos72°	2 cos144°	0	–2	–2 cos72°	–2 cos144°	0	(T_x, T_y)	
E_{2u}	2	2 cos144°	2 cos72°	0	–2	–2 cos144°	–2 cos72°	0		

TABLE A.31

D_{6d}	I	$2S_{12}$	$2C_6$	$2S_4$	$2C_3$	$2S_{12}^5$	C_2	$6C_2'$	$6\sigma_d$		
A_1	1	1	1	1	1	1	1	1	1		$\alpha_{xx}+\alpha_{yy}, \alpha_{zz}$
A_2	1	1	1	1	1	1	1	−1	−1	R_z	
B_1	1	−1	1	−1	1	−1	1	1	−1		
B_2	1	−1	1	−1	1	−1	1	−1	1	T_z	
E_1	2	$\sqrt{3}$	1	0	−1	$-\sqrt{3}$	−2	0	0	(T_x, T_y)	
E_2	2	1	−1	−2	−1	1	2	0	0		$(\alpha_{xx}-\alpha_{yy}, \alpha_{xy})$
E_3	2	0	−2	0	2	0	−2	0	0		
E_4	2	−1	−1	2	−1	−1	2	0	0		
E_5	2	$-\sqrt{3}$	1	0	−1	$\sqrt{3}$	−2	0	0	(R_x, R_y)	$(\alpha_{xz}, \alpha_{yz})$

TABLE A.32

D_{2h}	I	$C_2(z)$	$C_2(y)$	$C_2(x)$	i	$\sigma(xy)$	$\sigma(xz)$	$\sigma(yz)$	
A_g	1	1	1	1	1	1	1	1	$\alpha_{xx}, \alpha_{yy}, \alpha_{zz}$
B_{1g}	1	1	−1	−1	1	1	−1	−1	R_z, α_{xy}
B_{2g}	1	−1	1	−1	1	−1	1	−1	R_y, α_{xz}
B_{3g}	1	−1	−1	1	1	−1	−1	1	R_x, α_{yz}
A_u	1	1	1	1	−1	−1	−1	−1	
B_{1u}	1	1	−1	−1	−1	−1	1	1	T_z
B_{2u}	1	−1	1	−1	−1	1	−1	1	T_y
B_{3u}	1	−1	−1	1	−1	1	1	−1	T_x

TABLE A.33

D_{3h}	I	$2C_3$	$3C_2$	σ_h	$2S_3$	$3\sigma_v$		
A_1'	1	1	1	1	1	1		$\alpha_{xx}+\alpha_{yy}, \alpha_{zz}$
A_2'	1	1	−1	1	1	−1	R_z	
E'	2	−1	0	2	−1	0	(T_x, T_y)	$(\alpha_{xx}-\alpha_{yy}, \alpha_{xy})$
A_1''	1	1	1	−1	−1	−1		
A_2''	1	1	−1	−1	−1	1	T_z	
E''	2	−1	0	−2	1	0	(R_x, R_y)	$(\alpha_{xz}, \alpha_{yz})$

TABLE A.34

D_{4h}	I	$2C_4$	C_2	$2C_2'$	$2C_2''$	i	$2S_4$	σ_h	$2\sigma_v$	$2\sigma_d$		
A_{1g}	1	1	1	1	1	1	1	1	1	1		$\alpha_{xx}+\alpha_{yy}, \alpha_{zz}$
A_{2g}	1	1	1	–1	–1	1	1	1	–1	–1	R_z	
B_{1g}	1	–1	1	1	–1	1	–1	1	1	–1		$\alpha_{xx}-\alpha_{yy}$
B_{2g}	1	–1	1	–1	1	1	–1	1	–1	1		α_{xy}
E_g	2	0	–2	0	0	2	0	–2	0	0	(R_x, R_y)	$(\alpha_{xz}, \alpha_{yz})$
A_{1u}	1	1	1	1	1	–1	–1	–1	–1	–1		
A_{2u}	1	1	1	–1	–1	–1	–1	–1	1	1	T_z	
B_{1u}	1	–1	1	1	–1	–1	1	–1	–1	1		
B_{2u}	1	–1	1	–1	1	–1	1	–1	1	–1		
E_u	2	0	–2	0	0	–2	0	2	0	0	(T_x, T_y)	

TABLE A.35

D_{5h}	I	$2C_5$	$2C_5^2$	$5C_2$	σ_h	$2S_5$	$2S_5^2$	$5\sigma_v$		
A_1'	1	1	1	1	1	1	1	1		$\alpha_{xx}+\alpha_{yy}, \alpha_{zz}$
A_2'	1	1	1	–1	1	1	1	–1	R_z	
E_1'	2	2 cos72°	2 cos144°	0	2	2 cos72°	2 cos144°	0	(T_x, T_y)	
E_2'	2	2 cos144°	2 cos72°	0	2	2 cos144°	2 cos72°	0		$(\alpha_{xx}-\alpha_{yy}, \alpha_{xy})$
A_1''	1	1	1	1	–1	–1	–1	–1		
A_2''	1	1	1	–1	–1	–1	–1	1	T_z	
E_1''	2	2 cos72°	2 cos144°	0	–2	–2 cos72°	–2 cos144°	0	(R_x, R_y)	$(\alpha_{xz}, \alpha_{yz})$
E_2''	2	2 cos144°	2 cos72°	0	–2	–2 cos144°	–2 cos72°	0		

TABLE A.36

D_{6h}	I	$2C_6$	$2C_3$	C_2	$3C_2'$	$3C_2''$	i	$2S_3$	$2S_6$	σ_h	$3\sigma_v$	$3\sigma_d$		
A_{1g}	1	1	1	1	1	1	1	1	1	1	1	1		$\alpha_{xx}+\alpha_{yy}, \alpha_{zz}$
A_{2g}	1	1	1	1	–1	–1	1	1	1	1	–1	–1	R_z	
B_{1g}	1	–1	1	–1	1	–1	1	–1	1	–1	1	–1		
B_{2g}	1	–1	1	–1	–1	1	1	–1	1	–1	–1	1		
E_{1g}	2	1	–1	–2	0	0	2	1	–1	–2	0	0	(R_x, R_y)	$(\alpha_{xz}, \alpha_{yz})$
E_{2g}	2	–1	–1	2	0	0	2	–1	–1	2	0	0		$(\alpha_{xx}-\alpha_{yy}, \alpha_{xy})$
A_{1u}	1	1	1	1	1	1	–1	–1	–1	–1	–1	–1		
A_{2u}	1	1	1	1	–1	–1	–1	–1	–1	–1	1	1	T_z	
B_{1u}	1	–1	1	–1	1	–1	–1	1	–1	1	–1	1		
B_{2u}	1	–1	1	–1	–1	1	–1	1	–1	1	1	–1		
E_{1u}	2	1	–1	–2	0	0	–2	–1	1	2	0	0	(T_x, T_y)	
E_{2u}	2	–1	–1	2	0	0	–2	1	1	–2	0	0		

TABLE A.37

$D_{\infty h}$	I	$2C_\infty^\phi$	…	$\infty\sigma_v$	i	$2S_\infty^\phi$	…	∞C_2		
$A_{1g} \equiv \Sigma_g^+$	1	1	…	1	1	1	…	1		$\alpha_{xx}+\alpha_{yy}, \alpha_{zz}$
$A_{2g} \equiv \Sigma_g^-$	1	1	…	–1	1	1	…	–1	R_z	
$E_{1g} \equiv \Pi_g$	2	$2\cos\phi$	…	0	2	$-2\cos\phi$	…	0	(R_x, R_y)	$(\alpha_{xz}, \alpha_{yz})$
$E_{2g} \equiv \Delta_g$	2	$2\cos2\phi$	…	0	2	$2\cos2\phi$	…	0		$(\alpha_{xx}-\alpha_{yy}, \alpha_{xy})$
$E_{3g} \equiv \Phi_g$	2	$2\cos3\phi$	…	0	2	$-2\cos3\phi$	…	0		
⋮	⋮	⋮		⋮	⋮	⋮		⋮		
$A_{1u} \equiv \Sigma_u^+$	1	1	…	1	–1	–1	…	–1	T_z	
$A_{2u} \equiv \Sigma_u^-$	1	1	…	–1	–1	–1	…	1		
$E_{1u} \equiv \Pi_u$	2	$2\cos\phi$	…	0	–2	$2\cos\phi$	…	0	(T_x, T_y)	
$E_{2u} \equiv \Delta_u$	2	$2\cos2\phi$	…	0	–2	$-2\cos2\phi$	…	0		
$E_{3u} \equiv \Phi_u$	2	$2\cos3\phi$	…	0	–2	$2\cos3\phi$	…	0		
⋮	⋮	⋮		⋮	⋮	⋮		⋮		

TABLE A.38

S_4	I	S_4	C_2	S_4^3		
A	1	1	1	1	R_z	$\alpha_{xx}+\alpha_{yy}, \alpha_{zz}$
B	1	–1	1	–1	T_z	$\alpha_{xx}-\alpha_{yy}, \alpha_{xy}$
E	1	i	–1	–i	$(T_x, T_y), (R_x, R_y)$	$(\alpha_{yz}, \alpha_{xz})$
	1	–i	–1	i		

TABLE A.39

S_6	I	C_3	C_3^2	i	S_6^5	S_6		
A_g	1	1	1	1	1	1	R_z	$\alpha_{xx}+\alpha_{yy}, \alpha_{zz}$
E_g	1	ε	ε^*	1	ε	ε^*	(R_x, R_y)	$(\alpha_{xx}-\alpha_{yy}, \alpha_{xy}), (\alpha_{xz}, \alpha_{yz})$
	1	ε^*	ε	1	ε^*	ε		
A_u	1	1	1	–1	–1	–1	T_z	
E_u	1	ε	ε^*	–1	$-\varepsilon$	$-\varepsilon^*$	(T_x, T_y)	
	1	ε^*	ε	–1	$-\varepsilon^*$	$-\varepsilon$		

$\varepsilon = \exp(2\pi i/3)$, $\varepsilon^* = \exp(-2\pi i/3)$

TABLE A.40

S_8	I	S_8	C_4	S_8^3	C_2	S_8^5	C_4^3	S_8^7		
A	1	1	1	1	1	1	1	1	R_z	$\alpha_{xx}+\alpha_{yy}, \alpha_{zz}$
B	1	–1	1	–1	1	–1	1	–1	T_z	
E_1	1	ε	i	$-\varepsilon^*$	–1	$-\varepsilon$	–i	ε^*	(T_x, T_y)	
	1	ε^*	–i	$-\varepsilon$	–1	$-\varepsilon^*$	i	ε		
E_2	1	i	–1	–i	1	i	–1	–i		$(\alpha_{xx}-\alpha_{yy}, \alpha_{xy})$
	1	–i	–1	i	1	–i	–1	i		
E_3	1	$-\varepsilon^*$	–i	ε	–1	ε^*	i	$-\varepsilon$	(R_x, R_y)	$(\alpha_{xz}, \alpha_{yz})$
	1	$-\varepsilon$	i	ε^*	–1	ε	–i	$-\varepsilon^*$		

$\varepsilon = \exp(2\pi i/8)$, $\varepsilon^* = \exp(-2\pi i/8)$

TABLE A.41

T_d	I	$8C_3$	$3C_2$	$6S_4$	$6\sigma_d$		
A_1	1	1	1	1	1		$\alpha_{xx}+\alpha_{yy}+\alpha_{zz}$
A_2	1	1	1	–1	–1		
E	2	–1	2	0	0		$(\alpha_{xx}+\alpha_{yy}-2\alpha_{zz}, \alpha_{xx}-\alpha_{yy})$
$T_1 \equiv F_1$	3	0	–1	1	–1	(R_x, R_y, R_z)	
$T_2 \equiv F_2$	3	0	–1	–1	1	(T_x, T_y, T_z)	$(\alpha_{xz}, \alpha_{yz}, \alpha_{xy})$

TABLE A.42

T	I	$4C_3$	$4C_3^2$	$3C_2$		
A	1	1	1	1		$\alpha_{xx}+\alpha_{yy}+\alpha_{zz}$
E	1	ε	ε^*	1		$(\alpha_{xx}+\alpha_{yy}-2\alpha_{zz}, \alpha_{xx}-\alpha_{yy})$
	1	ε^*	ε	1		
$T \equiv F$	3	0	0	–1	$(T_x, T_y, T_z), (R_x, R_y, R_z)$	$(\alpha_{xz}, \alpha_{yz}, \alpha_{xy})$

$\varepsilon = \exp(2\pi i/3)$, $\varepsilon^* = \exp(-2\pi i/3)$

TABLE A.43

O_h	I	$8C_3$	$6C_2$	$6C_4$	$3C_2'(=3C_4^2)$	i	$6S_4$	$8S_6$	$3\sigma_h$	$6\sigma_d$		
A_{1g}	1	1	1	1	1	1	1	1	1	1		$\alpha_{xx}+\alpha_{yy}+\alpha_{zz}$
A_{2g}	1	1	−1	−1	1	1	−1	1	1	−1		
E_g	2	−1	0	0	2	2	0	−1	2	0		$(\alpha_{xx}+\alpha_{yy}-2\alpha_{zz}, \alpha_{xx}-\alpha_{yy})$
$T_{1g}\equiv F_{1g}$	3	0	−1	1	−1	3	1	0	−1	−1	(R_x, R_y, R_z)	
$T_{2g}\equiv F_{2g}$	3	0	1	−1	−1	3	−1	0	−1	1		$(\alpha_{xz}, \alpha_{yz}, \alpha_{xy})$
A_{1u}	1	1	1	1	1	−1	−1	−1	−1	−1		
A_{2u}	1	1	−1	−1	1	−1	1	−1	−1	1		
E_u	2	−1	0	0	2	−2	0	1	−2	0		
$T_{1u}\equiv F_{1u}$	3	0	−1	1	−1	−3	−1	0	1	1	(T_x, T_y, T_z)	
$T_{2u}\equiv F_{2u}$	3	0	1	−1	−1	−3	1	0	1	−1		

TABLE A.44

O	I	$8C_3$	$6C_2$	$6C_4$	$3C_2'(=3C_4^2)$		
A_1	1	1	1	1	1		$\alpha_{xx}+\alpha_{yy}+\alpha_{zz}$
A_2	1	1	−1	−1	1		
E	2	−1	0	0	2		$(\alpha_{xx}+\alpha_{yy}-2\alpha_{zz}, \alpha_{xx}-\alpha_{yy})$
$T_1\equiv F_1$	3	0	−1	1	−1	$(T_x, T_y, T_z)(R_x, R_y, R_z)$	
$T_2\equiv F_2$	3	0	1	−1	−1		$(\alpha_{xz}, \alpha_{yz}, \alpha_{xy})$

TABLE A.45

K_h	I	$\infty C_\infty^\phi \ldots$	$\infty S_\infty^\phi \ldots$	i		
S_g	1	1	1	1		$\alpha_{xx}+\alpha_{yy}+\alpha_{zz}$
S_u	1	1	–1	–1		
P_g	3	$1+2\cos\phi$	$1-2\cos\phi$	1	(R_x, R_y, R_z)	
P_u	3	$1+2\cos\phi$	$-1+2\cos\phi$	–1	(T_x, T_y, T_z)	
D_g	5	$1+2\cos\phi+2\cos2\phi$	$1-2\cos\phi+2\cos2\phi$	1		$(\alpha_{xx}+\alpha_{yy}-2\alpha_{zz}, \alpha_{xx}-\alpha_{yy}, \alpha_{xy}, \alpha_{xz}, \alpha_{yz})$
D_u	5	$1+2\cos\phi+2\cos2\phi$	$-1+2\cos\phi-2\cos2\phi$	–1		
F_g	7	$1+2\cos\phi+2\cos2\phi$ $+2\cos3\phi$	$1-2\cos\phi+2\cos2\phi$ $-2\cos3\phi$	1		
F_u	7	$1+2\cos\phi+2\cos2\phi$ $+2\cos3\phi$	$-1+2\cos\phi-2\cos2\phi$ $+2\cos3\phi$	–1		
⋮	⋮	⋮	⋮	⋮		

TABLE A.46

I_h	I	$12C_5$	$12C_5^2$	$20C_3$	$15C_2$	i	$12S_{10}$	$12S_{10}^3$	$20S_6$	15σ		
A_g	1	1	1	1	1	1	1	1	1	1		$\alpha_{xx}+\alpha_{yy}+\alpha_{zz}$
$T_{1g} \equiv F_{1g}$	3	$\frac{1}{2}(1+\sqrt{5}$	$\frac{1}{2}(1-\sqrt{5})$	0	–1	3	$\frac{1}{2}(1-\sqrt{5})$	$\frac{1}{2}(1+\sqrt{5})$	0	–1	(R_x, R_y, R_z)	
$T_{2g} \equiv F_{2g}$	3	$\frac{1}{2}(1-\sqrt{5})$	$\frac{1}{2}(1+\sqrt{5})$	0	–1	3	$\frac{1}{2}(1+\sqrt{5})$	$\frac{1}{2}(1-\sqrt{5})$	0	–1		
G_g	4	–1	–1	1	0	4	–1	–1	1	0		
H_g	5	0	0	–1	1	5	0	0	–1	1		$(\alpha_{xx}+\alpha_{yy}-2\alpha_{zz}, \alpha_{xx}-\alpha_{yy}, \alpha_{xy}, \alpha_{xz}, \alpha_{yz})$
A_u	1	1	1	1	1	–1	–1	–1	–1	–1		
$T_{1u} \equiv F_{1u}$	3	$\frac{1}{2}(1+\sqrt{5}$	$\frac{1}{2}(1-\sqrt{5})$	0	–1	–3	$\frac{1}{2}(1-\sqrt{5})$	$\frac{1}{2}(1+\sqrt{5})$	0	1	(T_x, T_y, T_z)	
$T_{2u} \equiv F_{2u}$	3	$\frac{1}{2}(1-\sqrt{5})$	$\frac{1}{2}(1+\sqrt{5})$	0	–1	–3	$\frac{1}{2}(1+\sqrt{5})$	$\frac{1}{2}(1-\sqrt{5})$	0	1		
G_u	4	–1	–1	1	0	–4	1	1	–1	0		
H_u	5	0	0	–1	1	–5	0	0	1	–1		

Annexe B

Symétrie des vibrations

Tab. B.1 — *Nombre de vibrations de chaque symétrie dans le cas des groupes ponctuels non dégénérés*

Groupe ponctuel	Symétrie	Nombre de vibrations[a]
C_2	a	$3m+m_0-2$
	b	$3m+2m_0-4$
C_s	a'	$3m+2m_0-3$
	a''	$3m+m_0-3$
C_i	a_g	$3m-3$
	a_u	$3m+3m_0-3$
C_{2v}	a_1	$3m+2m_{xz}+2m_{yz}+m_0-1$
	a_2	$3m+m_{xz}+m_{yz}-1$
	b_1	$3m+2m_{xz}+m_{yz}+m_0-2$
	b_2	$3m+m_{xz}+2m_{yz}+m_0-2$
C_{2h}	a_g	$3m+2m_h+m_2-1$
	a_u	$3m+m_h+m_2+m_0-1$
	b_g	$3m+m_h+2m_2-2$
	b_u	$3m+2m_h+2m_2+2m_0-2$
D_2	a	$3m+m_{2x}+m_{2y}+m_{2z}$
	b_1	$3m+2m_{2x}+2m_{2y}+m_{2z}+m_0-2$
	b_2	$3m+2m_{2x}+m_{2y}+2m_{2z}+m_0-2$
	b_3	$3m+m_{2x}+2m_{2y}+2m_{2z}+m_0-2$
D_{2h}	a_g	$3m+2m_{xy}+2m_{xz}+2m_{yz}+m_{2x}+m_{2y}+2m_{2z}$
	a_u	$3m+m_{xy}+m_{xz}+m_{yz}$
	b_{1g}	$3m+2m_{xy}+m_{xz}+m_{yz}+m_{2x}+m_{2y}-1$
	b_{1u}	$3m+m_{xy}+2m_{xz}+2m_{yz}+m_{2x}+m_{2y}+m_{2z}+m_0-1$
	b_{2g}	$3m+m_{xy}+2m_{xz}+m_{yz}+m_{2x}+m_{2z}-1$
	b_{2u}	$3m+2m_{xy}+m_{xz}+2m_{yz}+m_{2x}+m_{2y}+m_{2z}+m_0-1$
	b_{3g}	$3m+m_{xy}+m_{xz}+2m_{yz}+m_{2y}+m_{2z}-1$
	b_{3u}	$3m+2m_{xy}+2m_{xz}+m_{yz}+m_{2x}+m_{2y}+m_{2z}+m_0-1$

a. m est le nombre d'ensembles de noyaux équivalents qui ne sont placés sur aucun élément de symétrie ; m_{xy}, m_{xz}, m_{yz} sont les nombres d'ensembles de noyaux placés dans les plans xy, xz, yz, mais sur aucun axe traversant ces plans ; m_2 est le nombre d'ensembles de noyaux situés sur un axe C_2, mais pas en un point d'intersection avec d'autres éléments de symétrie ; m_{2x}, m_{2y}, m_{2z} sont les nombres d'ensembles situés sur les axes x, y ou z, lorsque ce sont des axes d'ordre deux, mais pas à leur point d'intersection ; m_h est le nombre d'ensembles placés dans le plan σ_h mais pas sur l'axe qui lui est perpendiculaire ; m_0 est le nombre de noyaux qui appartiennent à tous les éléments de symétrie.

Tab. B.2 — *Nombre de vibrations de chaque symétrie dans le cas de groupes ponctuels dégénérés*

Groupe ponctuel	Symétrie	Nombre de vibrations[a]
C_3	a	$3m+m_0-2$
	e	$3m+m_0-2$
C_4	a	$3m+m_0-2$
	b	$3m$
	e	$3m+m_0-2$
C_6	a	$3m+m_0-2$
	b	$3m$
	e_1	$3m+m_0-2$
	e_2	$3m$
S_4	a	$3m+m_2-1$
	b	$3m+m_2+m_0-1$
	e	$3m+2m_2+m_0-2$
S_6	a_g	$3m+m_3-1$
	a_u	$3m+m_3-1$
	e_g	$3m+m_3-1$
	e_u	$3m+m_3+m_0-1$
D_3	a_1	$3m+m_2+m_3$
	a_2	$3m+2m_2+m_3+m_0-2$
	e	$6m+3m_2+2m_3+m_0-2$
D_4	a_1	$3m+m_2+m_2'+m_4$
	a_2	$3m+2m_2+2m_2'+m_4+m_0-2$
	b_1	$3m+m_2+2m_2'$
	b_2	$3m+2m_2+m_2'$
	e	$6m+3m_2+3m_2'+2m_4+m_0-2$
D_6	a_1	$3m+m_2+m_2'+m_6$
	a_2	$3m+2m_2+2m_2'+m_6+m_0-2$
	b_1	$3m+m_2+2m_2'$
	b_2	$3m+2m_2+m_2'$
	e_1	$6m+3m_2+3m_2'+2m_6+m_0-2$
	e_2	$6m+3m_2+3m_2'$
$C_{3\upsilon}$	a_1	$3m+2m_\upsilon+m_0-1$
	a_2	$3m+m_\upsilon-1$
	e	$6m+3m_\upsilon+m_0-2$
$C_{4\upsilon}$	a_1	$3m+2m_\upsilon+2m_d+m_0-1$
	a_2	$3m+m_\upsilon+m_d-1$
	b_1	$3m+2m_\upsilon+m_d$
	b_2	$3m+m_\upsilon+2m_d$
	e	$6m+3m_\upsilon+3m_d+m_0-2$
$C_{5\upsilon}$	a_1	$3m+2m_\upsilon+m_0-1$
	a_2	$3m+m_\upsilon-1$
	e_1	$6m+3m_\upsilon+m_0-2$
	e_2	$6m+3m_\upsilon$
$C_{6\upsilon}$	a_1	$3m+2m_\upsilon+2m_d+m_0-1$
	a_2	$3m+m_\upsilon+m_d-1$
	b_1	$3m+2m_\upsilon+m_d$
	b_2	$3m+m_\upsilon+2m_d$
	e_1	$6m+3m_\upsilon+3m_d+m_0-2$
	e_2	$6m+3m_\upsilon+3m_d$

Tab. B.2 (suite)

Groupe ponctuel	Symétrie	Nombre de vibrations[a]
$C_{\infty v}$	σ^+	$m_0 - 1$
	σ^-	0
	π	$m_0 - 2$
	δ, ϕ	0
C_{3h}	a'	$3m + 2m_h + m_3 - 1$
	a''	$3m + m_h + m_3 + m_0 - 1$
	e'	$3m + 2m_h + m_3 + m_0 - 1$
	e''	$3m + m_h + m_3 - 1$
C_{4h}	a_g	$3m + 2m_h + m_4 - 1$
	a_u	$3m + m_h + m_4 + m_0 - 1$
	b_g	$3m + 2m_h$
	b_u	$3m + m_h$
	e_g	$3m + m_h + m_4 - 1$
	e_u	$3m + 2m_h + m_4 + m_0 - 1$
C_{6h}	a_g	$3m + 2m_h + m_6 - 1$
	a_u	$3m + m_h + m_6 + m_0 - 1$
	b_g	$3m + m_h$
	b_u	$3m + 2m_h$
	e_{1g}	$3m + m_h + m_6 - 1$
	e_{1u}	$3m + 2m_h + m_6 + m_0 - 1$
	e_{2g}	$3m + 2m_h$
	e_{2u}	$3m + m_h$
D_{2d}	a_1	$3m + 2m_d + m_2 + m_4$
	a_2	$3m + m_d + 2m_2 - 1$
	b_1	$3m + m_d + m_2$
	b_2	$3m + 2m_d + 2m_2 + m_4 + m_0 - 1$
	e	$6m + 3m_d + 3m_2 + 2m_4 + m_0 - 2$
D_{3d}	a_{1g}	$3m + 2m_d + m_2 + m_6$
	a_{1u}	$3m + m_d + m_2$
	a_{2g}	$3m + m_d + 2m_2 - 1$
	a_{2u}	$3m + 2m_d + 2m_2 + m_6 + m_0 - 1$
	e_g	$6m + 3m_d + 3m_2 + m_6 - 1$
	e_u	$6m + 3m_d + 3m_2 + m_6 + m_0 - 1$
D_{4d}	a_1	$3m + 2m_d + m_2 + m_8$
	a_2	$3m + m_d + 2m_2 - 1$
	b_1	$3m + m_d + m_2$
	b_2	$3m + 2m_d + 2m_2 + m_8 + m_0 - 1$
	e_1	$6m + 3m_d + 3m_2 + m_8 + m_0 - 1$
	e_2	$6m + 3m_d + 3m_2$
	e_3	$6m + 3m_d + 3m_2 + m_8 - 1$
D_{3h}	a_1'	$3m + 2m_v + 2m_h + m_2 + m_3$
	a_1''	$3m + m_v + m_h$
	a_2'	$3m + m_v + 2m_h + m_2 - 1$
	a_2''	$3m + 2m_v + m_h + m_2 + m_3 + m_0 - 1$
	e'	$6m + 3m_v + 4m_h + 2m_2 + m_3 + m_0 - 1$
	e''	$6m + 3m_v + 2m_h + m_2 + m_3 - 1$

Tab. B.2 (suite)

Groupe ponctuel	Espèce de symétrie	Nombre de vibrations[a]
D_{4h}	a_{1g}	$3m+2m_\upsilon+2m_d+2m_h+m_2+m_2'+m_4$
	a_{1u}	$3m+m_\upsilon+m_d+m_h$
	a_{2g}	$3m+m_\upsilon+m_d+2m_h+m_2+m_2'-1$
	a_{2u}	$3m+2m_\upsilon+2m_d+m_h+m_2+m_2'+m_4+m_0-1$
	b_{1g}	$3m+2m_\upsilon+m_d+2m_h+m_2+m_2'$
	b_{1u}	$3m+m_\upsilon+2m_d+m_h+m_2'$
	b_{2g}	$3m+m_\upsilon+2m_d+2m_h+m_2+m_2'$
	b_{2u}	$3m+2m_\upsilon+m_d+m_h+m_2$
	e_g	$6m+3m_\upsilon+3m_d+2m_h+m_2+m_2'+m_4-1$
	e_u	$6m+3m_\upsilon+3m_d+4m_h+2m_2+2m_2'+m_4+m_0-1$
D_{5h}	a_1'	$3m+2m_\upsilon+2m_h+m_2+m_5$
	a_1''	$3m+m_\upsilon+m_h$
	a_2'	$3m+m_\upsilon+2m_h+m_2-1$
	a_2''	$3m+2m_\upsilon+m_h+m_2+m_5+m_0-1$
	e_1'	$6m+3m_\upsilon+4m_h+2m_2+m_5+m_0-1$
	e_1''	$6m+3m_\upsilon+2m_h+m_2+m_5-1$
	e_2'	$6m+3m_\upsilon+4m_h+2m_2$
	e_2''	$6m+3m_\upsilon+2m_h+m_2$
D_{6h}	a_{1g}	$3m+2m_\upsilon+2m_d+2m_h+m_2+m_2'+m_6$
	a_{1u}	$3m+m_\upsilon+m_d+m_h$
	a_{2g}	$3m+m_\upsilon+m_d+2m_h+m_2+m_2'-1$
	a_{2u}	$3m+2m_\upsilon+2m_d+m_h+m_2+m_2'+m_6+m_0-1$
	b_{1g}	$3m+m_\upsilon+2m_d+m_h+m_2'$
	b_{1u}	$3m+2m_\upsilon+m_d+2m_h+m_2+m_2'$
	b_{2g}	$3m+2m_\upsilon+m_d+m_h+m_2$
	b_{2u}	$3m+m_\upsilon+2m_d+2m_h+m_2+m_2'$
	e_{1g}	$6m+3m_\upsilon+3m_d+2m_h+m_2+m_2'+m_6-1$
	e_{1u}	$6m+3m_\upsilon+3m_d+4m_h+2m_2+2m_2'+m_6+m_0-1$
	e_{2g}	$6m+3m_\upsilon+3m_d+4m_h+2m_2+2m_2'$
	e_{2u}	$6m+3m_\upsilon+3m_d+2m_h+m_2+m_2'$
$D_{\infty h}$	σ_g^+	m_∞
	σ_u^+	$m_\infty+m_0-1$
	$\sigma_g^-,\ \sigma_u^-$	0
	π_g	$m_\infty-1$
	π_u	$m_\infty+m_0-1$
	$\delta_g,\ \delta_u,\ \phi_g,\ \phi_u\ldots$	0

Tab. B.2 (suite)

Groupe ponctuel	Espèce de symétrie	Nombre de vibrations[a]
T	a	$3m+m_2+m_3$
	e	$3m+m_2+m_3$
	$t \equiv f$	$9m+5m_2+3m_3+m_0-2$
T_d	a_1	$3m+2m_d+m_2+m_3$
	a_2	$3m+m_d$
	e	$6m+3m_d+m_2+m_3$
	$t_1 \equiv f_1$	$9m+4m_d+2m_2+m_3-1$
	$t_2 \equiv f_2$	$9m+5m_d+3m_2+2m_3+m_0-1$
O_h	a_{1g}	$3m+2m_h+2m_d+m_2+m_3+m_4$
	a_{1u}	$3m+m_h+m_d$
	a_{2g}	$3m+2m_h+m_d+m_2$
	a_{2u}	$3m+m_h+2m_d+m_2+m_3$
	e_g	$6m+4m_h+3m_d+2m_2+m_3+m_4$
	e_u	$6m+2m_h+3m_d+m_2+m_3$
	$t_{1g} \equiv f_{1g}$	$9m+4m_h+4m_d+2m_2+m_3+m_4-1$
	$t_{1u} \equiv f_{1u}$	$9m+5m_h+5m_d+3m_2+2m_3+2m_4+m_0-1$
	$t_{2g} \equiv f_{2g}$	$9m+4m_h+5m_d+2m_2+2m_3+m_4$
	$t_{2u} \equiv f_{2u}$	$9m+5m_h+4m_d+2m_2+m_3+m_4$

a. m est le nombre d'ensembles de noyaux équivalents qui ne sont placés sur aucun élément de symétrie ; m_2, m_3, … sont les nombres d'ensembles de noyaux situés sur des axes d'ordre deux, trois, …, et sur aucun autre élément de symétrie qui ne coïncide pas avec l'axe ; m_2' est le nombre d'ensembles situés sur un axe C_2' (voir les tables de caractères) ; m_v, m_d, et m_h sont les nombres d'ensembles placés dans des plans σ_v, σ_d, σ_h, et sur aucun autre élément de symétrie ; m_0 est le nombre noyaux qui appartiennent à tous les éléments de symétrie.

Index des atomes et des molécules

Le système d'indexation des molécules est, en premier lieu, basé sur le nombre d'atomes dans la molécule. Ensuite, une fois que la formule est écrite sous sa forme normale, le classement est effectué par ordre alphabétique des atomes de la formule.

Le système de notation des molécules isotopiquement substituées est le même que celui qui est utilisé dans le texte. Sauf dans quelques cas, le nombre de masse est indiqué pour les atomes qui *ne sont pas* les isotopes les plus abondants.

Le nom de la plupart des molécules de plus de trois atomes est donné entre parenthèses après la formule chimique. En général, on a donné seulement le nom usuel, et non l'appellation dans la nomenclature systématique ; C_2H_4, par exemple, est appelé éthylène et non éthène.

Un atome

Deux atomes

Trois atomes

Quatre atomes

Cinq atomes

Six atomes

Sept atomes

Huit atomes

Plus de douze atomes

Index des sujets

D

E

F

G

H

N

O

S

043945 - (II) - (0,8) - OSB 80° - AUT

Achevé d'imprimer sur les presses de la
SNEL S.A.
Rue Saint-Vincent 12 – B-4020 Liège
tél. 32(0)4 344 65 60 - fax 32(0)4 343 77 50
octobre 2000 – 18467

Dépôt légal de la 1re édition : 2e trimestre 1998
Dépôt légal : novembre 2000